Ernst Karl Guhl, Ernst Karl Guhl, Adolf Rosenberg

Künstlerbriefe

Ernst Karl Guhl, Ernst Karl Guhl, Adolf Rosenberg

Künstlerbriefe

ISBN/EAN: 9783743311732

Hergestellt in Europa, USA, Kanada, Australien, Japan

Cover: Foto ©Thomas Meinert / pixelio.de

Manufactured and distributed by brebook publishing software
(www.brebook.com)

Ernst Karl Guhl, Ernst Karl Guhl, Adolf Rosenberg

Künstlerbriefe

INHALT.

EINLEITUNG.

EINLEITUNG.

ZUR KUNSTGESCHICHTE DES XV. UND XVI. JAHRHUNDERTS.

Es ist zuweilen als traten die Ideen, welche die Dinge bewegen, die geheimen Grundlagen des Lebens, einander sichtbar gegenüber.

RANKE.

Die Kunstgeschichte hat es damit zu thun, uns die Entwicklung der künstlerischen Ideen und der künstlerischen Ausdrucksweise vor Augen zu führen und deren allmälige Veränderungen und Abwandlungen zum Verständniss zu bringen; sie kann sich somit zunächst bei dem einzelnen Künstler eben keine andere Aufgabe stellen, als seinen künstlerischen Charakter, den Styl seiner Werke zu bestimmen und ihm danach seine Stelle in dem Entwicklungsgange der künstlerischen Ideen überhaupt anzuweisen. Aber damit ist weder das Wesen dieses einzelnen Künstlers, noch auch die Bedeutung seiner Werke erschöpft. Denn den Künstler dürfen wir doch nicht bloss als Künstler, wir müssen ihn auch als Menschen betrachten. Und das Kunstwerk ist nicht bloss die so oder so gehaltene Darstellung dieser oder jener Idee im Bilde oder in der Statue; der wahre Künstler überträgt auch sein eigenstes und innerstes Wesen in die künstlerische Produktion. Vollständige Erkenntniss also kann nur dann erreicht werden, wenn wir neben und mit dem Bilde der rein künstlerischen Thätigkeit eines Malers oder Bildhauers zugleich auch ein Bild von dessen Wesen und Charakter, von dessen Empfindungen und Anschauungen in Bezug auf das Leben und dessen mannigfaltige Verhältnisse gewinnen. Nun kann man aber eine wahrhaft künstlerisch organisirte Persönlichkeit nicht theilen und trennen, noch sagen, dies ist des Künstlers und jenes des Menschen; vielmehr wird sich der wahre Künstler nicht bloss vor seiner Staffelei oder seiner Statue, sondern auch im Verkehr des Lebens und in allen seinen Ansichten und Ueberzeugungen als Künstler bekunden. Es bedurfte also die Kunstgeschichte einer Ergänzung dadurch, dass uns statt der allgemein künstlerischen Bedeutung der Künstler das möglichst konkrete Bild ihres ganzen Wesens und Seins gegeben

wird. Oder, mit anderen Worten, die Kunstgeschichte musste individualisirt werden.
Der Entwicklungsgang der Kunstgeschichte als Wissenschaft hat die Richtigkeit
dieses Prinzips bestätigt. Von einzelnen und zufälligen Veranlassungen ausgegangen,
konnte sie erst allmälig auf die allgemeinen Resultate hinarbeiten. Diese Arbeit
aber musste zuerst gethan werden, um überhaupt eine Einheit in das massenhaft
angehäufte Material zu bringen. Nachdem dieser Zweck zum grossen Theile
durch die bedeutenden Leistungen der modernen Kunstwissenschaft erreicht scheint,
ist es erst möglich und dienlich geworden, zu jener Individualisirung überzugehen.
Mit der monographischen Behandlung der Kunstgeschichte geht die Ausbeutung
der Archive Hand in Hand. Den Leistungen von Gaye, Bottari, Gualandi u. a.
auf diesem Gebiete sind neuerdings die archivalischen Aufschlüsse von Crowe und Cavalcaselle, Milanesi, Gotti und anderen Italienern gefolgt. Gerade für das Kapitel der
Künstlerbriefe war ihre Ausbeute so reich, dass die Kunstwissenschaft noch lange
zu arbeiten haben wird, um den gehobenen Schatz nach Gebühr zu verwerthen.
Aus den kleinen und scheinbar unbedeutenden Aeusserungen, wie sie der briefliche Verkehr mit sich bringt, lässt sich der Charakter einer Person oft deutlicher, als aus grossen und wohl überlegten Werken erkennen. Gerade das
achtlose „Sich gehen lassen", wie es die briefliche Mittheilung fast immer bedingt,
giebt Aeusserungen der Art einen besonderen Reiz, aber zugleich auch einen
besonderen Werth für die Forschung, der es gerade um die einfache und
ungeschminkte Wahrheit zu thun ist. Es mag hier nur kurz darauf hingedeutet
werden, wie oft sich in der unabsichtlichen Offenbarung des Charakters im Briefe
und dessen Ausdrucksweise zugleich die Kunstweise offenbart, welche derselbe
Künstler in seinen Kunstwerken bekundet. Man achte nur auf die unstete Weise
in den Briefen des Filippo Lippi (Nr. 5—6), auf die Züge eines einfachen und
stillen Gemüthes in denen des Benozzo Gozzoli (Nr. 16—18), auf die Naivetät
in den Erzählungen Andrea Mantegnas vom Türken (Nr. 24) und vom Diebe
(Nr. 26), auf die Sorgsamkeit und Liebe, wie sie sich in dem Testamente des
Lorenzo di Credi (Nr. 53), auf die Frömmigkeit, wie sie sich in dem Palma
Vecchios (Nr. 84) ausspricht u. s. f. Alles Züge, die sich in einer, natürlich
mehr oder weniger modificirten Weise auch in der künstlerischen Produktion
der angeführten Personen aussprechen. Aber auch noch eine allgemeinere
Bedeutung kann solchen Charakterzeichnungen beiwohnen. Jeder Mensch ist
das Kind seiner Zeit und seiner Umgebung. So kann uns in einem Charakter
das Bild einer bestimmten Zeit- und Sinnesrichtung abgespiegelt werden. Man
vergleiche z. B. die männliche Art, die edle gediegene Redeweise des Leon Battista
Alberti (Nr. 7 ff.) mit dem unterthänigen und demüthigen Wesen, wie es sich
in dem Widmungsschreiben des Giovanni Santi (Nr. 28) ausspricht. Wir haben
hier nicht bloss den Gegensatz zweier sehr verschiedener Charaktere, wir haben
zugleich den Gegensatz des Freistaates von Florenz und des Herzogthums
von Urbino, denselben Gegensatz, der sich in so umfassender und anerkannter
Weise in den Kunstschulen Toscanas und Umbriens ausspricht. Nicht minder
wichtig sind in dieser Beziehung auch die Aeusserungen der Künstler über ihr

eigenes künstlerisches Schaffen, über die Art ihrer Produktion sowie über den Werth, den sie diesem oder jenem ihrer eigenen Werke beilegen. Aeusserungen der Art sind in der That nur selten, immer aber gewähren sie einen lohnenden Blick in die innere Geschichte der Kunst, in das eigentliche Kunstbewusstsein der verschiedenen Zeiten. Die Briefe des Leon Battista Alberti, des Filarete und des Andrea Palladio werden über die Architektur, einige von denen Raffaels, Michelangelos, Tizians, Vasaris über die bildenden Künste mehrfachen Aufschluss gewähren, wie nicht minder die verschiedenen an Benedetto Varchi gerichteten Briefe über das Verhältniss der Skulptur zur Malerei.

Als eine der wichtigsten Ergänzungen der Kunstgeschichte kann ferner die Kenntniss der äusseren Lebensstellung der Künstler betrachtet werden. Man könnte dies das sociale Element der Kunstgeschichte nennen. Drei Dinge sind es dabei hauptsächlich, die eine besondere Aufmerksamkeit verdienen: der Verkehr der Künstler untereinander, das Verhältniss derselben zu den Auftraggebern und Gönnern, die Beziehungen, in denen sie zu den Vertretern der wissenschaftlichen Bildung ihrer Zeit standen. Für alles dies bieten die Briefe eine reiche Ausbeute dar.

Was den ersten Punkt betrifft, so gewährt es ein ganz besonderes Interesse, die Personen, die man in der Kunstgeschichte nur ihren künstlerischen Leistungen zufolge entweder aneinander gereiht oder einander gegenüber gestellt findet, nun auch im wirklichen Leben in ähnlichen Beziehungen neben einander wirken zu sehen und ihre mannigfaltigen Berührungen freundlicher oder feindlicher Art kennen zu lernen. In manchen Fällen kann die Aufklärung solcher Verhältnisse zugleich die Lösung kunstgeschichtlicher Fragen in sich tragen.

In einzelnen Fällen hat schon Vasari solcher Verhältnisse Erwähnung gethan; man denke nur an die Schilderung des Künstlerverkehrs zu Florenz in dem gastlichen Hause des Bildhauers und Architekten Baccio d'Agnolo, in welchem etwa um das Jahr 1505 die bedeutendsten Künstler der damaligen Zeit unter sich und mit den kunstliebenden Bürgern der hochgebildeten Stadt Florenz zusammentrafen: Andrea Sansovino, Filippino Lippi, Benedetto da Majano, Antonio und Giuliano da San Gallo, Francesco Granacci und selbst Michelangelo, dieser jedoch seltener; viel Tiefes und Treffliches wurde dort verhandelt; welch ein Anlass zu reicher vielseitiger und gleichmässiger Ausbildung der Künstler! Welch eine Schule für aufkeimende Talente, die so mitten in das lebendige Zusammenwirken der bedeutendsten künstlerischen Kräfte der damaligen Zeit eintreten konnten! Und wie steigert sich die Bedeutung dieser Zusammenkünfte für den Forscher der Kunstgeschichte, wenn er bedenkt, dass hier Raffael mit Liebe empfangen wurde und Künstler wie Laien durch seine jugendliche Begeisterung entzückte! Raffael, der damals gerade die ersten Schritte auf der Bahn seiner selbstständigen Entwicklung that und der in der That nicht besser in das Wesen der ihm bisher verschlossenen, so kühn den Umbriern vorausgeeilten toscanischen Kunstweise eingeführt werden konnte. Hier war es, wo sich ihm eine neue Welt künstlerischer Anschauungen erschloss, wo die gemüth-

reiche, aber doch immer beschränkte Weise der umbrischen Meister eine zu
seiner späteren Blüthe nothwendige Erweiterung fand und wo er in persönliche
Beziehungen trat, welche, wie die mit Taddeo Taddei, dem Freunde Bembos
und Castigliones, für sein ganzes Leben entscheidend geworden sind. Von solchen
Beziehungen persönlichen Verkehrs werden sich nun in den nachfolgenden
Briefen mannigfältige Beispiele von grösserer oder geringerer historischer Bedeut-
samkeit finden; so zwischen Francesco Francia und Raffael (Brief 42 und 46),
zwischen Michelangelo und Sebastian del Piombo (Brief 115), Bartolomeo
Ammanati (Brief 158) und Giorgio Vasari (Brief 68—72. 153. 155. 156), Giulio
Romano und Parmigianino (Brief 123 ff.) u. a. m.

Werfen wir dagegen einen Blick auf die Stellung der Künstler gegenüber
den Gönnern und Auftraggebern, so bieten auch hier wiederum die Briefe eine
Fülle der interessantesten Beiträge sowohl zur Kunst- als auch zur Kultur- und
Sittengeschichte. Es muss dabei in Bezug auf das fünfzehnte und die erste
Hälfte des sechszehnten Jahrhunderts zunächst die ungemein grosse Einfachheit
und Natürlichkeit des Verkehrs als eine höchst erfreuliche Erscheinung
hervorgehoben werden. Noch fehlten so viele Schranken, welche späterhin
die Menschen zwischen sich aufgebaut haben, um sich den persönlichen Verkehr
und die persönliche Berührung gegenseitig zu erschweren. Noch war das
Gefühl einer gewissen Gleichberechtigung zwischen den Trägern der Macht
und den Trägern des Talents vorhanden; eine Gleichberechtigung, die sich in
einer völlig rückhaltlosen, offenen, so zu sagen rein menschlichen Art des Umganges kund giebt. Diese regelte denn auch zumeist das Verhältniss zwischen
den Schützern und Beförderern der Kunst und den Künstlern selbst, denen dieser
Schutz zum persönlichen Vortheil gereichte. Die Unterstützung der Künste durch
Cosimo de' Medici, sagt Roscoe einmal sehr schön, „war nicht der Art, wie sie
die Künstler gewöhnlich von den Grossen bekommen. Cosimo ertheilte sie nicht
als Wohlthat, die Künstler nahmen sie nicht als Gnade an; es war ein Freundschaftsdienst, der dem Künstler von seinem erhabenen Gönner als von seines
Gleichen geleistet wurde." (Leben Lorenzo des Prächtigen, übersetzt von Kurt
Sprengel S. 58.) Und so war denn in der That auch das Verhältniss Cosimo's
zu vielen von seinen künstlerischen Zeitgenossen das einer warmen und innigen
Freundschaft: so zu Donatello, der seinem Wunsche zufolge neben ihm begraben
werden sollte, und zu Michelozzo, der ihm freiwillig in sein Exil nach Venedig
folgte, wie später Lucas Cranach seinem fürstlichen Herrn und Freunde in die
Gefangenschaft.

So schreibt, um hier der Briefe des Leon Battista Alberti, die in dieser
Beziehung sehr wichtig sind, nicht noch einmal zu erwähnen, Antonio Squarcialupi an Giovanni de' Medici als an seinen lieben Herrn Gevatter (Brief 14);
so empfiehlt der Maler Giovanni Angelo d'Antonio demselben Giovanni ganz naiv
eine Frau (Br. 15). Vgl. auch den Brief des Domenico di Niccolò an die
Signorie von Siena (Nr. 13) und den des Michelangelo an Lorenzo de Medici
(Nr. 51), der in Bezug auf jene Beziehungen zwischen Künstler und Gönner als

einer der wichtigsten betrachtet werden kann. Ueberall finden wir noch ein freies menschliches Verhältniss von Gleichberechtigten zu einander.

Auch in dem Verkehr mit den Fürsten fand noch eine grössere Freiheit und Natürlichkeit statt. Hier lag überdies noch die Erinnerung an die Entstehung der Fürstenmacht aus dem Uebergewicht der geistigen Bildung oder, wie dies öfter der Fall war, der materiellen Gewalt zu nahe, um Verhältnisse der späteren Zeit aufkommen zu lassen. In beiden Fällen waren die Fürsten gleichsam der Kunst und der Künstler bedürftig, sei es, um das Uebergewicht geistiger Bildung zu bewahren oder um es zu dem Uebergewicht der Gewalt hinzuzufügen. Ja, nicht selten darf man den Schutz, den Fürsten und Herren den Vertretern der Kunst und der Wissenschaft angedeihen liessen, gleichsam als die Sühne für die unrechtmässig errungene Herrschaft betrachten. Von den zahlreichen Herrengeschlechtern jener Periode wollen wir nur die Gonzaga, die Este, die Sforza anführen, deren enger und freundschaftlicher Verkehr mit Künstlern aus vielen der nachfolgenden Briefe hervorgeht. Und wie naiv plaudert der alte Mantegna mit seinem jungen Herrn Francesco Gonzaga! Wie gemüthlich ist noch selbst im sechszehnten Jahrhundert der Verkehr des Federigo Gonzaga mit den Künstlern, wenn jener Tizian bittet, ihm ein Gericht Fische aus Venedig mitzubringen, oder Giulio Romano dem Fürsten Bericht über die Pfaueneier abstattet! Wie gross und unabhängig steht Michelangelo den Päpsten gegenüber![1]

Erst um die Hälfte und noch mehr gegen das Ende des sechszehnten Jahrhunderts scheint hier eine Aenderung eingetreten zu sein, die zum grossen Theil mit durch die unglücklichen politischen Verhältnisse Italiens bedingt ist; insbesondere seitdem durch die entarteten Nachkommen der Mediceer, Alexander und namentlich Cosimo, die letzten Reste der Freiheit und Unabhängigkeit Toscanas erdrückt worden waren. Da gewinnt auch der Verkehr zwischen den Fürsten und Künstlern eine andere Färbung; Schmeichelei und ceremonielles Wesen tritt an die Stelle des früheren offenen und humanen Verhaltens. So kann schon um die Mitte des Jahrhunderts der Maler Bronzino davon sprechen, dem Cosimo die „hochheilige Hand" (la santissima mano) zu küssen (Brief vom 30. April 1548 bei Gaye II. 368) und so werden auch von den nachfolgenden Briefen dieses Zeitraumes viele diesen Umschwung der geselligen Verhältnisse bestätigen, den Ranke schon so schön und anschaulich gezeichnet hat. „Einmal," sagt derselbe in Bezug auf die Zeit Papst Sixtus V., „ging das republikanische, sich selbst überlassene Italien, auf dessen eigenthümlichen Zustand die früheren Entwicklungen,

---

[1] Recht bezeichnend für das Verhältniss zwischen Fürst und Künstler ist die folgende Erzählung Benvenuto Cellinis. „Mein Freund," sagte König Franz I. zu diesem, indem er ihm mit der Hand auf die Schulter schlug, „ich weiss nicht, wer das grösste Vergnügen haben mag, ein Fürst, der einen Mann nach seinem Herzen gefunden hat, oder ein Künstler, der einen Fürsten findet, von dem er alle Bequemlichkeiten erwarten kann, seine grossen und schönen Gedanken auszuführen. Ich versetzte darauf: wenn ich der sei, den er meine, so sei mein Glück immer das grösste. Darauf versetzte er: wir wollen sagen, es sei gleich." Cellinis Lebensbeschreibung übersetzt von Goethe Buch III. Kap. 6.

auch des Geistes selbst beruht haben, nunmehr zu Grunde. Die ganze Freiheit und Naivetät des geistigen Zusammenseins verschwand." Man sehe dies an dem Ueberhandnehmen der Titulaturen, die in Gespräch und Brief immer häufiger und lästiger werden. Dies sei nur scheinbar unbedeutend. Denn, fährt derselbe fort, „auch in jeder anderen Beziehung wurden die Zustände strenger, abgeschlossener: mit der heiteren Unbefangenheit der früheren Verhältnisse, der Unmittelbarkeit der gegenseitigen Berührung war es vorüber." Und zwar hat dies alles nicht bloss Werth für die Sittengeschichte, sondern auch die Erscheinungen der Kunstgeschichte hängen aufs engste damit zusammen. Hat nicht die Kunstweise der Manieristen dasselbe höfisch-konventionelle, übertriebene und gespreizte Wesen an sich, wie der Ton des Verkehrs, auf welchen dort Ranke hindeutet und von dem die Briefe der damaligen Zeit so zahlreiche Proben liefern? Finden sich die Hyperbeln, die in Vasari's Briefen so häufig sind, nicht in ganz ähnlicher Weise in seinen Bildern wieder? Ja, es würde nicht schwer fallen, diese Uebereinstimmung zwischen dem Styl in den Briefen und dem Styl in den Kunstwerken vom Anfange des fünfzehnten bis an das Ende des sechszehnten Jahrhunderts durchzuführen.

Indessen treten die Spuren dieses höfischen Briefstyls vereinzelt schon früher auf. Neben den allgemeinen politischen waren die lokalen Verhältnisse auf den Verkehr der Künstler mit den Fürsten von Einfluss. So zeichnete sich z. B. Venedig vor den übrigen Städten Italiens durch Höflichkeit aus. Der beständige Verkehr mit der Levante, der die Königin der Adria allmälig zu einer orientalischen Stadt machte, vermittelte auch die Einführung der orientalischen Umgangsformen. „Raffael und Michelangelo schrieben in einem unabhängigen Styl an Fürsten, sie waren aber auch keine Venezianer. Weder in Rom noch in Florenz ward zuerst die „Majestät" der Könige entdeckt, sondern in der Republik des heiligen Markus." (Crowe und Cavalcaselle.) So finden wir denn die ersten, nachweisbaren Producte dieses höfischen Briefstyls unter den Briefen, welche Tizian seit dem Jahre 1517 an Alfonso von Este, den Herzog von Ferrara, richtete. Freilich contrastirt mit dem demüthigen Ton dieser Briefe, mit einer fast kriechenden Schmeichelei die Handlungsweise des Künstlers, der die Wünsche des Fürsten entweder beharrlich ignorirte oder ihre Erfüllung unerträglich in die Länge zog, auf das schärfste. Geradezu widerlich wird aber der schmeichlerische Ton in den Briefen Tizians an Karl V. und König Philipp von Spanien. Hier war der Ton des spanischen Hofceremoniells für den Künstler vorbildlich und massgebend.

Der Briefstyl der Künstler nahm erst verhältnissmässig spät diejenige Politur an, welche ihm die italienischen Humanisten, die den Brief als ein Kunstwerk betrachteten, schon frühzeitig zu verleihen wussten. Die ersten brieflichen Aeusserungen, die uns von Künstlern erhalten sind, haben nur den praktischen Zweck geschäftlicher Mittheilungen. Erst allmälig tritt die Person des Künstlers in den Vordergrund des Briefes, und nur wenige Künstler überwanden die ihrem Stande angeborene Schreibunlust so weit, um an eine elegante Form ihrer

Episteln zu denken. Wenn Tizian im späteren Alter einen gefälligen, zierlichen Ton in seinen Briefen anschlug und mit eleganten, gesuchten Wendungen paradirte, so geschah dies unter den Einflüssen seines Freundes Aretino, vielleicht auch unter denjenigen der am spanischen Hofe herrschenden Umgangsformen. Vgl. dagegen die Bemerkungen über den Briefstyl der Gelehrten und Schriftsteller von Fach bei Voigt, die Wiederbelebung des klassischen Alterthums S. 414—427 und Burckhardt, Cultur der Renaissance, 3. Aufl. S. 274 f.

Kehren wir indess zu der Frage zurück, in welchem Verhältnisse die Künstler zu den Auftraggebern mit besonderer Beziehung auf das einzelne bestellte Kunstwerk standen, so bieten sich da noch zwei Punkte der Untersuchung dar, die für die Geschichte der Kunst von grosser Wichtigkeit sind. Das sind nämlich einmal die Art, wie die Aufträge ertheilt wurden, und dann die Honorirung der Künstler.

In Beziehung auf den ersten Punkt ist insbesondere die Genauigkeit hervorzuheben, mit welcher alle Einzelheiten eines Kunstwerkes zwischen dem Besteller und dem ausführenden Künstler kontraktlich festgestellt wurden und mit der später auch über die wirkliche Ausführung gewacht zu werden pflegte. So gefielen dem Pietro de' Medici ein paar Seraphim nicht, die Benozzo Gozzoli auf einem von jenem bestellten Bilde gemalt hatte, und es ist ergötzlich zu sehen, wie der stille und bescheidene Künstler seine Seraphim in Schutz nimmt und gegen Pietro vertheidigt (Brief 16). Bei der Wichtigkeit dieser Verhältnisse für eine vollständige Einsicht in das ganze Kunstleben der damaligen Zeit finden sich im Nachfolgenden auch einige Dokumente der Art eingereiht, deren Zahl leicht hätte vermehrt werden können. Unter Nr. 29 der Kontrakt Pietro Perugino's mit den Mönchen von S. Pietro zu Perugia (vgl. Brief 30 und 31); unter Nr. 52 der Kontrakt Correggio's mit den Geistlichen der Kathedrale von Parma u. a. m. Je weiter man zurückgeht, um so grösser scheint die Genauigkeit gewesen zu sein, mit der man bei Festsetzung dieser Bestimmungen verfuhr, und nicht leicht mochte ein Künstler sich diesem Verfahren entziehen. Schon Ghiberti musste es sich gefallen lassen, dass ihm ein genaues Programm für die Darstellungen auf dem dritten Thürenpaare am Baptisterium aufgestellt wurde. Vgl. Rosenberg, Ghiberti in Dohmes: Kunst und Künstler XLV. S. 47. Nur Giovanni Bellini scheint davon eine Ausnahme gemacht zu haben, indem es Pietro Bembo in einem Briefe an Isabella von Mantua vom 1. Januar 1505 mit besonderer Betonung hervorhebt, dass Bellini sich nichts über Anordnung und Ausführung seiner Bilder vorschreiben liesse. Gaye Cart. II. 71.

Später dann, als der Begehr nach Kunstwerken sich in so überraschender Weise steigerte, und als es fast zu einer Ehrensache wurde, von den berühmten Meistern der Zeit Kunstwerke zu besitzen, sehen wir auch wohl gerade das Gegentheil stattfinden, indem man von dem Künstler überhaupt nur ein Werk erbittet, ohne dessen Inhalt oder gar die Gattung der Kunst, der es angehören soll, zu bestimmen. In dieser Beziehung ist ein Brief merkwürdig, den Federigo Gonzaga, Marchese von Mantua, an den Gesandten Francesco Gonzaga in Rom unter dem 16. Juni 1531 gerichtet hat und in welchem er demselben sein dringendes Verlangen ausspricht, ein Werk von Michelangelo zu erhalten. Es sei ihm gleichgültig, ob dasselbe der Sculptur oder der Malerei angehören würde, er würde in jedem Falle damit sehr zufrieden sein. Gaye II. 228. Oder man begnügte sich, bloss das Genre anzudeuten, in welchem man das Kunstwerk wünschte oder nicht wünschte. So giebt z. B. Federigo Gonzaga in einem Briefe vom 1. Mai 1524 den Auftrag, bei Sebastiano del Piombo ein Gemälde zu bestellen; es sollen aber keine Heiligengeschichten sein, sondern irgend eine anmuthige Malerei und schön anzusehen! Gaye II. 179. Und ähnlich ersucht derselbe Federigo Tizian um eine Magdalena, die aber recht rührend und thränenreich sein solle (Brief 91) [1]. Damit steht es denn im engsten Zusammenhange, wenn die Arbeit des Künstlers als ein Geschenk, und das dafür gezahlte Honorar als ein Gegengeschenk bezeichnet wird, wie mehrere Beispiele in den nachfolgenden Briefen zeigen werden.

Was nun den andern der vorerwähnten Punkte, die Honorirung der Künstler anbelangt, so war dieselbe ursprünglich, der Einfachheit aller Lebensverhältnisse entsprechend, ungemein mässig. Alles, was aus der Zeit des fünfzehnten Jahrhunderts von Nachrichten erhalten ist, scheint darauf hinzudeuten. Die Anspruchslosigkeit der Künstler einerseits und die hergebrachte Anschauungsweise der Auftraggeber andererseits scheint die künstlerischen Produktionen kaum höher, als die eines edleren Handwerkes angeschlagen zu haben; wie denn auch die Einrichtungen und Satzungen der Künstler in mancher Beziehung gar nicht so weit von denen der Handwerker abwichen. Die eigentliche Werthschätzung und Preisbestimmung des Kunstwerkes erscheint im Ganzen nach Willkür oder zufälligen äussern Umständen geschehen zu sein, so dass sich bestimmte Normen, wie etwa Salvator Rosa den Preis nach der Zahl der dargestellten Figuren, Rubens nach der auf das Bild verwendeten Zeit bestimmte, kaum annehmen lassen; obschon das letztere Verfahren doch wohl im Ganzen, als das natürlichste Schätzungsmittel, am häufigsten in Anwendung gekommen sein mag. Letzteres scheint unter anderem auch daraus hervorzugehen, dass bei Arbeiten von grösserer Ausdehnung, zu deren Herstellung voraussichtlich eine längere Zeit gehörte, ein fortlaufendes monatlich auszuzahlendes Gehalt ausgeworfen wurde, wie z. B. Leonardo da Vinci für die Arbeit an dem Bilde der Schlacht von Anghiari ein monatliches Gehalt von fünfzehn Goldgulden (S. 76), Michelangelo für die Arbeit an den Grabmälern der Mediceer in der Sakristei von S. Lorenzo ein solches von 50 Golddukaten bezog (S. 129), und ihm monatlich hundert Goldscudi für den Bau von S. Peter geboten wurden, die er indess, um das Werk allein zur

---

[1] Um so auffallender erscheint die Genauigkeit, mit der die Gegenstände der Bilder festgesetzt werden, welche Tizian für den städtischen Palast zu Brescia zu malen hatte (vgl. S. 211 ff.). Diese ist in der That beispiellos, und heut zu Tage würde sich nicht ein Stubenmaler so genauen und strengen Vorschriften unterwerfen, denen sich damals „der König der Maler", wie die Auftraggeber selbst Tizian nennen, nicht zu entziehen suchte.

Ehre Gottes auszuführen, nicht annahm (S. 169). Raffael dagegen, an dessen Seite sich bekanntlich noch andere Meister befanden, waren früher für seine Leitung desselben Baues 300 Golddukaten jährlichen Gehaltes ausgesetzt (S. 93). Beispiele von andern Honorarzahlungen finden sich in den Briefen noch häufiger vor, und es mag zu deren Verständniss hier nur noch einiges über den damaligen Münzwerth bemerkt werden. Im Ganzen ist dies ein selbst von den Münzforschern ziemlich vernachlässigtes Gebiet; da es sich indess in den meisten der nachfolgenden Fälle um toscanisches oder florentinisches Geld handelt, gewährt der Aufsatz von Savignys im dritten Bande seiner Geschichte des römischen Rechts im Mittelalter einen erwünschten und grossentheils genügenden Anhaltspunkt. Es handelt sich hier hauptsächlich um die Goldmünzen der Florin oder Gulden, die seit der Mitte des dreizehnten Jahrhunderts in Florenz, und der Dukaten, die seit 1283 in Venedig ausgeprägt wurden. „Beide waren einander völlig gleich und wurden auch nachher nur wenig und vorübergehend geändert, so dass selbst der heutige Zechin beinahe ganz denselben Gehalt hat." Nach dem Münzfusse von 1269 war ein Aureus, d. h. Dukat oder Fiorino gerade gleich einer bolognesischen Lira, woraus sich der Werth des Dukaten zu 711½ Gran fein Silber oder 1 Thlr. 22 Gr. (Konv. Geld) ergiebt (a. a. O. S. 624)[1].

Die Lira, die eigentliche Rechnungsmünze in Silber, zeigt ein fortwährendes Sinken des Werthes. Die darauf bezügliche Berechnung von Savigny's ergiebt für die Zeit des fünfzehnten und sechszehnten Jahrhunderts folgende Werthbestimmungen der Lira nach Konventionsgeld. Im Anfang des fünfzehnten Jahrhunderts (1400) galt dieselbe 23 Groschen; 1441 16 Groschen 6 Pfennige; 1464 18 Groschen; in den Statuten der Universität von Bologna 13 Groschen; 1509 11 Groschen 8 Pfennige; 1546 und 1557 11 Groschen 6 Pfennige. Im Laufe der Zeit verschlechterte sich das Geld in Italien so, dass eine im Jahre 1603 unter dem Grossherzoge Ferdinand I. ausgeprägte Lira ungefähr einen Werth von 8 Groschen hatte. Und in Toscana und im Kirchenstaat wurde verhältnissmässig noch das beste Geld geprägt. In Bezug auf den in den Briefen häufig erwähnten Goldscudo ist zu bemerken, dass nach den Rechnungen über Cellini'sche Arbeiten der Scudo im Jahre 1552 zu 7 Lire, im Jahre 1554 aber zu 7 Lire 10 Soldi gerechnet wurde. Tassi Vita di Benvenuto Cellini III. 36 u. 75[2].

Wenn sich durchschnittlich, namentlich für das fünfzehnte Jahrhundert, nur

---

[1] In Bezug auf die öfter vorkommende Benennung eines schweren Dukaten (ducato lurgo) sei hier nur bemerkt, dass im Jahre 1520 nach dem Münzfuss von Parma 20 Dukaten zu 100 Lire, 20 schwere Dukaten dagegen zu 107 Lire gerechnet werden. Pungileoni Memorie di Correggio II. 169–172.

[2] Die Scudi del sole, welche in dem Testamente des Lionardo da Vinci vom Jahre 1518 vorkommen, werden in dem ferraresischen Münz-Edikt vom Juli 1523 auf 3 ferraresische Liren und 7 Soldi geschätzt (de Coronae seu Scudi del Sole), wogegen der Dukaten von Venedig auf 3 Lire 11 Soldi und der von Modena auf 3 Lire 8 Soldi derselben Währung bestimmt werden. Vincenzo Bellini dell'antica lira ferrarese. Ferr. 1754.

eine sehr mässige Honorirung der Künstler ergiebt, so scheint die Betriebsamkeit und der Fleiss dieser selbst auf der einen, und das verhältnissmässig sehr grosse und allgemeine Bedürfniss von Kunstwerken auf der anderen Seite doch dahin gewirkt zu haben, dass wir die Künstler, wenn ihr Ruf einmal begründet war, meist in einer anständigen und ehrenvollen Wohlhabenheit erblicken; namentlich geht aus den zahlreichen auf diese Verhältnisse bezüglichen Schätzungsdokumenten bei Gaye hervor, dass eine grosse Anzahl der namhaften Künstler Grundbesitz hatte. Die Veränderungen, welche seit dem Beginne des sechszehnten Jahrhunderts auf fast allen Gebieten des Lebens vor sich gingen, machten sich auch in dieser Beziehung für die Künstler geltend. Wie das ganze Leben nämlich einen grossartigeren und glänzenderen Charakter annahm, so erhoben sich auch die Künstler mehr als bisher zu ungemein glänzenden Stellungen, glänzend nicht bloss durch hohe Anerkennung und Ehre, sondern auch durch pekuniären Gewinn. Mit der Lust an der Kunst und an dem Besitz von Kunstwerken hatten sich auch die Mittel gesteigert, dieselben zu befriedigen. Verschwendung, Luxus und Pracht aber waren ohne Beförderung und Bethätigung der Kunst damals kaum denkbar. So sehen wir denn die grossen Künstler jener Zeit sich der Vortheile dieser allgemeinen Zeitverhältnisse in mehr oder weniger glücklichen und glänzenden Lebensstellungen erfreuen; die Briefe Raffaels, Michelangelos und namentlich Tizians und die dazu gehörigen Erläuterungen werden dies vielfach bestätigen [1]). Im Ganzen aber hat sich dieses Verhältniss, wie der Geist jener Kunstübung selbst, nicht lange unverändert erhalten. Schon um die Mitte des sechzehnten Jahrhunderts lässt sich vielmehr ein gewisser Wechsel bemerken, der wie die Umwandlung des Styles auf das Engste mit einer Erscheinung zusammenhängt, die man als eine Ueberproduktion in der Kunst bezeichnen kann, und auf deren Folgen im Verlaufe des Werkes selbst mehrfach hingewiesen wird. Die eine dieser Folgen war die, dass die Preise, um in dem industriellen Gleichnisse zu bleiben, wieder etwas heruntergingen. Wir finden allerdings einzelne Kunstwerke noch mit auffallend hohen Preisen honorirt. Aber während in solchen Fällen der persönlichen Vorliebe und Neigung einzelner Personen Rechnung getragen werden muss, ist es im Ganzen und Grossen nicht zu bezweifeln, dass die Werthschätzung künstlerischer Produktion überhaupt — materiell genommen — damals wieder auf einen geringeren Maassstab zurückgeführt worden sei. Daher die in den Briefen der Künstler jener Zeit nicht seltenen Klagen über zu geringe Bezahlung und über das Ausbleiben von Gehaltszahlungen. Daher die Erscheinung, dass einzelne und zwar selbst tüchtige Künstler bei aller ununterbrochenen Thätigkeit in Mangel, Noth und Dürftigkeit verfallen können. Immer aber bleibt die Stellung des Künstlers hoch geachtet und ehrenvoll, wie dies zahlreiche Beispiele in den nachfolgenden Briefen ergeben werden.

---

[1]) *Correggio* nimmt, wie wir weiter unten noch ausführlicher zeigen werden, allerdings eine weit bescheidenere Stelle ein. Alles aber, was über seine Armuth und Dürftigkeit erzählt, gedichtet und gemalt worden ist, beruht lediglich auf Uebertreibung.

Wirft man von diesem Standpunkte aus einen allgemeinen Blick auf den Verlauf der Kunstentwickelung während des XV. und XVI. Jahrhunderts, namentlich in Italien, so muss man gestehen, dass die damalige Stellung der Künstler eine in vielfacher Beziehung günstige gewesen sei. Es kamen in jener Zeit gar viele Umstände zusammen, dem Künstler sein Verhältniss zum Leben und zur Kunst selbst sehr wesentlich zu erleichtern, seine Lage im Vergleich mit andern Perioden sehr vortheilhaft zu gestalten. Einmal nämlich hatte das Leben selbst, das öffentliche sowohl, als das private, persönliche, sich so reich und schön gestaltet, dass der Künstler von früh an gleichsam von künstlerischen Eindrücken umgeben war. Sodann war die ganze Richtung der damaligen Zeit eine vorwiegend künstlerische. Von allen Perioden der Geschichte hat darin keine eine grössere Aehnlichkeit mit der Blüthezeit des griechischen Volkes und der griechischen Kunst, als das XV. und die erste Hälfte des XVI. Jahrhunderts. Denn wie die Griechen ihre künstlerische Anlage und Betähigung nicht bloss auf dem Gebiete der bildenden Künste als solcher bethätigten, sondern ihr ganzes Leben und ihre ganze Existenz künstlerisch gestalteten, und wie sie gerade dadurch in der speciellen Kunstübung zum Gipfel der Vollendung gelangten:, so waren auch die Menschen in dem von uns behandelten glücklichen Zeitalter an sich künstlerisch organisirt, und die künstlerische Gestaltung beschränkte sich nicht bloss auf die specielle Kunstübung in Architektur, Skulptur und Malerei, sondern erstreckte sich auf alle Kreise und Verhältnisse des Lebens, der Anschauungen, der Ueberzeugungen. Ein schöneres Loos aber kann dem Künstler nicht geboten werden, als in einer solchen empfänglichen und gleichgestimmten Zeit zu schaffen und zu wirken. Dann ist die Kunst wirklich ein Bedürfniss, und der Künstler, der dies Bedürfniss seiner Zeit befriedigt, darf des freudigsten Entgegenkommens und der schönsten Erfolge gewiss sein. Und so mag denn auch, ausser der Blüthezeit der Griechen, keine andere Periode so reich an Kunstliebe, Kunstsinn und Kunstverständniss gewesen sein, als das von uns besprochene Zeitalter, und die Künstler erfreuten sich im reichsten Maasse der Vortheile einer solchen Zeitrichtung. Aber nicht Alles verdankten sie der Verbindung so glücklicher äusserer Umstände. Man würde ihnen Unrecht thun, wenn man ihrem eigenen Verdienste nicht einen eben so grossen Antheil an jenen Erfolgen beimessen wollte. Von dem künstlerischen Verdienst als solchem soll hier nicht gesprochen werden. Die liebevolle Hingabe und die rastlose Arbeit des Studiums, das unermüdliche Bestreben, das Kunstgebiet nach allen Seiten hin zu erweitern, dies Alles hat die Kunstgeschichte schon oft als die wesentlichsten Eigenthümlichkeiten und zugleich Verdienste der damaligen Periode anerkannt. Wohl aber verdient ein anderer Punkt hier besonders hervorgehoben zu werden. Es ist die Achtung vor der Wissenschaft, die Theilnahme an der Gesammtbildung der Zeit, der rege Verkehr mit deren Vertretern. Hierin liegt ein grosses Verdienst der Künstler und zugleich ein sehr wesentlicher Grund zu der hohen Kunstblüthe jener Zeit überhaupt. Denn der werkthätige Künstler wird dadurch über die Grenzen der Werkstatt hinausgeführt und in Verbindung

gesetzt mit den Bildungselementen, die in seiner Zeit wirken und thätig sind,
namentlich aber in einer Zeit, welche, wie die damalige, noch der Mittel zu
einer so allseitigen und raschen Kommunikation für den Gedanken entbehrte,
wie sie die Gegenwart besitzt. Da war es vor Allem der persönliche Verkehr
mit den Spitzen und Vertretern dieser allgemeinen Zeitbildung, der dem Künstler
nothwendig war, und zu welchem beide Seiten durch die Ueberzeugung getrieben
wurden, dass ihre, der Wissenschaft und der Kunst, Aufgabe enge verwandt,
ja im Grunde eine und dieselbe sei. Und in der That, dem aufmerksamen
Beobachter wird jene Uebereinstimmung zwischen der allgemeinen Bildung und
der Kunstübung jener Zeit nicht entgehen können. Man bedenke nur, von wie
ausgedehnter Wichtigkeit für jene Periode die Wiederbelebung des klassischen
Alterthumes war. Zu dieser hatten nicht etwa zufällige Umstände, wie die Eroberung Konstantinopels und die Vertreibung der griechischen Gelehrten, allein
die Veranlassung gegeben. Der eigentliche Grund lag tiefer in dem Bewusstsein
der Zeiten selbst, und es war vielmehr eine weltgeschichtliche Nothwendigkeit,
dass durch die Bildung des klassischen Alterthumes zu der Bildung der neueren
Zeit hindurchgegangen werden musste. Daher denn auch die Macht antiker
Ideen inmitten einer christlichen Welt und an dem Sitze des Hauptes der
Christenheit selbst. Daher der antike Anstrich selbst des öffentlichen Lebens,
wie er sich in jenen Festzügen bekundete, bei denen ein Lorenzo de' Medici
im Chore junger Mädchen einherschreiten konnte, oder wie er sich in jenem
poetischen Wettkampfe aussprach, den Pietro de' Medici ganz in der Weise
griechischer Agonen in Florenz veranstaltete. An dieser Bildung nun und an
der Arbeit, dieselbe zu erringen, nahmen die Künstler Theil wie die Gelehrten,
und daher stellt sich diese ganze Entwicklungsperiode des menschlichen Geistes
eben in der Kunstübung, und man kann sagen, an den Personen bestimmter
Künstler jener Zeit so vollständig klar und anschaulich dar. Es mag hier nur
an Leon Battista Alberti erinnert werden, der uns, wenn wir die nachfolgenden
Mittheilungen über ihn mit seiner als bekannt vorausgesetzten Bedeutung in der
Kunstgeschichte zusammenhalten, als vollkommenes Bild jener gesammten Zeitbildung gelten kann. So steht Leonardo da Vinci gleichsam als Inbegriff aller
Bildungselemente da, die überhaupt in jener Zeit wirksam waren. So hatten
Michelangelo daran Theil und Raffael. Und um auch auf das schöne und an-
sprechende Verhältniss zwischen den Vertretern der wissenschaftlichen Bildung
und den Künstlern noch einen Blick zu werfen, so hat schon Ranke auf die
Wichtigkeit jener in Italien damals so häufigen literarischen Vereinigungen und
auf deren unberechenbaren Einfluss auch auf die künstlerische Entwicklung
aufmerksam gemacht. „Bald um einen Fürsten,“ sagt derselbe in dieser Beziehung, „bald um einen ausgezeichneten Gelehrten, bald um irgend einen
literarisch gesinnten, bequem eingerichteten Privatmann, zuweilen auch in freier
gleicher Geselligkeit bilden sie sich: am meisten pflegen sie werth zu sein,
wenn sie frisch und formlos aus dem unmittelbaren Bedürfniss hervorgehen:
mit Vergnügen verfolgen wir ihre Spuren.“ In wie ausgedehntem Maasse die

Künstler aber bei solchen Vereinigungen betheiligt waren, davon werden sich in den nachfolgenden Mittheilungen zahlreiche Belege finden. Und zu grösseren Vereinigungen der Art, wie im Hause Lorenzo des Prächtigen oder am Hofe zu Urbino, am gastlichen Herde des Baccio d'Agnolo oder in den Gärten der Ruccellai, werden sich die engeren und persönlicheren Beziehungen gesellen, wie sie zwischen dem Grafen Castiglione und Raffael, Michelangelo und Giulio Romano; zwischen Pietro Bembo, Paolo Giovio, Benedetto Varchi und Vincenzo Borghini einerseits und zahlreichen Künstlern andrerseits stattgefunden haben, Beziehungen, die in den nachfolgenden Korrespondenzen häufig hervortreten und deren Bedeutung für die Kunstgeschichte nicht hoch genug angeschlagen werden kann. Ein solcher Verkehr zog die Künstler mit in den Kreis der wissenschaftlichen Bewegung hinein, so dass sie gleichsam die Blüthen von den Arbeiten ihrer gelehrten Genossen und Freunde einsammeln und denselben in ihren Werken eine Stätte bereiten konnten. So nahm einerseits die Wissenschaft ein künstlerisches Gepräge und andrerseits die Kunst das geistiger Bildung an. Die fertigen Resultate dieser Bildung wurden in die künstlerische Thätigkeit übertragen und ohne dass die Künstler den Anspruch machten, Philosophie und Weltgeschichte zu dociren, ohne dass der Naivetät des künstlerischen Schaffens irgendwie Abbruch geschehen wäre, konnte der gesammte Bildungsprocess und der ganze Ideengehalt ihrer Zeit an ihren Werken zur vollendeten und schönen Erscheinung gelangen.

··─◆─··

I.

OTTAVIANO MARTINI NELLI AN CATERINA, GRÄFIN VON MONTEFELTRE UND URBINO.

Urbino, 30. Juni 1434.

Ich habe Euren gütigen Brief erhalten, wodurch Ihr mich an die Figuren erinnert, die ich Ew. Herrlichkeit zu machen versprach. Als Euer Diener Pietro mich antrat, war ich zu Pferde, indem ich gerade ein Geschäft zu besorgen hatte. Ich konnte ihm also nicht alle meine Gründe ausführlich sagen und sage sie nun Ew. Herrl. selbst.

Als Ew. Herrl. von Gubbio abreiste, hatte ich, wie Ihr wisst, die Kirchenfahne[1]) zu vollenden. Als ich sie vollendet hatte, ging ich ausserhalb Gubbios, um eine kleine Arbeit auszuführen, welche ich schon seit länger als einem Jahr versprochen hatte; und da jene nicht länger darauf warten wollten, wäre sie mir verloren gegangen, wenn ich nicht jetzt, um sie zu vollenden, hingegangen wäre. Nun dachte ich bei mir, dass Eure Gütigkeit mich entschuldigen würde, weil ich glaubte, bei Ew. Herrl. Rückkehr nach Gubbio Eure Arbeit und die für Euren Sohn, meinen Herrn, fertig zu haben. Damit aber Eure fromme Absicht erfüllt werde, so beeile ich mich jetzt, mit Eifer und Wärme[2]) die Arbeit zu vollenden und Eurem Willen Genüge zu thun.

Zu S. Erasimo aber befindet sich kein Mensch, und ich muss Alles selbst besorgen, Kalk und Sand einrühren[3]) und dahin bringen lassen, wie auch Holz, um das Gerüst zu machen. Es würde mir also sehr lieb sein, wenn Ew. Herrl. den Mönchen von S. Ambrogio schriebe, dass sie mir diese Dinge besorgen sollten, oder vielleicht Euer Verwalter. Wo nicht, so werde ich es, so gut ich kann, selbst thun, indem nie ein Diener seiner vortrefflichen Herrin lieber

---

[1]) Gual.: el paleo; Gaye: palio, d. h. ein Tuch, welches vor dem Altar aufgespannt und auch als Kirchenfahne benutzt wurde. Muratori Antiq. Ital. VI. 205.

[2]) Gual.: memoro caldo; Gaye: mi metterò; Guhl vermuthete: me ne eo statt me ne caldo.

[3]) Gual.: calce e rena fare dealare; Gaye: el ridare; Guhl vermuthete, dass e tridare Dialektform für tridere (wie z. B. häufig essare statt essere) zu lesen, in dem Worte tridere aber das nicht mehr gebräuchliche Stammwort des Compositums intridere (einrühren) zu erkennen sei.

diente, als ich Ew. Herrl., und so mögt Ihr mich für Euren treuen und ergebenen Diener halten, soweit meine Kräfte reichen.[1)]

Ueber die Arbeit, die Ihr zu S. Erasimo wünscht, glaube ich durch Euren Sohn, meinen Herrn, unterrichtet zu sein — nämlich mein Herr kniend vor S. Erasimo mit seinem Diener und seinem Pferde, und so habe ich auch noch einige andere Dinge im Gedächtniss, die Ew. Herrl. will, und Gott wolle mir die Gnade verleihen, dass ich das Werk ganz zum Wohlgefallen Ew. Herrl. vollenden möge.

Gaye Cart. I. p. 130. Gualandi Nuova Raccolta I. p. 7. — OTTAVIANO, Sohn des Martino Nelli aus Gubbio, ist einer der frühesten Maler der umbrischen Schule, die sich in stilistischer Hinsicht an die strenge, altsienesische anschloss und sich nur in technischer Hinsicht weiter entwickelte. „Die Umbrier setzten ihren ganzen Ehrgeiz in die Pracht der Farbengegensätze, die Fülle und Zartheit der Zierrathe, Sauberkeit der Zeichnung und milde Verarbeitung der Fleischtöne; Gruppirung, Verjüngung der Formen oder körperliche Wirkung durch Licht und Schatten werden hinter dem Vortrag eintöniger Zartheit und gezierter Anmuth weit zurückgestellt." Sein erstes datirtes Werk ist ein Wandgemälde in S. Maria Nuova in Gubbio, die Madonna mit dem Kinde von Engeln und Heiligen umgeben. Es trägt die Inschrift: OTTAVIANVS. MARTIS. EVGVBIANVS. PINXIT. ANO. DNI. MCCCCIII. Vier Jahre war OTTAVIANO in Perugia für den Herzog Gian Galeazzo von Mailand mit der malerischen Ausschmückung von Waffenhaltern beschäftigt gewesen. Seine Geburt wird darnach etwa um das Jahr 1370 anzusetzen sein. 1410 wurde er zum Consul von Gubbio gewählt. OTTAVIANO war, ausser in Gubbio, noch in Urbino, Fuligno (Freskobilder aus der Legende der hl. Jungfrau in der Schlosscapelle des Corrado de' Trinci vom Jahre 1424) und in Assisi thätig. Er starb im Jahre 1444. Crowe und Cavalcaselle It. Malerei, IV. 1. p. 98—103. — Die Kirche des hl. Erasimus, von der in dem Briefe die Rede ist, ist noch erhalten und liegt etwa vier Miglien von Urbino entfernt. Von den Malereien indess, die er daselbst ausgeführt, ist keine Spur mehr vorhanden. Die Gräfin Catharina, in deren Auftrag der Künstler jene Arbeit unternommen, war die Tochter des Fürsten Lorenzo Colonna und Nichte des Papstes Martin V., seit dem Jahre 1424 an den Grafen Guid' Antonio von Montefeltro verheirathet († 1434). So sehr sie selbst wegen ihrer Frömmigkeit gerühmt wird, so übel berüchtigt war ihr ebenfalls in dem Briefe erwähnter Sohn Oddantonio, erster Herzog von Urbino, dritter Herr von Gubbio, ermordet im Jahre 1444. Vgl. Dennistoun memoirs of the dukes of Urbino I. p. 19. — Der Brief ist unterzeichnet „Otavianus pictor Egubinus".

[1)] Gual.: *ista la mi passa*; Gaye: *iusta lami passa*, d. h. in der neueren Sprache *giusta la mia possa*.

2.

JACOPO DELLA QUERCIA AN DIE SIGNORIE VON SIENA.

[Lucca], 4. April 1437.

Erhabene und mächtige Herren!
Meine besonderen Herren!

Meine getreuen und unterthänigen Empfehlungen im Voraus! Ich bin gewiss, dass Ew. Erhabenheiten schon von dem, was sich hier zu Lande Neues zugetragen, unterrichtet sind, jedoch soll nichts desto weniger, wie man zu Bologna sagt, durch mich, Ew. Erh. Diener, dasjenige angezeigt werden, was man hier vernimmt.

Es ist wahr, dass man es hier für gewiss hält, dass die Truppen der Venezianer bis zum Flusse Adda[1]) gekommen sind, mit vier Holzbrücken und vier Bollwerken[2]), was alles im Geheimen gemacht und hingeschafft worden ist, und so schlugen sie eine Brücke über den besagten Fluss, über welche ungefähr gegen viertausend Mann zu Fuss und zu Pferde rückten und die vier Bollwerke mit sich auf das andere Ufer des Flusses führten.

Nachdem der Herzog von Mailand die vorbesagten Dinge vernommen, verordnete er sogleich, dass eine Fähre an eine Galeone befestigt werde, welche erstere man dann anzündete und bis zu der Brücke gehen liess. Dort wurde sie von der Galeone festgehalten, so dass das Feuer der Fähre alles in Gluth setzte und die besagte Brücke ganz in Flammen aufging. Darauf erfolgte denn, dass jene Truppen des Herzogs, die schon auf den gegebenen Befehl bereit standen, die Feinde angriffen, so dass alle diejenigen, welche auf die andere Seite des Flusses gegangen waren, theils gefangen, theils getödtet wurden. Und so wurden auch die vier Bollwerke genommen, und die vier Brücken verbrannten ganz und gar, und die übrigen Truppen der Venezianer gingen ihrer Wege und kehrten zurück. Darauf begab es sich denn, dass noch mehr Galeonen des Herzogs auf dem Po anlangten und sich in's Mantuanische begaben und grossen Schaden in jener Gegend angerichtet haben, indem sie zerstörten und verbrannten, was ihnen nur irgend möglich war.

Und überdies erzählt man sich hier, dass am Sonntag der Oelzweige der Doge von Genua nach der Kirche S. Domenico gegangen sei, um mit seinem Gefolge den Oelzweig zu holen, und dass Messer Battista di Campofregoso, sein Bruder, auf den Marktplatz gelaufen sei und gerufen habe: „es lebe der Herzog von Mailand und die Freiheit von Genua!" und der Doge sei in seinem Palaste geblieben, und Messer Battista sei seine Sache gelungen, das Volk von Genua unter den Waffen und der Feldhauptmann Niccolò Picino in das Land eingerückt, und man sagt er habe schon zwei genuesische Castelle eingenommen. Und das

---

[1]) Im Text *Dada*, wofür *d'Adda* zu lesen.
[2]) *Bastie*.

sind die hiesigen Neuigkeiten, wenn wir noch mehr anderes erfahren, so werden
wir Ew. Erh. Nachricht davon geben.

Im Dienste Ew. Herrlichkeit

Jacopo,

Ritter und Werkmeister der Kathedrale von Siena.

Jacopo oder Giacomo della Quercia (1371—1438), der Sohn des Gold-
schmieds Pietro d'Angelo di Guarnieri auch della Fonte genannt nach seinem
schönsten Werke, der Fonte Gaja, vormals auf der Piazza del Campo, jetzt im
Sculpturenmuseum des Doms, gehört zu den grossen Meistern, welche die
Renaissance der Sculptur vorbereiteten. Während seine Formensprache noch in
der Gothik befangen war, wusste er seinen Gestalten bereits dramatisches Leben
und eine tiefere Beseelung zu verleihen. Zu seiner Charakteristik s. besonders
B o d e in „Beiträge zu Burckhardts Cicerone, III. Aufl. Leipzig 1874" und
P e r k i n s Tuscan Sculptors I. p. 103—111.

Dass er in den Ritterstand erhoben und zum Werkmeister der Kathedrale
ernannt worden sei, erzählt, ohne Angabe der Zeit, auch V a s a r i. Aus einem
Dokumente bei G a y e Carteggio I. 135 geht hervor, dass über die Ertheilung
dieser Würden schon im Februar des Jahres 1435 im Rathe der Stadt Siena
verhandelt und das damit verbundene Gehalt auf hundert Gulden bestimmt
wurde. Der obige Brief des Jacopo befindet sich in der Bibliothek von
S. Michele bei Venedig und ist bei M i t t a r e l l i Bibliotheca codicum manuscriptorum monasterii S. Michaelis Venetiarum prope Murianum, Ven. 1779 p. 978
abgedruckt. Es kann derselbe als Beleg dienen, wie die Künstler, zu denen
ihr Vaterland, wie dies bei Jacopo Della Quercia der Fall war (Della Valle,
Lett. San. II, p. 151), besonderes Vertrauen hegte, bei ihrem Aufenthalt an
fremden Orten den Behörden ihrer Stadt als Agenten und Berichterstatter über
die politischen Ereignisse dienten [*].

Die Fakta, die Jacopo in unserm Briefe berichtet, werden auch anderweitig bestätigt. Sie beziehen sich auf die Kriegsunruhen, die damals zwischen
den Mailändern einerseits und den Florentinern und Venezianern andererseits
obwalteten und gleichzeitig ganz Italien erschütterten. Im Frühjahr 1437 war
der Krieg zwischen Mailand und Venedig ausgebrochen. Die im Briefe ge-
schilderte Niederlage der Venezianer hatte am 20. März d. J. stattgefunden,
wie in den Annal. Foroliviens. bei M u r a t o r i Ser. Rer. Ital. XXII. p. 219
angegeben wird, welche das Faktum selbst in entsprechender Weise erzählen.
In ähnlicher Weise werden auch die genuesischen Vorgänge bestätigt. Genua
war lange Zeit der Herrschaft der Mailänder unterworfen gewesen. Seit 1435
hatte es sich unabhängig gemacht, aber nur um in neues Gewirr bürgerlicher
Unruhen zu gerathen. Im Jahre 1437 hatte Thomas von Campofregoso sich
zum Dogen aufgeworfen; der Herzog von Mailand aber, um die Unruhen stets
wach zu halten, dessen Bruder Battista unter dem Versprechen seiner Unterstützung vermocht, sich selbst zum Dogen zu machen. Dies ist das Faktum,
das Jacopo Della Quercia erzählt. Aber der glückliche Erfolg von Battista's
verrätherischem Unternehmen, mit dem jener Bericht abschliesst, sollte nicht

---

[*] Vgl. den Brief eines Goldschmiedes Giacomo di Maestro Giovanni an die Signorie
von Siena aus Rom vom 16. Juni 1425, in welchem derselbe Bericht über die Ereignisse in Rom und Neapel erstattet. G a y e Cart. I. 98.

lange andauern. Das Volk wendete sich wieder zu Thomas zurück, der sich
dann auch mit seinem Bruder Battista wieder aussöhnte. Simonde de Sismondi histoire des répubbl. Ital. X. 57 ff.

Der Brief selbst hat in dem Original keine Ortsangabe. Mit ziemlicher
Gewissheit aber lässt sich annehmen, dass er von Lucca aus geschrieben sei,
welches damals der Zankapfel zwischen Mailand und Florenz war, deren Armeen
einerseits von Nicolò Piccinino, andrerseits von Francesco Sforza befehligt wurden.
In der Hoffnung, Lucca zu gewinnen, hatten nämlich die Florentiner den
Francesco Sforza hauptsächlich in ihren Diensten behalten. (Muratori Annal.
a. a. O. 1437. Simonde de Sismondi a. a. O. IX. 91 ff.). Der Ausgang
dieses Streites aber musste den Behörden und dem Volk von Siena von nun so
grösserer Wichtigkeit sein, als diese in steter Feindschaft mit Florenz lebten
und auch gegenwärtig Bundesgenossen des Herzogs von Mailand waren; für
Lucca aber konnte wiederum Niemand als Berichterstatter geeigneter sein, als Jacopo
della Quercia, der schon früh daselbst thätig gewesen und auch späterhin
noch einmal behufs grösserer Arbeiten dahin zurückgekehrt war (1413 und 1422).

3.

JACOPO DELLA QUERCIA AN DIE SIGNORIE VON SIENA.

Siena, 21. Februar 1438.

Euer geringster Diener Jacomo, Cavalier und Werkmeister des Baues
der Haupt- und Kathedralkirche Eurer herrlichen Stadt, sagt und setzt
vor Euch mit Ehrerbietung Folgendes auseinander. Wie es bekannt
ist, hat derselbe schon seit einiger Zeit zu S. Paul arbeiten lassen und
lässt daselbst auch noch Arbeiten ausführen, mit welchen er den Meister
Pietro di Tomasso, genannt del Minella, Euren Bürger, beauftragt hat. Durch
dessen Betriebsamkeit hofft er, es werde besagte Arbeit Förderung erhalten und
zu löblicher Vollendung gebracht werden. Und da es sich nun begeben hat,
dass dieser Meister Pietro durch Wahl zum Castellan von Capalbio geworden
ist, so würde, wenn derselbe sein Amt antreten wollte, die besagte Arbeit sehr
leicht Beeinträchtigung und zu grossen Aufschub erleiden.

Insbesondere weil es gegenwärtig nicht hinreichend genug andre Meister
in der Schnitz- und Laubarbeit giebt [1]), als zu besagter Arbeit und besagtem
Bau erforderlich sind, und wir uns doch nicht mit fremden Meistern versehen
wollen, wodurch noch mehr Aufschub und noch grössere Kosten veranlasst werden
würden, so bittet derselbe Antragsteller Ew. Herrlichkeit, es möge Euch gefallen, feierlich zu verordnen und durch Euren weisen Rathschluss anzubefehlen,
dass des besagten Meisters Pietro Wahl wieder rückgängig gemacht werde und
dass er auf mindestens zwei Jahre von besagtem Amt befreit bleiben solle.

So werden mit Gottes Hülfe die anderen Bürger, die durch ihren Eifer
und Fleiss jener Kunst kundig sind, sich genugsam überzeugen, wie sehr dies

---

[1]) G.: con. wofür son statt sono das richtige scheint. Milanesi e?.

der Vollendung jenes Werkes förderlich sein werde. Und Alles, was Ihr in der vorbesagten Angelegenheit thun werdet, werde ich als eine mir von Ew. Erl. Signorie gewährte Gunst betrachten, welche der Herr erhalten und nach ihren Wünschen beglücken möge.

Der von Gaye (Cart. I. p. 134) bekannt gemachte Brief zeigt uns den Jacopo della Quercia in seiner Thätigkeit als Werkmeister des Domes, indem er einen zum Weiterbau benöthigten Meister von einem Staatsamte frei zu machen sucht, zu dem derselbe erwählt worden ist. Wie wir nämlich im vorigen Briefe den Künstler selbst als Berichterstatter über politische Ereignisse kennen gelernt haben, so war es damals eine nicht minder häufige Erscheinung, dass in den italienischen Republiken Künstler durch die allgemeine Achtung zu öffentlichen und Staatsämtern berufen wurden, deren Uebernahme sie in ihrer künstlerischen Thätigkeit hinderte und die sie deshalb nicht selten von sich abzulehnen suchten. So z. B. der Goldschmied — die Goldschmiedekunst stand damals in eben so grossem Flor als Ansehen, und ist in vielen Fällen die Vorschule für die berühmtesten Bildhauer gewesen — Gio. Turini in einem an die Signorie von Siena gerichteten Briefe vom 13. November 1437 bei Gaye I. 132. Er war zum Castellan des Burgfleckens Manciana erwählt worden und hatte das Amt auch angenommen, als aber der Termin, dasselbe anzutreten (24. November), nahte, schrieb er der Signorie, dass es aus gewissen Gründen vortheilhafter wäre, wenn er nicht nach Manciana ginge, und dass man ihn deshalb vom Amte befreien möchte, was nach der Beischrift auf dem Dokumente („fuit obtenta") auch gewährt wurde. Ueber Turini s. Della Valle II. 237.

Als Probe des damaligen Geschäfts- und Curialstyls möge die Adresse des Briefes hier beigefügt werden. Sie lautet: „Dinanzi a voi Magnifici et potenti signori Signori Priori governatori del comune et capitano di popolo della città di Siena." — In dem ebenfalls bei Gaye I. 365 abgedruckten Testamente des Jacopo della Quercia wird sein Name und Titel folgendermaassen angegeben: Spectabilis Miles: Der ehrenwerthe Ritter, Herr Jacobus, Sohn des verstorbenen Pietro della Quercia, genannt Meister Jacomo della fonte, Werkmeister des Baues der Kathedralkirche der h. Jungfrau in der Stadt Siena. Aus den Büchern der Domwerkstatt geht hervor, dass Giacomo della Quercia am 20. October 1438 starb. — Bei Milanesi Documenti per la Storia dell' Arte Senese trägt der obige Brief das Datum des 2. Februar.

1.
DOMENICO VENEZIANO AN PIETRO DE' MEDICI.

Perugia, 1. April 1438.

Verehrungswürdiger und grossmüthiger Herr!

Nach Vorausschickung meiner pflicht-schuldigen Empfehlungen, benachrichtige ich Euch, dass ich durch Gottes Gnade gesund bin und lebhaft wünsche, auch Euch gesund und froh zu sehen. Viel und oftmals habe ich nach Euch gefragt, aber niemals etwas erfahren; nur dass ich Mauro Donati fragte und der mir sagte, Ihr befändet Euch in Ferrara und im besten Wohlsein, worüber ich eine grosse Freude gehabt habe. Und da ich nun erst einmal wusste, wo Ihr wäret, hätte ich Euch zu meiner Genugthuung und nach Schuldigkeit geschrieben.

Denn obschon es mir in meinen niedrigen Verhältnissen nicht gestattet ist, an Ew. Vortrefflichkeit zu schreiben, so giebt mir doch die vollkommene und treue Liebe, die ich für Euch und all die Eurigen hege, die grosse Kühnheit, Euch zu schreiben, indem ich erwäge, wie sehr ich Euch verpflichtet und verbunden bin. Gegenwärtig nun habe ich gehört, dass Cosimo entschlossen ist, eine Altartafel machen d. h. malen zu lassen, und eine herrliche Arbeit verlangt. Dies gefällt mir sehr und würde mir noch mehr gefallen, wenn es durch Eure Vermittelung möglich wäre, dass ich sie zu malen bekäme.

Und wenn dies geschieht, so hoffe ich zu Gott, Euch ein bewundernswürdiges Werk sehen lassen zu können, obschon wir vortreffliche Meister haben, wie Fra Filippo und Fra Giovanni, die aber jetzt mit vielen Arbeiten beschäftigt sind. Und insbesondere hat Fra Filippo eine Tafel vor, die für S. Spirito bestimmt ist, und die er, wenn er auch Tag und Nacht daran arbeitet, nicht in fünf Jahren fertig machen kann, so gross ist die Arbeit. Wie dem aber auch sei, der grosse und ernste Wunsch, den ich habe, Euch zu dienen, macht mich so vermessen, mich dazu zu erbieten. Und wenn ich es weniger gut, als irgend ein anderer mache, wer es auch sei, so will ich, ohne irgend Jemandem zu nahe zu treten, zu jeder verdienten Strafe verbunden sein und will auch dazu jede erforderliche Probe machen.

Wenn aber etwa die Arbeit so gross wäre, dass Cosimo sich entschlösse, sie mehreren Meistern zu geben, oder schon Jemanden hätte, dem er sie lieber gäbe, als einem andern, so bitte ich Euch, so viel es einem Diener möglich ist, seinen Herrn zu bitten, dass es Euch gefallen möge, als mein Beschützer und Helfer Euer Vermögen zu meinen Gunsten dahin aufzubieten, dass ich irgend einen Theil davon bekomme.

Denn wenn Ihr meine Begierde kenntet, irgend ein ruhmvolles Werk zu machen, und namentlich für Euch, so würdet Ihr mir darin gewiss günstig sein. Ich bin überzeugt, dass von meiner Seite nichts unterlassen werden wird. Ich bitte Euch, thut Euer Möglichstes dabei, denn ich verspreche Euch, dass Ihr Ehre mit meinen Arbeiten einlegen sollt. Anderes fällt mir für jetzt nicht bei — nur dass, wenn ich hier am Orte irgend etwas für Euch thun kann, Ihr über mich verfügen möget, wie über Euren Diener. Noch bitte ich Euch, es Euch nicht verdriessen zu lassen, mir über besagte Tafel Antwort zu geben, und vor allen Dingen gebt mir Nachricht von Eurem Wohlbefinden, das mir mehr als irgend etwas Anderes erwünscht ist.

Christus beschütze Euch und erfülle alle Eure Wünsche!

Es empfiehlt sich Euch als Euren ergebensten Diener
Domenico von Venedig, Maler.

Domenico Veneziano ist derselbe Maler, von welchem Vasari (Ausgabe von Milanesi [Firenze, Sansoni] II. p. 678 f.) erzählt, dass ihn Andrea del Castagno (1390—1457) ermordet habe. Beide sollen gleichzeitig in dem Chor der Kirche S. Maria Nuova in Florenz Fresken gemalt haben. Der von Natur sehr jähzornige Andrea soll aus Eifersucht dem Domenico an einer Strassenecke aufgelauert und ihn erschlagen haben. Diese Mordgeschichte widerlegt sich einfach durch die urkundlich beglaubigte Thatsache, dass Domenico am 15. Mai 1461, also vier Jahre nach Andrea, in Florenz gestorben ist. Auch haben beide nicht gleichzeitig in S. Maria Nuova gearbeitet, sondern Domenico sechs Jahre früher (1445) als Andrea del Castagno. S. Crowe und Cavalcaselle It. Malerei, III. 39. — Domenico Veneziano, dessen Geburtsjahr unbekannt ist, hielt sich, als er den obigen Brief schrieb, in Perugia auf, um in dem Hause der Familie Baglioni Malereien auszuführen, die indessen schon zu Vasaris Zeiten zerstört waren. Die in sehr anerkennender Weise genannten gleichzeitigen Maler sind Fra Filippo Lippi und Fra Giovanni Angelico da Fiesole. Das Bild, welches Fra Filippo damals für St. Spirito in Arbeit hatte, war von Gherardo di Bartolommeo Barbadori gestiftet, der es für seine Familienkapelle in St. Spirito bestimmt hatte. Wenn Domenico sagt, Fra Filippo hätte noch fünf Jahre daran zu arbeiten, so scheint darin eine absichtliche Uebertreibung zu liegen, um Pietro de' Medici zu seinen Gunsten zu captiviren. Fra Filippo war nämlich verpflichtet, das Bild in Jahresfrist abzuliefern. Crowe It. Malerei, III. 58. Das Altarbild Fra Filippos befindet sich jetzt im Louvre No. 221, die dazu gehörige Predelle in der Akademie zu Florenz, Gall. der gr. Gem. No. 42. — Pietro de' Medici, an den das Schreiben gerichtet ist, ist der Sohn des Cosimo, des „Vaters des Vaterlandes", und Vater Lorenzo's. Wie jene beiden, war auch er Beschützer und Kenner der Künste, wie er denn auch mit den Künstlern selbst in mannigfachem freundschaftlichem Verkehr stand (vgl. Einleitung und Brief 5 und 8). Was das von Cosimo zu stiften beabsichtigte und von Domenico nicht näher bezeichnete Bild anbelangt, so ist es vielleicht dasjenige, welches er an die Kirche S. Domenico zu Cortona schenkte und für welches ein Dankschreiben der Priori von Cortona an Cosimo vom 26. December 1438 existirt (abgedruckt bei Gaye I. 140) und würde dasselbe vielleicht in einer Tafel mit Seitenflügeln, die Krönung der Maria darstellend, zu erkennen sein, welche sich noch jetzt in S. Domenico hinter dem Hauptaltar befindet und folgende Inschrift trägt: „Chosimo e Lorenzo di Medici da Firenze ano dato cinesta tavola a frati di S.to Domenicho dell' osservanza da Chortona perl'anima loro e di loro passati MCCCCXXXX." Gaye p. 141. Lorenzo ist der jüngere Bruder Cosimos.

Ob die Bewerbung des Domenico übrigens Erfolg gehabt und ihm die Ausführung des Bildes übertragen sei, lässt sich nicht mehr entscheiden. Ist die Tafel in S. Domenico wirklich das in Rede stehende Bild, so scheint der Styl desselben, der nach Gaye dem des Taddeo di Bartolo ähnlich sieht, ohne dass dieser es aber gemalt hat, gerade nicht für einen solchen Erfolg von Domenico's Bemühung zu sprechen. Doch hat er vielleicht durch den Einfluss der Mediceer den Auftrag zur Ausmalung des Chors von S. Egidio in Sa. Maria Nuova erhalten, wo er 1439 bis 1445 thätig war. Diese Fresken, bei denen er Leinöl verwendete, woranf die Nachricht Vasaris, Domenico habe bereits die flandrische Oeltechnik von Antonello da Messina gelernt, zu reduciren ist, sind ebenfalls untergegangen. Von Domenicos übriger Thätigkeit sind nur wenige Denkmäler erhalten. Das bedeutendste ist ein Altarbild in S. Lucia de Bardi in Florenz, welches die Madonna mit dem Kinde und die Heiligen Johannes den Täufer, Franziskus, Nicolaus und die Schutzpatronin der Kirche darstellt. Das Bild ist inschriftlich beglaubigt als „*opus Domenici de Venetiis*". Von Crowe und Cavalcaselle werden ihm noch drei Madonnenbilder zugeschrieben. — Gaye Cart. I. 136.

— —

5.

FRA FILIPPO LIPPI AN PIETRO DE' MEDICI.

Florenz, 13. August 1439.

Als Antwort auf den Brief, den ich Euch geschickt hatte, habe ich einen von Euch erhalten, den ich dreizehn Tage schmerzlich erwartet und viel Schaden davon gelitten habe. Ihr erwidert mir schliesslich, dass Ihr über das Bild keinen andern Entschluss fassen könnt, und dass ich es Euch aufbewahren soll. Ich befinde mich, bei Gott! sehr übel bei dieser Auskunft, wenn ich abreise und Ihr mir keinen Quattrin mehr geben könnt. Ich bin darüber aus mehreren Gründen tief betrübt gewesen; und einer davon ist der, dass es ganz klar ist, dass, wenn irgend einer, ich zu den ärmsten Mönchen von Florenz gehöre. Denn Gott hat mir sechs Nichten gegeben, alle mannbare Mädchen, noch unverheirathet, und schwach und nutzlos, und ihr einziges bischen Gut bin ich.

Wenn ich mir in Eurem Hause ein wenig Getreide und Wein, den Ihr mir verkaufen sollt, geben lassen könnte, so würde es mir eine grosse Freude sein und ich würde es bei unserer Berechnung mit ansetzen. Ich beschwöre Euch darum mit Thränen im Auge, damit ich bei meiner Abreise es den armen Kindern zurücklassen kann. Auch benachrichtige ich Euch, dass ich mit Don Antonio del Marchese zusammen gewesen bin; ich wollte von ihm erfahren, was er für mich thun wollte. Er sagte, dass, wenn wir in die Dienste des Marchese gingen, er einem Jeden von uns fünf Gulden geben wollte, und dann, wie ich von Hause weggehe, sehe ich, dass ich mir nicht ein Paar Schuhe machen lassen könne.

Ich bitte Euch, lasst Euch ein paar Zeilen an Ser Antonio nicht zu beschwerlich sein, damit ich ihm dadurch empfohlen werde. Und sagt ihm zur Antwort, dass ich gleich von hier den Tag darauf abreisen wolle; denn ich bin gewiss, dass, wenn ich acht Tage hier bleibe, ich sterben muss. Eine so grosse Furcht habe ich.

Um Gott, lasst mir Eure Antwort in Eurem Hause zurück, wo ich auch diesen Brief abgebe, damit es mir nicht damit wie mit dem andern ergehe.

Der bei Gaye I. 111 abgedruckte Brief zeigt uns den sonst als lockeren und übermüthigen Lebemann bekannten Künstler in grosser Noth und Sorge, obschon er nach dem etwa ein Jahr zuvor geschriebenen Briefe des Domenico Veneziano mit einem grossen umfangreichen Werke beschäftigt war. Der leicht-

sinnige Künstler, der sich die grössten Ausschweifungen zu Schulden kommen
liess, wurde wahrscheinlich von seinen Gläubigern gedrängt. Daher der
ängstliche Ton des Briefes. Dass er, um das Mitleid des Mediceers zu erwecken,
auf seine sechs Nichten hinweist, scheint mehr ein schlaues Manöver zu sein, als
für seine Sorge für Familienangehörige zu sprechen. Ueber seinen Charakter
s. Crowe Ital. Mal., III. S. 52 ff. Der Genosse, der mit ihm gehen will, ist
wahrscheinlich der Carmeliter-Mönch Fra Diamante, einst in S. Maria del Car-
mine gleichzeitig mit ihm Novize, mit dem er nach Vasari zu Prato und in
der Umgegend beschäftigt war.

Mit den Mitgliedern der Familie Medici war er nahe befreundet, was manche
Geschichtchen beim Vasari bezeugen; wie er hier mit Bitten sich an Pietro
wendet, so stand er später nach Pietros Tode mit Giovanni und Lorenzo dem
Prächtigen in Verbindung. Vgl. den folgenden Brief.

6.

FRA FILIPPO LIPPI AN GIOVANNI DE' MEDICI.

Florenz, 20. Juli 1457.

Maria Virgo!

Ich habe Alles, was Ihr mir in Bezug auf die Tafel aufgetragen habt
ausgeführt und mich auf Alles vorbereitet. Der h. Michael ist so weit
vollendet, dass ich wegen seiner Waffen, die von Gold und Silber
sind wie auch seine übrigen Gewänder, bei Bartolomeo Martelli gewesen
bin; er meinte, er würde wegen des Goldes und des Uebrigen, was noch
nöthig wäre, mit Ser Francesco sprechen, und ich sollte nur Alles machen, was
Euer Wille sei. Und ersterer hat mich sehr getadelt, indem er mir zeigte, dass
ich Unrecht gegen Euch hätte. Nun aber, Giovanni! bin ich hier ganz zu
Euren Diensten und werde mit Erfolg arbeiten. Ich habe von Euch vierzehn
Gulden erhalten und Euch geschrieben, dass sich die Ausgaben auf dreissig
belaufen würden; und dabei möge es auch bleiben, indem die Arbeit schön an
Zierrathen ist.

Ich bitte Euch um Gottes Willen, verlasst Euch auf Bartolomeo Martelli,
der die Aufsicht über dies Werk hat, und wenn ich irgend etwas zur Förderung
des Werkes bedarf, so werde ich zu ihm gehen und er soll es sehen. Ich werde
ihm Ehre damit machen und habe ihm gesagt, dass er zwischen Euch und mir
mein Bürge sein möchte. Und er meinte, er sei damit zufrieden und wolle es
thun, nur müsste ich mich damit beeilen und Euch überdies davon schreiben.
Scheint es Euch also, so thut es, denn ich feiere jetzt, indem ich kein Gold
mehr habe, noch Geld, um solches auf dem Bilde anbringen zu lassen. Ich
bitte Euch also, lasst mich nicht länger mehr stille sitzen; es ist schon drei Tage
her, dass ich gar nichts mehr thue und hier warte.

Wenn es Euch ferner scheint, dass ich Alles auf meine Kosten, die sich
wie gesagt auf dreissig Gulden belaufen, machen lassen soll, so sollt Ihr mir

sechzig schwere Gulden für das Bild geben, ganz und gar vollendet, mit Inbegriff des Rahmens, des Goldes und der Malerei [*]), und besagter Bartolomeo soll obbesagte Besorgung übernehmen, und so werde ich es mit wenigen Umständen und Sorge für Euch bis zum zwanzigsten August von meiner Seite vollendet haben und Bartolomeo soll mein Bürge sein. Und wenn ich diese Auslagen nicht zu machen habe, so begnüge ich mich mit dem, was Euch scheint.

Damit Ihr aber wohl unterrichtet seid, schicke ich Euch die Zeichnung, wie der Rahmen gemacht wird und wie hoch und breit er werden soll. Und ich will aus Liebe zu Euch nicht mehr von Euch nehmen, während die Arbeit, wie Ihr jeden Andern fragen könnt, hundert Gulden werth ist. Ich bitte Euch zu antworten, denn ich komme hier um und möchte gern abreisen. Und wenn ich in meinem Schreiben zu anspruchsvoll gewesen sein sollte, so verzeiht mir. Ich meinerseits werde immer so viel oder so wenig thun, als Ew. Herrl. angenehm sein wird.

Der von Gaye I. 175 mitgetheilte Brief ist von einer kleinen Federzeichnung des Altarblattes begleitet, welches die in Gemeinschaft zweier Heiligen das Kind anbetende Madonna darstellt. Die Angst, die auch aus diesem Briefe spricht, ist, wie wir dieses Mal nachweisen können, wiederum auf das Drängen der Gläubiger zurückzuführen, die den ewig in Schulden steckenden Karmelitermönch nicht losliessen. Ser Francesco Catansanti, der in dem Briefe erwähnt wird und ein Agent der Mediceer gewesen zu sein scheint, berichtet nämlich zehn Tage später, dass Filippo Lippi von einem Gläubiger gepfändet worden sei. Er vollendete das Bild trotzdem nicht, sondern kehrte nach Prato zurück. Vielleicht zog ihn dorthin die schöne Lucrezia Buti, die sich im Kloster der Nonnen zu S. Margherita in Prato befand und die der Künstler, als er für die Nonnen ein Bild für ihren Hochaltar malte, verführt hatte. Späterhin heirathete er sie, nachdem ihm der Papst den Dispens ertheilt hatte. S. über diese abenteuerliche Geschichte Milanesi in der neuen Vasariausgabe, Florenz Sansoni Bd. II. S. 633 ff. Das Bild für Giovanni de' Medici, das dieser für den König von Neapel bestimmt hatte, scheint erst im folgenden Jahre fertig geworden zu sein. Wenigstens sagt Giovanni in einem Briefe an Bartolomeo Serragli, der aus Florenz vom 27. Mai 1458 datirt ist: „Aus Deinen dieser Tage eingetroffenen Briefen ersehe ich, dass Du Sr. Majestät dem Könige das Bild überreicht hast und dass es ihm gut gefallen; und ebenso hat uns die Verirrung Fra Filippos einigermaassen zu lachen gegeben." Die letztere Bemerkung bezieht sich unzweifelhaft auf das Liebesabenteuer Filippos mit Lucrezia Buti, die kurz vorher einen Knaben geboren hatte. Es war der nachmals berühmte Maler Filippino Lippi. Crowe, a. a. O. III. 61.

Die von Filippo mehrmals bewiesene Unzuverlässigkeit hat die freundliche Zuneigung der Mediceer zu ihm niemals zu stören vermocht. Lorenzo hat ihm dieselbe noch nach seinem Tode bewiesen, indem er ihm im Dom zu Spoleto, wo Filippo 1469 gestorben war, ein Grabmal von Marmor errichtete, für welches Polizian die preisende Inschrift verfertigte, die von Vasari aufbewahrt ist.

---

[*]) De legname, doro, de mentatura (?) oddipintura. Vielleicht ist mit mentatura die Untermalung mit Minium (Mennig) und Eiweiss gemeint, auf die man das Blattgold aufsetzte.

Bartolomeo Martelli, der Bruder des in den Anmerkungen zu dem Briefe 17 erwähnten Roberto Martelli, gehörte einer den Medici sehr zugethanen Familie von Florenz an, die dann auch nach deren Rückkehr im Jahre 1434 zu den höchsten Ehrenämtern der Republik gelangte. So gehörte unser Bartolomeo (geb. 1407) 1444 und 1446 zu den Prioren und war im Jahre 1452 Kommissarius für die Soldzahlungen der Florentinischen Truppen.

LEON BATTISTA ALBERTI.

Ein ausführliches Bild von dem Leben und dem vielseitigen Wirken des LEON BATTISTA ALBERTI (1404—1472), der in Kunst und Wissenschaft, in Sitte und Charakter gleich ausgezeichnet, zu den bedeutendsten und begabtesten Männern gerechnet werden muss, von denen die Kunstgeschichte melden kann, hat J. Meyer im ersten Bande seines „Allgemeinen Künstlerlexikons", S. 188 ff., entworfen. Dort finden sich alle biographischen Daten, die zu ermitteln waren, und alle literarischen Nachweise von der umfassenden und folgenreichen Thätigkeit ALBERTIS auf künstlerischem und wissenschaftlichem Gebiete. Auf beiden kann er uns als Repräsentant jenes grossen Umschwunges gelten, den die Wiedererweckung des mit einer fast leidenschaftlichen Liebe erfassten klassischen Alterthums in der damaligen Zeit hervorgebracht hat, und zwar zeigen sich die Folgen jener unbegrenzten Hingabe an das Studium und die Ergründung jener neu entdeckten Welt bei ihm fast in jeder Richtung seiner Thätigkeit, man möchte sagen in jeder Seite seines Gemüthes und Charakters. Er ist ein Mensch von klassischer Grösse und Abgeschlossenheit, durchdrungen von antiker Weltanschauung, von der mittelalterlichen Weltanschauung so vollständig losgelöst, dass er in den Kirchen nur antike Tempel, in den Heiligen nur antike Heroen zu sehen vermag, wie dies aus zahlreichen Stellen seiner drei Werke über Baukunst, Sculptur und Malerei hervorgeht. Und damit verbindet sich in überraschender Weise ein Gefühlsreichthum und eine Gemüthstiefe, die man im Gegensatz zu jener antiken Weltanschauung als modern bezeichnen könnte, und von der unter anderen die von Bandini (*Specimen literaturae Florentinae II.*) abgedruckte Einleitung in seiner Schrift „über die Zufriedenheit vor den Sorgen" ein schönes Beispiel giebt, indem er darin die erhebende Wirkung schildert, welche die Hallen von S. Maria del Fiore und die in denselben wunderbar schön erklingende Musik auf sein Gemüth äussern.

Zu diesem Vereine von Tugenden und Talenten gesellten sich dann noch ein edler und grosser Charakter, eine für die damalige Zeit sehr seltene Sittenreinheit, eine künstlerisch durchgebildete Feinheit der Sitten[1] und die liebenswürdigste Humanität, von der in seinen erhaltenen Schriften wie in Aeusserungen Anderer mannigfaltige Beweise erhalten sind. „Du weisst ja," schreibt sein Bruder Carlo an Vittorius, „wie mein Bruder BATTISTA war, dass er Niemand eine Bitte abschlagen konnte."

---

[1] Eine dafür sehr bezeichnende Stelle befindet sich in der anonymen Lebensbeschreibung bei Muratori Ser. Rer. Ital. XXV. p. 297, nach welcher es Albertis Ansicht gewesen sein soll, man müsse auch auf das ganze Leben und die Bewegung des Körpers künstlerische Sorgfalt verwenden und beim Spazierengehen und Reiten ebenso wie beim Sprechen wohl auf sich achten, um nie die Schönheit der Form zu verletzen.

Mit grosser Liebe ist die anonyme Lebensbeschreibung bei Muratori geschrieben, die weiter unten noch erwähnt werden wird und die ein äusserst wohlthuendes Bild Alberti's entwirft. Und so erscheinen auch die in Nachfolgendem mitgetheilten Briefe sehr geeignet, sowohl dies Bild zu ergänzen, als auch die Bezüge dieses grossen Mannes zu den Ideen und Personen seines Zeitalters in ein helleres Licht treten zu lassen. Vgl. auch die Biographie von Redtenbacher in Dohme's Kunst und Künstlern LVI. und II. Janitschek, Leon Battista Alberti's kleinere kunsttheoretische Schriften (Quellenschriften für Kunstgeschichte Bd. XI.).

7.

LEON BATTISTA ALBERTI AN FILIPPO BRUNELLESCO.

[Florenz, 1436.]

Ich pflegte mich über die jetzige Vernachlässigung, ja den fast gänzlichen Verfall so vieler herrlichen und göttlichen Künste und Wissenschaften zu verwundern und gleichzeitig zu betrüben, deren Pflege zur Zeit des Alterthums wir aus den auf uns gekommenen Schöpfungen und der Geschichte ersehen: Maler, Bildhauer, Architekten, Musiker, Geometer, Redner, Auguren und ähnliche edle und bewundernswerthe Geister findet man heuzutage überhaupt sehr selten, geschweige denn hervorragende Kräfte der Art. So dachte ich denn, durch die Aussagen Vieler in diesem Glauben bestärkt, die Meisterin in allen Dingen, die leider alt und müde gewordene Natur, bringe keine solche Genien wie keine Giganten mehr hervor, welche sie in ihren, sozusagen jugendlichen und ruhmreichen Zeiten in bewunderswerther Fülle gebar. Nachdem ich aber nach langer Verbannung, in der wir, Alberti, gealtert sind, in dieses unser vor allen andern ausgezeichnete Vaterland zurückgekehrt bin, habe ich eingesehen, dass in Vielen, zumeist aber in Dir, Filippo! und in dem uns so eng befreundeten Donato, dem Bildhauer, so wie in jenen andern Nencio und Luca und Masaccio ein Geist lebt, der zu jeder rühmlichen Sache fähig ist, und der durchaus keinem der Alten, wie gross und wie berühmt er auch in diesen Künsten gewesen sein mag, nachgesetzt werden darf. Nun weiss ich aus eigener Erfahrung, dass nicht weniger Pflichterfüllung und Betriebsamkeit als Naturanlagen und Gunst der Zeiten einem die Macht verleihen, nach allen Seiten seiner Begabung hin hervorragendes zu bieten. So bekenne ich Dir, angesichts der geringeren Schwierigkeit, welche für die von einer Menge des Lehrreichen und Nachahmenswerthen umgebenen Alten bestand, um zur Virtuosität in jenen höchsten, für uns heute so mühevoll zu erlernenden Künsten zu gelangen, dass ich unser Verdienst viel grösser erachte, die wir ohne alle Lehrmeister, ohne irgend ein Vorbild früher niemals gehörte oder gesehene Wissenschaften und Künste hervorbringen. Welcher auch noch so streng Urtheilende oder Neidische vermöchte es, dem Architekten Filippo angesichts dieses grossartigen Baues sein Lob vorzuenthalten, des Himmelerhabenen, hinreichend Weiträumigen, um mit

seinem Schatten alle Völker Toscanas zu bedecken, der errichtet ist ohne Hülfs-
constructionen oder Mengen von Rüsthölzern, ein Kunstwerk, welches nach
meinem Dafürhalten vielleicht dem Alterthum ebenso unfassbar und unbekannt
war, als es in unsern Zeiten für undurchführbar galt. Doch Dein Lob und
zugleich die Tüchtigkeit unsers Donato und der Anderen zu verkünden, die mir
wegen ihrer Bestrebungen äusserst schätzenswerth sind, wird bei anderer Gelegenheit sich schicken. Du aber fahre immer so fort, wie Du thust, von Tag
zu Tag Dinge zu ersinnen, durch welche Dein bewundernswerther Genius sich
ewigen Ruhm und Namen erwirbt, und wenn Du gelegentlich Musse findest, so
wird es mich freuen, wenn Du dieses mein Werkchen über die Malerei durch-
lesen wirst, welches ich Dir zu Ehren in die toscanische Sprache übersetzte. Du
siehst es in drei Bücher eingetheilt: das erste rein mathematische lehrt Dich,
welchen natürlichen Wurzeln diese anmuthigste und edelste Kunst entspriesst.
Das zweite Buch legt in des Künstlers Hände die Kunst und erläutert alle ihre
unterschiedenen Theile. Das dritte Buch lehrt den Künstler Mittel und Wege
zur Erlangung der vollkommensten praktischen Fertigkeiten und theoretischen
Kenntnisse des Gesammtgebietes der Malerei. Möchtest Du denn mit Eifer mein
Buch lesen und verbessern, was Dir berichtigenswerth erscheint. Kein einziger
Schriftsteller war je so gelehrt, dass ihm nicht unterrichtete Freunde hätten förderlich sein können; und vor Allem wünsche ich von Dir verbessert zu sein, um
nicht von Verleumdern durchgehechelt zu werden.

Redtenbacher a. a. O. S. 5 f. Janitschek a. a. O. S. 17 f.
Die vorstehenden Zeilen machen das Widmungsschreiben aus, welches sich
vor Albertis am besten von Janitschek veröffentlichter italienischer Uebersetzung seines ursprünglich lateinisch geschriebenen Buches „über die Malerei"
befindet. Sie sind in mehrfacher Beziehung wichtig, einmal indem sie uns Alberti
im freundschaftlichen Verkehr mit Filippo Brunellesco, seinem grossen Neben-
buhler in der Baukunst, zeigen und sodann nicht minder durch den richtigen
Blick, mit dem er die wirklich bedeutenden Künstler aus der grossen Anzahl
derer aussondert, welche damals auf dem Gebiete der Kunst thätig waren.
Schon das ist ungemein bezeichnend, dass er, während er in Bezug auf rheto-
rische Bildung und Poesie gar keinen Vergleich der Gegenwart mit dem
Alterthum zulässt [1]), es offen ausspricht, dass die von ihm angeführten Zeitgenossen keinem der Alten zu weichen haben. Mit welcher tiefen Einsicht
aber gerade diese und keine andere aus der grossen Menge hervorgehoben sind,
kann man leicht daraus ersehen, dass gerade die von ihm aufgezählten Meister
noch heut zu Tage als die Heroen der drei bildenden Künste im fünfzehnten
Jahrhundert, als die Bahnbrecher der Renaissance betrachtet werden.
Filippo Brunellesco gilt noch heut als der Gründer der modernen
Architektur; Donato, Nencio (Abkürzung für Lorenzo) und Luca sind Donatello, Lorenzo Ghiberti und Luca della Robbia, die drei grössten Meister
der wiedererwachenden Sculptur, deren Hauptrichtungen sie zu gleicher Zeit
vertreten; und Masaccio kann ohne allen Zweifel als der Vater der modernen

---

Malerei betrachtet werden. (Gegen den Versuch Milanesis und Janitscheks, an Stelle des Masaccio den Bildhauer Maso di Bartolommeo zu setzen, hat sich mit Recht Springer gewendet, s. Zeitschrift für Bildende Kunst XIV. S. 62 f.)

In dem Werke über die Malerei ist übrigens bei den schönsten und treffendsten Bemerkungen über Geist und Wesen dieser Kunst mit einer solchen Ausschliesslichkeit auf das Alterthum Bezug genommen, dass mit der einzigen Ausnahme der Navicella des Giotto in S. Pietro zu Rom weder eines den neueren Zeiten angehörenden Werkes, noch eines neueren Künstlers auch nur die geringste Erwähnung gethan wird. Der grosse Bau Brunellescos, auf welchen Alberti in seiner Widmung hindeutet, ist die berühmte Domkuppel.

* * *

8.

LEON BATTISTA ALBERTI AN PIETRO DE' MEDICI.

[Florenz, 1441—1445?]

Viele Veranlassungen haben mich schon seit längerer Zeit bewegt, Pietro! Dich sehr zu lieben. Ich erkannte Dich als sehr bescheiden und liebreich, Freund alles Guten, der Wissenschaften und Tugenden beflissen und hingegeben Allem, was an einem Menschen gelobt und gerühmt wird, der wie Du in einer edlen und glücklichen Familie geboren ist. Daher hoffte ich, dass Du gleich Deinem Vater Cosmo, jenem an allen Tugenden reichen und mir innigst befreundeten Manne, unserm Vaterlande ein sehr geschätzter und nützlicher Bürger werden würdest, von dem unsere Republik unter Mitwirkung Deines Rathes und Deines Vermögens von Tag zu Tag mehr Geltung, Würde und Umfang gewinnen würde. Ich liebe Dich also, weil Du meiner Meinung nach durch Deine Tugend und durch Deine Sitten gewiss verdientest, von mir wie von allen andern geliebt zu werden.

Nun aber, da ich vernehme, wie gross Dein Wohlwollen gegen mich sei und erfahre, wie gross Dein Bestreben und Deine stete Sorge sei, mich auf alle Weise durch Lob und durch Empfehlung bei Allen bekannt und beliebt zu machen, und da ich Dich überdies beschäftigt sehe, meine Schriften und wissenschaftlichen Bestrebungen kennen zu lernen, so dass selten eine Stunde vergeht, in der Du nicht irgend eine Schrift oder einen Ausspruch von mir lesest oder dem Gedächtnisse einprägest, vermag ich da Dich nicht über alle andern zu lieben, indem ich mich von Dir, der Du ohne dies schon so sehr verdienst, geliebt zu werden, nun selbst so sehr geliebt weiss?

Aber ich zweifle nicht, dass sich von Tag zu Tag Gelegenheiten darbieten werden, bei denen wir uns untereinander werden zeigen können, welches unsere Gemüthsstimmung und gegenseitige Zuneigung sei. Und wir werden wetteifern, einer den andern in liebreicher Gesinnung und jeder Art ehrenvoller und freundlicher Dienstleistung zu übertreffen.

Und da ich Dich nun schon so sehr um meine Schriften bemüht weiss, so gefiel es mir, Dir dieses mein Werkchen zu übersenden, auf dem Lande zwischen Wäldern und in einer Musse geschrieben, der ich mich um diese Zeit aus guten Gründen hingegeben habe. Und ich glaube, dass es Dich nicht verdriessen wird, es mehr als einmal wieder zu lesen, denn Du wirst sehen, dass der Gegenstand anmuthig und scherzhaft und nicht ohne Nutzen ist, um sich im Leben danach zu richten, und er wird Dir auch, glaube ich, nicht ganz ohne Maass und würdige Reife behandelt erscheinen. Du wirst lachen und mich lieben und von mir in Zukunft ähnliche, doch bessere Früchte unserer besten Freundschaft erwarten.

Der obige Brief ist bei G a y e I. App. p. 316 abgedruckt. Er ist in italienischer Sprache geschrieben, in einem Style, dessen klassische Gediegenheit und Eleganz vielleicht noch aus der Uebersetzung hervorleuchten, und in einer Gesinnung, die durch männlichen Freimuth wie durch ein wohlbegründetes und nie die Grenzen edler Courtoisie übertretendes Selbstgefühl dem Bilde entspricht, das die Berichterstatter, gleichzeitige wie spätere, von dem seinem Wissen und Charakter nach gleich grossen Manne entworfen haben.

Es enthält derselbe die Widmung eines noch unedirten Werkes über die Ehe, welches „Uxoria" betitelt ist. Eine Beschreibung des Manuscripts giebt nach G a y e s Mittheilung (p. 317) G. M o l i n i in seinem Catalogo dei codici della Libreria Palatina p. 13. Dass es anmuthiger und scherzhafter Natur gewesen sei, geht aus den Schlussworten hervor, wie A L B E R T I denn, namentlich vor seinem dreissigsten Jahre, mehrere solcher scherzhaften Schriftchen (*inter-caenalia* genannt) geschrieben hat, von denen einige sogar dem Titel nach ange-führt werden, wie „die Wittwe", „der Verstorbene", „amatoria" u. a., die er indess zum Theil selbst dem Feuer übergeben hat. Eine Sammlung *Interca-nalia* (Tischgespräche) ist noch handschriftlich vorhanden. In den von B o n u c c i herausgegebenen *Opere colgari* finden sich mehrere Schriften über die Liebe. Das dem Pietro de' Medici gewidmete Werkchen scheint aber auch praktischer Art gewesen zu sein, „nicht ohne Nutzen", sagt er, „um sich im Leben danach zu richten"; etwa wie jenes Werk, das er in drei Büchern unter dem Titel „Zuflucht vor Kummer und Sorge" geschrieben hat und von welchem bei B a n d i n i die reizende Einleitung abgedruckt ist.

Ueber die specielle Auffassung des Gegenstandes wird man nicht ganz unsichere Schlüsse aus einigen Aeusserungen schöpfen können, die A L B E R T I über den Charakter des schönen Geschlechtes gethan und die man von dem anonymen Lebensbeschreiber bei M u r a t o r i Scriptor. Rer. Ital. Vol. XXV. p. 300 und 301 angeführt findet. „Nichts," pflegte er zu sagen, „sei den Weibern so eigenthümlich, nichts so in ihrer Natur begründet und ihnen so eingeboren, als dass, wenn sie irgend etwas gesagt oder gethan, ihnen dies alsogleich wieder leid thäte und sie dessen gereute." Und dazu gehört die nicht minder be-zeichnende, aber wohl auch nicht allzu böse gemeinte Aeusserung: „dass der Leichtsinn und die Unbeständigkeit den Weibern von der Natur als Schutz gegen ihre Treulosigkeit und Schelmerei gegeben sei. Denn wenn eine Frau Ausdauer hätte, so müsste sie alle Güter der Männer durch ihre Schlechtigkeiten vollständig zu Grunde richten."

Hält man derartige Aeusserungen mit denen des Briefes zusammen, so darf man sich den Inhalt des Büchleins des A L B E R T I, der selbst nicht verheirathet war, allerdings scherzhaft genug vorstellen.

Ueber die Zeit der Entstehung des Buches wie des Briefes ist keine bestimmte Notiz vorhanden. Doch ist es wahrscheinlich, dass beide in der ersten Hälfte der vierziger Jahre geschrieben sind. Im Jahre 1441 mussten sich Alberti und Pietro de' Medici bei Gelegenheit des von ihnen gemeinsam veranstalteten literarischen Wettkampfes (vgl. Einleitung) sehr nahe getreten sein und um die Mitte dieses Jahrzehntes heirathete Pietro die Francesca Tornabuoni, von der ihm 1448 Lorenzo geboren wurde, wo denn die Widmung eines derartigen Werkchens, wenn man die von der allgemeinen Laxität abweichende Sittenreinheit und Strenge Alberti's bedenkt, wohl nicht mehr am rechten Orte gewesen wäre. (Vgl. darüber den Anonymus bei Muratori, a. a. O. p. 297.)

9.

LEON BATTISTA ALBERTI AN MELIADUSE D'ESTE.

[1441—1452.]

Ich sehe ein, dass ich sehr saumselig gewesen bin, Euren Wünschen mit diesem Werkchen nachzukommen. Und obschon ich für diese Verzögerung viele Gründe und Entschuldigungen anzuführen vermöchte, so gewährt es mir doch ein grösseres Vergnügen, mich auf Eure Freundlichkeit und Nachsicht zu verlassen und, wenn ich gefehlt habe, Eure Verzeihung zu erbitten.

Vielleicht werde ich Euch Genüge geleistet haben, wenn von den anmuthigen Dingen, die ich hier zusammen getragen, einige Euer Gefallen erregen, sei es nun, dass Ihr dieselben bloss in Erwägung zieht oder dass Ihr sie durch Versuche zur praktischen Ausführung bringt. Ich habe mich bemüht, Alles recht klar zu schreiben; indess ist es doch nöthig, Euch daran zu erinnern, dass die Gegenstände sehr schwieriger Natur sind und sich nur mit Mühe in so verständlicher Weise behandeln lassen, dass man nicht immer aufmerksam sein müsste, um sie zu verstehen. Wenn sie Euch angenehm sind, so werde ich mich sehr darüber freuen, und wenn Ihr noch mehr dergleichen wünschen, und mir dies bekannt werden sollte, so werde ich mich bemühen, Euch zufrieden zu stellen. Für jetzt möge Euch Gegenwärtiges genehm sein, worin Ihr einige sehr seltene Dinge finden werdet. Und damit empfehle ich Euch meinen Bruder Carlo, der Euch und Eurer Familie sehr ergeben ist. Lebt wohl!

Die vorstehende, bei Gaye I. 315 abgedruckte Anrede bildet den Eingang und die Widmung einer in der Bibl. Riccardiana befindlichen Handschrift des Alberti, betitelt „De ludis rerum mathematicarum", mathematische Unterhaltungen. Dieselbe enthält Vorschriften, die Grösse und Entfernung der Dinge mit Instrumenten und mit dem blossen Auge zu messen, das Gewicht gewisser Baustücke zu erkennen u. s. w., im Ganzen nichts von besonderer Wichtigkeit. Interessant ist das für Alberti's Wesen überhaupt bezeichnende, aus der Kenntniss der alten Schriftsteller hervorgegangene Streben nach vollkommener Klar-

heit und Deutlichkeit der Darstellung. Dasselbe geht auch aus folgenden Schlussworten jenes Werkchens hervor: „Sollten sie (Messungen verschiedener Körper,
Säulen, Polyeder etc. etc.) Euch aber dennoch (trotzdem sie sehr schwer sind)
Vergnügen machen, so werde ich auch deren gedenken können. Aber ich
fürchte, sie nicht so klar und deutlich ausdrücken zu können, wie ich es, um
wohl begriffen zu werden, thun möchte. Denn Dinge dieser Art lassen sich
auf keine andre Weise sagen, als wie sie die Alten gesagt haben. Diese aber
haben sie so gesagt, dass sie kaum mit grosser Mühe und Kenntniss der Mathe-
matik verstanden werden können.

„Ich sage Euch also, dass ich viele Dinge bei Seite gelassen und dieselben
nicht gesagt habe, obschon sie sehr ergötzlich sind; und zwar allein aus dem
Grunde, weil ich keine Mittel und Wege absah, sie so klar und deutlich auseinander setzen zu können, wie ich es gern gethan hätte. Schon in diesen
selbst habe ich keine geringe Mühe gehabt, um sie auszudrücken und mich verständlich zu machen. Lebt wohl!"

Meliaduse von Este, an den Brief und Schrift gerichtet sind, ist der Bruder
des Lionello, der im Jahre 1441 zur Herrschaft über die Estensischen Staaten
gelangte und seine Regierung durch eine weise und ausgleichende Staatskunst
sowie durch den Schutz ausgezeichnet hat, den er in glänzender Weise den
Künsten und Wissenschaften angedeihen liess. Befreundet mit vielen Gelehrten
und Künstlern, war er es hauptsächlich, auf dessen Anrathen LEON BATTISTA
ALBERTI sein berühmtes Werk über die Architektur geschrieben hat. Ihm
hatte ALBERTI auch seine im zwanzigsten Jahre geschriebene lateinische Comödie
gewidmet, die längere Zeit für das Werk eines römischen Dichters gehalten
wurde. Der um ein Jahr ältere Bruder Meliaduses, geb. 1406, gehörte erst dem
geistlichen Stande an, aus welchem er jedoch im Jahre 1425 austrat. Er starb
nach Litta 1452. Fam. Celebri d'Italia fasc. XXV. parte III.

Von dem gegen das Ende des Briefes erwähnten Bruder Carlo ist ein
Schreiben bekannt, mit welchem dieser das Werk LEON BATTISTAS „de prodigiis
aerumnarum" an den Laurentius Vittorius, der dasselbe gewünscht hatte, übersendet. Bandini Biblioth. Leopold., II. 83. — An ihn hatte LEON BATTISTA
seine Abhandlung: delle commodità e delle incommodità delle lettere gerichtet.
S. dessen Opera moralia Ven. 1568 p. 141. —

Um noch einmal auf den Inhalt des Werkchens selbst zurückzukommen,
so theilt Niccolini Elogio di L. B. Alberti (Prose III. p. 51, Flor., 1844) den
Bericht eines befreundeten Mathematikers darüber mit. Danach ist dasselbe kein
methodisch zusammenhängendes Werk, sondern behandelt in zufälliger Reihen-
folge allerhand Aufgaben, Probleme und Erfindungen von mehr oder weniger
praktischem Werthe; so verschiedene Verfahren für Höhen- und Tiefenmessungen,
Zeitmessungen durch Verbrennen entzündbarer Stoffe, Bewegung der Sterne etc.,
Nivellirungsverfahren, Wegemesser von sehr praktischer Einrichtung u. a. m.

10

LEON BATTISTA ALBERTI AN LORENZO DE' MEDICI.

[Gegen 1464.]

u hast zwar, Lorenzo! sowohl die trefflichsten alten Autoren als auch die gelehrtesten Lehrer, von denen Dir alles dasjenige, was zur Erwerbung der Redekunst dienlich ist, in reicher Fülle dargeboten wird; Du wirst indess sehen, dass dieses unser Werkchen in Bezug auf die Mannigfaltigkeit des Inhaltes von Werth und Nutzen ist.

Sollte sich darin einiges befinden, das Du wegen der Kürze unserer Schreibart deutlicher behandelt wünschest, so werden Dir Landinus und Gentilius, Deine Lehrer und Männer von grosser Gelehrsamkeit, dasselbe erläutern.

Dich aber ermahne ich, dass Du Deinem Grossvater und Vater, die sowohl durch alle übrigen Tugenden gross und berühmt sind, als auch insbesondere durch wissenschaftliche Bildung glänzen, nachzueifern bemüht seist, damit sich das Vaterland rühmen könne, solche durch ererbte Tugenden und Verdienste um die Republik glänzende Leiter zu haben!

Bandini Catal. codd. latinorum Biblioth. Mediceae Laurentianae, II. (Flor. 1775) p. 618 cod. 23. Die lateinische Urschrift des obigen Widmungsbriefes steht vor einem ebenfalls lateinischen Werke des LEON BATTISTA ALBERTI, das den Titel „de Triviis Senatoriis" hat und von dem Amte eines Senators, namentlich von den im Rathe zu haltenden Staatsreden handelt. Im Anfang des Werkes selbst sagt L. B. ALBERTI, er habe bemerkt, dass alle derartigen Staatsreden, wie beschaffen und welchen Inhaltes sie auch seien, sich auf sechs Arten zurückführen lassen. Diese sechs Arten habe er nach einer gewissen Analogie „Trivia" genannt, indem sich darin alle staatsmännische oder senatorische Untersuchung bewege. Trivium ist nämlich die Benennung für ein gewisses zur Schulbildung gehöriges Maass des Wissens.

Das Manuscript, welches noch im XV. Jahrhundert, aber ohne Jahreszahl gedruckt erschienen ist (später unter dem Titel: Trivia s. de causis senatoriis, Basel 1538), zeigt ebenfalls kein Datum. Indessen wird man dasselbe wohl mit ziemlicher Gewissheit in die Zeit vom Jahre 1462—1464 setzen können. Lorenzo war damals 14—16 Jahre alt, er hatte noch die beiden angeführten Gelehrten Landinus und Gentilius zu Lehrern und die Art, wie sein Grossvater Cosmus, der Vater des Vaterlandes, erwähnt wird, scheint darauf hinzudeuten, dass derselbe noch am Leben war. Cosmo aber starb im Jahre 1464.

In Bezug auf diese Zeitbestimmung ist es vielleicht nicht ohne Bedeutung, dass das in Rede stehende, etwa dreizehn Seiten starke und mit andern in einem Codex zusammengebundene Manuscript zwischen einem Commentar des Cornutus zum Juvenal und Persius vom Jahre 1463 und einer Rede steht, die Donato Acciajoli im October 1471 vor Papst Sixtus IV. gehalten hat.

Ein anderes Exemplar der Handschrift befindet sich in der Bibliotheca Leopoldina (Supplem. zur Laurent.) Flor. 1792 II. p. 210.

11.

LEON BATTISTA ALBERTI AN MATTEO DE BASTIA ZU RIMINI.

Rom, 18. November 1454. (?)

Salve! Dein Brief ist mir aus mehreren Gründen sehr angenehm gewesen und ungemein erfreulich war es mir, dass mein Herr (Sigismund Malatesta) das, was ich wünschte, gethan, nämlich sich mit Allen auf das Beste berathen hat. Was Du mir aber sagst, der Manetto behaupte, die Kuppeln müssen doppelt so hoch sein, als sie breit sind, so glaube ich denen, welche Thermen und Pantheon und alle jene Dinge gebaut haben, mehr als Jenem. Und noch viel mehr der Vernunft, als irgend einer Person. Und wenn Jener sich nach der allgemeinen Meinung richtet, so werde ich mich gar nicht wundern, wenn er häufig in Irrthum verfallen wird.

Was aber die Pilaster in meinem Modelle betrifft, so erinnere Dich, dass ich ihm gesagt habe, diese Façade müsse als ein Werk für sich bestehen, denn jene Höhen- und Breitenmaasse der Kapellen machen mir viel Bedenken. Vergiss auch nicht und beachte es wohl, dass in dem Modelle auf der Ecke des Daches rechts und links dieselbe Anordnung stattfinde[1], und da sagte ich: das setze ich hieher, um jenen Theil des Daches, nämlich die Ueberdachung, die in der Kirche gemacht werden wird, zu verdecken, indem sich jene innere Breite nicht mit unserer Façade in Einklang bringen lässt und doch dasjenige, was schon gemacht ist, gefördert, nicht aber das, was noch zu machen bleibt, verdorben werden soll.

Was die Maasse und Verhältnisse der Pilaster betrifft, so siehst Du, worauf dieselben beruhen, so dass, wenn Du irgend etwas daran änderst, jene ganze Harmonie gestört wird. Und ferner sind wir bedacht gewesen, die Kirche mit leichtem Material zu überdecken; denn auf jene Pfeiler dürft Ihr Euch nicht so sehr verlassen, um ihnen eine grosse Last zu tragen zu geben. Und deshalb war ich der Meinung, dass ein aus Holz hergestelltes Tonnengewölbe am zweckmässigsten sein würde.

Und was nun unsern Pilaster da anbelangt, wenn derselbe nicht dem Pfeiler der Kapelle entspricht und mit ihm verbunden ist, so wird er eben weiter keiner besonderen Stütze gegen unsere Façade bedürftig sein; und sollte dies doch nöthig sein, so steht er dem Kapellenpfeiler so nahe und ist fast mit demselben verbunden, so dass er viel Halt daran gewinnen muss. Wenn es Euch also im Uebrigen so recht ist, so befolgt nur die Zeichnung, die nach meiner Ansicht gut ist. Was aber die Rundfenster anbelangt, so wünschte ich wohl, dass Einer, der vom Handwerk ist, seine Sache besser verstände. Ich kann es mir wohl erklären, weshalb man eine Mauer durchbricht und durch die

---

[1] Sul canto del tetto a man ritta e a man manca e (d. h. c'è) una simile cosa. Er meint hier offenbar die an den mittleren höheren Theil der Façade sich rechts und links anschliessenden halben Giebel.

Anlage von Fenstern die Festigkeit eines Gebäudes vermindert, um das nothwendige Licht zu gewinnen. Wenn Du aber bei geringerer Schwächung des
Gebäudes noch mehr Licht erhalten kannst, würdest Du nicht sehr übel thun,
mich zu jenem Uebelstande zu veranlassen? Rechts und links von dem Rundfenster bleibt die Mauer zerstückt und ein so grosser Bogen, als der Halbkreis,
welcher die darauf ruhende Last trägt; unten aber ist das Werk um nichts
fester wegen jenes Rundfensters, und dasjenige, welches Dir Licht geben soll,
ist ohnehin vermauert.

Ich habe darin viele Gründe für mich, es möge mir indess nur der eine
genügen, dass man niemals in einem Gebäude, welches von dem, der soviel
verstand, als jetzt keiner mehr versteht, gelobt wird, ein Rundfenster angebracht
sehen wird, es sei denn in Kuppeln wie eine Tonsur. Und zwar thut man dies
bei gewissen Tempeln, die dem Jupiter oder Apollo geweiht sind, welche die
Götter des Lichtes sind. Und diese haben dann ein gewisses Verhältniss zu
ihrer Breite. Dies aber habe ich Dir gesagt, um Dir zu zeigen, wo die Wahrheit zu finden ist. Wenn Jemand hierher kommt, so werde ich, so viel an
mir ist, jede Auskunft geben, um meinen Herrn zufrieden zu stellen; Dich aber
ersuche ich, prüfe und höre viele und berichte mir darüber; vielleicht sagt
Jemand etwas, das Beachtung verdient. Empfiehl mich, wenn Du ihn siehst
oder ihm schreibst, dem Herren, dem ich mich auf alle Weise angenehm machen
möchte. Empfiehl mich auch dem Monsignore und allen denen, von denen Du
glaubst, dass sie mich lieben.

Wenn ich Jemand, der zuverlässig ist, habe, so werde ich Euch die
Hecatomphile [*] und anderes schicken. Lebe wohl!

Dieser in mehrfacher Beziehung merkwürdige Brief des ALBERTI ist bei
Mittarelli Bibliotheca codicum manuscriptorum monasteri S. Michaelis Venetiarum prope Murianum Ven. 1779 S. 663 f. abgedruckt und zwar ohne
Jahreszahl, später von Bonucci, Opere volgare etc. mit dem Datum des
18. November.

Er bezieht sich auf den Bau der Kirche S. Francesco zu Rimini, die
ursprünglich in spätgothischem Styl errichtet, von ALBERTI im Auftrage von
Sigismondo Malatesta seit dem Jahre 1447 nach den Grundsätzen der antiken
Baukunst restaurirt worden ist. Von diesem Neubau indess wurden nur der
untere Theil der Façade, deren Inschrift das Jahr 1450 zeigt, und die für die
Sarkophage derjenigen Gelehrten bestimmten Arkaden an den Langseiten vollendet,
die dem Hofe des Sigismund Malatesta, Herrn von Rimini, zur Zierde gereichten.
Es bestand jedoch die Absicht, den Bau zu vollenden, da ALBERTI 1454 eine
neue Zeichnung mit verschiedenen Abänderungen und ein neues Modell zur
Façade fertigte und dieselben von Rom nach Rimini schickte. S. Meyer
Künstlerlexikon I. S. 197. Erst mit dem Niedergang des Hauses Malatesta
wurde der Gedanke des Weiterbaus aufgegeben. Der Brief scheint demnach

---

[*] Im Text e catomiphile. Es ist ohne Zweifel Hecatomphile zu lesen. Dies war
nämlich der Titel einer italienischen Schrift Albertis über die Liebe, deren Titel in
einer Ausgabe von 1528 lautet: Hecatomphila che in insegnia l'ingenosa arte d'amore.

von Alberti in der Zeit von 1450—1454 geschrieben zu sein, vielleicht im letzteren Jahre. Dann bezögen sich die Bemerkungen Alberti's über sein Modell auf das im Jahre 1454 eingesendete. Der Adressat, Matteo Pasti (de Bastia) aus Verona, war Alberti's Bauführer, der mit seinem Sohne Giovanni und einem Meister Luca den Bau leitete, da Alberti mit solchen practischen Dingen sich nicht zu befassen pflegte.

Obwohl die Kirche ohne Kuppel geblieben ist, wird auch durch eine Denkmünze, welche Sigismondo Malatesta 1450 schlagen liess und die eine Darstellung der vollendeten Kirche enthält (abgeb. bei d'Agincourt Denkmäler der Baukunst Taf. LI. Fig. 12), bewiesen, dass es in der Absicht Alberti's lag, eine solche zu errichten. Die auf der Medaille dargestellte Façade ist von einer grossen Kuppel überragt, die in der That, weit davon entfernt nach des Manetto Ansicht doppelt so hoch als breit zu sein, vielmehr die Verhältnisse des von Alberti selbst als sein Muster genannten Pantheon zeigt, indem deren Höhe, wenn man den ziemlich hohen Sockel der Kirche davon abrechnet, der Breite derselben gleich kommt. Eine ausführliche Baugeschichte der Kirche hat Charles Yriarte in der Gazette des Beaux-Arts XIX. (1879) S. 133ff. gegeben. Ebendaselbst findet sich auch auf S. 141 eine Abbildung der Medaille, die von Matteo da Pasti, der auch ein geschickter Münzstempelschneider war, modellirt ist. Yriarte glaubt den Brief in das Jahr 1453 setzen zu müssen, weil in diesem Jahre der in dem Briefe erwähnte Manetti nach Rimini gekommen war, um dem Sigismondo Malatesta im Namen der Signoria von Florenz das Commando über die florentinischen Truppen anzubieten. Gianozzo Manetti war kein Architekt von Fach, sondern ein Diplomat im Dienste der florentinischen Republik und gelehrter Schriftsteller, der u. A. eine Beschreibung der unter Papst Nicolaus V. in Rom ausgeführten Bauten hinterlassen hat.

Charakteristisch für den Briefschreiber ist die an seinen Bauführer gerichtete Bitte, mit recht Vielen über die Angelegenheit des Baues zu sprechen, ihre Ansicht darüber zu hören und sie ihm mitzutheilen. Dies ist nämlich ein auch von anderer Seite bestätigter sehr wesentlicher Zug seines Charakters, wie es namentlich von dem öfter angeführten anonymen Lebensbeschreiber als Zeichen seiner grossen Wissbegierde angegeben wird, dass er zu Leuten aller Stände und Professionen umhergegangen sei und diese über Dinge ihres Berufes ausgeforscht habe, wobei er sich, um mehr und Ausführlicheres zu hören, nicht selten in Bezug auf solche Einzelheiten viel unwissender anstellte, als er in der That gewesen sei.

12.

LORENZO GHIBERTI AN GIOVANNI TURINI.

Florenz, 16. April 1425.

Jesus.

Verehrungswürdiger Freund! Ich habe deinen Brief vom 11. April erhalten, aus dem ich gesehen habe, ein wie lieber und treuer Freund Du bist, und dass es Dir im übrigen gut geht . . . . . Auch habe ich Deinen guten Willen gegen mich erkannt, von dem ich immer Gebrauch gemacht habe, d. h. wenn es nöthig war. Du möchtest mir helfen, eine dieser Geschichten zu poliren, und Du würdest es gern thun. Ich weiss wohl, dass so etwas nur

3*

aus grosser Liebe entspringt, wofür Dich Gott um meinetwillen segnen möge. Wisse, theurer Freund, die Geschichten sind beinahe vollendet. Die eine hat Giuliano di Ser Andrea in Händen, die andere ich. Und sie werden ganz fertig sein zur Zeit, wo ich es dem Herrn Bartolomeo versprochen habe. Sie würden schon fertig sein und zwar schon lange Zeit, wenn nicht die Undankbarkeit derjenigen dazwischen gekommen wäre, die früher meine Gehülfen gewesen sind und von denen ich nicht bloss eine Unbill, sondern viele erlitten habe. Mit Gottes Hülfe bin ich jetzt aus ihren Händen, wofür ich Gott immer danken werde, wenn ich bedenke, in welcher Unabhängigkeit ich mich jetzt befinde.

So habe ich mich entschlossen, ohne Gehülfen Herr meiner Werkstatt zu sein und zu bleiben, und ich kann jeden meiner Freunde mit heiteren und fröhlichen Mienen empfangen. Ich danke Dir noch einmal für Deine so vollkommene Gutwilligkeit gegen mich. Ich bitte Dich innigst, empfiehl mich dem Herrn Bartolomeo.

Noch bitte ich Dich inständigst, ob Niemand Dir dazu verhelfen kann, dass ich die Zeichnungen mit den Vögeln wiedererhalte, die ich dem Choro geliehen habe. Ich weiss, dass es Dir keine Mühe machen wird, den Meister Domenico, den Holzschneider, zu bitten, dass er sie mir zurückschickt, da ich meine, dass diese und einige andere Sachen, die in den Händen des genannten Choro waren, zum Meister Domenico gekommen sind. Grüsse mir ihn auch von meiner Seite und den Meister Francesco di Valdambrina; und wenn ich hier etwas für Dich thun kann, so stehe ich immer zu Deinen Diensten. Mehr habe ich nicht zu sagen. Christus erhalte Dich in Frieden. Geschrieben am 16. April 1425

Von Deinem Lorenzo di Bartolo, Goldschmied

in Florenz,

Deinem lieben Freunde.

Milanesi Documenti per la storia dell' arte Senese II. 120 f. — Der Adressat dieses Briefes ist der schon in Brief 8. erwähnte Goldschmied Giovanni Turini in Siena, die „Geschichten", um welche es sich handelt, die zwei Reliefs, welche Ghiberti für den Taufbrunnen in S. Giovanni in Siena arbeiten sollte. Milanesi hat alle Documente zusammengestellt, welche sich auf die Ausschmückung dieses Taufbrunnens beziehen. Am 16. April 1417 erhielt Jacomo della Quercia den Auftrag, zwei Reliefs oder, wenn es ihm beliebte, auch mehrere, in Arbeit zu nehmen. Für jedes derselben sollte er achtzig sienesische Gulden (jeden im Werthe von 4 Lire 4 Soldi) erhalten. Für das Ansehen, in welchem Jacomo bei seinen Mitbürgern stand, spricht die ausdrückliche Bemerkung, dass es dem Meister freistehen sollte, diejenigen Geschichten auszuwählen, die ihm am besten gefallen würden. Zwei andere Reliefs werden dem Goldschmied Turini in Siena und seinem Sohne Giovanni — letzterer ist der Freund Ghibertis — übertragen. Ghiberti erhielt am 21. Mai desselben Jahres den Auftrag, ebenfalls zwei Reliefs für den Taufbrunnen zu übernehmen. Vasari meint in seinem Leben Ghibertis, der Ruhm Lorenzos, der kunstreichste Meister im Erzguss zu sein, wäre durch ganz Italien und nach aus-

wärts gedrungen, und deshalb wäre die Wahl der Sienesen auf ihn gefallen.
Der Contract widerlegt das.

Denn in demselben wird vorsichtig bestimmt, dass Ghiberti innerhalb zehn
Monaten erst ein Relief fertig machen und vor der Vergoldung dem Werkmeister
des Doms und seinen Beigeordneten zur Prüfung vorlegen sollte. Nach der
Vergoldung sollte eine nochmalige Prüfung erfolgen, und wenn die Prüfungs-
commission nach dieser zweiten Besichtigung das Werk für vollendet und
vollkommen erklärt, sollte er an das zweite Relief gehen. — Die Vollendung
der sechs Reliefs zog sich sehr in die Länge. Jacomo della Quercia machte
nur eines fertig; das andere wurde dann dem Florentiner Bildhauer Donatello
übertragen, der es, wie aus einem von Milanesi mitgetheilten, schlecht stili-
sirten Briefe hervorzugehen scheint, in Gemeinschaft mit Michelozzo arbeitete.
Es stellte die Ueberreichung des Hauptes Johannes des Täufers durch die
Tochter des Herodias an der Tafel des Königs dar und wurde erst 1427 abge-
liefert. — Milanesi hat neun Briefe Ghibertis veröffentlicht, die sich auf den
Fortgang der Arbeiten an den ihm übertragenen Reliefs beziehen, welche die
Taufe Christi durch Johannes und den gefangenen Täufer vor Herodes dar-
stellten. Mit Ausnahme des zweiten in dieser Reihe, der oben übersetzt worden
ist, sind sämmtliche an Bartolommeo di Giovanni, den Vorsteher der Domwerkstatt, gerichtet. Am 12. Mai 1427 schreibt Ghiberti an denselben: „Eure
Geschichten sind vollendet"; auch Giovanni Turini, der Freund Ghibertis,
scheint die seinigen erst in diesem Jahre vollendet zu haben, da ihm am
31. Mai 1427 sein Geld im Betrage von 1512 Lire ausgezahlt wurde. Vgl. auch
Rosenberg, Ghiberti in Dohmes Kunst und Künstler XIV. S. 40 ff.

Der in dem obigen Briefe erwähnte Giomo di Ser Nerocco war ein
sienesischer Goldschmied, der zur Zeit, als Ghiberti den Brief schrieb, wie es
scheint, nicht mehr unter den Lebenden weilte. Von ihm rührt eine der
Tugenden her, die zwischen den Reliefs am Taufbrunnen stehen, die Tapferkeit.
Drei andere, Liebe, Gerechtigkeit und Weisheit, wurden von Giovanni Turini
ausgeführt, die beiden letzten, Glaube und Hoffnung, von Donatello und
Michelozzo. Domenico di Niccolo ist der Schreiber des folgenden Briefes, der
ausgezeichnete Meister in Intarsia. Francesco di Valdambrina endlich, ebenfalls ein sienesischer Künstler, befand sich unter den sechs Erzbildnern, die sich
1402 um die Thüren von San Giovanni in Florenz bewarben. Er war später
für seine Vaterstadt mehrfach thätig; u. A. arbeitete er für den Hochaltar des
Domes vier Heiligenfiguren. S. Milanesi a. a. O. S. 110.

13.

DOMENICO DI NICCOLO AN DIE SIGNORIE VON SIENA.

Siena, 14. Januar 1447.

uer treuester Bürger, Sohn und Diener, Meister Domenico di Niccolò
de' Cori, Meister in Holzarbeit, erlaubt sich mit pflichtschuldiger Ehrerbietung Ew. Erl. Signorie ganz ergebenst vorzustellen, wie er sich
in seiner Jugend immer bemüht hat, mit all' dem Eifer, dessen er fähig war,
sich und seine Familie zu erhalten, und er suchte stets mit seinem Gewerbe

der Stadt grosse Ehre zu machen und sich mit seinen Arbeiten Ruhm zu erwerben, wie dies Eurer gesammten Bürgerschaft bekannt ist. Und so sehr wurde seine Bemühung von Eurer Gemeinde gewürdigt, dass, um ihn mit Benefizien zu belohnen, ihm ein gewisses Gehalt ausgesetzt wurde, damit er in seiner Kunst einen Jeden, der sie erlernen wollte, unterrichte. Da nun aber jene Kunst nur einen geringen Gewinn abwarf, so war Niemand, der darin ausharren wollte, als Meister Mactio di Bernachino, welcher diese Kunst in der Weise verfolgte, dass er ein sehr ausgezeichneter Meister darin gewordenist, wie Alle oder doch die meisten unserer Mitbürger davon unterrichtet sein können.

Und da es mir nun schien, dass ich mich durch mich selbst erhalten könnte, indem ich mich in günstigen Verhältnissen befand, auch überdies sahe, dass Niemand da war, der die Kunst erlernen wollte, so entschloss ich mich, auf das besagte Gehalt Verzicht zu leisten. Nun aber begab es sich später, dass ich drei Mädchen, meine Töchter, zu verheirathen hatte, denen ich an 700 Gulden oder mehr gegeben habe, der letzten aber habe ich der Ehre halber das Haus mit allem Geräthe gegeben, so dass ich wirklich sagen kann, Alles weggegeben zu haben, was auf der Welt mein war. Dazu kamen denn noch die Bedrängnisse, die uns die Kriege brachten, und der geringe Erwerb, so dass ich am Ende nicht bloss arm, sondern ein Bettler geblieben bin. Und dies in dem Greisenalter von vier und achtzig Jahren oder ungefähr und mit einer kranken Frau. Und überdies bin auch ich nicht gesund und befinde mich in einem solchen Zustand, dass ich nur wenig thun kann. Ich sehe nun keine Mittel und Wege mehr, um meine vorbenannte kranke Frau und mich erhalten zu können.

Gleichwohl aber habe ich zu der Milde Ew. Erl. Signorie das grösste Vertrauen und Hoffnung; und die Rücksicht auf die unendlichen Gnadenbezeigungen, mit denen Ihr nicht nur Eure Bürger und die Eurer Regierung Untergebenen umfasst und in ihren Bedürfnissen unterstützt, sondern sogar den Fremden Hülfe und Unterstützung bietet, wenn sie Euch darum bitten, giebt mir den Muth, zu den Füssen Ew. Herrl. Zuflucht zu suchen, indem ich mich derselben, soviel ich weiss und vermag, von ganzem Herzen empfehle und mit der dringenden Bitte nahe, dass in Anbetracht meiner Arbeit und meiner vorgerückten Lebensjahre, die wegen ihrer Höhe und meiner Krankheit nur noch kurze Zeit andauern können, in Rücksicht auf den traurigen Gesundheitszustand meiner Frau, und endlich in Rücksicht darauf, dass ich der Stadt nur Ehre gemacht habe, als ein Holzarbeiter wie nur je gewesen, obschon deren sehr tüchtige hier gewesen sind und noch sind: Ihr nach Eurer günstigen Berathung geruhen möchtet, feierlich zu bestimmen, dafür zu sorgen und zu verordnen, dass mir für den kleinen Rest von Jahren, die ich noch zu leben habe, ein Gehalt ausgesetzt werde, wie es Ew. Erl. Herrl. recht und genehm scheinen wird, auf welche ich mich rückhaltslos verlasse und welcher ich mich empfehle. Das erwähnte Gehalt aber werde ich als Geschenk und Almosen von Ew. vorbes. Herrl. betrachten, der ich mich von Neuem empfehle, und es wird die Veranlassung sein, dass ich mein Leben und meine letzten Tage nicht in Kummer und Sorge hinschleppen werde;

wogegen ich mich verpflichte, meine Kunst zu üben, entweder für den Saal
Euerer Sitzungen, oder in allen andern Dingen, in denen ich von Ew. Herrl.
verlangt werde, immer bereit und jedes Eurer Befehle gewärtig zu sein. Der
allgütige Gott erhalte Euch in glücklichem Wohlsein.

Domenico di Niccolò hatte sich durch mancherlei Werke in der unter dem
Namen Intarsia bekannten Holzarbeit einen grossen Ruf erworben. Seine Haupt-
arbeit waren die künstlich ausgelegten Sitze im Chor der zum Rathssaale von Siena
gehörigen Capelle, nach denen er auch seinen Beinamen „dei Coro" erhalten hat.
Dieselben waren ursprünglich zwei andern Meistern übertragen worden: da
man aber fand, die Arbeit sei nicht ausgeführt „wie es sein sollte, um dem
Sinn und dem Auge aller Mitbürger zu gefallen, und zur Schönheit des Palastes"
— des Rathhauses — zu gereichen, wurde dieselbe durch Dekret vom 26. August
1415 dem Domenico aufgetragen. Domenicos Intarsien stellen Figuren mit den
Artikeln des christlichen Glaubens dar. Vgl. auch Milanesi Doc. Sen. II.
p. 71. 236ff. Man sieht aus dem bei aller Demuth des getreuen Unterthanen doch mit einem gewissen gerechten Selbstgefühle geschriebenen Briefe
(Gaye Cart. I. 155), wie gross der Beifall und die Anerkennung waren, die
dieser Arbeit zu Theil wurden. Nicht minder geht dies aus dem Erfolge des
Bittgesuchs hervor, der zugleich auch die oft und mit Recht gerühmte Grossmuth
der sienesischen Republik bekundet.
Der brave Meister erhielt nämlich die Antwort: „dass es im Rathe des
Volkes beschlossen worden sei, besagter Meister Domenico solle jetzt und auch
in Zukunft jeden Monat zwei Gulden von der Gemeinde von Siena erhalten."
Die Aufrede in dem Briefe lautet: Vor Euch Erl. und mächtigen Signoren,
Prioren und Governatoren der Gemeinde und Hauptmann des Volkes zu Siena.
Ueber Mattia di Bernachino (1403—1433), der ebenfalls für die Signorie
thätig war, s. Milanesi a. a. O. S. 210f.

— — —

14.

ANTONIO SQUARCIALUPI AN GIOVANNI DE' MEDICI.

Siena, 26. November 1459.

Mein liebster Herr Gevatter! Nach vorausgeschicktem pflichtschuldigem
Gruss empfehle ich mich Euch viel tausendmal. — Es ist jetzt ungefähr
ein Monat, dass ich von Neapel zurückgekehrt bin, wie Ihr es wissen
müsst. Und seit der Zeit hat es nicht aufgehört zu regnen, sonst war ich ganz
bereit, zu Euch zum Besuch zu kommen. Und nicht allein ist mir mein Hin-
kommen, sondern auch mein Schreiben verhindert worden, denn ich dachte von
Tag zu Tage, dass es doch endlich einmal aufhören würde zu regnen. Aber
Gott sei für Alles gelobt! —
Ich wollte Euch von Neapel erzählen und von der Herrlichkeit des Königs
und seines Hofes. Denn wahrlich, davon sind so gewaltige und grosse Dinge
zu erzählen, dass ich mindestens auf fünf Tage alle Schreiber besolden müsste,

die am römischen Hofe sind! Ich will also darüber jetzt schweigen und Euch
in Kurzem benachrichtigen, dass der Cardinal von Unser Lieben Frauen seine
Pfeifenorgel sehr hoch hält, und zwar mit grossem Recht, denn ohne Zweifel
ist sie etwas, was allen Ruhm verdient. Jetzt will ich Euch zu Eurem Troste
sagen, dass ich Euch bei Eurem Hieherkommen eine Orgel zu hören geben
will, die Euch ohne Zweifel nicht missfallen wird. Dieselbe ist zum Geschenk
für Antonio di Migliorino bestimmt, dessen Wohlwollen mich davon überzeugt
macht, dass er damit wohl zufrieden sein wird, wenn ich sie Euch sehen und
hören lasse. Für jetzt will ich Euch nicht mehr belästigen, empfehlt mich nur
vor Allen der Frau Contessina, an M. Pietro und all die andern.

Euer Gevatter Antonio degli orghani.

ANTONIO SQUARCIALUPI, gewöhnlich ANTONIO DEGLI ORGANI genannt, war
einer der ersten Musiker und zugleich Orgelbauer des XV. Jahrhunderts. Es
sei gestattet, diesen von Gaye I. 160 mitgetheilten Brief hier als Zeichen seines
engen und vertrauten Verkehrs mit den Mediceern aufzuführen. Letzterer geht auch
aus einem an den Canonicus GUGLIELMO, einen berühmten Musiker zu Camerata,
gerichteten Briefe hervor vom 1. Mai 1467. Gaye I. 208. der von Pietro und
von Lorenzo de' Medici, von letzterem in folgender Weise handelt: „Es verehrt Euch auch ungemein Lorenzo, der Sohn des Pietro, der bei der Vorzüglichkeit
seines göttlichen Geistes, wie an allen übrigen schönen Künsten, so auch an
der von Euch feiner ausgebildeten Musik ein lebhaftes Gefallen findet. Deshalb
bewundert er Eure Kunst und liebt und verehrt Euch selbst gleich einem Vater.
Auch wünscht er ein Erzeugniss Eurer ausgezeichneten Fähigkeit zu besitzen,
und so befindet sich bei diesem Briefe ein Lied, welches er von Euch in Musik
gesetzt und durch Melodie geziert wünscht. Ich aber bitte Euch inständigst,
dies zu thun und es ihm zu schicken. Seiner Tugenden und seiner Grossmuth
wegen ist er Eurer Wohlthat würdig. Und auch mir werdet Ihr damit einen
sehr grossen Gefallen erweisen, wofür ich Euch unbegrenzten Dank weiss."
Lorenzo war nicht minder dem ANTONIO zugethan, wie er denn auf ihn ein
Lobgedicht geschrieben haben soll. — Einige andere Dokumente, die sich auf
den reich begüterten Mann beziehen, dessen ausführlicher Name ANTONIUS RAINERII
DE SQUARCIALUPIS ist, befinden sich bei Gaye I. 127. Die am Schluss unseres
Briefes erwähnte Frau Contessina ist die Mutter, Pietro der Bruder des Giovanni
de' Medici. Vgl. A. v. Reumont, Lorenzo de' Medici il Magnifico II. S. 177f.

— —

15.

GIOVANNI ANGELO D'ANTONIO AN GIOVANNI DE' MEDICI.

Camerino, 17. April 1451.

Ich glaube, dass Ew. Herrl. sich mit Recht über mich beklagen konnte,
indem ich schon seit so langer Zeit nicht Ew. Herrl. zu sehen und zu
besuchen gekommen bin, wie es meine Schuldigkeit gewesen wäre. In
Anbetracht aber der vielen Beschäftigungen und Sorgen, die ich gehabt, hoffe
ich, werdet Ihr mich entschuldigen, wenn ich meine Pflicht nicht gethan habe.
Ich habe Euch mehreremal geschrieben, weiss aber nicht, ob Euch meine Briefe

gegeben worden sind. Ich glaube nein, denn ich habe niemals Antwort bekommen. Nun schicke ich Euch diesen Brief durch gegenwärtigen Boten.

Und darin schreibe ich Euch denn, wenn Ew. Herrl. noch nicht geheirathet hat, aus Ergebenheit und Wohlwollen gegen Euch, dass ich wohl wünschte, Ihr erwähltet dazu eine junge Dame, die von Seiten des Vaters aus dem Hause derer von Chiavelli stammt, Tochter des verstorbenen Herrn Baptista, Herrn zu Fabriano; und von Seiten der Mutter aus dem Hause von Varano, Tochter von Madonna Wilhelmine, leiblicher Tante unserer Erl. Herren. Das Mädchen ist etwa dreizehn Jahr alt, und in Fähigkeiten und Vortrefflichkeiten glaube ich, hat sie ihres Gleichen in ganz Italien nicht, und an Schönheit wird sie Euch mehr als irgend eine andere gefallen, auch bekommt sie eine sehr gute Mitgift. Ich ersuche Euch deshalb, mir Eure Ansicht darüber zu schreiben, denn ich getraue mir die Sache zu einem glücklichen Ende zu bringen.

Ich erinnere mich auch noch, dass Ew. Herrl. mir drei Dukaten geborgt hat, und Euer Bruder Pietro vier, als wir ins Bad nach Petregiolo gingen. Wenn Ew. Herrl. mir schreiben, wem ich sie geben soll, so werde ich es thun. Obschon ich eine grosse Undankbarkeit gegen Euch begangen habe, so bitte ich Euch doch, mir zu vergeben. Denn Gott weiss es, wie ich Euch stets als meinen Wohlthäter im Herzen trage.

Empfiehlt mich S. Herrlichkeit, Eurem Vater und Eurer Mutter, der Madonna Contessina. Das Mädchen befindet sich im Hause unserer Herren und ist deren Muhme.

Euer geringster Diener Johanni angelo d'antonio, Maler von Camerino, welcher die Laute schlug.

Ueber den Schreiber dieses von Gaye I. 461 mitgetheilten Briefes ist nichts weiter bekannt. Lanzi nennt einen „Johannes Bochatis" von Camerino als einen Maler aus jener Zeit. Doch lässt sich nicht nachweisen, dass dieser der Briefschreiber ist. Jedenfalls hat die Empfehlung dem braven Maler nichts gefruchtet, indem Giovanni de' Medici ein Jahr nach jenem Vorschlage die Maria Ginevra aus der florentinischen Familie der Albizzi heirathete. Diese Familie ist dieselbe, die, weil ihr Name dem florentinischen Volke verhasst war, späterhin den der Alessandri annahm. — Was die von dem Maler in Vorschlag gebrachte junge Dame betrifft, so war deren Mutter Guglielma oder wie sie in dem Briefe heisst „Gnilgliehmina" die Tochter Rodolfos von Varano, Herrn von Camerino, und der Constanza, Wittwe des Galeazzo Chiavelli, Herrn zu Fabriano, wie auch sie selbst an Baptista Chiavelli, ebenfalls Herrn zu Fabriano, verheirathet war. Ihre Tochter, um deren Vermählung es sich handelte, lebte in dem Hause ihrer Vettern, der Herren von Camerino, Giulio Cesare und Rodolfo, die nach mancherlei Schicksalen vom Papst 1447 zu Vicarien der heiligen Kirche zu Varano ernannt worden waren und sich zur Zeit, als der Brief geschrieben wurde, noch im Besitz der Herrschaft befanden. Litta Fam. cel. fasc. XXIX.

BENOZZO GOZZOLI.

Die drei nachfolgenden von Gaye (Cart. I. 191—193) mitgetheilten Briefe zeigen uns den als Schüler des Fra Beato Angelico in der Kunstgeschichte bekannten Meister Benozzo Gozzoli (eigentlich Benozzo di Lese di Sandro 1424— ca. 1496) in der ganzen Anspruchslosigkeit, Einfachheit und Milde des Charakters, die Vasari so sehr in der Lebensbeschreibung desselben hervorhebt. Ueberdies tragen sie durch manche Einzelheiten dazu bei, die damaligen Verhältnisse zwischen Künstlern und Auftraggebern zu beleuchten. Die in Rede stehenden Bilder führte Benozzo Gozzoli in der Kapelle des Palastes der Medici (jetzt Palazzo Riccardi) aus, und sind dieselben besonders dadurch merkwürdig, dass in ihnen vor der Sala de' Giganti des Giulio Romano (im Palazzo del Te zu Mantua) zum ersten Male der ganze Raum der Wände zu fortlaufenden und ununterbrochenen Darstellungen benutzt ist. Die Altarnische war als Rosenhag ausgemalt, worin Engel mit der Pflege der Blumen beschäftigt waren; auf der Wand davor war die Verkündigung der Hirten dargestellt; auf der Wand zur Rechten beginnt der Zug der zur Anbetung des Christuskindes nahenden heiligen drei Könige, der rings um den ganzen Raum umhergeht und nur ab und zu durch kleine Fenster und die Eingangsthür unterbrochen wird. Vgl. Crowe u. Cavalcaselle It. Mal. III. 267· ff.

Pietro de' Medici, an den die Briefe gerichtet sind, ist der Sohn Cosimos, des Vaters des Vaterlandes. Ihm war gegen das Lebensende des Vaters, der 1464 starb, von diesem schon ein grosser Antheil an der Leitung der Staatsgeschäfte gewährt worden, und so scheint ihm in diesem Falle auch die Sorge für die Ausschmückung des Familienpalastes übertragen zu sein.

Die Malereien selbst sind gegenwärtig durch die stattgehabte Veränderung einer Treppe alles Lichtes beraubt, so dass sie nur bei Kerzenbeleuchtung gesehen werden können. Sie sind zum Theil beschädigt, am meisten die Altarnische.

16.
BENOZZO GOZZOLI AN PIETRO DE' MEDICI.

Florenz, 10. Juli 1459.

Heute früh habe ich einen Brief von Ew. Herrlichkeit durch Ruberto Martegli erhalten und daraus ersehen, dass es Euch schiene, als ob die Seraphim, die ich gemacht habe, nicht passend wären. Den Einen davon habe ich in einer Ecke angebracht, zwischen einigen Wolken, und von diesem sieht man eigentlich nur die Spitze des Flügels; er ist so verborgen und von Wolken so bedeckt, dass er durchaus keinen hässlichen, sondern vielmehr einen schönen Eindruck macht. Und zwar ist dies der neben der Säule. Dann habe ich einen andern auf der andern Seite des Altares gemacht, ebenfalls auf dieselbe Weise verborgen. Ruberto Martegli hat sie gesehen und meinte, es sei gar keine Sache, um weiter darauf Gewicht zu legen.

Nichtsdestoweniger will ich gerne thun, was Ihr mir auftragt; zwei Wolken genügen, um sie ganz weg zu bringen. Ich wäre gern selbst gekommen, um mit Euch zu sprechen, indess hatte ich heut Morgen gerade angefangen, den

Azur aufzutragen, und das darf man nicht liegen lassen. Es ist sehr warm und der Leim verdirbt in einem Augenblick. Ich denke, die nächste Woche mit diesem Gerüst fertig zu werden, und vermuthe, dass Ihr die Bilder sehen wollt, ehe ich das Gerüst weggenommen habe. Auch habe ich gehört, dass Ihr dem Roberto Martegli aufgetragen habt, mir Alles zu geben, dessen ich bedürfte. Ich habe mir darauf zwei Gulden geben lassen, und die genügen mir für jetzt. Die Arbeit betreibe ich, soviel ich vermag; was ich nicht machen werde, unterbleibt, weil ich es nicht zu machen weiss. Gott weiss, dass mich kein anderer Gedanke mehr quält als dieser, und fortwährend suche ich Mittel und Wege auf, um etwas herzustellen, das wenigstens in einem guten Theile Genüge leisten könne. Anderes fällt mir nicht bei. Ich empfehle mich Ew. Herrlichkeit.

Pietro, dem von Cosimo die Sorge für den Palast, wie wir oben vermutheten, übertragen war, scheint sich dazu wiederum des Roberto Martelli bedient zu haben. Dieser (geb. 1408) ist der Bruder des schon oben Brief 6. erwähnten Bartolomeo Martelli, und in der Geschichte durch seine enge Befreundung mit der Familie Medici, sowie in der Kunstgeschichte als Freund der Kunst und besonderer Beschützer des Bildhauers Donatello bekannt.

Wenn Benozzo Gozzoli am Schlusse des durch viele Einzelheiten interessanten Briefes bemerkt, dass dasjenige, was an seinem Werke unterbliebe, nur deshalb, weil er nicht besser könne, unterbleiben würde, so ist dies insofern ganz der Wahrheit getreu, als jene Malerei allerdings die am sorgfältigsten und fleissigsten ausgeführte unter den Werken des Gozzoli ist.

Der Brief ist unterzeichnet: *„Il vostro servidore Benozzo di Lese dipintore in firenze"*, und hat auf der Aussenseite die Adresse: *„Magnifico huomo Pero di Cosimo de Medici a charegi"*.

———

17.
BENOZZO GOZZOLI AN PIETRO DE' MEDICI.

Florenz, 11. September 1459.

Mein besonderer Freund! Ich habe durch einen anderen Brief Ew. Herrl. benachrichtigt, dass ich vierzig Fl. brauchte, indem ich Euch ersuchte, mir dieselben zu Gebote zu stellen. Denn es ist jetzt die Zeit, wo man Korn und andere nothwendige Dinge einkaufen muss. Ich habe sehr gespart und doch habe ich einen schönen Gedanken aufgeben müssen. Mein Gedanke war nämlich der, nichts von Ew. Herrl. zu verlangen, so dass Ihr nicht wissen solltet, wie viel ich gearbeitet habe. Aber die Nothwendigkeit hat mich auf den Punkt gebracht, dass ich gezwungen bin, etwas von Ew. Herrl. zu verlangen. Habt also Nachsicht damit, Gott weiss, dass ich die Absicht habe, Euch zufrieden zu stellen.

Ausserdem habe ich Euch daran erinnert, nach Venedig wegen des Azur zu schicken, denn diese Woche werde ich mit dieser Seite fertig und für die andre muss ich Azur haben. Den Brokat und die andern Dinge will ich zugleich mit der Figur und früher machen. Ich bitte Euch, soviel ich kann, die Sache zu beschleunigen.

Anderes habe ich Euch nicht zu sagen: es sei denn, dass ich mich Euch empfehle.

18.

BENOZZO GOZZOLI AN PIETRO DE' MEDICI.

Florenz. 23. September 1459.

Mein Hochzuverehrender! Es ist Jemand zu mir gekommen, ich glaube es ist ein Bekannter Eures Pier Francesco, der 1500 Stücke feinen Goldes hat; es ist aus Genua und dort gearbeitet und grösser als unseres um etwas mehr als die Hälfte. Er verlangt sechszehn Grossi für 100 Stück. Ich glaube aber, er wird sie für vier Lire geben, denn er ist sehr Kaufmann. Ich habe mir überlegt, dass Ihr ein Viertel der Kosten und mehr dabei ersparen könnt: wollt Ihr es also, so lasst es mir sagen. Ueberdiess meint Jener, er könne Euch davon besorgen, so viel Ihr haben wollt. Das Gold ist gut mit Beize aufgesetzt zu werden, so dass ich mir kein anderes wünsche. Ich habe zehn Gulden erhalten und bitte, mir zehn andere auszahlen zu lassen.

Ausserdem habe ich von den Ingiesnati zwei Unzen Azur geholt, von dem zu drei schweren Gulden die Unze. Vergangenen Sonntag wollte ich zu Euch kommen, indessen habe ich mich vor dem Wetter gefürchtet. Jetzt bin ich im Begriff an die andere Seite zu gehen, die kommende Woche wird sie in Fresco fertig sein. Mir scheint es tausend Jahr, dass Ew. Herrl. nicht hier gewesen, um zu sehen, ob Euch die Arbeit zufrieden stellt. Christus erhalte Euch in seiner Gnade.

Das Gold, von dem im Anfang des Briefes die Rede, hatte BENOZZO GOZZOLI mehr als andere gleichzeitige Künstler zur Ausführung seiner Werke nöthig. Denn während der Gebrauch, Goldzierrath auf den Bildern anzubringen, bei den Nachfolgern des MASACCIO schon sehr abgenommen hatte, ist er bei BENOZZO GOZZOLI noch als ein Nachklang jener mehr alterthümlichen Kunstweise seines Lehrers FRA GIOVANNI ANGELICO von Fiesole zu betrachten, der in seinen Gemälden reiche Vergoldungen an Waffen, Gewändern und allerhand Zierrath anzubringen liebte.

Pier Francesco ist ein Vetter des Pietro, Sohn von Cosimos Bruder Lorenzo, derselbe, der durch seinen Sohn Giovanni Stammvater der späteren Grossherzöge von Toscana geworden ist.

Die Ingiesnati, von denen sich BENOZZO zwei Unzen Azur zu einem sehr hohen Preise geholt hat, waren eine seit dem Ende des vierzehnten Jahrhunderts in Florenz ansässige Mönchsbrüderschaft, die bis 1529 vor der Porta a Pinti Kloster und Kirche hatten, zu welcher Zeit sie bei der Belagerung zerstört wurden. Die Mönche waren durch mannigfache Kunstfähigkeiten berühmt, wie z. B. durch ihre schönen Glasmalereien. Ebenso bereiteten sie Farben und namentlich ein

vortreffliches Ultramarin wie aus Vasaris Lebensbeschreibung des PIETRO
PERUGINO hervorgeht. Vgl. Lastri Osservatore Fiorentino V. 75. - Das
freundschaftliche Verhältniss BENOZZOS zu den Mediceern dauerte noch lange an
und übertrug sich späterhin auch auf Pietros Sohn Lorenzo den Prächtigen, wie
aus einem an diesen gerichteten Brief BENOZZOS vom 4. Juli 1467 hervorgeht,
der ebenfalls auf engere freundschaftliche Beziehungen hindeutet.

19.

ANTONIO FILARETE AN FRANCESCO SFORZA IN MAILAND.

Mailand. (1460–1464.)

ortrefflichster Fürst! Weil Du, gleichwie Du Dich auch in vielen andern
Tugenden auszeichnest, daran Freude findest, zu bauen, so glaube ich,
dass, wenn Du nicht mit ernsteren Dingen beschäftigt bist, es Dir Vergnügen machen wird, die besten Maasse und Verhältnisse des Baues kennen
und verstehen zu lernen, die von den tüchtigsten Männern aufgefunden worden
sind; so dass Du als würdiger und grossherziger Fürst und als ausgezeichneter
Kriegsheld und Freund und Bewahrer des Friedens, wenn Du nicht mit dem
beschäftigt bist, was man mit Recht zu seiner Vertheidigung unternimmt, um
nicht müssig zu sein, Deinen Geist mit Erfolg beschäftigst, ohne auf Kosten
irgendwie Rücksicht zu nehmen.

Solcher Beschäftigung aber sich zuzuwenden, ist in der That eines Fürsten
würdig: sowohl wegen des Nutzens als auch wegen des Ruhmes und um seinen
Reichthum vielen anderen Personen zu Gute kommen zu lassen und Vielen, die
sonst umkommen müssten, das Leben zu geben. Und dies Alles sieht man in
Dir; und dass dem so sei, davon legen Dein Castell und viele andere Gebäude
Zeugniss ab, die nicht ohne grosse Ausgaben errichtet werden, wie Wasserleitungen
und schiffbare Canäle, die sowohl neu gebaut als wieder hergestellt werden,
und Wiederherstellung von anderen Gebäuden, die gleichsam neu erstehen und
die jenen grossen römischen Fürsten zu denken gegeben haben würden!

Es möge Dir also gefallen, diese Schrift anzunehmen und durchzusehen,
nicht weil sie wegen schöner Schreibart einen Werth hat, sondern nur, weil sie
die verschiedenen Arten der Maasse enthält, die ein Jeder kennen muss, der
bauen will. Deshalb glaube ich auch, wird sie Deinen Ohren einiges Vergnügen
gewähren, und da sie nicht so schön geschrieben ist, so magst Du dieselbe aufnehmen, nicht als ob sie von einem Redekünstler herkäme oder von Vitruvius,
sondern von Deinem Baumeister Antonio Averlino, dem Florentiner, der die
Broncethüren von St. Peter in Rom gemacht hat, verziert mit würdigen Erinnerungen an den heiligen Petrus und den heiligen Paulus und Papst Eugenius IV.,
unter welchem ich dieselben gemacht habe. Und der in Deiner berühmten Stadt
Mailand das ruhmvolle Hospital für die Armen Christi gebaut, zu dem Du mit

eigener Hand den ersten Stein gelegt hast; ausser vielen anderen Dingen, die ich daselbst unternommen habe.

Und auch die Kathedralkirche zu Bergamo habe ich mit Deiner Bewilligung angeordnet, so dass, Erl. Fürst, es Dich nicht gereuen möge, dies Werk zu lesen oder es Dir vorlesen zu lassen. Denn ich beabsichtige darin, wie ich schon oben gesagt, die Arten, Verhältnisse, Beschaffenheiten und Maasse zu behandeln, und woher dieselben ihren ersten Ursprung haben. Dies aber werde ich Dir nachweisen aus Gründen, Auctoritäten und Beispielen und zeigen, wie alles sich aus der Figur und Form der Menschen ableitet; und ebenso alle Dinge, die bei einem Bau zu behalten und zu beobachten sind. Und sodann werde ich von den zum Bauen günstigen Materialien handeln, und wie Kalk und Sand anzuwenden sind, gebrannte Ziegel- und Hausteine, Holz und Eisen und Stricke und alle sonst nöthigen Dinge; und ebenso von den Fundamenten nach ihrer Lage und ihren Erfordernissen und zuletzt von alle dem, was zu einem Architekten oder Ingenieur gehört. Sodass ich nicht zweifle, dass, wer alle diese Arten und Maasse beobachtet, in seinem Gebäude keinen Irrthum begehen wird.

Antonio Averlino, genannt Filarete (ca. 1400 — ca. 1469), der Künstler der bekannten und in dem Briefe erwähnten Broncethüren des Vatican, hatte ein Werk über Architectur geschrieben, von dem drei nur in einzelnen Punkten von einander abweichende Handschriften, zwei italienische und eine lateinische, existiren. Die erste italienische, die sich jetzt in der Bibliotheca Magliabecchiana in Florenz befindet, ist das Originalmanuscript, welches Filarete dem Pietro de' Medici überreicht hat. Das Manuscript ist grösstentheils vor dem Jahre 1464 geschrieben, da der alte Cosimo de' Medici noch als lebend erwähnt wird; es ist aber erst nach dessen Tode (1. Aug. 1464) vollendet worden, da am Ende des Werkes von der „*digna memoria di Cosimo*" die Rede ist. Ein zweites Exemplar, das jedoch nicht mehr vorhanden ist, überreichte Filarete, vermuthlich auch 1464, dem Francesco Sforza. Das oben mitgetheilte Document ist die Widmung dieses Exemplars, die Gaye I, 200 nach einer in der Bibliotheca Palatina befindlichen Abschrift des verloren gegangenen Originals mitgetheilt hat. Die dritte, lateinische Handschrift ist auf Befehl des Königs Matthias Corvinus von Ungarn, der ein leidenschaftlicher Sammler von Manuscripten war, durch Antonio Bonfini aus Ascoli angefertigt worden und befindet sich jetzt in der Markusbibliothek in Venedig. Ueber die Handschriften, das Leben und die Werke Filaretes und die einschlägige Literatur s. Jansen in Meyers Allg. Künstlerlexicon II, 471 ff. Vasari ist auf Filaretes Werk eben so schlecht zu sprechen als auf seine künstlerische Thätigkeit. Namentlich beklagt er sich, dass der Meister seiner Zeit von dem Verfasser so selten und immer am unrechten Orte gedacht sei, und meint, dass, wenn sich gleich in diesen Büchern (es waren 25 Bücher in drei Theilen) manches Gute finde, „sie doch meist sehr lächerlich und albern, wie nur irgend etwas seien." Trotz dieses abfälligen Urtheils hat sich Vasari nicht gescheut, dem Werke Filaretes viele Notizen, und zwar nicht immer sehr gewissenhaft zu entnehmen.

Was die in dem Briefe selbst erwähnten Werke des Filarete betrifft, so sind die Thüren von St. Peter zwischen 1443 und 1447 gearbeitet. In letzterem Jahr starb Papst Eugen IV., der dem Künstler wahrscheinlich während des Konzils in Florenz, 1443, den Auftrag zu den Thüren ertheilt hatte. Nach deren Vollendung wurde FILARETE von Francesco Sforza, der seine Werke als Bannerträger der heiligen Kirche in Rom kennen gelernt hatte, nach Mailand gerufen, wo er den vortrefflichen Bau des Hospitals unternahm, zu welchem im Jahre 1456 mit grosser Feierlichkeit und unter Zusammenfluss vieler hoher Personen (auch der weiter unten erwähnte „Herr zu Mantua", Francesco Gonzaga nämlich, war zugegen) der Grundstein gelegt wurde. FILARETE giebt in einem seiner Briefe als den Tag der Grundsteinlegung zwei verschiedene Daten an, den 4. und den 12. April. Der Brief ist in der italienischen Zeitschrift Politecnico (Jahrg. XXI.) von Corio veröffentlicht. Doch wird auf einer zur Feier des Ereignisses geschlagenen Medaille auch der 12. April und das Jahr 1457 angegeben. Die Inschrift, die noch heute an der Hauptfront des Gebäudes zu sehen ist und die das Jahr 1456 als das der Grundsteinlegung nennt, gehört einer späteren Zeit an. Unter dem 9. December 1458 erlangte Francesco Sforza vom Papste Pius II. eine Bulle, welche ihm gestattete, alle in Mailand befindlichen und von Geistlichen verwalteten Krankenhäuser in dem neuen Hospital zu vereinigen. Im Jahre 1460 fanden schon die ersten Kranken in dem Neubau Aufnahme. Doch wurde das Ospedale maggiore erst am Ende des vorigen Jahrhunderts in seiner gegenwärtigen Gestalt vollendet. Ueber die Baugeschichte s. Ausführliches bei Carlo Romussi, Milano nei suoi Monumenti, Milano 1875, S. 288—298. In dem oben mitgetheilten Briefe FILARETES heisst das Gebäude „La gloriosa albergria de' poveri di Cristo". In der Inschrift auf der erwähnten Medaille heisst es: „hae manus Christi pauperibus dedit". Es war nach Vasari bestimmt zu einem „Spital für Kranke beiderlei Geschlechtes und für schuldlose uneheliche Kinder" und wird noch jetzt als solches benutzt.

Aus dem Werke selbst möge hier nur folgende Stelle angeführt werden, welche für die Beurtheilung der gothischen Baukunst im fünfzehnten Jahrhundert von Wichtigkeit ist, und die sich bei Gaye (p. 201 f.) befindet:

„Ich lobe diejenigen sehr," heisst es daselbst, „die sich an der alten (antiken) Art und Praxis erfreuen, und segne die Seele des FILIPPO BRUNELLESCHI, der in unserer Stadt diesen Styl wieder erweckt hat. Denn gegenwärtig baut man hier nicht anders als nach alter Weise, sowohl in Kirchenbauten als auch in öffentlichen oder Privathäusern. Dass dies wahr sei, sieht man daraus, dass Privatleute, die sich Kirche oder Haus bauen lassen, sich alle dieser Weise zuwenden. So zeigt dies unter andern das Haus, das neuerdings in der Strasse della vigna gebaut ist [1]. Daher ermahne ich einen Jeden, nachzuforschen und sich zu bemühen, nach der antiken Art zu bauen, und diejenige Weise zu befolgen, die, wenn sie nicht die schönste und beste wäre, zu Florenz nicht angewendet werden würde. Noch auch der Herr zu Mantua [2] würde sich derselben bedienen, wenn sie nicht wäre, wie ich sage. Als Zeugniss davon kann ein Haus dienen, das er bei seinem Castell am Po hat bauen lassen. So bitte ich denn einen Jeden, diese neue Art fahren zu lassen, und lasst Euch nur gar nicht von jenen Meistern berathen, die eine solche schlechte Praxis befolgen. Verdammt sei wer danach baute! Ich glaube es war nur ein barbarisches Volk, das sie nach Italien gebracht hat."

---

[1] Palast Rucellai von *L. B. Alberti*.

[2] Von diesem war damals *L. B. Alberti* mit dem in modern antikem Styl gehaltenen Bau der Annunciata beauftragt worden.

20

BERTOLDO AN LORENZO DE' MEDICI.

Castro S. Antonio, 29. Juli 1479.

In diesem Augenblicke habe ich Meissel und Stichel, Zirkel und Winkelmaass, Wachs und Spänchen und dazu noch Architektur und Perspektive bei Seite geworfen, jenem Stier vier Fusstritte gegeben und den Thon an den Gärtner zurückgeschickt, damit er ganz gemeine Töpfe[1] daraus mache. Denn ich merke, dass die Pfefferbrühen unsers Kommandeurs von Prato M. Luca Calvanese bei dem Grafen Girolamo mehr in Achtung stehen, als alle andern Fähigkeiten, Wissenschaften und Künste der Welt, indem sie ihm zum Ritterstande verholfen haben. Und da ich nun besagte Fähigkeit im Kochen habe, nicht von Natur, sondern als eine in Folge meines Buches über die Kochkunst erworbene Wissenschaft — denn ich glaube wahrhaftig, dass es das schönste Werk war, das ich jemals gemacht habe, als ich Euch zu Monte Guffoni zwei Hände voll Feigenschnepfen gab, die ich mit eigener Hand gekocht hatte — so bin ich denn entschlossen, alle andern Künste aufzugeben und mich der Kochkunst zu widmen, weshalb ich denn Ew. Magnificenz ersuche, mich bei den Beamten der Lebensmittel, die über die Küche gestellt sind, zu begünstigen, damit ich mein Buch wieder zurück erhalte. Ich hoffe, dass in kurzer Zeit der Pfefferbrühen-Luca[2], nicht dazu gut sein wird, das Sieb zu halten. Wollte Gott, ich hätte lieber unter Cibacca gelernt, als unter Donatello, denn wie ich jetzt die Zeitläufte kennen gelernt, so hätte ich nicht zwei Gacomini oder zwei Gelatinen gekocht, ohne dass mich der Graf zum Prior von Pisa gemacht hätte....[3]

Und vor Allem bitte ich Euch, dass, ehe Luca in den Besitz davon komme, ich mein Buch über die Kochkunst wieder erhalte, denn wenn ich es wieder hätte, so getraute ich mir ihn auf eine Mühle zu thun oder in eine Pastete zu backen[4] und mit Pfeffer zu bestreuen, ohne ihn durch ein Sieb zu quetschen, um Pest-Bonletten[5] daraus zu machen. Möge Gott jenen ganzen Hof verdammen, ich bitte ihn, noch einmal den P..., den Grafen und Luca in einem Pfeffernapf erstickt sehen zu können. Gott beschütze Euch vor ihren Verräthereien!

Bertoldo, der Schreiber dieses etwas räthselhaften Briefes, der von Gualandi in der Nuova Raccolta I. p. 11 aus dem Mediceischen Archiv bekannt gemacht worden ist, war ein Schüler des Donatello und, wie dieser selbst, mit Lorenzo dem Prächtigen befreundet, der ihn zum Lehrer in seiner Akademie

---

[1] *Vasi da bruttura.*
[2] *Luca de poveri;* wahrscheinlich ist *poveri* zu lesen.
[3] Hier ist eine durchaus unverständliche Stelle des sehr schwer zu verstehenden Originals in der Uebersetzung fortgeblieben.
[4] *E piei sun el benfizon in un pasticcio.*
[5] *Pallottola da moria.* Aehnlich wie in einer Novelle des Pulci von einer *ricanda diabolica e pestifera,* einer verteufelten und verpesteten Speise die Rede ist. *Pallottola* heisst eigentlich Kugel.

für Bildhauer machte. Wie Vasari im Leben des Donatello erzählt, vollendete Bertoldo nach dem Tode seines Meisters die von letzterem entworfenen und begonnenen Bronzekanzeln in San Lorenzo in Florenz. Auch erbte er einen Theil der hinterlassenen Kunstsachen Donatellos.

Ueber die specielle Veranlassung dieses Briefes lässt sich nichts ermitteln. Der Schluss scheint darauf hinzudeuten, dass die Personen, durch welche sich der Künstler, der von seinem Meister Donatello auch die grosse Heftigkeit und Leidenschaftlichkeit angenommen zu haben scheint, so sehr gekränkt und beleidigt fühlt, auch gegen Lorenzo nichts Gutes im Schilde führten. „Gott beschütze Euch", sagt er, „vor ihren Verräthereien". Es war allerdings damals eine der allergefährlichsten Lagen, in denen sich Lorenzo und Florenz jemals befanden. Im vergangenen Jahre hatte die Verschwörung der Pazzi stattgehabt, bei welcher unter anderen auch Francesco Salviati, der Erzbischof von Pisa, betheiligt gewesen war, und im Jahre 1479 hatten sich die Umstände für Lorenzo so feindlich gestaltet und die aus der gewaltsamen Unterdrückung jener Verschwörung hervorgegangenen Gefahren eine solche Höhe erreicht, dass Lorenzo am 5. December sich an den Hof seines ärgsten Feindes, des Königs von Neapel, begab, um die Gefahr wenigstens von dem Vaterlande abzuwenden. Eine That hohen Edelmuthes, die dann auch bekanntlich die Rettung des Staates zur Folge hatte. Allen diesen Umständen scheinen nun, wie gesagt, sowohl Graf Girolamo als Messer Luca Calvanese nicht fern gestanden zu haben.

Ueber die Küchendetails ist ebensowenig Näheres beizubringen. Was für eine Speise die Gacomini gewesen seien, lässt sich nicht mehr feststellen. Dagegen waren die Gelatinen schon damals sehr beliebte Gerichte, die in verschiedenen Formen und Farben als Zierden der Tafel aufgetragen wurden. Sehr ergötzliche Details über die florentinische Küche im XV. und XVI. Jahrhundert findet man bei Lastri Osservatore Fiorentino VI. 100 ff.

21.
BACCIO PINTELLI AN LORENZO DE' MEDICI.

Urbino, 18. Juni 1481.

Erlauchter und mächtiger Herr! mein gnädigster Herr!

Nach vorausgeschickter ergebener Empfehlung. Ein Meister Giuliano da Majano aus Florenz und Zimmermeister, der hier durchkam und hernach Ser Niccolò, Ew. Herrl. Kanzler, haben mir von Euer Seite gesagt, ich solle das Haus des Erl. Herrn Herzogs von Urbino konterfeien und solle die Zeichnung Ew. Herrl. senden. Auch sprach besagter Ser Niccolò davon mit besagtem Herzoge, der mit der grössten Herzlichkeit von der Welt erwiderte, dass ich nur die Zeichnung machen und Ew. Herrl. senden solle, und dass er, um Ew. Herrl. genug zu thun, lieber das Haus selbst schicken würde, wenn es anginge, und dass Ew. Herrl. hier wie in Ihrem eigenen Hause zu befehlen habe. Und dabei empfahl er sich Ew. Herrl. Und dies ist es, was mir der Herzog aufgetragen hat, und so sage ich es Ew. Herrl. in seinem Namen wieder.

Nun habe ich also die besagte Zeichnung gemacht und schicke sie Ew. Herrl. durch diesen meinen Boten. Und wenn ich damit etwas gethan, das Ew. Herrl. gefällt, so werde ich sehr froh darüber sein; ich habe es sehr gern gethan, da es meine Schuldigkeit ist. Früher aber habe ich es Ew. Herrl. nicht senden können, denn es ist viel Zeit darauf gegangen, um die Maasse zu nehmen, damit Ew. Herrl. das Ganze erhalten könne. Ihr werdet auch bei jedem einzelnen Zimmer sehen, was schon gemacht ist und was noch zur Vollendung des Hauses zu thun ist.

Wenn Ew. Herrl. dasselbe sähe, so glaube ich, würde es Euch sehr gefallen in Bezug auf die zierliche Anordnung [1]) der Reliefs und anderer Ornamente, die sich darin befinden. In dem fünften Geschoss [2]) ist der Fuss von Urbino in ganzer Grösse und in dem verkleinerten Maassstabe gezeichnet, mit dem ich die Zeichnung gemacht habe, damit Ew. Herrl. sehen könne, wie gross die Höhen [3]) und wie dick die Mauern sind, und Ew. Herrl. wird sehen, dass von einem Punkte zum andern zehn Fuss sind. Wenn ich noch irgend etwas anderes für Euch thun kann, so bitte ich Euch, über mich wie über Euren Diener zu verfügen, womit ich mich Ew. Herrlichkeit auf immer empfehle.

Baccio Pintelli, auch Pontelli genannt, war ein viel beschäftigter Baumeister des XV. Jahrhundert, der, nachdem er lange Zeit für Papst Sixtus IV. in Rom Bauten ausgeführt hatte (S. Maria del Popolo, die sixtinische Capelle, S. Agostino), von dem Herzog Federigo um 1480 nach Urbino berufen ward, um an dem Bau seines herrlichen Palastes daselbst Theil zu nehmen; jenes Palastes, von dem Castiglione im Cortegiano (Lyon 1553) p. 4 sagt, dass er nicht ein Palast gewesen, sondern eine Stadt in Form eines Palastes geschienen habe. Dieser ward, nachdem schon seit 1447 daran gebaut worden, von Luciano da Laurana aus Dalmatien 1468 übernommen, der im Jahre 1483 starb. Laurana war der leitende Architekt. Pintelli mag eine Zeitlang unter ihm, nach seinem Tode selbstständig gearbeitet haben. Der schöne Hallenhof des Palastes von Urbino gilt als sein Werk. S. Burckhardt Gesch. der Renaissance in Italien 2. Aufl. S. 15. Lübke Gesch. der Architektur 5. Aufl. II. S. 706 f. Da Giovanni Santi in seiner Reimchronik ausdrücklich sagt, dass Laurana der Baumeister „über allen andern" (a tutti gli altri sopra) gewesen sei, mag Pintelli vielleicht mit Francesco di Giorgio Martini von Siena, Ambrogio d'Antonio Barocco von Mailand und andern von Giovanni Santi unter „tutti gli altri" verstanden worden sein. Dass Lorenzo de' Medici gerade von Pontelli die Zeichnung verlangen lässt, erklärt sich leicht daraus, dass dieser von Geburt ein Florentiner war, obschon er öfter als Bürger von Urbino, wo er sich später niedergelassen hat, bezeichnet wird. Giuliano da Majano, der hier unter dem bescheidenen Namen eines Zimmermeisters, „maestro di legname", als Vermittler genannt wird, ist der berühmte Architect aus der Schule des Filippo Brunelleschi. Pintelli unterzeichnet sich in dem von Gaye (Cart.

---

[1]) Cunei.
[2]) Piano; es ist hierbei weniger an ein Stockwerk als an den oberen Theil des Gebäudes, nämlich Fries- und Hauptgesims, zu denken.
[3]) Altitudine, vermuthlich l'alt--azione.

I. 274) bekannt gemachten Briefe als *lignaiolo*, Zimmermeister und Schüler des FRANCIONE.

ANDREA MANTEGNA.

Während die Künstler, deren Briefe wir bisher mitgetheilt haben, zum grossen Theile Toscana angehörten, folgen nun einige solche, die von dem bedeutendsten Meister der paduanischen Schule geschrieben sind und die uns diesen im Verkehr mit Lorenzo de Medici und mit den Gonzagas zeigen. Es wird dadurch die ungemeine Hochachtung bestätigt, welche nach V a s a r i diesem Künstler von seinen Zeitgenossen und namentlich von der Familie der Gonzaga gezollt wurde, welche letztere zu Mantua, dem Sitz ihrer Herrschaft, den Künstlern allen Schutz und alle Beförderung angedeihen liessen. So standen Lodovico und Francesco, Isabella und Federigo ausser mit MANTEGNA, der sich ganz ihrem Dienste geweiht hatte, mit GIOVANNI BELLINI [1] und LEON BATTISTA ALBERTI so wie später mit GIULIO ROMANO, TIZIAN u. a. [2] in mannigfachem persönlichen oder brieflichen Verkehr, von dem wir Belege theils schon angeführt haben, theils in spätern Briefen noch anführen werden.

22.

ANDREA MANTEGNA AN LORENZO DE' MEDICI.

Mantua, 26. August 1484.

Erhabener Herr und mein einziger Wohlthäter! Zuvor meine pflichtschuldige Empfehlung. Ew. Herrlichkeit ist sehr wohl unterrichtet von der Liebe, die mir von meinen sehr erlauchten Herren erwiesen wurde, und von der Gunst, die sie mir in solcher Gestalt bezeugt zu haben schienen, dass ich mir in allen meinen Bedürfnissen alles wohl von ihnen versah. Aus diesem Grunde nahm ich mir vor, ein Haus zu bauen, welches ich durch Dienstleistungen bei ihnen, da ich nicht das Vermögen besitze, meinen sehnlichen Wunsch zu erreichen, zu vollenden hoffte. Es schlug mir die erste Hoffnung fehl nicht ohne grossen Schaden; es ist mir auch die zweite fehlgeschlagen, welche meinen Geist zu grösseren Dingen anspornte; das waren die Beweise ihres glücklichen Gedächtnisses für mich! Ich sage es nicht deshalb, weil ich mir verlassen vorkomme. Obwohl mir die Neigung des neuen Herrn einige Restaurationen zukommen lässt — ich sehe ihn ganz der Tugend zugewendet — und zur Befriedigung meiner Bedürfnisse etwas Arbeit aufträgt, die bislang noch nicht beendigt ist, zeigt er sich immer zweifelhaft, und er ist Ursache, dass ich meine Zuflucht

---

[1] Vgl. die Briefe des *Pietro Bembo* an Isabella. Gaye II. 71 und 76 f.
Brief des Bildhauers *P. Gian. Ciaco* an Franc. Gonzaga vom 5. Februar 1497. Gaye I. 557 u. a. m.

4 *

dahin nehme, wo ich sicher bin, dass mir eine Unterstützung nicht verweigert werden wird. Am wahrscheinlichsten halte ich die Ew. Herrlichkeit, da ich viele Herren verloren habe, zu denen ich im Dienstverhältniss stand und von denen ich nicht gewöhnlich geliebt wurde um ihrer Herablassung und um einiger meiner Werke willen. Da ich nun eine feste Hoffnung auf Ew. Herrlichkeit habe, nehme ich zu ihr meine Zuflucht, ob sie bei ihrer Freigebigkeit geruhen wolle, mir einige Unterstützung zu gewähren, und sich herablassen wolle, an dieser Sache Antheil zu nehmen, indem ich verspreche, mich so daran zu erinnern, dass nicht der geringste Makel von Undankbarkeit auf mich fallen soll; und dass ich so zuversichtlich schreibe, rechne ich nicht mir zu, sondern Ew. Herrlichkeit, die bei ihrer Gutherzigkeit immer wohlzuthun pflegt nicht nur ihren Angehörigen, sondern auch denen, die sie nicht einmal gesehen hat; und wenn Ew. Herrlichkeit erfährt, dass ich etwas habe, womit ich ihr angenehm sein kann, so bitte ich Ew. Herrlichkeit mit grosser Bereitwilligkeit, sie möge mich auf die Probe stellen, damit sie die Zuversicht habe, die ich zu ihr hatte durch diesen meinen Brief; was ich für eine sehr angenehme Sache erachten werde. Ich empfehle mich unendliche Male Ew. Herrlichkeit, die Gott glücklich erhalten möge.   Andreas Mantinia, V.

Dieser Brief der bald nach dem Tode von MANTEGNAS Beschützer, Federigo von Mantua, geschrieben ist und die Aufschrift trägt: *Ad magnifico et generoso viro domino Laurentio de medicis maiori honorando Florentie*, ist nach einer Mittheilung MILANESIS von Crowe und Cavalcaselle Ital. Malerei V. 2. S. 416 Anm. veröffentlicht worden. Francesco II., Federigos Nachfolger, war ein sehr junger Mann, erst sechszehn Jahre alt, der für die Künste noch nicht das Interesse haben konnte, das ihnen sein Vater zugewendet hatte. Schon im Jahre 1485 erhielt MANTEGNA jedoch einen Auftrag von Francescos Schwiegermutter, Eleonore von Este, ein Madonnenbild, um dessen Vollendung sich der junge Markgraf angelegentlich kümmerte. S. Crowe a. a. O. S. 417 f. Von da an gestalteten sich die Beziehungen MANTEGNAS zu dem Markgrafen günstiger.

Der Vater Francescos, Federigo (1476—1484), war ebenso wie der Grossvater Lodovico ein eifriger und freigebiger Beschützer MANTEGNAS, wie aus dem in der Gazette des Beaux-Arts Band XX. veröffentlichten Briefwechsel hervorgeht. MANTEGNA trat 1459 in die Dienste des Markgrafen Lodovico, so dass Francesco, MANTEGNAS Sohn, nach dem im Jahre 1506 erfolgten Tode des Künstlers in einem Briefe vom 15. September 1506 von einer fünfzigjährigen Dienstbarkeit sprechen konnte.

Dass sich die Verhältnisse MANTEGNAS bald nach dem Briefe an Lorenzo de' Medici besserten, mag auch die Thatsache beweisen, dass er bald darauf an dem Hauptwerk seines Lebens, den Triumphen, zu arbeiten begann. Im Sommer 1478 berief ihn Papst Innocenz VIII., mit Genehmigung des Markgrafen, der dem Künstler zuvor die Ritterwürde verlieh, nach Rom, wo er die Privatkapelle des Papstes im Vatican ausmalen sollte. Von Rom datirt der folgende Brief, der bei Bottari VIII. 25 abgedruckt ist.

23.

ANDREA MANTEGNA AN FRANCESCO GONZAGA.

Rom, 31. Januar 1489.

Nach vorausgeschickter pflichtschuldiger Empfehlung benachrichtige ich Ew. Excellenz, wie ich mich mit allem Fleiss und Schweiss bestrebe, S. Heiligkeit unserm Herrn zu dienen, indem ich auch glaube Ew. Herrlichkeit zu dienen, so dass, wenn dies nicht der Fall wäre, ich ganz andre Gedanken hegen und sehr gern und viel lieber zu Hause sein würde, als ausser Hause. Wenn ich aber nichtsdestoweniger hier Genüge leiste und mit meinem Thun Ew. Exc. zufrieden stelle, so möge Ew. Exc. geruhen, mir dies zu verstehen zu geben, auf dass ich in meinem Gemüthe zufrieden sein könne. Und sollte es geschehen, dass ich nicht wie ein mir gleich stehender Diener Ew. Exc. behandelt würde — da Ihr als Liebhaber betrachtet werdet und man auch weiss, dass, wie man zu sagen pflegt, der Hund statt des Herrn bewacht wird — so werde ich Ew. Exc. davon Nachricht geben und werde thun wie Ihnen gut dünkt.

Gegenwärtig will ich nichts weiter sagen, als dass zwischen der Art hier und der von dort ein grosser Unterschied ist — ich bitte Ew. Exc., ob Sie nicht geruhen wollen zu meiner Zufriedenheit mir ein wenig zu schreiben; ich bin, so zu sagen, ein Zögling des erlauchten Hauses Gonzaga und habe mich immer bestrebt, diesem Ehre zu machen, wie ich auch jetzt zu diesem Zwecke hier bin. Ich empfehle übrigens Ew. Excellenz meine Triumphe, dass, wenn man etwa an den Fenstern eine Reparatur machen sollte, sie nicht verdorben werden, denn in der That, ich schäme mich nicht, sie gemacht zu haben, und hoffe auch deren noch andre zu machen, wenn es Gott gefällt und Ew. Herrl., der ich mich tausendmal empfehle, indem ich Ew. Herrl. ersuche und bitte, sich mein Häuflein in Mantua empfohlen sein zu lassen. Noch bitte ich, es möge Ew. Herrl. gefallen, dass Ludovico, Ew. Herrl. Diener und mein Sohn, zu Mantua oder im Mantuanischen ein Beneficium für 200 Dukaten erhalte, damit ich doch nicht weniger geachtet werde, als die andern Diener des Hauses. Von unserm Herrn dem Papste möchte ich nicht einen Heller verlangen, lieber wollte ich versetzen, was ich habe; aber wenn S. Heiligkeit für irgend ein Beneficium sich verwenden wollte, so würde ich es annehmen; es scheint mir indess so schwer zu sein, es zu erhalten, dass es eine grosse Sache ist, so dass ich wiederholt Ew. Herrlichkeit ersuche, uns als ihren Dienern diese Wohlthat zu erweisen. Wobei ich Sie noch erinnere, dass ich von unserm Herrn dem Papste nichts anderes habe, als so die Tischkosten, so dass ich mich zu Hause viel wohler befinden würde. Ew. Excellenz weiss sehr wohl, dass, wer die Schande fürchtet, heut zu Tage sich nicht sehr wohl befinden kann. Die Bösen, die anspruchsvoll und roh sind, erreichen viel eher ihr Ziel. Denn der Tugend steht immer die Unwissenheit entgegen. Nochmals empfehle ich mich Ew. Herrl.

MANTEGNAS Fresken in der von POLLAJUOLO erbauten Kapelle in der Villa des Belvedere, die von Vasari wegen ihrer fast miniaturartigen Vollendung hoch gerühmt werden, sind beim Anbau des Braccio nuovo durch Pius VI. zerstört worden. Man weiss durch Vasari nur, dass sie u. a. eine Darstellung der Taufe Christi enthielten.

MANTEGNAS sehr discrete Bemerkungen über geringen Lohn von Seiten des Papstes werden auch von anderer Seite bestätigt. Vasari bemerkt, der Papst habe ihm, durch seine vielfachen Geschäfte verhindert, nicht viel Gold geben können und erzählt bei dieser Gelegenheit folgende Geschichte. Als MANTEGNA einstmals die Figuren der Tugenden grau in grau gemalt hatte, brachte er dabei eine wahrscheinlich nicht mit in dem Auftrag inbegriffene Figur an. Als der Papst sich nach deren Bedeutung erkundigte, erwiderte er ihm: „Es ist die Zurückhaltung (discrezione).“ „Willst Du,“ entgegnete Innocenz, „ihr eine gute Begleiterin geben, so male ihr die Geduld zur Seite.“ Nach einer andern Version bei Ridolfi habe MANTEGNA die sieben Todsünden zu malen gehabt, und als achte die Undankbarkeit hinzugefügt. Darauf habe ihm denn der Papst die Ausführung der sieben Tugenden aufgetragen, zu denen er als achte die Geduld malen sollte. Im Jahre 1490 wurde MANTEGNA vom Papste mit einem schmeichelhaften Dankschreiben — es ist vom 6. September datirt — an den Markgrafen nach Mantua entlassen.

In Betreff der von dem Papst als Belohnung zu gewährenden Pfründe haben ihn aber seine Vermuthungen, es werde sehr schwer sein, dieselbe zu erhalten, nicht getäuscht. Er hat sie nach Vasari nicht erhalten. Nach dem als Antwort auf ANDREAS Brief erfolgten und hier beigefügten Schreiben Francesco's, das in einem etwas kühlen und vorsichtigen Ton gehalten ist, scheinen die Vermittlungsversuche des Marchese nicht allzu lebhafter Natur gewesen zu sein. Die Antwort nämlich, abgedruckt bei Bott. VIII. 27, war folgende:

FRANCESCO GONZAGA AN ANDREA MANTEGNA.

Mantua, 23. Februar 1489.

Wir haben Euren Brief vom letzten vergangenen Monats erhalten und erwidern darauf, dass wir damit einverstanden sind, dass Ihr Euch der Heiligkeit unsers Herrn angenehm erweiset und derselben zu Diensten seid. Nichtsdestoweniger aber würde es uns sehr lieb sein, wenn die Sachen, die wir Euch aufgetragen, schleunig beendigt würden, wobei wir Euch daran erinnern, dass Ihr auch hier noch Arbeiten für uns zu vollenden habt, und zwar hauptsächlich die Triumphe: diese sind, wie Ihr bemerkt, ein sehr würdiges Werk und wir würden sie gern fertig sehen. Es ist gute Sorge getragen, sie zu erhalten; denn obschon die Arbeit von Euren Händen und von Eurem Geiste herrührt, so sind doch auch wir nichtsdestoweniger stolz darauf, sie in unserm Hause zu haben, was auch zur Erinnerung Eurer Treue und Tugend dienen wird. Wenn es Seiner Heiligkeit, unserem Herrn, wie Eure Verdienste es erfordern, gefallen wird, Eurem Sohne Ludovico ein Beneficium von 200 Dukaten in dem Gebiete unserer Herrschaft zu verleihen, so werden wir sehr zufrieden damit sein, sowohl wegen unserer Ergebenheit und besonderer Verehrung gegen den apostolischen Stuhl und Seine Heiligkeit als auch wegen unserer persönlichen Genugthuung, indem wir die Ueberzeugung haben, dass, da Euer Sohn den Sitten des Vaters nachzueifern bemüht ist — ein jeder gute Baum bringt gute Früchte hervor —, ein jedes geistliche Beneficium auf ihn wohl verwendet sein wird.

In Bezug auf Eure dortigen Aufträge zweifeln wir nicht, dass die Erfolge Eurem Rufe sowohl, als unserer Erwartung entsprechen werden, indem wir wissen, wie viel wir uns von Eurem Leben und Eurer Fähigkeit versprechen dürfen. Habt Acht darauf, gesund zu bleiben, wir werden, soviel in unseren Kräften steht, nicht unterlassen, für Euren Vortheil und Nutzen zu sorgen.

Ueber die Triumphe MANTEGNAS vgl. Waagen Kleine Schriften S. 92 ff. Crowe a. a. O. S. 423 ff.

24.

ANDREA MANTEGNA AN FRANCESCO GONZAGA.

Rom, 15. Juni 1489.

Meine herzliche Empfehlung zuvor! Da der Ruhm und der Glanz des erlauchten Hauses der Gonzaga ganz Italien und namentlich auch Rom von den Ew. Exc. erwiesenen Ehren erfüllt haben, freue ich mich unendlich darüber und wünsche mir Glück dazu, wie hier Alles ohne Ende mit lauter Stimme ruft: Gonzaga, Gonzaga! Der Türke, der Türke! Marco, Marco! Ich hoffe sehr, ja ich bin dessen gewiss, dass Ew. Exc. nicht von den zahlreichen hochgebildeten Herren dieses Hauses abweichen werde. Und Gott möge mir so lange das Leben schenken, dies noch sehen zu können, wie mein Herz es wünscht. Jetzt bin ich befriedigt, und dies scheint mir ein guter Anfang zu sein und auf guten Verlauf und bestes Ende hoffen zu lassen. Mit der geringen Fähigkeit, die ich habe, suche ich hier Ew. Herrl., deren Diener ich bin, so viel Ehre zu machen, als ich mit aller Kraft meines schwachen Talentes vermag. Und aus Liebe zu Ew. Exc. sieht mich seine Heiligkeit unser Herr gern und ebenso der ganze Palast. Wahr ist es freilich, dass ich nichts bekomme, als meine Auslagen, noch habe ich je einen andern Lohn, selbst den geringsten nicht, erhalten. Ich würde auch nichts verlangen, da es meine Absicht ist, Ew. Exc. zu dienen. Indess bitte ich Euch, Eures Andrea Mantegna nicht uneingedenk zu sein, auf dass er nicht sein Gehalt, welches das erl. Haus ihm schon seit langen Jahren gewährt, verliere; denn die Dinge können nicht gut gehen, wenn es stets hier und da fehlt. So also mein Erl. Herr! empfehle ich mich Euch und bitte Euch, dafür Sorge zu tragen. Von meinen Beschäftigungen hier und meinem Eifer, glaube ich, wird Ew. Herrl. unterrichtet sein. Das Werk ist gross für einen Menschen allein, der Ehre erwerben will und namentlich hier in Rom, wo so viele unterrichtete und treffliche Männer sind. Und wie beim Wettrennen der Erste der Renner den Preis erhält, so muss ich denselben, so es Gott gefällt, zuletzt erhalten. Unterdess empfehle ich mich Ew. Exc.

Der Bruder des Türken wird hier im Palast unseres Herrn wohl bewacht. Unser Herr gestattet ihm Ergötzlichkeit der verschiedensten Art, wie Jagden, Musik, Gesang und Aehnliches. Oft kommt er hier zum Essen in den neuen Palast, wo ich male, und als Barbar beobachtet er ganz gute Sitten. Er hat eine gewisse stolze Hoheit und er nimmt niemals die Mütze vor dem Papste ab, weil er keine trägt, sowie auch die Mütze vor ihm nicht abgenommen wird [1]).

Einen dieser Tage hat er seinem Dolmetscher so viel Stösse und Faustschläge gegeben, dass man ihn in den Fluss tragen musste, damit er nur seine verlornen Kräfte wiedergewinnen konnte. Man glaubt, dass ihm Bacchus oft einen Besuch abstatte. Im Ganzen fürchten ihn seine Leute. Er achtet Alles gering, wie Einer, der es nicht versteht. Sein Leben ist ganz auf seine Art eingerichtet. Er schläft in den Kleidern. Audienz giebt er im Sitzen, wie die Parther, mit gekreuzten Beinen; auf seinem Kopfe trägt er an 3000 Ellen von holosusaner Zeug etc. [2]).

So wie ich ihn sehe, schicke ich ihn Ew. Herrl. gleich gezeichnet. Ich würde ihn jetzt schon schicken, aber ich habe ihn noch nicht recht aufgefasst, denn bald wirft er einem einen solchen Blick zu, bald einen andern, gerade wie ein Verliebter, so dass ich ihn noch nicht recht in mein Gedächtniss fassen kann. Im Ganzen hat er ein schreckliches Gesicht, namentlich wenn ihn Bacchus heimsucht. Nun will ich aber Ew. Herrl. nicht länger mit dieser meiner lächerlichen und etwas ungenirten Schreiberei langweilen. Ich empfehle mich abermals und abermals und bitte mir zu verzeihen, wenn ich hiemit etwas zu vertraulich geworden bin.

Der in diesem Briefe (abgedruckt bei Gott. VIII, 22) erwähnte Türke war der Bruder des damals regierenden Sultans Bajazet mit Namen Zam oder Zizim. Dieser nämlich war von den Rhodischen Rittern gefangen genommen und von dem Grossmeister derselben dem Könige von Frankreich geschenkt worden, der ihn dem Papste nach Rom sendete. Obgleich ein Gefangener, wurde der Türke, dessen Person eine gewisse politische Bedeutung hatte, mit grosser Auszeichnung behandelt. Er hielt am 13. März des Jahres 1489 seinen feierlichen Einzug in Rom, bei dem ihm sogar der Sohn des Papstes (Innocenz VIII.), Francesco Cibò, entgegenritt. Am Tage darauf wurde er bei dem feierlichen Consistorium dem Papste vorgestellt, bei welcher Gelegenheit er sich in hochfahrender und stolzer Weise dem üblichen Ceremoniell hartnäckig entzog und dem Papste einfach die rechte Schulter küsste. Es wurde ihm, wie dies auch aus dem Briefe hervorgeht, eine Wohnung im neuen vatikanischen Palast eingeräumt, wo er ganz nach seiner Neigung lebte; der Papst hatte ihm gleich nach dem Einzuge 700 Dukaten, kostbare Kleider, die er indess gering schätzte, und ein Pferd geschenkt, auf dem er in Begleitung von päpstlichen Hofbedienten öfter ausritt. Die politische Bedeutung des Mannes lag darin begründet, dass er bei den Türken mehr als der regierende Bruder beliebt war, weshalb diesem sehr daran gelegen war,

---

[1]) Hier folgt nun eine Beschreibung der Lebensart und der Tageseintheilung des Türken, wie z. B. dass er den Tag über fünf mal esse und eben so oft schlafe, dass er vor dem Essen Zuckerwasser, nach dem Essen aber Wein aus einem eigenthümlichen Gefässe trinke etc. Die Beschreibung hat, wie überhaupt manche der auf den Türken bezüglichen Stellen, viel Unklares. Sodann wird sein stolzes und herrisches Wesen beschrieben (vgl. die Erläuterung), so wie auch die Grausamkeit, mit der er schon mehrere seiner Leute erschlagen habe.

[2]) *Porta in capo trenta milia canne di tela holosusana; un paro di calze cosi lunghe porta che gli atteggia per non essere veduto, et totam facit stupire brigatam.*

ihn dort in festem Gewahrsam zu wissen; und in der That zahlte er, unter der Bedingung, dass der Bruder nicht freigelassen werde, dem Papste jährlich eine Summe von 40,000 Dukaten und stellte Frieden mit den Christen in Aussicht. Noch höher waren die Vortheile, die der Sultan von Aegypten, der mit Bajazet im Kriege lag, dem Papste für die Freilassung Zizims in Aussicht stellte, um sich desselben als Heerführer gegen den Bruder zu bedienen. Es wurden, nach der Aussage eines Zeitgenossen, dem Papste 400,000 Dukaten, die Stadt Jerusalem und alle dem Bajazet im Kriege abzugewinnenden Länder in Europa geboten. Indess war der Gefangene gewissermaassen ein Unterpfand gegen die Türken, die, nachdem sie erst vor wenigen Jahrzehnten ihre Macht in Europa begründet hatten, sehr gefährliche Feinde der europäischen Christenheit waren, und deren Grossherr durch die stete Bereithaltung seines gefährlichsten Feindes fortwährend im Schach gehalten wurde. Interessante Einzelheiten, die zum grossen Theil mit dem Bericht MANTEGNAS übereinstimmen, finden sich in zwei gleichzeitigen römischen Chroniken bei Muratori Script. Rer. Ital. (Diarium Roman. Anon III., II. p. 1106 ff.) und Infessura Diar. Rom. ib. p. 1224 ff. — Die auf den Türken bezüglichen Mittheilungen MANTEGNAS leiden zum Theil an sehr grossen Schwierigkeiten, die in der Uebersetzung nicht immer zu überwinden möglich war.

25.

ANDREA MANTEGNA AN FRANCESCO GONZAGA.

Rom, 1. Januar 1490.

Gott weiss, wie leid es mir thut, nicht bei Ew. Exc. Hochzeit sein zu können. Ich wünschte sehr, dabei zu sein und mich mit dem wenigen Talent dabei bethätigen zu können, das mir Gott gegeben, wie auch meine Schuldigkeit ist. Indess, das Schicksal hat mir eine solche Gunst nicht gewähren wollen. Die Veranlassung davon ist, dass ich sehr bedenklich krank gewesen bin, wie der Cavalier Ew. Exc. Euch mündlich berichten wird, und auch Jacomino, der mich bei seinem Besuch zu Bett fand. Diese Krankheit nun hat mir einen gewissen Schmerz und eine Geschwulst in den Beinen hinterlassen, so dass ich nicht würde reiten können, ja selbst beim Gehen in Gefahr sein würde, unterwegs zu fallen. So würden denn weder Ew. Herrl. zufrieden gestellt werden noch seine Heiligkeit unser Herr. Ueberdies würde dabei auch noch meine Kasse zu leiden haben. Uebrigens ist es besser, dass Ew. Herrl. mich ein wenig später und gesund als früher und krank zurückerhalte, so dass ich dieselbe bitte, mich zu entschuldigen und mir zu verzeihen; denn in Wahrheit, das Herz bricht mir, nicht dort sein zu können, da ich den grossmuthigen Sinn Ew. Herrl. kenne. Möge Ew. Herrl. Ruhm und Ehre erlangen, wie das Haus Gonzaga diese stets zu erringen gewohnt ist. Ich empfehle mich Ew. Exc. viel tausendmal.

Der bei Bottari VIII. 20 abgedruckte Brief enthält die Antwort auf folgendes (ebenfalls bei Bot. p. 21 befindliche) Schreiben des Markgrafen:

FRANCESCO GONZAGA AN ANDREA MANTEGNA.

Mantua, 16. December 1489.

Andrea, wir glauben, dass die Arbeit, die Ihr für S. Heil. unseren Herrn
macht, sich ihrer Vollendung nähert, und dass Ihr die hauptsächlichsten und
wichtigsten Sachen schon vollendet habt. Jemehr dies nun zur Genugthuung
Sr. Heil. gereicht, um so grösser wird unsere Zufriedenheit mit Euch sein,
indem wir als Sohn und Diener Sr. Heil., die wir sind, wünschen müssen,
dass Höchstderselbe alle seine Wünsche erfüllt sehe. Wir haben beschlossen,
den 16. des kommenden Februar die Frau Marchesa, unsere Gemahlin, heim-
zuführen und die Hochzeit feierlich zu begehen. Dazu wünschen wir ungemein
Eure Gegenwart wegen einiger Sachen, die wir auszuführen beabsichtigen, indem
wir wissen, dass Euer erfinderischer Geist uns in den benöthigten Dingen von
grosser Hülfe, ja ganz unumgänglich nöthig sein wird.

Aus diesem Grunde scheint es uns räthlich, dass Ihr bei Zeiten eine gute
Gelegenheit wahrnehmet, gutes und gnädiges Gehör bei Sr. Heil. unserem Herrn
zu erhalten und von derselben die Erlaubniss zu erlangen, Euch hieher zu
begeben, so dass Ihr zur rechten Zeit hier sein könnt, und je eher dies geschieht,
um so lieber wird es uns sein. In dem hier Beigeschlossenen haben wir an
S. Heil. geschrieben und ihn inständigst gebeten, Euch kommen zu lassen. Sowie es nöthig sei, würdet Ihr nach Rom zurückkehren. Bemüht Euch also auf
alle Weise, Eure Ankunft nicht aufzuschieben, indem uns dieselbe ebenso nöthig
als erwünscht ist. Legt unsere Empfehlung zu den Füssen Sr. Heiligkeit nieder.

Die in dem Brief erwähnte Vermählung wurde in der That im Februar
des Jahres 1490 mit Isabella, der Tochter des Herzogs von Ferrara, Ercole von
Este, und der Eleonora von Aragon, Tochter des Königs Ferdinand von Neapel,
vollzogen und zwar mit ungemeiner Feierlichkeit (Corio in der Gesch. von
Mailand p. 880 sagt *con immenso trionfo*) und in Gegenwart der Gesandten
fast aller italienischen Fürsten.

26.

ANDREA MANTEGNA AN FRANCESCO GONZAGA.

Mantua, 2. September 1494.

Mein erlauchtester Herr! Meine pflichtschuldige Empfehlung zuvor. Ich
bin fortwährend bestohlen worden, seitdem ich mein Haus im Viertel
von S. Sebastiano angefangen; doch da ich nicht wusste von wem, so
musste ich schweigen. Nun aber hat es sich zugetragen, dass Lodovico, mein Sohn,
sich von der Person des Diebes überzeugt hat, der mit meinen Sachen nicht mehr
und nicht weniger machte, als wenn sie von Anfang an seine eigenen gewesen wären.
Und nicht bloss des Nachts, sondern des Morgens und Mittags, Nachmittags und
Abends kam er zu meinen Mauersteinen und trug sich davon unter einem gewissen
blauen Mäntelchen nach Hause. Wie ich immer die Steine fehlen sah, klagte
ich sehr zu Lodovico darüber, und dieser, begierig ihn zu fassen, ging gestern,

da der zweite Tag des Monats war, und fand den Dieb mit den Steinen unter dem Mantel. Nun sprach Lodovico so zu ihm: Sag mir, hast du diese Steine gekauft? und jener antwortete: Ja! Weshalb nun Lodovico nach seinem Halb-schwert griff und auf ihn, der einen grossen Säbel hatte, losging und ihm einen Hieb gab. Dies, mein erlauchter Herr! hat mir sehr leid gethan, und thut mir um so mehr leid, als der Geschlagene im Solde Ew. Herrl. steht, und er heisst Rovida. Er ist es, der mich das ganze Jahr hindurch bestohlen hat, was ich beweisen kann. Ich bemerke Ew. Herrl., dass, wenn sich das Gegentheil von dem, was ich Euch sage, findet, ich zu jeder Strafe bereit bin, und empfehle mich derselben mit Lodovico bestens.

Ew. Herrl. Diener Andreas Mantinea.

Wie aus diesem Briefe (Gaye Cart. I. 325) hervorgeht und auch ander-weitig bestätigt wird, war MANTEGNA ein leidenschaftlicher, jähzorniger Mensch, der mit seinen Nachbaren fortwährend in Unfrieden lebte und mit ihnen herum processirte. Im Jahre 1475 war ihm bereits ein ähnlicher Streich gespielt wor-den. Damals wurden ihm nämlich 500 Quitten von den Bäumen auf seinem Landsitz in Buscoldo gestohlen. Er bezichtigte fälschlich einen Nachbarn, Namens Aliprandi, dieser That. Der Beschuldigte nahm Anlass, an den Markgrafen, da-mals noch Lodovico, zu schreiben und ihm ein wenig schmeichelhaftes Charakter-bild von dem grossen Maler zu entwerfen. „Er ist so lästig und erregt soviel Verdruss", sagt Aliprandi von ihm, „dass kein Nachbar mit ihm friedlich leben kann. Und Beweis dafür ist, dass dieser ANDREA keinen Nachbarn hat, mit dem er nicht in Process gelegen und der nicht von ihm einen Schaden erlitten." S. Gazette des Beaux-Arts XX. 335—337. Auch aus einem Briefe des sonst unbekannten Malers SIMONE DE ARDIZONI DA REGGIO an den Markgrafen Lodovico, den Carl Brun nebst Briefen MANTEGNAS, die jedoch nicht von direkt kunst-geschichtlichem Interesse sind, in der Zeitschrift für bildende Kunst XI. S. 54 veröffentlicht hat, geht auf das klarste hervor, dass der grosse Maler ein neidischer, intriganter Mensch war, der namentlich kein Mittel scheute, wenn es sich darum handelte, ihm unbequeme Concurrenten aus dem Wege zu schaffen. Vielleicht mag es sich auch in dem obigen Briefe nur um einen übermüthigen Streich handeln, der dem missliebigen Maler gespielt worden. Von dem Hausbau spricht auch Vasari, der im Leben des MANTEGNA erwähnt, dass er sich dasselbe nach seinem Geschmack mit Malereien verziert habe.

27.

ANDREA MANTEGNA AN ISABELLA GONZAGA.

Mantua, 13. Januar 1506.

Ich befinde mich durch die Gnade Gottes etwas besser, und obgleich noch nicht alle Körpertheile wieder im früheren Zustande sind, so habe ich doch an dem geringen Talent noch keinen Verlust gehabt, das mir Gott geschenkt und das zu Ew. Herrl. Befehl steht. Und ich habe die Geschichte des Comus für Ew. Exc. in der Zeichnung fast vollendet, und ich werde weiter daran arbeiten, je nachdem die Phantasie mir zu Hülfe kommen wird.

Meine Herrin, ich empfehle mich Euch, da ich schon seit Monaten von keiner Seite auch nur einen Quattrin erhalten kann; ich bin sehr in Bedrängniss, und namentlich jetzt, indem ich, einst die Hoffnung hegend, dass die Dinge nicht diesen Weg gehen würden, mich etwas in Verlegenheit befinde, und zwar habe ich, um nicht mehr wie ein Vagabunde hin und her ziehen zu müssen, ein Haus gekauft für 340 Dukaten, in drei Terminen zu zahlen, und nun ist der Termin vorbei, so dass mir mein Gläubiger schon ein sehr saures Gesicht schneidet. Und wie Ew. Exc. weiss, lässt sich nichts verkaufen noch versetzen; und andere Schulden habe ich überdiess auch nur allzuviel. Da ist mir denn der Gedanke gekommen, mir, so gut es irgend geht, mit meinen liebsten Sachen zu helfen. Da nun schon oft und zu verschiedenen Zeiten und von verschiedenen Personen meine liebe Faustina (eine antike Marmorbüste) verlangt worden ist, so habe ich aus Noth, die einen zu vielen Dingen zwingt, Ew. Exc. schreiben wollen; denn wenn ich sie einmal doch verlieren soll, so ist es mir lieber, dass Ihr sie erhaltet, als irgend ein anderer Herr oder eine andere Dame der Welt. Ihr Preis beläuft sich auf 100 Dukaten, die ich schon öfter von grossen Meistern bekommen konnte. Möge es Euch gefallen, mir Nachricht von der Absicht Ew. Herrl. zu geben, der ich mich tausendmal empfehle.

Dieser Brief (Gott. VIII, 28) zeigt uns den Künstler wieder in der tiefsten Noth, in die er allerdings nicht ohne sein Verschulden gerathen war. S. Crowe a. a. O. 437 ff. Nach dem Tode seiner Frau hatte er sich in ein anstössiges Verhältniss eingelassen, aus dem ein Sohn hervorging. Er hatte sein Haus bei S. Sebastiano, das er, wie aus dem vorigen Briefe zu ersehen war, selbst hatte erbauen lassen, verkaufen müssen. Später beging er noch einige andere unbesonnene Schritte und kaufte schliesslich, trotzdem noch andere Verbindlichkeiten auf ihm lasteten, ein Haus für 340 Dukaten, die er in drei Terminen zu bezahlen sich anheischig machte.

Die Angelegenheit mit der Büste zog sich noch ein paar Monate hin, und dann war Isabella kleinlich genug, auf die Noth des Künstlers zu speculiren. Sie beauftragte ihren Agenten Calandra mit der Angelegenheit, der ihr (am 11. Juli) verspricht, dieselbe so klug und geschickt zu führen als möglich. Den 15. Juli erstattet er Bericht. Er sei am Morgen bei dem Künstler gewesen, der sehr geklagt hätte über sein Unglück und seine Noth, er habe, ausser anderen Schulden, 10 Dukaten aufgenommen.

Unter 100 Dukaten wollte er die Büste aber nicht ablassen, doch versprach er, wenn die Noth ihn dazu zwingen würde, den Preis zu ermässigen, es der Marchesa sagen zu lassen. Sollte sich ihm aber Gelegenheit darbieten, sie für 100 Dukaten zu verkaufen, so würde er es thun, ohne ihr weiter zu schreiben. Der kluge Unterhändler aber meinte, er hätte wohl gar keine Hoffnung dazu und auch den Bischof Mons. Gonzaga schiene er als Liebhaber nur vorgeschoben zu haben, um durch Erregen einer gewissen Eifersucht die Marchesa eher zum Kauf zu bewegen.

Der hier erwähnte Bischof Gonzaga ist Lodovico, der Bruder des verstorbenen Marchese Federigo und Oheim des Francesco. Er war im Jahre 1483 seinem Bruder, dem Cardinal Francesco, im Bisthum von Mantua nachgefolgt. Die Eifersucht, auf welche Calandra hier hindeutet, ist auch sonst historisch dokumentirt. Lodovico nämlich wollte, wie sein verstorbener Bruder, Cardinal werden, sein Neffe Francesco indess hatte zu dieser Ehre seinen Bruder Sigismondo an Papst Sixtus IV. empfohlen, nach dessen Tode (1484) die Feindschaft zwischen Oheim und Neffen ziemlich offen ausbrach. Auch Lodovico war ein grosser Kunstfreund.

Ausserdem, führt nun Calandra fort, liesse MANTEGNA die Gräfin um etwas Geld bitten, um besser an der Tafel des Gott Comus arbeiten zu können. Er (Calandra) habe die Marchesa weitläufig entschuldigt, doch ihm versprochen, die Bestellung auszurichten. Er habe sich dann die Tafel angesehen, es seien darauf dargestellt Comus, eine unbekleidete und eine bekleidete Venus, zwei Amoren, Janus mit dem Neide in den Armen, um ihn hinauszubringen, Merkurius und drei andere Figuren, die vor ihm fliehen. Einige andere fehlten noch, aber die Zeichnung von diesen sei sehr schön. MANTEGNA schiene übrigens etwas verletzt, dass die Marchesa nicht selbst geantwortet, doch meinte er, sie hätte sich vielleicht geschämt, ihm nicht helfen zu können, so dass es schiene, als ob MANTEGNA den von ihm (Calandra) gemachten Entschuldigungen guten Glauben beimesse.

In Bezug auf den Brief habe er ihm dann gesagt, sie, Isabella, halte es für keine geringere Aufmerksamkeit, einen ihrer Diener zu schicken, als selbst zu antworten, übrigens schäme sie sich gar nicht, da die Zeitumstände sie entschuldigen, wenn sie ihn nicht mit der Artigkeit und Freigebigkeit behandle, die seine Vorzüge verdienten. Schliesslich möchte die Marchesa doch an MANTEGNA schreiben, ohne aber von seinem Uebelnehmen etwas merken zu lassen.

Am ersten August schreibt er wieder einen Brief an Isabella, aus dem hervorgeht, dass er die Büste zur Probe von MANTEGNA erhalten habe, er habe sie ihm aber nur schwer und mit grossen Ceremonien gegeben, und er, Calandra, sei fest überzeugt, dass, wenn sechs Tage vergingen, ohne dass er sie wieder erhielte, MANTEGNA darüber sterben würde. Unter 100 Dukaten könne er sie nicht lassen, schon zu diesem Preise könne ihn nur die Noth zwingen. Isabella möge seine Hartnäckigkeit in diesem Punkte verzeihen. Sie möge schreiben, ob er sie per Boot schicken solle.

Isabella muss rasch geantwortet haben, denn am 2. Aug. meldet Calandra, dass er die Faustina abgeschickt habe, und bittet, sie doch ja zur rechten Zeit wieder zu schicken.

In der That hat MANTEGNA den Verlust seiner lieben Antike, die sich heute im Museum von Mantua befindet, nicht lange überlebt. Er starb am 13. September 1506. Sein Testament ist bei Gaye Cart. I. 377 ff. abgedruckt. Der Sohn Francesco giebt dem Marchese in einem Briefe vom 15. September Nachricht von dem vor wenigen Tagen erfolgten Tode des Vaters. Er und Lodovico hoffen, der Marchese werde der fünfzigjährigen Dienstbarkeit desselben eingedenk sein und auch der Söhne nicht vergessen (Bott. VIII, 14). — Unter dem 2. Oktober schildert Lodovico den Stand der Angelegenheiten und die vom Vater überkommenen Verpflichtungen; er führt die hinterlassenen Bilder des Vaters auf und hofft, der Marchese und der Cardinal werden sie kaufen. (Bott. VIII, 16). Francesco bestätigt dies 2. Oktob., möchte jedoch eines der Bilder zum Andenken des Vaters und, um danach zu studiren, zurückbehalten (Brief vom 26. November bei Bott. VIII, 69). Der oben erwähnte Cardinal Gonzaga, der Bischof von Mantua war, hatte übrigens nach MANTEGNAS Tode Beschlag auf seinen Nachlass gelegt, da der Verstorbene der Geistlichkeit von S. Andrea noch 100 Dukaten für eine Kapelle schuldete, die er in der genannten Kirche behufs Errichtung eines Familiengrabmals erworben hatte.

Isabella erwähnt den Tod des Künstlers, der fünfzig Jahre ihrem Hause gedient, nur ganz beiläufig in einem Briefe an ihren Gemahl, der sich damals in Perugia aufhielt. Ein besseres Gedächtniss bewahrte ihm die Schwester Francescos, die Herzogin Elisabeth von Urbino. In einem Briefe an ihren Bruder vom 1. August 1511 heisst es: „Wie ich in nicht gewöhnlicher Weise den verstorbenen Meister Andrea Mantegna geliebt habe, indem er ein Mann von solcher Beschaffenheit war, wie Ew. Exc. an demselben kannte und auch unserm Hause sehr ergeben, so ist in der That auch die Liebe, die ich für ihn im Leben gehegt, durch seinen Tod nicht beendigt, sondern es erstreckt sich dieselbe auch auf seinen Sohn Francesco." Francesco sei in der Theilung der Güter mit seinem Bruder Lodovico beeinträchtigt worden, sie bäte den Herzog, die Sache revidiren zu lassen. Gaye Cart. II. 128.

Elisabeth, die Schwester des Francesco Gonzaga und seit 1489 mit Guidobaldo, Herzog von Urbino, vermählt, war eine der ausgezeichnetsten Frauen ihrer Zeit und als solche von dem Grafen Castiglione, der lange Zeit an dem Hofe von Urbino lebte, in begeisterter Weise gepriesen.

28.

GIOVANNI SANTI AN DEN HERZOG GUIDOBALDO VON URBINO.

[ca. 1490.]

Wenn es mir, mein erl. und vortrefflichster Herr, möglich wäre, in der Gegenwart Deiner erl. Herrlichkeit meine Gedanken ebenso leicht auszudrücken und wenn dieselben für alle Zukunft einem Jeden, der dies Buch öffnet, bekannt wären, wie ich sie hier in wenig schöner Weise aufgezeichnet habe, gewiss würde ich dieselben dann mit viel weniger Worten darlegen können. Aber da ich, ausser anderem, mich zwischen zwei äussersten Nothwendigkeiten sehe, deren eine die andere mit grosser Gewalt bekämpft, werde ich vielleicht mehr als es sich für diesen Anfang geziemt, gegen Dich weitläufig sein. So wisse denn, mein sehr weiser Herr, dass mir an einem Diener nichts angenehmer noch heilsamer erscheint als der Ausdruck seiner ganzen und unverletzten Treue gegen seinen Herrn, welche sich nicht allein in der Kraft des Körpers, sondern auch mit Wort und Willen zu zeigen hat.

Und da ich weiss, dass es eine sehr verbreitete Ansicht ist, dass, obgleich es eine schöne Sache sei, für den Staat und seinen Herrn zu handeln, auch dafür gut zu reden, weder niedrig noch gemein sei, so kann denn auch der Mensch, wie im Kriege so auch im Frieden, berühmt werden. Da ich nun also während der Lebzeiten Deines vortrefflichen und berühmten Vaters, jenes ewigen Ruhmes und Glanzpunktes unseres Zeitalters, den unschätzbaren Klang seines leuchtenden Ruhmes vernommen und gehört habe, der nicht bloss über die italienischen Gauen, sondern, wenn ich so sagen darf, bis über den Berg Kaukasus hinaus bekannt war und noch ist, so wage ich es, denselben zu besingen.

Und überdiess sehe ich, dass dies eine unerschöpfliche Materie für die berühmtesten Schriftsteller, Geschichtschreiber und Dichter gewesen, und dass es keinem möglich schien, irgend einen erhabeneren Gegenstand für seine Dichtungen zu erwählen, damit die gefrässige Zeit nicht den hohen Glanz seiner unzähligen Tugenden benagen könne, dass jenen Dichtern oder Berichterstattern ausser ihrer Kenntniss wegen jenes umfassenden und vortrefflichen Gegenstandes ewiges Lob geworden, wie dem Prälaten Campano, Francesco Philelpho, Porcelio und vielen andern und neuerdings den sehr berühmten und gelehrten Männern Cristoforo Landino und Sigismondo von den Grafen von Foligno, die alle, sich mit ihren trefflichen Schriften bemühend, bei den gelehrten Männern ewiges Lob seiner unzähligen Tugenden hinterlassen haben.

Da ich nun daraus eben wegen meiner grossen Ergebenheit wunderbare Erquickung schöpfte, so erwachte in mir in demselben Augenblick ein gewisser Schmerz darüber im Herzen, indem ich mir sagte: Und warum sollte bei den Ungelehrten und bei den Leuten des Volkes nicht auch so erhabener Grösse Gedächtniss sich finden? — Nun aber den neuen Gedanken in dem beängstigten Gemüthe mit mir umhertragend, beschloss ich endlich, in dieser nicht sehr gewöhnlichen Dichtungsart, der terza rima, die Geschichte der glorreichen Thaten Deines vorgenannten Vaters zu besingen. Und in diesem mächtigen Wunsche mit glühendstem Eifer entzündet wie auch, um von meiner aufrichtigen und treuen Dienstbarkeit Zeugniss zu geben, musste ich, nachdem dies neue Begehren anfing, etwas der Vernunft Raum zu geben, mich doch fast vor mir selbst schämen, bedenkend, dass ich in einem so geringen Gefässe das Wasser aus der so klar sprudelnden Quelle schöpfen wollte, als da sind die hohen Lobpreisungen der grossen Triumphe und des Ruhmes Deines Vaters.

Wie ich nun also dem allzuhoch strebenden Wunsche das Haupt abschnitt, so erwuchsen ihm deren noch mehr, als im lernäischen Sumpfe der giftigen Hydra, und da ich gegen diese keine Herkuleskeule hatte, wurde ich überwunden und begann das, was, ich sage nicht mir, sondern selbst dem grössten Talent und göttlicher Begabung eine zu grosse Last sein würde.

Dennoch habe ich mit Hülfe Gottes, dem aller Dank zukommt, es bis zu einem gewissen Ende geführt, wie sehr und wie oft es mir auch eine grosse Last gewesen, zumal, weil in Anbetracht eines fast immer widerwärtigen und ungünstigen Schicksals, mein Geist, als der eines Menschen, vielfachem Kummer unterworfen ist. Denn seitdem das Schicksal meine väterliche Heimath in Flammen verzehrt, habe ich, da all' unser Gut zerstört war, mein Leben durch solche Schachte und so steile Abgründe hindurchgeführt, dass es zu erzählen zu lang sein würde; dann aber zu einem Alter gelangt, in dem ich vielleicht zu irgend einer nützlicheren Thätigkeit geeignet war, habe ich mich nach mancherlei Unternehmungen, um mir das Leben zu gewinnen, der wunderwürdigen Kunst der Malerei ergeben.

Dadurch habe ich denn -- ausser dem Kreis häuslicher Sorgen, die unter allen Dingen von anhaltendster Qual für den Menschen sind -- eine so grosse

Last auf mir, dass sie den Schultern eines Atlas schwer sein würde, und ich brauche mich nicht zu schämen, als zu dieser ruhmwürdigen Kunst gehörig genannt zu werden. Wenn ich nun also, zwischen solchen Bedrängnissen schwebend und gleichsam verwickelt — da doch selbst die geringste Sache den ganzen Menschen verlangt —, nicht in der gebührenden Schreibweise so ruhmvolle Thaten behandelt hätte, so möge mir dies bei Deiner Herrlichkeit und allen andern zum Theil als ehrenvolle Entschuldigung gelten; obschon der Ruhm Deines Vaters von so grosser und so erhabener Natur ist, dass er, auch von noch so rohem und ungeschicktem Munde erzählt, wunderbar und ausgezeichnet erscheinen wird. Denn es findet sich wohl kein Mensch von so niedrigem Geiste, um nicht zu wissen und sagen zu können, dass die Sonne heller als anderes Licht scheine.

So also, mein erlauchtester Herr, bringe ich Dir die Früchte meiner Nachtwachen dar, von denen ich wohl überzeugt bin, dass Du von deren Annahme weder Vortheil noch irgend einen Genuss haben wirst, weil Dein Sinn zu so hohen Dingen anstrebt, dass mein Auge ihm auch nicht entfernt zu folgen vermag. Aber da Du weisst und betrachten wirst, dass, wenn ich mehr vermocht und gewusst hätte, ich auch mehr geleistet haben würde, so bin ich überzeugt, dass, wenn ich keinen anderen Ruhm erringen soll, mir wenigstens der nicht fehlen wird, es mir als besondere Gunst anzurechnen, als der treueste Diener eines so grossen Fürsten geboren zu sein und gelebt zu haben so wie auch von Dir, der Du dessen glorreicher Erbe bist.

Der obige Brief (Gaye I. p. 318) dient als Widmungsschreiben eines von GIOVANNI SANTI, dem Vater RAFFAELS, verfassten Gedichtes auf den Herzog Federigo von Urbino. Hinter den Worten, mit denen unsere Uebersetzung schliesst, hat SANTI „finis" beigeschrieben. Eine Fortsetzung des Briefes, von der sich noch der Anfang vorfindet, scheint ihm selbst zu lang geworden zu sein. Diese erhaltenen Worte lauten: „denn wie Platon sich dreier Sachen rühmt, als Mann geboren zu sein, als Athener und zur Zeit" . . . . . das Uebrige ist ausgeschnitten.

Das Gedicht selbst scheint durch den Tod GIOVANNIS unterbrochen. Wahrscheinlich ist auch der Brief, der nach Gaye's Annahme um 1490 geschrieben sein muss (der Herzog Guidobaldo war 1472 geboren und 1491 sind des SANTI Frau und Kind gestorben, so dass er später nicht mehr über häusliche Sorgen klagen konnte), gar nicht abgegeben.

Ueber das Gedicht vergl. Passavant RAFFAEL von Urbino und sein Vater GIOVANNI SANTI I. 444 ff. Dennistoun Memoirs of the dukes of Urbino an verschiedenen Orten und Pungileoni Elogio storico di Giov. Santi Urbino 1822. Es schildert das Leben und die Thaten des Herzogs Federigo von Urbino in dreiundzwanzig Büchern und neunundneunzig Kapiteln, deren erstes ganz im Sinne des Dedikationsschreibens also beginnt:

Wenn je ein niedrer Geist bei dem Beginne
Gewalt'gen Unternehmens Furcht empfunden,
So zittr'e ich jetzt und Furcht füllt meine Sinne.

Ueber die künstlerische Bedeutung GIOVANNI SANTIS s. Crowe III, S. 354 ff.

PIETRO PERUGINOS KONTRAKT MIT DEN MÖNCHEN VON S. PIETRO ZU PERUGIA.

Perugia, 6. März 1495.

Im Namen Gottes, Amen! Der hochwürdigste Vater in Christus, Herr Lucianus von Florenz, Abt des Klosters des heil. Petrus zu Perugia, Benedictiner Ordens etc. ..... sowie die Syndici und Procuratoren des besagten Klosters ..... haben dem ehrenwerthen Manne, Meister Petrus Christophorus aus Castello de la Pieve, dem ausgezeichnetsten Maler, welcher hiebei anwesend ist und das Nachfolgende anzunehmen sich bereit erklärt hat, aufgetragen und verdungen, das Bild des Hauptaltares besagter Kirche des heil. Petrus zu malen und zu verzieren. Und zwar in folgender Weise:

Auf dem Felde der Tafel die Himmelfahrt unseres Herrn Jesus Christus, mit der Figur und dem Bilde der glorreichen Jungfrau Maria und der zwölf Apostel zusammt einiger Engel und anderer Verzierung, jenachdem es demselben seiner Zeit passend erscheinen wird.

In einem Kreise aber darüber soll die Figur oder das Bild Gott Vaters des Allmächtigen gemalt werden mit zwei Engeln zur Seite, welche den Kreis tragen.

Die Predelle unten mit Geschichten bemalt und verziert, nach dem Willen des dermaligen Herrn Abtes. Die Säulen aber und die Karniesse und alles andere Ornament der Tafel sollen mit feinem Golde und anderen feinen Farben verziert werden, wie es sich am besten passen wird. So dass besagte Tafel von oben bis unten schön und fleissig ausgemalt, verziert und vergoldet sei, wie oben angegeben, und wie es einem guten und erfahrenen, rechtlichen und vollkommenen Meister geziemt, in dem Zeitraume der künftigen zwei Jahre und sechs Monate, alles auf Kosten und mit den Auslagen des besagten Meister Petrus selbst. Und vorbesagter Meister Petrus hat dem Herrn Abte versprochen, dies Alles insgesammt und im Einzelnen zu thun und zu halten, zu besorgen und zu beachten, und dieser hat das Versprechen für besagtes Kloster entgegen genommen, und zwar unter den (im entgegengesetzten Falle eintretenden) unten bezeichneten Strafen und der Verpfändung aller seiner beweglichen und unbeweglichen, gegenwärtigen und zukünftigen Güter.

Und dies hat besagter Meister Petrus deshalb gethan, weil besagter hochwürdiger Vater der Abt für sich etc. unter Verpfändung des Klosters und seiner Güter dem besagten Meister Petrus, der gegenwärtig ist und diesen Vertrag für sich und seine Erben abschliesst, versprochen hat und mit ihm dahin überein gekommen ist, demselben zu entrichten und als Lohn für seine Malerei, für Farben, Gold und die andern zur Vollendung besagter Malerei nöthigen oder erforderlichen Dinge so wie für die Ornamente der besagten Tafel fünfhundert schwere Golddukaten wirklich auszuzahlen, welche binnen vier Jahren zu entrichten sind, von dem Tage an gerechnet, an welchem er die besagte Malerei beginnen wird, und zwar jedes Jahr den vierten Theil.

In besagter Rechnung soll aber nicht die Einfassung mit angerechnet werden, welche besagte Tafel umgiebt, noch die Verzierungen, welche auf der Spitze der besagten Einfassung angebracht sind, sondern nur die Tafel selbst mit ihren Verzierungen etc.

Der Kontrakt, den wir oben nach dem Abdrucke bei Ant. Mezzanotte Della vita e delle opere di Pietro Vanucci (Perugia 1836) App. S. 295 mittheilen, bezieht sich auf eines der berühmtesten Bilder des PIETRO VANUCCI, genannt PERUGINO, welches von den Franzosen nach Paris geschleppt und nur zum kleinsten Theile wieder nach Italien zurückgekommen ist. Das Mittelbild, die Himmelfahrt, befindet sich im Museum von Lyon, das Halbrund darüber mit Gottvater und den beiden Engeln in St. Gervais in Paris, die dreigetheilte Predella mit der Anbetung der Könige, der Taufe und der Auferstehung Christi im Museum von Rouen, drei Flachsäulen mit den Halbfiguren dreier Heiligen im vaticanischen Museum in Rom und nur die fünf übrigen Flachsäulen in der Sakristei der Kirche von St. Pietro in Perugia, für welche das Bild gemalt war. S. Crowe IV. S. 214. Der Vertrag enthält eine genaue, für die Zeit ungemein charakteristische Angabe der Einzelheiten des Bildes. Für die Pedanterie, mit der solche Verträge aufgesetzt zu werden pflegten, giebt es zahlreiche Beispiele. Selbst Künstler wie RAFFAEL und TIZIAN mussten sich Bedingungen unterwerfen, die uns kleinlich erscheinen, damals aber selbstverständlich waren. Der stipulirte Preis von 500 Goldgulden kommt etwa 850 römischen Scudi gleich (ca. 3825 deutsche Reichsmark).

Was die ebenfalls in dem obigen Kontrakt erwähnte Einfassung der Altartafel anbelangt, „capsa", so ist darüber im Jahre darauf unter dem 23. November 1496 ein neuer Kontrakt zwischen PIETRO PERUGINO und dem damaligen Abte, Zacharias Castagnoli von Padua, abgeschlossen worden, wonach er auch diese verzieren und dafür gewisse Prophetenfiguren malen sollte, für den Preis von 60 schweren Golddukaten. Unter dieser Einfassung sind die obenerwähnten Säulenfiguren zu verstehen. Vergl. Mezzanotte p. 65, das Dokument ebd. p. 297.

30.

PIETRO PERUGINO AN DEN SYNDIKUS DER DISCIPLINATI ZU CASTEL DELLA PIEVE.

Perugia, 20. Februar 1504.

ein lieber Herr! Für die Malerei, die Sie in dem Oratorium der Disciplinati ausführen wollen, würden mindestens zweihundert Gulden nöthig sein. Da ich indessen aus der Stadt gebürtig bin, so will ich mich mit hundert begnügen, von denen fünfundzwanzig gleich zu bezahlen sind, die übrigen aber erst in drei Jahren, jedes Jahr fünfundzwanzig.

Ist Euch besagter Kontrakt recht, so schickt mir einen Schein und das Geld, und die Arbeit soll gemacht werden. Und damit grüsse ich Euch. — Eigenhändig.

PIETRO PERUGINO AN DEN SYNDIKUS DER DISCIPLINATI ZU CASTEL DELLA PIEVE.

Perugia. 1. März 1504.

ein lieber Herr! Am Sonnabend könnt Ihr mir das Maulthier mit sammt dem Boten schicken. Denn ich werde kommen, um die Malerei zu machen. Den Schein macht über fünfundsiebzig Gulden; denn fünfundzwanzig Gulden will ich ablassen, aber nicht das Geringste mehr. Grüsst mir die Frau Gevatterin. Ich grüsse Euch. — Eigenhändig.

Die Originale der beiden obigen Billette des PIETRO PERUGINO sind bei einer im Jahre 1835 stattgehabten Ausbesserung des Oratoriums di S. Maria de' Bianchi in einer kleinen Blechrolle in der Wand versteckt vorgefunden worden. Sie dienten als Kontrakt über die Anfertigung des figurenreichen Freskobildes, das PIETRO PERUGINO in jenem Oratorium ausführte und noch in demselben Jahre vollendete, in welchem der Kontrakt geschlossen wurde. Dasselbe hat die Anbetung der heil. drei Könige zum Gegenstande und ist zum grossen Theile von PERUGINOS Schülern ausgeführt. S. Crowe IV. S. 237 f. Daraus erklärt sich der niedrige Preis, der sich nach jetzigem Gelde auf 150 Scudi (ca. 675 Reichsmark) beläuft.

Uebrigens war die Brüderschaft der Disciplinati, denen jenes Oratorium gehörte, nicht einmal im Stande, dem Künstler jenes geringe Honorar auszuzahlen. Das geht aus einem Vertrage vom 29. März 1507 hervor, worin ihm für die noch restirenden 25 Gulden das Eigenthum eines Hauses von der Brüderschaft abgetreten wird. Mezzanotte p. 117. — Die Briefe selbst sind abgedruckt ebd. App. 299 und 300.

PIETRO PERUGINO AN ISABELLA GONZAGA.

Florenz. 14. Juni 1505.

rlauchte und Erhabene Herrin! Durch den hier anwesenden Giorgio, den Ew. Erh. Herrl. geschickt hat, habe ich die achtzig Dukaten erhalten, welche Ihr mir als Lohn des gegenwärtigen Bildes versprochen habt. Ich habe dabei all' den Fleiss angewendet, den ich für nöthig erachtete, um Ew. Erh. Herrl. zufrieden zu stellen, so wie um meiner Ehre genug zu thun, welche ich stets allem Vortheil vorangesetzt habe. Und in Demuth bitte ich Gott um die Gnade, Ew. Erh. Herrl. Wünschen entsprochen zu haben; denn Euch zu dienen und in Allem, was ich nur vermag zu Gefallen zu sein, ist mein grösstes Bestreben, und so entbiete ich mich denn auch Ew. Erh. Herrl. als guter Diener und Freund.

5*

Das Bild habe ich in Tempera gemalt, weil es so auch Messer Andrea Mantegna gethan hat, nach dem, was mir darüber berichtet worden ist. Wenn ich noch etwas Anderes für Ew. Erh. Herrl. thun kann, so bin ich dazu bereit und empfehle mich Ew. Herrl. in aller Ergebenheit. Christus möge Euch im Glück erhalten! Geschrieben am 11. Juni 1505 von Eurem demüthigsten Diener Pietro Perugino, Maler in Florenz.

Der obige von Gaye (Cart. II. 68) publicirte Brief zeichnet sich durch eine bessere Schreibart aus, als sonst in den andern Briefen Pietros bemerkt wird. Crowe und Cavalcaselle glauben, dass er sich bei der Abfassung desselben der Hülfe eines Schülers bedient habe, wie er es in dieser Zeit bei seinen Gemälden in ausgiebigem Maasse zu thun pflegte.

Die Frau Isabella von Mantua kennen wir schon aus den Briefen des ANDREA MANTEGNA; das in Rede stehende Bild Pietros scheint zum Pendant für ein Bild ANDREAS bestimmt gewesen zu sein, indem er sich sonst wohl kaum nach der Technik des ANDREA gerichtet und sein Bild in Tempera gemalt haben würde. Das Bild PERUGINOS, welches den Kampf der Keuschheit mit der Wollust in allegorischen Figuren darstellt, befindet sich jetzt im Louvre Nr. 429. Es ist zwar meisterhaft, aber ziemlich flüchtig gezeichnet, sodass der Meister nicht allzu grossen Fleiss darauf verwendet zu haben scheint.

33.

PIETRO PERUGINO AN DEN PRIOR DER AUGUSTINER BEI PERUGIA.

[Perugia] 30. März 1512.

Ich Pietro, Maler von Castello della Pieve, schicke dorthin an Euch, den Prior von S. Agostino zu Perugia, meinen Gehülfen Bartolomeo mit dieser Anweisung, dass Ihr an Angelo di Benedetto da Ponte Felcino ein Maass Getreide gebet, und das wird wohl angewendet sein. So ist es. Ich, vorbesagter Pietro, habe diese Anweisung mit eigener Hand geschrieben.

Für die Mönche von S. Agostino hatte PIETRO PERUGINO schon im Jahre 1502 die Ausführung einer auf beiden Seiten zu bemalenden Altartafel übernommen, auf welcher nach der Kirche zu die Taufe, nach dem Chore zu die Geburt Christi dargestellt werden sollte. Andere Arbeiten des vielbeschäftigten Meisters und dessen langjährige Abwesenheit von Perugia hatten indess die Ausführung des Werkes verschoben, bis PIETRO im Jahre 1512 von Florenz zurückkehrte und sogleich der längst übernommenen Verpflichtung nachzukommen sich beeilte. Wahrscheinlich waren bei dem dem Künstler zugesicherten Honorar auch Natural-lieferungen mit inbegriffen, und eine solche ist es denn, auf welche sich die in den obigen Zeilen enthaltene Anweisung auf eine Soma Getreide bezieht, welche die Mönche an den besagten Angelo di Benedetto verabfolgen sollen. Das, wie auch die übrigen Schreiben PERUGINOS, sehr schlecht geschriebene Originalbillett befand sich bis zur Zeit der französischen Herrschaft in Italien in der Sakristei von S. Agostino, zu welcher Zeit es nach der Akademie von Perugia gebracht wurde, um daselbst sorgfältig aufbewahrt zu werden. Eine Facsimile ist von Mezzanotte a. a. O. App. p. 300 mitgetheilt worden. Perugino vollendete das Bild um 1517.

Die einzelnen Theile desselben sind heute zerstreut. In der Kirche selbst befindet sich jedoch keiner mehr. Die Geburt und die Taufe besitzt die Galerie von Perugia. Die Flügel sind in Lyon und Toulouse, andere Theile in Grenoble und Nantes; zwei Rundbilder mit der Verkündigung sind bei dem Brande des Museums von Strassburg 1870 zu Grunde gegangen. S. Crowe a. a. O. IV, S. 254 ff.

LEONARDO DA VINCI.

Die Reihe der Meister der Blüthezeit eröffnet Leonardo da Vinci, der gleichsam den Uebergang der Kunst des fünfzehnten in die des sechszehnten Jahrhunderts verkörpert. Wie Leon Battista Alberti war er einer der vielseitigsten Meister der Renaissance, der als Maler, Bildhauer, Baumeister und Ingenieur thätig war. Mit allen Vorzügen des Geistes und Körpers ausgestattet, beseelte ihn eine rastlose Thätigkeit, die in einzelnen Fällen vielleicht zu einer gewissen Unstetigkeit geführt haben mag, und ein unersättlicher Wissensdrang, der überhaupt einen wesentlichen Zug in der geistigen Entwickelung des fünfzehnten Jahrhunderts ausmacht. Seine Thätigkeit erstreckte sich auf fast alle Gebiete des menschlichen Wissens; er war ein gelehrter Forscher, Musiker und Dichter. Die von ihm erhaltenen Briefe sind leider nicht in dem Maasse, wie die des Leon Battista Alberti, geeignet, uns das Bild seines geistigen Wesens und seines edlen Charakters zu vergegenwärtigen. Wir haben deshalb zu jenen einige andre von ihm herrührende schriftliche Dokumente, wie die Denkschrift Nr. 35, das Testament Nr. 10 und das Sonett Nr. 39 hinzugenommen, woraus sich denn doch erwünschte Beiträge zur Veranschaulichung jener grossen Persönlichkeit gewinnen lassen.

34.
LEONARDO DA VINCI AN LODOVICO SFORZA.

[Mailand 148..]

Da ich, mein erlauchtester Herr! zur Genüge die Leistungen aller derer gesehen und geprüft habe, die als Meister und Erfinder von Kriegsinstrumenten betrachtet werden, und da die Erfindung und Thätigkeit vorgenannter Instrumente durchaus nicht von denen, welche man gewöhnlich braucht, abweichen, so werde ich mich bemühen, ohne irgend jemand Anderem Abbruch zu thun, mich Ew. Excellenz verständlich zu machen, indem ich derselben meine Geheimnisse mittheile, und während ich dieselben bei gelegener Zeit deren Belieben zu Gebote stelle, hoffe ich auf den guten Erfolg aller jener Dinge, die im Gegenwärtigen kurz aufgeführt werden:

1. Habe ich Mittel, sehr leichte Brücken anzufertigen, die sich sehr bequem

transportiren lassen und mit denen man die Feinde verfolgen so wie auch den selben nach Gelegenheit entfliehen kann. Und andere, die gegen Feuer gesichert und von der Schlacht unverletzbar sind, so wie auch leicht und bequem wegzunehmen und wieder aufzuschlagen. Nicht minder auch Mittel, die Brücken der Feinde in Brand zu setzen und zu zerstören.

2. Bei der Belagerung eines Ortes verstehe ich das Wasser der Gräben abzuschneiden, und unendlich viele Brücken mit Stufen,[1] so wie andere Instrumente zu verfertigen, die zu einem solchen Unternehmen gehören.

3. Eben so, wenn wegen der Höhe eines Walles oder wegen der Stärke eines Ortes und dessen Lage bei einer Belagerung die Thätigkeit der Bombarden (Kanonen) nicht angewendet werden kann, so habe ich Mittel, jeden Thurm oder andre Befestigung zu zerstören, es sei denn, dass dieselbe auf Felsboden gegründet wäre.

4. Noch weiss ich eine Art von Bombarden, die sehr bequem und leicht zu tragen sind und mit denen man kleine Ungewitter[2] schleudern kann. Und mit dem daraus entstandenen Rauche verursachen sie den Feinden grosses Entsetzen, zu dessen grosser Beschädigung und Verwirrung.

5. Eben so weiss ich unter der Erde Höhlen und enge gewundene Gänge anzulegen, die ohne Geräusch gemacht werden können, und mit denen man zu einem bestimmten Ziele gelangen kann, wenn man auch unter Gräben oder einen Fluss hinweg passiren müsste.

6. Auch mache ich sichere und unverletzliche bedeckte Wagen, welche, mit ihrem Geschütz unter die Feinde gerathend, auch die allergrössten Heeresmassen zum Weichen bringen können, und hinterher kann die Infanterie ganz sicher und ohne irgend ein Hinderniss nachfolgen.

7. Item, wenn es nöthig ist, mache ich Bombarden, Mörser und anderes Feldgeschütz (Passavolante), von sehr schöner und zweckmässiger Form und gar nicht im gemeinen Gebrauch bekannt.

8. Wo die Thätigkeit der Bombarden nicht angewendet werden kann, werde ich Steinwurfmaschinen zusammensetzen, sowie Schleudern, Ballisten und andere Instrumente von wunderbarer Wirkung und ganz aussergewöhnlicher Art; mit einem Worte, je nach der Verschiedenheit der Fälle werde ich verschiedene Angriffswaffen machen.

9. Und bei vorkommenden Fällen weiss ich zum Gebrauch auf dem Meere viele Instrumente, die zum Angriff wie zur Vertheidigung sehr geeignet sind, und Schiffe, die der Gewalt jeder, auch der grössten Bombarde Widerstand leisten können, so wie auch Staub und Rauch hervorzubringen geeignet sind.

10. In Friedenszeiten glaube ich in Vergleich mit jedem Andern sehr gut

[1] *Pontiqutti a scab*, offenbar eine Art Fallbrücken oder Sturmleitern.
[2] So übersetzte Kugler die Worte des Originals: *minuti di tempesta*; wahrscheinlich sind gefüllte und plötzlich explodirende Bomben zu verstehen. Arséne Houssaye *Histoire de Léonard de Vinci* übersetzt: *des étoffes enflammées*, angezündete Stoffe.

in der Baukunst Genüge zu leisten, sowohl in der Errichtung von öffentlichen und Privatgebäuden als auch in der Leitung des Wassers von einem Orte zum andern.

Item werde ich in der Marmor-, Bronce- und Thon-Sculptur arbeiten, und ebenso in der Malerei Alles leisten, was nur in Vergleich mit jedem Andern, wer es auch sei, geleistet werden kann.

Noch werde ich auf das Broncepferd meine Arbeit verwenden können, welches ein unsterblicher Ruhm und ewiges Ehrendenkmal des gesegneten Angedenkens Eures Herrn Vaters und des berühmten Hauses Sforza sein wird.

Und wenn Jemandem einige der vorbenannten Dinge unmöglich und unausführbar erscheinen sollten, so erbiete ich mich mit der grössten Bereitwilligkeit, die Probe davon in Eurem Park oder an jedem andern Orte zu machen, der Ew. Exc. genehm ist, welcher ich mich mit der grösstmöglichsten Ergebenheit empfehle.

Das Manuscript dieses zuerst von Bottari I. 167 veröffentlichten und dann häufig z. B. von Arsène Houssaye Histoire de Léonard de Vinci S. 59 ff., Grothe Leonardo da Vinci als Ingenieur und Philosoph S. 634. reproducirten Schreibens befindet sich in dem berühmten Codex Atlanticus in der Ambrosiana zu Mailand. Der Codex Atlanticus ist der von dem Bronzegiesser Philipp II. von Spanien, Pompejo Leoni, genannt Aretino, aus Leonardos Manuscripten zusammengestellte, 392 Folioblätter umfassende Band, welcher nach dem grossen Manuscriptenraube der Franzosen im Jahre 1796 allein in der Ambrosiana zurückgeblieben ist. S. Grothe a. a. O. S. 16 ff. Der Brief (Fol. 382) ist von rechts nach links geschrieben, was häufig bei Leonardo vorkommt, und in einer ganz eigenthümlichen, von der gewöhnlichen abweichenden Orthographie. Dass es sich in demselben nicht um leere Versprechungen handelt, hat Francesco di Giorgio Martini in seinem Trattato di Architettura civile e militare (Turin 1841) aus dem reichen Inhalt des Codex Atlanticus, in welchem sich thatsächlich Entwürfe und Zeichnungen für alle in den zehn Paragraphen erwähnten Festungswerke, Feuerwaffen, Wurfmaschinen u. s. w. vorfinden, ausführlich nachgewiesen. Die unter Nr. 4 erwähnte Art von Bombarden ist vielleicht das Architronito oder die Dampf-Kanone, die Leonardo in einem der Pariser Manuscripte abbildet und beschreibt. „Der Architronito, sagt Leonardo dort, ist eine Maschine von feinem Kupfer, welche eiserne Kugeln mit grossem Geräusch und vieler Gewalt fortschleudert. Man macht so Gebrauch von dieser Maschine: das Drittheil dieses Instrumentes besteht in einer grossen Quantität Feuer und Kohlen. Wenn das Wasser recht erhitzt ist, so wird die Schraube des mit Wasser gefüllten Gefässes geschlossen, und in demselben Augenblicke, wo dieses geschieht, entweicht das ganze Wasser unterhalb, steigt in den erhitzten Theil des Instruments und verwandelt sich sofort in Dampf, der so bedeutend und stark ist, dass es wunderbar ist, die Wuth dieses Rauches zu sehen und das hervorgebrachte Geräusch zu hören." Grothe a. a. O. S. 56 f. Da der Brief ohne Datum ist, kann die Zeit desselben nur durch Vermuthungen bestimmt werden; indessen lässt sich mit ziemlicher Gewissheit annehmen, es sei derselbe in der ersten Zeit des Aufenthalts Leonardos in Mailand geschrieben worden, also wahrscheinlich im Anfang der achtziger Jahre, indem die Nachricht des Vasari, Leonardo sei 1494 nach Mailand berufen worden, längst als irrthümlich nachgewiesen worden ist. Seit 1480 nämlich usurpirte Lodovico Sforza, an den der Brief gerichtet ist, die eigentlich Gian-Galeazzo Visconti gebührende Herrschaft, und schon damals, nicht erst nach dem Tode des Letzteren (1494), suchte er durch die Vereinigung bedeutender Männer an seinem Hofe wie durch grosse künstlerische Unternehmungen gleichsam sein Unrecht zu sühnen. Er mochte übrigens den Künstler schon früher durch jenes von Vasari erwähnte Bild eines fabelhaften, Entsetzen erregenden Ungeheuers kennen gelernt haben, das Leonardo, noch jung, im Hause des Vaters gemacht hatte und welches, von diesem für 100 Dukaten an florentinische Kaufleute verkauft, für 310 Dukaten in den Besitz Lodovico's gekommen sein soll. Als es nun galt, seinen Hof wie durch Gelehrte so auch durch Künstler zu zieren, musste ihm der damals im blühendsten Mannesalter stehende Leonardo als eine gar wünschenswerthe Erwerbung erscheinen, um so mehr als sich in ihm die mannigfachste Befähigung mit körperlicher Schönheit und edlen Sitten in seltenem Grade paarte. So ist denn die Nachricht Vasari's, er sei von Lodovico wegen seines schönen Lautenspieles berufen worden, gar nicht so unwahrscheinlich, als es im ersten Augenblick scheinen dürfte, um so weniger als sich unter seinen zahlreichen Zeichnungen mehrere gefunden haben, die auf eine ernste Beschäftigung mit der Musik und namentlich auf den Bau neuer oder die Verbesserung schon bekannter Instrumente hindeuten.

Was nun die Veranlassung und den Zweck des Schreibens selbst anbelangt, so macht dasselbe nicht den Eindruck, als ob sich Leonardo dadurch bei Lodovico habe empfehlen und einführen wollen, sondern es ist, wie Schorn sehr richtig bemerkt, „ganz in dem Tone eines Memoires abgefasst, welches sich auf mündliche Aeusserungen bezieht". Auf solche vorhergegangene mündliche Aeusserung scheint auch die Erwähnung des Broncepferdes gegen das Ende des Briefes hinzudeuten. Es ist damit die Reiterstatue des im Jahre 1466 verstorbenen Francesco Sforza gemeint, deren Modell von Leonardo wirklich vollendet, später aber, wahrscheinlich noch zu Leonardos Lebzeiten, auf unbekannte Weise zu Grunde gegangen ist.

Die aus den Ricordi des Sabb. da Castiglione geschöpfte Notiz, dass Leonardo sechszehn Jahre an jener Statue gearbeitet habe (vgl. Schorn in der Anmerk. zum Vasari III. 1 p. 17), bestätigt ebenfalls die oben angegebene Zeitbestimmung des Briefes.

Dass übrigens in diesem Leonardo seiner eigentlichen Berufsthätigkeit in den Künsten nur zuletzt und gleichsam beiläufig Erwähnung thut, erklärt sich sehr wohl, wenn man auf die damalige Stellung des Künstlers sowohl als des Fürsten, an den der Brief gerichtet ist, Rücksicht nimmt. Des Künstlers, indem dessen künstlerische Thätigkeit hinlänglich bekannt sein musste, wie sie ja denn auch wahrscheinlich die erste Veranlassung zu seiner Berufung gewesen ist; des Fürsten, indem dessen eigenthümliche politische Stellung, die durchaus militärische Organisation des Staates sowie die seiner nähern Umgebung kaum entgehenden Absichten ihn von Anfang seiner politischen Laufbahn an auf Kampf und Krieg hinwiesen, die dann auch in der Folgezeit nicht ausgeblieben sind. Es ist daher ganz natürlich, dass Leonardo seine auf Kriegführung bezüglichen Talente gegen den kriegerischen Fürsten zuerst und mit besonderem Nachdruck hervorhebt.

Wichtig für das Verhältniss Leonardos zu Lodovico Sforza ist das sehr zerstückelte Fragment eines Briefes, den Leonardo gegen die Mitte der neunziger Jahre an den letzteren geschrieben hat. Als nämlich jene leicht vorauszusehenden Kriegsstürme wirklich über Sforza einbrachen, mussten die künstlerischen

Unternehmungen den kriegerischen hintangesetzt werden, und so scheint namentlich auch die Arbeit an jener Reiterstatue Francesco Sforza's unterbrochen worden zu sein. So gross aber war nun die Liebe des Künstlers für sein grosses Werk, dass er nicht nur selbst auf alles Gehalt verzichtete, sondern auch aus eigenen Mitteln zwei Meister besoldete, um an dem Werk weiterarbeiten zu lassen. Diese seine Grossmüthigkeit scheint ihn dann aber selbst in grosse Noth gestürzt zu haben. Dies Wenige ist es ungefähr, was sich mit Sicherheit aus den traurigen Fragmenten des bei Brown life of Leonardo App. p. 210 abgedruckten Briefes ergiebt.

35.

LEONARDO DA VINCI'S DENKSCHRIFT ÜBER DIE MALEREI IM RATHSSAALE ZU FLORENZ.

Florenz, 1503.

Feldherren der Florentiner waren Niccolò da Pisa, Pietro Giampaolo, Neri Sohn des Gino Capponi, Graf Francesco Guelfo Orsino, Bernadetto de' Medici, Micheletto, M. Rinaldo degli Albizzi und andre.

Ferner muss gezeigt werden, wie er zuerst sein gewaffnetes Pferd besteigt und ihm das ganze Heer folgt; und zwar waren es vierzig Schwadronen Reiterei und zweitausend Fussgänger, die mit ihm gingen.

Der Patriarch (von Aquileja, Lodovico Scarampi Mezzarota) stieg am frühen Morgen auf einen Berg, um die Gegend zu erforschen, d. h. die Hügel und Felder und ein von einem Fluss bewässertes Thal; da sah er Niccolò Piccinnino mit seinen Leuten unter grossen Staubwolken von Borgo a S. Sepolcro herbeiziehen; und wie er denselben entdeckt hatte, kehrte er zu seinen Leuten ins Lager zurück und benachrichtigte sie davon.

Nachdem er gesprochen, flehte er zu Gott mit gefalteten Händen; und dabei eine Wolke, aus welcher der h. Petrus erschien und zu dem Patriarchen redete.

Fünfhundert Reiter wurden von dem Patriarchen ausgesendet, um den feindlichen Angriff zu verhindern oder zu zügeln. In dem ersten Trupp befand sich Francesco, Sohn des Niccolò Piccinnino, welcher zuerst die vom Patriarchen und den Florentinern bewachte Brücke angriff. Hinter die Brücke linker Hand schickte er Fussvolk, um die Unsrigen zurückzuhalten, die aber Widerstand leisteten unter der Führung von Micheletto, dem durch das Loos die Vertheidigung des Heeres zugefallen war. Bei dieser Brücke nun entsteht ein lebhafter Kampf. Die Unsrigen siegen[1]) und der Feind wird in die Flucht geschlagen.

Da sammelten Guido und sein Bruder Astorre, Herr von Faenza, eine grosse Anzahl ihrer Leute und begannen den Kampf von Nencia; sie stiessen mit solcher Gewalt auf die Florentiner Truppen, dass sie die Brücke wieder eroberten und bis zu den Zelten vorrückten. Simonetto rückte mit 600 Reitern

---

[1]) *Vi sono* im Text; Guhl vermuthete *vincono*; die Verwechselung war bei *Leonardo*'s kaum lesbarer Handschrift sehr leicht.

gegen sie an, warf die Feinde und vertrieb sie zum zweiten Male von dieser Stelle; die Brücke wurde wieder genommen, und es rückten ihm noch zweitausend andre Reiter nach. Und so wurde lange Zeit mit zweifelhaftem Erfolge gekämpft. Darauf schickte der Patriarch, um den Feind in Unordnung zu bringen, Niccolò da Pisa voran nebst Napoleone Orsino, einem noch unbärtigen Jünglinge, und hinterher eine grosse Menge Truppen und nun wurde eine zweite grosse Waffenthat gethan.

Mittlerweile trieb Niccolò Piccinnino den Rest seiner Truppen vorwärts, die zum zweiten Male die Unsrigen zum Weichen brachten, und wenn sich nicht der Patriarch an die Spitze gestellt und mit Wort und That jene Führer zurückgehalten hätte, so hätten die Unsrigen die Flucht ergriffen. Darauf liess der Patriarch einige Artilleriestücke auf dem Hügel aufpflanzen und sprengte damit das Fussvolk der Feinde auseinander. Die Verwirrung wurde so gross, dass Niccolò begann, seinen Sohn und die andern Truppen zurückzurufen, und nun ergriffen sie die Flucht nach dem Flecken zu, wo ein grosses Gemetzel entstand, so dass nur diejenigen gerettet wurden, die zuerst geflohen waren oder sich verborgen hatten. Der Kampf dauerte bis Sonnenuntergang; da war der Patriarch darauf bedacht, die Truppen zurückzuziehen und die Todten zu begraben, und errichtete ein Siegesdenkmal.

Diese Denkschrift Leonardos, deren handschriftliches Original sich in der Ambrosianischen Bibliothek zu Mailand befindet und die nach diesem bei Brown a. a. O. App. p. 212 abgedruckt ist, zeigt, mit welcher Genauigkeit Leonardo die Vorstudien zu seinen Werken machte. Der Gonfaloniere Pietro Soderini übertrug im Jahre 1503 dem Leonardo die Ausführung jenes grossen Bildes, welches die Wand des Rathssaales im palazzo vecchio zieren sollte und welches den Sieg der Florentiner über die Truppen des mailändischen Feldherrn Niccolò Piccinnino bei Anghiari am 29. Juni 1440 zum Gegenstande hatte. Die historischen Vorstudien zu diesem Werke enthält unsere Denkschrift, welche vielleicht als ein Bericht dem Gonfaloniere eingereicht worden ist, vielleicht aber auch bloss dem Künstler zur Richtschnur für die Anordnung seines Werkes zu dienen bestimmt war.

Ueber dieses selbst lässt sich aus den Notizen einige Aufklärung geben. Jedenfalls war der Kampf bei der Brücke, wie in der wirklichen Schlacht, so auch auf dem Bilde, der Hauptvorgang, der uns wenigstens zum Theil durch die bekannte Reitergruppe (vgl. Guhl, Denkmäler der Kunst Taf. 74, Fig. 3, Seemanns Kunsthistorische Bilderbogen Nr. 207, Fig. 4) vergegenwärtigt werden kann, welche durch die von Edelinck in Kupfer gestochene Zeichnung Rubens' allein von der Composition Leonardos übrig geblieben ist.

Während man nun aus dem Stillschweigen Vasari's geschlossen hat, Leonardo habe nur diese eine Episode des ganzen Kampfes in seinem Carton behandelt (Schorn, Vasari III, 1, 35, Anm. 12), so lässt sich aus dem Memoire eine viel umfassendere Anordnung erkennen. Namentlich scheint sich die den Patriarchen betreffende Stelle[1], wegen der eigenthümlichen

---

[1] Portato ch'ebbe pregò Dio a mani giunte, con una nugola della quale uscira San Pietro che parlò al Patiarca.

Ausdrucksweise, auf einen Vorgang im Bilde zu beziehen, so dass man also annehmen kann, es sei auf der einen Seite von dem Reiterkampf die florentinische Armee mit dem betenden Patriarchen, dem vom Papst ernannten Feldherrn der florentinischen Truppen, und der ihm in der Wolke erscheinende Apostel Petrus dargestellt gewesen oder wenigstens beabsichtigt worden; wonach sich denn auf der andern Seite, als dritter Haupttheil, ebenso natürlich ein Theil des zur Flucht gewendeten Heeres des Piccinino ergiebt. So haben wir uns also jenen gerühmten Carton, selbst bis auf die Erscheinung am Himmel, in der Weise der Constantins-schlacht RAFFAELS angeordnet zu denken; ja man mag nicht irren, wenn man den ungeheuren Einfluss, den der Carton LEONARDOS auf die Künstler und die gesammte Kunstübung der damaligen Zeit ausgeübt hat, in gewissem Sinne auch auf jenes Werk RAFFAELS ausdehnt, der bekanntlich ebenfalls zu denen gehört hat, die den Carton studirt und zum Theil auch kopirt haben. Vgl. Waagen Kleine Schriften S. 1684.

36.

LEONARDO DA VINCI AN DEN LUOGOTENENTE GIROLAMO CUSANO.

Florenz, 1511.

Ich fürchte, dass meine geringe Erkenntlichkeit gegen die grossen Wohl-thaten, die ich von Ew. Herrl. erhalten, Euch etwas unzufrieden mit mir gemacht haben, und dass es daher komme, dass ich auf so viele an Ew. Herrl. gerichtete Briefe noch niemals Antwort erhalten habe. Jetzt sende ich nun den Salai dorthin, um Ew. Herrl. mitzutheilen, dass ich fast am Ende des Processes bin, den ich mit meinen Brüdern habe, und dass ich hoffe, mich diese Ostern dort (in Mailand) zu befinden und zwei Bilder der heil. Jungfrau von verschiedener Grösse mitzubringen, die für unsern allerchristlichsten König gemalt sind, oder für wen sonst es Ew. Herrl. genehm sein wird. Es wäre mir sehr lieb, bei meiner Rückkehr dorthin zu wissen, wo ich meine Wohnung erhalten würde, weil ich Ew. Herrl. keine Unbequemlichkeit mehr verursachen möchte, und ob, da ich doch für den allerchristlichsten König gearbeitet habe, mein Gehalt fortzulaufen hat oder nicht.

Ich schreibe an den Präsidenten von jenem Wasser, das mir der König geschenkt hat, in dessen Besitz ich aber noch nicht gesetzt worden bin, weil zu jener Zeit wegen der grossen Dürre Mangel daran im Kanal, so wie auch dessen Mündungen nicht regulirt waren. Doch versicherte er mich, dass ich nach geschehener Regulirung in Besitz davon gesetzt werden würde. So ersuche ich denn Ew. Herrl. wiederholt, es sich nicht verdriessen zu lassen, jetzt, da diese Mündungen regulirt sind, den Präsidenten an meine Abfertigung erinnern zu lassen, d. h. mir den Besitz des vorgenannten Wassers zu geben, da ich bei meiner Ankunft darauf Maschinen und Dinge zu machen gedenke, die unserm allerchristlichsten Könige zum grossen Vergnügen gereichen werden.

37

LEONARDO DA VINCI AN DEN PRAESIDENTEN VON MAILAND.

Florenz, 1511.

Erhabener Präsident! Indem ich mich mehrmals der Versprechungen erinnerte, die mir Ew. Herrl. gemacht, so habe ich mehrmals zu meiner Sicherheit geschrieben und Euch an das bei meiner Abreise gegebene Versprechen erinnert, nämlich an den Besitz jener zwölf Zoll Wasser, welches mir von dem allerchristlichsten Herrn geschenkt worden ist. Ew. Herrl. weiss, dass ich noch nicht in deren Besitz getreten bin, weil in jener Zeit Wassermangel in dem Kanal war, sowohl wegen der grossen Dürre, als weil auch die Mündungen davon noch nicht regulirt waren. Nun ich aber höre, dass der Kanal wieder in Stand gesetzt ist, habe ich Ew. Herrl. mehrmals geschrieben, so wie auch an Messer Girolamo da Cusano, der das Dokument jener Schenkung bei sich hat. Ebenso schrieb ich an Euch und habe nie Antwort bekommen. Jetzt sende ich meinen Schüler Salai dorthin, der Gegenwärtiges überbringt. Ich gedenke diese Ostern dort zu sein, indem ich jetzt mit meinem Processiren fast zu Ende bin, und ich werde zwei Madonnenbilder mitbringen, die ich begonnen und in der Zeit, die mir gestattet war, ein ziemlich gutes Stück zur Vollendung gebracht habe.

Wir finden in den beiden vorhergehenden Briefen (Gott. I. 470 und 471) Leonardo in geschäftlichem und freundschaftlichem Verkehr mit den französischen Behörden von Mailand, das 1499 von diesen erobert worden war. Leonardo, der daselbst sein grösstes Werk, das Abendmahl, schon vollendet hatte, ging noch einmal im Jahre 1502 mit Valentino Borgia in seine Heimath zurück, wo er durch den Karton der heil. Anna, der für die Servitenkirche der heil. Annunziata in Florenz bestimmt war, die Florentiner zu einer Bewunderung hinriss, die sodann der Grund wurde, ihm die Arbeit für den grossen Rathssaal zu übertragen. Nachdem er dies für die Kunstgeschichte des sechszehnten Jahrhunderts ungemein folgenreiche Werk (die Schlacht bei Anghiari, s. o. S. 73 ff.) im Karton vollendet hatte, wurde die Ausführung begonnen, und die von Gaye veröffentlichten Rechnungen zeigen, dass Leonardo vom März bis Juli 1504 sein Gehalt, 15 Goldgulden monatlich, bezogen, und auch noch 1505 seinen Lohn für die Arbeit erhalten hat. Dann aber trat eine Unterbrechung ein, als deren Grund von Vasari angegeben wird, dass Leonardo das Bild mit Oelfarben auf die Mauer malen wollte, dass aber der zu grobe Mauerbewurf, als er eine Zeit lang gemalt hatte, durchschlug, das Vollendete verdarb und somit Leonardo, der voraussah, dass das Ganze zu Grunde gehen würde, sich entschloss, das Unternehmen ganz aufzugeben. Das erhaltene Geld machte er sich anheischig an Pier Soderini, den Gonfaloniere der Republik, der den Vertrag mit ihm abgeschlossen, zurückzuzahlen, was dieser jedoch nicht annehmen wollte. Kurz nach dieser Unterbrechung muss mit ausdrücklicher Genehmigung der Signorie sich Leonardo wieder nach der Lombardei und zwar nach Mailand gewandt haben, indem wir ihn dort in naher Verbindung mit den französischen Behörden finden.

Am 15. August 1506 schreibt Carl von Amboise, Generalstatthalter des Königs von Frankreich, an die Signorie von Florenz, sie möchte die dem Leonardo gestattete Zeit verlängern, damit er eine begonnene Arbeit vollenden könne; eine Bitte, die in dem Begleitschreiben des Jafredus Kardi vom 19. August näher dahin bestimmt wird, man möchte ihm wenigstens den nächsten September noch auszubleiben gestatten. Dann würde er unbedingt zurückkehren.

Der Gonfaloniere Pietro Soderini antwortet darauf den 9. October d. J. an Jafredus, Leonardo da Vinci habe sich nicht wie er sollte gegen die Republik betragen; denn er habe eine gute Summe Geldes empfangen und einen kleinen Anfang zu einem grossen Werk gemacht, das er ausführen solle, und die Sache aus Liebe zu Ew. Herrl. (es ist Jafredus und der Generalstatthalter gemeint) verzögert. Nun aber wünschten sie (Soderini und die Signorie) nicht länger mehr um Aufschub ersucht zu werden, indem das Werk der Gesammtheit Genüge zu leisten habe und sie einen weiteren Aufschub nicht verantworten könnten.

Man kann sich sehr wohl denken, dass der treffliche Soderini, der Freund der Künstler und der Künste, so wie die Signorie der als Heimath und Sammelpunkt der grössten Kunstschöpfungen bekannten Stadt sehr ungehalten über die Unterbrechung jener Arbeit waren, die schon in ihrem Entwurf einen bis dahin unerhörten Beifall errungen und die in ihrer Vollendung eine der grössten Zierden der Stadt zu werden versprach. Endlich scheint sich Leonardo zur Rückkehr entschlossen zu haben, und am 16. December 1506 schreibt Chaumont, der vorerwähnte Generalstatthalter von Mailand, an die Signorie von Florenz folgenden warmen Empfehlungsbrief, der für den Schreiber wie für Leonardo gleich ehrenvoll ist. „Alle," sagt er, „die Leonardos Werke gesehen, hätten eine grosse Neigung zu ihm gefasst, ebenso auch er, der Schreiber des Briefes. Aber nachdem er hier mit ihm verkehrt und durch eigene Erfahrung seine mannigfaltigen Tugenden erprobt, habe er wirklich gesehen, dass der Ruhm, den er in der Malerei erlangt hat, dunkel im Vergleich zu dem sei, den er wegen seiner andern ihm innewohnenden Tugenden verdiene. Er habe ihn in allen Dingen, in der Zeichnung, Baukunst u. s. w. als trefflich erprobt. Damit sage er der Signorie seinen Dank, er würde Alles, was sie Leonardo erwiesen, als sich selbst erwiesen betrachten." Gaye II. 94.

Trotzdem aber scheint sich Leonardos Rückreise noch hingezogen zu haben. Denn es ist ein von dem florentinischen Gesandten Francesco Pandolfini an die Signorie gerichtetes Schreiben vorhanden, datirt Blois, 12. Januar 1507, worin dieser mittheilt, dass der König die Signorie um einen Dienst ersuchen lasse. Sie möchte ihm nämlich den Leonardo da Vinci schicken, von dem er sich mehrere Arbeiten, Madonnen und anderes, vielleicht auch sein eigenes Porträt, fertigen lassen wolle. Er, Pandolfini, habe darauf geantwortet, wenn Leonardo noch in Mailand wäre, so würde die Signorie ihm auftragen, dem Könige zu gehorchen, wäre er aber schon wieder zu Hause in Florenz, so solle er nach Mailand zurückgehen. „Mehr könne er nicht wünschen", habe darauf der König erwidert und ihm aufgetragen, er möchte, als mit Leonardo befreundet, ein paar Zeilen an diesen richten und ihn auffordern, nicht eher von Mailand wegzugehen, als bis er, der König, dorthin käme. Gaye II. 95.

Und erst vom 15. August 1507 ist das Begleitschreiben datirt, das Chaumont dem Leonardo bei seiner Rückkehr nach Florenz mitgegeben, und worin er der Signorie mittheilt: es käme der Maler Seiner christlichen Majestät Leonardo nach Florenz wegen einer Erbschaftsangelegenheit. Nur ungern habe er ihm Urlaub gegeben, die Signorie möge seine Angelegenheit bald erledigen und Leonardo zurückschicken. Gaye II. 96.

Im Jahre 1509 finden wir ihn indess schon wieder in Mailand, wo er unter anderm den Canal von S. Gregorio baut und die Feierlichkeiten zu Ehren des Einzugs König Ludwigs XII. leitet. Damals war es auch, als er die in den beiden Briefen erwähnte Wasserstrecke zum Geschenk erhielt, um darauf Schleusen und einen Stapelplatz anzulegen, wie dies aus einer Stelle des unten mitgetheilten Testamentes LEONARDOS hervorgeht. Das Wasserquantum, welches ihm aus dem Canal S. Christoforo zugesagt war, verpachtete er zur Bewässerung von Feldern. S. Waagen a. a. O. S. 173.

Im Jahre 1511 endlich ist er, nachdem er inzwischen sich mit wissenschaftlichen Arbeiten und Studien, wie man glaubt auch mit dem der Anatomie mit Antonio della Torre zu Pavia, beschäftigt hatte, wieder in Florenz, wo noch die Erbschaftsangelegenheit nicht ganz regulirt war und von wo aus er die obigen Briefe nach Mailand schrieb.

Der eine ist an die städtische Behörde, den Präsidenten, gerichtet, der andere an den Statthalter des Königs, M. Girolamo Cusano, indem Chaumont, der warme Freund und eifrige Beschützer LEONARDOS, schon am 10. März 1511 gestorben war.

Der ununterbrochene freundschaftliche Verkehr LEONARDOS mit den französischen Behörden erklärt sich daraus, dass Florenz in den Kriegen des Königs von Frankreich mit dem Papste, die damals ganz Italien bewegten, eine strenge Neutralität beobachtete.

Im folgenden Jahre ging LEONARDO nach Mailand, um in den Besitz des Geschenkes zu treten, das ihm denn auch von dem nunmehrigen Herrn Mailands, Maximilian Sforza, nicht streitig gemacht wurde und in dessen Besitz er bis an sein Lebensende geblieben ist, wie aus einem dem unter Nr. 40 mitgetheilten Testamente LEONARDOS zugefügten Codicill ersichtlich ist.

38.

LEONARDO DA VINCI AN SEINEN VERWALTER ZANOBI BONI.

Mailand, 9. December 1515.

Die vier letzten Flaschen waren gar nicht nach meiner Erwartung und ich habe viel Verdruss darüber gehabt. Wenn die Reben von Florenz auf bessere Weise behandelt würden, so müssten sie unserm Italien den allerschönsten Wein liefern, wie ihn Herr Ottaviano zieht. Ihr wisst, dass ich Euch auch schon gesagt habe, Ihr sollt das Land dadurch verbessern, dass Ihr zerbröckeltes Mauerwerk oder Mörtel von zerfallenen Gebäuden hinzuthut, denn das schützt die Wurzel vor Feuchtigkeit, und Stamm und Blätter können aus der Luft die zur Vollendung der Traube nöthigen Substanzen ziehen.

Sodann ist es ein grosser Fehler, dass wir den Wein heut zu Tage in offenen Gefässen machen, denn so verfliegt bei der Gährung die eigentliche Essenz in die Luft, und es bleibt nichts als eine von den Schaalen und Kernen gefärbte geschmacklose Flüssigkeit übrig; ferner bringt man auch den Wein nicht, wie man sollte, von einem Gefäss auf das andere, woher denn derselbe trübe wird und einem schwer im Magen liegt.

Wenn Ihr und die andern Euch also nach diesen Bemerkungen richten wolltet, so würden wir einen ausgezeichneten Wein trinken können. Gott erhalte Euch!

Der obige Brief, über dessen Original J. W. Brown the life of Leonardo da Vinci nähere Auskunft giebt und dessen Abdruck sich in demselben Werke App. p. 211 befindet, zeigt uns Leonardo in der Eigenschaft eines sorgsamen Hausherrn und Landbesitzers, der um die Verbesserung seines Grundstückes bemüht ist.

Was dieses Grundstück anbelangt, so ist es wahrscheinlich dasselbe, welches ihm schon im Jahre 1499 sein früherer Gönner Lodovico Sforza geschenkt hatte, wie aus einem Bemerk in dem öffentlichen Register von Mailand hervorgeht, welches von Brown a. a. O. p. 98 abgedruckt ist. Dasselbe lautet: 1499, 26. April. „Lodovico Maria Sforzia, Herzog von Mailand, gab dem Herrn Leonardo Vintio, dem sehr berühmten Maler von Florenz, zum Geschenk 16 Ruthen von dem Boden oder Grundstück seines Weinberges, welchen er von dem Abte oder dem Kloster des heil. Victor vor der Stadt nahe beim Vercellischen Thore erworben hat, auf dass er auf jenem Raume nach seinem Gutdünken bauen, Gärten anlegen oder was sonst ihm und seinen Nachkommen, oder wem er dasselbe schenken sollte, beliebt, thun und anordnen könne."

Da war es denn sehr natürlich, dass er von dem Berge auch gute Weine ziehen wollte, wie er sie in der Heimath zu trinken gewohnt war und wie sie dort dem Herrn Ottaviano de' Medici zuwuchsen, auf welchen sich die Worte im Anfang des Briefes beziehen. Ottaviano ist der Enkel Bernardettos de Medici, geboren zu Florenz 1482. Er war während der Belagerung im Jahre 1529 in Florenz, wurde aber in strengem Gewahrsam gehalten, bis ihn die Eroberung befreite und zu hohen Aemtern brachte. Von ihm stammt das Haus der Fürsten von Ottajano ab. Der Weingarten blieb übrigens bis zu seinem Ende Eigenthum Leonardos, indem derselbe in seinem Testament die eine Hälfte davon an Battista di Vilanis, die andere nebst dem Hause, das dieser darauf erbaut hatte, an Salaino vermachte.

—

39.

SONETT LEONARDO DA VINCIS.

Kannst, wie du willst nicht, wie du kannst, so wolle,
Weil Wollen thöricht ist, wo fehlt das Können:
Demnach verständig ist nur der zu nennen,
Der, wo er nicht kann, auch nicht sagt, er wolle.

Das ist für uns das Lust- und Leidenvolle,
Zu wissen ob, ob nicht wir wollen können:
Drum weiss nur der, der nie vermag zu trennen
Sein Wollen von dem Wissen, was er solle.

Nicht immer ist zu wollen, was wir können;
Oft däuchte süss, was sich zum bittern kehrte,
Oft weint ich auch, besass ich, was ich wollte.

Drum woll', o Leser, meinen Rath erkennen:
Willst Du der Gute sein, der andern Werthe,
Woll' immerdar nur können das Gesollte!

Auch die Musik, sagt Vasari, begann Leonardo zu studiren, entschloss sich aber bald, das Lautenspiel zu lernen, und da sein Sinn erhaben und voll der schönsten Gedanken war, improvisirte er zu diesem Instrument wunderbar schöne Gesänge. Von den Gedichten Leonardos ist durch Lomazzo das obige Sonett erhalten, welches wir nach der von Schorn (Vasari III. 1, S. 5) angeführten Uebersetzung Riemer's (Gedichte 1826, I. 322) mittheilen. Vgl. auch Waagen a. a. O. S. 181.

10.

LEONARDO DA VINCIS LETZTER WILLE.

Cloux bei Amboyse, 23. April 1518.

Messer Leonardo da Vinci, Maler des Königs, gegenwärtig wohnend in dem Orte genannt Cloux bei Amboyse, bedenkend, dass der Tod gewiss, die Stunde desselben aber ungewiss sei . . . . . Zuerst befiehlt er seine Seele unserm Herrn und Gott, der glorreichen Jungfrau Maria, Monsignore dem heil. Michael und allen seligen Engeln und Heiligen des Paradieses.

Ferner will besagter Testator in der Kirche des heil. Florentinus zu Amboyse begraben werden, und sein Körper soll dahin getragen werden von den Kaplänen derselben. Und von besagtem Orte soll sein Körper bis nach besagter Kirche begleitet werden von dem Collegium der besagten Kirche, d. h. vom Rector und Prior oder deren Vicarien und von den Caplänen der Kirche des heil. Dionysius von Amboyse sowie auch von den Minoritenbrüdern des besagten Ortes. Ehe aber sein Leichnam in die besagte Kirche getragen wird, sollen drei grosse Messen in der Kirche des heil. Florentinus mit Diaconus und Subdiaconus gefeiert werden, und an demselben Tage sollen auch dreissig stille Messen des heil. Gregorius gesprochen werden. Und derselbe Dienst, wie oben angegeben ist, soll auch in der Kirche des heil. Dionysius und in der der Minoriten gefeiert werden.

Sodann schenkt und vermacht besagter Testator dem Messer Francesco da Melzo, Edelmann von Mailand, zum Lohn für die ihm von demselben in der Vergangenheit geleisteten angenehmen Dienste, alle und jede Bücher, welche besagter Testator gegenwärtig besitzt, so wie die Instrumente und Manuscripte, welche sich auf seine Kunst und seinen Beruf der Malerei beziehen.

Ebenso vermacht und schenkt er auf ewige Zeiten dem Battista de Vilanis, seinem Diener, die Hälfte eines Gartens, welchen er ausserhalb der Mauern von Mailand besitzt, und die andere Hälfte desselben Gartens seinem Diener Salai: in welchem Garten besagter Salai ein Haus erbaut und errichtet hat, welches in ähnlicher Weise und auf ewige Zeiten dem Salai, seinen Erben und Nachfolgern zu eigen sein und verbleiben soll; und zwar zum Lohn der guten und angenehmen Dienste, welche besagter de Vilanis und Salai, seine Diener, ihm bisher erwiesen haben.

Ebenso schenkt und vermacht der Testator seiner Dienerin Maturina ein Kleid von gutem schwarzen Tuch mit Pelz gefüttert, eine Haube von Tuch und zwei Dukaten ein für allemal auszuzahlen, ebenfalls als Lohn für die ihm von der Maturina bisher erwiesenen guten Dienste.

Sodann will er, dass bei seinem Leichenbegängniss sechzig Fackeln seien, die von sechzig Armen getragen werden sollen, wofür denselben nach Ermessen des besagten Melzo Geld gegeben werden soll: die Fackeln aber sollen unter die besagten vier Kirchen vertheilt werden.

Ausserdem schenkt der Testator jeder der besagten Kirchen zehn Pfund Wachs in grossen Kerzen, welche an dem Tage angezündet werden sollen, an welchem die vorbesagten Dienste daselbst gefeiert werden.

Den Armen des Hospitales Gottes und den Armen des heil. Lazarus zu Amboyse sollen Almosen gegeben werden, zu welchem Zwecke den Schatzmeistern jener Brüderschaft die Summe von siebenzig Sous Tournois ausgezahlt werden soll.

Item schenkt und vermacht der Testator dem besagten Messer Francesco Melzi, der gegenwärtig ist und acceptirt, den Rest seines Gehaltes und die Summe Geldes, welche ihm noch von früherher bis auf den Tag seines Todes von dem Generalschatzmeister M. Johann Sapin zu zahlen ist, und alle die Summen, die er von seinem Gehalt durch besagten Sapin erhalten hat (nicht anders auch im Fall, dass er vor besagtem Melzi stirbt), welche Gelder jetzt im Besitz des Testators zu Cloux sind.

Und ebenso schenkt und vermacht er dem besagten Melzi alle und jede Kleidungsstücke, die er gegenwärtig zu Cloux besitzt, sowohl zum Lohn der guten und angenehmen Dienste, die er ihm bisher erwiesen, als auch für die Ausgaben, Besorgungen und Mühwaltungen, die er wegen der Vollstreckung des gegenwärtigen Testamentes haben kann, welche aber alle auf Kosten des Testators zu bestreiten sind.

Er befiehlt und will, dass die Summe von 400 Scudi, welche der Kämmerer von S. Maria Nuova in der Stadt Florenz als Depositum in Händen hat, seinen in Florenz wohnenden leiblichen Brüdern gegeben werde, nebst dem Vortheil und dem Ertrage, der bis auf den heutigen Tag von dem besagten Kämmerer an den Testator geschuldet werden mag, auf Veranlassung jener 400 Scudi und seit dem Tage, an welchem ihnen dieselben von dem Testator eingehändigt und anvertraut worden sind.

Schliesslich will und befiehlt der Testator, dass besagter Messer Francesco da Melzo alleiniger Testamentvollstrecker sei und bleibe [*].

Und unter dem 23. Tage desselben Monats April MDXVIII hat der besagte M. Leonardo da Vinci durch sein Testament und obige letzte Willenserklärung dem besagten M. Baptista de Vilanis, der gegenwärtig ist und acceptirt, das Recht der Wassernutzung geschenkt und vermacht, welche einst der letztverstorbene König Ludwig XII. guten Angedenkens dem besagten Vinci auf dem Strome des Kanales di S. Christoforo im Herzogthum Mailand geschenkt hat, so dass sich der de Vilanis derselben auf ewige Zeiten bedienen kann . . . . und ebenso alle seine Mobilien und Hausgeräthe, die er gegenwärtig zu Cloux hat.

Das Original des Testamentes befindet sich in der Ambrosianischen Bibliothek zu Mailand. Es ist von einem Franzosen unleserlich und inkorrekt geschrieben und mehrmals publicirt worden, u. A. von Brown a. a. O. 217—223, von Arsène Houssaye a. a. O. S. 264 ff. In der obigen Uebersetzung sind einige unwesentliche Stellen, Formeln, die Namen der Zeugen u. s. w. fortgelassen worden. — Der Tod Leonardos erfolgte den 2. Mai auf dem Schlosse zu Cloux, und nicht, wie Vasari erzählt, zu Fontainebleau, noch auch in den Armen des Königs Franz, der sich damals fern von Leonardo befand. Vgl. de Laborde la Renaissance des arts en France I. p. 192 ff.

41.

FRANCESCO MELZI AN SER GIULANO UND GEBRUEDER DA VINCI.

Amboyse, 1. Juni 1519.

Ich glaube, Ihr werdet schon benachrichtigt sein von dem Tode Meister Leonardo's, Eures Bruders und meines besten Vaters. Es ist mir unmöglich, den Schmerz auszusprechen, den mir dieser Tod zugefügt hat, und so lange meine Glieder zusammenhalten, werde ich eine nie endende Trostlosigkeit behalten, und zwar mit vollem Recht, weil er mir täglich eine so herzliche und glühende Liebe bezeigte. Jedermann empfindet mit Schmerz den Tod eines solchen Mannes, welchen zu schaffen nicht mehr in der Macht der Natur liegt. Nun möge ihm der allmächtige Gott die ewige Ruhe schenken. Er schied aus diesem Leben am 2. Mai mit allen Verordnungen der heil. Mutter Kirche und wohl vorbereitet. Und da er einen Brief des allerchristlichsten Königs hatte, das Seinige wem er wolle zu hinterlassen und zu vermachen, — ohne einen solchen Brief konnte er nicht nach seinem Willen testiren und Alles wäre verloren gewesen, indem dies hier so die Sitte ist, d. h. in

---

[*] Hierauf folgen noch einige juristische Bestimmungen, das oben angegebene Datum und die Namen der Zeugen.

Bezug auf das, was er hier besitzt — so machte vorbenannter Leonardo sein Testament, welches ich Euch auch geschickt haben würde, hätte ich eine zuverlässige Person dazu gehabt.

Ich erwarte nun einen Onkel von mir, der mich hier besuchen und sich darauf nach Mailand zurück begeben will. Ihm werde ich das Testament geben, da ich niemand anders zu diesem Zwecke finden kann, und er wird sich dieses Auftrages bestens entledigen. Was sich in Bezug auf Eure Antheile in dem Testamente befindet, so ist nichts anderes darin, als dass besagter Meister Leonardo bei S. Maria Nuova zu Händen des Camerlengo 400 Scudi zu stehen hat, und zwar zu fünf Procent, und den sechsten des nächsten Oktobers werden es sechs Jahr, und ebenso ein Grundstück zu Fiesole, das nach seinem Willen unter Euch getheilt werden soll. Anderes enthält es nicht in Bezug auf Euch, noch irgend etwas mehr, ausser dass ich Euch Alles, was in meiner Macht und Vermögen steht, dienstwillig und Euren Wünschen nachkommend zu Gebote stelle, womit ich mich Euch auf die Dauer empfehle.

Der Brief ist bei Bottari (Racc. I. 472) abgedruckt und hat folgende Nachschrift: „Date mene risposta per i Pondi. Tanquam fratri vostro. Franciscus Meltius." Da das Jahr unter Franz I. noch mit Ostern begann, fällt die Testamentsabfassung Leonardos in das Jahr 1519 nach unserer Zeitrechnung. Sein Tod erfolgte wenige Tage darauf. Francesco Melzi († nach 1568) und der im Testamente erwähnte Andrea Salai oder Salaino waren beide Schüler Leonardos. Doch scheint sich der letztere in einer mehr untergeordneten Stellung befunden zu haben, wie aus dem Beiwort ,servitore' (Diener) hervorgeht. Melzi scheint die Kunst mehr aus Liebhaberei betrieben zu haben. Er war nach Burckhardt hauptsächlich Miniaturenmaler.

42.

FRANCESCO FRANCIA AN RAFFAEL SANZIO.

[Bologna, ca. 1508.

icht Zeuxis bin ich noch Apell' — die Ehren
So grosser Männer muss ich von mir weisen;
Nicht darf mich Raffael unsterblich preisen,
Noch mein Talent so hohen Ruhm begehren.

Nur Dir allein wollt' es ein Gott gewähren,
Nur Dir so grosser Tugend Gnad' erweisen,
Dass Du vermagst der Künste wahre Weisen
Die Alten, die Du übertrafst, zu lehren.

6 *

Glücksel'ger Jüngling, wenig Sommer alt
Hebt über Tausend Dich Dein kühnes Streben!
Was erst, wenn Dich Erfahrung reift und Leben?

Dann wird, von Deiner Zauberhand Gewalt
Besiegt, Natur in lautes Lob entbrennen
Und Dich allein der Maler Fürsten nennen!

Dieses Sonett ist von Malvasia in der Felsina pittrice mitgetheilt worden. Vielleicht war es die poetische Antwort auf den weiter unten abgedruckten Brief Raffaels an Francia aus dem Jahre 1508, vielleicht ist es schon in jener Zeit entstanden, in welcher die Einwirkung des jungen Genius auf den alten Bologneser Meister begann. Francesco di Marco Raibolini, genannt il Francia, (1450—1518) hatte während der Jahre 1494—1495 unter seinen Schülern den Timoteo Viti aus Urbino, der sich bei dem Bologneser, der ursprünglich Goldschmied war und auch neben der Malerei das Goldschmiedehandwerk zu betreiben fortfuhr, in dieser Kunst zu vervollkommnen suchte. Timoteo Viti hat nach seiner Rückkehr nach Urbino wahrscheinlich die Aufmerksamkeit Raffaels auf den frommen Maler von Bologna gelenkt und umgekehrt seinen Meister von der glänzenden Bahn des aufgehenden Sternes unterrichtet. Vielleicht hat Raffael dann, wie Passavant Raffael I, 957 ff. vermuthet hat und was Crowe und Cavalcaselle It. Mal. V. 607 durch den Entwicklungsgang Francias bestätigt finden, bei seiner Rückkehr von Florenz nach Urbino im Jahre 1505 oder 1506 den Weg über Bologna genommen, um den liebenswürdigen Künstler zu besuchen, für den er eine so hohe Verehrung empfand. Unter dem Einfluss von Raffaels bezaubernder Persönlichkeit mag Francia das Sonett gedichtet haben, an dessen Schlusse er begeistert sagt, „che tu solo il pictor sei de' pictori", du bist der Maler aller Maler.

13.

GIOVANNI DA BRESCIA AN DEN DOGEN VON VENEDIG.

Venedig, 20. April 1514.

Da es sich zugetragen, dass Supplikant, der sich der Kunst befleissigt, eine Zeichnung gemacht und dieselbe in seinem Namen in Holz hat schneiden lassen, worauf er viel Zeit, Mühe und Kosten verwendet, — und er hat alles gern gethan, indem er nach Ehre strebt — und danach auch durch seine Mühen und Anstrengungen einigen Nutzen und Vortheil von besagtem Werk zu erlangen glaubte, welches die Geschichte des Kaisers Trajanus darstellt.

Und da er, Supplikant, einige Proben von seinem Werk machen wollte und sehen, wie dasselbe aussiele, so hat er einen Theil davon drucken lassen, mit der Absicht, nachher das Ganze herauszugeben. Und da nun in der That die Zeichnung und das besagte Werk schön und trefflich ist, so haben sich sogleich einige Andere derselben bemächtigt und sie haben angefangen, es drucken zu wollen. Das aber würde gegen alles Recht und Pflicht sein und mir zu grossem Schaden gereichen, denn während ich mich lange Zeit bemüht und angestrengt habe, dies Werk herzustellen, würde ein Anderer, ohne alle Mühe von seiner Seite, Vortheil von meiner Mühe und Arbeit ziehen.

Deshalb, Erlauchtester Fürst, flüchte ich, obengenannter Zuan (Giovanni), zu Euren Füssen mit der Bitte, Ihr möchtet zu verbieten geruhen, dass irgend Jemand, auf welche Weise es auch sei, mein besagtes Werk drucken dürfe und könne; sondern mir vielmehr zu gewähren, dass nur ich allein dasselbe vollenden, drucken und unter meinem Namen nur auf zehn Jahre verkaufen dürfe. Unter Strafe von fünf Dukaten für Denjenigen, der besagtes Werk drucken oder drucken lassen würde, von welcher Strafe die Hälfte dem Ankläger, die andere Hälfte dagegen dem Gericht zufallen würde, welches die Ausführung übernimmt, die einem jeden beliebigen Gericht dieser Stadt übertragen werden kann.

Und diese Bitte möge sich Eurer besonderen Gunst erfreuen, damit ich nicht umsonst meine Mühe verschwendet habe und einigen Vortheil in Ersatz der Zeit und der Kosten gewinnen könne, die ich darauf verwendet, um dies Werk zur Vollendung zu bringen.

Der von Gaye (Cart. II. 136) bekanntgemachte Brief beginnt mit den Worten: „Sermo. Principe. Humilita et cum omni debita reverentia supplica la salda, rostra el fidelissimo suo servitor Zuan da Brexa deponta" und schliesst: „cui excellentissime Dominationi genibus flexis mi aricomando", die als eine Probe des aus lateinischen und italienischen Elementen bestehenden Geschäftsstyles der damaligen Zeit gelten können.

Was die Person des Briefstellers anbetrifft, so sind zwei Künstler dieses Namens bekannt, von denen das Gesuch herrühren könnte, wovon der eine GIOVANNI MARIA, der andere GIOVANNI ANTONIO DA BRESCIA heisst.

Nach dem Gegenstande des von dem Briefsteller angeführten Holzschnittes haben wir es indess hier mit dem ersten derselben zu thun, von dessen nicht zahlreichen Werken Bartsch (Peintre Graveur XIII. p. 312 Nr. 1) einen als „justice de Trajan" bezeichneten Kupferstich anführt, der dieses Kaisers Gerechtigkeit gegen eine arme Wittwe darstellt und mit folgender Unterschrift versehen ist: IO. MARIA BRIXIENSIS. OR. CARMELITARUM. MCCCCII.

Das Gesuch unseres Künstlers scheint sich somit auf einen Holzschnitt zu beziehen, welchen derselbe nach seinem vor zwölf Jahren vollendeten Kupferstiche ausführen liess, und ist nach der von anderer Hand hinzugefügten Bemerkung „Quod fiat ut petitur" von dem Dogen genehmigt worden.

Die sehr häufig nach Originalzeichnungen oder Stichen des ANDREA MANTEGNA gestochenen Blätter des GIOVANNI ANTONIO tragen die Bezeichnung IO. AN. BR. Bartsch a. a. O. p. 321. Der Brief ist in sofern von besonderem Interesse, als er vermuthlich das erste Dokument ist, welches von dem Urheberrecht handelt.

RAFFAEL SANZIO DA URBINO.

Die Zahl der nachfolgenden Briefe Raffaels ist nicht gross, indess werden dieselben sowohl wegen der Zeitfolge, in der sie entstanden sind, als auch wegen ihres Inhaltes, in welchem sich durchweg der liebevolle und milde Sinn des Künstlers ausspricht, als nicht unwichtige Beiträge zu dessen Charakteristik zu betrachten sein.

Die beiden ersten Briefe fallen in den grossen Wendepunkt von Raffaels Leben und sind zu einer Zeit geschrieben, als er von Florenz aus, nachdem er dort kaum seinen eigentlichen Entwickelungsgang beschlossen, nach Rom berufen wurde, welches damals durch Julius II. zum Mittelpunkt aller wissenschaftlichen und künstlerischen Bildung Italiens erhoben wurde und wo Aufgaben seiner warteten, deren Grösse und Bedeutsamkeit seinen Genius zu rascher und vollständiger Reife emporheben sollten.

Denn die Grösse der Aufgaben, an der die schwache und nicht durch angestrengte geistige Thätigkeit erstarkte Begabung so leicht zu Grunde geht, ist dem wahren und durch die Arbeit des Studiums innerlich begründeten Talente eine Lebensbedingung von solcher Wichtigkeit, wie sie ihm durch nichts Anderes ersetzt zu werden vermag. Und so wurde denn durch diese Aufgaben und deren tief innerlichen und cyklischen Zusammenhang Raffael in sicherer und konsequenter Entwickelung zu der Glanzeshöhe seines Lebens und Strebens emporgeführt, auf welcher ihn uns die folgenden Briefe zeigen. Während uns dieselben in bestimmter Stufenfolge die verschiedensten Momente des Raffaelischen Lebens vorführen, ist es doch immer derselbe Geist kindlicher Liebe und reinster vollendetster Humanität, der aus diesen, meist zufälligen und äusserlich unwichtigen Mittheilungen Raffaels hervorleuchtet und der auf der andern Seite auch den Grundgedanken und den eigentlichen Inhalt seiner so mannigfachen und umfassenden künstlerischen Thätigkeit ausmacht.

Denn das Vermögen, alle Gebiete der Kunst und der geistigen Entwickelung seiner Zeit aus diesem einen Standpunkte zu umfassen und sowohl in seinen Werken als an seiner eigenen Person selbst zur Erscheinung zu bringen, ist es vorzüglich, das, wie den Reiz, so auch die geschichtliche Bedeutung seiner Werke ausmacht, so wie es ihn andrerseits zu einem wahren Ideale reinster Humanität für alle Zeiten erhebt. Und zwar kommt dazu, um Raffaels Bedeutung von der der gleichzeitigen Kunstgenossen zu unterscheiden, noch der Umstand, dass ihm diese hohe Stellung mehr durch die angeborene Liebenswürdigkeit seines Wesens, die wie die körperliche Schönheit ein freies Geschenk des Himmels an seine Lieblinge ist, als in Folge angestrengten Bemühens zu erreichen vergönnt war.

Dies ist nicht etwa so zu verstehen, als ob er ohne eigenes Thun und gleichsam zufällig zu seiner künstlerischen Vollendung gelangt sei — keine künstlerische Vollendung wird so leichten Kaufes erworben und bei Raffael ist in viel höherem Grade, als man dies gewöhnlich zu thun pflegt, ein langer und angestrengter Entwickelungsprocess anzunehmen, ehe er zu jener seltenen Freiheit gelangte, welche das Erworbene wieder als ein natürlich Gewordenes erscheinen lässt; ein Umstand, der auch dem grössten Zeitgenossen Raffaels, Michelangelo, nicht entgangen ist. In diesem Sinne ist nämlich jene von Condivi erhaltene Aeusserung Michelangelos aufzufassen, nach welcher Raffael zu wenig durch Natur und zu viel durch das Studium in der Kunst erlangt hätte, und die, wenn auch nicht von absoluter, so doch von sehr grosser relativer Wichtigkeit für die Beurtheilung RAFFAELS zu sein scheint.

Wir verstehen vielmehr jene Bemerkung nur so, dass, nachdem RAFFAEL jenen Entwickelungsgang innerlich durchgemacht hatte, das Leben sich ihm äusserlich so günstig und leicht wie nur je einem bevorzugten Lieblinge gestaltete, dass er ohne Mühe zu einer aus Wunderbare grenzenden Herrschaft über die Geister — selbst der Kunstgenossen! — und ohne schweren Kampf zu einem so lichten Höhepunkt des Lebens gelangte, wie zu erreichen nur wenigen, und dann fast immer nur in Folge unablässigen Ringens und Kämpfens voll Schmerz und Herzeleid vergönnt wird.

Das ist es namentlich auch, was RAFFAEL so wesentlich von MICHELANGELO unterscheidet, der seinerseits wiederum als seltenes Beispiel und unerreichbares Vorbild der zuletzt bezeichneten Individuen gelten kann. Aus dieser Grundverschiedenheit ihrer beiderseitigen Naturen heraus hat man allein auch alles dasjenige zu beurtheilen, was über das persönliche Verhältniss jener beiden grossen Männer zu einander überliefert worden ist, und man muss sich wohl hüten, das nicht in Abrede zu stellende Bewusstsein jener beiden über diese ihre durchaus verschiedenen Naturen etwa als Aeusserung und Folge einer kleinlichen Eifersucht auffassen zu wollen.

Dass eine solche, wenn auch vielleicht von Schülern und parteiischen Anhängern, im Ganzen und Grossen weder von RAFFAEL noch von MICHELANGELO gehegt worden sei, lässt sich vor Allem aus einer aufmerksamen Betrachtung dessen nachweisen, was Vasari über RAFFAELS Wesen und Charakter beibringt. Niemand konnte mehr als Vasari von der Grösse seines angebeteten Meisters MICHELANGELO überzeugt sein, und Niemand kann schönere und ehrendere Worte über den an Liebe und Humanität so reichen Charakter RAFFAELS äussern, als Vasari dies namentlich im Anfang [1]) und am Schluss [2]) von RAFFAELS Lebensbeschreibung gethan hat; Aeusserungen, die nicht minder demjenigen, dem sie gelten zur Ehre, als demjenigen, der sie that, zum Ruhme gereichen. Inwiefern aber dergleichen Aeusserungen als Belege des Verhältnisses von MICHELANGELO und RAFFAEL untereinander gelten können, geht zur Genüge daraus hervor, dass Vasari in seiner schriftstellerischen wie in der künstlerischen Thätigkeit sich mit dem hochverehrten Meister in stetem Einklange und Einvernehmen befand, so dass uns Aeusserungen Vasari's, namentlich

---

[1]) Ihm (Raffael) war von der Natur jene Güte und Bescheidenheit verliehen, welche bisweilen solche schmückt, die vorzugsweise vor Andern mit anmuthigem Wesen eine liebenswürdige Freundlichkeit verbinden, wodurch sie den verschiedensten Personen gegenüber wie in allen Dingen stets lieblich erscheinen und Wohlgefallen erwecken. Die Natur war durch die Hand Michelangelos von der Kunst besiegt, und schenkte Raffael der Welt, um nicht nur von ihr, sondern auch durch die Sitte übertroffen zu werden.

[2]) Auch halte ich unter seinen seltenen Gaben eine für so wunderbar, dass sie mich in Staunen versetzt, die nämlich, dass der Himmel ihm Kraft verlieh, in unserm Kreise zu erwecken, was wider die Natur der Maler streitet; denn alle, nicht nur die geringsten, sondern auch die, welche den Anspruch machen gross zu sein (wie die Kunst deren unzählige hervorbringt), waren einig, sobald sie in Gesellschaft Raffaels arbeiteten; jede üble Laune schwand, wenn sie ihn sahen, jeder niedrige, gemeine Gedanke war aus ihrer Seele verscheucht. Eine solche Uebereinstimmung herrschte zu keiner Zeit als in der seinigen. Dies kam daher, dass sie sich durch seine Freundlichkeit, durch seine Kunst und mehr noch durch die Macht seiner schönen Natur sich überwunden fühlten.

in Bezug auf solche Verhältnisse gethan, die MICHELANGELO persönlich berührten, uns, wenn nicht andere Gründe dagegen sprechen, fast immer als Aeusserungen MICHELANGELOS selbst gelten dürfen.

44.

RAFFAEL AN SIMONE CIARLA.

Wie ein Vater Verehrter! Ich habe einen Brief von Euch erhalten und daraus den Tod unsers Erl. Herrn Herzogs erfahren, dessen Seele Gott gnädig sein möge, wahrlich ich konnte den Brief nicht ohne Thränen lesen; aber genug davon, dem ist nicht abzuhelfen, man muss Geduld haben und sich in den Willen Gottes ergeben.

Ich habe gestern an den Oheim Priester geschrieben, er möchte mir ein Täfelchen schicken, welches als Deckel des Madonnenbildes der Präfektin diente, aber er hat es mir noch nicht geschickt. Ich ersuche Euch daher, es ihn wissen zu lassen, wenn Jemand hieher reist, damit ich die Dame zufrieden stellen kann, denn Ihr wisst, dass man ihrer jetzt nöthig haben wird. Noch bitte ich Euch, liebster Oheim! dem Priester und der Tante sagen zu wollen, dass, wenn Taddeo Taddei von Florenz, derselbe, von dem wir öfter zusammen gesprochen haben, dorthin kommt, sie ihm Ehre erweisen möchten, ohne irgend etwas zu sparen; auch wollet Ihr ihm aus Liebe zu mir alle Artigkeit erweisen, indem ich ihm wahrlich so sehr verpflichtet bin, wie ich es nur irgend Jemand auf der Welt sein kann.

Was die Tafel betrifft, so habe ich keinen Preis gemacht und, wenn es angeht, werde ich auch keinen machen, indem es besser für mich sein wird, dass dieselbe abgeschätzt werde, und habe ich Euch auch nichts von dem geschrieben, von dem ich weder damals bestimmte Nachricht geben konnte, noch jetzt geben kann. Indess nach dem, was mir der Besitzer der besagten Tafel gesagt hat, so meint er, er würde mir für ungefähr 300 Golddukaten für hier und nach Frankreich zu arbeiten geben. Wenn das Fest vorüber ist, schreibe ich Euch vielleicht wie hoch sich die Tafel beläuft, denn den Carton habe ich vollendet und nach Ostern werde ich so weit sein.

Es würde mir sehr lieb sein, wenn es möglich wäre, einen Empfehlungsbrief an den Gonfaloniere von Florenz von dem Präfekten zu erhalten, und ich habe auch schon vor einigen Tagen an den Oheim und an Giacomo von Rom geschrieben, dass es mir sehr nützlich sein würde, wenn sie mir einen solchen verschaffen könnten, in Rücksicht auf die Ausmalung eines gewissen Zimmers, welches seine Herrlichkeit zu verdingen hat. Ich bitte Euch, ihn mir, wenn es möglich ist, zu schicken, und ich glaube, dass, wenn Ihr denselben von dem Herrn Präfekten für mich verlangt, er ihn anfertigen wird, und empfehlt mich ihm tausendmal als seinen alten Diener und Bekannten. Und nun nur noch meine Empfehlung an den Meister . . . . . . und an Redolfo und an alle andern . . . . .

Euer Raphaello, Maler
in Florenz.

Der Herzog Guidobaldo war am 11. April zu Fossombrone gestorben, im Beisein und zum grossen Schmerz der Gemahlin Elisabeth, wie der Männer, die einst die Zierde seines glänzenden Hofes ausmachten, des Grafen Castiglione, Pietro Bembo's u. A.

Was die in dem Briefe genannten Personen betrifft, so ist der „Oheim Priester" D. Bartolomeo, Erzpriester der Pieve di S. Donato, der Bruder des GIOVANNI SANTI, Santa die Schwester desselben: der Oheim SIMONE DI BATTISTA CIARLA, der liebste Verwandte RAFFAELS, ist der Bruder von dessen schon 1491 verstorbener Mutter Maria geb. Ciarla. Taddeo Taddei, dessen Ankunft in Urbino RAFFAEL ankündigt, ist ein junger gelehrter Florentiner, dessen innige Freundschaft RAFFAEL in dem gastlichen Hause des Baumeisters BACCIO D'AGNOLO zu Florenz gewonnen hatte, als er im Jahre 1505 zum zweiten Male dorthin gegangen war; der Grund seiner Reise nach Urbino scheint nach Passavant der Wunsch gewesen zu sein, den prächtigen Exequien des Herzogs Guidobaldo beizuwohnen und bei dieser Gelegenheit mit seinem Freunde Pietro Bembo zusammenzutreffen, dessen an ihn gerichtete Briefe veröffentlicht sind.

Der Präfekt, um dessen Empfehlung sich RAFFAEL so angelegentlich bemüht, ist Francesco Maria della Rovere, den der Herzog Guidobaldo schon früher als Erben adoptirt hatte und der ihm auch in der Regierung des Herzogthums Urbino nachfolgte. Er war mit Johanna, der Tochter Federigo's von Urbino, vermählt, und mochte, einer Aeusserung des Briefes zufolge, RAFFAEL schon früher seine Gunst zugewendet haben. Wenigstens wissen wir mit Bestimmtheit, dass Johanna den jungen Künstler schon früh mit ihrer Huld erfreute, wie sie ihm denn auch bei seiner ersten Reise nach Florenz einen freundlichen Empfehlungsbrief an den Gonfaloniere Pietro Soderini mitgab, an welchen jetzt RAFFAEL von ihrem Gemahl empfohlen werden möchte.

Dieser Brief lautet folgendermaassen:

Urbino, 1. Oktober 1504

Mächtiger und Erlauchter, wie ein Vater zu verehrender Herr! Der Ueberbringer dieses Briefes wird der Maler RAFFAEL von Urbino sein, welcher, da er in seiner Verrichtung ein gutes Talent hat, den Entschluss gefasst hat, sich einige Zeit zu seiner weiteren Ausbildung in Florenz aufzuhalten. Und da sein Vater ein sehr trefflicher und mir befreundeter Mann gewesen und auch der Sohn bescheiden und wohl gesittet ist, so liebe ich denselben in jeder Beziehung ungemein und wünsche, dass er es zu einer guten Vollkommenheit bringe. Ich empfehle ihn somit Ew. Herrl. auf das Angelegentlichste, soviel ich nur vermag, und ersuche Euch, es möge Euch aus Liebe zu mir gefallen, demselben in jedem vorkommenden Falle alle Hülfe und Begünstigung angedeihen zu lassen, indem ich allen Nutzen und alle Gefälligkeiten, die er von Ew. Herrl. erhalten wird, als mir selbst erwiesen betrachten und Euch dafür zum grössten Danke verpflichtet sein werde. Womit ich mich Euch empfehle und zu Gegendiensten erbiete.

Johanna Feltria di Ruvere,
Herzogin von Sora und der Stadt Rom Präfektin.

Bott. I. 1. (vgl. Pungileoni, Elog. stor. di Raff. p. 45 ff.) Ueber die Persönlichkeit des Giacomo von Rom hat bis jetzt nichts ermittelt werden können. Der in dem Briefe erwähnte Redolfo ist nach Passavant wahrscheinlich Ridolfo Zaccagna, Raffaels Vetter und der Sohn seiner Tante Lucia, geb. Ciarla. Was den Besitzer oder Besteller des Bildes betrifft, der Raffael für 300 Dukaten Arbeit in Aussicht stellt, so kann dies, wie Passavant vermuthet, sehr wohl Gio. Battista della Palla sein, der nach Vasari einen h. Sebastian des Fra Bartolomeo und 1529 im Jahre der Belagerung von Florenz den Hercules von Michelangelo für Franz I. kaufte. — Vielleicht ist es derselbe, den Vasari im Leben des Andrea del Sarto unter dem Namen Giovanni Battista Puccini erwähnt. Dort nämlich erzählt er, dass dieser Florentiner sich vom Andrea ein Madonnenbild malen liess, „in der Absicht es nach Frankreich zu schicken." Er habe es dann aber selbst behalten, „und da er," fährt Vasari fort, „von Frankreich aus, wohin er Handel und Verkehr trieb, gebeten wurde, er solle die vortreffliche Malerei doch senden, gab er Andrea den Auftrag, ein Bild des Leichnams Christi zu malen."

Nach Springers Ansicht (Raffael und Michelangelo S. 97) handelt es sich in Raffaels Brief um die Ausmalung eines der Räume des Palazzo vecchio, die der Gonfaloniere als oberste Behörde zu vergeben hatte. Der Bilderschmuck war damals noch nicht vollendet.

Der Brief selbst ist in der italienischen Uebersetzung von Quatremère de Quincy's Leben Raffaels von Longhena (Mailand 1829) als Facsimile in Kupfer gestochen veröffentlicht. Danach befindet sich an der Stelle des Datums eine Beschädigung des Papieres. Indessen zeigt sich zwischen dem noch halb erhaltenen li und der Zahl XI. ein so grosser Zwischenraum, dass darin vermuthlich noch ein zweites X. gestanden zu haben scheint, wonach sich das oben angegebene Datum auch noch äusserlich rechtfertigt. Ein Abdruck findet sich auch bei Springer a. a. O. S. 199. Das Original soll sich in Rom in der Bibliothek der Propaganda befinden. Die Adresse des Briefes lautet: Meinem theuersten Oheim Simone de Baptista de Ciarla von Urbino zu Urbino.

- - -

45.

RAFFAEL AN DOMENICO DE PARIS ALFANI.

Florenz, ... 1508.]

Ich bitte Euch, Menecho, schickt mir doch die Liebeslieder des Riciardo, die von jener Leidenschaft handeln, die ihn einst auf einer Reise befallen hat. Auch erinnert Cesarino daran, dass er mir jene Predigt schicke, und macht ihm meine Empfehlung. Ferner ersuche ich Euch, Madonna Atalante zu bitten, dass sie mir das Geld schicke; seht zu, dass Ihr Gold bekommt. Dem Cesarino sagt noch, dass auch er die Sache nicht vergesse und sie auch seinerseits bitte.

Und wenn ich noch Anderes für Euch thun kann, so gebt mir nur Nachricht davon.

Facsimile bei Pungileoni Elogio stor. di Raffaello Ende. Raffael, immer von der grössten Gefälligkeit, hatte seinem geliebten Mitschüler bei Perugino, dem Domenico de Paris Alfani, auf dessen Bitte eine Zeichnung als Entwurf zu einem Altarblatte geschenkt, das dieser für Perugia auszuführen hatte. Es ist eine heil. Familie, sehr sorgfältig ausgeführt, die sich gegenwärtig in der Sammlung befindet, die der Maler Wicar seiner Vaterstadt Lille vermacht hat. Auf diesem Blatte befinden sich die obigen Zeilen von Raffaels Hand, die gegen das Ende seines Aufenthaltes in Florenz, kurz vor seiner Abreise nach Rom geschrieben scheinen, auf welche sich vielleicht die Bitte, Domenico möge sich Gold von der Frau Atalante geben lassen, beziehen könnte. Diese Dame ist Atalante Baglioni, für die Raffael seine berühmte Grablegung (im Palast Borghese) gemalt hatte. Cesarino ist nach Passavant (S. 126) Cesare di Fancesco Rossetti, ein berühmter Goldschmied zu Perugia, wo er einst mit Raffael gemeinschaftlich die Schule bei Pietro Perugino besuchte und diesen in der Baukunst, deren er kundig war, unterrichtet haben soll. Agostino Oldoini bei Passavant I. 521.

16.

RAFFAEL AN FRANCESCO FRANCIA.

Rom, 5. September 1508.

Mein lieber Messer Francesco! So eben erhalte ich Euer Bildniss, das mir von Bazzotto wohl erhalten und ohne irgend eine Beschädigung überbracht worden ist, und für welches ich Euch meinen besten Dank sage. Es ist ausnehmend schön und so lebendig, dass ich mitunter wirklich irre geführt werde, indem ich mich Euch selbst gegenüber zu befinden und Eure Worte zu hören glaube. Ich bitte Euch Nachsicht mit mir zu haben und mir den Aufschub und die Verzögerung des meinigen zu verzeihen, welches ich wegen meiner wichtigen und ununterbrochenen Beschäftigungen bis jetzt noch nicht eigenhändig habe machen können, wie unsere Verabredung lautete. Wohl hätte ich es Euch von einem meiner Zöglinge gemacht und von mir übergangen schicken können, allein das ziemt sich nicht; oder vielmehr es würde sich ziemen, um zu zeigen, dass ich nicht das Eurige zu erreichen vermag. Aus besonderer Gunst habt Nachsicht mit mir, denn Ihr werdet auch anderweitig erprobt haben, was es sagen wolle, seiner Freiheit beraubt zu sein und seinen Herren verpflichtet zu leben, die dann etc. etc.

Unterdess übersende ich Euch durch denselben (Bazzotto), der in sechs Tagen wieder zurückreist, eine andere Zeichnung, und zwar die von jenem Presepe (Anbetung des Kindes), obschon, wie Ihr aus der Arbeit sehen werdet, ziemlich verändert; Ihr waret einst so gut, es sehr zu loben, wie Ihr auch stets mit meinen andern Sachen thut, so dass ich mich darüber erröthen fühle; wie ich denn auch jetzt über diese Kleinigkeit thue, deren Ihr Euch erfreuen werdet, mehr als eines Zeichens von meiner Ergebenheit und Liebe, als aus anderer Rücksicht. Wenn ich im Austausch dagegen Eure Zeichnung von der Historie der Judith erhalten werde, so werde ich sie zu den theuersten und kostbarsten Dingen thun.

Monsignore der Kanzler erwartet mit grosser Sorge sein kleines Madonnenbild, und der Cardinal Riario sein grosses, wie Ihr Alles genauer vom Bazzotto erfahren werdet. Ich aber werde sie mit jenem Genuss und jener Genugthuung betrachten, mit der ich alle Werke von Euch sehe und mit Lob erhebe, indem mir noch von keinem andern schönere und von tieferer Empfindung noch von besserer Ausführung zu Gesicht gekommen sind.

Fasst unterdess Muth, bedient Euch Eurer gewohnten Weisheit und seid überzeugt, dass ich Eure Bekümmernisse so wie meine eigenen empfinde.

Fahrt fort, mich zu lieben, wie ich Euch von ganzem Herzen liebe. Immer Euch zu Diensten, Euer viel verpflichteter Raffael Sanzio.

Malvasia Felsina pittr. II. 18. Bott. I. 114. — Auf Raffaels Bekanntschaft und innige Freundschaft mit Francesco Francia ist schon bei Gelegenheit von dessen Sonett (Nr. 42) hingewiesen. Die „wichtigen und ununterbrochenen Beschäftigungen", von denen Raffael spricht, sind die Wandmalereien im Vatikan, welche ihm Papst Julius II. vermuthlich auf die Empfehlung seines Landsmannes Bramante und seines Lehrers Perugino übertragen hatte. Springer a. a. O. S. 141 ff. — Das im Briefe erwähnte Presepe ist nach Passavant eine Geburt Christi, die Raffael wahrscheinlich im Jahre 1505 für den (im Jahre 1506 vertriebenen) Herrn von Bologna, Giovanni Bentivoglio, gemalt hat. Der Mons. Kanzler (Datario) ist der Chef der päpstlichen Kanzlei Baldassare Turini, mit dem Raffael, wie auch mit dem Cardinal Riario, in freundlichem Verkehr stand. Passavant 211.

47.

RAFFAEL AN SIMONE CIARLA.

Rom, 1. Juli 1514.

Innigst, wie ein Vater Geliebter! Ich habe einen mir sehr lieben Brief von Euch erhalten, worin Ihr mir zu verstehen gebt, dass Ihr nicht gegen mich erzürnt seid: daran würdet Ihr auch wahrlich Unrecht thun, wenn Ihr bedenkt, wie lästig das Schreiben ist, wenn nicht ein wichtiger Grund dazu vorliegt: da dies nun jetzt der Fall ist, antworte ich Euch, um Euch vollständig zu sagen, was ich vermag, um Euch aufzuklären.

Was zuerst das Heirathen anbelangt, so erwidere ich Euch, dass ich sehr zufrieden bin und Gott täglich dafür danke, weder diejenige, die Ihr mir zuerst geben wolltet, noch irgend eine andere genommen zu haben: und darin bin ich weiser als Ihr gewesen, die Ihr sie mir geben wolltet. Ich bin überzeugt, Ihr sehet jetzt auch ein, dass ich sonst nicht auf der Stelle wäre, wo ich jetzt bin, indem ich mich heut zu Tage im Besitz von 3000 Dukaten Gold befinde.

und an Einnahme 50 Goldscudi habe, indem die Heiligkeit unseres Herrn mir
für die Leitung des Baues von S. Peter 300 Dukaten Gold Gehalt ausgesetzt
hat, die mir, so lange ich lebe, nie ausbleiben werden; auch bin ich überzeugt,
dass ich noch mehr erhalten werde, und dann werde ich für Alles, was ich
arbeite, ganz nach meiner Forderung bezahlt, und ich habe ein neues Gemach
für S. Heiligkeit zu malen begonnen, das sich auf 1200 Golddukaten belaufen
wird, so dass ich Euch, theuerster Oheim! Ehre mache und allen Verwandten
und der Heimath. — Doch aber habe ich Euch immer noch mitten im Herzen,
und wenn ich Euch nennen höre, glaube ich meinen Vater nennen zu hören,
und Ihr dürft Euch nicht darüber beklagen, dass ich Euch nicht schreibe, da
ich mich vielmehr über Euch zu beklagen hätte, denn Ihr habt den ganzen
Tag die Feder in der Hand und lasst doch sechs Monate zwischen einem Briefe
und dem andern vergehen, aber trotz alle dem werdet Ihr mich nicht veranlassen, Euch zu zürnen, wie Ihr ungerechter Weise mit mir thut.

Doch ich bin ganz von unserem Gegenstande, vom Heirathen, abgekommen,
und um darauf zurück zu kommen, erwidere ich Euch, dass Ihr wissen müsst,
dass der Cardinal Santa Maria in Portico mir eine seiner Verwandten geben
will, und ich mit des Oheims Priester und Eurer Erlaubniss ihm versprochen
habe, zu thun, was S. hochw. Herrl. wolle: mein Wort aber kann ich nicht
zurücknehmen, wir sind mehr als je dem Abschluss der Sache nahe, und bald
werde ich Euch von Allem Nachricht geben. Geduldet Euch also, bis diese
Sache sich gut auflöse und dann will ich, wenn daraus nichts wird, nach
Eurem Willen thun.

Wenn übrigens Francesco Buffa Partieen hat, so wisset nur, dass es mir
an solchen auch nicht fehlt, denn ich finde hier in Rom ein schönes Kind, nach
dem, was ich höre, von dem besten Rufe, sie sowohl als die Ihrigen, die mir
3000 Goldscudi als Mitgift geben wollen: und ich wohne in einem Hause hier
in Rom, welches hier hundert Dukaten mehr als zweihundert dort gilt, davon
könnt Ihr überzeugt sein.

Was meinen Aufenthalt in Rom anbetrifft, so kann ich nie wieder an
einem andern Orte wohnen, aus Liebe für den Bau von S. Pietro, indem ich
bei demselben die Stelle des Bramante einnehme.

Aber welcher Ort auf der Welt ist auch wohl würdiger als Rom? Welches
Unternehmen edler als das von S. Peter? Denn dies ist der erste Tempel der
Welt und der grösste Bau, den man jemals gesehen hat, und der sich auf mehr
als eine Million in Gold belaufen wird, denn Ihr müsst wissen, dass der Papst
verordnet hat, 60.000 Dukaten für diesen Bau auszugeben, und dass er an nichts
anderes denkt.

Mir hat er zum Genossen einen äusserst erfahrenen Mönch gegeben, der
über achtzig Jahre alt ist: der Papst sieht, dass er nicht mehr lange leben
kann, und da hat sich Seine Heiligkeit entschlossen, ihn mir zum Genossen zu
geben, indem er ein sehr berühmter und weiser Mann ist, damit ich von ihm
lernen könne, wenn er etwa ein schönes Geheimniss in der Architektur besitzt.

und dadurch immer vollkommener in dieser Kunst werde; er heisst Fra Giocondo. Und tagtäglich lässt uns der Papst rufen und unterhält sich ein Stück mit uns über diesen Bau.

Ich bitte Euch, Ihr wollet zum Herzog gehen und zur Herzogin, und ihnen dies erzählen, indem ich weiss, dass es ihnen lieb zu hören sein wird, dass einer ihrer Diener sich Ehre erwirbt, und empfiehlt mich Ihren Herrl., wie ich mich Euch stets empfehle. Grüsst alle Freunde und Verwandte von mir und namentlich Ridolfo, der so viel innige Liebe zu mir hegt.

Pungileoni Elog. stor. di Raff. p. 157 ff. Als RAFFAEL diesen offenen und herzlichen Brief an seinen verehrten Oheim schrieb, stand er auf der höchsten Stufe seines Ruhmes. Nachdem sein erster Beschützer Papst Julius II. gestorben war, hatte sich die Liebe von dessen Nachfolger, dem Mediceer Leo X., in gleichem Maasse auf ihn übertragen, ja die an ihn gestellten Anforderungen hatten sich in doppelter Beziehung gesteigert, indem Leo X. einmal die Malereien im Vatikan mehr als Julius II. zu beschleunigen suchte und überdiess RAFFAEL nach dem am 11. März 1514 erfolgten Tode BRAMANTES auf einem anderen Gebiete der Kunst ein nicht minder grosses Unternehmen übertrug, nämlich den Bau von S. Peter. Nach einer oben angeführten Nachricht hatte sich RAFFAEL schon früh unter der Leitung CESARINOS in der Baukunst unterrichtet. Viel mehr wird RAFFAEL von seinem Landsmann und Vorgänger BRAMANTE gelernt haben, auf dessen Stil mehrere seiner Entwürfe hinweisen. Vergl. Springer a. a. O. S. 291 ff. Doch meldet RAFFAEL dem Oheim sehr unbefangen, dass ihm S. Heil. einen Genossen zugesellt habe, von dem er noch tüchtig lernen solle. Es war dies Fra GIOCONDO von Verona, ein Mönch, den sich der Franciscaner- und Dominikanerorden gegenseitig streitig machen, und von dessen tiefer Einsicht und vortrefflichen Werken Vasari Ausführliches mittheilt. Ein weiterer Genosse bei der Leitung des grossen Unternehmens war, zur Zeit als RAFFAEL den Brief schrieb, nach Vasari noch GIULIANO DA SAN GALLO, mit dem RAFFAEL schon bei seinem früheren Aufenthalt in Florenz in dem gastlichen Hause des BACCIO D'AGNOLO Umgang gepflogen hatte. Vgl. über RAFFAELS Theilnahme an dem Bau den Brief an Castiglione.

Der zweite Punkt des Briefes betrifft die Heirathsangelegenheit. RAFFAEL war, wie LEONARDO DA VINCI und MICHELANGELO, unverheirathet. Mit Recht rühmt er sich gegen den Oheim, weiser gewesen zu sein, als jener, indem er die ihm von jenem bestimmte Parthie zurückgewiesen. Aber auch dafür dankt er Gott täglich, dass er keine andere genommen. Nie wäre er mit einer Frau dahin gekommen, wo er sich jetzt befände. Indessen scheint er sich, als er den Brief schrieb, doch schon in das Unvermeidliche gefügt zu haben.

Sein freundlicher Gönner, der Cardinal Bibiena, wünschte ihm seine jugendliche Verwandte, Maria da Bibiena, zu vermählen. RAFFAEL, obschon anderweitig gefesselt, wollte oder konnte den ehrenvollen Antrag nicht von der Hand weisen, und schon mochte die Verhandlung zum nahen Abschlusse gediehen sein, als ein früher Tod die Braut dahin raffte. Nach RAFFAELS letztem Willen wurden beider Verlobten Ueberreste in derselben Kapelle des Pantheons beigesetzt, wie dies die dort befindliche Inschrift noch heute bekundet. RAFFAEL ist bis an das Ende seines Lebens unverheirathet geblieben.

48.

RAFFAEL AN DEN GRAFEN BALDASSARE CASTIGLIONE.

Rom, ... 1515.

Herr Graf, ich habe verschiedenartige Zeichnungen nach den Ideen von Ew. Herrl. gemacht und genüge damit Allen, wenn mir nicht Alle schmeicheln. Meinem eigenen Urtheil aber genüge ich nicht, weil ich fürchte, dem Eurigen nicht genug thun zu können. Ich schicke sie Euch; Ew. Herrl. möge eine davon auswählen, wenn ja eine von Euch würdig erachtet werden wird.

Unser Herr (der Papst) hat mir, indem er mir eine Ehre anthat, eine grosse Last auf die Schultern geladen. Das ist die Sorge um den Bau von S. Peter. Ich hoffe wohl, ihr nicht zu unterliegen, und dies um so mehr, als das Modell, das ich davon gemacht habe, S. Heil. gefällt, und von vielen schönen Geistern gelobt wird. Indessen, ich erhebe mich mit meinen Gedanken höher. Ich möchte die schönen Formen der alten Gebäude finden, aber ich weiss nicht, ob dies nicht ein Ikarusflug sein wird. Vitruv giebt mir darin zwar ein grosses Licht, aber nicht soviel, dass es genügen könnte.

Wegen der Galatea würde ich mich für einen grossen Meister halten, wenn nur die Hälfte der grossen Dinge daran wäre, die Ew. Herrl. mir schreibt. Ich erkenne aber in Euren Worten die Liebe, die Ihr für mich hegt. Uebrigens muss ich Euch sagen, dass ich, um eine Schöne zu malen, deren mehrere sehen müsste; und zwar unter der Bedingung, dass Ew. Herrl. sich bei mir befände, um eine Auswahl des Allerschönsten zu treffen. Da nun aber immer Mangel an richtigem Urtheil wie an schönen Frauen ist, bediene ich mich einer gewissen Idee, die in meinem Geist entsteht. Ob diese nun einige künstlerische Vortrefflichkeit in sich trägt, weiss ich nicht; wohl aber bemühe ich mich, sie zu erreichen. Und damit empfehle ich mich Ew. Herrl.

Bott. I. 116. Pass. I. 533. Der Graf Baldassare Castiglione ist einer der glänzendsten und gefeiertsten „schönen Geister" (belli ingegni) der damaligen Zeit, die in der vollendeten Ausbildung der schönen Formen und anmuthigen Sitten im wirklichen Leben wie in Kunst und Literatur ihre höchste Befriedigung fand. Eine Befriedigung und ein Genuss, der nach Rankes schönem Ausspruch nur wenigen bevorzugten Epochen der Geschichte vergönnt ist. Nichts bekundet dies mehr als Castigliones berühmtes Werk „Il Cortigiano", welches gegen den Willen des Verfassers, wie er selbst sagt, auf Veranlassung der Marchesa von Pescara, Vittoria Colonna (s. u. bei Michelangelo), dem Druck übergeben worden ist. Es ist darin in Form von Unterhaltungen am Hofe des Herzogs Guidobaldo von Urbino das Ideal einer durch Geist, Anmuth und feine Sitten künstlerisch gestalteten Geselligkeit geschildert, welches in der That als der vollendetste Ausdruck jener ganzen, oben angedeuteten Zeitrichtung betrachtet werden darf.

Seitdem RAFFAEL Castigliones Bekanntschaft bei seinem Aufenthalt in Urbino im Jahre 1504 gemacht, ist ihm derselbe stets Gönner und Freund geblieben. Gewiss kann der Einfluss des feingebildeten und in Sachen des Geschmackes wie des öffentlichen Lebens gleich gepriesenen Mannes auf die Ausbildung des jungen Künstlers nicht hoch genug angeschlagen werden. Lag doch genug Verwandtes in der Natur RAFFAELS selbst, der den mannigfältigen und oft sich widersprechenden Gehalt des damaligen Welt- und Geisteslebens zu der einen gemeinsamen Verklärung der vollendeten Schönheit zu erheben wusste.

Die äussere Veranlassung zu dem Briefe scheinen einige Entwürfe gegeben zu haben, die RAFFAEL dem Grafen nach dessen eigener Angabe gezeichnet hatte, um danach eine Medaille fertigen zu lassen, wie sie nach der Sitte der damaligen Zeit an Hüten oder Baretten getragen zu werden pflegten (Passavant 1. 233). Der Brief ist ohne Datum, lässt sich aber wohl mit ziemlicher Gewissheit in die oben angegebene Zeit setzen. Die Galatea, das berühmte Freskobild RAFFAELS in der Farnesina, ist 1514 vollendet. Auf diese nämlich bezieht sich die schöne Aeusserung RAFFAELS über die Idee oder das Ideal der Schönheit, die ihm den Mangel ganz vollendeter wirklicher Schönheit ersetzen müsste. Abgebildet bei Springer a. a. O. S. 264.

Ebenso datirt aus diesem Jahre die förmliche Ernennung RAFFAELS zum Leiter des Baues von S. Peter. Aus der Art, wie dieser Ernennung in dem Briefe Erwähnung gethan wird, darf man schliessen, dass derselbe später, als der an SIMONE CIARLA geschrieben ist. Damals (1. Juli) meldet RAFFAEL allerdings, dass er sich schon in jenem Amte befinde; wie denn auch aus den von Fea bekannt gemachten Aktenstücken hervorgeht, dass er seit dem 1. April sein Gehalt bezogen hat (Pass. 238). Die officielle Bestätigung fand aber erst durch das von Pietro Bembo in lateinischer Sprache verfasste Breve vom 1. August statt, dessen Uebersetzung wir hier nach dem Text bei Bottari VI. 23 folgen lassen:

LEO X. AN RAFFAEL.

1. August 1515.

Indem Ihr, ausser der Kunst der Malerei, in welcher die ganze Welt Eure Verdienste kennt, auch in Betreff der Baukunst als ein solcher von dem Architekten BRAMANTE erachtet worden seid, dass er bei seinem Tode mit Recht meinte, es könne Euch der von ihm hier in Rom begonnene Bau des Tempels des Apostels S. Peter fürder aufgetragen werden, und da Ihr diess auch in so gelehrter Weise durch den Grundriss bestätiget, den Ihr nach unserm Wunsche von diesem Tempel entworfen habt, also machen wir, die wir keinen grösseren Wunsch haben, als dass dieser Tempel mit der grösstmöglichsten Pracht und Schnelligkeit vollendet werde, Euch zum Oberaufseher dieses Werkes mit dem Gehalte von 300 Goldscudi, zahlbar alljährlich durch die Verwalter der für den Bau ausgesetzten Gelder, die in unsere Hände kommen. Auch befehle ich, dass Euch jeden Monat, so oft Ihr es verlangt, die fällige Rate, je nach Maassgabe der Zeit, ohne Zögerung ausgezahlt werde.

Ferner ermahnen wir Euch, Euch der Sorge um dieses Amt so anzunehmen, dass Ihr in der Führung desselben beweiset, auf Eure eigene Ehre und Euren guten Namen Rücksicht zu nehmen, für welche Ihr gewisslich in Eurer Jugend guten Grund legen müsst, und zugleich auch der Hoffnung entsprechet, die wir von Euch hegen und unserem väterlichen Wohlwollen, sowie endlich auch der Würde und dem Ruhme dieses Tempels, der von jeher in der ganzen Welt der bei weitem grösste und heiligste gewesen, sowie auch nicht minder unserer eigenen Verehrung für den Fürsten der Apostel.

Die Thätigkeit Raffaels beim Bau der Peterskirche beschränkte sich hauptsächlich auf die Verstärkung der von Bramante etwas zu schwach angelegten
vier Hauptpfeiler, welche die Kuppel tragen sollten. Das dabei beobachtete kühne
Verfahren schildert Vasari in dem Leben des Fra Giocondo. Raffaels Plan
(S. Burckhardt Geschichte der Renaissance in Italien. 2. Aufl. S. 109)
schliesst sich eng an den Bramantinischen an. Nach den neuesten Forschungen
ist es wahrscheinlich, dass nicht er das Langhaus hinzugefügt hat, sondern dass
dasselbe bereits zu Lebzeiten Bramantes, vielleicht auf höhere Einwirkung, in
den Grundriss aufgenommen war. Am Ende wurde die Peterskirche durch
Michelangelo doch als Centralbau ausgeführt, der als solcher vierzig Jahre bestehen blieb, bis Papst Paul V. das jetzige Langhaus errichten liess, welches die
Harmonie des herrlichen Baues zerstörte.

49.

EIN BERICHT AN DEN PAPST ÜBER ROMS ANTIKE BAUDENKMÄLER.

Die Praxis der Baukunst, der sich Raffael namentlich gegen das Ende
seines Lebens mit besonderem Eifer hingegeben, war in der damaligen Zeit von
gelehrter Forschung kaum zu trennen. Es galt ja eben, die Baukunst durch
die Wiederaufnahme der antiken Formen um- und neu zu gestalten. Diese
Formen und ihre Bedeutung mussten also ergründet werden, und dies konnte
neben der Nachahmung der erhaltenen Gebäude nur durch gelehrte Forschung
geschehen. Deshalb finden wir denn auch, dass seit dem Wiederaufleben der
antiken Baukunst im fünfzehnten Jahrhundert die grossen Baumeister fast immer
auch als Forscher über das Theoretische und Geschichtliche dieser Kunst sich
auszeichnen, von Leon. Bat. Alberti bis auf Raffaels ehrwürdigen Genossen
Fra Giocondo.

Raffael, der wie überhaupt die grossen Künstler seiner Zeit an allen
grossen und bedeutenden Richtungen derselben selbstthätig Theil nahm, stand
auch inmitten dieser Forschungen. Nicht nur, dass er den Vitruv eifrig studirte
und denselben durch einen höchst würdigen Gelehrten Marco Fabio Calvo
von Ravenna in seinem eigenen Hause in das Italienische übersetzen liess, er
war auch mit selbständigen Forschungen über die ursprüngliche Form, Bedeutung
und Construktion der Ueberreste des römischen Alterthums beschäftigt: Forschungen, die ihn endlich zu einem grossen und von Zeitgenossen auf das höchste
gerühmten Unternehmen führten, dem er neben den sich mit jedem Jahre
mehrenden Arbeiten den grössten Eifer und eine rastlose Thätigkeit zuwendete.
Das Unternehmen bestand darin, das alte Rom in seinem ganzen Umfang, in
seiner Eintheilung, in der Lage und ursprünglichen Form aller seiner Gebäude
durch Ausgrabungen, gelehrte Forschungen und endlich durch künstlerische
Reproduktion wiederherzustellen. Ein Werk, dem bei dem allgemein verbreiteten
Enthusiasmus für das römische Alterthum der höchste Beifall der Zeitgenossen
nicht fehlen konnte, das aber bei dem damaligen Stande der positiven Forschung
über diesen Gegenstand in der That als ein unendlich schwieriges, fast riesen-
haftes bezeichnet werden muss.

„Jetzt aber," schreibt der päpstliche Geheimschreiber Celio Calcagnini
an den deutschen Mathematiker Jacob Ziegler, „führt er (Raffael) ein
bewunderswerthes und der Nachwelt unbegreifliches Werk aus (und nicht will

ich jetzt von der vatikanischen Basilica, deren Bau er vorsteht, sprechen), die Stadt selbst zeigt er uns grossentheils in die alte Gestalt, Grösse und Symmetrie wieder hergestellt; denn durch Abtragung hoher Berge von Schutt und Ausgrabung der tiefsten Fundamente und durch Wiederherstellung der Dinge nach der Beschreibung der alten Schriftsteller hat er den Papst Leo und alle Römer so zur Bewunderung hingerissen, dass ihn fast alle Menschen wie einen vom Himmel herabgeschickten Gott ansehen, um die ewige Stadt in der alten Majestät wieder herzustellen." (Uebersetzung von Passavant p. 245. Die Originalstelle bei Daniele Francesconi Congettura che una lettera creduta di Baldassare Castiglione sia di Raffaelo d'Urbino. Firenze 1799 p. 92.)

Aeusserlich mag RAFFAEL zu diesem Unternehmen auch dadurch mit veranlasst worden sein, dass Leo X. ihm das Amt übertragen, alle in und um Rom aufgefundenen Alterthümer seiner Prüfung zu unterwerfen und danach zu entscheiden, ob diese aufbewahrt oder zum Bau der Peterskirche verwendet werden sollten. Es geschah diese Ernennung durch ein Breve des Papstes, das in mehrfacher Beziehung merkwürdig ist, und dessen Uebersetzung wir hier nach dem bei Bottari VI. 25 abgedruckten italienischen und dem Original-Text bei Passavant I. 538 folgen lassen.

LEO X. AN RAFFAEL.

[27. August 1515.]

Da es für den Bau des römischen Tempels des Apostel-Fürsten von der grössten Wichtigkeit ist, Steine und Marmor, deren wir eine grosse Menge bedürfen, hier vielmehr zur Hand zu haben, als dieselben von ausserhalb mit Mühe kommen zu lassen, und da ich auch weiss, dass die Ruinen Roms deren eine grosse Fülle darbieten und dass überall Marmor von allen Arten fast von Jedermann ausgegraben wird, der da in oder bei Rom bauen will oder überhaupt nur ein wenig die Erde aufgräbt, so ernenne ich Dich, den ich zum Leiter dieses Gebäudes gemacht habe, zum Vorsteher über alle Marmorstücke und alle Steine, die von jetzt ab in Rom oder ausserhalb bis auf den Umkreis von zehn Miglien werden aufgefunden werden, damit Du dieselben ankaufest, wenn sie für den Bau des Tempels brauchbar sind.

Dieserhalb befehle ich auch Allen und Jedem, von welchem Stande und von welchem Verhältnisse er sei, ob adlig und vom höchsten Range oder vom mittleren und untersten Stande, dass sie sobald als möglich Dir, als dem obersten Vorsteher dieser Angelegenheit, von allem Marmor und andern Steinen, von welcher Art sie auch seien, die innerhalb des von mir vorgeschriebenen Umkreises ausgegraben werden, Kunde zu geben haben. Und wer dies nicht innerhalb von drei Tagen thun wird, soll nach Deinem Urtheil mit einer Busse von 100 bis 300 Goldscudi gestraft werden.

Da es mir nun überdies bekannt geworden ist, dass auf vielen von den alten Marmorstücken Inschriften oder sonstige Denkmale eingegraben sind, solche Monumente aber oft irgend eine gewichtige Erinnerung enthalten und deshalb verdienen, zum Vortheil der Wissenschaften und der Eleganz der lateinischen Sprache aufbewahrt zu werden; und dass dieselben von den Steinmetzen, die sich ihrer als ihres Materiales bedienen, unbedachtsamer Weise oft so zerschnitten werden, dass die Inschriften zu Grunde gehen, so befehle ich Allen, welche in Rom die Steinmetzkunst ausüben, dass sie ohne Deinen Befehl oder ohne Deine Erlaubniss niemals irgend einen beschriebenen Stein zu behauen wagen, und zwar unter Anwendung derselben Strafe, wenn sie meinen Befehlen nicht Gehorsam leisten.

Der nachfolgende Bericht, der Entwurf zu einer Dedication eines Werkes über die Antiquitäten Roms, steht in so engem Zusammenhange mit den antiken Studien und den auf die Erhaltung der antiken Baudenkmäler gerichteten Obliegenheiten RAFFAELS, dass es einer Mittheilung auch noch verlohnt, nachdem die Urheberschaft RAFFAELS als ausgeschlossen feststeht. Früher galt das Document, das in zwei Redactionen, von denen die eine um ein Jahr jünger ist als die andere, vorliegt, als eine Arbeit Castiglione's. Das lässt sich indessen ebensowenig erweisen wie die Autorschaft RAFFAELS, die zuerst Daniele Francesconi in der oben angeführten Schrift und nach ihm Visconti, Passavant, Quatremère de Quincy und Longhera angenommen haben. (Auch Guhl schloss sich ihnen an.) Der Grund, welcher am schwersten gegen die Autorschaft RAFFAELS ins Gewicht fällt, ist der, dass in dem Briefe von der Zerstörung einer „meta" in der Via Alessandria die Rede ist, die der Verfasser selbst erlebt hat. Diese „meta" wurde jedoch bereits unter Papst Alexander VI. zerstört, und damals befand sich RAFFAEL noch nicht in Rom. Nach Springers Ansicht (a. a. O. S. 315) „bezieht sich die Dedication auf die Arbeit eines humanistisch gebildeten Architekten, welcher in der antiquarischen Literatur heimisch war, zugleich aber die praktischen Kenntnisse besass, um das Vermessen und Zeichnen der Denkmäler eigenhändig vorzunehmen. Ein Mann wie Fra Giocondo wäre zu dem Unternehmen am besten befähigt gewesen." Die Uebersetzung und die Erläuterungen nach Francesconi a. a. O. S. 49 ff. und nach P. Erc. Visconti Lettera di Raffaello d'Urbino a papa Leone X. Roma 1836 p. 21 ff. Das Schriftstück lautet:

Es giebt Viele, Heiliger Vater! die mit ihrem kleinen Verstande die grossen Dinge messend, die von den Römern in Bezug auf ihre Waffenthaten, von der Stadt Rom in Betreff der wunderbaren Kunst, der reichen Ornamente und der Grösse der Gebäude gemeldet werden, diese vielmehr als Fabeln denn als Wahrheiten ansehen. Mir aber pflegt es anders zu ergehen; denn aus den Ruinen, die man noch zu Rom sieht, auf die Göttlichkeit jener alten Geister schliessend, erachte ich die Ueberzeugung nicht für unbegründet, dass viele Dinge für uns unmöglich scheinen, während sie für jene sehr leicht waren. Da ich nun also jene Alterthümer sehr eifrig erforscht und keine geringe Mühe darangesetzt habe, sie ganz genau zu untersuchen und mit Fleiss auszumessen, sowie durch das Lesen der guten Schriftsteller die Werke mit den Schriften zu vergleichen, so glaube ich, einige Kenntniss der antiken Baukunst erlangt zu haben.

Dies nun verursacht mir durch das Verständniss einer so ausgezeichneten Sache das grösste Vergnügen und zu gleicher Zeit den grössten Schmerz, indem ich, so zu sagen, den Leichnam jener edlen Vaterstadt, welche die Königin der Welt war, so jämmerlich zerrissen sehe [*]. Wenn daher die Pietät gegen Aeltern und Vaterland jedes Menschen Schuldigkeit ist, so halte ich mich für verpflichtet,

---

[*] Aehnliche Ausdrücke hat ein von Castiglione auf *Raffaels* Restauration des alten Rom gedichtetes lateinisches Epigramm (Francesconi S. 26) in welchem folgende Verse vorkommen:

So hart *Roma's* Da? den zerrissenen blutigen Leichnam
Unserer ewigen Stadt wunderbar wieder gefügt
Und die von Feuer und Mord und Alter verstümmelte Rom
Wieder zum früheren Glanz, wieder zum Leben erweckt

7*

alle meine geringen Kräfte anzustrengen, auf dass so viel als möglich von dem Bilde und gleichsam von dem Schatten jener Stadt lebendig bleibe, die in der That die allgemeine Vaterstadt aller Christen ist und die eine Zeit lang so voll Würde und Macht war, dass die Menschen schon zu glauben anfingen, dass sie allein unter dem Himmel über dem Schicksal stände und gegen den gewöhnlichen Lauf der Dinge vom Tode befreit und zu ewiger Dauer bestimmt sei. Daher schien es, als ob die Zeit, die immer neidisch auf den Ruhm der Sterblichen ist, ihrer eigenen Kraft allein nicht völlig vertraut und sich mit dem Schicksal und den unheiligen und verbrecherischen Barbaren verbunden hätte, die zu der gefrässigen Feile und dem vergifteten Bisse jener die frevelhafte Wuth und das Eisen und das Feuer und alle die Mittel hinzufügten, die zu ihrem Verderben hinreichten. So wurden denn jene berühmten Werke, die heut zu Tage mehr als jemals blühend und schön sein würden, von der verbrecherischen Wuth und dem grausamen Andrang böswilliger Menschen — man möchte fast sagen, wilder Thiere — verbrannt und zerstört; wenn auch nicht in dem Maasse, dass nicht gleichsam der Grundbau des Ganzen geblieben wäre; aber doch ohne Zierde und, um so zu sagen, das Knochengebäude des Körpers ohne Fleisch.

Aber weshalb wollen wir uns so über die Gothen, Vandalen und andere ähnliche treulose Feinde beklagen, wenn selbst diejenigen, die gleich Vätern und Vormündern jene armen Ueberreste Roms zu vertheidigen hatten, nur allzulange auf deren Zerstörung bedacht waren?

Ja, heiliger Vater! wie viel Päpste, die doch dasselbe Amt hatten, als Deine Heiligkeit, aber freilich nicht dieselbe Einsicht noch dieselbe Kraft und Grösse des Geistes noch endlich jenes Wohlwollen, das Euch Gott ähnlich macht; wie viel Päpste, sage ich, haben sich nicht befleissigt, alte Tempel und Statuen und Triumphbögen und andere ruhmwürdige Gebäude zu zerstören! Wie viele haben nicht geduldet, dass, bloss um Puzzolanerde zu graben, Fundamente unterhöhlt wurden, wonach denn in kurzer Zeit die Gebäude zu Boden gestürzt sind! Wie viel Kalk hat man aus Statuen und anderen antiken Zierrathen gebrannt! So dass ich es auszusprechen wagen möchte, dass dies ganze neue Rom, das man jetzt sieht, so gross es auch sein möge, so schön, so mit Palästen, Kirchen und anderen Gebäuden wir es auch geziert sehen, ganz und gar mit dem Kalk antiker Marmorwerke gebaut worden ist [1]. Auch kann ich mich nicht ohne grosse Betrübniss erinnern, wie seit der Zeit, dass ich in Rom bin, was noch nicht ganz eilf Jahre her ist, so viele schöne Dinge zerstört worden sind, wie die Pyramide, die sich in der via Alessandrina befand [2]; jener

---

[1] Ueber diese muthwillige Zerstörung alter Kunst und Bauwerke ist von jeher viel und bitter geklagt worden. Petrarca erwähnt derselben in seinen lateinischen Gedichten mit Schmerz und Zorn. Andre, wie Poggio Bracciolini: über die Wechselfälle des Glückes und Fea's Abhandlung über die Zerstörung Roms werden von Visconti a. a. O. nachgewiesen.

[2] In dem Text steht *meta*, welches der Name für die pyramidenförmigen Zielpfeiler in den Rennbahnen war. Visconti giebt an, dass dieses Denkmal, der Pyra-

unglückselige Bogen[1]), und so viel Säulen und Tempel, und zwar hauptsächlich von Messer Bartolommeo della Rovere.[2])

So also, heiligster Vater, muss es nicht zu den letzten Gedanken Ew. Heiligkeit gehören, dafür Sorge zu tragen, dass das Wenige, was noch von jener alten Heimath des Ruhmes und der Grösse Italiens zum Zeugniss der Macht und der Tugend jener göttlichen Geister, die noch jetzt durch ihr Andenken die Geister der Gegenwart zur Tugend erwecken, übrig geblieben ist, nicht durch Böswillige und Unwissende vernichtet und beschädigt werde, da doch jenen Geistern, die durch ihr Blut der Welt so grossen Ruhm geschaffen haben, bis jetzt nur allzu viel Beleidigungen angethan worden sind! Möge Ew. Heiligkeit vielmehr, den Vergleich mit den Alten lebendig erhaltend, suchen ihnen gleichzukommen und sie zu übertreffen: wie Ihr es denn in der That auch thut durch Errichtung grosser Gebäude, durch Begünstigung und Unterstützung der Tugenden, durch Erweckung der Talente, durch Belohnung aller verdienstlichen Bestrebungen und indem Ihr überall hin die geheiligten Samenkörner des Friedens unter die christlichen Fürsten ausstreuet.

Denn, wie aus dem Unheil des Krieges die Zerstörung und der Verfall aller Wissenschaften und Künste entsteht, so entspringt den Völkern aus dem Frieden und der Eintracht die Glückseligkeit und die löbliche Musse, vermöge welcher wir jenen unsere Sorgfalt zuwenden und uns selbst zu dem Gipfel der Vollendung erheben können, auf welchen man, wie alle hoffen, durch die göttliche Weisheit Ew. Heil. sich in diesem unseren Jahrhunderte erheben wird. Und dies heisst in Wahrheit der mildeste Hirt, ja, der beste Vater der ganzen Welt sein!

Da es mir nun von Ew. Heil. befohlen worden ist, das alte Rom durch Zeichnungen zu veranschaulichen, insoweit sich dasselbe aus dem, was man heut zu Tage sieht, erkennen lässt, mit den Gebäuden, von denen noch solche Ueberreste erhalten sind, dass sie mit völliger Zuverlässigkeit auf jenen Zustand zurückgeführt werden können, in welchem sie sich ursprünglich befanden, indem jene Theile, die vollständig zerstört sind und von denen man gar nichts mehr sieht, entsprechend gemacht werden, so habe ich allen mir nur möglichen Fleiss angewendet, auf dass der Sinn Ew. Heil. vor allem Missverständniss bewahrt und ganz zufrieden gestellt werde, und obschon ich das, was ich zu zeigen beabsichtige, aus vielen lateinischen Schriftstellern geschöpft habe, so bin ich doch unter den

mide des Cestius ähnlich, nachdem es schon von einem früheren Papste seiner Marmorbekleidung beraubt war, von Alexander VI. dem Erdboden gleich gemacht worden war.

[1]) Hier scheint der ebenfalls schon früher von Cardinal Riario zerstörte Bogen gemeint zu sein, dessen Material zum Bau der Cancellaria benutzt wurde, während auch vor diesem schon einige andere Triumphbögen zu ähnlichen Zwecken abgebrochen worden waren. Vgl. auch im Nachtrag.

[2]) Bartolommeo della Rovere war der Neffe des aus der urbinatischen Familie der Rovere stammenden Papstes Julius II.

anderen hauptsächlich dem [Publius Victor][1] gefolgt, der, weil er zu den jüngsten Autoren gehört, am ehesten die spezielle Kenntniss der jüngsten Dinge gewähren kann.

Und weil es vielleicht Ew. Heil. als eine schwierige Sache erscheinen könnte, die alten Gebäude von den modernen zu unterscheiden und die ältesten von denen, die weniger alt sind, so werde ich auch die alten Strassen nicht übergehen[2], um in Eurem Geiste auch nicht den geringsten Zweifel übrig zu lassen. Ja, ich kann wohl sagen, dass dies ohne grosse Mühe geschehen kann. Drei Arten von Gebäuden nämlich befinden sich in Rom; die erste derselben machen alle die alten und ältesten aus, die aus der Zeit vor der Zerstörung und Beschädigung Roms durch die Gothen und andere Barbaren stammen; die zweite aus der Zeit der Gothen-Herrschaft und des nachfolgenden Jahrhunderts; die dritte endlich die von damals bis auf unsere Tage errichteten.

Die neueren Gebäude also und die unsern Zeiten angehörigen sind sehr leicht erkennbar, sowohl wegen ihrer Neuheit als auch, weil sie weder einen so schönen Styl zeigen als die aus der Zeit der Kaiser, noch einen so plumpen als die aus der Zeit der Gothen, so dass, obgleich der Länge der Zeit nach entfernter, sie doch der Art und Weise nach jenen weit näher stehen und gleichsam zwischen die eine und die andere Art gestellt sind. Und die aus der Zeit der Gothen, obgleich jenen aus der Kaiserzeit der Zeitfolge nach näherstehend, sind doch von diesen der Art und Weise nach ganz abweichend und bilden mit ihnen gleichsam zwei Extreme, den neuesten Gebäuden einen Platz zwischen sich lassend.

So also ist es nicht schwer, die aus den Kaiserzeiten zu erkennen, als welche die vortrefflichsten sind und mit der grössten Kunst und in dem schönsten Styl der Architektur errichtet sind, und diese allein sind es, die ich zu erläutern und darzustellen beabsichtige. Auch darf in Niemandes Herzen der Zweifel ent-

---

[1] Im Manuscript befindet sich hier eine Lücke, indem der Raum für den Namen offen gelassen ist. Visconti vermuthet, dass *Andreas Fulvius* gemeint sei. Diese Ansicht wurde für die Verfechter der Autorschaft *Raffaels* bestätigt durch eine Stelle aus der von Angelo Comolli herausgegebenen anonymen Lebensbeschreibung *Raffaels*, in der es heisst, dass „*Raffael* mit Benutzung des *Andreas Fulvius* die Quartiere der Stadt Rom gezeichnet habe." Andererseits aber bezieht sich jener berühmte Antiquar in der Vorrede seiner „Antiquitates Urbis" auf Zeichnungen, die *Raffael* noch kurz vor seinem Tode von ausgegrabenen Monumenten gemacht habe, so dass hier eine gewisse Wechselwirkung zwischen dem Gelehrten und dem Künstler anzunehmen sein möchte, und wenn das Buch des *Fulvius* auch damals noch nicht, wie Visconti glaubt, erschienen war, so waren doch gewiss einige Theile jener Arbeit schon bekannt geworden, dass sich *Raffael* an jener Stelle sehr wohl auf sie beziehen konnte. Indessen hat Hermann Grimm in Zahns Jahrbüchern IV, S. 66 ff. nachgewiesen, dass der ausgefallene Name der des sogenannten Publius Victor ist, des Verfassers eines Regionenbuchs, der erst im fünfzehnten Jahrhundert auftaucht.

[2] Die alten Strassen und Wege nämlich können, da sie, wo es anging, in gerader Richtung geführt waren, als Richtschnur bei der Altersschätzung der Gebäude insofern benutzt werden, als jedes die gerade Linie derselben unterbrechende Gebäude als späterer Bau zu betrachten ist.

stehen, ob von den alten Gebäuden die weniger alten weniger schön oder weniger verstanden seien, indem alle einer und derselben Art sind.

Und obschon oftmals viele Gebäude von den Alten selbst erneuert worden sind, wie man liest, dass auf dem Platz des goldenen Hauses des Nero später die Thermen des Titus nebst seinem Palaste und dem Amphitheater erbaut worden sind, so waren dieselben doch nichtsdestoweniger von gleichem Styl mit andern älteren Gebäuden, die über die Zeit des Nero hinausgingen, so wie mit denen, die mit dem goldenen Hause gleichzeitig waren.

Gleichwohl nämlich die Wissenschaften, die Sculptur und die Malerei sowie fast alle übrigen Künste längst ihrem Verfall zugegangen waren und bis zur Zeit der letzten Kaiser immer mehr verwilderten, so wurde doch die Architektur aufrecht erhalten und darin eine gute Art und Weise beobachtet, und man baute ebenso wie in der Zeit der ersten Kaiser, so dass die Baukunst unter allen anderen Künsten zuletzt zu Grunde ging. Dies lässt sich aus vielen Dingen erkennen, wie unter anderen auch aus dem Bogen des Constantin, dessen Anordnung in allen Punkten, die die Architektur betreffen, schön und gut durchgeführt ist, wogegen die Sculpturen desselben Bogens ganz unverständig und ohne jede Kunst und jedes Verdienst sind. Jene aber, die sich daran aus der trajanischen Gente und von Antonius Pius befinden, sind ganz vortrefflich und von vollendetem Styl[1].

Aehnliches sieht man in den Thermen des Diocletian, die Sculpturen daselbst sind ungeschickt und die Malereien, die man dort sieht, haben auch nicht das Geringste mit denen von der Zeit des Trajanus und Titus gemein; die Architektur aber ist auch edel und wohl verstanden.

Nachdem nun aber Rom von den Barbaren ganz und gar zerstört worden, schien es, als ob dieser Brand und diese traurige Verwüstung zugleich mit den Gebäuden auch die Kunst des Bauens selbst vernichtet und zu Grunde gerichtet hätte. Da sich nun also das Schicksal der Römer so sehr gewendet hatte, und an die Stelle unendlicher Siege und Triumphe Unheil und elende Knechtschaft getreten waren, gleichsam als ob es denen, die da unterjocht und zu Sklaven der Barbaren geworden, nicht mehr zukäme, in der Weise und Grossartigkeit zu wohnen, wie sie einst als Unterjocher der Barbaren gethan — da veränderte sich mit dem Glücke zugleich die Art zu bauen und zu wohnen, und es entstand nun ein Extrem, das von der früheren Art so entfernt war, als es die Knechtschaft von der Freiheit ist.

Die Baukunst der Römer sank auf eine ihrem Elend entsprechende Stufe und wurde alles Maasses und aller Grazie entblösst; es schien, als ob die Menschen jener Zeit mit der Freiheit zugleich auch allen Geist und alle Kunst ver-

[1] *Quelle che vi sono delle spoglie di Trajano e di Tito,* heisst es im Text. Die Sculpturen des Constantinsbogens sind nämlich zum grössten Theile von einem zerstörten Bogen des Trajan entlehnt oder geraubt. Es ist indess nicht ganz unwahrscheinlich, dass auch die architektonische Anlage des Constantinsbogens der des Trajanischen nachgebildet ist. In Bezug auf die anatomischen Sculpturen scheint der Verfasser einer irrigen Ansicht seiner Zeit gefolgt zu sein.

loren hätten. Denn sie wurden so roh, dass sie nicht einmal mehr Ziegel zu brennen wussten, geschweige denn andre Art von Zierrath zu machen, vielmehr beraubten sie die antiken Mauern ihrer Bekleidung, um Ziegel zu gewinnen, und zerstampften den Marmor, um damit zu mauern; indem sie mit dieser Mischung die Mauern von Backstein ausfüllten, wie man jetzt an dem sogenannten Thurm „della milizia" sehen kann [1]). Und so blieben sie eine geraume Zeit lang bei jener Unwissenheit, die man an allen Dingen jener Zeit wahrnimmt. Es schien auch, als ob nicht bloss über Italien jener Sturm von Krieg und Verheerung, sondern auch über Griechenland sich ergossen, wo doch einst die Erfinder und vollendetsten Meister aller Künste lebten; denn von dort her kam eine Manier der Malerei sowie der Bildhauerei und der Baukunst, die über alle Maassen schlecht und auch nicht von dem geringsten Werth war.

Danach denn schien es, als ob die Deutschen diese Kunst wieder etwas zu einem neuen Leben zu erwecken begönnen; indessen waren sie in den Ornamenten geschmacklos und sehr weit von der schönen Weise der Römer entfernt, diese nämlich hatten ausser dem Hauptkörper des ganzen Gebäudes auch sehr schöne Karniesse, Friese und Architrave sowie mit Basen und Kapitellen schön verzierte und nach den Verhältnissen des Mannes und des Weibes berechnete Säulen. Wogegen die Deutschen, deren Styl an einigen Orten noch fortdauert, als Ornament oft nur irgend ein zusammengezogenes und übel gebildetes Figürchen als Tragstein, um einen Balken zu tragen, anbrachten, und fabelhafte Thiere und Figuren und Blattwerk — alles plump und ausser allem natürlichen Verhältniss. Auch hatte ja ihre Baukunst darin ihren Ursprung, dass sie von noch nicht abgeschnittenen Bäumen abstammte, die, wenn die Aeste gebogen und unter einander verbunden werden, damit Spitzbogen bilden; und obschon dieser Ursprung nicht ganz zu verachten ist, so ist er doch schwach, denn solche Hütten, die aus verbundenen und in der Art der Säulen aufgestellten Balken gemacht sind, mit Giebeln und Bedachungen, wie es Vitruv vom Ursprung der dorischen Ordnung beschreibt, würden viel mehr tragen können, als Spitzbogen, welche zwei Mittelpunkte haben [2].

Und trotzdem trägt aus mathematischen Gründen noch viel mehr ein Halbkreisbogen, bei dem jede Linie auf einen einzigen Mittelpunkt hinstrebt. Deshalb hat, abgesehen von der Schwäche, ein Spitzbogen auch nicht jene Anmuth

---

[1]) Die Torre della Milizia ist ein aus der Zeit Papst Innocenz III. (Anfang des XIII. Jahrh.) stammendes Gebäude im Garten des Klosters S. Domenico und Sisto, im Bezirk des Klosters S. Caterina da Siena, und wird im Volksmunde auch als der Thurm des Nero bezeichnet, der von dort dem Brande Roms zugeschaut haben soll.

[2]) Auf die Widerlegung dieser irrthümlichen Ansicht von der Haltbarkeit des Spitzbogens einzugehen, dürfte hier vollständig überflüssig erscheinen, da die entgegengesetzte Ansicht durch die neuere Forschung erwiesen ist. Der Verfasser spricht hier ganz in dem Sinne seiner Zeit, die über der einseitigen Verehrung der antiken Baukunst gar nicht zu einer besonnenen Würdigung der mittelalterlichen, namentlich der gothischen Formen gelangen konnte.

Für unser Auge, dem die Vollkommenheit des Kreises wohlthut, wie denn auch die Natur fast nie nach andern Formen zu streben scheint.

Indessen ist es gar nicht nöthig, von der römischen Architektur zu sprechen, um deren Unterschied von der der Barbaren zu zeigen, denn die Verschiedenheit ist zu bekannt; noch auch, um deren Anordnung zu beschreiben, indem darüber vom Vitruv so ausgezeichnet geschrieben worden ist. Es genügte also, zu wissen, dass die Gebäude Roms bis zu der Zeit der letzten Kaiser immer im guten Geschmack erbaut wurden und trotzdem doch mit den älteren übereinstimmten, so dass also nicht die geringste Schwierigkeit obwaltet, sie von denen der Gothen und noch viele Jahre nachher errichteten zu unterscheiden, — denn diese bilden gleichsam zwei Gegensätze und vollständige Extreme mit einander, — noch auch ist es mühsam, sie von unsern modernen Bauten zu unterscheiden, wegen vieler ihrer Eigenschaften, aber vorzüglich wegen der Neuheit, die sie sehr kenntlich macht. Nachdem ich nun also zur Genüge gezeigt habe, welches die alten Gebäude Roms seien, die ich, Eurer erhabenen Absicht entsprechend, im Sinne habe, Ew. Heil. zu erläutern, und auch, wie leicht es sei, diese von den anderen zu unterscheiden, so bleibt mir noch übrig, von der Art zu sprechen, die ich bei deren Vermessung und Aufzeichnung beobachtet habe, damit Ew. Heil. wisse, ob ich das Eine wie das Andere ohne Fehler gethan habe und erkenne, dass ich in der nachfolgenden Beschreibung nicht zufällig oder aus blosser Praxis verfahren bin, sondern nach Grundsätzen der wahren Theorie.

Und da ich nun bis jetzt weder geschrieben gefunden noch vernommen habe, dass sich bei irgend einem der Alten das Verfahren finde, mit der Magnetnadel zu messen, deren ich mich zu bedienen pflege, so vermuthe ich, dass dies eine Erfindung der Neueren sei. Da ich aber auch in diesem Punkte Ew. Heil. Gebot nachkommen will, so werde ich, ehe zu anderem übergegangen wird, ausführlich darlegen, wie dabei zu Werke zu gehen sei.

Man macht also ein rundes und flaches Instrument, wie ein Astrolabium, dessen Diameter zwei Palmen oder etwas mehr oder weniger betragen kann, je nach dem Gefallen dessen, der es anwenden will. Der Umkreis dieses Instrumentes wird nun in acht gleiche Theile getheilt, deren jedem der Name eines der acht Winde gegeben wird, und ein jeder derselben wird in zweiunddreissig andere kleine Theile getheilt, die man Grade nennt[1].

So zieht man nun also vom ersten Grade des Nordwindes eine gerade Linie mitten durch das Centrum des Instrumentes bis zum Umkreis, und diese Linie wird gerade gegenüber dem ersten Grade Nord den ersten Grad Süd bezeichnen. Eben so muss man dann auch wieder von dem Umkreis eine andere Linie ziehen, die, durch das Centrum gehend, die Linie von Nord und Süd schneiden und um den Mittelpunkt vier rechte Winkel bilden wird, und dieselbe

---

[1] Nach Francesconi ist hier statt 32 die Zahl 45 zu setzen, indem eine so bedeutende Abweichung von der allgemein angenommenen Kreiseintheilung in 360 Grade für die damalige Zeit durchaus nicht anzunehmen sei.

wird auf der einen Seite des Umkreises den ersten Grad des Ostens, auf der anderen den des Westens bezeichnen. Es wird nun zwischen jenen Linien, die die vorgenannten vier Hauptwinde angeben, der Raum für die andern vier Seitenwinde bleiben, als da sind Greco (Nordost), Lebecchio (Südwest), Maestro (Nordwest) und Scirocco (Südost). Und diese werden nach demselben Grade und in derselben Weise bezeichnet, wie es von den andern gesagt worden ist.

Dies gethan, befestigen wir auf dem Mittelpunkt, wo die Linien sich schneiden, einen Nabel von Eisen wie eine Zwecke, ganz gerade und spitz, und auf diesem lässt man dann die Magnetnadel im Gleichgewicht schweben, gerade wie man es bei den Sonnenuhren zu thun pflegt, die wir alle Tage sehen. Darauf bedecken wir dann die Stelle, wo sich die Nadel befindet, mit einem Stück Glas oder dünnen transparenten Hornes, das sie aber, um deren Bewegung nicht zu behindern, nicht berühren, noch auch vom Winde gebogen werden darf[1]).

Und da nach meinem Dafürhalten Viele in Betreff der Zeichnung von Gebäuden sich im Irrthum befinden, indem sie anstatt dessen, was des Architekten ist, das, was des Malers ist, zu thun pflegen, so will ich angeben, welches Verfahren mir beobachtet werden zu müssen scheint, um alle Maasse richtig verstehen und ohne Irrthum alle Glieder des Gebäudes auffinden zu können . . . .[2]).

Dies ist der Weg, den wir verfolgt haben, wie sich aus dem Fortgange dieser unserer Beschreibung ergeben wird. Da es nun aber Zeit ist, mit dieser selbst zu beginnen, so will ich zuerst hier die Zeichnung eines einzigen Gebäudes beifügen, in allen drei vorher angegebenen Arten, damit das, was ich bisher gesagt, recht verständlich werde.

Wenn ich dann im Uebrigen dasselbe Glück haben werde, welches mir daraus entspringt, Ew. Heil. zu gehorchen und dienen zu können, dem ersten und höchsten Fürsten in der christlichen Welt, so werde ich mich als den Beglücktesten unter allen Euren ergebensten Dienern rühmen und es hoch zu preisen wissen, den Grund jenes Glückes in der Hand Ew. Heiligkeit zu erkennen, welcher ich in grösster Ergebenheit den geheiligten Fuss küsse[3]).

[1]) Es folgt hier im Text die weitere und ausführliche Beschreibung, wie man mit Hülfe eines Diopters die Lage und Ausdehnung der Gebäude messen und so deren Grundriss, gleichsam als „*Memoriale*", um alles andere danach zu zeichnen, herstellen könne.

[2]) Hier folgt die Eintheilung der Zeichnung in Grundriss, Aufriss und Durchschnitt, mit strengster Festhaltung des architektonischen Verfahrens im Gegensatz zu dem perspektivischen und malerischen.

[3]) Nach dem Schlusse des Briefes finden sich, man weiss nicht, von wem hinzugefügt, die Worte: „die Zeichnung und die Beschreibung des alten Roms fehlen." Was aus dem Werke, dessen Vorrede das mitgetheilte Document bildet, geworden ist, hat man nicht ermittelt.

50

RAFFAEL AN SEINE GELIEBTE.

 u, Liebe, locktest mich mit Sonnenflammen,
Zwei Augen, dran mein Herz zu schmelzen droht,
Mit Wangen, wie auf Schnee zwei Rosen roth,
Mit Tönen, die von holden Lippen stammen.

So glüh' ich nun, dass Strom und Meer zusammen
Die Glut nicht löschen, die mich ganz durchloht:
Doch ist mir wohl in meiner süssen Noth,
Schon lodernd möcht ich nur noch lichter flammen.

Wer war in süssre Bande je geschlagen,
Als die dein Arm um meinen Nacken schlingt?
Weh um die Stunde, die mich ihm entringt.

Ich könnte viel von meinen Wonnen sagen;
Doch weil zu grosses Glück Verderben bringt,
Will ich dich schweigend in Gedanken tragen.

Aus der ersten Zeit von RAFFAELS römischem Aufenthalt stammen fünf
Liebessonette, die sämmtlich auf Studienblätter zur Disputa geschrieben sind,
welche in den Jahren 1508—1511 vollendet ward. Die Uebersetzung ist von
H. Harrys Gedichte Michelangelos und Raffaels, Hannover 1868.

ANTONIO ALLEGRI DA CORREGGIO.

Wir haben aus den vorstehenden Briefen das bewegte Leben LEONARDOS
sowie die glänzende und angesehene Stellung RAFFAELS kennen gelernt. Die
nachfolgenden Briefe MICHELANGELOS und TIZIANS werden uns ähnliche Verhältnisse, zum Theil in noch gesteigertem Maasse kennen lehren. In einfacheren
und stilleren Kreisen dagegen bewegte sich das Leben CORREGGIOS, jenes Meisters
der Anmuth und der Grazie, dessen Werke aber nichtsdestoweniger einen wesentlichen Bestandtheil und gleichsam eine nothwendige Ergänzung der an den mannig-
fachsten Richtungen so reichen Kunstproduktion des XVI. Jahrhunderts ausmachen. Diese stille Bethätigung eines an sich so reichen Talentes in engen
und oft beschränkten Verhältnissen hat etwas Rührendes an sich; und jedenfalls
darf dieselbe bei einer richtigen Würdigung der Kunstweise dieses Meisters nicht
ausser Acht gelassen werden. Ja, es scheint fast, als ob eben jene stillen und
engen Verhältnisse sehr wesentlich mit zur Begründung und Erhaltung von
CORREGGIOS künstlerischem Charakter mitgewirkt hätten.
Die stille Heiterkeit, die naive und kindliche Freude am Schönen, die
eigenthümliche Gefühlseligkeit, die sich in seinen Werken aussprechen, hätten

vielleicht nicht in so reiner und unbefangener Weise bewahrt werden können, wenn eine glänzende und angesehene Stellung den grossen Interessen des öffentlichen Lebens einen grösseren Einfluss auf die Empfindungsweise des Meisters selbst gewährt hätten. Der Charakter seiner Werke ist ein bei weitem mehr subjectiver, als bei den übrigen grossen Meistern jener Zeit, namentlich bei Leonardo, Raffael und Michelangelo, die bei der entschiedensten Geltung ihrer Subjectivität uns doch zugleich die Gesammtbildung jenes ganzen Zeitraumes repräsentiren können. Einer solchen wissenschaftlichen Bildung aber scheint nun Correggio, wenn auch nicht ganz fern, so doch jedenfalls auch nicht näher gestanden zu haben, als man dies etwa für die Durchschnittszahl der Mittelclassen der damaligen Zeit überhaupt annehmen darf.

Daher denn auch von einem über die Grenzen gewöhnlicher und alltäglicher Verhältnisse hinausgehenden Verkehr mit hervorragenden Zeitgenossen, der zur Beurtheilung jener anderen Künstler so erhebliche Beiträge liefert, bei Correggio wohl nicht die Rede sein kann. Briefe im engeren Sinne des Wortes sind von ihm gar nicht erhalten. Ja, es giebt überhaupt nur ein einziges Autograph Correggios, und zwar ist dies der Schlusszusatz zu dem von uns unter No. 51 mitgetheilten Dokumente.

51.

CORREGGIOS VERTRAG MIT ALBERTO PRATONERO.

Reggio, 14. October 1522.

Durch diese Schrift von meiner Hand thue ich Alberto Pratonero einem Jeden kund und zu wissen, dass ich mich anheischig mache, dem Meister Antonio da Correggio, Maler, zweihundert und acht Lire alter Münze von Reggio zu geben und zwar als Bezahlung einer Tafel, welche mir derselbige in aller Vortrefflichkeit zu machen verspricht und auf welcher die Geburt unseres Herrn gemalt sein soll, mit allen den dazu gehörigen Figuren, nach den Maassen und der Grösse, die sich auf der eigenhändigen Zeichnung angegeben befinden, welche mir derselbe Meister Antonio überbracht hat.

An dem vorbemerkten Tage habe ich ihm als Theil des Preises vierzig Lire alter Münze ausgezahlt.

„Und ich, Antonio Lieto von Correggio, bekenne, an dem oben bemerkten Tage und Jahre, so viel als oben geschrieben ist, erhalten zu haben, und zum Zeichen dessen habe ich dies mit meiner Hand geschrieben."

Obiges Dokument enthält den Kontrakt über eines der berühmtesten Bilder Correggios, jenes grossen Oelgemäldes, welches unter dem Namen der „Nacht" des Correggio allgemein bekannt ist und welches gegenwärtig eine der Hauptzierden der Gemäldegalerie zu Dresden ausmacht.

Correggio hat für dieses Bild 208 Lire alter Münze von Reggio erhalten, was bei mittlerer Schätzung des damaligen Werthes dieser Münze auf vier

Francs [1]) heutigen Geldes nur den niedrigen Betrag von 136 bis 140 preuss. Thalern ergeben würde. Wenn man nun auch die höhere Geltung des edlen Metalles in jener Zeit in Anschlag bringt, wonach der Preis des Bildes, nach unseren Verhältnissen berechnet, vielleicht noch etwas höher zu stehen kommen würde, so bleibt er doch immer noch auffallend gering. Correggio kam Zeit seines Lebens nicht zum Ruf eines Malers, der auf aussergewöhnliche Preise Anspruch erheben konnte. Vgl. Meyer Correggio im Allgem. Künstlerlexikon, I, S. 396. Correggio beeilte sich mit der Ausführung des Bildes nicht. Es wurde laut einer noch zu Anfang dieses Jahrhunderts erhaltenen Inschrift erst im Jahre 1530 in der Kapelle der Pratoneri in der Kirche S. Prospero zu Reggio aufgestellt. Wenn sich Antonio Allegri (d. h. Fröhlich) in diesem Kontrakte Lieto nennt, so mag nach Meyers sehr wahrscheinlicher Vermuthung dieser Name auf die lateinische Uebersetzung des Namens Allegri in Laetus zurückzuführen sein, welche die Benediktiner von S. Giovanni in Parma vornahmen, da sie den Künstler und seine ganze Familie in die Cassinesische Congregation aufnahmen und eine lateinische Urkunde über diesen Akt anfertigten.

Das obige Dokument (abgedruckt bei Pungileoni Memorie di Correggio II. 180 und Tiraboschi Bibl. Mod., VI. 266) ist im Jahre 1640 nebst dem Bilde der Nacht nach Modena gelangt und, als letzteres 1746 nach Dresden kam, in Modena geblieben, wo es sich noch heut zu Tage im Privatbesitz befindet. Ueber die Geschichte und den Verbleib desselben vgl. Lettera dell' Abate Severino Fabriani al padre Luigi Pungileoni sopra un autografo di Antonio Allegri riguardante la famosa tavola della Notte, Modena 1833, worin auch ein Facsimile des Vertrages enthalten ist.

52.

CORREGGIOS VERTRAG MIT DEN GEISTLICHEN DER KATHEDRALE VON PARMA.

Parma, 3. November 1522.

Die Hochw. Herren Pascalius del Baliardis et Galeaz de Garimbertis, beide Canonici der Kirche von Parma und der Edle Ritter D. Scipio della Rosa von Parma; sämmtlich Bauvorsteher der besagten Kirche von Parma und jeder einzelne derselben haben in Folge dieses öffentlichen Instrumentes .... für den Bau der besagten Kirche von Parma die Uebereinkunft getroffen und treffen dieselbe mit Meister Antonio de Corrigia, dem Maler, welcher gegenwärtig ist und welcher .... für sich und seine Erben und Nachfolger die Arbeit der Malerei in besagter Kirche übernimmt, auf diese Weise und mit den Bedingungen, ... welche hiermit folgen: [2])

Erstens: ist besagter Meister Antonio verpflichtet, alles was zum Chor gehört und die Kuppel, zusammt mit deren Bögen und Pfeilern, mit Ausschluss

---

[1]) Vincenzo Bellini Dell' antica lira ferrarese, Ferrara 1754. S. 79. 87. Vgl. die Einleitung.

[2]) Bis hierher ist das Dokument in lateinischer Sprache abgefasst; alles nachfolgende ist italienisch, und zwar nicht ohne mancherlei Dialektformen geschrieben

jedoch der Kapellen an den Seiten und hinter dem Sakramente, Wandstreifen, Gewölbe, Nischen mit den Brüstungen und alles, was man von Mauer sieht, von der Höhe der Kapelle an bis zum Pflaster, und was man gegen 150 Quadratruthen oder ungefähr sich belaufen gefunden hat, mit Malereien zu verzieren, und zwar mit den Bildern, die dazu angegeben werden sollen, und welche die Natur, die Bronze oder den Marmor, nachzuahmen haben, je nachdem es der Ort und die Bestimmung des Baues sowie die Schicklichkeit und die Schönheit der Malerei selbst erfordert und zwar auf seine Kosten.

Dagegen sind die besagten Herren Bauvorsteher verpflichtet und machen sich demgemäss anheischig, gegen den besagten Meister Antonio demselben für 100 Dukaten Gold in Blättern zu geben [1]), um besagtes Werk und besagte Malereien zu verzieren, und als seinen Lohn für besagte Malerei 1000 Dukaten in Gold, sowie auch ihm die Gerüste fertig herzustellen und den Kalk zum Mauerbewurf, so wie die Mauer auf Kosten besagten Baues bewerfen zu lassen. . . .

„Nachdem ich mir die Arbeit, um welche es sich gegenwärtig mit Ew. Herrlichkeiten handelt, genau angesehen habe . . . . [2]), scheint es mir, dass dieselbe zu des Ortes und unserer eigenen Ehre nicht unter 1200 Golddukaten gemacht werden könne und zwar unter Gewähr folgender Dinge, als da sind der Gerüste, des Mauerbewurfs, des Kalkes zum Abputz ausser dem Bewurf und eines Gemaches oder einer geschlossenen Kapelle, um die Zeichnungen zu machen.‟

Von den in dem obigen (Pungileoni II. 183 ff.) Vertrage erwähnten Malereien in der Kathedrale von Parma wurden nur die in der Kuppel ausgeführt. Sie stellen die Himmelfahrt der heiligen Jungfrau dar. Vgl. Meyer a. a. O. 391 ff. Die Malereien im Chor unterblieben, da in Folge der Ausmalung der Domkuppel Misshelligkeiten zwischen den Bauherren und Corregggio ausbrachen, und dieser gegen 1530 Parma verliess. Bis dahin hatten ihm die Domgeistlichen von der stipulirten Summe von 1000 Dukaten 550 ausgezahlt. In dem in Parma befindlichen Originaldokument ist nämlich in dem letzten Zusatz, der von Correggio herrührt, die Zahl 1200 ausgestrichen und darüber 1000 gesetzt worden. Nach einer Berechnung Meyers würden die 1000 Ducaten nach unsern heutigen Verhältnissen einer Summe von 30,000 Thalern entsprechen. Das ist ein Preis, der selbst heutzutage kaum für Frescomalereien gezahlt wird. Correggio hatte kaum die Hälfte vollendet, aber 110 Lire zu viel erhoben. Die Geistlichen mahnten ihn nicht an die Herausgabe dieser Summe, vermuthlich weil sie hofften, Correggio werde seine Arbeit noch wieder aufnehmen. Erst nach seinem Tode machten die Geistlichen ihre Ansprüche bei seinen Erben geltend. Wenn Correggio auch nicht so glänzend bezahlt wurde als Raffael und Tizian, so bekam er immerhin einen Lohn, der den Verhältnissen der Umgebung entsprach, in der Correggio lebte und aus deren Mitte ihm Aufträge zu Theil wurden. Die Erzählungen von seiner Armuth beruhen auf Uebertreibung

---

[1]) *Ducati cento in foglio:* in dem Zusatz des *Correggio* heisst es: „*100 ducati de oro in foglio.*‟ Danach folgen die Unterschriften der zwölf für den Vertrag Gewähr leistenden Canonici der Cathedrale und der oben abgedruckte Zusatz *Correggio's*.

[2]) Hier folgt die schon in dem Vorhergehenden gegebene Beschreibung der auszumalenden Räume, so wie die Bedingungen mit einigen geringen Abweichungen.

oder gehören ganz in das Bereich der Fabel. Ein reger Kunstsinn scheint allerdings, wenn man der Schilderung des Annibale Carracci glauben darf, in Parma nicht geherrscht zu haben. „Ausser Essen, Trinken und Liebschaften," schreibt der Maler aus Parma in einem später mitzutheilenden Briefe, „denkt man hier an nichts Anderes . . . Ich könnte zum Narren darüber werden und bin innerlich ganz betrübt, wenn ich mir bloss in Gedanken das Unglück des armen Antonio vorstelle." Correggio selbst scheint, wenn man einen Schluss aus seinen Gemälden ziehen darf, sich über den materiellen Sinn seiner Zeitgenossen nicht allzusehr gegrämt zu haben. Aus seinen Schöpfungen spricht das Gemüth eines Mannes, dessen Grundzüge Harmonie und Heiterkeit der Seele gewesen zu sein scheinen.

53.

TESTAMENT DES LORENZO DI CREDI.

Florenz, 3. April 1531.

Da es [1] nach den Gesetzen der Natur allen Menschen bestimmt ist, zu sterben, es aber ungewiss ist, an welchem Tage sie sterben müssen [2], so hat der fürsorgliche Mann Lorenzo, Sohn des verstorbenen Andrea Credi, Maler zu Florenz, dies bei sich bedenkend, sich an vorbenanntem Orte und vor oben genannten Zeugen eingestellt, durch Gottes Gnade gesund an Seele und Leib, Gesicht, Gehör und Verstand, indem er, wie es dem Verständigen geziemt, fürchtet, dass ihn nicht durch einen unvorhergesehenen Zufall, zumal er schon in hohem Alter ist, der Tod überrasche, und da er nicht ohne Testament sterben will, sondern vielmehr vorher über die Güter seiner Seele und seines Leibes verfügen, hat derselbe folgendes angeordnet:

Vor allem empfiehlt er seine Seele, die theurer als der Leib und alle andre Dinge ist, dem allmächtigen Gott und unserem Herrn Jesus Christus, sowie dessen glorreicher Mutter der Jungfrau Maria und dem ganzen Hofe des Paradieses demüthig und inbrünstig, und zumal, wenn dieselbe von ihrem Leibe getrennt werden sollte.

Den Leib aber, weil er von der Erde genommen ist, hat er der Erde,

---

[1] Der Eingang des obigen Dokumentes lautet folgendermassen: Im Namen Gottes, Amen! Im Jahre unseres Herrn Jesu Christi, seit dessen heilbringender Incarnation 1531, in der fünften Indiction und am dritten Tage des Monates April. Verhandelt zu Florenz im Viertel S. Petri majoris und im Hause meines Notarius in Gegenwart der unterzeichneten Zeugen: *Stephan*, Sohn des Thomas Johannes, Miniaturmaler; *Johannes*, Sohn des Benedikt Cianfanini, Maler; *Thomas*, Sohn des Stephanus Thomasii, Maler, sämmtlich von Florenz etc. etc.

[2] Es war dies ein in der damaligen Zeit nicht seltener Anfang von Testamenten. Mit den Worten: „Da nichts gewisser als der Tod, nichts aber ungewisser, als die Stunde desselben ist," beginnt das Testament des *Andrea del Sarto*, Florenz den 27. December 1527. — Alfred Reumont Andrea del Sarto S. 225. Vgl. auch den letzten Willen *Leonardo da Vinci's* oben S. 86.

d. h. dem Begräbniss geweiht und wieder zurückzugeben befohlen. Und zwar hat er gewollt, dass derselbe in der Kirche oder auf dem Friedhofe der Kirche des heil. Egidius, das heisst im Hospital Sa. Maria Nuova zu Florenz und zwar in dem Begräbniss seiner Mutter beerdigt werde, welches sich, wie er sagte, daselbst befindet. Und zwar hat er befohlen, dass dies mit dem möglichst geringen Aufwande geschehen solle, denn der heilige Augustinus sagt, die Pracht bei Leichenbegängnissen diene mehr zur Freude der Lebenden als zum Heile der Verstorbenen.

Ebenso vermacht er durch das Recht des Legates dem Bau von Sa. Maria del Fiore zu Florenz und der Errichtung der Mauern benannter Stadt im Ganzen 3 Liren, nach den Vorschriften der Gemeinde von Florenz.

Item da unter den Dingen, welche die Seele der Verstorbenen am meisten zu erleichtern pflegen, Almosen und Gebete sind und Opfer und vor allem die Darbringung des Leibes und des Blutes unseres Herrn Jesu Christi, so will derselbe Testator, dass sogleich oder mindestens fünfzehn Tage nach erfolgtem Tode, höchstens aber innerhalb dreissig Tage durch die untenbezeichneten Erben dafür gesorgt und ins Werk gesetzt werde, dass in der Kirche des heiligen Marcus zu Florenz und des heiligen Dominicus zu Fiesole Messen des heiligen Gregorius für die Seele des Testators gefeiert werden, und zwar zweimal an jedem Orte, d. h. zweimal durch die Brüder von S. Marco und zweimal durch die Brüder von S. Domenico. Und als Almosen hinterlässt er einem jeden dieser Orte zwei Goldgulden, d. h. zwei den Brüdern von Florenz und zwei denen zu Fiesole und sollen dieselben durch die unten bezeichneten Erben in der besagten Zeit ausgezahlt werden.

Dann hat der Testator in Anerkennung, dass Catharina, seine Magd und Tochter des verstorbenen Antonio von Mugello, die in seinem Hause seit vielen Jahren gelebt hat und noch lebt, sich gegen ihn und all' sein Eigenthum mit vieler Liebe benommen hat, derselben deshalb, wenn sie bis zum Hinscheiden des besagten Lorenzo bei ihm verharrt und als seine Magd in seinem Hause bleibt, durch das Recht des Legates hinterlassen und vermacht das Bett, in welchem sie schlief, mit allem, was dazu gehört, d. h. das Bettgestell, einen Strohsack, eine Matratze, ein Unterbett, zwei Pfühle, zwei Kopfkissen mit Federn, drei Paar Betttücher, zwei durchnähte Bettdecken, nämlich eine weisse, ganz neue, und eine blaue, die schon gebraucht ist; alle beide mit Baumwolle gestopft und eine leinene Bettdecke für den Sommer. Und überdies hinterlässt er ihr die nachbenannten Geräthe und Dinge, als da sind: ein Tischtuch und vier Servietten, vier Wischtücher, zwei Kessel, d. h. einen von mittlerer Grösse und einen kleinen; eine Feuerschaufel, ein Paar Feuerzangen, eine Feuerkette und zwei Lampen. Alles dies sollen die unten bezeichneten Erben der Katharina geben, oder, wenn sie will, kann sie auch selbst und aus eigener Machtvollkommenheit nach dem Tode des besagten Lorenzo diese Sachen aus dem Hause nehmen, zugleich mit allem ihrem Zeuge, das sie hat, oder in jener Zeit zur Bekleidung oder Beschuhung für ihre Person haben wird, und ebenso auch gewisse andere Kleinigkeiten, die sich, wie sie sagt, in einem gewissen Kasten im Kloster von Foligno zu Florenz befinden, sowie andere Kleinigkeiten, die daselbst sind.

Item, damit sein Wille in Betreff der Belohnung dieser seiner besagten Magd noch offenkundiger werde, so erklärt er durch dieses sein gegenwärtiges Testament, dass er unter dem ersten Tage dieses Monates im Hospital Sa. Maria Nuova zu Florenz angeordnet hat, wie es aus dem Buche des besagten Hospitals hervorgeht, welches das Buch des genannten Lorenzo heisst, dass durch das besagte Hospital jedes Jahr, so lange die Katharina lebt, dieser eine gewisse Menge Korn, Wein, Oel und Getränke, gepökelten Fleisches und Geld und andere Dinge zum Lebensunterhalt und zu den Ausgaben besagter Katharina, so lange dieselbe lebt, gegeben und angewiesen werden sollen. Und deshalb hat er dies und alles Vorbesagte kundmachen wollen, damit es besser zur Kenntniss seiner besagten Magd käme und sie somit das, was für sie hinterlassen und angeordnet ist, besser erlangen könne.

In allen seinen übrigen Gütern und Sachen aber, in seinen Rechten und Klagansprüchen, sowie in Betreff der Forderungen, die zur Zeit seines Todes noch ausstehen werden, die alle meistentheils beweglicher Natur sein werden, macht er zu seinen Universalerben die Gesellschaft und die Vorsteher von S. Martino zu Florenz, welche die Gesellschaft der verschämten Armen genannt wird, mit den untenbezeichneten Lasten und Bedingungen, die darin bestehen, dass die vorgenannten Vorsteher der besagten Gesellschaft, so bald als dies möglich ist, nach dem Tode des besagten Lorenzo dahin sorgen sollen, dass verkauft werde, oder dass sie verkaufen allen Hausrath und Mobilien des besagten Lorenzo und Alles mit Ausnahme der unten bezeichneten Legate zu baarem Gelde machen. In Bezug auf diese Verkäufe aber, namentlich diejenigen, die sich auf die Malerkunst beziehen, mahnt der Testator die genannten Vorsteher der genannten Gesellschaft, diese durch die Hand des Stephanus Thomasii, Miniaturmaler, und Johannes Benedicti Ciantanini, Maler, und des Johann Antonius Francisci de Soglianis, ebenfalls Maler und sämmtlich aus Florenz, geschehen zu lassen, oder durch diejenigen von ihnen, die zur Zeit des Todes des besagten Testators noch am Leben sein werden. Dies geschieht hauptsächlich aus dem Grunde, um die vorbenannten Gegenstände so vortheilhaft als möglich zu verkaufen, und verpflichtet dazu der Testator auf ihr Gewissen sowohl die vorgenannten Vorsteher, als auch die vorbesagten Maler.

Er erklärt ferner und will, dass von diesem Gelde, nachdem es aus dem Verkaufe gelöst sein wird, 120 Lire abgezogen werden sollen, die von den besagten Vorstehern zum Ankauf von Krediten bei der Kasse der Ausstattungen zu drei, vier oder sieben Prozent zu verwenden sind, und diese Kredite oder diesen Kredit hinterlässt und vermacht der Testator durch das Recht des Legates der Ginevra, Tochter des verstorbenen Johannes Nicolai Johannis Bartholomeo, Goldschmidt von Florenz, wenn Ginevra zur Zeit des Testators Tode noch unter den Lebenden sein wird; anderenfalls aber will er, dass dieser Kredit deren männlichen Kindern, legitimen oder natürlichen, und wenn solche nicht vorhanden sind, den weiblichen Nachkommen der besagten Ginevra gehöre.

Sind aber zur Zeit seines Todes weder Ginevra noch deren Kinder, männlichen oder weiblichen Geschlechtes, unter den Lebenden, dann und in diesem Falle soll dieser Kredit der Bartholomaea, leiblichen Schwester der besagten Ginevra, gehören, und so soll der vorbesagte Kredit auf die besagten Personen und deren Namen eingeschrieben werden, jenachdem es sich fügt, dass dieselben zur Zeit von des Testators Tode noch am Leben sind, wie oben gesagt worden ist.

Was aber von diesem Gelde nach Abzug der 120 Lire noch übrig bleibt, soll durch die Vorsteher zur Hälfte dem Hospital von Sa. Maria Nuova zu Florenz gegeben werden oder dessen Hospitalverwalter, mit der Last, dass der benannte Hospitalar das besagte Hospital durch eine in dessen Rechnungsbücher aufzunehmende Schrift verpflichtet, der Agnoletta, Tochter des Thomasius Michaelis von Florenz, der Nichte des Bildhauers Andrea del Verrocchio, alljährlich, so lange sie lebt, so viel Getreide, Wein und Oel zu geben, als schicklich und passend sein wird für die Ueberweisung des besagten Antheils nach der Regel und dem Gebrauch, den das Hospital in ähnlichen Dingen befolgt, mit Rücksicht auf die obengenannte Summe und die Verhältnisse der benannten Person. Und dies soll geschehen, wenn besagte Agnoletta zur Zeit seines Todes noch lebt.

Die andere Hälfte der Summe, die übrig bleibt, soll der genannten Armengesellschaft von S. Martino verbleiben zu Almosen und zum Seelenheil des besagten Testators, sowie seines Vaters und seiner Mutter.

Das von Gaye (Cart. I. App. p. 372) mitgetheilte Testament des LORENZO DI CREDI ist kurz nach den Schrecknissen der Belagerung von Florenz abgefasst, denen der schon siebenzigjährige Künstler, dessen Hinneigung zur Volkspartei und namentlich zu den Gesinnungen des Fra Girolamo Savonarola auch anderweitig bekannt ist, sich nicht entziehen wollte.

Die Kunstgeschichte kennt LORENZO DI CREDI als Mitschüler PIETRO PERUGINOS und LEONARDO DA VINCIS beim ANDREA VERROCCHIO, dessen Liebling er war, und als einen sorgsamen Künstler, der durch Liebe und Hingebung die ihm fehlende höhere Begabung zu ersetzen suchte, und wenn uns Vasari mehrere Züge einer besonderen Herzensgüte von ihm erhalten hat[1]), so steht mit diesen das Testament und der Sinn, in welchem dasselbe abgefasst ist, in völliger Uebereinstimmung. So bekundet sich die Liebe zu seinem Meister, der ihn, als er zu Venedig im Jahre 1488 sein Testament machte, zum Vollstrecker desselben ernannte, in der Wohlthat, die er nun wiederum dessen Nichte Ginevra zuwendet (vgl. das Testament des VERROCCHIO, Gaye Cart. I. App. p. 368), und nicht minder liebevoll erscheint er in der gutmüthigen Fürsorge, mit welcher er das Schicksal seiner Dienerin Katharina zu sichern sucht. Vgl. über LORENZO DI CREDI als Maler Crowe und Cavalcaselle Italien. Malerei IV. S. 120 ff.

Von den Testaments-Vollstreckern ist BENEDETTO CIANFANINI einer der besseren Schüler des FRA BARTOLOMEO DI S. MARCO, die beiden anderen STEFANO DI TOMASO und GIOVANNI ANTONIO SOGLIANI werden von Vasari als Schüler

---

[1]) *Lorenzo* zeigte sich immer als gut und redlich gesinnt und war freundlich und liebevoll, wo sich nur Gelegenheit dazu darbot. Vasari ed. Lemonnier VIII. 207.

des LORENZO DI CREDI selbst angeführt. Nach demselben Gewährsmann ist das Vermögen, welches LORENZO hinterlassen, nicht unbedeutend gewesen. Der Tod des Testators, der sich noch im Jahre 1531 in das Hospital von S. Maria Nuova gegen Entgeld zurückzog, erfolgte am 12. Januar 1537.

MICHELANGELO BUONARROTI.

Der gesammte Briefwechsel MICHELANGELOS liegt uns, so weit er sich erhalten hat, jetzt in einer splendiden Ausgabe vor, welche Gaetano Milanesi aus Anlass des 400jährigen Jubiläums der Geburt des Meisters und der im September 1875 in Florenz gefeierten Feste unter dem Titel: Le Lettere di Michelangelo Buonarroti Pubblicate coi Ricordi ed i Contratti Artistici, In Firenze, Coi Tipi dei Successori Le Monnier, herausgegeben hat. Diese Sammlung enthält 495 Briefe und Brieffragmente, deren grössere Mehrzahl dem bis dahin verschlossen gewesenen Familienarchiv der BUONARROTI und dem britischen Museum entnommen sind. Obwohl der letzte Sprosse des Buonarrotischen Geschlechtes das Haus, in welchem sich die Sammlungen und das Archiv der Familie befänden, der Stadt mit der ausdrücklichen Bedingung vermacht hatte, dass der handschriftliche Nachlass des grossen Meisters nach wie vor unveröffentlicht bleiben sollte, haben sich die florentiner Behörden über diese lästige Klausel hinweggesetzt und sich den Dank der ganzen gebildeten Welt verdient, indem sie mit der Veröffentlichung der Briefe den Kunstforscher Milanesi beauftragten und die Benutzung der ungemein reichhaltigen Sammlung von Briefen der Zeitgenossen an MICHELANGELO dem Herrn Aurelio Gotti zum Zweck der Abfassung einer Biographie gestatteten, die zu gleicher Zeit mit der Sammlung Milanesi's unter dem Titel: Vita di Michelangelo Buonarroti Narrata con l'aiuto di nuovi Documenti in 2 Bänden in Florenz (Tipografia della Gazzetta d'Italia) erschienen ist. Auf diesem reichen handschriftlichen Material hat sich dann die Doppelbiographie Springer's, Raffael und Michelangelo (Leipzig, E. A. Seemann, 1878) aufgebaut, der dadurch einen bedeutenden Vorsprung über seinen letzten Vorgänger Hermann Grimm (Leben Michelangelos 4. Aufl., Hannover 1873) gewann.

Die von Milanesi veröffentlichten 495 Briefe zerfallen in sechs Theile. Der erste umfasst die an MICHELANGELOS Vater Lodovico gerichteten, 15 an der Zahl (13 im britischen Museum, 2 im Archivio Buonarroti), von denen 43 noch nicht publicirt waren, der zweite die an den ältesten Bruder Buonarroto, 78 an der Zahl (47 im britischen Museum, 31 im Archivio Buonarroti), von denen 18 publicirt waren, der dritte die an den zweiten Bruder Giovan Simone, 10 aus dem Archivio Buonarroti und alle noch nicht veröffentlicht, der vierte die an den dritten Bruder Gismondo, welcher nur zwei noch nicht publicirte Briefe aus dem Archivio Buonarroti umfasst, der fünfte die an MICHELANGELOS Neffen Lionardo gerichteten, 208 an der Zahl (135 im Archivio Buonarroti, 70 im britischen Museum [3 davon waren bereits publicirt] und 3 in der Sammlung Bastelli) und der sechste die an verschiedene Personen gerichteten Briefe, welcher 152 Nummern umfasst, von denen 13 bereits publicirt waren. Auch von diesen wird die grössere Hälfte, 113, dem Familienarchive verdankt. Mithin enthält die Sammlung Milanesis 130 noch nicht veröffentlichte Briefe, welche nicht nur auf ganze Perioden in der Biographie des Meisters ein neues Licht werfen und bisher dunkel gebliebene Punkte aufhellen, sondern auch wichtige Beiträge zur Charakteristik MICHELANGELOS liefern.

Die Besorgniss des letzten Besitzers des Familienarchivs, es könnte durch die Veröffentlichung der Briefe ein nachtheiliges Licht auf den Stolz des Geschlechtes fallen, war unbegründet. Abgesehen von den unschätzbaren historischen Aufklärungen, die wir durch diese Briefe gewonnen haben, ist auch der Mensch Michelangelo unseren Herzen noch näher getreten. Mehr als die Hälfte der Briefe sind Familienbriefe. Es war schon früher bekannt, dass die Familie Michelangelos dem Künstler eine unerschöpfliche Quelle von Verdriesslichkeiten und Aergernissen gewesen. Seine Familienangehörigen plagten ihn ohne Unterlass mit Geldforderungen, denen er, trotz heftiger Aufwallungen und Zornesausbrüche, schliesslich immer wieder genügte. Aber niemals vergass er dem Vater gegenüber den Ton schuldiger Ehrfurcht und kindlicher Liebe, während er den jüngeren Brüdern als väterlicher Berather zur Seite stand und unermüdlich für ihr Fortkommen sorgte. S. Milanesi a. a. O. Vorrede S. VII f. Einem jüngeren Bruder gegenüber, Giovan Simone, der ein Thunichtgut und Tagedieb war, musste er gelegentlich auch schärfer auftreten. In der geharnischten Nachschrift zu einem Briefe aus dem Jahre 1508 sagt er ihm: „Ich kann nicht umhin dir noch zwei Worte zu schreiben: und zwar, dass ich seit zwölf Jahren kümmerlich lebend durch ganz Italien gegangen bin, ich habe jegliche Schmach erduldet, alle Mühsal ertragen; mein Körper ist durch allerlei Strapazen zerrüttet; ich habe mein Leben tausend Gefahren ausgesetzt, nur um meinem Hause aufzuhelfen; und jetzt, wo ich angefangen habe, mich ein wenig aufzurichten, willst du allein derjenige sein, der in einer Stunde auseinanderreisst und zerstört, was ich in so vielen Jahren und mit solchen Mühsalen aufgebaut habe? Beim Leibe Christi, das soll nicht wahr werden. Ich bin der Mann, zehntausend deines Gleichen auseinanderzutreiben, wenn es Noth thut. Nun sei vernünftig und stelle nicht den auf die Probe, dessen Leidenschaft anders geartet ist."

Nur in zwei Punkten erfährt das Charakterbild Michelangelos durch die neuen Dokumente eine Correctur: einmal in seinem Verhältniss zum Papste Julius II., das andere Mal in seinen Beziehungen zum Florentiner Verzweiflungskampf. Wir wissen jetzt aus seinem eigenen Briefe (Nr. 58), dass er nach seiner Flucht aus Rom (1506) mit Zittern und Zagen, „den Strick um den Hals", vor den eisernen Papst in Bologna trat, der seinen Willen auch gegen den leidenschaftlichen und jähzornigen Michelangelo durchzusetzen wusste. Die folgenden Päpste gaben freilich dem Künstler nach, doch der streitbare Held im Priestermantel wusste den Starrsinn Michelangelos zu beugen. Aber am Ende ist die Richtigstellung dieses Verhältnisses gegenüber den Biographen nicht so sehr von durchgreifender Bedeutung als die dokumentarische Erhärtung der Thatsache, dass Michelangelo, noch lange bevor der entscheidende Schlag gefallen, von unerklärlicher Furcht getrieben, einer menschlich aber so leicht erklärlichen Schwäche nachgebend, Florenz heimlich verliess (Nr. 59) und später Mühe hatte, wieder Einlass zu finden. Aus dem Lorbeerkranze des politischen Helden und Patrioten ist dadurch freilich ein grosses, schönes Blatt gefallen. Aber bleiben nicht noch am Ende so viel glänzende und grosse Charaktereigenschaften übrig, wie sie sich selten in einem Manne, seltener in einem Künstler vereinigt finden? Die Briefe haben uns den Giganten menschlich näher gebracht, und das ist ein unschätzbarer Gewinn. In den bedeutsamsten Momenten seines Lebens können wir jetzt in seine Seele blicken, können wir die Motive erspähen, die sein Handeln bestimmten, und wenn auch hin und wieder ein leichter Schatten auf das erhabene Bild fällt, so gedenken wir der schönen Worte Rückerts:

Tröstlich ist es, an verehrten Weisen,
Angestaunten Helden zu entdecken
Neben ihrem Götterglanz die Flecken,
Die uns ihre Sterblichkeit beweisen.

Die mitgetheilten Briefe, in denen kein Hauptwerk seines Lebens unberührt geblieben ist, umfassen einen Zeitraum von sechzig Jahren. Mit den Erläuterungen und einigen der schönsten und bedeutsamsten, am Schlusse angefügten Sonetten an die Marchesa von Pescara, Vittoria Colonna, geben sie eine ziemlich erschöpfende Charakteristik von dem Wesen des Mannes, den schon seine Zeitgenossen den „Göttlichen" nannten.

51.

MICHELANGELO AN LORENZO DE' MEDICI.

[Rom], am 2. Juli 1496.

Christus.

w Herrl, schreibe ich nur, um Euch anzuzeigen, dass wir vergangenen Sonnabend hier glücklich eingetroffen sind und sogleich den Cardinal von S. Giorgio besucht haben, dem ich Euren Brief gab. Es scheint, als ob er mich gern sähe, und er wollte sogleich, ich sollte gehen, mir einige Figuren anzusehen, worauf ich auch jenen ganzen Tag verwendet habe: und deshalb habe ich auch an jenem Tage Eure anderen Briefe nicht abgegeben. Sonntag darauf kam der Cardinal in das neue Haus und liess nach mir fragen. Ich ging zu ihm und er fragte mich, was ich von den Sachen hielte, die ich gesehen. Darauf sagte ich ihm, was ich davon hielt, und in der That bin ich der Meinung, dass viele schöne Sachen darunter sind. Und darauf fragte der Cardinal, ob ich wohl Muth genug hätte, etwas recht Schönes zu machen. Ich erwiderte, so Grosses freilich würde ich nicht machen, aber er würde sich ja überzeugen, was ich zu leisten im Stande wäre. Wir haben auch einen Marmorblock gekauft für eine lebensgrosse Figur, und Montag werde ich anfangen zu arbeiten. Den vergangenen Montag habe ich dann Eure anderen Briefe an Paolo Rucellai abgegeben, der mir die mir nöthigen Gelder einhändigte und ebenso die für Cavalcanti. Darauf habe ich den Brief an Baldassare gegeben und von ihm das Kind gefordert und gesagt, dass ich ihm sein Geld wiedergeben wollte.

Er antwortete mir in sehr grober Weise, dass er ihn lieber in hundert Stücke zerschlagen wollte: er habe das Kind gekauft, es sei sein eigen und er habe Briefe, dass er den, der es ihm geschickt, befriedigt habe, er sei gar nicht besorgt darum, es zurückgeben zu müssen. Dabei beklagte er sich sehr über Euch, indem er meinte, Ihr hättet übel von ihm gesprochen, und nun hat sich einer von unseren hiesigen Landsleuten darein gemischt, um uns zu vergleichen; indess haben sie nichts erreicht. Jetzt aber gedenke ich, die Sache durch Vermittelung des Cardinals zu betreiben, nach dem Rath, den mir Baldassare

Balducci gegeben hat. Was darauf erfolgt, sollt Ihr erfahren. Für heute nichts weiter. Ich empfehle mich Euch und Gott möge Euch vor Uebel bewahren!

Dieser aus dem Privatarchiv der Medici in das Staatsarchiv übergegangene Brief ist zuerst von Gualandi Memorie III, 113 und Nuova Raccolta I, 18 veröffentlicht worden. Dann noch mehrere Male und zuletzt am correctesten von Milanesi Lettere di Michelangelo Buonarroti S, 375. Die Adresse ist von derselben Hand geschrieben und lautet: Sandro di Botticelli in Firenze. Es scheint dieselbe erwählt, um bei den durch bürgerliche Unruhen vielfach gefährdeten Zeitläuften den Brief durch die Hand eines Freundes dem eigentlichen Adressaten, Lorenzo, sicher zukommen zu lassen. Dieser ist nämlich Lorenzo de' Medici, der Sohn des Pier Francesco aus einer Nebenlinie der Mediceer, der mit seinem Bruder Giovanni im Jahre 1494, als die Mediceer, wegen des schimpflichen Betragens des Pietro de' Medici, aus Florenz vertrieben wurden, als zur Volkspartei gehörig, daselbst geblieben war und den Namen Popolani angenommen hatte. Lorenzo der Prächtige, der ebenfalls der grosse Gönner Michelangelos gewesen, und denselben vier Jahre lang im Hause und an seinem Tische gehabt, war schon 1492 gestorben. Aber auch mit jenem Lorenzo Popolani war Michelangelo befreundet, wie ihn dieser auch schon vor seiner Abreise nach Rom mehrfach beschäftigt hatte. Nicht minder war er es mit Sandro Botticelli, dessen eigentlicher Name Alessandro di Filipepi ist, und der unter den Malern des XV. Jahrhunderts einen der ersten Plätze einnimmt. An ihn den Brief zu adressiren musste, obschon auch Lorenzo de' Medici zur Volkspartei gehörte, um so sicherer erscheinen, als Botticelli ein sehr eifriger Anhänger des Fra Girolamo Savonarola war, der damals in Florenz an der Spitze der öffentlichen Angelegenheiten stand.

Die in dem Briefe genannten Personen sind grösstentheils Mitglieder befreundeter Familien, von denen die Cavalcanti mit Lorenzo durch dessen Grossmutter Ginevra Cavalcanti sogar verwandt waren. Baldassare Balducci war Kaufmann in der Bank des Jacopo Gallo in Rom.

Auf Anrathen Lorenzos hatte Michelangelo einem schlafenden geflügelten Amor, den er in Marmor gemeisselt hatte, durch verschiedene Mittel das Ansehen einer Antike gegeben, die eben aus der Erde ausgegraben worden, um dadurch für das Werk einen höheren Preis zu erzielen. Lorenzo nahm den Verkauf der Arbeit in die Hände, und durch Vermittelung des Messer Baldassare del Milanese gelang es, in dem Cardinal von San Giorgio, Raffael Riario, einen Käufer zu finden. Dieser bezahlte dem Baldassare für die vermeintliche Antike 200 Ducaten, der Unterhändler aber dem Künstler nur 30. Die Täuschung kam jedoch bald an das Licht. Der Cardinal schickte einen Vertrauensmann nach Florenz, der den Autor der Statue ermittelte, und es scheint, dass sich Michelangelo durch diesen verleiten liess, nach Rom zu gehen, wo er von dem Cardinal weitere Aufträge verhoffte. Er liess sich von Lorenzo einen Empfehlungsbrief an denselben gehen und langte am 25. Juni 1496 in Rom an. Der Cardinal hatte das Werk inzwischen an Baldassare zurückgegeben und sein Geld wiedererhalten. Das Weitere ergiebt sich aus dem Briefe. Vgl. Grimm Leben Michelangelos, 3. Aufl. II. S. 151 ff. Springer Raffael und Michelangelo, Leipzig 1878, Seemann, S. 14 f. Der Cupido gelangte bald darauf in den Besitz des Herzogs von Urbino und 1502 in die Sammlung der Markgräfin von Mantua, Isabella Gonzaga. In Mantua sah ihn noch 1573 der französische Reisende de Thou. Seitdem ist er verschollen. — Aus einem Briefe, den Michelangelo am 1. Juli 1497 an seinen Vater schrieb, geht hervor, dass der

Cardinal, und damit widerlegen sich die Mittheilungen Vasaris und Condivis, dem Künstler einen Auftrag ertheilt hatte. Ohne Zweifel hatte er zur Ausführung desselben den oben erwähnten Marmorblock gekauft. Aus dem Briefe, den Milanesi Lettere di Michelangelo Buonarroti S. 3 aus dem Familienarchiv der Buonarroti publicirt hat, geht nicht hervor, was es für eine Arbeit gewesen ist. Der Cardinal liess mit der Bezahlung auf sich warten. „Man muss," schreibt Michelangelo, „mit diesen grossen Herren sanft umgehen, da man sie nicht zwingen kann."

55.

MICHELANGELO AN FRANCESCO FORTUNATO.

Florenz, 29. October 1504.

Es ist, wenn ich mich recht erinnere, schon der vierte Tag, seitdem Du mich ermahnt hast, Dich einmal mit Briefen zu begrüssen. Und zwar scheinst Du mir dieses mit Recht gethan zu haben. Denn es ist die Pflicht der gelehrten Männer, diejenigen, die der Wissenschaften unkundig sind, zum Studium der schönen Künste zu ermuntern. So möchte ich denn einiges an Dich schreiben, damit es nicht scheine, als ob ich Dich vergessen hätte oder Deines Geheisses uneingedenk wäre. Das Eine nämlich würde ein Zeichen der Undankbarkeit, das Andere der Trägheit sein. Denn so gross ist die Kraft Deiner Verdienste um mich, dass ich dieselben ohne die grösste Pietätslosigkeit nicht vergessen kann. Wohl aber geschieht es manchmal, dass ich wegen meiner vielfachen Beschäftigungen im Schreiben etwas nachlässig bin. Indess habe ich auch kaum etwas zu schreiben, das von Dir gesehen oder gehört zu werden würdig sei, nur das Eine bleibt mir, dass mich die Hülfe der Wissenschaften nie verlässt, wenn ich Dir Dank sagen will.

Wenn ich nämlich öfter die ungeheure Grösse Deiner Verdienste um mich überdenke, so werde ich zu der Ueberzeugung gebracht, dass ich auch nicht einmal den geringsten Theil davon verdienen könne, selbst wenn ich nicht bloss alle meine Fähigkeiten anstrengen, sondern sogar mein Blut für Dich vergiessen würde.

Ebenso sage ich Dir auch meinen grössten Dank, dass Du mich dazu auserwählt hast, den Johannes zu erziehen und zu unterrichten; mit der Rücksicht jedoch, dass Du wissest, wie sehr es mir leid thut. Euren Wünschen und dieser mir auferlegten Last nicht genügen zu können. Auch bitte ich Dich, es zu bewirken, dass, wie gleich Anfangs gesagt wurde, mir einige Belohnung gegeben werde, indem ich nämlich von vielen Bedürfnissen bedrängt bin. Ich werde Gott Tag und Nacht bitten, dass er es Dir für mich wiedererstatte. Das aber, Franciscus, kann ich nicht loben, dass Antonius so lange auf dem Lande bleibt und die Betreibung der Studien vernachlässigt. Ich ersuche Dich, wenn Du in Gegenwärtigem etwas unverständiges und unschönes findest, mich zu entschuldigen;

ich erwarte mit Freuden Deine Briefe und empfehle mich, so viel ich vermag, Deinem Wohlwollen. Liebe mich mit derselben Liebe, die ich zu Dir hege. Und nun schliesse ich, lebe wohl und sei glücklich! In grosser Eile.

Der früher im Privatarchiv der Medicecr aufbewahrte und von Gualandi Nuova Raccolta I. 24 mitgetheilte Brief ist von Michelangelo lateinisch geschrieben und insofern von grossem Interesse, als er uns zeigt, wie Michelangelo von der allgemeinen klassischen Bildung jener Zeit berührt gewesen ist, mit deren hauptsächlichsten Vertretern, namentlich mit Polizian, er schon im Hause seines ersten Gönners, Lorenzo des Prächtigen, bekannt und befreundet geworden war. Die Sprache des Briefes ist allerdings nicht von grosser Reinheit, vielmehr an manchen Stellen ziemlich incorrect. Indess auch abgesehen davon, dass der Brief, wie Michelangelo selbst sagt, „veloci calamo" in grosser Eile geschrieben ist, so gehörte dazu doch immer eine grosse Sicherheit und Kenntniss der Sprache und sodann hat, wenn man einige Verstösse im Einzelnen übersieht, das Ganze eine gewisse klassische Haltung, die dem Leser nicht leicht entgehen wird. Interessant ist es, wie Michelangelo im Gebrauch einer fremden Sprache Eigenheiten seiner Ausdrucksweise in der Muttersprache beibehält, wie z. B. das *quantum queo* am Schlusse ganz seinem in italienischen Briefen öfter wiederkehrenden „*quanto so e posso*" entspricht.

Doppelt beachtenswerth aber wird sowohl diese lateinische Korrespondenz selbst als die in dem Briefe ausgesprochene Liebe zu den Wissenschaften, wenn man bedenkt, dass Michelangelo, dem im Jahre 1503 von den Baumeistern des Domes von Florenz zwölf kolossale Statuen der Apostel verdungen waren (Gaye II. 473 ff.), und der erst vor kaum fünf Monaten seinen David vor dem Palast der Signorie aufgestellt hatte, damals schon mit dem grossen Carton der Schlacht bei Cascina beschäftigt war, welcher gegenüber einem Bilde des Leonardo (vgl. S. 73 ff.), der Schlacht bei Anghiari, im Palazzo vecchio ausgeführt werden sollte. Beide Cartons sind bekanntlich untergegangen, ohne zur Ausführung gelangt zu sein. Der Carton von Michelangelo, gewöhnlich der Carton der badenden Soldaten genannt, stellte, wie Thausing in der Zeitschrift für bildende Kunst XIII. S. 110 nachgewiesen hat, die Schlacht bei Cascina (28. Juli 1364) dar, welche von den Florentinern gegen die Pisaner gewonnen wurde.

Fortunato war Pfarrer an der Kirche Sa. Cosima zu Florenz, wie aus der Adresse des Briefes: „*Venerabili Religioso Domino Francisco Fortunato plebano Cosimae meo honorando Florentie*" hervorgeht.

56.

MICHELANGELO AN SEINEN VATER LUDOVICO.

Rom, den 31. Januar 1506.

Verehrungswürdigster Vater! Ich habe durch einen Eurer Briefe erfahren, dass der Hospitalverwalter noch nicht wieder zurückgekehrt ist. Aus diesem Grunde habt Ihr nicht zum Abschluss (des Kaufes) des Landgütchens kommen können, wie ich es gewünscht habe. Ich habe mich um die Sache nicht gekümmert, weil ich der Ansicht war, dass Ihr dieselbe bereits erledigt hätte. Ich fürchte, dass der Spitalverwalter absichtlich verreist ist, um diese Einnahme nicht wieder herausgeben zu müssen und das Geld und das Landgut behalten zu können. Giebt mir Nachricht; sollte es so sein, so werde ich ihm mein Geld aus der Hand nehmen und mein Landgut anders woher.

Mit meiner Lage würde ich ganz zufrieden sein, wenn mein Marmor nur käme; aber in dieser Sache scheine ich grosses Unglück zu haben, da, solange ich wieder hier bin, nur zwei Tage gutes Wetter gewesen ist. Vor einigen Tagen kam gerade eine Barke an, die durch einen sehr grossen Zufall nicht zu Grunde gegangen ist, weil widriges Wetter war. Und dann, als ich sie auslud, schwoll der Fluss plötzlich an und deckte die Ladung so zu, dass ich noch nicht habe anfangen können, etwas zu thun. Und doch gebe ich dem Papste gute Worte und halte ihn in guter Hoffnung, damit er sich nicht über mich ärgert. Ich hoffe, dass die Zeit kommt, dass ich anfangen kann, schnell zu arbeiten. Gott gebe es!

Ich bitte Euch, dass Ihr alle die Zeichnungen nehmt, d. h. alle die Papiere, die ich in den Sack gelegt habe, von dem ich Euch gesprochen, und dass Ihr daraus ein Packet macht und es mir durch einen Fuhrmann schickt. Aber seht zu, es gut zu verpacken wegen des Wassers. Und sorgt dafür, wenn Ihr es einpackt, dass auch nicht das kleinste Blättchen verdorben wird. Legt es dem Fuhrmann ans Herz, da gewisse Dinge von ziemlicher Wichtigkeit dabei sind. Schreibt mir auch, durch wen Ihr es schickt und was ich ihm zu geben habe.

Dem Michele habe ich geschrieben, dass er die Kiste an einen sicheren und bedeckten Ort bringe und dann sofort hierher nach Rom komme und mich unter keinen Umständen im Stich lasse. Ich weiss nicht, was darauf erfolgt ist. Ich bitte Euch, dass Ihr ihn daran erinnert, und bitte Euch noch, dass Ihr Euch etwas um die beiden Angelegenheiten bemüht, d. h. die Kiste an einen sicheren Ort unter Dach schaffen zu lassen. Die andere ist die Madonna aus Marmor. Ich wünschte gleichfalls, dass Ihr sie dort ins Haus bringen und sie Niemanden sehen liesset. Ich schicke Euch kein Geld für diese beiden Dinge, weil ich glaube, dass es nur eine geringfügige Sache ist. Und wenn Ihr Geld borgen müsstet, beeilt Euch es zu thun. Wenn mein Marmor angekommen ist, werde ich Euch Geld für dieses und für Euch schicken.

Ich schrieb Euch, dass Ihr Bonifazio fragen möchtet, wem er in Lucca die 50 Dukaten zahlen liess, die ich nach Carrara dem Matteo di Cucherello schickte, und dass Ihr den Namen desjenigen schreiben solltet, der sie ihm zu zahlen hat, in demjenigen Briefe, den ich Euch offen schickte und den Ihr nach Carrara an den gedachten Matteo schicken solltet, damit er wisse, zu wem er nach Lucca wegen des gedachten Geldes zu gehen hätte. Ich glaube, dass Ihr es gethan habt. Ich bitte, schreibt mir noch einmal, wem Bonifazio sie in Lucca auszahlen liess, damit ich den Namen weiss und an Matteo nach Carrara schreiben kann, zu wem er in Lucca zu gehen hat wegen des gedachten Geldes. Damit genug. Schickt mir nichts anderes als worum ich Euch schreibe. Meine Kleider und Hemden schenke ich Euch und dem Giovanni Simone. Bittet

Gott, dass meine Angelegenheiten gut gehen, und seht auf alle Weise zu, bis gegen tausend von meinen Dukaten in Ländereien anzulegen, wie wir abgemacht haben.

Am einunddreissigsten Tage des Januar 1506.

Euer Michelagniolo in Rom.

Lodovico! ich bitte Euch, dass Ihr diesen Brief, der in dem Eurigen liegt, dem Piero d'Argiento übersendet, und Ich bitte Euch, dass Ihr dafür sorgt, dass er ihn bekommt. Ich glaube, dass es durch Vermittelung der Ingiesuati gut gehen wird, weil häufig welche von diesen Mönchen dorthin zu gehen pflegen. Ich empfehle ihn Euch.

Dieser Brief, im britischen Museum befindlich, ist zuerst, aber unvollständig, von Grimm Leben Michelangelos 1. Aufl. 1. S. 501, dann in seinem ganzen Wortlaute von Milanesi Lettere di Michelangelo S. 6 f. veröffentlicht worden. Michelangelos Vater, Lodovico di Leonardo Buonarroti Simone, war zur Zeit der Geburt seines berühmten Sohnes Richter in Caprese und Chiusi. Doch dauerte seine Amtszeit nur sechs Monate. Dann kehrte er wieder nach Florenz zurück und erhielt später durch Lorenzo de Medici die Stelle eines Zollschreibers. Diese nährte ihn jedoch nicht, und Michelangelo musste sein Leben lang für ihn sorgen, was er mit unermüdlicher kindlicher Pietät that. Doch wahrte er sich, trotz seiner Pietät, wie aus dem obigen Briefe deutlich hervorgeht, dem Vater gegenüber eine volle Selbständigkeit in seinen Handlungen. — Der im Briefe erwähnte Michel ist ein Steinmetz, der damals in Carrara war, um Marmorblöcke für das Grabmal Julius II. zu brechen. — Die Madonna, von der im Briefe die Rede ist, ist, wie Grimm vermuthet hat, die Madonna von Brügge, nach Milanesi ein Basrelief, welches sich heute wieder in der Casa Buonarroti befindet, nachdem es eine Zeit lang im Besitz der Herzöge, resp. Grossherzöge von Florenz gewesen. Das Basrelief ist abgebildet bei Springer Raffael und Michelangelo S. 9, die Statue in Brügge ebenda S. 24. Der Wortlaut des Briefes „Nostra Donna di Marmo" lässt allerdings beide Deutungen zu. Wenn man aber bedenkt, dass das Relief in die erste künstlerische Thätigkeit Michelangelos, etwa in den Anfang der neunziger Jahre des 15. Jahrhunderts fällt, die für Brügge angefertigte Madonna gerade damals fertig geworden war, so scheint es doch, dass die letztere damit gemeint ist. Dann wären auch die unklaren Angaben Condivis und Vasaris, von denen der erstere das Werk als eine Bronzearbeit, der letztere als ein Bronzemedaillon bezeichnet, widerlegt. Gotti hat in seiner Vita di Michelangelo Buonarroti II. S. 51 einen Brief eines gewissen Balducci an Michelangelo vom 4. August 1506 publicirt, worin Balducci diesem die Wege angiebt, auf welchen der Transport des Werkes am besten erfolgen kann. Damals muss die Madonna also vollendet gewesen sein. — Gegen die Echtheit der Madonna in Brügge hat übrigens C. v. Lützow in der Zeitschrift für bildende Kunst X. S. 187 ff., XI. S. 27 f. gewichtige Bedenken vorgebracht.

57.

MICHELANGELO AN GIULIANO DA SANGALLO.

Florenz, 2. Mai 1506.

Giuliano. Ich habe durch einen Brief von Euch erfahren, dass der Papst meine Abreise übel genommen hat und dass Seine Heiligkeit geneigt ist, wieder so zu verfahren, wie wir es abgemacht hatten, und dass ich zurückkehren und mich über nichts mehr beunruhigen soll.

Was meine Abreise betrifft, so ist es wahr, dass ich vom Papste am Ostersonnabend sagen hörte, als er bei Tafel mit einem Juwelier und dem Ceremonienmeister sprach, dass er nicht mehr einen Heller weder für grosse noch für kleine Steine ausgeben wolle. Darüber habe ich mich genug gewundert. Trotzdem erkundigte ich mich bei ihm, bevor ich abreiste, nach dem Nöthigen zur Fortsetzung der Arbeit. Seine Heiligkeit antwortete mir, ich sollte Montag wieder kommen, und ich kam Montag und Dienstag und Mittwoch und Donnerstag wieder, was er bemerkte. Endlich, am Freitag früh, wurde ich hinausgeschickt, das heisst auf die Strasse gejagt, und derjenige, der mich hinausgehen hiess, sagte, er kenne mich wohl, aber das sei sein Auftrag. Da ich am genannten Sonnabende die angeführten Worte gehört hatte und nun ihre Folge sah, gerieth ich in grosse Verzweiflung. Aber dies allein war noch nicht der volle Grund meiner Abreise; es war noch ein anderer Grund vorhanden, den ich jedoch nicht schreiben will. Genug, er brachte mich zu dem Glauben, dass, wenn ich in Rom bliebe, mein Grabmal früher gemacht werden würde als das des Papstes. Und das war der Grund meiner plötzlichen Abreise.

Nun schreibt Ihr mir von Seiten des Papstes, und so leset dem Papste folgendes vor: Seine Heiligkeit möge erfahren, dass ich geneigt bin, mehr als ich es jemals war, das Werk fortzusetzen. Und wenn er will, dass das Grabmal unter allen Umständen gemacht werden soll, so darf er sich darüber keinen Verdruss machen, wo ich es arbeiten werde, wenn es nur nach Ablauf von fünf Jahren, wie wir übereingekommen sind, in Sanct Peter, wo es ihm gefallen wird, aufgerichtet und, wie ich es versprochen habe, schön ist. Des bin ich gewiss, wenn es fertig ist, hat es in der ganzen Welt nicht seines Gleichen.

Wenn nun Seine Heiligkeit darauf eingehen will, so mag sie mir den genannten Auftrag für Florenz ertheilen, von wo ich ihr schreiben werde. Ich habe in Carrara viele Marmorblöcke zu meiner Verfügung; diese werde ich hieher kommen lassen, desgleichen die Leute, die ich dort habe. Obgleich mir genug Schaden daraus erwachsen würde, so soll es mich nicht kümmern, ein solches Werk hier zu machen. Die fertigen Sachen würde ich sogleich nach ihrer Vollendung abschicken, so dass Seine Heiligkeit ihre Freude daran haben würde, wie wenn ich in Rom wäre, oder noch eine grössere, da er die fertigen Sachen sehen würde, ohne sonst Verdruss davon zu haben. In Betreff der besprochenen Zahlung und des Werkes werde ich mich verpflichten, wie Seine

Heiligkeit will, und ich werde ihr hier in Florenz diejenige Sicherheit geben, welche sie verlangen wird. Sollte er wünschen, dass ich ihn auf alle Weise sicher stelle, so ist ganz Florenz da. Noch muss ich Euch dieses sagen, dass ich das genannte Werk unmöglich für diesen Preis in Rom ausführen kann, was ich jedoch hier thun kann wegen der vielen Bequemlichkeiten, die hier sind, dort aber nicht. Und ich werde es auch besser machen und mit grösserer Liebe, weil ich nicht an so viele Dinge zu denken haben werde. Deshalb, mein theuerster Giuliano, bitte ich Euch, antwortet mir und zwar schnell. Sonst habe ich nichts zu sagen.

Am 2. Mai 1506.

Euer Michelagniolo, Bildhauer in Florenz.

Dieser von Milanesi a. a. O. S. 377 aus dem Familienarchive der Buonarroti mitgetheilte Brief Michelangelos an den ihm befreundeten Architekten Giuliano da Sangallo, seinen Landsmann, der auch seine Berufung nach Rom veranlasst hatte, giebt uns einen Aufschluss über seine plötzliche Flucht, nachdem er etwa ein Jahr im Dienste des Papstes Julius II. an dem projectirten Grabmale desselben gearbeitet hatte. Im März 1505 war Michelangelo nach Rom gekommen, hatte alsbald eine Skizze entworfen, welche die Billigung des Papstes fand, und ging dann, im April, nach Carrara, um die passenden Marmorblöcke auszusuchen. Wie aus dem vorigen Briefe erhellt, befand sich Michelangelo im Januar 1506 wieder in Rom, ungeduldig auf die Ankunft seiner Marmorblöcke wartend. Am 11. April, dem Ostersonnabende, ereignete sich die Scene, welche in dem obigen Schreiben des Meisters geschildert ist. Nach Springer a. a. O. S. 105 ff. ist die Veranlassung zu der plötzlichen Sinnesänderung des Papstes in dem Umstande zu suchen, dass der von Bramante geplante, glänzende Neubau der Peterskirche seinen leicht empfänglichen Sinn entflammte und frühere Pläne in ihm zurückdrängte. Das Weitere ergiebt sich aus dem Briefe Michelangelos an seinen Landsmann, der durch Bramante selbst in den Hintergrund geschoben war. Der „andere Grund" seiner Flucht, den Michelangelo so geheimnissvoll andeutet, ist uns nicht bekannt. Es muss ein gar gewichtiger gewesen sein; denn sonst würde er nicht, als der Papst die Verhandlungen selbst wieder anknüpfte, von dem Günstling Julius II., dem Cardinal von Pavia, Francesco Alidosi, durch Vermittelung der Signoria von Florenz einen Geleitsbrief an den Papst verlangt haben. Vermuthlich fürchtete er mit gutem Grund die Rücksichtslosigkeit und Gewaltthätigkeit des heiligen Vaters. Nachdem letzterer inzwischen als Sieger in Bologna eingezogen, verlangte er die Dienste Michelangelos, weil er in der eroberten Stadt sein Bild in Erz errichten wollte.

Der Cardinal von Pavia schrieb noch einmal an die Signorie von Florenz, und nun machte sich endlich Michelangelo, mit zwei Empfehlungsbriefen des Gonfaloniere Soderini an seinen Bruder, den Cardinal von Volterra, und der Signoria an den Cardinal von Pavia bewaffnet, auf den Weg. Der erste dieser Briefe, vom 27. November 1506 datirt, (Gaye Carteggio II. 91) ist interessant genug, um mitgetheilt zu werden.

Dem Cardinal von Volterra.

Der Ueberbringer ist Michelagnolo, Bildhauer, welcher abgesandt wird, um Seiner Heiligkeit unserem Herrn gefällig zu sein und seine Wünsche zu befriedigen. Wir versichern Ew. Herrlichkeit, dass er ein braver junger Mann ist und in seinem Handwerk einzig in Italien, vielleicht auch in der ganzen Welt. Wir können ihn nicht dringend genug empfehlen: er ist so geartet, dass man mit guten Worten und mit Freundlichkeit, so man sie ihm zu Theil werden lässt, alles mit ihm machen kann. Es ist nur nöthig, ihm Liebe zu zeigen und Gunst zu erweisen, und er wird Dinge machen, die jeden, der sie sieht, in Erstaunen setzen werden. Ich benachrichtige Ew. Herrlichkeit, dass er eine Geschichte für den Palazzo publico angefangen hat, die etwas wunderbares werden wird, und desgleichen zwölf Apostel, jeder $1^{1}\!/_{2}$ Braccien hoch, die auch vortrefflich ausfallen werden. Ich empfehle ihn noch einmal Ew. Herrlichkeit, so sehr ich kann.

Am 27. November 1506.

Der genannte MICHELANGELO kommt im Vertrauen auf unser Wort.

Das Werk für den Palazzo publico, auf welches Soderini anspielt, wurde von MICHELANGELO nur im Carton vollendet. Es ist das unter dem Namen des „badenden Soldaten" bekannte. (S. oben die Erläuterungen zu Brief 55.) Wenn Soderini sagt, MICHELANGELO hätte das Werk erst angefangen, so ist das ungenau. Der Carton war schon 1505 fertig. Ueber die zwölf Apostel-statuen s. den folgenden Brief.

MICHELANGELOS erste Zusammenkunft mit dem Papste, die nicht so stürmisch ausfiel, wie er gefürchtet, hat er später in einem Briefe an Francesco Fattuci in Rom geschildert, den wir unter der folgenden Nr. übersetzen. Die Statue des Papstes wurde am 21. Februar 1508 in einer Nische an der Façade von San Petronio aufgestellt, aber am 30. September 1511, nachdem die Bentivogli wieder zurückberufen worden waren, herabgestürzt, zerschlagen und zum Guss einer Kanone verwendet.

58.

MICHELANGELO AN FRANCESCO FATTUCI IN ROM.

Florenz, Januar 1524.

err Giovan Francesco, — Ihr erkundigt Euch in einem Eurer Briefe, wie meine Angelegenheiten mit dem Papste Julius stehen. Ich sage Euch, dass, wenn ich Schadenersatz und Zinsen verlangen könnte, ich nach meiner Schätzung viel mehr zu fordern, als herauszugeben hätte. Denn als er mich nun nach Florenz schickte, was, wie ich glaube, im zweiten Jahre seines Pontifikates war, hatte ich die Hälfte des Rathssaales von Florenz zu machen übernommen, d. h. sie auszumalen, wofür ich 3000 Dukaten erhalten hatte. Und da der Carton schon fertig war, wie es ganz Florenz weiss, so schien mir das Geld schon halb gewonnen. Und von den zwölf Aposteln, die ich noch für S. Maria del Fiore zu machen hatte, war einer modellirt, wie man noch sehen kann; und ich hatte schon den grösseren Theil der Marmorblöcke herbeigeschafft). Und da mich nun der Papst Julius von hier fortholte, hatte ich weder etwas von der einen Sache noch von der anderen. Dann, als ich mit dem genannten Papste Julius in Rom war, und er mir sein Grabmal aufgetragen hatte, auf welches für 1000 Dukaten Marmorblöcke gingen, liess er sie mir auszahlen und schickte mich wegen der Blöcke nach Carrara. Dort blieb ich acht Tage, um sie schneiden zu lassen, und transportirte sie dann fort alle nach dem Sankt Petersplatz, und nur ein Theil blieb an der Ripa zurück. Nachdem ich darauf die Fracht für diese Marmorblöcke bis zu Ende bezahlt hatte, und da das Geld, welches ich für das Werk erhalten hatte, nicht langte, möblirte ich das Haus, welches ich auf dem Sankt Petersplatz hatte, mit Betten und Hausgeräth aus meinen Mitteln aus, in der Hoffnung auf das Grabmal, und liess Gehülfen aus Florenz kommen, von denen einige noch leben. Auch diese bezahlte ich im Voraus aus meiner Tasche. — In dieser Zeit änderte der Papst seine Absicht und wollte an dem Grabmal nicht weiter arbeiten lassen. Und da ich das nicht wusste und zu ihm ging, um Geld zu bitten, wurde ich aus dem Hause gejagt. Um dieses Schimpfes willen verliess ich sofort Rom; und das, was ich im Hause hatte, ging zu Grunde, und die genannten Marmorblöcke, die ich hingeschafft hatte, blieben bis zur Wahl des Papstes Leo auf dem Sankt Petersplatze. Auf der einen Seite wie auf der anderen ging genug verloren. Unter anderem, was ich beweisen kann, wurden mir zwei Blöcke, deren einer 4½ Braccien hoch, von der Ripa durch Agostino Chigi fortgeschleppt. Sie hatten mir mehr als fünfzig Dukaten Geld gekostet und könnten ersetzt werden, weil Zeugen dafür da sind. Aber um wieder auf die Blöcke zurückzukommen: von der Zeit an, wo ich um ihretwillen fortging und in Carrara blieb, bis zu dem Zeitpunkt, wo ich aus dem Palaste gejagt wurde, verfloss mehr als ein Jahr. Von dieser Zeit an hatte ich nicht nur nichts, sondern steckte noch einige Dutzend Dukaten hinein.

Als Papst Julius zum ersten Male nach Bologna ging, wurde ich gezwungen, dorthin zu gehen, den Strick am Hals, um ihn um Verzeihung zu bitten. Da trug er mir auf, seine Statue aus Bronce zu machen, sitzend, ungefähr sieben Braccien hoch. Da er mich fragte, was sie kosten würde, antwortete ich ihm, dass ich glaubte, sie für 1000 Dukaten giessen zu können; aber es wäre das nicht mein Fach und ich wollte keine Garantie übernehmen; worauf er antwortete: „Geh, arbeite und giesse sie so oft, bis sie gut kommt, und ich werde dir soviel geben, dass du zufrieden sein wirst." Um es kurz zu machen, die Figur wurde zweimal gegossen, und am Ende zweier Jahre, während welcher ich dort gewesen, fand ich, dass ich 4½ Dukaten erübrigt hatte. Und von dieser Zeit hatte ich weiter nichts. Alle Kosten, die mir entstanden sind in den genannten beiden Jahren, bestritt ich aus den 1000 Dukaten, für welche ich die Figur giessen zu lassen zugesagt hatte, und die mir in mehreren Raten von Messer Antonio Maria da Legniame, dem Bolognesen, ausgezahlt wurden.

Nachdem die Figur oben nach der Façade von San Petronio hinaufgeschafft, und ich nach Rom zurückgekehrt war, wollte der Papst Julius noch nicht, dass ich an dem Grabmal arbeitete, und er trug mir auf, die Decke von San Sisto auszumalen, und wir machten einen Vertrag auf 3000 Dukaten. Der erste Entwurf zu dem genannten Werke waren die zwölf Apostel in den Lünetten und im übrigen ein gewisses Feldersystem mit Ornamenten angefüllt, wie das so üblich ist.

Nachdem ich das Werk angefangen hatte, schien es mir ein ärmliches Ding zu werden, und ich sagte zum Papste, dass, wenn ich die Apostel allein machen würde, die Sache recht ärmlich ausfallen würde. Er fragte mich, wieso; ich sagte ihm, weil auch sie (die Apostel) arm waren. Darauf gab er mir einen neuen Auftrag, ich möchte so arbeiten, wie ich wollte, er würde mich schon zufriedenstellen, und ich sollte bis zu den unteren Geschichten malen. In dieser Zeit, als die Decke beinahe fertig war, kehrte der Papst nach Bologna zurück, und ich ging zweimal dorthin des Geldes wegen, das ich noch zu bekommen hatte, und arbeitete nichts, und verlor diese ganze Zeit, bis er wieder nach Rom kam. Nach Rom zurückgekehrt, machte ich mich daran, die Cartons für das genannte Werk zu zeichnen, d. h. für die Kopf- und Seitenwände um die genannte Kapelle von San Sisto herum, indem ich hoffte, Geld zu erhalten und das Werk zu beendigen. Aber ich konnte nichts erhalten, und da ich mich eines Tages bei Messer Bernardo da Bibbiana und Atalante beklagte, dass ich in Rom nicht mehr bestehen könnte und gezwungen wäre, mit Gott zu gehen, sagte Messer Bernardo zu Atalante, er solle ihn daran erinnern, so werde er mir auf alle Fälle das Geld auszahlen lassen. Und er liess mir 2000 Dukaten (di Camera) geben. Es sind diejenigen, die man mir mit dem ersten Tausend für die Marmorblöcke auf das Grabmalkonto setzt. Und ich glaubte, sie mehr für die verlorene Zeit als für die gethane Arbeit erhalten zu haben. Und von diesem Gelde schenkte ich, da Messer Bernardo und Atalante mich wieder belebt hatten, dem einen hundert Dukaten, dem andern fünfzig.

Da kam der Tod des Papstes Julius; und zur Zeit des Anfangs Leos, da Aginensis (der Cardinal von Agens) sein Grabmal erweitern wollte, das heisst das Werk grösser machen lassen, als die Zeichnung, welche ich zuerst angefertigt hatte, wurde ein Kontrakt gemacht. Und da ich nicht wollte, dass die 3000 Dukaten, die ich erhalten hatte, auf das Grabkonto gesetzt würden, bewiess ich ihm, dass ich vielmehr zu erhalten hatte; Aginensis sagte mir darauf, ich wäre ein Gauner.

Dieser Brief, welcher nicht nur für die Aufklärung des Verhältnisses Michel-Angelos zu Papst Julius II., sondern auch für die Geschichte seiner beiden Hauptwerke, des Grabmals für den Papst und der Deckenmalerei in der Sixtinischen Kapelle, von höchster Wichtigkeit ist, befindet sich im Archivio Buonarroti und ist von Milanesi a. a. O. S. 426 ff. publizirt worden. Eine zweite Redaktion dieses Briefes, vielleicht ein Entwurf zu demselben, besitzt das britische Museum. Diese hat Grimm, Leben Michelangelos, 1. Aufl. I. S. 518 veröffentlicht. Sie bricht bei der Stelle ab, wo Michelangelo auf die Deckenbilder der Sixtina zu sprechen kommt, stimmt aber sonst in allen wesentlichen Punkten mit dem oben mitgetheilten Briefe überein, nur dass in dem letzteren die Höhe des Stand-

bildes Julius II. auf sieben Braccien angegeben wird, während der Brief des
britischen Museums nur von sechs spricht. Vielleicht ist aber der letztere in
die Hände des Adressaten abgegangen, während Michelangelo den obigen wort-
reicheren Entwurf zurückbehalten hat.

Der Brief widerlegt nicht nur manche Anekdoten und Ungenauigkeiten
Vasaris und Condivis, sondern hellt auch manchen, bisher im Dunkeln ge-
bliebenen Punkt in der Biographie Michelangelos auf. Wir erfahren, dass
Papst Julius ihn mitten aus bedeutenden Aufträgen herausriss und nach Rom
kommen liess. Für den Rathhaussaal in Florenz fertigte er nur den später zu
Grunde gegangenen Carton an, und von den zwölf Apostelstatuen, welche ihm
durch Rathsbeschluss vom 24. April 1503 aufgetragen worden waren, und die
nach Santa Maria del Fiore an Stelle der von Bicci di Lorenzo gemalten
Apostelfiguren in die Querkapellen kommen sollten, wurde nur eine grob aus
dem Marmor herausgehauen, der hl. Matthaeus, der jetzt im Hofe der Kunst-
akademie zu Florenz steht.

Auch das persönliche Verhältniss zwischen Julius und Michelangelo erscheint unter der Darstellung des letzteren in einem ganz anderen Lichte, als
es uns seine Biographen geschildert haben. Nicht der Papst gab dem starr-
köpfigen Künstler nach, sondern letzterer zitterte vor dem Willen des eisernen
Papstes, der sein Grabmal, welches Michelangelo die „Tragödie seines Lebens"
nennt, unbekümmert um den Widerspruch des Künstlers, hintansetzte, weil gross-
artigere Pläne zur Verewigung seines Namens sein unruhiges Hirn bewegten.

Der Kontrakt mit dem Kardinal von Agens, Leonardo Grosso, einem Neffen
Julius II., und dem Titularkardinal von Santi Quattro, Lorenzo Pucci, den beiden
Testamentsvollstreckern des Papstes, wurde am 8. Juli 1516 abgeschlossen.
Darin verpflichtete sich der Bildhauer, nach einer neuen (erweiterten) Zeichnung
und einem neuen Modelle das Grabmal binnen neun Jahren für den Preis von
16,500 Dukaten, einschliesslich der schon empfangenen 3500, zu vollenden.
Die unerquickliche Angelegenheit fand erst im Jahre 1545 mit der endlichen
Aufstellung des Denkmals, welches entgegen dem Kontrakte von 1516 ganz
dürftig ausfiel, im rechten Seitenschiffe der Kirche von S. Pietro in vincoli
ihren Abschluss. Der Antheil Michelangelos beschränkte sich schliesslich auf
den Moses und die Statuen des beschaulichen und thätigen Lebens. Die beiden
schon früher vollendeten Sklaven wurden als zu dem verkleinerten Entwurfe
nicht mehr passend ausgemerzt. S. Springer a. a. O. S. 134 f.

Der in dem Briefe erwähnte Atalante, ein natürlicher Sohn des Floren-
tiners Manetto Migliorotti (geb. 1466), war ein Schüler Leonardo da Vincis,
aber nur in der Kunst des Lauteschlagens. Gegen Ende des Jahres 1530 war
Atalante einer der Vorsteher der Bauhütte von Sankt Peter, in welchem Amte
er noch mindestens bis zum Jahre 1546 verblieb. — Vgl. auch Springer,
Michelangelo in Rom, Leipzig, 1875. S. 8—25.

59.

GALEOTTO GIUGNI IM AUFTRAGE MICHELANGELOS AN DIE BALIA VON FLORENZ.

Florenz. 15. Oktober 1529.

Ich weiss, dass Ew. Herrl. die Abreise des Michelangelo Buonarroti bekannt ist, und in welche Strafe er deshalb verfallen sei; und es thut mir dies ungemein leid, vorzüglich da ich weiss, dass die Zeit verflossen ist[1]), ehe dass er irgend etwas erfahren hätte. Und er würde gern zurückkehren, wenn er Eure Verzeihung zu erlangen gedächte. Nun hat er mich gebeten, es möge mir gefallen, diese Zeilen zu schreiben, und ich wollte dies wegen seiner Eigenschaften auch nicht unterlassen, indem ich ihn hiemit Ew. Herrl. auf das Inständigste empfehle, und überdies verspreche, dass, wenn Hochdieselben bewirken, dass er wieder in den vorigen Stand zurückversetzt werde und sicher zurückkehren könne, er sich vor Ew. Herrl. Füssen einstellen wird, um jedem Eurer Befehle Gehorsam zu leisten.

Wir haben den obigen, zwar von Galeotti Giugni, dem Gesandten der florentinischen Republik am Hofe von Ferrara, aber im Sinne und Auftrage Michelangelos geschriebenen und von Gaye II. 209 abgedruckten Brief hier aufgenommen, indem darin eines der am meisten besprochenen und für den Charakter Michelangelos wichtigsten Lebensereignisse desselben berührt wird. Die Jahre 1529 und 1530 waren sehr verhängnissvoll für die Republik Florenz. Es waren die letzten Jahre der Freiheit, indem diesem Sitze aller künstlerischen und wissenschaftlichen Bildung jetzt dasselbe Schicksal nahte, dem die Freiheit fast aller übrigen Republiken Italiens schon unterlegen war.

Die von der Weisheit, dem Grossmuth und dem hohen Adel Lorenzo des Prächtigen immer mehr entarteten Mediceer waren zum dritten Male vertrieben worden, sie kehrten jetzt mit grosser Heeresmacht zurück und belagerten die Vaterstadt. Die Florentiner fühlten, dass ihre Stadt das letzte Bollwerk der italienischen Freiheit sei, und beschlossen, sie aufs Aeusserste zu vertheidigen. Michelangelo, der damals in Florenz war, um im Auftrage Papst Clemens' VII., der selbst ein Mediceer war, an der Kapelle von S. Lorenzo und den dortigen Mediceergräbern zu arbeiten[2]), stand, seine persönlichen Verhältnisse zu den Mediceern der Liebe zum Vaterlande hintenansetzend, auf der Seite des Volkes und wurde in die Kommission der Neun erwählt, welchen die Vertheidigung der Stadt anvertraut war. In dieser Stellung setzte er namentlich die Befestigung des Hügels von S. Miniato durch, deren Arbeiten er persönlich leitete. Vgl. u. a. Gaye II. 197 ff.

---

[1] Nämlich die ihm von der Signorie von Florenz anberaumte Zeit der Rückkehr vgl. unten.

[2]) Schon am 19. Oktober 1521 quittirt *Michelagnolo* über 400 schwere Golddukaten, die ihm als sein Gehalt für acht Monat Arbeit an den „Figuren in S. Lorenzo und allem andern, was ihm der Papst Clemens VII. aufgetragen", von Gio. Spina ausgezahlt worden sind. Bott. Racc., VIII. 44. Facsimile in dem Woodborn'schen „Catalogue of one hundred original drawings by Michelangelo collected by Sir Thomas Lawrence." London 1836. p. 30.

Die früheren Biographen MICHELANGELOS und die Geschichtsschreiber der florentinischen Republik liebten es, zu den vielen Charaktervorzügen des grossen Mannes auch den eines politischen Heldenthums hinzuzufügen. Die neueste Forschung hat ihm diesen Glorienschein geraubt. MICHELANGELO war ein leidenschaftlicher Patriot, ein Freund von Florenz und der Freiheit, aber er war nichts weniger als ein Politiker oder gar ein weitblickender Staatsmann. Er war im Gegentheil in politischen Dingen unerfahren wie ein Kind, ein unpraktischer Idealist, dem schliesslich seine künstlerischen Interessen über alles gingen. Nicht die Zwistigkeiten mit Malatesta oder einem der anderen Führer haben ihn verstimmt aus Florenz getrieben, sondern einzig und allein die Besorgniss für seine persönliche Sicherheit. Aus seinem eigenen Munde haben wir dieses Geständniss seiner Schwäche, und damit widerlegen sich alle anders gefärbten Darstellungen seiner Biographen und der späteren Historiker. Springer hat a. a. O. S. 384 ff. die politischen Verhältnisse, unter denen sich die Flucht MICHELANGELOS vollzog, klar und erschöpfend behandelt. MICHELANGELO hat sich vermuthlich zuerst nach Venedig begeben. Denn von dort aus ist der Brief datirt, der über die Motive zu seiner Flucht berichtet und den wir hier folgen lassen:

MICHELANGELO AN BATTISTA DELLA PALLA IN FLORENZ.

Venedig, den 25. September 1529.

Battista, theuerster Freund. — Ich bin von dort fortgegangen, um, wie ich glaube, dass Ihr wisst, nach Frankreich zu gehen. In Venedig angekommen, habe ich mich nach dem Wege erkundigt, und es wurde mir gesagt, dass, wenn man dorthin gehen will, man deutsches Land passiren muss, und das sei gefährlich und schwer zu reisen. Deshalb habe ich gedacht, von Euch zu erfahren, wenn es Euch beliebt, ob Ihr noch im Sinne habt, dorthin zu reisen und Euch zu bitten, und so bitte ich Euch, gebt mir Nachricht davon und wo Ihr wollt, dass ich Euch erwarten soll, und wir werden in Gesellschaft reisen. Ich ging fort, ohne einem meiner Freunde ein Wort zu sagen, und in grosser Verwirrung. Und obwohl ich, wie Ihr wisst, unter allen Umständen nach Frankreich gehen wollte und schon mehrere Male die Erlaubniss dazu nachgesucht, aber nicht erhalten hatte, so war ich dennoch ohne die geringste Furcht entschlossen, zuerst das Ende des Krieges abzuwarten. Aber Dienstag früh, am 21. September, kam einer von ausserhalb des Thores nach San Niccolo, wo ich auf den Bastionen war, und sagte mir ins Ohr: für den, der sein Leben retten wolle, sei hier keines Bleibens mehr. Und er ging mit mir nach Hause, ass dort zu Mittag, verschaffte mir Pferde und liess nicht von mir ab, bis er mich aus Florenz heraus hatte, indem er mir bewies, dass das zu meinem Besten wäre. Ob es Gott ist oder der Teufel, der das so angestellt hat, ich weiss es nicht.

Ich bitte Euch, antwortet mir auf das Obige in diesem Briefe, und zwar so schnell Ihr könnt, weil ich vor Begierde brenne, zu reisen. Und wenn Ihr nicht mehr gesonnen seid, zu reisen, so bitte ich Euch noch, benachrichtigt mich davon, damit ich den Entschluss fasse zu reisen, so gut ich selbst kann.

Euer Michelagniolo Buonarroti.

Auf die Rückseite dieses von Milanesi a. a. O. S. 157 publizirten Briefes hat Michelangelo der jüngere die Worte geschrieben: „Er sagte mir: ich erinnere mich nicht, wer; ich glaube, der Canonicus Nori". Jedenfalls ist damit die nicht genannte Persönlichkeit gemeint, die Michelangelo zur Flucht trieb.

Dass der Künstler wirklich die Absicht hatte, nach Frankreich zu gehen und sich dort einer Thätigkeit hinzugeben, an deren Entfaltung ihn die politischen Verhältnisse seiner Vaterstadt hinderten, beweist ein Brief, den der französische Gesandte in Venedig, Lazare de Baïf, am 14. Oktober an Franz I. schrieb und in welchem er seinen Souverän von der Bereitwilligkeit Michelangelos, nach Frankreich zu übersiedeln, in Kenntniss setzt. Franz I. ging mit Freuden auf den Vorschlag ein und bot dem Künstler ausser einem eigenen Hause ein Jahrgehalt von 1200 Livres an. In Venedig lebte Michelangelo ganz zurückgezogen, im Hause eines gewissen Bartolomeo Pacciatichi. Er gab dort bei vierzehntägigem Aufenthalt nach der von Gaye II. 213 erwähnten Rechnung nur 20 Lire aus.

Der Lärm, welcher Michelangelo zur Flucht getrieben, war vorläufig noch ein blinder gewesen. Der Feind stand noch nicht vor den Mauern von Florenz, man erholte sich demnach in der Stadt bald von den Schrecken und statuirte ein Exempel an den Männern, die, wie Michelangelo, bei der ersten Nachricht geflohen waren. Am 30. September wurde über ihn und zwölf andere Florentiner die Acht verhängt und ihnen die Konfiskation ihrer Habe angedroht, wenn sie sich nicht bis zum Abende des 6. Oktober dem Gericht gestellt hätten. Wiewohl Michelangelo, vielleicht immer noch von der Absicht erfüllt, nach Frankreich zu gehen, diesen Termin nicht einhielt, bat er schliesslich doch den florentinischen Geschäftsträger in Ferrara, wohin sich der Künstler von Venedig aus begeben zu haben scheint, um seine Vermittlung bei dem Rath der Zehn. Am 13. Oktober schrieb Giugni für ihn den obigen Brief, auf den am 20. die Antwort erfolgte, „dass die Signori Michelangelo freies Geleit gäben, er könne also auf seinen Posten zurückkehren"; nach Varchi II. 92. (Ed. 1843) wurde ihm der Geleitsbrief durch Bast. Scarpellino nach Venedig geschickt. Auch Battista della Palla hatte das seinige gethan, um Michelangelo durch gütliche Zureden wieder zur Rückkehr zu bewegen. Aber erst vom 9. November datirt das Schreiben Giugnis aus Ferrara Gaye II. 213 , das dieser dem Michelangelo als Empfehlung mit nach Florenz gegeben hat:

GALEOTTO GIUGNI AN DIE BALIA VON FLORENZ.

Ferrara, 9. November 1529.

Ueberbringer dieses wird Michelangelo Buonarroti sein, der da kommt, um sich zu den Füssen Ew. Herrl. einzufinden und seinem Vaterlande alle seine Kraft zu Gebote zu stellen. Ich empfehle ihn Euch, soviel ich nur vermag. Mit ihm wäre auch Antonfrancesco degli Albizi gekommen; da er aber seine Frau und zwei Kinder krank hat, so kann er dieselben nicht verlassen, was ihm sehr leid thut.

Doch beeilte sich Michelangelo nicht allzusehr, von dem Empfehlungsschreiben Gebrauch zu machen. Erst als Palla, der ihm nach Lucca entgegengereist war, ihm meldete, dass man bereits anfange, die Güter der Geächteten zu verkaufen, machte sich Michelangelo auf den Weg nach Florenz. Die Acht wurde am 23. November durch folgenden Beschluss der Signorie zurückgenommen:

„Da Michellangelo di Lodovico Bronarroti und Agostino di Pietro del Nero unter dem jüngst verflossenen 30. September in die Acht der Empörer erklärt worden sind, weil sie die Stadt Florenz ohne Erlaubniss verlassen haben und dahin nicht zu der ihnen angewiesenen Zeit zurückgekehrt sind[1]); — da sie indess nachher zurückgekehrt sind, so ist ihnen die besagte Strafe dahin umgewandelt worden, dass sie während der nächsten drei Jahre nicht in den grossen Rath der Stadt Florenz eintreten dürfen, wobei sie indess nichtsdestoweniger jedes Jahr einmal ein Restitutionsgesuch bei dem Rathe machen dürfen, welches Gesuch aber, um zum Beschluss erhoben zu werden, wenigstens drei Viertel der Stimmen[2]) für sich haben muss." Gaye II. 211.

Er scheint auch mit einer Geldstrafe belegt worden zu sein, da er später einmal erwähnte, die Stadt hätte ihm etwa 1500 Dukaten abgenommen. Einen Theil dieser Summe erhielt er nachmals von Herzoge Alessandro wieder zurück.

Nach seiner Heimkehr betheiligte er sich nicht mehr an den Befestigungsarbeiten. Was Vasari und Condivi davon erzählen, sind Märchen, welche ihnen die Sucht eingegeben hat, aus Michelangelo einen politischen Helden und Märtyrer zu machen. Man scheint ihn sogar in Florenz fortan mit einem gewissen Misstrauen behandelt zu haben: als er später einmal die Domkuppel, die als Observatorium gegen die Feinde diente, besteigen wollte, vermuthlich in der Absicht, nachzusehen, ob das Wunderwerk des Brunellesco nicht durch die Kugeln der Belagerer gelitten hätte, wurde ihm diese Erlaubniss ausdrücklich nur für ein einziges Mal ertheilt.

Am 12. August 1530 erlag die Stadt ihrem Schicksal, nachdem sie 8000 Bürger und 14,000 fremde Soldaten verloren, mit der Pest zu kämpfen gehabt und aus der reichsten Stadt der Welt eine arme und dürftige geworden war. Ihr Fall wurde aber erst durch den Verrath ihres obersten Heerführers Malatesta Baglioni entschieden. Die Hinrichtung und Verfolgung der bisherigen Führer des Staats waren die ersten Handlungen der Sieger — der Geist Cosimos und Lorenzos war aus den Mediceern entwichen. Michelangelo, der auch für sein Leben fürchtete, hielt sich mehrere Tage lang in dem Hause eines Freundes, nach anderen im Glockenthurme von San Niccolò oltra Arno verborgen, bis es ihm gelang, den Bevollmächtigten des Papstes, Baccio Valori, durch die Zusage einer Marmorstatue günstig zu stimmen. Auch der Papst verzieh ihm schliesslich, da er sicherlich den leidenschaftlichen Künstler nicht für einen gefährlichen Politiker hielt. Vasari stutzt diese günstige Wendung nach seiner Art romanhaft zu. Als alles vorüber war, erzählt er, „da geschate Papst Clemens VII. der Kunstleistung Michelangelos, liess mit Fleiss nach ihm forschen und gab Befehl, man solle ihm nichts vorwerfen, ihm vielmehr sagen: er werde sein früheres Gehalt bekommen, wenn er zurückkehre und für das Werk von S. Lorenzo Sorge trage."

Michelangelo machte sich alsbald an diese Arbeit, an die Vollendung der Grabmäler der Mediceer in der Kapelle von S. Lorenzo. Nebenbei arbeitete er auch an der Statue, die er dem Valori versprochen hatte. Es war ein Apollo, der indess nur halb fertig wurde und der sich jetzt im Museo nazionale in Florenz befindet. Der Meister war ununterbrochen thätig, als wollte er in der

---

[1]) In jener Achterklärung war den Flüchtlingen ein Termin für die Rückkehr gestellt worden. Michelangelo hatte davon nichts erfahren, worauf sich die Worte Ginguis „per esserli passato il tempo avanti che abbia inteso cosa alchuna" beziehen.

[2]) La quale provisione si debe vincere almeno per i ¾ della fare. Es wurde nämlich mit schwarzen und weissen Bohnen abgestimmt.

Arbeit die trüben Erlebnisse der letzten Monde vergessen. Er ass und trank schlecht und schlief nur wenig, so dass seine Freunde überzeugt waren, er würde, da er überdiess an Kopfweh und Schwindel litt, sehr bald sterben müssen; das einzige Mittel dies abzuwenden, sagt Giovanni Batista di Paolo Mini in einem Briefe an B. Valori, Florenz, den 29. Sept. 1531, (Gaye II. 238) sei, dass der Papst befehle, er solle während des Winters nicht in der Sakristei arbeiten.

Bis zum September 1531 arbeitete MICHELANGELO an den Mediceergräbern. Am 25. September, zwei Tage nach dem Tode des Papstes, finden wir ihn in Rom, wo er fortan seinen bleibenden Aufenthalt zu nehmen beschloss, da er den Zorn des Herzogs Alessandro fürchtete. Die Statuen für die Grabkapelle blieben unvollendet zurück, und auch später legte MICHELANGELO keine Hand mehr an dieselben. An die liegende Gestalt der „Nacht" knüpft sich bekanntlich ein berühmtes Epigramm MICHELANGELOS, welches man früher in die Zeit kurz nach der Eroberung von Florenz verlegte. Indessen hat sich herausgestellt, dass MICHELANGELO erst im Jahre 1545 seinem patriotischen Ingrimm in diesen Versen Luft machte, nachdem die Florentiner Patrioten alle Hoffnung auf eine Befreiung ihrer Vaterstadt aufgegeben hatten. Eines Tages fand man nämlich an der Statue der Nacht folgendes Epigramm angeheftet, als dessen Verfasser sich nachmals Giovanni Strozzi ergab:

> Die Nacht, die wir in tiefem Schlummer sehen,
> Ein Engel schuf sie hier aus diesem Stein,
> Und weil sie schläft, muss sie lebendig sein,
> Geh', wecke sie, sie wird dir Rede stehen.

Die Antwort MICHELANGELOS lautete:

> Caro m'è 'l sonno, e più l'esser di sasso,
> Mentre che 'l danno e la vergogna dura.
> Non veder, non sentir, m'è gran ventura;
> Però non mi destar, deh! parla basso.

Der Charakter dieser zornigen Verse ist schwer im Deutschen wieder zugeben. Wir lassen, des Vergleichs halber, die Uebersetzungsversuche der renommirtesten Michelangeloübersetzer hier folgen.

Regis 1842:

> Lieb ist der Schlaf mir, lieber Steines Weise,
> So lange Schmach und bitt'rer Jammer währen,
> Nichts seh'n, nichts hören, ist mein ganz Begehren.
> So wecke mich nicht auf, o rede leise!

Harrys 1868:

> Wohl dass ich schlafe, dass ich Stein bin. Preise
> Sich glücklich, wer nicht sieht und nicht empfindet,
> Was uns an Schmach und Jammer jetzt umwindet;
> D'rum ja nicht wecke mich, sprich leise, leise.

Sophie Hasenclever 1875, von der auch die Uebersetzung der Strozzischen Verse herrührt:

> Schlaf ist mein Glück, so lange Schmach und Kummer
> Auf Erden dauern, besser Stein zu bleiben,
> Nicht seh'n, nicht hören bei so schnödem Treiben;
> Sprich leise d'rum, und stör' nicht meinen Schlummer.

Für die verbitterte Stimmung MICHELANGELOS in der Zeit, wo diese Strophe entstand, spricht auch eine Stelle in einem Briefe aus dem Jahre 1544, in welchem er durch Luigi del Ricci, in dessen Hause zu Rom er damals krank lag, an Ruberto di Filippo Strozzi in Lyon schreiben lässt, „dieser möge den König von Frankreich an das erinnern, was er (MICHELANGELO) ihm durch Scipio und dann durch den Courier Deo habe sagen lassen, dass, wenn der König Florenz wieder befreien würde, er ihm eine broncene Reiterstatue auf dem Platze der Signoren auf seine Kosten errichten wolle!" Gaye II. 296.

———

69.

MICHELANGELO AN SEBASTIANO DEL PIOMBO.

Florenz, 26. Juni 1531.

Mein lieber Sebastiano! Ich mache Euch zu viel Mühe, aber tragt es in Frieden und denkt, dass es für Euch ruhmvoller sein wird, Todte zu erwecken, als Figuren zu machen, die da lebendig erscheinen. Was das Grabmal des Papstes Julius betrifft, so habe ich, wie Ihr mir schreibt, öfter daran gedacht, und es scheint mir, als ob es zwei Wege gäbe, den eingegangenen Verpflichtungen nachzukommen; entweder nämlich es selbst auszuführen, oder jenen das Geld zurückzugeben, damit sie es auf ihre eigene Hand herstellen; und von diesen beiden Wegen kann nur der eingeschlagen werden, der die Genehmigung des Papstes erhalten wird. Meiner Ansicht nach würde es nun dem Papste nicht genehm sein, dass ich es machte, indem ich mich dann mit seinen Aufträgen nicht beschäftigen könnte. So also würde man jene — ich meine die von Papst Julius über diese Angelegenheit gesetzt sind — zu überreden haben, das Geld zu nehmen und das Grabmal auf ihre eigene Hand herzustellen. Ich würde die Zeichnungen und Modelle und, was sie sonst wollten, dazu geben. Und mit den Marmorblöcken, die schon dazu bearbeitet sind und mit Hinzufügung von 2000 Dukaten glaube ich, würde man ein schönes Grabmal machen können und dann sind hier auch jüngere Männer, die es besser als ich machen würden.

Sollte diese letzte Auskunft — dass ich ihnen nämlich das Geld gäbe und sie es selbst machen liessen — angenommen werden, so könnte ich ihnen gleich 1000 Dukaten in Gold auszahlen, und dann später auf irgend eine Art die übrigen; nur dass sie sich zu etwas entschliessen, das die Billigung des Papstes erhält. Und wenn sie geneigt sind, den letzteren Vorschlag ins Werk zu setzen, so werde ich Euch schreiben, in welcher Weise die übrigen 1000 Dukaten zu beschaffen wären, so dass sie nichts dawider hätten.

Besonderes über meine Person schreibe ich Euch nicht weiter, indem es nicht der Mühe werth wäre. Nur das will ich Euch sagen, dass die 3000 Dukaten, die ich in Gold und Münze mit nach Venedig genommen habe, bei meiner Rückkehr nach Florenz zu fünfzig zusammengeschmolzen sind — der

Staat hat mir gegen 1500 genommen. — Ich kann also jetzt nicht mehr geben, indessen werden sich Mittel und Wege finden, und so habe ich denn, in Anbetracht der Gunst, die mir der Papst verspricht, die beste Hoffnung. Sebastiano, mein liebster Gevatter, obbesagtermaassen befinde ich mich wohl und bitte Euch, Euch davon zu überzeugen!

Gaye III. App. p. 573 f. Milanesi S. 158. — Trotz der Versöhnung Michelangelos mit dem Papste glaubten die Erben des Papstes Julius II. wieder den Augenblick gekommen, wo sie die leidige Angelegenheit mit dem Grabmale wieder aufnehmen und Michelangelo zur Vollendung desselben drängen konnten. In dieser unangenehmen Lage war Sebastiano del Piombo der Vermittler Michelangelos in Rom, der durch seine Geduld und seinen diplomatischen Takt die Sache zu einem für seinen Freund und Gevatter Michel-angelo günstigen Abschlusse brachte. Vgl. später Brief 105 und 106 und die Erläuterungen zu dem folgenden Briefe. In Bezug auf die am Schlusse mit-getheilten Nachrichten bedarf es wohl kaum der Bemerkung, dass sich dieselben auf die vorher besprochene Flucht beziehen (vgl. S. 130).

Gaye und Milanesi datiren diesen Brief von Rom. Das kann unmöglich richtig sein, da sich Sebastiano del Piombo in Rom befand, Michelangelo dem-nach, wenn er sich gleichfalls in Rom aufgehalten hätte, nicht mit ihm schriftlich verhandelt haben würde.

61.

MICHELANGELO AN PAUL III.

Rom, Juli 1542.

Da Messer Michelagnolo Buonarroti es vor längerer Zeit übernommen hat, das Grabmal des Papstes Julius in S. Pietro in vincola auszuführen unter gewissen Bedingungen und Verabredungen, wie aus einem Kontrakt, aufgenommen von Messer Bartolomeo Cappello unter dem 18. (d. h. 29.) April 1532 hervorgeht, und da er später angegangen und von Seiner Heiligkeit unserem Herrn Paul III. gezwungen worden ist, in dessen Kapelle zu arbeiten und dieselbe auszumalen, er somit also sich noch nicht der Beendigung des Grabmales unterziehen konnte, so kam er durch Vermittelung Seiner Heiligkeit von Neuem mit dem erlauchten Herrn Herzog von Urbino, dem die Sorge für das Grabmal obliegt, überein, wie sich aus einem seiner Briefe vom 6. März 1542 ergiebt, dass von den sechs Statuen, die zu dem besagten Grabmal gehören, Messer Michelagnolo drei an einen guten und lobenswerthen Meister verdingen könne, der sie zu vollenden und an besagtem Werke aufzustellen habe, wogegen er die anderen drei, unter diesen den Moses, mit eigener Hand zu vollenden habe, und auch gehalten sei, die Einfassung d. h. den Rest der Verzierung des Grabmales nach dem schon gemachten Anfange vollenden zu lassen.

Um also nun jene Uebereinkunft in Ausführung zu bringen, hat vorbesagter Michelagnolo die besagten drei Statuen, die schon weit vorgerückt sind, d. h. eine stehende Madonna mit dem Kinde im Arm, nebst einem Propheten und einer Sybille, welche sitzen, dem Raffaello da Montelupo aus Florenz zur Vollendung verdungen, der als einer der besten Meister dieser Zeit erprobt ist, und zwar für 400 Skudi, wie aus der deshalb von ihnen festgesetzten Schrift hervorgeht, und das Uebrige der Einfassung und Verzierung des Grabmales mit Ausnahme des letzten Frontespizes, hat er an Meister Giovanni de' Marchesi und Francesco da Urbino, Steinmetzen und Bildhauer, für 700 Skudi verdungen, wie aus dem von ihnen geschlossenen Kontrakt sich ergiebt.

Es blieben ihm nun die drei Statuen mit eigener Hand zu vollenden übrig, nämlich der Moses und zwei Gefangene, welche drei Statuen fast vollendet sind. Da indess die beiden Gefangenen gemacht worden sind, als das Werk noch bei Weitem grösser werden sollte und weit mehr Statuen dazu gehörten, — dasselbe wurde später in dem vorbesagten Kontrakt beschränkt und verkleinert — so passen nun dieselben nicht mehr zu der jetzigen Zeichnung und können sich auf keine Weise gut daran ausnehmen. Deshalb hat nun Messer Michelagnolo, um seiner Ehre nichts zu vergeben, zwei andere Statuen begonnen, die zu beiden Seiten des Moses aufgestellt werden sollen, nämlich das beschauliche Leben und das thätige Leben, und auch diese sind ziemlich weit vorgerückt, so dass sie mit Leichtigkeit von anderen Meistern vollendet werden können. Und da nun Messer Michelagnolo von Neuem angegangen und von Seiner Heiligkeit Papst Paul III. angetrieben wird, dessen vorbesagte Kapelle zu vollenden, diess Werk aber gross ist und den Menschen vollständig und befreit von allen anderen Sorgen in Anspruch nimmt; da ferner Messer Michelagnolo alt ist und Seiner Heiligkeit nach allem seinen Vermögen zu dienen bestrebt ist, auch von Seiner Heiligkeit dazu angehalten und gezwungen wird, er diess aber nicht thun kann, ehe er nicht ganz und gar von jenem Werke für Papst Julius II., welches ihn an Seele und Leib gefesselt hält, befreit ist, so bittet er Seine Heiligkeit, da dieselbe entschlossen ist, dass er für sie arbeiten solle, mit dem erlauchten Herrn Herzog von Urbino dahin übereinzukommen, dass ihn derselbe ganz und vollständig von der Arbeit jenes Grabmales entbinde, indem alle bisher zwischen ihnen obwaltenden Verpflichtungen unter den nachstehenden billigen Bedingungen kassirt und annullirt werden:

Zunächst also verlangt besagter Messer Michelagnolo die Erlaubniss, die anderen beiden Statuen, die noch zu vollenden sind, an den besagten Raffaello, oder an wen es sonst sei, verdingen zu dürfen, nach dem Belieben Seiner Exzellenz und für einen anständigen Preis, der sich, wie er glaubt, auf ungefähr 200 Skudi belaufen wird; den Moses aber will er selbst fertig machen und überdiess will er die ganze Summe Geldes, die zur Vollendung des besagten Werkes gehört, deponiren, obschon ihm diess sehr beschwerlich fällt und er für besagtes Werk schon sehr viel ausgegeben hat; nämlich den Rest, den er noch an Raffaello für die drei verdungenen Statuen zu zahlen hat und der sich auf ungefähr 300 Skudi beläuft, und dann den Rest, den er noch für die Her-

stellung der Einfassung und der Verzierung schuldig ist, und der sich auf
ungefähr 500 Skudi beläuft; ferner die 200 Skudi, oder wie viel nöthig sein
werden, um die beiden letzten Statuen zu vollenden, und endlich das Geld,
welches zur Vollendung des letzten Frontespizes in der Ausschmückung des
besagten Grabmales gehört, im Ganzen also 1100 oder 1200 Skudi, oder wie
viel überhaupt nöthig sein werden. Diess Geld wird er in Rom in einer geeig-
neten Bank für den besagten erlauchten Herrn Herzog, seinen und des Werkes
Herrn, deponiren, mit der ausdrücklichen Bestimmung, dass dasselbe nur zur
Vollendung des besagten Werkes und zu nichts Anderem zu dienen habe, und
dass es zu keinem anderen Zwecke erhoben oder weggenommen werden dürfe.

Und ausserdem ist er bereit, so viel er vermag, für die Ausführung des
Werkes, sowohl in Bezug auf die Statuen, als auf das Ornament, Sorge zu
tragen, damit dasselbe mit der nöthigen Sorgfalt vollendet werde.

Auf diese Weise wird Seine Exzellenz sicher sein, dass das Werk zu Ende
gebracht werde und wissen, wo die dazu erforderlichen Gelder zu beschaffen
sind, auch wird er es durch seine Diener stets beschleunigen, und zu rascher
Vollendung bringen lassen können; diess aber muss ihm erwünscht sein, indem
Messer Michelagnolo sehr alt und mit einem Werke beschäftigt ist, welches ihn
so in Anspruch nimmt, dass er kaum Zeit haben wird, es zu vollenden, geschweige denn noch etwas Anderes zu unternehmen.

Messer Michelagnolo aber wird vollständig frei bleiben, um Seiner Heiligkeit
dienen und deren Wünschen genug thun zu können; weshalb er denn Seine
Heiligkeit inständigst ersucht, an Seine Exzellenz den Herzog schreiben zu lassen,
derselbe möge hier die erforderlichen Befehle ertheilen, und die genügende Vollmacht ausstellen, um ihn (Michelagnolo) von aller Verpflichtung und Ver-
bindlichkeit, die zwischen ihnen besteht, zu entbinden und frei zu sprechen.

Gaye II. 297 ff., Milanesi S. 485. — Aus diesem Dokumente, welches
nach dem Diktate Michelangelos von Luigi del Riccio, dem Vertreter des
Strozzischen Bankhauses in Rom, geschrieben ist und sich in der Nationalbibliothek von Florenz befindet, aus dem Briefe an San Gallo (Nr. 57), dem
an Fatucci (Nr. 58), dem an Sebastiano del Piombo (Nr. 60) und dem folgenden
an eine unbekannte Person, lässt sich die unglückliche Geschichte von dem Grabmale Julius II., welche Condivi die „Tragödie" von Michelangelos Leben
nennt, in ihren Grundzügen und mit Zuhilfenahme der Kontrakte in allen Einzelheiten feststellen. Wir rekapituliren hier der besseren Uebersicht wegen alle
einzelnen Phasen. Fast vierzig Jahre lang, seit seiner Berufung nach Rom bis
zum Jahre 1545, hat Michelangelo mit den Widerwärtigkeiten und Seelen-
leiden [1]) zu kämpfen gehabt, die ihm aus jenem glänzenden und ehrenvollen
Auftrage Papst Julius II. erwachsen sind.

Papst Julius II. hatte 10,000 Dukaten für das Grabmal bestimmt.
Nachdem Michelangelo schnell den Plan entworfen und dieser vom Papste
genehmigt war, machte sich der Künstler im Frühjahr nach Carrara auf, um

[1]) *Male del cuore* sagt *Giovanbattista di Paolo Mini* in seinem Briefe an Bart.
Valori 29. September 1531 bei Gaye II., 239.

dort die nöthigen Marmorblöcke auszusuchen. Die Kontrakte, welche Michel-Angelo mit den Marmorarbeitern abschloss, haben sich der eine im Archiv der Buonarroti, der andere im Archivio Communale von Carrara erhalten. Sie sind vom 12. November und 16. Dezember 1505 datirt. Milanesi a. a. O. S. 630 ff. Vgl. auch den Brief an den Vater oben Nr. 56. Dann folgte die Flucht nach Florenz, welche die Arbeiten unterbrach, die Wiederversöhnung mit dem Papste u. s. w., worüber Ausführliches in den Erklärungen zum Brief 58 gesagt worden ist.

Nach dem Tode Julius II. wurde ein neuer Kontrakt, also der zweite, am 6. Mai 1513 zwischen Michelangelo und den Testamentsvollstreckern des Papstes, dem Cardinal Leonardo von Agens und dem päpstlichen Haushofmeister Lorenzo Puccio, abgeschlossen. Darin wurde die Michelangelo zugesicherte Summe auf 16,000 Dukaten erhöht, weil das Grabmal vergrössert werden sollte, von denen er jedoch bereits 3500 erhalten zu haben bekannte. Als Termin der Vollendung war das Ende des siebenten Jahres, von dem Kontrakte gerechnet, festgesetzt. Milanesi a. a. O. S. 635. Trotzdem Michelangelo eifrig an die Arbeit ging, wurde schon am 8. Juli 1516 zwischen ihm und den Testamentsvollstreckern ein neuer Vertrag, der dritte, abgeschlossen, in welchem die Lieferungsfrist auf neun Jahre festgesetzt wurde, von 1513 an gerechnet, die stipulirte Summe aber beibehalten wurde. Der Plan des Denkmals wurde aber um zwölf Marmorfiguren von den ursprünglichen vierundzwanzig verkleinert, offenbar, um Michelangelo die Möglichkeit zu geben, das Werk bis zu dem festgesetzten Termine — 1521 — zu vollenden. S. Springer a. a. O. S. 211 ff. Michelangelo hielt den Termin nicht ein. Der ihm vom Papste Leo X. aufgetragene Ausbau der Façade von San Lorenzo (Kontrakt vom 19. Januar 1518 bei Milanesi S. 671) drängte die Grabmalsangelegenheit wieder in den Hintergrund, und später waren die Arbeiten an den Mediceergräbern und die politischen Verhältnisse von Florenz die Ursachen, weshalb Michelangelo seinen Verpflichtungen nicht nachkommen konnte. Auf die Verhandlungen, welche in den zwanziger Jahren zwischen ihm und den Erben gepflogen wurden, wirft der oben mitgetheilte Brief an Fatucci (Nr. 58) ein helles Licht. Sie waren bereits dem Abschluss nahe, als der Krieg gegen Florenz die Angelegenheit wieder ins Stocken brachte. Sie wurde indessen bald nach wiederhergestellter Ruhe auf Betrieb des Herzogs von Urbino, Maria Francesco von Rovere, der jetzt die Ansprüche der Erben Julius II. vertrat, wieder aufgenommen. Wir haben gesehen, dass Sebastiano del Piombo im Interesse Michelangelos vermittelte und die Sache schliesslich so weit vorbereitete, dass am 29. April 1532 von Michelangelo einerseits und zwei Bevollmächtigten des Herzogs von Urbino andrerseits, ein neuer Kontrakt, also der vierte, abgeschlossen wurde, welcher die früheren annullirte. Michelangelo solle von allen seinen früheren Verbindlichkeiten frei sein, dagegen aber nach seinem Gutdünken ein neues Modell machen. Die sechs begonnenen Figuren solle er mit eigener Hand vollenden, endlich im Verlauf von drei Jahren die 2000 Dukaten, von denen er auch in dem obigen Briefe spricht, so wie ein ihm in dem Kontrakte von 1516 miethfrei überlassenes Haus in Rom wiederherausgeben, sowie er sich auch anheischig machte, etwa sonst noch nöthige Ausgaben für das Grabmal selbst zu bestreiten. Papst Clemens VII., mit dessen Bewilligung dieser Kontrakt geschlossen ward, gab Michelangelo die Erlaubniss, eine gewisse Zeit des Jahres auf diese Arbeiten zu verwenden. Bald aber trat ein anderes Hinderniss dazwischen, indem Clemens VII. in der Absicht, dass Michelangelo sich ganz der grossen Arbeit des jüngsten Gerichtes hingeben sollte, den kürzlich erst gebilligten und bestätigten Kontrakt durch ein Breve wieder aufhob. MICHELANGELO, mit aller Macht bemüht, erst seinen alten Verpflichtungen nachzukommen, wird gezwungen jene aufzugeben, und seine Kräfte ganz der neuen Aufgabe zu widmen.

Der bald darauf (1534) erfolgte Tod Clemens' VII. änderte an der Lage der Sache sehr wenig. Denn Paul III., der nach ihm erwählt wurde, hatte keinen lebhafteren Wunsch, als das Unternehmen seines Vorgängers ins Werk gesetzt und zu Ende geführt zu sehen. Im Jahre 1537 erlässt er ein Breve, wonach MICHELANGELO, der, um ungestört an dem Grabmale arbeiten zu können, schon den Entschluss gefasst hatte, Rom zu verlassen, die Arbeiten an dem jüngsten Gericht (nämlich die Vorarbeiten, Kartons etc.) unter keiner Bedingung unterbrechen darf. Exkommunikation bedroht den Künstler, wenn er inzwischen sich mit einer andern Arbeit beschäftigte. (Gaye II. 307.)

MICHELANGELO arbeitete nun also ohne Unterbrechung an dem jüngsten Gericht und vollendete dasselbe im Jahre 1541. Aber auch jetzt schien für die Angelegenheiten des Grabmales noch keine Veränderung eintreten zu sollen. Denn kaum war jenes kolossale Werk vollendet, so hatte Papst Paul III. schon wieder eine neue Arbeit für MICHELANGELO, die er mit demselben Eifer, als die frühere betrieb. Es handelte sich nämlich um die Ausmalung der neuen, nach ihm benannten Capella Paolina im vatikanischen Palast, wo MICHELANGELO sodann die grossen Bilder der Kreuzigung Petri und der Bekehrung des Saulus ausführte.

Nun musste der Papst aber doch wohl fühlen, dass MICHELANGELO endlich seinen Verpflichtungen wegen des Grabmales nachkommen oder von denselben in irgend einer Weise entbunden werden müsste. Und so schreibt denn, wie aus dem Wortlaut des Briefes hervorgeht, in seinem Auftrage am 23. November des Jahres 1541 der Kardinal Ascanio Parisani an den Herzog von Urbino, der Papst sei entschlossen, dass MICHELANGELO nun an die Malereien in seiner neuen Kapelle im Vatikan Hand anlegen solle. MICHELANGELO, der sehr alt und entschlossen sei, nach Vollendung dieses Werkes nichts mehr zu unternehmen, müsse daher von seinen Verbindlichkeiten wegen des Grabmales befreit werden. Er schlägt als Auskunftsmittel vor, dass jene sechs Statuen von Andern, jedoch unter MICHELANGELOS Leitung gemacht werden sollten; er sähe sonst keine Möglichkeit, das Monument jemals vollendet zu sehen. (Gaye II. 290.)

Darauf schreibt der Herzog von Urbino (wahrscheinlich unter dem 6. März 1542, Gaye II. 289) an MICHELANGELO selbst einen Brief, worin er ihm gestattet, andere Meister an dem Werke mitarbeiten zu lassen, nur drei Figuren, darunter den Moses, möge er mit eigner Hand vollenden.

In Folge dessen nun richtete MICHELANGELO im Juli 1542, nach mehreren Unterhandlungen mit den ausführenden Meistern (Gaye II. 291—296), die oben abgedruckte Supplik an den Papst. Zwei schon begonnene Statuen, die zu dem veränderten Plane nicht mehr passen, hat er verworfen, und, „um seiner Ehre nichts zu vergeben", zwei neue begonnen, die dann auch später als Allegorieen des thätigen und beschaulichen Lebens wirklich zu den Seiten des Moses aufgestellt worden sind.

Denn am 20. August 1542 wurde nun in Folge jener Supplik wirklich ein neuer Kontrakt geschlossen (Milanesi a. a. O. S. 715), durch welchen die Bestimmungen vom Jahre 1532 aufgehoben und festgesetzt wurde, dass MICHELANGELO nur den Moses selbst fertig zu machen habe, alles andere könne er auf seine Kosten verdingen; das früher zurückgeforderte Haus solle sein Eigenthum bleiben. Er deponirt zu dem angegebenen Zwecke 1400 Scudi in der Bank des Messer Silvestro da Montauto u. Comp. Zur Ausführung der

fünf anderen Statuen ist RAFFAELLO DA MONTELUPO bestimmt, der schon früher an
der Vollendung der Statuen für die Sakristei von S. Lorenzo mitgearbeitet hatte.
Von den fünf Statuen sind die beiden allegorischen Figuren von der Hand
MICHELANGELOS selbst fast ganz vollendet. Dagegen wird nun MICHELANGELO
von allen Verbindlichkeiten und Forderungen in Bezug auf das Grabmal gänzlich
freigesprochen. (Gaye II. 304—305.) Die Bestätigung des Kontraktes durch
den Herzog liess längere Zeit auf sich warten, was MICHELANGELO zu der
unter der folgenden Nr. abgedruckten Beschwerdeschrift veranlasste. Vom
3. Februar 1545 existirt nun ein Brief MICHELANGELOS an Silvestro da
Montauto, worin des Denkmals als vollendet gedacht und ausdrücklich bemerkt
wird, dass er mit Genehmigung des Papstes jene beiden allegorischen Figuren
auch noch eigenhändig vollendet habe[1]).

So endete nach vierzigjährigem Verlaufe jene grosse „Tragödie" des Grabmals, welches jetzt in der Kirche S. Pietro ad vincula, von der Papst Julius
einst den Kardinalstitel geführt hatte, aufgestellt ist und noch in seiner veränderten und beschränkten Gestalt den erhabenen Geist seines Urhebers bekundet.

62.

MICHELANGELO AN . . . .

Rom, im Oktober 1542.

Monsignor! Ew. Ehrwürden lässt mir sagen, ich soll malen und mich um
nichts kümmern; ich antworte dagegen, man malt mit dem Hirn und
nicht mit den Händen, und wer das Hirn nicht zu Gebote haben kann,
thut sich Schimpf an; deshalb, so lange meine Angelegenheit nicht in Richtigkeit gebracht wird, thue ich nichts Gutes. Die Bestätigung des neulich gemachten Kontraktes trifft nicht ein, und wegen des anderen in Gegenwart des
Papst Clemens geschlossenen[2]) werde ich jeden Tag gesteinigt, als hätte ich
Christum gekreuziget. Ich behaupte, dass ich diesen Kontrakt in Gegenwart
Papst Clemens nicht so vorlesen hörte, wie ich später dessen Abschrift erhielt;
und diess war, weil der Papst mich denselben Tag nach Florenz schickte.

[1]) Trotzdem scheint der Herzog von Urbino noch lange Zeit gegen *Michelangelo*
übel gestimmt gewesen zu sein, wie aus den Rechtfertigungsbriefen hervorgeht, die der
mit dem letzteren befreundete Annibal Caro am 20. August und 17. November 1553 an
Antonio da San Gallo schreibt und worin er diesem alle Gründe mittheilt, die *Michelangelo* rechtfertigen und die Schuld jener traurigen Verzögerung sowohl den Testaments-vollstreckern als den beiden Päpsten zuschieben, die *Michelangelo* stets mit Gewalt
zu anderen Arbeiten gezwungen haben. Ebenso bittet er denselben, den Herzog durch
Mittheilung dieser Gründe für *Michelangelo* günstiger zu stimmen, was denn auch nach
dem zweiten dieser Briefe dem Antonio da San Gallo gelungen zu sein scheint. Bott.
Racc. III. 196 und 214.

[2] Dieser Kontrakt wurde am 29. April 1532 in Rom abgeschlossen. Sebastiano
del Piombo ist als Zeuge unterzeichnet. (Milanesi a. a. O. S. 702 ff.) Der neue
Kontrakt, dessen Bestätigung durch die Erben des Papstes Julius *Michelangelo* sehn-
süchtig erwartet, ist der unter dem 20. August 1542 zwischen dem Künstler und den
Agenten des Herzogs von Urbino abgeschlossene bei Milanesi a. a. O. S. 715.

Giammaria di Madonna, der Gesandte, war bei dem Notar und liess ihn nach seiner Weise aufsetzen, so dass, als ich zurückkehrte und ihn empfing, ich tausend Dukaten mehr darin angesetzt fand, als die Uebereinkunft gewesen war: ich fand darin noch das Haus, welches ich bewohne mit gewissen Nachbarn, die mich zu Grunde richten, so dass Clemens es nicht geduldet haben würde; und Fra Sebastiano kann Zeugniss geben, dass er mir rieth, es dem Papst zu hinterbringen und den Notar aufhängen zu lassen: ich that es nicht, weil ich nicht zu einer Sache verpflichtet blieb, welche ich nicht hätte thun können, wenn man mir's erlassen. Ich schwöre, dass ich nicht weiss, das Geld erhalten zu haben, von welchem genannter Kontrakt redet, und von welchem Giammaria sagt, er habe gefunden, dass ich es erhalten.

Aber gesetzt auch, ich hätte es erhalten, da ich es gestanden und vom Kontrakte nicht abgehen kann, und noch anderes Geld, wenn man noch anderes herausfindet, und man werfe Alles auf einen Haufen zusammen, und sehe, was ich gearbeitet für Papst Julius zu Bologna, zu Florenz und Rom, in Erz, Marmor und Malerei, und die ganze Zeit über, welche ich bei ihm gewesen, nämlich so lange er Papst war; und dann betrachte man, was ich verdiene: ich sage mit reinem Gewissen, gemäss dem Jahrgehalt, den mir Papst Paul giebt, bleiben mir Papst Julius' Erben fünftausend Skudi schuldig. Ich sage noch diess: dass ich durch eigene Schuld einen solchen Lohn von meinen Arbeiten für Papst Julius gezogen, weil ich meine Arbeiten nicht gut zu ordnen gewusst habe; und wenn ich nicht erhielte, was Papst Paul mir giebt, so würde ich gegenwärtig Hungers sterben. Und doch scheint's nach jener Gesandten Aussage, ich habe mich bereichert und den Altar beraubt; und sie schlagen gewaltigen Lärm. Ich wüsste schon Mittel, sie zum Schweigen zu bringen, aber dazu tauge ich nicht. Giammaria, Gesandter zu Zeiten des alten Herzogs[1]), nach Abschliessung vorgenannten Kontraktes in Clemens' Gegenwart, sagte mir, da ich von Florenz zurückkehrte und mich an die Arbeit für das Grabmal Julius' begab: wenn ich dem Herzoge einen grossen Gefallen erzeigen wolle, so möge ich mit Gott gehen, denn er kümmere sich nicht um das Grabmal; aber er nehme es sehr übel, dass ich Papst Paul diene.

Da erkannte ich, weshalb er das Haus in den Kontrakt gesetzt: um mich zum Weggehen zu bringen und mir dann tüchtig zu Leibe zu setzen; auf solche Weise erkennt man die Vögel an ihrem Pfeifen, und sie machen's schlimmer, als wären sie die Feinde ihrer Gebieter. Derjenige, welcher jetzt gekommen ist[2]), versuchte erst zu erfahren, was ich zu Florenz habe, ehe er sehen wollte, wie weit das Grabmal vorgerückt sei. So habe ich nun, an dies Grabmal gebunden, meine ganze Jugend verloren, meines Sträubens gegen die Päpste Leo und Clemens ungeachtet; und bin durch mein verkanntes zu grosses Ver-

[1]) Francesco Maria della Rovere.
[2]) Girolamo Tiranno, der Agent des Herzogs, welcher den Titel „oratore del Duca" trug und zum Abschluss des neuen Kontraktes abgesandt war.

trauen zu Grunde gerichtet worden. So will es mein Schicksal: Viele mit zwei-
und dreitausend Skudi Einkünfte sehe ich faullenzen, während ich bei all' meinem
Arbeiten verarme.

Um aber zu dem Gemälde zurückzukommen: ich kann Papst Paul nichts
abschlagen; ich werde unzufrieden malen und nichts Gutes hervorbringen. Ich
habe dies Ew. Ehrwürden geschrieben, damit Ihr gelegentlich dem Papste besser
die Wahrheit auslegen könnt, und auch würde es mir lieb sein, wenn der Papst
uns vernähme, damit er erführe, welcher Art der Krieg ist, den man gegen mich
führt. Wer zu verstehen hat, der verstehe.

Ew. Ehrwürden Diener
Michelagnolo.

Noch habe ich Einiges zu sagen; und dies ist, dass dieser Gesandte vor-
giebt, ich habe mit dem Gelde des Papstes Julius gewuchert und mich dadurch
bereichert, als habe Papst Julius mir achttausend Dukaten hingezahlt. Das
Geld, welches ich für das Grabmal erhalten, will sagen die Auslagen, welche
ich in jener Zeit für das Grabmal bestritten; man wird sehen, dass diese der
Summe nahe kommen, und man sollte von dem zu Clemens' Zeit gemachten
Kontrakte reden; denn im ersten Jahre Papst Julius', als er mir die Verfer-
tigung des Grabmales auftrug, brachte ich zu Carrara acht Monate mit Herbei-
schaffung der Marmorblöcke zu und brachte sie auf den St. Petersplatz, wo ich
hinter S. Caterina wohnte; darauf wollte Papst Julius sein Grabmal nicht mehr
bei seinen Lebzeiten machen lassen und hiess mich malen; darauf hielt er mich
zwei Jahre zu Bologna, den Papst von Erz zu machen, der später zerstört
wurde; darauf kehrte ich nach Rom zurück und blieb bei ihm bis zu seinem
Tode, immer offen Haus haltend, ohne Gehalt, immer vom Gelde des Grabmales
lebend, da ich kein anderes Einkommen besass.

Dann nach Julius' Tode wollte der Kardinal von Agens, an dem Grabmale
solle ferner gearbeitet werden, aber in grösserem Massstabe; und ich liess die
Marmorblöcke nach dem Macello de' Corvi schaffen und jene Wand in S. Pietro
in vincola arbeiten, und machte die Figuren, welche ich in meiner Wohnung
habe. In jener Zeit stellte sich Papst Leo, da er nicht wünschte, dass ich das
Grabmal vollenden sollte, als wolle er in Florenz die Façade von S. Lorenzo
machen lassen, und frug deshalb beim Kardinal von Agens an, so dass dieser
gezwungen mir Erlaubniss gab, unter der Bedingung, in Florenz am genannten
Grabmale Julius' zu arbeiten. Da ich nun wegen des Werkes jener Façade in
Florenz mich befand und keinen Marmor für das Grabmal hatte, so begab ich
mich wiederum nach Carrara, und blieb dort dreizehn Monate, brachte alle
Steinblöcke für das Grabmal nach Florenz, liess mir ein Zimmer einrichten, um
daran zu arbeiten, und fing mit dem Werke an. Unterdessen sandte der Kardinal von Agens den M. Francesco Palavisini, welcher gegenwärtig Bischof von
Aleria ist, mich anzutreiben; und er sah das Zimmer und alle die Steine und
für das Grabmal begonnenen Figuren, welche jetzt noch dort sind. Da der
Kardinal Medici, welcher in Florenz wohnte und später Clemens ward, sah.

dass ich mit dem Grabmal beschäftigt war, liess er mich nicht mit der Arbeit fortfahren, und so ward ich verhindert, so lange Medici Papst war, so dass in seiner Gegenwart der letzte Kontrakt für das Grabmal vor dem gegenwärtigen[1]) gemacht wurde, worin man hineinsetzte, dass ich die achttausend Dukaten erhalten, mit welchen ich Wucher getrieben haben soll. Und ich will Ew. Ehrwürden eine Sünde beichten: während meines Aufenthaltes in Carrara, als mir das Geld ausgegangen war, gab ich für die Marmorblöcke zu jener Arbeit tausend Skudi aus, welche Papst Leo mir für die Façade von S. Lorenzo, oder um mich beschäftigt zu halten, geschickt; ihn hielt ich mit Worten hin und that das aus Liebe zu dem Werke, und nun werde ich dafür belohnt, indem Dummköpfe, wie die Erde deren nie getragen, mich Dieb und Wucherer schelten. Ich schreibe Ew. Ehrwürden diese Geschichte, weil mir daran liegt, mich bei Euch zu rechtfertigen, wie beim Papste, dem übel von mir geredet worden ist, gemäss dem, was mir M. Pier Giovanni schreibt[2], dass er mich hat vertheidigen müssen; und überdies, wenn Ew. Ehrwürden zu meiner Rechtfertigung ein Wort sagen zu können glaubt, so thut es, weil ich Wahrheit schreibe vor den Menschen, ich sage nicht vor Gott; ich erachte mich einen Ehrenmann, denn ich betrog nie einen Menschen, und um sich gegen die Bösen zu vertheidigen, muss man, wie Ihr sehet, bisweilen verrückt werden.

Ich bitte Ew. Ehrwürden, wenn es die Zeit erlaubt, diese Geschichte zu lesen und sie mir zu gute halten: wisset ferner, für das Meiste des Geschriebenen habe ich noch Zeugen; und auch wenn der Papst sie sähe, wäre es mir lieb, und wenn alle Welt sie sähe, denn ich schreibe die Wahrheit, und viel weniger noch, als wirklich der Fall ist, und ich bin kein Dieb und Wucherer, sondern ein adliger florentiner Bürger und Sohn eines Ehrenmannes, und bin nicht aus Cagli[3].

Nachdem ich geschrieben, ward mir eine Botschaft von Seiten des Gesandten von Urbino ausgerichtet, des Inhalts: ich möge mich mit meinem Gewissen zurecht finden, wenn ich wolle, dass die Bestätigung komme; ich sage, so was geschieht mir, weil ich ein Michelagnolo bin, mit einem Herzen, das aus einem solchen Teige gemacht ist.

Noch ferner sage ich hinsichtlich des Grabmales des Papstes Julius: da er seinen Sinn geändert, dasselbe bei seinen Lebzeiten machen zu lassen, und unterdessen die lange vorher von mir zu Carrara bestellten Marmorstücke auf Barken anlangten, und ich vom Papste kein Geld erhalten konnte, weil es ihn nun reuete; so musste ich die Fracht bezahlen mit hundertundfünfzig oder aber zwei-

---

[1]) d. h. vor dem vom 20. August 1542.

[2]) Messer Pier Giovanni Aleotti, Hausaufseher bei Paul III., nachmals Bischof von Forli. (S. Vasari im Leben Michelangelos.) *Bonarroti* nennt ihn in einem Briefe den Allerleimann (*il Tante cose*), weil er sich mit allem Möglichen befasste. Reumont.

[3]) Cagli ist ein Städtchen an der aus der Romagna durch den Furlopass nach Umbrien führenden Strasse. Es scheint meist von gemeinen Leuten bewohnt gewesen zu sein, da obiger Ausdruck sprüchwörtlich werden konnte. Reumont.

hundert Dukaten, welche mir Baldassare Balducci, nämlich die Bank Messer Jacopo Galbes, vorschoss, um die Fracht für die genannten Marmorblöcke zu berichtigen. Da nun zugleich Steinmetzen von Florenz kamen, welche ich für das genannte Grabmal beordert hatte, und von denen noch einer und der andere lebt, und ich das Haus, welches der Papst mir hinter S. Caterina gegeben, mit Betten und anderem Geräth für die Arbeiter versehen: so schien mir, dass ich, ohne bezahlt zu werden, mich allzuviel bekümmert und eingelassen. Und da ich in den Papst drang, die Arbeit fortsetzen zu lassen, so liess er mich eines Tages, da ich in der Absicht, mit ihm darüber zu reden, hingegangen war, durch einen Stallknecht hinausweisen, und da ein Luccasescher Bischof, der dies sah, den Stallknecht frug: Ihr kennt den Mann wohl nicht? so sagte mir dieser: Verzeiht, edler Herr, aber es ist mir so aufgetragen worden.

Ich ging nach Hause und schrieb dem Papst Folgendes: „Heiligster Vater, diesen Morgen bin ich auf Befehl Ew. Heiligkeit aus dem Palast fortgejagt worden: weshalb ich Euch zu verstehen gebe, dass, wenn Ihr in Zukunft meiner bedürfet, Ihr mich anderswo als in Rom suchen möget." Diesen Brief schickte ich dem Truchsess Messer Agostino, ihn dem Papste zu übergeben; zu mir rief ich einen Tischler Namens Cosimo, welcher bei mir im Hause war und mir Geräth machte, und einen Steinmetzen, der auch mit mir noch zusammenwohnte und noch lebt, und sagte ihnen: Rufet einen Juden, verkauft ihm, was sich im Hause findet, und kommt nach Florenz. Und ich ging weg, nahm Post und reiste nach Florenz. Nachdem der Papst meinen Brief erhalten, schickte er mir fünf Reiter nach, die mich zu Poggibonsi gegen drei Uhr Nachts einholten und mir ein Schreiben des Papstes überbrachten, worin zu lesen stand: „Sowie Du Gegenwärtiges gesehen, kehre nach Rom zurück, wenn unsere Ungnade Dich nicht treffen soll." Die Reiter verlangten, ich solle dem Papst erwidern, zum Zeichen, dass sie mich gefunden; ich antwortete dem Papste: „Wenn er halte, wozu er sich verpflichtet, so werde ich zurückkehren; sonst möge er sich keine Hoffnung machen, mich je wieder zu bekommen."

Und da ich nun hierauf in Florenz verweilte, sandte der Papst der Signorie drei Breven [1]). Beim letzten liess die Signorie mich rufen und sagte mir: Wir wollen Deinetwegen mit Papst Julius keinen Streit beginnen; Du musst gehen und wenn Du zu ihm zurückkehren willst, so werden wir Dir Briefe mitgeben, die in einem solchen Ton abgefasst sind, dass, wenn er Dir Schmach anthäte, er sie der Signorie selbst zufügen würde. — Und so that man mir und ich kehrte zum Papst zurück, und was weiter erfolgte, wäre lang zu berichten. Genug, diese Sache verursachte mir einen Schaden von mehr denn tausend Dukaten: denn nachdem ich Rom verlassen, entstand gewaltiger Lärm zum Schimpf des Papstes, und beinahe alle Marmorblöcke, die ich auf dem Peters-platz hatte, wurden mir geraubt, namentlich die kleinen, so dass ich noch einmal

[1]) Auf uns ist nur eines vom 8. Juli 1506 gekommen.

zu beginnen hatte. Daher sage und bekräftige ich, dass mir von Papst Julius' Erben als Schadenersatz fünftausend Dukaten zukamen — und wer mir meine ganze Jugend, und Ehr' und Gut geraubt, nennt mich einen Dieb, und, wie ich oben geschrieben, lässt mir der Gesandte von Urbino von Neuem sagen, ich möge mich mit meinem Gewissen zurechtfinden, und dann werde die Bestätigung von Seiten des Herzogs erfolgen. Ehe er mich 1400 Dukaten niederlegen liess, redete er so nicht. In dem, was ich schreibe, kann ich mich bloss hinsichtlich der Zeitrechnung des Frühern und Spätern irren; alles Uebrige ist wahr, mehr denn was ich schreibe.

Ich bitte Ew. Ehrwürden um Gottes und der Wahrheit willen, diese Dinge zu lesen, wenn Zeit dazu vorhanden, auf dass, vorkommenden Falles, Ihr mich beim Papste gegen solche vertheidigen könnet, die mir Uebles nachreden, ohne das Mindeste von der Sache zu wissen, und die dem Herzoge durch falsche Berichte ins Hirn gesetzt haben, ich sei ein grosser Schurke. An allen Misshelligkeiten zwischen Papst Julius und mir war Schuld der Neid Bramantes und Raffaels von Urbino, und dies war der Grund, weshalb er zu meinem Schaden mit der Arbeit an dem Grabmale bei seinen Lebzeiten nicht fortfahren liess. Daran that Raffael wohl; denn was der von der Kunst wusste, wusste er durch mich.

Das Manuskript des obigen Briefes ist von dem Professor Ciampi in der Magliabecchischen Bibliothek aufgefunden und unter dem Titel: Lettera di Michelangiolo Buonarroti per giustificarsi contro le calunnie degli emuli e de' nemici suoi sul proposito del sepolcro di Papa Giulio II. Trovata e pubblicata con illustrazioni da Sebastiano Ciampi. zu Florenz 1834 herausgegeben worden. Zu gleicher Zeit erschien eine deutsche Uebersetzung mit Commentar — es ist die obige — von Alfred Reumont unter dem Titel: „Ein Beitrag zum Leben Michelangelos" (Stuttgart und Tübingen 1834). Ein neuer Abdruck bei Milanesi a. a. O. S. 489 ff. Man hat aus dem Umstande, dass das Original nicht von Michelangelos Hand herrührt und dass es nicht abgeschickt worden ist, weil es sich auf zwei nicht getalteten Quartblättern befindet, Zweifel an der Echtheit desselben herleiten wollen. Dass dasselbe trotzdem ein geistiges Produkt Michelangelos ist, ergiebt sich sowohl aus der ganzen Ausdrucksweise als aus den beiden oben mitgetheilten Briefen an Giuliano da San Gallo und an Francesco Fattucci (Nr. 57 und 58), deren Inhalt im wesentlichen mit diesem übereinstimmt. Der Brief an den letzteren existirt, wie oben erwähnt, in zwei Redaktionen, was zu der Vermuthung Anlass giebt, dass Michelangelo die eine an den Adressaten abgesandt, die andere für sich zurückbehalten hat. Aehnlich ist es vielleicht mit dem obigen Briefe gewesen, dessen Original an den Adressaten abgegangen, während eine Kopie in den Händen Michelangelos zurückgeblieben ist. Daraus würde sich auch das Fehlen der Adresse und des Datums erklären. Das letztere wird durch den Abfassungstermin des Kontrakts — 20. August 1512 — einigermassen fixirt. Den Monat hat Milanesi ausfindig gemacht. Wer jedoch Adressat des Briefes gewesen ist, konnte nicht mit Sicherheit ermittelt werden. Man hat den Bischof von Sinigaglia, Marco Vigerio, vermuthet, welcher der Vermittler zwischen Michelangelo und dem Herzoge von Urbino gewesen war, als dieser mit der Ratifikation des von seinen Agenten

abgeschlossenen Vertrages zögerte. Vielleicht war es auch der Kardinal Ascanio
Parisani, der im Auftrage des Papstes in derselben Angelegenheit an den Herzog
geschrieben hat. Vielleicht war er auch, wie Milanesi glaubt, von Michelangelo bestimmt, von Luigi del Riccio, dem Vertreter des Strozzischen Bankhauses in Rom und vertrauten Freunde des Meisters, dem Papste vorgelesen zu
werden. Endlich ist noch die Möglichkeit vorhanden, dass er an den Haushofmeister des Papstes, Bischof Alexander von Addia, oder an Nikolaus
Ardinghello, Bischof von Forosempronio, gerichtet worden ist, die beide als
Zeugen bei dem Kontrakte vom 20. August 1542 zugegen gewesen waren.
Ueber das Denkmal und seine endliche Vollendung s. die Erklärungen zum
Briefe 61.

Milanesi glaubt, die letzte Wendung gegen Raffael, an der man früher
vielfach Anstoss genommen hat und durch die man besonders die Unächtheit
des Briefes zu begründen suchte, sei von Luigi del Riccio, dem Michelangelo
vermuthlich den Brief diktirt, interpolirt worden. Aber es ist gar nicht nöthig,
eine solche Interpolation anzunehmen. Wie die Umgebung Michelangelos über
Raffael dachte, ist zur Genüge aus ihren Briefen an den Meister, besonders
aus denen des Sebastiano del Piombo (s. u.) bekannt. Wenn auch nicht nachgewiesen ist, dass Michelangelo selbst sich so geringschätzig über Raffael
und seine Art geäussert hat, so muss doch angenommen werden, dass er miss-
liebige Urtheile über den Urbinaten, wie sie in Briefen Sebastianos und des
Leonardo Sellago vorkommen, nicht ungern hörte. Die glänzenden Erfolge des
vom Papste mit allen Gunstbezeugungen überhäuften Raffael verbitterten
unzweifelhaft das Gemüth Michelangelos, der sich zurückgesetzt glaubte, und
es ist wohl anzunehmen, dass er schliesslich selbst an Intriguen Raffaels
glaubte oder sich doch dieselben von seinen Anhängern einreden liess.

In dem oben erwähnten Breve des Papstes Julius (Bottari Racc. III. 472)
an den Gonfaloniere heisst es: „Der Bildhauer Michelangelo, der von uns
ohne Grund und unbedachtsam weggegangen ist, fürchtet, wie wir hören, zu
uns zurückzukehren. Wir zürnen ihm nicht. Wir kennen die Gemüther dieser
Art Menschen. Damit er indess allen Verdacht ablege, so ermahnen wir Ew.
Ergebenheit, sie möge ihm in unserem Namen versprechen, dass er, wenn er zu
uns zurückkehrt, unverletzt und ungefährdet sein soll, und dass wir ihn wieder
in derselben apostolischen Gnade halten wollen, in der er vor seinem Weggehen
gehalten worden ist."

63.

MICHELANGELO AN PIETRO ARETINO.

[Rom, September 1537.]

Vortrefflicher Messer Pietro, mein Herr und Bruder! Beim Empfang
Eures Briefes habe ich Freude und Schmerz zu gleicher Zeit empfunden.
Gefreut habe ich mich, dass der Brief von Euch kam, der Ihr an Vortrefflichkeit einzig auf der Welt seid; aber auch grossen Schmerz habe ich ge-
fühlt, weil ich bei Vollendung eines grossen Theiles des Bildes Eure Erfindungen
nicht mehr in Ausführung bringen kann. Eure Erfindungen, die der Art sind,

dass, wenn der Tag des Gerichtes schon gewesen wäre, und Ihr ihn mit angesehen hättet, Eure Worte ihm nicht besser würden zeichnen können.

Nun, um in Betreff Eurer Absicht von mir zu schreiben, zu antworten, sage ich Euch, dass es mir nicht nur lieb sein wird, sondern dass ich Euch sogar sehr bitte es zu thun, weil ja doch selbst Könige und Kaiser es für die höchste Gunst halten, von Eurer Feder genannt zu werden. Wenn ich zu dem Ende etwas habe, was Euch genehm ist, so biete ich es Euch von ganzem Herzen an. Und was zuletzt Eure Absicht betrifft, nicht nach Rom zu kommen, so ändert Euren Entschluss nicht, um etwa die Malerei die ich mache zu sehen, denn das würde wirklich zu viel sein. Ich empfehle mich Euch.

Der obige bei Bott. II. 22. Milanesi S. 172 abgedruckte Brief ist die Antwort auf den nachfolgenden Brief des Pietro Aretino vom 15. September 1537, woraus sich auch das im Original fehlende Datum ergänzt.

Michelangelo war damals mit der Ausführung des jüngsten Gerichtes beschäftigt, zu dem er schon unter Clemens VII. einige Vorarbeiten begonnen hatte und dessen Ausführung Paul III., Clemens' Nachfolger, mit grossem Eifer betrieb. Zum Theil mag er noch mit den Kartons beschäftigt gewesen, zum Theil mögen aber auch schon einige Parthien des Bildes auf der Wand vollendet gewesen sein, so dass er, auch wenn er gewollt, nichts mehr von Pietro Aretinos Ideen benutzen konnte.

Des letzteren vorerwähnter Brief ist bei Bottari III. 86 ff. abgedruckt und lautet folgendermassen:

PIETRO ARETINO AN DEN GÖTTLICHEN MICHELANGELO.

Venedig, 15. September 1537.

Wie es, verehrungswürdiger Mann! eine Schande für den Ruf und eine Sünde für die Seele eines Menschen ist, sich Gottes nicht zu erinnern, so ist es ein Tadel für Diejenigen, die Tugend und Verstand haben, Euch nicht zu verehren, der Ihr ein Gegenstand von Bewunderung seid, auf welchen die Gunst der Sterne um die Wette alle Pfeile ihrer Gnaden abgeschossen hat. Daher lebt verborgen in Euren Händen die Idee einer neuen Natur, weshalb die Schwierigkeiten der Konturen, welche die grösste Wissenschaft und Feinheit in der Malerei erfordern, Euch so leicht ist, dass Ihr in der Begränzung der Körper das Aeusserste der Kunst zum Abschluss bringt, eine Sache, von der es die Kunst selbst gesteht, dass es unmöglich sei, sie zur Vollendung zu führen. Indem nämlich der Umriss, wie Ihr wisst, sich gleichsam selbst umgeben und in einer Weise ausgehen muss, dass er beim Zeigen dessen, was er zeigt, Dinge zu versprechen vermöge, wie sie die Figuren der Kapelle [1], denjenigen versprechen, die sie besser zu beurtheilen, als bloss zu bewundern im Stande sind.

Ich aber, der ich mit Lob und Schmach den grössten Theil der Verdienste und der Schwächen der Anderen bezeichnet habe, grüsse Euch, um nicht das

---

[1] Er meint hier die Figuren der Decke in der sixtinischen Kapelle, die Michelangelo schon bei weitem früher vollendet hatte und die Pietro Aretino somit kennen konnte, während Michelangelo damals erst mit der Ausführung des jüngsten Gerichtes begonnen hatte.

Wenige, was ich bin, in Nichts zu verwandeln. Und auch dies würde ich nicht zu thun wagen, wenn nicht mein Name, der den Ohren jedes Fürsten angenehm klingt, dadurch an seiner Unwürdigkeit um Vieles verloren hätte. Und zwar ziemt es sich wohl, dass ich Euch mit solcher Ehrerbietung hochachte, indem die Welt viele Könige, aber nur einen Michelangelo hat. Wahrlich, ein grosses Wunder ist es, dass die Natur, die nichts so hoch stellen kann, dass Ihr es nicht mit Eurer Kunst wiederfindet, in ihren Werken nicht die Majestät auszudrücken vermag, welche die unendliche Gewalt Eures Pinsels und Eures Meissels in sich selbst trägt! So dass, wer Euch sieht, sich nicht darum kümmert, Phidias, Apelles und Vitruv nicht gesehen zu haben, deren Geister nur der Schatten Eures Geistes waren. Aber ich halte es für ein Glück des Parrhasius und der anderen alten Maler, dass das Geschick der Zeiten ihnen nicht gestattet hat, dass ihre Werke bis auf den heutigen Tag leben. Denn das ist die Veranlassung, dass wir dem, was die alten Schriften davon ausposaunen, Glauben schenken und es dahin gestellt sein lassen, Euch jene Palme zu geben, welche vielleicht jene, wenn sie vor das Tribunal unserer Augen gestellt werden könnten, selbst zuerkennen würden, indem sie Euch, als den einzigen Bildhauer, einzigen Maler und einzigen Baumeister preisen würden.

Ist dem aber so, weshalb begnügt Ihr Euch nicht mit dem Ruhme, den Ihr schon jetzt erworben? Mir scheint es, als ob es Euch genügen sollte, die Anderen mit Euren anderen Werken überwunden zu haben; indessen fühle ich, dass Ihr mit dem Ende des Weltalls, welches Ihr gegenwärtig malet, die Schöpfung der Welt zu übertreffen gedenkt, die Ihr schon gemalt habt [1], auf dass Eure Bilder, von Euren Bildern selbst übertroffen, Euch über Euch selbst triumphiren lassen. Und wer würde nicht von Entsetzen erfasst werden, indem er den Pinsel zu einem so erschütternden Werke ansetzte? Ich sehe in der Mitte der Menschenhaufen den Antichrist, von einem Ansehen, wie Ihr allein es zu ersinnen vermögt. Ich sehe das Entsetzen auf der Stirne der Lebendigen, ich sehe wie die Sonne und der Mond und die Sterne dem Erlöschen nahe sind; sehe wie der Geist sich gleichsam wieder in Feuer und Luft, Erde und Wasser aushaucht; sehe wie sich die entsetzte Natur fruchtlos in der Zeit ihres Hinschwindens aufzuraffen sucht; ich sehe die Zeit, verdorrt und zitternd, die, weil sie an ihrem letzten Ziele angelangt ist, auf einem dürren Baumstamm sitzt, und während ich bemerke, wie von den Posaunen der Engel die Herzen aller Menschen erschüttert werden, sehe ich das Leben und den Tod von grässlicher Verwirrung überwältigt, indem das Leben sich bemüht die Todten zu erwecken, der Tod aber bestrebt ist, die Lebendigen niederzuschlagen. Und dann sehe ich die Hoffnung und die Verzweiflung, welche die Schaaren der Guten und die Züge der Verdammten geleiten; ich sehe den Schauplatz der Wolken gefärbt von Strahlen, die von den reinen Feuergluthen des Himmels ausgehen, und auf denen unter seinen Heerschaaren Christus thront, umgürtet von Glanz und Schrecken; ich sehe sein Antlitz leuchten, und indem er Flammen eines herrlichen und furchtbaren Lichtes aussprüht, erfüllt er die Guten mit Wonne, die Bösen aber mit Entsetzen. Und dabei sehe ich andererseits die Diener des Abgrundes, welche, furchtbaren Ansehens, zum Ruhm der Märtyrer und Heiligen, Cäsar und die Alexander verhöhnen — denn es ist grösser sich selbst, als die Welt überwunden zu haben! Ich sehe den Ruhm mit seinen Kränzen und

---

[1] Das ersterwähnte Werk ist eben das Weltgericht auf der Seitenwand der sixtinischen Kapelle, das andere die Schöpfung der Welt durch Gott Vater, eines der Hauptbilder an der Decke derselben Kapelle.

Palmen unter den Füssen und ihn selbst unter die Räder seines Wagens gestürzt und endlich sehe ich aus dem Munde des Sohnes Gottes den grossen Urtheilsspruch hervorgehen! Diesen erblicke ich in Gestalt zweier Pfeile, deren einer das Heil, deren anderer die Verdammniss bringt; und indem dieselben hinabfliegen, fühle ich, wie sein Zorn das Weltgebäude erschüttert und mit fürchtbarem Donner es zerstört und zerschmettert! Ich sehe den Glanz des Paradieses und die Feuerschlünde der Hölle, welche die über das Antlitz des Dunstkreises gelagerte Nacht durchbrechen: so dass der Gedanke, der mir das Bild von der Zerstörung am jüngsten Tage vorstellt, zu mir spricht: Wenn man so fürchtet und zittert beim Anschauen von Buonarrotis Werk, wie erst werden wir fürchten und zittern, wenn wir selbst dem Gerichte dessen entgegentreten, der uns zu richten hat?

Aber glaubt Ew. Herrl. nicht, dass das Gelübde, das ich gethan habe, Rom nie wieder zu sehen, gebrochen werden dürfe wegen des Wunsches, ein solches Werk zu sehen? Ich will lieber meinen eigenen Entschluss Lügen strafen, als Eurer Fähigkeit zu nahe treten, und damit bitte ich Euch, Ihr möget meinen Wunsch, diese zu rühmen und zu preisen, mit Wohlwollen aufnehmen!

Als Pietro Aretino dann später die Zeichnung des Bildes gesehen, spricht er sich mit grosser Emphase in einem Briefe vom April 1544 folgendermaassen darüber aus: er habe beim Anblick des Werkes Thränen der Liebe vergossen, wie erst würde er geweint haben, wenn er das aus seiner gottgeheiligten Hand hervorgegangene Werk selbst sehen könnte! Er danke Gott für die Gnade, zu MICHELANGELOS Zeit geboren zu sein. Dessen Ruhme er sich so, wie dass er zur Zeit des Kaiser Karl lebe. ...Aber weshalb, o Herr!" fügt er hinzu, „belohnet Ihr nicht meine so grosse Ergebenheit, mit der ich Eure himmlischen Eigenschaften verehre, mit einer Reliquie von jenen Blättern, auf welche Ihr einen geringeren Werth legt? Wahrlich, ich würde zwei Striche, die Ihr mit Kohle auf ein Blatt geworfen, höher schätzen, als alle Becher und Ketten, die mir jemals von diesem oder jenem Fürsten verehrt worden sind" etc. Bottari III. 114.

MICHELANGELO muss die Zeichnung versprochen haben, um den frechen Schmarotzer, der sie natürlich verkaufen wollte, los zu werden, denn in einem Briefe vom Juni 1544 ersucht Pietro Aretino den Carlo Gualteruzzi, er möchte doch MICHELANGELO, der ein „Geschenk Gottes" und ihrer beider gemeinsamer „Abgott" sei, daran erinnern, dass er kaum mehr die Qualen der Erwartung ausstehen könne, mit der er der von ihm versprochenen Zeichnung entgegen sähe. Bott. III. 121.

Darauf hat er die Zeichnung erhalten, ist aber davon nicht befriedigt, was er in einem Briefe vom April 1545 ausspricht. Bott. III. 132 ff.

Seinem Wunsche aber, noch mehr zu erhalten, muss MICHELANGELO wohl nicht oder zu spät nachgekommen sein, denn im Januar des Jahres 1547 spricht er in einem Briefe an den Kupferstecher ENEA VICO, der das jüngste Gericht zu stechen beschäftigt war, schon sehr wegwerfend von einem zuvor mit Thränen der Freude betrachteten Werke. Mit besonderem Nachdruck spricht er von dem Aergerniss, welches MICHELANGELOS allzu grosse Freiheit in der Darstellung des Nackten den Lutheranern geben könnte. Bott. III. 152. Und einige Monate zuvor (November 1545, vgl. Gaye II. 335) hatte er einen mit schmachvollen Beleidigungen gegen MICHELANGELO angefüllten Brief an diesen selbst geschrieben. Er scheint von der Stimmung unterrichtet gewesen zu sein, die bei Papst Paul IV. und einem Theile seiner Umgebung über das Werk herrschte und die schliesslich

zu der Bekleidung einiger besonders anstössigen Nuditäten durch DANIELE DA
VOLTERRA und GIROLAMO DA FANO führte. „Ich," sagt er unter anderm in
dem Briefe, „als getaufter Christ, schäme mich jener dem Geist versagten Freiheit, die Ihr Euch in der Darstellung der Gedanken von dem Ende aller Dinge
genommen habt, auf welches alle Bedeutung unseres wahrhaftigen Glaubens hin-
gerichtet ist. Also jener MICHELANGELO von so erstaunlichem Rufe; jener
MICHELANGELO, dessen Weisheit so bekannt ist und dessen Name so bewundert
wird, der hat den Völkern nicht weniger Ruchlosigkeit des Unglaubens als
Vollendung der Malerei zeigen wollen? Ist es möglich, dass Ihr, der Ihr wegen
Eurer Göttlichkeit[1]) den Umgang mit den Menschen vermeidet, dies in dem
grössten Tempel Gottes gethan habt? Ueber dem ersten Altare Jesu? In der
grössten Kapelle der Welt, wo die grossen Angelpunkte[2]) der Kirche, die ehrwürdigen Priester und der Statthalter Christi selbst mit katholischen Ceremonien,
heiligen Ordnungen und gotterfüllten Reden Zeugniss von dessen Fleisch und
Blut ablegen, es anschauen und anbeten?" Aber auch hier lässt die heuchlerische
Betheuerung, dass er nicht etwa aus Aerger über die gewünschten und nicht
erhaltenen Sachen spräche, deutlich genug den wahren Grund der Entrüstung
erkennen, die sich schliesslich noch auf das bitterste in den giftigen Anspielungen
auf die Angelegenheit des Grabmals Papst Julius' II. Luft macht. — Gaye
Cart. II. 332 ff.

61.

MICHELANGELO AN NICCOLO MARTELLI.

Rom, 20. Januar 1542.

M esser Niccolò, ich habe durch M. Vincenzo Perini einen Brief von Euch
mit zwei Sonetten und einem Madrigal erhalten. Der Brief und das
an mich gerichtete Sonett sind so bewundernswerth, dass wohl kaum
Jemand so verwöhnt sein möchte, um in ihnen auch nur irgend etwas Tadelns-
werthes zu finden[3]. Aber in Wahrheit, sie spenden mir soviel Lobeserhebung,
dass, wenn ich selbst das Paradies in der Brust hätte, deren viel weniger genügen würden. Ich sehe, dass Ihr mich Euch so vorgestellt habt, wie es Gott
gefallen möchte, dass ich in der That wäre. Ich bin ein armer Mann und von
geringer Kraft, der ich mich in der Kunst, die mir Gott verliehen hat, abmühe,
um mein Leben, soviel ich vermag zu verlängern, und sowie ich bin, bin ich
Euer Diener sowie der ganzen Familie der Martelli. Sowohl für den Brief
als für die Sonette sage ich Euch Dank, aber nicht soviel als ich eigentlich
sollte, indem ich eine so hohe Artigkeit nicht zu erreichen vermag. Ich bin
immer der Eurige. Aus Rom am 20. Januar des Jahres 42.

---

[1]) *Per esser divino*, wie *Michelangelo* von seinen Zeitgenossen sehr häufig genannt
wurde.

[2]) *I gran Cardini della Chiesa* d. h. die Kardinäle.

[3]) *Michelangelo* bedient sich hier eines Wortspiels, das sich im Deutschen nicht
wiedergeben lässt: *che nessuno potrebbe essere tanto ben gustigato, che in lor travasi
cosa da gustigare.*

Der Brief ist abgedruckt bei Bottari VI, 99 und bei Milanesi S. 173.
Niccolò Martelli, an den er gerichtet, gehört einem Zweige der Familie Martelli
an, die, wie Michel Angelo selbst, den Mediceern feindlich gesonnen waren,
während früher gerade die Martelli es waren, die die Macht der Mediceer mit
befestigen halfen. Niccolò ist der Bruder des bekannten Dichters Lodovico
Martelli, der 1499 geboren, 1527 in der Verbannung zu Salerno starb. Er
selbst, zwischen 1500 und 1503 geboren, war von eben so grosser Liebe zur
Wissenschaft als zum Vaterlande beseelt und war Theilnehmer an jenen wissenschaftlichen Versammlungen in den Gärten der Ruccellai, die ihrer freieren
Richtung wegen von den Mediceern mit misstrauischen Augen überwacht wurden.
Im Jahre 1522 wurde er denn auch wegen des Verdachtes, an einer Verschwörung
Theil genommen zu haben, von den Mediceern verbannt, bei der Vertreibung dieser
letzteren aber im Jahre 1527 von den Behörden der Stadt zurückgerufen und in seine
früheren Würden wieder eingesetzt. Seit jener Zeit hat er dann wahrscheinlich
die Thätigkeit und das Schicksal seines Vaters Lorenzo getheilt, der in den
Jahren 1529 und 1530 mit zu den eifrigsten Vertheidigern der Stadt Florenz
gehörte und nach dem Falle derselben von den zurückkehrenden Mediceern verbannt wurde. Das Schreiben, welches den Brief Michel Angelos zur Folge hatte,
befindet sich ebenso wie dieser letztere in der Nationalbibliothek zu Florenz.

— —

65

MICHELANGELO AN DEN PRIESTER GIOVANFRANCESCO.

Rom, Oktober 1549.

Messer Giovanfrancesco! Da es schon sehr lange her ist, dass ich Euch
nicht geschrieben habe, schreibe ich Euch jetzt diese paar Zeilen, um
Euch zu zeigen, dass ich noch lebe, und um in einem Briefe von Euch
dasselbe zu hören. Ich mache Euch meine Empfehlung und ersuche Euch, dass
Ihr diesen an Messer Benedetto Varchi, den Glanz und Ruhm der Florentiner
Akademie, gerichteten Brief an denselben abgebet und ihm in meinem Namen
Dank saget, mehr als ich es thue und thun kann. Anderes fällt mir nicht bei.
Schreibt mir doch bald etwas. Da ich dieser Tage zu Hause sehr eifrig mit
Ordnung meiner Sachen beschäftigt war, fand ich eine grosse Menge von jenen
Dingen, wie ich sie Euch sonst wohl zu schicken pflegte. Ich schicke Euch
vier davon, die ich aber vielleicht früher schon einmal gesandt habe.

Gaye II. p. 124. Gualandi, Nuova Raccolta (Bol. 1844) I. 24.
Milanesi p. 525. — Giovanni Francesco, der Adressat des Briefes, war
Priester an Sta. Maria in Florenz. Unter den Dingen, welche ihm Michelangelo schickt, sind Gedichte zu verstehen. Ob der folgende Brief an Benedetto
Varchi derjenige ist, welchen Michelangelo dem Giovanfrancesco zur Besorgung
übergieb, lässt sich nicht nachweisen, ist jedoch bei dem Zusammentreffen der
(von Milanesi bestimmten) Daten wahrscheinlich.

MICHELANGELO AN BENEDETTO VARCHI.

esser Benedetto! Damit man denn doch sehe, dass ich, wie es in der That der Fall ist, Euer Büchlein empfangen habe, so will ich auf das, was Ihr fragt, einiges, obschon unwissender Weise erwidern. Ich sage also, dass die Malerei mir um so viel besser scheint, als sie sich zum Relief neigt und das Relief um so schlechter, um so viel mehr es sich der Malerei nähert. Und daher pflegt es mir denn auch immer so vorzukommen, dass die Skulptur die Leuchte der Malerei sei und dass zwischen beiden ein Unterschied, wie zwischen Sonne und Mond stattfinde.

Nun aber, da ich Euer Buch gelesen habe, worin Ihr sagt, dass philosophisch gesprochen diejenigen Dinge, die einen und denselben Zweck haben, auch eins und dasselbe seien, habe ich meine Meinung geändert und behaupte, dass, wenn grösseres Verständniss und grössere Schwierigkeit nicht eine grössere Würde bedingen, in diesem Falle Malerei und Skulptur derselben Natur seien; und damit sie als solche gehalten würden, müsste kein Maler weniger in der Skulptur thun als in der Malerei, und eben so der Bildhauer in der Malerei. Ich meine hier unter Skulptur die, welche mittelst Wegnehmens geübt wird, indem diejenige, die durch Hinzuthun geübt wird, der Malerei ähnlich ist. Genug dass, da beide, Skulptur und Malerei, aus einer und derselben Geisteskraft kommen, man einen guten Frieden unter ihnen machen kann und alle Streitereien bei Seite lassen, weil diese mehr Zeit kosten, als dazu gehört, die Figuren selbst zu machen.

Wer da aber behauptet hat, dass die Malerei edler sei, als die Skulptur, wenn der die anderen Dinge, die er geschrieben, nicht besser verstanden hat, dann hätte sie wahrlich meine Dienstmagd besser als er geschrieben. Ueber derlei Gegenstände des Wissens liessen sich unendlich viel und noch nicht gesagte Dinge beibringen, aber wie ich schon sagte, würden sie zu viel Zeit verlangen, und ich habe deren nur wenig, denn nicht allein dass ich alt bin, so zähle ich schon fast zu den Todten. Darum bitte ich Euch denn, mich zu entschuldigen; indem ich mich empfehle, danke ich Euch soviel ich weiss und vermag für die allzugrosse, mir nicht gebührende Ehre, die Ihr mir angedeihen lasset.

In dem obigen bei Bottari Racc. l. 9. Milanesi S. 522 abgedruckten Briefe spricht MICHELANGELO seine Ansicht über das Verhältniss der Skulptur zur Malerei in derselben klaren und kräftigen Weise aus, die allen seinen Aeusserungen eigen ist. Wie aus seinen Werken selbst, geht auch aus dem Briefe hervor, dass seine künstlerische Thätigkeit eine wesentlich plastische und auch in der Malerei mehr auf das Element der plastischen Form als auf den Reiz der Farbe gerichtet war, obschon er auch hierin, namentlich an der Decke der sixtinischen Kapelle, Grosses geleistet. Immer aber ordnet sich die Farbe dem Plastischen unter, und es ist von grossem Interesse, zu sehen, wie diese Richtung nicht bloss eine unbewusste, lediglich durch die natürliche Anlage gegebene war, sondern wie tief dieselbe in seiner ganzen künstlerischen Anschauungsweise wurzelte und wie er sich dieselbe auch theoretisch begründet hatte.

Benedetto Varchi, an den der Brief gerichtet ist, war einer der bedeutendsten toskanischen Gelehrten der ersten Hälfte des 16. Jahrhunderts. Aus Neigung hatte er sich den Humanitätsstudien gewidmet, aus Folgsamkeit gegen den Willen des Vaters dem Studium der Rechte, das er aber, nachdem jener gestorben, wieder aufgab. Nach der Vertreibung der Mediceer im Jahre 1527 war er in Florenz und machte dort die darauf folgende bewegte Zeit und die Belagerung in den Jahren 1529 und 1530 mit durch: alle Ereignisse in der Stadt und in den Heeren, wie sein Lebensbeschreiber D. Silvano Razzi sagt, eifrig beobachtend. Den monarchischen Bestrebungen der zurückkehrenden Mediceer abhold, verliess er mit der ihm wohlwollenden Familie Strozzi Florenz, kehrte aber, sich der Veränderung der Dinge fügend, wieder nach Florenz zurück, als Cosimo I. ihn auf Anrathen seines Freundes Luca Martini zurückberief und ihm die florentinische Geschichte der jüngstverflossenen Zeit zu schreiben auftrug.

Seine Kenntnisse waren gross, seine schriftstellerische Thätigkeit mannigfaltig. Seit 1515 Konsul, d. h. Präsident der Florentiner Akademie, gab er sich auch kunstwissenschaftlichen Untersuchungen hin. Gleichen Inhaltes war auch die dem MICHELANGELO übersendete Abhandlung, auf welche dieser mit dem obigen Briefe antwortet. Es scheint, als ob Varchi, der, wenn er in Florenz war, bei seinem Freunde Luca Martini wohnte und dort viel mit Malern, Bildhauern und anderen Künstlern verkehrte, von diesen selbst ihre Ansichten über das Verhältniss der Skulptur zur Malerei zu hören verlangt habe. So schreibt ihm über diesen Gegenstand Benvenuto Cellini einen weiter unten abgedruckten Brief vom 29. Januar 1546.

Ausserdem existiren mehrere Briefe desselben Inhaltes von Pontormo, Ang. Bronzino und Vasari, letzterer vom Jahre 1547, die bei Bottari alle als an Benvenuto Cellini gerichtet, abgedruckt sind. Aus dem im Jahre 1549 erschienenen Commentar Varchis zu dem Sonett MICHELANGELOS, in welchem diese Briefe abgedruckt sind, ergiebt sich jedoch, dass sie an Benedetto Varchi gerichtet sind, wie auch schon aus der Anrede „Messer Benedetto" hervorgeht.

67.

MICHELANGELO AN LUCA MARTINI.

Rom, 1549.

ortrefflicher Messer Luca! Ich habe durch Messer Bartolomeo Bettini einen Brief von Euch nebst einem Büchlein erhalten, die Erläuterung eines Sonettes von meiner Hand enthaltend. Das Sonett rührt wohl von mir her, aber die Erläuterung kommt vom Himmel. Und in der That ist sie eine bewunderswürdige Sache, ich sage es nicht nach meinem Dafürhalten, sondern nach dem tüchtiger Männer und zumeist des Messer Donato Giannotti, der sich nicht satt daran lesen kann und sich Euch empfiehlt.

In Betreff des Sonettes, so weiss ich sehr wohl, wie dasselbe beschaffen ist. Aber wie dem auch sei, so kann ich mich doch nicht enthalten, etwas Eitelkeit daraus zu schöpfen, indem es Veranlassung zu einem so schönen und gelehrten Kommentar geworden ist. Und da ich aus den Reden und Lobeserhebungen des Autors erkenne, dass derselbe ein solcher ist, der ich nicht bin, so bitte ich, sprecht Ihr zu ihm, wie es sich gegenüber solcher Liebe, Zuneigung und Höflichkeit gebührt. Ich ersuche Euch darum, weil ich dazu nur geringe Kraft in mir fühle; und wer da in gutem Ansehen steht, soll das Geschick nicht herausfordern und besser ist schweigen, als von hoher Stellung fallen.

Ich bin alt und der nahende Tod hat mir die Gedanken der Jugend geraubt, und wer da nicht weiss, was das Alter sei, möge nur so lange Geduld haben, bis er dahin gelangt, eher kann er's nicht erfahren. Empfehlt mich, wie ich gesagt habe, an Varchi, als seinen Tugenden ungemein zugethan und ihm, wo ich auch sein möge, zu allen Diensten geneigt. Der Eurige und Eurem Dienste in allen nur möglichen Dingen ergebene.

Der bei Bottari Racc. V. 76 und Milanesi S. 524 abgedruckte Brief ist ohne Datum. Da er aber offenbar zu der Gruppe der vorhergehenden Briefe (Nr. 65 u. 66) gehört, so hat auch die oben nach Milanesi angesetzte Zeitbestimmung einige Wahrscheinlichkeit für sich. Luca Martini, ein Edelmann von gelehrter Bildung, machte in Florenz ein gastliches Haus, in welchem namentlich viel Künstler verkehrten, mit denen er übrigens auch in ausgedehnter Korrespondenz stand, wie eine grosse Anzahl von Briefen bei Bottari bekunden.

Um die spezielle Veranlassung und den Zusammenhang der vier Briefe noch einmal anschaulich zu machen, genügen wenige Worte. Benedetto Varchi hatte ein von uns unten mitgetheiltes Sonett des Michelangelo kommentirt, welchen Kommentar er in der Akademie von Florenz vortrug und durch seinen und Michelangelos Freund, Luca Martini, an diesen sendete; zusammen mit einem Briefe, worin er Michelangelos Meinung über das Verhältniss der Malerei zur Skulptur zu hören verlangte.

Luca Martini schickte Beides nebst einem eigenen Briefe an Michelangelo durch Vermittelung des mit diesem befreundeten, in Rom wohnenden Bartolomeo Bettini, eines gelehrten Schriftstellers, dessen Aufzeichnungen Benedetto Varchi bei der Abfassung seiner Geschichte von Florenz benutzte.

Nachdem Michelangelo diese Briefe erhalten, schreibt er an Luca Martini, mit der Bitte, Benedetto Varchi seinen Dank für den Kommentar zu sagen (Nr. 67). Da indess Varchi auch noch bestimmte Auskunft über den besagten Gegenstand verlangt hat, schreibt er auch an diesen und zwar den Brief Nr. 66, den er nicht direkt absendet, sondern durch Vermittelung eines alten Freundes zu Florenz, des Priesters Giovan Francesco (Nr. 65).

Der Kommentar des Varchi, der im Jahre 1549 im Druck erschien, ist in der That geeignet, durch die in reicher Fülle und mit wahrer Bewunderung gespendeten Lobeserhebungen den Gefeierten etwas stolz, oder wie Michelangelo sagt, „eitel" zu machen. Er macht sich zur Aufgabe, die Grösse Michel-

ANGELO's nicht bloss auf dem Gebiete der Architektur, Skulptur und Malerei, sondern auch in der Dichtkunst und in der erhabenen „Kunst der Liebe" zu preisen. Denn in jenen Künsten sei MICHELANGELO anerkannt der grösste Meister der Gegenwart, wie aller Zeiten; sein Name allein würde genügen, einst Florenz noch am Leben und in Ehren zu erhalten, wenn es nach Tausenden von Lustren zu Staub geworden sei.

Dass er nun auch eben so gross in der Poesie sei, gehe aus jenem Sonett hervor, das Varchi voll von jener alterthümlichen und reinen Grösse des Dante nennt. Wer sich darüber wundere, dass ein so vielfach in anderen Dingen beschäftigter Mensch, dessen Beruf gar nicht einmal die Poesie sei, doch in dieser so Grosses leisten und so tiefes Wissen bekunden könne, der wisse nicht, wie viel die Natur vermöge, wenn sie einen so seltenen und vollendeten Geist erschaffen wolle, noch, dass die Malerei und Dichtkunst nicht bloss einander sehr ähnlich, sondern fast ein und dieselbe Sache seien.

68.

MICHELANGELO AN GIORGIO VASARI.

Rom, 1. August 1550.

Mein lieber Messer Giorgio! Da der Papst nichts von einer neuen Grundlegung in S. Piero in montorio wissen wollte, so schrieb ich Euch nichts davon, indem ich wusste, dass Ihr von Eurem hiesigen Sachwalter benachrichtigt sein würdet. Nun aber habe ich Euch zu sagen, was hier folgt, und zwar, dass der Papst gestern früh, wie er nach besagter Kirche gegangen war, nach mir schickte. Ich begegnete ihm auf der Brücke, als er zurückkehrte. Ich hatte eine lange Unterredung mit ihm über die Euch verdungenen Grabmäler und zuletzt sagte er mir, dass er entschlossen wäre, jene Grabmäler nicht da oben auf dem Berge errichten zu wollen, sondern in der Kirche der Florentiner. Er verlangte von mir Urtheil und Zeichnung, und ich bestärkte ihn sehr darin, indem ich glaube, dass auf diese Weise besagte Kirche zu Ende kommen wird.

In Betreff der drei von Euch erhaltenen Briefe, so habe ich keine Feder, um auf so grosse Dinge zu antworten; wenn es mir aber lieb wäre, in irgend einer Beziehung der zu sein, zu dem Ihr mich macht, so wäre es mir aus keinem anderen Grunde lieb, als damit Ihr einen Diener hättet, der etwas taugte. Aber, da Ihr ein Wiedererwecker der Todten seid, wundere ich mich gar nicht, dass Ihr den Lebenden das Leben verlängert und die Halbtodten dem Tode entreisst. Und es kurz zu sagen, bin ich ganz wie ich bin der Eurige.

69.

MICHELANGELO AN GIORGIO VASARI.

Rom, 13. Oktober 1550.

Mein lieber Messer Giorgio! Sobald als Bartolomeo [Ammanati] hier an gelangt war, ging ich, den Papst zu sprechen, und da ich sah, dass er wegen der Grabmäler neuen Grund auf dem Montorio legen lassen wollte, so sorgte ich für einen Maurer aus der Petrikirche. Der Vieldings[1]) erfuhr davon und wollte einen nach seiner Art hinschicken.

Ich, um nicht mit einem zusammen zu kommen, der dem Winde die Richtung giebt, habe mich zurückgezogen, denn da er ein leichtsinniger Mensch ist, möchte ich nicht in irgend eine unangenehme Verwickelung gebracht werden. Genug dass, wie es mir scheint, an die Kirche der Florentiner nicht mehr zu denken ist. Kehrt bald zurück und bleibt gesund! Anderes fällt mir nicht bei.

Wir lernen aus den obigen von Vasari in der Lebensbeschreibung Michelangelos und von Bottari Race. I. 2 u. 3 veröffentlichten Briefen (Milanesi S. 529. 531) den fast achtzigjährigen Michelangelo als treuen Freund seines Schülers Vasari kennen und bemüht, in dessen Interesse bei dem Papste Julius III. zu wirken, der auch nicht das geringste Werk ohne Michelangelos Rath und Zustimmung unternahm. Dieser hatte nämlich im Jahre 1550 beschlossen, in der Kirche S. Pietro in montorio eine „Marmorkapelle mit zwei Grabmälern bauen zu lassen, das eine für Antonio, den Kardinal von Monti, seinen Oheim, das andere für Herrn Fabiano, seinen Grossvater, der den Grundstein zu der Grösse dieses berühmten Hauses gelegt hatte." Vasari hatte die Zeichnungen dazu gemacht, es sich aber, nachdem er zu diesem Zwecke nach Rom gekommen war, vom Papste ausgebeten, dass Michelangelo das Werk unter seinen Schutz nähme, der denn auch in Bezug auf die Ausführung sowohl als auf die damit zu betrauenden Meister seinen Rath nicht vorenthielt. Zu einem der letzteren schlug er den Bartolomeo Ammanati vor (vgl. unten), obschon er, wie Vasari ausdrücklich bemerkt, in einem kleinen Zwiste mit demselben lebte. Als Vasari dann wieder nach Florenz zurückging, überliess er Michelangelo die Angelegenheit des Denkmals.

Wir haben nun in dem obigen Briefe den ersten Bericht des Michelangelo über dieselbe, wonach der Papst die Grabmäler nach der Kirche der Florentiner. S. Giovanni de' Fiorentini, verlegen wollte, sehen aber aus dem Nachfolgenden, dass auch dieser Plan wieder aufgegeben wurde, und sich der Papst von Neuem für die Kirche S. Pietro in montorio entschied, womit denn zugleich auch die Angelegenheit des Baues jener Kirche der Florentiner in eine weitere Ferne gerückt wurde. Vgl. unten Brief 74 und 75.

Der in dem letzten Briefe erwähnte Bartolomeo ist der Bildhauer und Baumeister B. Ammanati, den Michelangelo empfohlen und den wir noch weiter unten kennen lernen werden.

Der Herr „Vieldings" ist Pier Giovanni Aleotti, schon unter Papst Paul III. Kämmerer und später zum Bischof von Forli ernannt, und jetzt Aufseher über

---

[1]) Il Tantecose.

die Kunstgegenstände, den MICHELANGELO, welcher schon unter dem vorigen Papste manche Unannehmlichkeiten mit ihm gehabt hatte, so nennt, „weil er immer Alles thun wollte." Vasari. Das Werk zu S. Pietro in montorio wurde übrigens später „sehr zu Vasaris Zufriedenheit" vollendet.

70

MICHELANGELO AN GIORGIO VASARI.

Rom, 1550.

 ar es mit Stift und Farben dir gelungen,
Die Kunst bis zur Natur emporzuheben,
Ja, selbst ihr Schönes uns zu geben,
Und hast du so den Preis vor ihr errungen:

So ward sie vollends erst von dir bezwungen.
Seit du an ernstre Arbeit dich begeben
Und soviel Andren unvergänglich Leben
Auf Blättern von gelehrter Hand erschwungen.

Wohl mochte Grosses manch ein Volk erreichen,
Doch alle Kunst, die ihm gelungen, musste
Der Meisterin Natur noch immer weichen;

Ihr Trotz zu bieten, war nur dir gegeben:
Denn wer an Andre so zu mahnen wusste
Wie du, wird mit den Andern ewig leben!

Im Jahre 1550 war das grosse Werk Vasaris, die Lebensbeschreibungen der Künstler, im Druck vollendet; und als derselbe wegen der Grabmäler in S. Pietro in montorio in Rom anwesend war, überreichte er dem MICHELANGELO, dessen Lebensbeschreibung von allen damals Lebenden allein aufgenommen war, ein Exemplar derselben.

„Und als er ihm," sagt Vasari, „dem weit älteren und einsichtsvolleren Künstler, durch den er dafür viele Mittheilungen über Thatsachen erhalten hatte, sein Werk überreichte, nahm es MICHELANGELO mit Freuden an und sandte auch bald, nachdem er das Buch gelesen hatte, folgendes von ihm gedichtete Sonett an Vasari, welches mir Freude macht, zu seinem Gedächtniss und als ein Zeichen seiner mir bewiesenen lieblichen Gesinnung hier beizufügen."

Zu gleicher Zeit kann dasselbe als Zeugniss für das richtige Verständniss und die hohe Würdigung dienen, welche damals von Künstlern und zwar von solchen ersten Ranges für kunstwissenschaftliche Bestrebungen gehegt wurden, und von dem wir noch öfter auffallende Belege anzuführen haben werden. Es ist dies eine Eigenthümlichkeit des 15. und 16. Jahrhunderts, auf welche schon die Einleitung hingewiesen hat, und welche jedenfalls einen sehr wesentlichen Einfluss auf die hohe und allgemeine Kunstblüthe der damaligen Zeit gehabt hat.

wie dies auch von dem innigen und nahen Verkehr von Künstlern und Gelehrten sowie andererseits von den wissenschaftlichen Bestrebungen der Künstler in Bezug auf künstlerische Gegenstände behauptet werden kann. Eine Erscheinung, die späteren, an künstlerischer Vollendung untergeordneten und in vornehmer Geringschätzung aller derartiger Bestrebungen befangenen Zeiten sehr wohl als ernste und nutzbringende Mahnung dienen kann.

In der von dem Neffen Michellangelos 1623 veranstalteten, mit Rücksicht auf die Censur bearbeiteten Sammlung seiner Gedichte ist unser Sonett „ad un pittore" überschrieben. Eine korrekte Ausgabe erschien erst im Jahre 1863 auf Grund der Familienpapiere der Buonarroti, welche der Staatsrath Buonarroti im Jahre 1858 der Stadt vermacht hatte, besorgt von Cesare Guasti. (Le Rime di Michelangelo Buonarroti, cavate dagli autografi, Firenze, Le Monnier 1863.) Nach dieser Ausgabe sind die Uebersetzungen von Harrys (Hannover 1868) und von Sophie Hasenclever (mit dem Texte Guastis, Leipzig 1875) angefertigt.

71.

MICHELANGELO AN GIORGIO VASARI.

Rom, April 1554.

Mein lieber Giorgio! Ich habe aus Eurem Briefe grosses Vergnügen geschöpft, indem ich daraus ersah, dass Ihr Euch noch immer des armen Alten erinnert. Noch mehr aber, dass Ihr Euch bei dem Jubel, wie Ihr mir schreibt, befunden habt, einen zweiten Buonarroti geboren werden zu sehen, für welche Nachricht ich Euch, so viel ich weiss und kann, Dank sage; aber doch missfällt mir jener Prunk, denn der Mensch soll nicht lachen, wenn die ganze Welt trauert. Daher scheint es mir, dass Lionardo nicht soviel Aufhebens von einem hätte machen sollen, der geboren wird, mit einer Freude, die man sich für den Tod eines solchen aufsparen muss, der gut gelebt hat. Wundert Euch auch nicht, wenn ich nicht gleich antworte, ich will nicht wie ein Kaufmann erscheinen. Nun sage ich Euch in Betreff der vielen Lobeserhebungen, die Ihr mir in besagtem Briefe macht, dass, wenn ich auch nur eine davon verdient hätte, es mir scheinen würde, Euch, wenn ich mich Euch mit Leib und Seele gäbe, etwas gegeben und dem kleinsten Theil dessen Genüge geleistet zu haben, was ich Euch schuldig bin, da ich Euch doch allstündlich als meinen Gläubiger über viel mehr, als ich je bezahlen kann, anerkenne; und da ich alt bin, so hoffe ich, wenn auch nicht in diesem, so doch in jenem anderen Leben die Rechnung berichtigen zu können, weshalb ich Euch denn um Geduld bitte. Ich bleibe der Eurige. Die Dinge hier gehen nun einmal so! Am, ich weiss nicht, wie vielten April 1554.

Zur Erläuterung dieses von Vasari selbst mitgetheilten und bei Bottari Racc. I. 5 und bei Milanesi abgedruckten Briefes können folgende Worte Vasaris genügen.

Nachdem das vorher erwähnte Werk in S. Pietro in montorio zu dessen grosser Zufriedenheit beendigt war, ging er (Vasari) im Jahre 1551 nach Florenz zurück. „Die Abreise," sagt er nun in der Lebensbeschreibung Michel-angelos, „that beiden, ihm und Michelangelo, sehr leid, und da kein Tag verging, an dem nicht Michelangelos Widersacher (beim Bau von S. Peter) ihn auf eine oder die andere Weise quälten, so schrieben sie sich täglich, und als im April desselben Jahres Vasari an Michelangelo meldete, seinem Neffen sei ein Sohn geboren, welchen man unter ehrenvollem Geleite vieler angesehenen Damen zur Taufe getragen und zu seinem Andenken Buonarroti genannt habe, antwortete Michelangelo folgendermaassen," und nun folgt der obige Brief, dessen würdige und weise Gesinnung deutlich genug für sich spricht, als dass sie eines Kommentars bedürfte.

Was nun aber insbesondere jenen beherzigenswerthen Ausspruch Michel-angelos betrifft: „der Mensch soll nicht lachen, wenn die ganze Welt trauert", so kann sich derselbe nur auf die allgemeine Zerrüttung der italienischen und namentlich der toskanischen Verhältnisse beziehen, indem gerade im Jahre 1551 die Freiheit der Stadt Siena wie ungefähr fünfundzwanzig Jahre zuvor die von Florenz der Alleinherrschaft der Mediceer unterlag und im Gefolge des zu diesem Zwecke von Cosimo I. geführten Krieges Krankheit und Hungersnoth ganz Toskana verheerten. Vgl. Della Valle Lett. Sanes. III. 34 ff.

72.

MICHELANGELO AN GIORGIO VASARI.

Rom, 19. September 1551.

Messer Giorgio, theurer Freund. Ich weiss wohl, dass Ihr mir sagen werdet, ich sei alt und thöricht, da ich Sonette dichten will, weil aber einige mich versichern, ich sei zum Kinde worden, wollte ich thun, was meines Amtes ist. Aus Eurem Briefe erkenne ich die Liebe, die Ihr zu mir tragt; glaubt, dass ich meine Gebeine sicherlich gern neben denen meines Vaters zur Ruhe legen würde, wie Ihr mich bittet; wollte ich aber von hier fort, so würde ich dem Baue von S. Peter grosses Verderben bereiten, eine grosse Schande und sehr grossen Nachtheil veranlassen. Ist erst Alles daran so fest geordnet, dass nichts mehr geändert werden kann, so hoffe ich zu thun, was Ihr schreibt, falls es nicht sündlich ist, einigen Schurken ärgerlich zu sein, welche erwarten, ich solle alsbald von dannen gehen.

Milanesi S. 534. Der Abdruck des Briefes bei Vasari ed. Lemonnier XIII. p. 250 hat noch folgende Anfangsworte: „Gott gebe, Vasari, dass ich die Beschwerde einiger Jahre noch aushalte." Vasari erzählt, Pirro Ligorio, der auch sonst keinen guten Ruf geniesst, sei in die Dienste Pauls IV. getreten und bei dem Bau von S. Peter beschäftigt worden, und habe in dieser Stellung Michelangelo vielfach gequält und ihm nachgesagt, „er sei kindisch geworden" Das habe Michelangelo sehr erzürnt und ihn bewogen nach Florenz zu gehen. Indessen erwog er sein hohes Alter, er war schon 81 Jahre alt, — und äusserte daher, als er nach Gewohnheit an Vasari schrieb und ihm verschiedene Sonette zusendete, gegen diesen: das Ende des Lebens liege ihm nahe, er müsse Acht geben, wohin seine Gedanken gerichtet wären, aus seinen Briefen werde er wohl sehen, dass es Abend geworden bei ihm; und kein Gedanke steige in ihm auf, in den nicht der Tod sein Zeichen gedrückt. Das Sonett, welches MICHELANGELO seinem Briefe beigelegt, lautet nach der Uebersetzung von Sophie Hasenclever folgendermaassen:

Durch Sturm und Wellen bin ich angekommen
Im grossen Hafen jetzt auf morschem Kahn,
Wo Alle, Rechenschaft zu geben, nah'n
Von ihren Thaten, bösen oder frommen.

Jetzt fühl ich's, wie geirrt, von Lieb entglommen,
Mein Geist, da er die Kunst in holdem Wahn
Zum Abgott machte, dem ich unterthan,
Begehrt, was Jeder wünscht, doch nicht zum Frommen.

Wo seid ihr Liebesträume jetzt, ihr schönen,
Da Tod, dem Leib gewiss, der Seele dräuend,
In doppelter Gestalt mir näher schreitet!

Nicht Malen und nicht Meisseln stillt mein Sehnen,
Die Liebe nur, die selbst den Tod nicht scheuend
Vom Kreuz die Arme uns entgegenbreitet!

73.

MICHELANGELO AN MESSER BARTOLOMEO . . . .

Rom [1555?]

esser Bartolomeo, lieber Freund. — Es lässt sich nicht leugnen, dass Bramante in der Architektur so tüchtig gewesen ist, als nur irgend wer, der von der Zeit der Alten an bis jetzt gelebt hat. Er legte den ersten Grund zu der Kirche des heil. Petrus, nicht voll Verwirrung, sondern klar und einfach, hell und von allen Seiten freistehend, so dass sie in keiner Weise dem Palast Abbruch that. Und sie wurde von jeher für ein schönes Werk gehalten, wie dies auch noch jetzt anerkannt ist, so dass ein Jeder, der von besagter Anordnung des Bramante, wie es Sangallo gethan, abgewichen ist, sich zugleich von der Wahrheit entfernt hat; und ob dem wirklich so sei, das kann ein Jeder, dessen Augen nicht von Leidenschaft getrübt sind, an seinem Modelle wahr nehmen. Mit dem Kreise, den er ausserhalb errichtet, nimmt er zuerst dem Entwurfe des Bramante alles Licht, aber das nicht allein, sondern er hat auch an und für sich kein Licht für die vielen Schlupfwinkel ober- und unterhalb der Chöre (Emporen), welche zu unendlichen Bübereien die bequemste Gelegenheit darbieten, indem sich darin Spitzbuben verbergen und Falschmünzerei getrieben werden kann etc., so dass des Abends, wenn die Kirche geschlossen werden soll, an fünfundzwanzig Mann nöthig wären, um nachzusehen, ob wer darin verborgen geblieben wäre, und man würde es doch nur mit Mühe und Noth ausfindig machen.

Ueberdies würde dabei noch dieser andere Umstand sein, dass, wenn man die Kirche mit dem Zusatz, welchen das Modell dem Entwurfe des Bramante von aussen hinzugefügt, umgäbe, es nöthig sein würde, die Capella Paolina[1] zu zerstören, so wie die Zimmer des Siegelamtes[2], die Ruota[3] und viele andere; ja nicht einmal die Capella Sistina, glaube ich, würde unberührt davon kommen. Was aber den Theil des äusseren Umkreises betrifft, an welchem schon gearbeitet wird[4] und der, wie man sagt, 100,000 Skudi kosten soll, so ist dies nicht wahr; denn er könnte mit 16,000 Skudi gemacht werden, und wenn man ihn zerstörte, so würde daran auch nicht viel verloren sein, indem die dazu bearbeiteten Steine und die Fundamente nicht gelegener kommen könnten. Und der Bau würde sich um 200,000 Skudi verbessern und 300 Jahre an Dauer gewinnen.

Das ist es, was ich meine, und zwar ohne Leidenschaft; denn darin zu gewinnen, würde mir der grösste Verlust sein. Und wenn Ihr dies dem Papst zu verstehen geben könnt, so würdet Ihr mir einen Gefallen damit erweisen, indem ich mich nicht wohl fühle.

Euer Michelangelo.

Wenn man das Modell Sangallos ins Auge fasst, folgt daraus noch, dass alles das, was zu meiner Zeit gemacht worden ist, nicht zu Grunde geht, woraus im andern Falle ein sehr grosser Schaden entstehen würde.

Dieser zuerst von Bottari VI. 40 abgedruckte Brief (Milanesi S. 535) ist ohne Datum und ohne Adresse. Gotti und Milanesi vermutheten, dass er an Bartolomeo Ammanati gerichtet und im Jahre 1555 geschrieben sei. Doch ist diese doppelte Vermuthung nicht richtig. Michelangelo übernahm die oberste Leitung des Baus von St. Peter Ende 1546 oder Anfang 1547, nachdem durch den am 1. November 1546 erfolgten Tod Giulio Romanos die mit diesem angeknüpften Verhandlungen abgebrochen waren. Aus dem Briefe spricht nicht Jemand, der bereits acht oder neun Jahre die Bauleitung in Händen hat, sondern einer, der, um sein Gutachten befragt, Vorschläge macht. Ammanati wäre nicht die richtige Adresse gewesen. Letzterer war ein Schützling Michel-

---

[1] Kapelle des heiligen Paulus, von Papst Paul III. errichtet.
[2] Zimmer, worin die Bullen gesiegelt wurden; *stanza del piombo.*
[3] Saal, in dem sich die Auditori des obersten geistlichen Gerichtshofes versammelten.
[4] *Circa la parte fatta del circolo di fuora.* Dieser Theil ist noch nicht fertig gewesen, sondern es wurde, wie sich aus dem Folgenden ergiebt, noch daran gearbeitet.

ANGELOS, der dem jüngeren Meister durch seine Empfehlung unaufhörlich nützlich war. Welchen Sinn hätte aber der obige Brief gehabt, wenn er an AMMANATI gerichtet wäre? Der Brief ist unzweifelhaft geschrieben, bevor MICHELANGELO sein schwieriges und verantwortungsvolles Amt antrat, oder in den ersten Tagen seiner Amtsführung, als er sich darüber hermachte, die Pläne und Modelle seiner Vorgänger zu prüfen. Dass er dem BRAMANTE volle Gerechtigkeit widerfahren lässt, ehrt den Charakter MICHELANGELOS auf das höchste. Noch in dem Briefe von 1542 (s. o. No. 62) führt er über den Neid BRAMANTES und RAFFAELS lebhafte Klage. Aber im Augenblick, wo es sich darum handelt, das künstlerische Verdienst des grossen urbinatischen Architekten, dessen Bedeutung durch seine Nachfolger mit Unrecht in den Schatten gestellt worden ist, anzuerkennen, ist MICHELANGELO unter seinen Zeitgenossen der erste, welcher energisch für BRAMANTE und gegen den jüngeren ANTONIO DA SANGALLO eintritt, dessen baukünstlerische Befähigung von MICHELANGELO einer herben, aber gerechtfertigten Kritik unterzogen wird. ANTONIO DA SANGALLO war von 1537 bis zu seinem 1546 erfolgten Tode oberster Dombauleiter. Darauf knüpfte die Bauverwaltung von St. Peter mit GIULIO ROMANO an; aber die Kränklichkeit dieses Meisters hinderte ihn, dem Rufe zu folgen. Sein bald darauf eingetretener Tod veranlasste die Bauverwaltung, sich schliesslich nach einem anderen umzusehen, und dieser war MICHELANGELO. Als Papst Paul III. ihn dazu aufforderte, entschuldigte er sich zunächst mit seinem hohen Alter „und weil die Baukunst nicht sein eigentliches Fach sei". Endlich gab MICHELANGELO doch den Bitten des Papstes nach, und so ist auf ihm der Ruhm gefallen, den herrlichsten Tempel der Christenheit vollendet und ihm jene Krone aufgesetzt zu haben, welche das Wahrzeichen der ewigen Stadt geworden ist. Neuerdings hat man zwar versucht, den Ruhm MICHELANGELOS als Architekten zu verkleinern, aber der Grundriss MICHELANGELOS einerseits und die Kuppel von St. Peter andererseits reden eine so eindringliche und überzeugende Sprache, dass die Bemängelungen der Details im Inneren und Aeusseren daneben nur eine geringe Beachtung verdienen. Für MICHELANGELO tritt sehr energisch Burckhardt Geschichte der Renaissance in Italien, 2. Aufl. (Stuttgart, Ebner und Seubert) S. 111 ein. Vgl. ferner H. v. Geymüller die ursprünglichen Entwürfe für St. Peter in Rom und Zeitschrift für bildende Kunst X. S. 217 ff., XIII. S. 127 ff. Redtenbacher Zeitschrift IX. S. 261 ff., 302 ff. Lübke Geschichte der Architektur II. 5. Aufl. S. 729 ff.

74.

MICHELANGELO AN GIORGIO VASARI.

Rom, 23. Februar 1556.

Mein lieber M. Giorgio! ich kann nur schlecht schreiben, doch will ich etwas in Erwiderung auf Euren Brief sagen. Ihr wisst, dass Urbino gestorben ist; dabei ist mir eine grosse Gnade Gottes geschehen, aber mit einem schweren Verlust meinerseits und unendlichem Schmerze. Die Gnade war die, dass, wenn er im Leben mich am Leben erhielt, er mich nun im Sterben gelehrt hat, wie man nicht mit Unlust, sondern mit Sehnsucht nach dem Tode sterben soll. Ich habe ihn sechsundzwanzig Jahre gehabt und als einen

Menschen von seltenster Treue erfunden, und nun, da ich ihn reich gemacht und auf ihn als Stab und Trost meines Alters gehofft, ist er mir dahin geschieden und mir keine andere Hoffnung geblieben, als die, ihn im Paradiese wiederzusehen.

Von diesem aber hat mir Gott ein Zeichen gegeben durch den glückseligen Tod, den er gestorben ist, wobei er viel mehr als über das Sterben darüber betrübt war, mich in dieser verrätherischen Welt mit so vielem Kummer zurückzulassen, obschon der grösste Theil von mir mit ihm gegangen ist und mir nur ein unendliches Elend übrig bleibt. Ich empfehle mich Euch und bitte Euch, wenn es Euch nicht lästig ist, dass Ihr mich bei Messer Benvenuto (Cellini) entschuldigt, weil ich auf seinen Brief nicht geantwortet habe, da mich bei solchen Gedanken das Leiden so übermannt, dass ich nicht schreiben kann. Empfehlt mich ihm, wie ich mich Euch empfehle.

Ganz abgedruckt nur bei Milanesi a. a. O. S. 539. — Der Verstorbene[1] war MICHELANGELOS Diener, Francesco Amatori, der, von Urbino gebürtig, von MICHELANGELO kurzhin Urbino genannt wird. Dass er ihn, wie er selbst sagt, sechsundzwanzig Jahre bei sich gehabt, geht auch daraus hervor, dass er schon zur Zeit der Belagerung von Florenz (1529 und 1530) bei ihm war und, nach Varchis Erzählung, damals mit ihm geflohen ist.

Urbino starb am 3. Dezember 1555. Wie sehr ihn MICHELANGELO geschätzt und geliebt hat, geht aus einem Briefe hervor, den er an seinen Neffen am Tage nach dem Tode des treuen Dieners schrieb. (Milanesi S. 314.) „Er hat mich in grosse Betrübniss und Unruhe versetzt," sagt MICHELANGELO in diesem Briefe, „so dass mir der Tod zugleich mit ihm viel süsser gewesen wäre, wegen der Liebe, die ich für ihn empfand. Und er verdiente sie in nicht geringem Grade. Denn er war ein tüchtiger Mensch geworden, voll Treue und Rechtschaffenheit, und es scheint mir, ich bin durch seinen Tod ohne Leben zurückgeblieben."

MICHELANGELO hatte an Urbino wie ein Vater gehandelt. Nicht genug damit, dass er ihm bisweilen reiche Geldgeschenke machte, verschaffte er ihm auch das einträgliche und nicht beschwerliche Amt eines Aufsehers und Reinigers des „jüngsten Gerichtes". Er hatte ihm, sagt Vasari, so viel Ergebenheit und Anhänglichkeit bewiesen, dass MICHELANGELO ihn zum reichen Manne gemacht und ihn also liebte, dass er ihn, obwohl selber ein Greis, in seiner letzten Krankheit pflegte, ja des Nachts in Kleidern schlief, um seiner zu warten. Als er gestorben war, schrieb VASARI an MICHELANGELO, um ihn zu trösten, und erhielt darauf die obige Antwort. Aus einem der folgenden Briefe werden wir sehen, wie sich MICHELANGELOS Sorgfalt auch auf die hinterlassene Familie des treuen Dieners erstreckte. Vgl. Nr. 76.

---

[1] Er wird von Anderen bald *servitore*, bald *compagno* und *creato*, so wie auch *allevato di Michelangelo* genannt; dass er *Francesco Amatori* hiess, ergiebt sich aus dem Breve Papst Pauls III. bei Bott. VI. 38.

MICHELANGELO AN GIORGIO VASARI.

[Rom], 18. September 1556.

Mein lieber Messer Giorgio! ich habe das Büchlein von Messer Cosimo erhalten, das Ihr schickt, und in diesem Brief wird ein Danksageschreiben an ihn sein. Ich bitte Euch, es ihm zu geben und mich ihm zu empfehlen. Ich habe in diesen Tagen viel Ungemach gehabt und grosse Ausgaben, aber auch grosses Vergnügen in den Bergen von Spoleto, wo ich jene Eremiten besucht habe, so dass ich kaum zur Hälfte nach Rom zurückgekehrt bin, denn wahrlich, man findet nirgends Frieden, als in den Wäldern. Anderes habe ich Euch nicht zu sagen. Es freut mich, dass Ihr wohl und munter seid und ich empfehle mich Euch.

Milanesi S. 541. Vasari ed. Lemonnier XII. S. 217. — Der Brief ist bei Vasari mit dem obigen Datum, bei Milanesi mit dem 18. Dezember bezeichnet. Das letztere scheint das richtige zu sein. Am 31. Oktober schreibt Michelangelo an seinen Neffen Leonardo einen Brief, aus dem hervorgeht, dass seine Rückkehr nach Rom erst vor wenigen Tagen erfolgt ist. Sein Aufenthalt in Spoleto hatte aber länger als einen Monat gedauert. In den Ausgaben des Vasari wird also ein Druckfehler anzunehmen sein. Nach Vasari hätte Michelangelo Rom verlassen, weil sich ein französisches Heer Rom näherte. Abgesehen davon, dass es nicht ein französisches, sondern ein spanisches war, welches am 1. September unter dem Befehle des Herzogs von Alba von Neapel aufgebrochen und in den Kirchenstaat eingefallen war, giebt Michelangelo in dem oben erwähnten Briefe an Leonardo (Milanesi S. 336) einen anderen Grund an. Er hatte anscheinend ein Gelübde zu einer Wallfahrt nach Loreto gethan. „Da ich mich aber in Spoleto ein wenig müde fühlte,“ sagt er, „setzte ich mich dort einige Zeit zur Ruhe fest, so dass ich dann meine Absicht nicht ausführen konnte. Dann wurde mir ein Mensch mit der Post gesandt, damit ich wieder nach Rom zurückkehrte.“ — Das Werk, welches ihm Vasari geschickt hatte, war eine kleine Abhandlung, welche der Florentiner Carlo Lenzoni verfasst, aber nicht mehr beendet hatte. Nach seinem Tode vollendete sie Giambullari, und nach dessen Tode kam sie in die Hände des Messer Cosimo Bartoli, der sie unter dem Titel „Difesa della lingua fiorentina e di Dante, con le regole di far bella e numerosa la prosa“ (Vertheidigung der florentinischen Sprache und des Dante, mit Vorschriften, die Prosa schön und wechselvoll zu gestalten) im Jahre 1556 in Florenz drucken liess.

MICHELANGELO AN CORNELIA.

[Rom, 28. März 1557.]

Ich habe wohl bemerkt, dass Du Dich über mich geärgert hast, aber ich
konnte die Ursache davon nicht finden. Nun aber glaube ich aus
Deinem letzten Briefe das Warum verstanden zu haben. Als Du mir
die Käse schicktest, schriebst Du mir, Du wolltest mir noch mehr andere Sachen
schicken, dass aber die Schnupftücher noch nicht besorgt seien. Und damit
Du Dich nicht für mich in Ausgaben stürzest, schrieb ich Dir, Du sollest mir
nichts mehr schicken, sondern vielmehr von mir etwas verlangen; Du würdest
mir ein sehr grosses Vergnügen damit machen, indem Du ja von meiner Liebe,
die ich noch für Urbino, wenn er auch schon todt ist, und für alle seine Angelegenheiten hege, unterrichtet, ja sogar überzeugt sein müsstest.

Was das Hieherkommen betrifft, um die Kinder zu sehen, und das Her-
schicken des Michelagnolo, so muss ich Dir schreiben, wie und in welchem
Zustand ich mich befinde. Den Michelagnolo herzuschicken würde nicht rathsam
sein, da ich ganz ohne Frauen und ohne Haushalt bin; das Kind aber ist noch
zu zart und jung, und es könnte daraus etwas entstehen, was mir zum grossen
Bedauern gereichen könnte. Und dann ist auch noch zu bemerken, dass der
Herzog von Florenz seit einem Monat sich sehr darum bemüht, dass ich nach
Florenz zurückkehren soll. Ich habe mir so viel Zeit von ihm erbeten, um hier
meine Angelegenheiten ordnen und den Bau von St. Peter in gutem Zustande
verlassen zu können. Ich gedenke also diesen ganzen Sommer hier zu bleiben
und, wenn meine Sachen und die Eurigen in Betreff der Kasse „della tela" in
Ordnung sind, auf immer nach Florenz zurückzugehen, denn ich bin alt und
habe nicht mehr Zeit nach Rom zurückzukehren. Ich werde bei Euch durch-
kommen, und wenn Du mir dann den Michelagnolo anvertrauen willst, so werde
ich ihn in Florenz mit grösserer Liebe halten, als die Söhne Leonardos, meines
Neffen, und ihn das lernen lassen, was ihn, wie ich weiss, der Vater lernen
lassen wollte. Gestern, den 27. März, habe ich Deinen letzten Brief erhalten.

Als Erläuterung dieses bei Bottari Racc. I. 13, Milanesi S. 512 abgedruckten Briefes an die Cornelia, die Wittwe des nicht lange vorher verstorbenen Francesco Urbino, können einige Dokumente dienen, die Gualandi
in der Nuova Raccolta I. 18 ff. bekannt gemacht hat. Es sind dies zwei
Briefe, die der Herzog Guidobaldo II. von Urbino an den Commissario von
Massa gerichtet hat. In dem ersten (datirt von Pesaro, 12. November 1557)
trägt er ihm auf, mit der Cornelia, der Wittwe des Francesco, des Zöglings von
MICHELANGELO, welcher Francesco ein Sohn des Guido di Colonello am Castel
Durante gewesen sei, wegen einiger Bilder zu unterhandeln, die ihr ihr Mann
hinterlassen habe. Der Herzog möchte dieselben sehen und verspricht sorgfältige
Behandlung und Rücksendung.

In dem zweiten Briefe (ebend. 18. November 1557) spricht der Herzog den
Dank für diese Sendung aus. Die Bilder (wahrscheinlich Werke und Geschenke

von Michelangelo) seien sehr schön. Er wolle aus Dank alles für die Frau und ihre Kinder thun und empfiehlt dieselbe der Fürsorge des Commissario. Dieser befand sich damals in Castel Durante, jetzt Urbania (Gual. a. a. O. S. 51), woraus denn in Uebereinstimmung mit dem Briefe des Michelangelo hervorgeht, dass auch die Cornelia sich dorthin nach dem Tode ihres Mannes begeben hatte. Urbania liegt nicht weit von der Stadt Urbino, und Michelangelo hätte sich allerdings einen kleinen Umweg machen müssen, um die Cornelia dort aufzusuchen.

Ueber die Aufforderung Cosimos I., Michelangelo solle nach Florenz kommen, sowie über die Geneigtheit desselben, diesem Wunsche nachzukommen, vgl. die Erläuterungen zu dem folgenden Briefe.

77.

MICHELANGELO AN GIORGIO VASARI.

[Rom, Mai 1557.]

Mein lieber Freund Messer Giorgio! ich rufe Gott zum Zeugen an, wie ich vor zehn Jahren gegen meinen Willen mit grosser Gewalt von Papst Paul III. zum Bau von St. Peter in Rom gezwungen worden bin, und wenn man an diesem Bau bis auf den Tag so zu arbeiten fortgefahren hätte, wie man damals that, so wäre ich jetzt so weit mit demselben, dass ich wünschen würde, nach Hause zurückzukehren. Indess hat sich derselbe wegen Geldmangel sehr verzögert und verzögert sich noch jetzt, da er bis zu den mühevollsten und schwierigsten Theilen gelangt ist, so dass den Bau jetzt zu verlassen, nichts anderes hiesse, als mit grosser Schande und Schuld den Preis der Mühen aufgeben, die ich diese zehn Jahre hindurch um Gottes Willen ertragen habe.

Ich habe Euch diesen Diskurs gemacht, als Antwort auf Euren Brief und weil ich vom Herzog einen Brief bekommen habe, der mich sehr in Erstaunen darüber gesetzt hat, dass S. Herrl. mit solcher Milde zu schreiben geruht. Ich danke Gott und S. Herrlichkeit dafür, so viel ich weiss und kann. Doch ich schweife von meinem Vorsatz ab, denn ich habe Gedächtniss und Hirn verloren, und das Schreiben macht mir grosse Mühe, weil es nicht meine Kunst ist. Das Ende ist dies, Euch zu zeigen, was daraus entstehen würde, wenn ich den besagten Bau verliesse und von hier abreiste: einerseits würde ich einigen Spitzbuben einen grossen Gefallen thun, aber die Veranlassung zum Verderben des Baues, ja vielleicht die Ursache werden, dass er auf immer aufgegeben würde. Andererseits habe ich hier einige Verpflichtungen und ein Haus und andere Dinge, was zusammen einige tausend Skudi werth ist, und wenn ich ohne Erlaubniss fortginge, weiss ich nicht, was daraus werden würde. Auch bin ich schlecht mit der Gesundheit und den Nieren, der Seite und dem Stein bestellt, wie es allen alten Leuten geht. Meister Eraldo[1]) kann es bezeugen, dass ich

---

[1]) Realdo Colombo, ein berühmter Arzt.

das Leben durch ihn habe. Und nach dort zu gehen, um wieder hierher zurückzukehren, dazu habe ich keine Lust. Um aber für immer dorthin zu gehen, dazu habe ich einige Zeit nöthig, um hier die Sachen so zu ordnen, dass ich nicht mehr an sie zu denken brauche. Es ist also bestimmt, dass ich von hier fortgehe; als ich hierher kam, war Papst Clemens noch am Leben, der aber nach Verlauf von zwei Tagen starb. Messer Giorgio, ich empfehle mich Euch und bitte Euch, empfehlet mich dem Herzog, und thut etwas für mich, da es mir noch nicht beliebt, jetzt zu sterben, und das, was ich Euch über meinen Zustand hier schreibe, ist mehr als wahr. Die Antwort, die ich dem Herzog zukommen liess, habe ich gegeben, weil man mir sagte, dass ich antworten sollte, trotzdem ich keine Lust hatte, an S. Herrl. zu schreiben, besonders nicht so schnell. Wenn ich im Stande wäre zu reiten, käme ich schnell dorthin und würde wieder zurückkehren, ohne dass man es hier merken sollte.

Zuerst vollständig mitgetheilt von Milanesi S. 544. Bei Vasari findet sich ungefähr nur die Hälfte. — Der Brief bezieht sich auf die Verhandlungen, welche Herzog Cosimo I. der Protektor Vasaris, wahrscheinlich auf des letzteren Veranlassung, mit Michelangelo angeknüpft hatte, um den berühmten Florentiner wieder in seine Vaterstadt zu ziehen. Cosimo hatte am 8. Mai 1557 folgendes, bei Gaye Carteggio II. App. p. 418 abgedrucktes Schreiben an Michelangelo gerichtet:

COSIMO I. AN MICHELANGELO BUONARROTI.

Florenz, 8. Mai 1557.

Da die Beschaffenheit der Zeiten und die Berichte Eurer Freunde uns einige Hoffnung geben, dass Ihr wenigstens nicht ganz dem Entschluss abgeneigt seid, einmal einen Ausflug bis nach Florenz zu machen, um nach so vielen Jahren Euer Vaterland wiederzusehen und Eure Angelegenheiten, so würde uns dies zu um so grösserem Vergnügen gereichen, je länger und je eifriger wir dies gewünscht haben. So schien es uns auch, als ob wir durch Gegenwärtiges Euch dazu ermahnen müssten und bitten, wie wir Euch denn auch in der That von ganzem Herzen dazu ermahnen und darum ersuchen, indem wir Euch versichern, dass Ihr von uns mit dem grössten Wohlwollen werdet empfangen werden. Auch möge Euch nicht etwa der Zweifel zurückhalten, als ob wir die Absicht hätten, Euch mit irgend einer Art von Arbeit und Mühe zu beschweren, indem wir sehr wohl wissen, welche Ehrfurcht wir nicht nur Eurem Alter als auch der Seltenheit Eurer Tugend und Verdienste schuldig sind. Kommt also nur ganz frei und seid sicher, hier eine Zeit zu verleben, die Euch gar wohl bekommen und zum Vortheil gereichen wird, ganz nach Eurem Willen und mir zur Genugthuung. Denn uns genügt es vollständig, Euch nur hier zu sehen. Und überdies werden wir grosse Freude empfinden, wenn Ihr hier eine grosse Ruhe und Erquickung findet, und unser einziger Gedanke soll darauf gerichtet sein, Euch Ehre und Freude zu bereiten. Gott unser Herr erhalte Euch!

Wie in dem obigen Briefe Michelangelos an Vasari angegeben, antwortete der Meister sofort dem Herzog. Milanesi S. 513. Aus seinem Briefe geht hervor, dass der Herzog schon vor drei Monaten an Michelangelo das Ansuchen gestellt hatte, sich wieder in seiner Heimath niederzulassen. Michel

ANGELO hatte ihm damals sagen lassen, dass er etwa noch ein Jahr gebrauche, um die Angelegenheiten mit St. Peter so weit zu ordnen, dass er Rom ohne Schaden für den Fortgang des Werkes verlassen konnte. Jetzt erwidert er dem Herzog, er hätte zwar grosse Lust, nach Florenz zurückzukehren, aber mit dem Bau von St. Peter stände es jetzt schlimmer als je zuvor. Namentlich mache ihm die Kapelle des Königs von Frankreich viel Sorge. Wenn erst diese wieder in Ordnung gebracht, hätte er nur noch das Modell zu machen. Dann stände seiner Abreise nichts im Wege. Aber ein Jahr werde darüber noch vergehen.

Zu gleicher Zeit mit dem Herzog hatte Vasari einen Brief an Michelangelo geschrieben (Bottari I. p. 6, den wir unter den Briefen Vasaris mittheilen. Auf diesen Brief antwortete Michelangelo mit dem obigen. — Zur Erläuterung desselben ist nur noch zu erwähnen, dass Papst Clemens am 25. Sept. 1534 starb. — Die Angelegenheit mit dem Herzog berührte Michelangelo auch in einem Briefe an seinen Neffen Lionardo vom 1. Juli 1557, den wir hier folgen lassen.

78.

MICHELANGELO AN LEONARDO BUONARROTI.

Rom, 1. Juli 1557.

Ich wünschte mir lieber den Tod, als bei dem Herzog in Ungnade zu stehen. Ich bemühe mich in allen meinen Angelegenheiten in der Wahrheit zu wandeln, und wenn ich gezögert habe dorthin zu kommen, wie ich es versprochen, so habe ich es immer unter der Bedingung verstanden, nicht von hier abzureisen, ehe ich nicht den Bau von S. Pietro bis auf einen Punkt geführt habe, wo derselbe nicht mehr verdorben und von meinem Plane abgegangen werden kann, und auch nicht durch mein Weggehen wieder Gelegenheit gegeben werde, dass die Spitzbuben, wie sie zu thun pflegten und wie sie noch hoffen, zum Stehlen dahin zurückkehren.

Und dieser Bemühung habe ich mich immer unterzogen und unterziehe mich ihr noch, weil, wie viele und darunter ich selber glauben, ich dazu von Gott bestimmt bin. Aber bis zu jenem Punkte des Baues zu kommen, ist mir, wegen Mangel von Geld und Leuten, noch nicht gelungen, und ich habe, weil ich alt bin und nichts anderes von mir zu hinterlassen habe, den Bau nicht verlassen wollen. Und da ich aus Liebe zu Gott diene, setze ich auch auf ihn alle meine Hoffnung. Damit der Herzog den Grund meines Zögerns erfahre, habe ich ihm in diesem Briefe geschrieben mit einer kleinen Auseinandersetzung des Irrthums, damit Messer Giorgio dem Herzoge davon Nachricht gebe.

Bottari VI. 42. Vollständig bei Milanesi S. 336. — Obwohl Michelangelo im Herzen nach wie vor für die alte florentinische Republik schwärmte und die mediceischen Usurpatoren gründlich hasste, war er doch nicht Gefühlspolitiker genug, um über seiner Vaterlandsliebe den augenblicklichen Vortheil aus den Augen zu lassen. Die Klugheit verlangte es, sowohl in seinem, als ganz besonders im Interesse seiner in Florenz ansässigen Verwandten, sich dem Herzoge nachgiebig zu erweisen. Er spielte demselben keineswegs, wie früher geglaubt wurde, eine Komödie vor. In der That fesselte ihn an Rom, wo man ihm am Hofe der späteren Päpste nicht mehr mit der früheren Liebe und dem alten Verständniss entgegenkam, nichts mehr als der Bau von St. Peter, den er rein uneigennützig übernommen hatte, nun aber durchzuführen, schon um seiner eigenen Ehre willen, fest entschlossen war. Mit ängstlicher Sorgfalt wacht er darüber, dass nicht Miss-verständnisse zwischen ihm und dem Herzog entstehen, die für ihn oder für die Seinigen nachtheilig werden könnten. Vasari ist dann immer wieder sein treuer Sachwalter, der ihn beim Herzog vertheidigen muss. Dass MICHELANGELO mit unverbrüchlicher Liebe an seiner Vaterstadt hing, beweist nicht nur seine geplante Rückkehr am Abende seines Lebens, sondern auch sein letzter Wunsch, den wir aus einem Briefe erfahren, welchen der Arzt Gherardo Fidelissimi an Cosimo I. nach dem Tode MICHELANGELOS gerichtet hat und der von Gaye Cart. III. 126 mitgetheilt worden ist:

GHERARDO FIDELISSIMI AN COSIMO I.

Florenz. 18. Februar 1564.

Erlauchtester Herr Herzog! Diesen Abend ist aus diesem zu einem besseren Leben übergegangen der allervortrefflichste Messer Michelangelo Buonarroti, den man wahrlich als ein Wunderwerk der Natur betrachten kann, und da ich nebst andern Aerzten bei seiner Krankheit zugegen gewesen bin, so hatte ich Gelegenheit zu bemerken, dass es sein Wunsch war, sein Körper solle nach Florenz gebracht werden.

Da er nun hier keine Verwandte hat und, wie ich glaube, ohne Testament gestorben ist, so schien es mir passend, Ew. Herrlichkeit sogleich Nachricht davon zu geben, da ich Eure Hinneigung zu den seltenen Tugenden, die in ihm waren, kenne; auf dass Ihr dafür Sorge tragen könnt, dass der Wille des Verstorbenen erfüllt werde, und dass überdies Eure herrliche Stadt eine Zierde in den verehrten Resten des grössten Menschen erhalte, der jemals auf der Welt gewesen ist.

79.

MICHELANGELO AN COSIMO I.

Rom, 1. November 1559.

Die Florentiner haben schon oftmals den lebhaftesten Wunsch gehegt, hier in Rom dem heiligen Johannes eine Kirche zu errichten. Da sie nun jetzt, als zur Zeit Ew. erlauchten Herrlichkeit, hoffen, es mit grösserer Leichtigkeit thun zu können, haben sie sich dazu entschlossen und fünf Männer über die Sache gesetzt, die sich mehrmals an mich gewendet und mich um eine Zeichnung zu besagter Kirche gebeten haben. Da ich nun weiss, dass Papst Leo [X.] besagte Kirche schon begonnen, habe ich ihnen gerathen, die Sache nicht ohne Erlaubniss und Genehmigung des Herzogs von Florenz zu unternehmen. Nun aber, da man dies befolgt hat, habe ich einen sehr gütigen und freundlichen

Brief von Ew. erlauchten Herrlichkeit erhalten, den ich für einen ausdrücklichen Befehl halte, mich des Baues anzunehmen, indem Ihr mir zu erkennen gebt, dass Ihr eine grosse Freude daran haben werdet.

Ich habe auch schon mehrere Entwürfe dazu gemacht, passend für den Platz, den mir die vorbesagten Deputirten für diesen Bau angewiesen haben, und diese, als Männer von grossem Geist und Urtheil, haben davon einen ausgesucht, der in der That auch mir als der prächtigste erschienen ist. — Derselbe soll nun kopirt und mit grösserer Sauberkeit gezeichnet werden, als ich es wegen meines Alters vermocht habe. Er wird sodann Ew. erlauchten Herrlichkeit übersendet werden und, wenn er Euch gefällt, so soll er zur Ausführung kommen. Es thut mir in diesem Falle ungemein leid, so alt zu sein und mit dem Leben in so üblem Vernehmen zu stehen, so dass ich meinerseits nur wenig für besagten Bau versprechen kann; doch werde ich mich bemühen, in meinem Hause das zu thun, was Ew. erlauchte Herrlichkeit von mir verlangt; und Gott wolle, dass ich derselben in allen Dingen zu Diensten sein könne!

Zu der Zeit, als die Lasten des Alters schon fast erdrückend für MICHEL-ANGELO geworden waren, und als die Noth mit dem Bau der Peterskirche eine solche Höhe erreicht hatte, dass selbst sein unerschütterlicher Geist fast zum Aufgeben desselben entschlossen war, da kam zu den vielen Mühen noch eine neue hinzu, und so unermüdlich war die Kraft des grossen Genius, dass er auch dieser neuen Arbeit sich noch zu unterziehen vermochte. Dies ist nämlich der Bau der Kirche des heil. Johannes der Florentiner, deren Geschichte aus folgenden von Gaye publizirten Dokumenten erhellt.

Die Kirche war schon früher von JACOPO SANSOVINO begonnen und von ANTONIO DA SAN GALLO weiter geführt, dann aber der Bau unterbrochen worden. Am 19. Oktober 1559 wenden sich der Konsul und die Rathsmänner der florentinischen Nation in Rom an Cosimo I.; sie hätten sich wegen des Baues von S. Giovanni an MICHELANGELO gewendet, und dieser sei mit grosser Liebe dazu bereit gewesen, alles für den Bau zu thun, was in seinen Kräften stünde. Sie ersuchten nun den Herzog, er möchte sich doch ausserdem noch bei MICHELANGELO für diese Angelegenheit verwenden.

Unter dem 26. Oktober antwortet Cosimo, er habe an MICHELANGELO geschrieben und ihn gebeten, ein Modell zu machen; er schicke ihnen den an MICHELANGELO gerichteten Brief mit. Auf diesen nicht mehr vorgefundenen Brief erhielt nun Cosimo dies obige Antwortschreiben MICHELANGELOS, das ziemlich lückenhaft schon von Bott. Racc. I. 19, und vollständig sodann von Gaye Carteggio III. 18 bekannt gemacht worden ist. Milanesi S. 551.

Die Vertreter der florentinischen Nation aber antworten Cosimo am 10. November mit einem Briefe, worin sie den „besten Alten", wie sie MICHELANGELO nennen, nicht genug rühmen können. Er habe alles Andere bei Seite gelassen und ihnen die Zeichnung gemacht. Die ausgewählten schicken sie dem Herzoge, auf dessen Beihülfe sie hoffen. Gaye III. 19.

In einem Briefe vom 2. Dezember (Gaye III. 20) rühmen sie wiederholt die unglaubliche Liebe und Sorgfalt, mit denen MICHELANGELO die Zeichnung gemacht habe, und am 22. Dezember bedankt sich Cosimo bei diesem mit sehr liebevollen Worten. Die Zeichnungen seien sehr schön, wie denn kann etwas Anderes aus seinen Händen und aus seinem Geiste hervorgehen könne. Doch würde er auch in dem Falle, dass sie ihm nicht gefielen, ihm dies sagen, „indem ich weiss," wie er sich ausdrückt, „dass man gegen Euch ein solches und auch ein grösseres Vertrauen wohl zeigen kann." Gaye III. 29. Am 5. März endlich des Jahres 1560 schreibt MICHELANGELO den Brief an Cosimo, der unter der folgenden Nr. mitgetheilt wird.

80.

MICHELANGELO AN COSIMO I.

Rom, 5. März 1560.

Wie über den Bau der Kirche der Florentiner gesetzten Deputirten haben beschlossen, Tiberio Calcagni an Ew. erlauchte Exzellenz abzusenden. Es ist mir dies sehr lieb gewesen, indem Ihr aus der Zeichnung, die derselbe bringt, mehr als aus dem Grundriss, den Ihr schon gesehen habt, im Stande sein werdet, das, was zu thun nöthig sein würde, zu ersehen. Und wenn jene Zeichnungen den Beifall Ew. Herrlichkeit haben, so wird man mit Hülfe Ew. Herrlichkeit damit beginnen können, die Fundamente zu legen und die fromme Unternehmung weiter fort zu führen.

Ich aber habe es für meine Schuldigkeit gehalten, Euch dies in diesen wenigen Zeilen zu sagen, da mir Ew. Herrlichkeit den Auftrag gegeben, für diesen Bau Sorge zu tragen, was ich auch, soviel ich weiss und kann, nicht unterlassen werde, obschon ich wegen meines Alters und meiner Kränklichkeit nicht mehr so viel leisten kann, und als es meine Schuldigkeit wäre, im Dienste Ew. Herrlichkeit und der Nation zu thun. Indem ich mich Euch von ganzem Herzen empfehle und zu Gebote stelle, bitte ich Gott, Euch in glücklichster Gesundheit zu erhalten.

TIBERIO CALCAGNI war ein junger florentinischer Bildhauer, der sich nach Rom gewendet hatte, um sich unter MICHELANGELO dem Studium der Baukunst zu widmen, und dessen sich dieser auch bei der Ausführung der Zeichnungen für S. Giovanni bediente.

Zur weiteren Erläuterung und Ergänzung des von Gaye Cart. III. 25, Milanesi S. 552 mitgetheilten Briefes mögen noch folgende Worte Vasaris in Betracht gezogen werden. „MICHELANGELO," sagt derselbe, ed. Lemonnier XII. p. 265, „legte den Vorstehern fünf Pläne zu den herrlichsten Kirchen vor, die sie in Staunen versetzten, und sagte ihnen, sie möchten sich einen davon nach Gefallen wählen, und als sie sich dessen weigerten und seinem Urtheil anheimgaben, bestand er doch darauf, die Entscheidung müsse von ihnen kommen; und da sie nun einstimmig sich für einen der reichsten entschieden hatten, sagte ihnen MICHELANGELO: wenn sie diesen Plan wirklich zur Ausführung brächten, so würden weder Griechen noch Römer in ihren besten Zeiten etwas Aehnliches aufzuweisen haben; Worte, wie sie MICHELANGELO nicht vorher und nachher nie wieder gesprochen, denn er war sehr bescheiden."

Das Werk, das Michelangelo bis in alle Einzelheiten selbst vorbereitete, und zu dem er durch Calcagni ein grosses Modell arbeiten liess, wurde zwar begonnen, aber noch bei Michelangelos Lebzeiten zu dessen grossem Leidwesen unterbrochen und erst später durch Giacomo della Porta vollendet.

81.

MICHELANGELO AN COSIMO I.

Rom, 25. April 1560.

rlauchtester Herr Herzog! Ich habe die Zeichnungen der von Messer Giorgio gemalten Zimmer und das Modell von dem grossen Saale nebst der Zeichnung des Brunnens von Messer Bartolommeo gesehen. Was die Malereien anbelangt, so glaubte ich wunderbare Dinge zu sehen, wie es alle diejenigen sind und sein werden, die unter dem Schutze von Ew. Herrlichkeit gemacht und noch künftig zu machen sein werden.

Was das Modell des Saales anbelangt, so wie derselbe jetzt ist, so scheint er mir zu niedrig. Da man doch einmal so grosse Kosten darauf verwendet, müsste man ihn mindestens um 12 Ellen erhöhen. In Anbetracht der Verbesserung des Palastes, so glaube ich nach den Zeichnungen, die ich davon gesehen habe, dass man dieselbe nicht besser ausführen könnte. In Betreff des Brunnens von Messer Bartolommeo, der in jenen Saal kommen soll, so scheint mir derselbe eine schöne Erfindung, und dass er wunderbar schön werden wird. Daher ich denn Gott bitte, Euch ein langes Leben zu schenken, um diese und andere Dinge zu Ende führen zu können. Was schliesslich den Bau der Florentiner hier anbelangt, so thut es mir sehr leid, so alt und dem Tode so nahe zu sein, indem ich nicht mehr in allen Stücken Eure Wünsche befriedigen kann, indess, so lange als ich lebe, werde ich thun, was ich vermag, womit ich mich Euch empfehle.

Der von Gaye Cart. III. 35, Milanesi S. 553 mitgetheilte Brief zeigt uns Michelangelo wieder in einer neuen Angelegenheit um Rath gefragt und Rath spendend. Es betrifft den Umbau des Palazzo vecchio in Florenz, welchen Cosimo dem Giorgio Vasari übertragen hatte, der aber nicht ins Werk gesetzt werden konnte, ohne dass vorher Michelangelo um seine Meinung befragt worden wäre. Der von ihm ertheilte Rath, namentlich in Bezug auf die Erhöhung des grossen Saales, ist denn auch gewissenhaft befolgt worden. Die Malereien, die Vasari in den Sälen des Palazzo vecchio ausführte, sind die Genealogieen der Götter.

MICHELANGELO AN DEN KARDINAL DI CARPI.

Rom, 13. September 1560.

Messer Francesco Bandini hat mir gestern gesagt, dass Ew. erlauchteste und verehrungswürdigste Herrlichkeit zu ihm geäussert, der Bau von S. Pietro könne nicht schlechter gehen; eine Aeusserung, die mich in der That sehr geschmerzt hat, sowohl weil Ihr nicht von der Wahrheit unterrichtet worden seid, als auch, weil ich, wie es auch meine Schuldigkeit ist, mehr als alle andere Menschen wünsche, dass der Bau gut gehe, und ich glaube auch, wenn ich mich nicht selbst täusche, mit Wahrheit versichern zu können, dass, was die jetzige Arbeit betrifft, er nicht besser vorschreiten könnte.

Aber da vielleicht das eigene Interesse und mein hohes Alter mich leicht irre führen und so gegen meine Absicht dem besagten Bau Schaden und Nachtheil bringen können, so beabsichtige ich, sobald als möglich, von Seiner Heiligkeit unserem Herrn Urlaub zu erbitten, und will auch, um Zeit zu gewinnen, Ew. erlauchteste und verehrungswürdigste Herrlichkeit, wie ich hiermit thue, inständigst bitten, dass es Euch gefallen möge, mich von dieser Last zu befreien, die ich auf den Befehl der Päpste, wie Ihr wisst, gern und ohne alle Vergütigung siebzehn[1]) Jahre getragen habe, in welcher Zeit man leicht sehen kann, wie viel durch meine Mühe in dem Bau geschehen ist.

Ich komme noch einmal nachträglich darauf zurück, Ew. Herrlichkeit zu bitten, mir Urlaub zu geben, indem Ihr mir keine grössere Gnade erweisen könnt, und küsse mit jeder Ehrerbietung demüthig die Hand Ew. Herrlichkeit.

Wir beschliessen die Reihe der Briefe MICHELANGELOS mit diesem bei Bottari Racc. VI. 13, Milanesi S. 558 abgedruckten Schreiben an den Kardinal di Carpi, welches zugleich als Bestätigung desjenigen dienen kann, was wir oben über die mannigfachen Sorgen gesagt haben, die MICHELANGELO, trotz seiner ausgedehntesten Vollmacht, aus dem Bau erwuchsen, und zu denen sich selbst Kränkungen der empfindlichsten Art gesellten. Empfindlicher in der That konnte für den greisen Meister wohl kaum ein anderer, als der Vorwurf sein, es ginge mit dem Bau immer schlechter. Auf einen solchen bezieht sich unser Brief. Ueber die kleinlichen Häkeleien, mit denen MICHELANGELO zu kämpfen hatte, vgl. Vasari ed. Lemonnier XIII. p. 266ff.

Der Kardinal di Carpi gehörte nach Vasari zu MICHELANGELOS besten Freunden. Ihm sowie dem schon in einem frühern Briefe erwähnten Donati Gianotti nebst drei anderen Freunden ist es zu danken, dass MICHELANGELO, auch ohne die letzte Vollendung der Peterskirche zu erleben, diese doch wirklich selbst vollendet hat. Als nämlich bereits ein „grosser Theil vom innern Fries der Fenster und vom äussern der doppelten Säulen vollendet war, zwangen

---

[1]) Es ist statt 17 wahrscheinlich 13 zu lesen, da *Michelangelo* doch erst 1546 oder 1547 die Bauleitung übernommen hatte. Mit Zahlen nahm es *Michelangelo* übrigens nicht sehr genau.

ihn diese seine Freunde, mindestens ein Modell zur Kuppel zu machen, da er
sehe, wie sehr man mit der Wölbung zögere. „Viele Monate, führt Vasari
p. 252 f. fort, verstrichen, in denen er sich für nichts entschied, bis er endlich
Hand anlegte und allmählich ein kleines Thonmodell ausführte, um nach diesem
Vorbilde und den von ihm gezeichneten Grundrissen und Aufrissen ein grösseres
von Holz machen zu lassen. Dies wurde denn auch im Verlauf von nicht viel
mehr als einem Jahre vollendet." Nach diesem Modelle wurde dann später die
Kuppel ausgeführt.

83.

MICHELANGELO AN VITTORIA COLONNA.

1.

es besten Künstlers herrlichsten Gedanken,
  Ein einz'ger Marmor kann ihn ganz enthalten;
  Doch muss, will ihn der Meister uns entfalten,
  Die Hand dem Geist gehorchen ohne Wanken.

In dir auch birgt sich Glück und Pein; verdanken
  Könnt' ich dir höchstes Heil, doch zu gestalten
  Dies Glück, es zu gewinnen, zu erhalten,
  Fehlt mir die Kunst; so muss an Gram ich kranken.

Nicht trägt denn Liebe Schuld an meinen Leiden,
  Nicht darf das Schicksal ich zu schmähen wagen;
  Kann Heil ich oder Tod von dir erwerben,

Trägst du im Busen sie und ward von Beiden
  Mir Tod zu Theil, muss ich mich selbst verklagen;
  Mein schwacher Geist verschuldet mein Verderben.

2.

Als mir dein Augenstern zuerst erglühte,
  Da war's kein irdisch Licht, das mich getroffen,
  Schon sah mein Geist entzückt den Himmel offen,
  Ein ew'ger Friede zog in mein Gemüthe;

Denn nimmer stillt mein Herz der Anmuth Blüthe,
  Erzeugt aus dieser Erde niedren Stoffen;
  Der Schönheit Ursprung ist sein Ziel und Hoffen,
  Es fliegt der ew'gen Schönheit zu und Güte.

Nie hoffe denn ein weises Herz den Frieden
    Von jener Blüthe, die zu Staub verkehren
    Die rauhe Zeit und Tod, der uns beschieden:

Wohl mag der Sinne Gluth den Geist verheeren,
    Die Liebe nicht, sie heiligt uns hienieden.
    Doch erst der Himmel wird uns ganz verklären.

3.

Wenn wahre Kunst mit Zügen und Geberden
    Des Menschen Bild erfasst und aufgenommen,
    Dann formt sie bald, vom Schöpfungstrieb entglommen,
    Als Erstgeburt ein schlicht Modell aus Erden.

Doch erst im Stein wird wahr nach viel Beschwerden,
    Was uns der Hammer einst verhiess; vollkommen
    Erscheint das Bild, die feinsten Züge kommen:
    Unsterblichkeit giebt erst das zweite Werden.

Auch ich, als mein Modell ward ich geboren,
    Und wie der Stein vom Meissel hoff' ich täglich
    Vollendung mir durch deine heil'gen Hände.

Doch willst du füll'n die Lücken, willst mich Thoren
    Von Unform läutern, ach, dann muss unsäglich
    Ich dulden, eh' gedämpft des Herzens Brände.

4.

Mich wen'ger unwerth machen deiner Güte,
    War meines schwachen Geistes heiss Verlangen;
    Wie gern wär' ich entgegen dir gegangen
    Auf halbem Weg, sieh wie ich mich bemühte!

Doch ach, das Ziel, für das mein Herz erglühte,
    Aus eigner Kraft werd' ich es nie erlangen;
    Vergieb mir denn mein kühnes Unterfangen,
    Durch Irren wird nun weiser mein Gemüthe.

Wer kann mit deiner Gnade je vergleichen,
    Die auf uns niederträuft wie Gottes Segen,
    Ein schwaches Werk, das ich geschaffen habe.

O sieh: Verstand, Gedächtniss, Kunst erbleichen;
Nie zahlt aus eignem Geist man und Vermögen
Mit tausend Spenden eine Himmelsgabe.

5.

Im Herzen nicht ist meiner Liebe Leben;
Das Herz, das irdisch, sterblich ist, enthält
Die ew'ge Liebe nicht, sie lebt gesellt
Dem Wahn, der Sünde nicht, von Schuld umgeben.

Mir hat die Liebe klaren Blick gegeben,
Die Schönheit dir beim Eintritt in die Welt,
So dass ich selbst in dem, was einst zerfällt,
In deinem Reiz erkenn' der Gottheit Weben!

Vom ewig Schönen trennt in mir sich nimmer
Die Liebe, wie die Wärme nie vom Feuer;
Was ihm entstammt und gleicht, das möcht' ich schauen!

Du trägst in deiner Augen sel'gem Schimmer
Das Paradies, wo du zuerst mir theuer,
Und seine Pforten sind mir deine Brauen!

6.

Jetzt auf dem rechten Fuss, jetzt auf dem linken,
Unsicher, such' ich nach dem Weg der Gnade,
Dort seh' ich Laster, hier die Tugend winken,
Bin schon verwirrt, ermüdet bis zum Sinken,
So wie der Wandrer, wenn kein Sternenschein
Lichtspendend fällt auf seine Pfade.

Da, edle, hohe Frau, gedenk' ich dein!
Mein Herz, ein unbeschriebenes Papier,
Drauf dein Gebot zu schreiben, reich' ich dir.
Mitleidsvoll lehre mich, die Wahrheit sehn,
Der irdischen Liebe Nichtigkeit verstehn,
Dass meine Seele, wie sie Gott schuf, frei,
Hinfort des rechten Weges sicher sei.
Dich frag' ich, ob nicht mehr vor Gottes Auge
Demüth'ge Sünd' als üppige Tugend tauge.

7.

Als treues Vorbild für mein ganzes Streben
Schien von Geburt an mir der Stern des Schönen,
Malend und meisselnd bin ich ihm ergeben,
Und ich verschmäh' es, Anderm je zu fröhnen.
Durch ihn nur wird dem Blick die höh're Welt,
Die Ziel all meines Schaffens ist, erhellt.

Weh' jedem, der vermessen und verblendet
Die Schönheit nieder zu den Sinnen reisst!
Zum Himmel trägt sie den gesunden Geist.
Doch schwach sind wir, wo Gott nicht Kraft uns spendet,
Durch Gnade nur kann's unserm Aug' gelingen,
Vom Sterblichen zu Göttlichem zu dringen.

Die gesammelten Gedichte MICHELANGELOS sind zuerst von seinem Neffen Michelangelo il giovane im Jahre 1623 herausgegeben worden, jedoch nicht in ihrer ursprünglichen Gestalt, da sich der Herausgeber theils sprachliche Aenderungen erlaubte, theils die Gedichte mit Rücksicht auf die Censur zurechtstutzte. Auf diesem Texte, der später (1817) noch um einige Gedichte vermehrt wurde, beruht die erste deutsche Uebersetzung der poetischen Werke MICHELANGELOS von Gottlob Regis, Berlin 1842. Erst Guasti gab 1863 (s. o.) nach der Handschrift im Archivio Buonarroti einen korrekten Text heraus, der den Uebersetzungen von H. Harrys und Sophie Hasenclever zu Grunde liegt. Von den oben mitgetheilten Gedichten sind die fünf ersten Sonette der Hasencleverschen Uebersetzung entnommen (Nr. 15, 52, 14, 13, 28). Die Madrigale Nr. 6 und 7 sind von Alfred Woltmann mit grösster Treue und doch äusserst formgewandt übersetzt. (Zeitschrift für bildende Kunst XI. S. 279 ff.)

Das erste der sechs an Vittoria Colonna gerichteten Gedichte ist das berühmte Sonett, welches Benedetto Varchi (s. o.) kommentirte. Das dritte trägt die Jahreszahl 1550. In dem Schluss des Madrigales Nr. 6 klingt, wie Woltmann treffend hervorhebt, das Dogma von der Rechtfertigung durch den Glauben an, dem sich Vittoria Colonna und ihr Kreis zugewendet hatten. Das Madrigal Nr. 7, welches nicht an Vittoria gerichtet ist, ist desshalb besonders wichtig, weil es das ästhetische Glaubensbekenntniss MICHELANGELOS enthält, welches, wie Lang (Michelangelo als Dichter, in den „Transalpinischen Studien") nachgewiesen hat, mit dem Schönheitsbegriffe der Platonischen Philosophie identisch ist. —

Vittoria, die Tochter jenes Fabrizio aus dem mächtigen Hause der römischen Colonna, der sich zu der Würde eines Gross-Konnetable von Neapel erhoben hatte, und der Agnese von Montefeltre, der Tochter jenes Herzogs Federigo von Urbino, dessen wir schon öfter Erwähnung gethan haben, war im Jahre 1490 zu Marino, einem der zahlreichen Besitzthümer der an Macht und Besitz reichen Colonnas geboren, dreizehn Jahre nachdem MICHELANGELO das Licht der Welt erblickt hatte.[1]) In frühester Jugend schon ward Vittoria mit Ferrante d'Avalos,

---

[1]) Ueber Vittoria Colonna vgl. Alfred v. Reumont Römische Briefe III. 299 ff. und Beiträge zur italienischen Geschichte I. 273 ff.

nachmaligem Marchese von Pescara verlobt, mit dem sie im Jahre 1509 ihre Vermählung feierte. Durch die unheilvollen Kriege, die Italien damals zerrütteten, und in denen d'Avalos als Führer neapolitanischer Truppen neben seinem Schwiegervater fast während der ganzen Zeit nach seiner Verheirathung mitfocht, wurde sie früh wieder zur Wittwe gemacht. D'Avalos starb bald nach der Schlacht von Pavia, 1525, nicht ohne den Ruhm eines der ersten Feldherren seiner Zeit errungen zu haben. Einen anderen Ruhm, nicht minder ehrend und dauernd als jenen, sollte sich die Gattin erringen, die, obschon jung und von seltener Schönheit, dem weltlichen Verkehr fast ganz entsagte, um sich mit rührender Ausdauer dem Andenken des Gatten und jenen zahlreichen Dichtungen hinzugeben, in denen sie ihre Liebe und ihren Schmerz schildert und die sie zu dem Range der ersten unter den Dichterinnen Italiens erhoben haben.

Zunächst begab sich Vittoria in das Kloster S. Silvestro in Rom, zu den Clarissen, aber nicht, ohne dass Papst Clemens VII., der ihre ehrenvolle Aufnahme daselbst durch ein besonderes Breve anordnete, einem von ihrer Seite etwa aus Schmerz übereilten Entschlusse, sich als Nonne einkleiden zu lassen, vorzubeugen gesucht hätte. „Damit nicht," heisst es am Schlusse jenes an die Nonnen gerichteten Breves, „ihrem Schmerz eher Gehör gebend, als reiflicher Ueberlegung, die Gedachte ihr Wittwengewand mit Nonnentracht vertausche, verbieten wir Euch, bei Strafe der Exkommunikation im strengeren Sinne solches ohne Unsere besondere Genehmigung zu gestatten." v. Renmont römische Briefe III. S. 312. — Nicht lange verweilte sie hier, die Kriegesstürme, die immer dichter gegen Rom heranzogen, bewegten sie, wieder nach Neapel zurückzugehen, von wo aus sie, als Rom selbst der Plünderung anheimgefallen war, durch eigene Hülfe wie durch liebreiche Verwendung viel zur Milderung des Uebels beitrug. Damals war es auch, als ihr Geist sich der religiösen Poesie zuwendete und auf diesem Gebiete bald einen solchen Ruhm erlangte, dass die in Literatur und Bildung hervorragendsten Männer Italiens sich voll Verehrung um sie wie um einen glänzenden Mittelpunkt schaarten.

Eine solche Stellung nahm Vittoria ein, als sie unter Pauls III. Regierung im Jahre 1536 nach Rom kam, wo sie nun MICHELANGELO kennen lernte. Wie verwandt waren jene beiden grossen Naturen! Beide vom herbsten Leid geprüft, dessen Nachhall sich durch ihr ganzes Leben hindurch zieht, beide der ernstesten Geistesthätigkeit hingegeben, die sie weit über ihre Zeitgenossen emporhob, beide voll Kraft und ungebeugten Muthes, den sie in den schwierigsten Lagen des Lebens bekundet, beide endlich von weicher und zarter Empfindung, die ihrer erhabenen Strenge eine so wohlthuende Ergänzung gab! Da erwuchs denn jenes Verhältniss einer innigen, auf gegenseitiger Hochachtung begründeten Freundschaft und Liebe, das bis zu Vittorias Tode (1547) andauerte. Ein Verhältniss, dessen Wärme und Innigkeit von beiden Seiten vielfach bekundet worden ist. Von Seiten MICHELANGELOS durch die zahlreichen Dichtungen, die uns, wie namentlich das von uns angeführte erste Sonett, jene vollständige Wiedergeburt schildern, welche die wahre Liebe immer in dem Menschen bewirkt und die hier um so wunderbarer erscheint, als sie nicht das werdende Gemüth eines Jünglings, sondern den nach allen Richtungen hin abgeschlossenen Geist und Charakter eines auf dem Höhenpunkt des Lebens stehenden Mannes betrifft. Von Seiten Vittorias durch die stete Aufmerksamkeit, mit der sie nie unterliess, bei ihrem öfter wiederholten Aufenthalte zu Rom den geliebten Freund in seiner stillen Abgeschlossenheit durch ihren Besuch zu erfreuen. [1]

---

[1] Ella (Vittoria) più volte si mosse da Viterbo e d'altri luoghi, dove fosse andata

Und nicht minder durch jene Aeusserung in einem ihrer zahlreichen an MICHEL-
ANGELO gerichteten Briefe, die „voll reinster und süssester Liebe" waren, wie
Condivi sagt, „er möchte doch nicht so häufig Sonette an sie richten, indem
er sie sonst hindern würde, ihre Morgenandacht zu verrichten." Eine Aeusserung,
die gerade durch ihre schlichte Naivetät einen tiefen Blick in das Herz des
edlen Weibes thun lässt.

Als Vittoria starb, erlag MICHELANGELOS Gemüth, das durch so viel Leid
ungebeugt und durch so viel Kampf ungebrochen hindurch gegangen war, fast
der Verzweiflung. [1]) Mit Liebe sprach er oft von ihr zu seinem Schüler Condivi
und einmal sagte er, es thäte ihn nichts so leid, als dass er Vittoria, als er sie
auf ihrem Sterbebette gesehen, nur die Hand und nicht auch die Stirn oder
das Antlitz geküsst habe. Condivi S. 86.

84.

TESTAMENT GIACOMO PALMAS DES ÄLTEREN.

Am 28. Juli 1528.

a er das Ende seines Lebens [herannahen fühlte] . . . Deshalb habe
ich, Jakobus Palma, Maler, Sohn des weiland Ser Antonio aus dem
Kirchspiel San Basso, durch Gottes Gnade gesund an Geist und Verstand, wenn auch körperlich schwer erkrankt, die Gefahren dieses Jahrhunderts
fürchtend, zu mir rufen lassen den Weltgeistlichen Aloysius Natalis von der
Kirche der Heiligen Ubaldo und Agatha in Venedig, Notar, und habe ihn gebeten, dass er dieses Testament mit mir aufsetze und ebenso nach meinem Tode
vollstrecke und bestätige mit den üblichen Klauseln. Zuerst nun, indem ich
meine Seele dem Allerhöchsten befehle, setze ich fest und bestimme, dass meine
Vertrauensmänner und Vollstrecker dieses meines Testamentes, Ser Marco de Bajeto,
Weinhändler, Ser Giovanni Frutarolo (Fruchthändler?) in dem Kirchspiel San Angelo
und Ser Fantino de Girardo, Färber, dass sie einstimmig oder doch mit Majorität
ausführen, was ich hier unten angeordnet und zu vertheilen befohlen habe. Item,
wenn der Fall meines Todes eintritt, will ich, dass mein Leichnam beerdigt
werde in den Gewölben der Scuola (Brüderschaft) von San Spirito bei San
Gregorio, deren Mitglied ich bin, mit denjenigen Begräbnisskosten, welche meine
Testamentsvollstrecker für gut befinden werden. Item, will ich, dass zum Heil

per diporto, e per passare lo state, ed a Roma sene venne, non mossa da altra cagione,
se non di veder Michelagnolo. (Condivi Quellenschriften für Kunstgeschichte VI, S. 86.)
Den Verkehr Michelangelos mit der Marchesa bei einem ihrer Besuche in Rom schildert
das vom Jahre 1549 datirende Manuskript eines portugiesischen Architekten und
„Illuminirers" Franz v. Holland, der mehreren Unterhaltungen beiwohnte, welche
zwischen Michelagnolo, der Marchesa und Lattantio Tolomei in der Kirche S. Silvestro
(in dem dazu gehörigen Kloster hielt sich Vittoria auf) auf Monte Cavallo meist über
künstlerische Gegenstände stattfanden. Die französische Uebersetzung dieses Manuskriptes
ist bekannt gemacht vom Grafen A. Raczynski les arts en Portugal (Paris 1846)
S. 5—73.
[1]) Per la costi morte più volte se ne stette shigottito e come insensato. Condivi S. 86.

12*

meiner Seele Messen zu Ehren der Jungfrau Maria und des heiligen Gregorio mit der üblichen Almosenvertheilung gelesen werden. Und dass, bevor mein Leichnam bestattet wird, hundertundfünfzig Messen für meine Seele gefeiert werden sollen. Item, will ich, dass durch meine Bevollmächtigten fünfundzwanzig Dukaten unter meine ärmeren Nachbarn und Verwandten vertheilt werden, sowohl in dieser Stadt Venedig als im Gebiet Bergamo, zum Heil meiner Seele. Item, vermache ich dem Hospital della Pietà, dem Hospital San Antonio, dem Hospital der Aussätzigen, den Armen von San Lazaro und dem Kloster San Giuliano del buon Albergo in Marghera einen Dukaten für jeden der genannten Orte. Item, will ich, dass ein Priesterkollegium abgeordnet werde, um für meine Seele zu beten, mit der gewohnten Spende. Item, vermache ich meiner Nichte Margherita, der Tochter des weiland Ser Bartolomeo, meines Bruders, zweihundert Dukaten zu ihrer Vermählung oder zum Eintritt in ein Kloster. Sollte sie sterben, bevor sie sich verheirathet oder in ein Kloster geht, so sollen die zweihundert Dukaten an meine Hinterlassenschaft zurückfallen. Den Rest aber aller meiner gegenwärtigen beweglichen und unbeweglichen Güter und solcher, die mir noch zufallen werden, soweit ich nicht über sie verfügt habe oder soweit sie nicht oben aufgezählt worden sind, die mir und meiner Hinterlassenschaft gehörig und eigenthümlich sind, jetzt und für die Zukunft, wie beschaffen sie auch sein mögen, vermache und hinterlasse ich den Geschwistern Antonio, Giovanni und Marietta, meinen Neffen, den Kindern des oben genannten weiland Ser Bartolomeo, meines Bruders, gleichmässig und zu gleichen Theilen unter sie vertheilt, und wenn einer oder mehrere ohne gesetzliche Erben, männliche oder weibliche, stirbt, soll der Antheil des oder der Gestorbenen an die Ueberlebenden fallen, denen ich allen meine Seele empfehle. Befragt über das zu Fragende antworte ich, dass ich nichts anderes will und bestimme, als was ich oben bestimmt habe. Item, vermache ich dem Notar als Lohn für dieses Testament vier Dukaten in Gold. Item, vermache ich der Scuola von San Spirito bei San Gregorio einen Dukaten.

Ich Guido Solanus Urbinus, Arzt, Sohn des Herrn Johannes, als Zeuge herbeigeholt und vereidigt, habe unterschrieben.

Ich Michiel da Feltre, Tuchmacher, Sohn des verstorbenen Ser Matio, war Zeuge, als solcher aufgefordert und vereidigt.

Aus dem Archivio Notarile in Venedig. Abgedruckt in der Raccolta Veneta I. 1. D. 2. S. 75 f. — Dieses für die Biographie JACOPO oder GIACOMO PALMAS, zum Unterschiede von seinem auch in dem Testamente erwähnten gleichnamigen Grossneffen Il Vecchio, der Aeltere genannt, ungemein wichtige Aktenstück ist kurz vor dem Tode des Malers abgefasst. Denn in der Raccolta ist zugleich das Inventar abgedruckt, welches am 8. August über die bewegliche Hinterlassenschaft des Meisters aufgenommen wurde. Sein Tod muss demnach in der Zeit vom 28. Juli bis zum 8. August, wahrscheinlich in den ersten Tagen des letzteren Monats, erfolgt sein. Vermuthlich herrschte die Pest in Venedig, die vielleicht durch venetianische Söldner eingeschleppt war, die in Neapel gekämpft hatten, wo das dort unter dem Oberbefehle des Marschalls de Lautrec stehende französische Heer von der Seuche beinahe aufgerieben wurde. Wir sehen aus dem Testamente, dass PALMA nicht verheirathet war oder doch keine legitimen Erben besass, da er sein ganzes, nach den übrigen Legaten zu urtheilen, nicht unbeträchtliches Vermögen den Kindern seines Bruders vermacht. Er scheint auch keine illegitimen Nachkommen hinterlassen zu haben, da er, wenn man sich aus dem so pietätvollen Tenor und den frommen Bestimmungen des Testamentes einen Schluss erlauben darf, sicherlich ihrer nicht vergessen haben würde. Damit fallen die romantischen Geschichten, welche Boschini und andere nach ihm von einer Liebschaft TIZIANS mit einer Tochter PALMAS erzählen, in sich zusammen. Vasari (ed. Lemonnier IX. S. 145) giebt an, dass PALMA im Alter von 48 Jahren gestorben sei. Demnach wäre sein Geburtsjahr um 1480 anzusetzen. Nach allem jedoch, was uns der künstlerische Entwickelungsgang TIZIANS lehrt, der in der ersten Periode seines Schaffens entschieden von PALMA beeinflusst wurde, muss das Jahr seiner Geburt um einige Jahre früher angesetzt werden als das von TIZIAN, der im Jahre 1477 geboren war.

Trotzdem PALMA VECCHIO während des Menschenalters, das im günstigsten Falle für seine künstlerische Thätigkeit übrig bleibt, eine ganz enorme Schaffenskraft entfaltet hat — es sind noch etwa 100 Bilder von seiner Hand nachweisbar —, fand man nach seinem Tode im Atelier des Meisters nicht weniger als 45 angefangene, halb oder ganz vollendete Bilder vor, darunter eine grosse Anzahl Portraits und mehrere umfangreiche Altarbilder. Vgl. Crowe und Cavalcaselle Ital. Malerei VI. S. 525 — 560 und Adolf Rosenberg Jacopo Palma der Aeltere in Dohmes Kunst und Künstler Nr. LXVIII.

TIZIANO VECELLIO.

Je länger und spezieller man sich mit der Geschichte der Künstler und anderer hervorragender Persönlichkeiten des 16. Jahrhunderts beschäftigt, um so weniger kann man sich eines gewissen Staunens erwehren, in wie reicher Fülle der Himmel Geistesgaben aller Art über die Menschen jenes in so vieler Beziehung glücklichen Zeitalters ausgegossen hat. Welche Gebiete des Wissens und der Kunst werden damals, nicht etwa sorgsam ausgemessen, wie es der Beruf unserer Zeit zu sein scheint, sondern neu erobert und zu jugendlich frischen Schöpfungen benutzt! Welch eine Zahl grosser und imponirender Persönlichkeiten wirken hier neben und gegeneinander! Welche glänzende Existenzen sieht man fast meteorartig sich entfalten und auf den Raum weniger Jahrzehnte die Erlebnisse und Genüsse ganzer Menschenleben zusammendrängen! Und im Gegensatz dazu, welche grosse und mächtige Gestalten treten uns entgegen, die, von unerschöpflicher Lebenskraft durchflossen, weit über das Maass gewöhnlicher Lebensdauer nicht nur leben, sondern wirken und thätig sind und der geistigen Entwickelung ganzer Jahrhunderte durch ihre Werke die Bahnen ebnen!

Eine solche Gestalt war MICHELANGELO — eine solche ist TIZIAN, dessen Leben und Charakter durch die nachfolgenden, einen Zeitraum von mehr als sechzig Jahren umfassenden Briefe beleuchtet wird. Wir haben eben TIZIAN mit MICHELANGELO zusammengestellt. Und in der That, viel Verwandtes liegt in jenen beiden Künstlern. Beide zeigen dieselbe kräftige Natur, dieselbe Grundlage einer mächtigen und fast unerschöpflichen Lebenskraft, die sie bis zu ihrem Tode nicht verlassen hat. Beide vor Allem jene rastlose und unermüdliche

Thätigkeit in ihrem Berufe, mit der MICHELANGELO sich noch im Greisenalter zur Uebernahme des grössten und mühevollsten aller seiner Werke entschliesst, und mit welcher TIZIAN noch gegen das Ende seines fast ein Jahrhundert dauernden Lebens eine grosse Anzahl von Bildern vollendet, die eher den Stempel jugendlicher Frische als den des Greisenalters an sich tragen.

Je grösser aber diese Verwandtschaft ist, um so auffallender sind die Verschiedenheiten, die sich an den beiden bemerkbar machen. Als den Hauptunterschied ihrer Naturen könnte man es hinstellen, dass bei MICHELANGELO diese ganze Lebenskraft gleichsam nach innen, bei TIZIAN dagegen nach aussen gekehrt sei. MICHELANGELO lebt und wirkt für seine Ideen, ihnen bringt er sich selbst und sein ganzes Leben zum Opfer dar. Auch TIZIAN lebt seiner Kunst, aber diese hat wieder ihm und seinem persönlichen Vortheil zu dienen.

MICHELANGELO, wo er nicht getrieben ist, in den Kampf des öffentlichen Lebens einzugreifen, wie bei dem letzten Aufglimmen der florentinischen Freiheit, lebt abgeschlossen von der Welt, den Freuden der Geselligkeit entfremdet, nur seinen Ideen und Schöpfungen hingegeben. Er hat, wie er selbst zu Condivi gesagt, trotz seiner Reichthümer immer als ein Armer gelebt.[1]) TIZIAN führt ein glänzendes Leben;[2]) auf die angestrengte Arbeit folgt ein anmuthiger Verkehr mit Freunden, von denen der eine, nämlich PIETRO ARETINO, kaum ein anderes Lob, als das eines witzigen Menschen und guten Gesellschafters verdient. Während MICHELANGELO sich oft mit einem Stückchen trockenen Brotes begnügte, giebt sich TIZIAN den Freuden eines reich besetzten und mit heiterem Gespräch gewürzten Mahles hin. MICHELANGELO erfreut sich der Verehrung der bedeutendsten Fürsten seiner Zeit, aber er zieht keinen Vortheil daraus; er ist oft gezwungen, den Päpsten bei aller Freundschaft und Liebe schroff entgegen zu treten; TIZIAN ist ein feiner Weltmann, politisch, gewandt im höfischen Verkehr, der, ohne seine persönliche Unabhängigkeit zum Opfer zu bringen, von jeder Situation, von jeder neuen Bekanntschaft den besten Vortheil zu ziehen weiss.[3]) MICHELANGELO hat sich selbst aus Liebe zur Freiheit verbannt und obschon seine Gedanken mit Liebe an der Heimath hangen, weist er, nicht ohne inneren Kampf, auch die glänzendsten Anerbietungen, dahin zurückzukehren, zurück; TIZIAN lebt glücklich in seinem frei gewählten Vaterlande, auch er wird vielfach aufgefordert, in scheinbar glänzendere Stellungen zu treten, aber das ist der einzige Punkt, in dem er seinen fürstlichen Gönnern nicht zu Willen ist; er bleibt in seiner bescheidenen, aber freieren Stellung als Privatmann, obschon auch nicht ohne von dieser Stellung wieder bestimmten Vortheil zu ziehen (Br. 111).

MICHELANGELO, streng von Sitten, entsagend, wird erst in seinen reiferen Jahren von der Liebe berührt, die mit idealer Gluth sein Wesen durchströmt, ohne die Freuden des Genusses zu bieten; TIZIAN hatte sich als angehender Vierziger verheirathet und führte eine kurze, aber glückliche Ehe. Der Verlust seiner Gattin Cecilia im August 1530 beugte ihn tief darnieder. Die Zeit heilte dann diese Wunde, und TIZIAN fand im Umgange mit schönen Frauen, denen

---

[1]) *Più volte gli ho sentito dire: Ascanio, per ricco ch'io mi sono stato, sempre son vivuto da povero.* Condivi p. 81.

[2]) *Tornossene in casa maggiore servito vestiva pomposamente da gran cavaliere e né cinque che fece alle corti de' Principi trattò sempre con generosa dispendio.* Ridolfi Vite de' pittori Veneti. (Pad. 1815) I. 271.

[3]) *Sapeva unire all' altezza dell'ingegno la prontezza dello spirito e quella commendevole politica che sa preparare i favori dei grandi e ricchi senza pregiudizio della libertà e dell'amor medesimo.* Cadorin p. 19.

er den Hof machte, Trost und Erheiterung.[1] MICHELANGELO war ein ernster Denker und Dichter, TIZIAN „bellissimo parlatore!“.[2]

TIZIAN, mit einem Worte, kann uns den glänzenden, stets mit glücklichem Erfolge gekrönten Weltmann und somit eine durchaus nicht unwesentliche Seite jenes Zeitalters überhaupt repräsentiren. So reich er an Ehre und Anerkennung war, wovon weiter unten mannigfache Belege folgen werden, eben so reich war er an Geld und Besitz, dessen Werth er gar wohl zu schätzen wusste, von dem er aber auch wiederum einen anständigen Gebrauch machte, wie in der reichen Ausstattung der Tochter und in der Führung eines glänzenden und gastfreien Haushaltes.[3] Und wie er anmuthig von Sitten, fein und gefällig im Verkehr war, so fehlen auch solche Züge in seinem Leben nicht, wonach er auf Gewinn und Vortheil, nach denen er sonst nicht ohne Talent und Erfolg zu streben gewohnt war, grossmüthig zu verzichten wusste, wenn dieselben mit dem Vortheil anderer oder mit seiner Ehre zu kollidiren schienen, wie dies die Verzichtleistung auf das einträgliche Officio del Piombo in Rom (vgl. Br. 119) und die Zurückweisung des ihm für seinen Sohn Pomponio angetragenen Bisthumes bekunden. Erst in den letzten Jahren seines Lebens verdunkelte ein hässlicher Zug von Habsucht seinen Charakter.

85.

TIZIAN AN DEN RATH DER ZEHN.

Venedig, 31. März 1513.

Ich, Tizian von Cadore, der ich die Malerei von Kindheit an studirt habe und mehr nach Ruhm als nach Vortheil begierig bin, wünsche lieber dem Dogen und der Signorie als Seiner Heiligkeit dem Papste und anderen Herren zu dienen, die in vergangenen Tagen und jetzt aufs Neue dringend verlangt haben, mich zu beschäftigen. Mein lebhafter Wunsch geht deshalb dahin, wenn es thunlich ist, in der Rathshalle zu malen, und zwar, falls es den Hochmögenden gefällt, mit dem Schlachtengemälde auf der Seite nach der Piazza hin zu beginnen, welches so schwierig ist, dass bis dahin Niemand den Muth gehabt hat, es zu versuchen. Ich erkläre mich bereit, jeden meiner Arbeit entsprechend scheinenden Lohn anzunehmen; doch da ich nur der Ehre wegen und bei mässigem Auskommen mich befleissige, so bitte ich um Verleihung des nächsten, auf Lebensdauer giltigen Mäklerpatents, das am Fondaco de' Tedeschi erledigt wird, ohne Vorbehalt bestehender Anwartschaften auf solch' eine Stelle, und unter denselben Bedingungen oder Lasten und Freiheiten, wie sie dem „Missier Juan Bellini“ zugestanden sind. nämlich: zwei Burschen als Gehilfen, die vom Salzamte zu bezahlen sind, sowie Lieferung aller Farben

---

[1] Vgl. den Brief des Pietro Aretino an Jac. Sansovino bei Cadorin.
[2] Urtheil Dolces bei Cadorin p 12.
[3] Noch in seinem 97. Jahre empfing und bewirthete er in seinem Hause König Heinrich III. von Frankreich nebst seinem ganzen Gefolge auf eine höchst glänzende und splendide Weise. Ridolfi I. 201.

und sonstiger Erfordernisse, wogegen ich verspreche, obenbenanntes Werk mit solcher Schnelligkeit und Gediegenheit zu vollenden, dass die Signori, denen ich mich demüthigst empfehle, damit zufrieden sein sollen.

Veröffentlicht von Lorenzi Monumenti per servire alla storia del Palazzo ducale di Venezia I. S. 157 ff. Deutsch bei Crowe und Cavalcaselle Tizians Leben und Werke I. 129. Ueber das Amt der Sensale oder Mäkler am Fondaco de' Tedeschi vgl. Crowe a. a. O. S. 70 ff. Dieses Amt wurde Seitens der Regierung als Geschenk häufig an Maler verliehen, die es nicht selber verwalteten, sondern verpachteten. Es brachte jährlich 100 Dukaten und befreite den Inhaber von Abgaben, die sich auf 18 bis 20 Dukaten beliefen. Der Maler übernahm dafür die Verpflichtung, ein Portrait des jedesmaligen Dogen, einen Schild mit seinem Wappen, der am Bucentoro angebracht wurde, und ein Votivbild zu malen, welches den Dogen mit einem heiligen Fürsprecher vor der Madonna knieend darzustellen hatte. Das Portrait bekam er noch besonders mit 25 Dukaten bezahlt.

Tizian hatte durch Pietro Bembo, den neu ernannten Sekretär des eben unter dem Namen Leo X. auf den päpstlichen Stuhl erhobenen Giovanni de' Medici, den Antrag erhalten, in den Dienst des Papstes zu treten. Auf Anrathen des Dichters und Redners Andrea Navagero, der später als Diplomat im Dienste Venedigs thätig war und der den Künstler seiner Vaterstadt erhalten wollte, schlug Tizian jedoch den Antrag aus. Tizians Anerbieten wurde vom Rathe der Zehn angenommen und die Vorsteher des Salzamtes angewiesen, dem Tizian, wie es bei Bellini geschehen, das Erforderliche auszuzahlen.

Diese Erhebung des jungen Tizian erregte begreiflicher Weise den lebhaftesten Unwillen des alten Giovanni Bellini, der seit einem Menschenalter mit allen grossen künstlerischen Aufgaben der Republik betraut war und den Emporkömmling an seiner Seite im grossen Saale des Dogenpalastes nicht dulden wollte. Er setzte es durch, dass der Rath der Zehn am 24. März 1514 sein Dekret widerrief. Tizian sollte danach sein Maklerpatent nicht bei der ersten Vakanz erhalten, sondern warten, bis die Reihe an ihn komme. Seine Gehülfen wurden von der Zahlungsliste des Salzamtes gestrichen.

Am 28. November 1514 petitionirte Tizian noch einmal. Er bat, man möge ihm dasjenige Maklerpatent zuertheilen, das durch den Tod Giovanni Bellinis erledigt würde. Dieses Anerbieten wurde vom Rathe angenommen und ein Dekret darüber am 29. November 1514 ausgefertigt. Als die in der Halle des Dogenpalastes beschäftigten Maler entlassen wurden, um die Ausgaben einzuschränken, schrieb Tizian den folgenden Brief an den Dogen.

———

86.

TIZIAN AN DEN DOGEN VON VENEDIG.

Venedig, [Januar 1515].

Erlauchter Fürst! Da ich, Tizian, Diener Ew. Herrl., vernommen habe, dass Ihr entschlossen seid, die grossen Felder im Saale des grossen Rathes malen zu lassen, und ich wünschte, dass man dort ein Bild von meiner Hand von der Art und Kunstweise sehe, wie das, welches jener seit

Jahren begonnen hat; — und es ist nicht das schwierigste und mühsamste in jenem ganzen Saale, so verpflichte ich mich selbst, es zu vollenden, ganz auf meine Kosten und ich will keine andere vorläufige Zahlung, ausser 10 Dukaten für Farben und drei Unzen von dem Azur, wenn sich einiger auf dem Salzamt befindet, und dass auf meine Rechnung einer von den Gehülfen, deren ich bedarf und deren zwei sind, bezahlt werde; nur jeden Monat 4 Dukaten, indem ich mich verpflichte, einen anderen aus meiner Tasche zu bezahlen und jede andere Ausgabe zu bestreiten, die noch ausserdem auf die Malerei verwendet werden muss.

Dagegen lasse mir Ew. Herrl. vom Salzamt versprechen, dass ich, wenn das Werk vollendet ist, die Hälfte von dem als Zahlung erhalte, was früher dem Perugino versprochen worden ist, der jenes Bild malen sollte. Das sind also 400 Dukaten, da er dasselbe nicht unter 800 Dukaten machen wollte. Und dass ich zu seiner Zeit meine Anwartschaft auf das Makleramt in der Kaufhalle der Deutschen geltend machen kann, wie dies in dem erlauchtesten Rathe am 29. November 1511 beschlossen worden ist.

Tizian bewirbt sich in diesem von Gaye Cart. II. 142 bekannt gemachten Briefe um die Vollendung eines grossen Bildes in der Halle des Rathes, welches die (legendenhafte) Demüthigung Friedrich Barbarossas vor Papst Alexander III. in der Markuskirche darstellte und von Giovanni Bellini begonnen war. Sein Gesuch ist unter dem 18. Januar 1515 (danach die obige Zeitbestimmung von Gaye) vom Kollegium gebilligt worden, nur dass man ihm statt der verlangten 100 nur 300 Dukaten bewilligte; auch sollen die Gehülfen nur drei Dukaten den Monat bekommen und Tizian selbst nicht mehr als zehn Dukaten für Farben vergütigt und drei Unzen Azur bewilligt werden. Die Anwartschaft auf das Makleramt wurde Tizian darin von Neuem bestätigt. Er erhielt es jedoch erst nach dem am 29. November 1516 erfolgten Tode Bellinis, was durch eine Urkunde bei Lorenzi a. a. O. S. 116 und durch ein Dekret des Senates vom 23. Juni 1537 bestätigt wird, worin es heisst: „Am 5. Dezember 1516 wurde erklärt, dass Tizian in die Sanseria (Makleramt) eintreten solle, welche Zuan Bellini inne gehabt hatte, unter der Bedingung, dass er verpflichtet sei, das Gemälde der Landschlacht im Saale unseres grossen Rathes nach der Piazza zu über dem Canal grande zu malen; als welcher Tizian nach dem Tode des Zuan Bellini vor ungefähr 20 Jahren in den Besitz besagter Sanseria eingetreten ist, indem er die Nutzungen davon zieht, die sich auf 100 Dukaten das Jahr belaufen können ausser den 18—20 Dukaten der jährlichen tansa (Abgabe), welche ihm gelassen worden sind.“

Tizian scheint das Gemälde des Bellini im Jahre 1522 vollendet zu haben. Dieses Bild ging ebenso wie das im vorigen Briefe erwähnte Schlachtengemälde bei dem Brande des Dogenpalastes im Jahre 1577 unter. Das letztere stellte den Sieg der Venetianer über die Truppen des Kaisers Maximilian bei Cadore, dem Geburtsorte Tizians, in den friaulischen Bergen am 28. Februar 1508 dar. Vgl. Crowe a. a. O. II. S. 381 ff.

TIZIAN AN DEN HERZOG VON FERRARA.

Venedig, den 19. Februar 1517.

Ich ging unverzüglich nach dem Brunnen, von welchem Ew. Herrlichkeit geschrieben hatten, und machte davon eine Zeichnung, an welcher Ew. Herrl. sehen wollen, wie die Angelegenheit steht; aber ich wollte diese Zeichnung nicht allein abgehen lassen und sende noch eine andere mit, die ich von einem Brunnen nach Art dieser Gegend gemacht habe. Sollten diese Zeichnungen nicht so ausgefallen sein, wie es der erhabenen Intention Ew. Herrl. entspricht oder in Uebereinstimmung mit meinem demüthigen Diensteifer stünde, so hoffe ich entschuldigt zu sein, und dass Ew. Herrl. dies meinem ernsten Streben, die Arbeit schleunigst zu vollenden, zuschreiben werden. Ich stehe gänzlich zu Befehl, wenn die Zeichnungen unzureichend befunden werden, und bin bereit, andere zu liefern, denn ich habe mich mit Leib und Seele Ew. Herrl. ergeben und erachte kein Vergnügen so gross als dies, der Dienstleistung für Ew. Herrl. würdig erachtet zu werden, wann und wie immer es sein möge. Ich habe das Bad, welches Ew. erlauchte Herrlichkeit bei mir bestellte, nicht vergessen und arbeite täglich daran, so dass, wenn dessen Absendung wünschenswerth erscheint und die Zeit mir bekannt gemacht wird, ich es schicken kann; inzwischen bittet Eurer Gnade demüthig empfohlen zu sein

Eurer Erlauchten Herrlichkeit Diener
Tiziano.

Campori Tiziano e gli Estensi S. 5. Deutsch bei Crowe a. a. O. S. 150. Während sich in den Briefen Tizians an den Rath und Dogen noch bei aller Unterthänigkeit ein gewisses künstlerisches und republikanisches Selbstgefühl offenbart, schlägt der Meister dem Herzoge Alfonso von Ferrara gegenüber einen Ton demüthiger Unterwürfigkeit an, der in den späteren Briefen in den vollendeten „Hofschranzenstil" übergeht. Diese Charakterlosigkeit bei aller Höflichkeit und Gewandtheit der Form war ein Merkmal des italienischen Briefstils während des ganzen 16. Jahrhunderts. Aretino und Bembo hatten diesen servilen Ton in ein gewisses literarisches System gebracht. Der Brief war fortan nicht mehr die freie Offenbarung eines Charakters: Raffael und Michelangelo waren die letzten, die noch sich selbst in ihren Briefen gaben. Das Briefschreiben war zu einer Kunst geworden.

Tizians Beziehungen zum Herzoge von Ferrara scheinen zu gleicher Zeit begonnen zu haben, wo der junge anstrebende Künstler den Sieg über den alten Bellini davontrug, der sich bis dahin ausschliesslich der Gunst des ferraresischen Hofes erfreut hatte. Wir wissen, dass Tizian seinen berühmten „Christus mit dem Zinsgroschen" und ein Portrait des Herzogs für diesen gemalt hat, können aber nicht die Zeit angeben, in welche die Vollendung dieser Bilder fällt. Auch wissen wir nicht, welches Bild unter dem „Bade", von welchem der Brief spricht, zu verstehen ist. Im Februar 1516 machte Tizian seine erste, in den Berichten erwähnte Reise nach Ferrara.

TIZIAN AN DEN HERZOG VON FERRARA.

Venedig, den 1. April 1548.

Gnädigster Herr und Gebieter! Ich habe in diesen Tagen mit schuldigster Ehrfurcht Ew. Herrl. Brief nebst der Leinwand und dem Rahmen erhalten. Nachdem ich von dem Inhalte Kenntniss genommen und mir alle darin enthaltenen Anweisungen eingeprägt, finde ich sie so schön und klar, dass sie nach keiner Seite der Verbesserung mehr bedürfen, und je mehr ich darüber nachdachte, desto mehr gelangte ich zu der Ueberzeugung, dass die hohe Stufe, welche die Kunst bei den Alten erstiegen, der Unterstützung zu verdanken ist, die ihnen grosse Fürsten gewährten, die sich herabliessen, den Malern das Vertrauen und das Ansehen zu leihen, welche in dem eigenen Scharfsinn bei Beurtheilung von Gemälden wurzelten. Kann ich deshalb zweifeln, dass ich, wenn Gott mir beisteht, den Wünschen Ew. Gnaden zu genügen, Ehre und Ruhm von meiner Arbeit haben werde? Und doch werde ich Alles in Allem dabei nicht mehr gethan haben, als dass ich demjenigen Form verliehen, das seinen Geist — den wesentlichsten Theil also — von Ew. Hoheit empfangen hat. Doch das bleibe dahingestellt. — Ich kann versichern, Ew. Hoheit hätten keinen dankbareren Gegenstand und keinen, der mehr nach meinem Herzen wäre, ersinnen können, als diesen, und ich beabsichtige, darauf meine ganze Sorgfalt und meinen ganzen Fleiss zu wenden, damit es glücklich zur Vollendung gebracht werde. Was Ew. Herrl. über den nächsten St. . . . . und die Zeit, über welche hinaus die Vollendung nicht verschoben werden dürfe, sagen, so scheint mir das wirklich eine zu kurze Frist; das Werk erfordert, wenn es gut und anziehend werden soll, mehr Musse und mehr Studium. Trotzdem gedenke ich mein Möglichstes zu thun, um es bis zu dem bestimmten Zeitpunkt fertig zu machen; sollte alsdann noch etwas zu thun übrig bleiben, so wird diese Kleinigkeit gewiss so unerlässlich sein, dass sie die Verzögerung entschuldigt. Ich füge nichts weiter hinzu, als dass ich bitte, demüthigst empfohlen zu sein.

Ew. erlauchtesten Herrlichkeit Diener

. . . .

An den erlauchtesten und gnädigsten Herrn,
meinen Herrn Herzog von Ferrara.

Campori a. a. O. S. 7. Deutsch bei Crowe a. a. O. S. 152. Die Unterschrift und ein Wort im Texte — der Heiligenname nach St. — sind zerstört. Anfänglich beabsichtigte Alfonso, sein „Studio" in dem von ihm renovirten Schlosse zu Ferrara mit Gemälden von Raffael auszuschmücken. Dieser hielt seine Agenten jedoch so lange hin, dass der Herzog die Geduld verlor und sich an Tizian wendete. Aber auch dieser stellte die Geduld des erlauchten Herrn auf eine harte Probe. Am 29. September 1518 erliess dieser an seinen Agenten Jacopo Tebaldo in Venedig eine heftige Mahnung wegen der Nachlässigkeit Tizians, die in der Drohung gipfelt, „der Maler habe sein grösstes Missvergnügen zu gewärtigen, wenn er das Bild nicht vollende". Er sei im Stande, „ihm das einzutränken". Das Bild, von welchem in dem Briefe die Rede ist, das jetzt im Museo del Prado zu Madrid befindliche „Bacchanal" wurde erst 1519 fertig. Tizian kümmerte sich ebensowenig wie Raffael um die Mahnungen und Drohungen seiner fürstlichen Auftraggeber.

89.

TIZIAN AN DEN MARKGRAFEN FEDERIGO VON MANTUA.

Venedig, den 22. Juni 1527.

Erlauchter Herr! Da ich weiss, wie Ew. Hoheit die Malerei liebt und hochschätzt, was Messer Giulio Romano so sehr zu seinem Vortheil erfahren hat, und da ich immer wünschte, Ew. Hoheit zu gefallen, so habe ich Messer Pietro Aretino gemalt, der hierher gekommen ist, um als ein zweiter Paulus das Lob Ew. Hoheit zu predigen, und da ich weiss, dass Sie einen solchen Diener ob seiner vielen Vorzüge lieben, so mache ich Ihnen ein Geschenk mit diesem Portrait. Da ich ferner dem Signor Girolamo Adorno ein freundschaftliches Andenken bewahre, der den Markgrafen von Mantua anbetete, und da er ein würdiger Edelmann war, so sende ich sein Bild gleichfalls zum Geschenk. Und obwohl dies keine Gaben sind, welche einer so hohen Person wie Ew. Hoheit würdig sind, und obwohl sie nicht von einem besonders tüchtigen Meister herrühren, so bitte ich, die Ergebenheit Tizians anzunehmen und die Werke bis zu einer Zeit zu bewahren, wo ich — soweit dies innerhalb der Grenzen meiner Begabung möglich ist — im Stande sein werde, etwas zu senden, was Sie zufrieden stellen wird, so dass Sie dasselbe in Gnaden anzunehmen geruhen, indem Sie sich erinnern, dass ich stets Ihr Diener war. Ich küsse Ew. Hoheit die Hand.

Tizian Vecelli.

Original im Archiv zu Mantua. Abgedruckt bei Crowe a. a. O. S. 362. Federigo II. Gonzaga war ein Neffe Alfonsos von Este, durch den er auf Tizian aufmerksam gemacht sein mag. Im Januar 1523 begab sich Tizian nach Mantua. Er malte damals für den Markgrafen ein Portrait und später die berühmte Grablegung, welche sich jetzt im Louvre befindet, wohin sie aus der Sammlung Karl I. von England gekommen ist. 1627 befand sie sich laut Inventar noch im mantuanischen Schlosse. Dann scheint die Verbindung eine Zeit lang unterbrochen gewesen zu sein, bis sie durch diesen Brief wieder aufgenommen wurde. Pietro Aretino war am 25. März 1527 in Venedig angekommen, wo er schnell die Freundschaft Tizians gewann. Girolamo Adorno war als kaiserlicher Gesandter am 10. März 1523 in Venedig gestorben. Da dieser Brief Tizians in kriechender Schmeichelei noch die früheren übertrifft, hat man wohl mit Recht geschlossen, dass Aretino, der Meister des kriechenden Briefstils, auf Tizian von

Einfluss gewesen ist. Der Markgraf bescheinigte den Empfang der beiden Bilder in einem Schreiben an Tizian vom 8. Juli 1527, in welchem er die hohe Natürlichkeit und Aehnlichkeit der Bildnisse rühmt. Beide Bilder sind verloren gegangen.

Trotz einer nochmaligen Erinnerung von Seiten Aretinos, der diesen Freundschaftsdienst für Tizian sicherlich nicht umsonst that, gelangte der Maler nicht zu dem mit den Geschenken angestrebten Ziele, den Markgrafen zu einer Bestellung zu veranlassen. Unter dem 11. Oktober 1527 richtete Federigo an Aretino folgendes lakonische Billet: „Was den Tuciano anlangt, so werde ich nicht verfehlen, ihm nächstens einen Beweis zu geben, aus dem er entnehmen kann, wie hoch ich ihn schätze und wie angenehm er mir ist." Aus einem Briefe, den Tizian am 12. Juni 1529 an den Markgrafen aus Ferrara schrieb, wo er für den Herzog Alfonso gearbeitet hatte, entnehmen wir, dass Federigo ihm wieder einen Auftrag ertheilt.

90.

TIZIAN AN FEDERIGO GONZAGA.

Bologna, 12. Juli 1530.

Erlauchter Herzog! Jene Dame, nämlich Cornelia, befindet sich nicht hier in Bologna. Signora Isabella hat ihr befohlen, nach Nivolara zu gehen, der Luftveränderung halber, da sie erkrankt ist, und man sagt, dass sie etwas angegriffen ist durch die Krankheit; doch steht es besser. Und nachdem ich dies gehört, habe ich gezweifelt, ob ich etwas Gutes zu Stande bringen werde, da sie doch krank ist, und da ich ferner von der grossen Hitze und auch ein wenig von Krankheit mitgenommen bin und, um mich nicht ganz krank zu machen, bin ich nicht weiter gegangen, in der Meinung, so Ew. Herrlichkeit am besten zu dienen, und dieselbe wird sich zufrieden gestellt sehen. Diese anmuthige Dame hat von Anfang an durch ihre Gestalt einen solchen Eindruck auf mich gemacht, dass ich brenne, sie so zu malen, dass jeder, der sie kennt, sagen wird, ich hätte sie öfter gemalt. Und darum bitte ich Ew. Herrlichkeit, mir die Sorge zu überlassen, da ich sie binnen zehn Tagen malen werde, wenn man mir das Portrait, welches jener andere Maler von der gedachten Cornelia angefertigt, nach Venedig schickt. Und ich werde dann beide zusammen zurückschicken, und Ew. Herrlichkeit wird beim Vergleiche erkennen, wie ich ihr in diesem Falle und in jeder anderen Sache, so lange ich lebe, zu dienen wünsche. Wenn Ew. Herrlichkeit das Bildniss nach seiner Vollendung gesehen und etwas fehlen sollte, so werde ich mit Vergnügen nach Nivolara gehen, um es richtig zu machen, aber ich glaube, dass es nicht nöthig sein wird. Und Ew. Herrlichkeit küsse ich die Hand.

Ew. Herrlichkeit Diener
Tizian V.

Crowe a. a. O. I. S. 366. Dieser Brief Tizians führt uns auf einen Liebesroman, dessen Held der erste politische Sekretär Karl V., ein gewisser Covos, war. Kaiser Karl hatte während seiner Anwesenheit in Bologna im Winter 1529 auf 1530 häufig das Haus des Grafen Pepoli besucht. Sein Sekretär hatte sich bei diesen Besuchen in eine Zofe oder Gesellschafterin der Gräfin Pepoli, Namens Cornelia, verliebt, und der Markgraf von Mantua suchte nun diese Neigung des einflussreichen Sekretärs für seine Zwecke auszubeuten, indem er sie unterstützte und förderte. Er liess deshalb von Tizian ein Portrait, von Giovanni da Bologna eine Büste der Dame für den verliebten Sekretär anfertigen. Das Empfehlungsschreiben, mit welchem er Tizian an die Gräfin Elisabetta (Isabella) Pepoli sandte, lautet folgendermassen:

Mantua, 8. Juli 1530.

Erlauchte Herrin! Es kommt in meinem Auftrage Messer Tiziano zu Euch, ein seltener und ausgezeichneter Maler und vortrefflicher Edelmann, den ich wegen seiner besonderen Tugenden ungemein liebe. Ich ersuche Euch, ihm ein freundliches Gesicht zu machen und es nicht gering zu achten, Freundschaft mit einem solchen Manne zu halten und ihn Eurer Gunst zu würdigen. Sodann möge mir Ew. Herrlichkeit den Gefallen thun, um den ich sie von ganzem Herzen bitte, dem besagten Messer Tiziano Gelegenheit zu geben, die Signora Cornelia nach der Natur abzukonterfeien, indem mir dadurch ein grosser Gefallen von Ew. Herrlichkeit erwiesen würde, zu deren Nutzen und Wohlgefallen ich mich auf das geneigteste erbiete.

Gaye Cart. II. S. 219. Wir erfahren weiter nichts von der Angelegenheit, nur soviel, dass Tizian am 15. Juli sich bereits wieder in Venedig befand, wohin er krank zurückgekehrt war. Zwei Wochen darauf traf ihn ein harter Schlag, der Tod seiner Gattin Cecilia, die er am 5. August begrub. Wir entnehmen einem Briefe des Benedetto Agnello, des Geschäftsträgers Federigos in Venedig, an seinen Herrn, dass Tizian über den Verlust seiner Gattin ganz untröstlich war, und dass er während der Krankheit seiner Frau nicht im Stande gewesen, an dem Bildniss der Donna Cornelia zu malen. Wenn in dem Briefe Tizians von einem Maler die Rede ist, der noch ein Bild der Cornelia zu malen hatte, so liegt augenscheinlich ein Irrthum von Seiten Tizians vor, da Giovanni von Bologna Bildhauer war. Tizian begegnete ihm flüchtig in Bologna, als er gerade in den Palazzo Pepoli gehen wollte, und da mag er sich nicht genau nach ihm erkundigt haben.

91.
TIZIAN AN FEDERIGO GONZAGA.

Venedig, 14. April 1531.

Endlich habe ich das Bild der Magdalena vollendet, das mir Ew. Herrlichkeit aufgetragen hatte, und zwar mit der grössten Schnelligkeit, die mir möglich war, indem ich alle anderen Arbeiten, die ich unter den Händen hatte, bei Seite liess. Ich habe mich bemüht, in dem Bilde das wenigstens zum Theil auszudrücken, was man von dieser Kunst erwartet. In wie weit ich dies erreicht habe, mögen Andere beurtheilen.

Wenn mir Hand und Pinsel den grossen Ideen, die mir dabei im Sinne und im Herzen lagen, wirklich entsprochen hätten, so würde ich glauben, meinem Wunsche, Ew. Herrlichkeit zu dienen, genügt zu haben; aber ich bin um Vieles dahinter zurückgeblieben. Schenkt mir indess Eure Verzeihung, und um diese leichter zu erlangen, hat mir die Magdalena versprochen, Euch mit ihren über die Brust gekreuzten Händen darum zu bitten und es von Euch als Gunst zu fordern.

Anderes habe ich Euch nicht zu sagen, nur, dass mich Ew. Herrlichkeit in Ihrem freundlichen Wohlwollen und unter der Zahl ihrer geringsten Diener erhalten möge.

Der von Gaye Cart. II. 225 mitgetheilte Brief enthält die Antwort auf ein Schreiben Gonzagas vom 5. März 1531, worin er dem TIZIAN den Empfang eines heiligen Hieronymus von ihm anzeigt und ihn um rasche Anfertigung der Magdalena bittet, die er dem damals bei Kaiser Karl V. in hoher Gunst stehenden General Davalos del Vasto schenken will. Von dem Hieronymus sagt er: ich weiss nicht, welches grössere Lob ich ihm geben könnte, als zu sagen: es ist ein Werk TIZIANS!

Die Magdalena soll so thränenreich als möglich sein. TIZIAN möchte alle Mühe anwenden, das Bild recht schön zu machen. Es würde ihm nicht schwer fallen, denn er könne eigentlich gar nicht anders. Beide Bilder lassen sich heute nicht mehr mit Sicherheit nachweisen. Man vermuthet indess, dass der Hieronymus das jetzt im Louvre befindliche Bild sei.

Als Antwort auf den obigen Brief TIZIANS und die Uebersendung des in weniger als einem Monat vollendeten Bildes, schreibt der Markgraf Folgendes:

FEDERIGO GONZAGA AN TIZIAN.

Mantua, 19. April 1531.

Messer Tiziano! Ich habe das Bild der heiligen Magdalena erhalten, das Ihr für uns gemacht habt. Ich glaubte wohl, dass dasselbe sehr schön werden würde, indem wegen Eurer Vortrefflichkeit in der Malerei kaum etwas anderes aus Euren Händen hervorgehen kann, zumal da Ihr es für mich machtet, und ich weiss, dass es Euch lieb ist, mir gefällig zu sein. Nun aber finde ich dasselbe in der That ausserordentlich schön und vollkommen, und wahrlich von allen Kunstwerken der Malerei, so viel ich ihrer gesehen habe, scheint es mir das schönste zu sein, und ich bin dadurch mehr als zufrieden gestellt.

Dasselbe sagt auch meine erlauchte Frau Mutter, die das Bild als die vortrefflichste Sache lobt und gesteht, dass sie dies vor allen anderen ähnlichen Werken, die sie gesehen — und sie hat deren viele gesehen und sich daran erfreut — ungemein hochschätzt. Und dasselbe sagen auch alle die Anderen, die es gesehen haben, und sie preisen es um so höher, je mehr sie sich auf die Kunst der Malerei verstehen.

Daraus ersehe ich, dass Ihr in diesem herrlichen Werke zugleich mit Eurer seltenen Vortrefflichkeit die Liebe habt ausdrücken wollen, die Ihr zu mir hegt, und dass diese beiden Gründe vereint, Euch diese Figur so schön haben machen lassen, dass man sich dieselbe nicht schöner wünschen kann. Wie lieb mir dies aber sei, vermag ich nicht auszudrücken, denn wahrlich, es lassen sich keine Worte auffinden, die geeignet wären, meine Liebe und Zuneigung zu bekunden. Ich danke Euch dafür, und indem ich Euch versichere, dass ich sowohl diesen, als die anderen Gefallen, die Ihr mir erweiset, in stetem Andenken behalten werde, stelle ich mich Euch als wohl geneigt zu Gebote.

Gaye II. 224. Federigos Vater, Francesco, so wie dessen Mutter, die in dem Briefe selbst genannte Isabella, haben wir schon früher als eifrige Freunde der Kunst und Beschützer der Künstler kennen gelernt. Die Magdalena gefiel übrigens dem Markgrafen so gut, dass er eine Kopie davon machen liess.

92.

TIZIAN AN FEDERIGO GONZAGA.

Venedig, 29. April 1531.

Zu meinem unendlichen Vergnügen habe ich aus Ew. Excellenz Brief ersehen, dass die heilige Magdalena, die ich Euch dieser Tage geschickt habe, Euch so ausserordentlich gefallen hat. Ich habe eine solche Genugthuung darüber empfunden, dass ich es kaum sagen kann, indem ich in der That das Wenige oder Viele, was von Kunst in mir ist, angewendet habe, um ein Werk herzustellen, das Euch Genüge leisten sollte.

Und daran ist die Grossmuth und die Freigebigkeit Ew. Excellenz gegen mich Schuld, durch welche Ihr mich Euch so verbunden und verpflichtet habt, dass ich kaum sagen kann wie sehr; obschon Ihr, da Ihr vielleicht meint, die mir zugewendeten Wohlthaten seien klein im Verhältniss zu Eurer Grossmüthigkeit, mich Euch immer noch mehr zu verpflichten sucht, als ich es schon bin. — Ich wüsste nicht, von Euch soviel verdient zu haben, so dass ich mich vielmehr zu hoch belohnt finden möchte. Wahr ist es allerdings, dass mir die Ausfertigung der Benefizien, mit denen Ihr mich in der Person meines Sohnes gewürdigt habt, zur besonderen Befriedigung gereichen würde, und ich wüsste in der That nicht, was ich jetzt von Euch erhalten könnte, das mehr zur Ruhe meiner Seele beitrüge. Nichtsdestoweniger soll dies ganz von Eurem Ermessen abhängen. Es bleibt mir nur noch übrig, Ew. Excellenz zu bitten, mich in Eurer freundlichen Gunst zu erhalten, womit ich Euch die Hände küsse und mich ergebenst empfehle.

Gaye Cart. II. 236. Die Benefizien, welche Federigo dem Maler für seinen Sohn Pomponio zugesagt hatte, bestanden in den Einkünften einer geistlichen Pfründe in der Lombardei. Obwohl die Zusage schon im Jahre 1530 erfolgt war, zog sich die Angelegenheit in die Länge. Am 12. Juli 1531 mahnt Tizian noch einmal seinen fürstlichen Gönner an sein Versprechen. Sein Sohn gehe schon lange in geistlicher Tracht einher, und noch sei seine Pfründe nicht bestätigt. Er fürchtet die Blamage, wenn Pomponio sein geistliches Kleid wieder ablegen müsse. Darauf erfolgte eine nochmalige Zusage Federigos, der inzwischen den Herzogstitel angenommen hat. Tizian antwortet darauf in einem überschwänglichen Dankschreiben, das alle früheren Ergüsse ähnlicher Art in den Schatten stellt. „Mit welcher Freude und welchem Herzensjubel,“ schreibt er, „ich den äusserst gnädigen Brief empfangen habe, den Ew. Herrlichkeit mir gütigst zu schreiben geruht hat, vermag ich weder in Worten noch schriftlich auszudrücken.“ Er kniet vor ihm nieder, küsst ihm die Hände und unterzeichnet sich als seiner erlauchten Hoheit „demüthiger Diener und Sklave Tizian.“ Als er das Dokument über die endlich bewilligte Pfründe erhielt, schrieb Agnello an den Herzog: „Ich habe die Bulle Messer Tizian gegeben, der sie mit unbeschreiblich grosser Freude empfangen hat.“

Von dieser Zeit bis zum Jahre 1535, aus welchem der folgende Brief des Herzogs stammt, war Tizian fast ununterbrochen für denselben thätig, obgleich damals bereits seine Thätigkeit für Kaiser Karl V., also seine glänzendste Zeit, begonnen hatte. Der Brief ist insofern charakteristisch, als er uns zeigt, dass bei dem sich ungemein steigernden Begehr nach den Werken seiner Hand Tizian schon in dieser Zeit fast gezwungen war, an einigen mit geringerer Sorgfalt zu arbeiten.

FEDERIGO GONZAGA AN TIZIAN.

Mantua, 3. August 1535.

Theuerster Freund! Früher habt Ihr mir einmal das Bild eines Christus verehrt, welches mir über alle Massen gefiel. Daher ist mir der Wunsch gekommen, noch ein anderes ähnliches zu haben.

Ich bitte Euch daher, seid so gut und macht mir dasselbe mit der Sorgfalt und dem Fleisse, die Ihr bei denjenigen Sachen anzuwenden pflegt, mit denen Ihr Ehre zu gewinnen wünscht und mit denen Ihr wisst, uns einen Gefallen zu erweisen. Und noch wünsche ich, dass diese Figur nicht weniger schön und gut als die andere sei, und dass man sie zu den vortrefflichen Werken Tizians rechnen könne. Auch möchte ich, dass Ihr die Zeit für die Arbeit so wähltet, dass ich das Bild in jedem Falle für den Tag der Madonna im September erhalte, denn ich versichere Euch, Ihr könnt mir keinen grösseren Gefallen erweisen und ich werde Euch dessen immer eingedenk bleiben, womit ich mich Euch zu Gebote stelle.

Gaye II. 263. Wir wissen weder, wo der Christus geblieben ist, noch die Wiederholung, die der Herzog in diesem Briefe bestellt. Das Madonnenfest fällt auf den 8. September. Also hatte der Herzog dem Maler kaum 4 Wochen Zeit für seine Arbeit gelassen.

94.

TIZIAN AN M. VENDRAMO.

Venedig, 20. Dezember 1534.

Die Liebe, die Ihr für mich hegt, veranlasst Euch, mir den Fehler zu sagen, den ich begangen habe, und Ihr macht mich selbst darauf aufmerksam, weil es mir zum Schaden und zum Tadel gereicht, meine Freunde und Gönner, die meinem Herzen theuer sind, nicht zu erhalten und zu bewahren, und vor allen meinen erlauchtesten und hochwürdigsten Herren Medici: aber die grosse Hochachtung, die ich für ihn habe, ist der Grund, weshalb ich fürchte an ihn zu schreiben und mich bei ihm wegen meiner Abwesenheit zu entschuldigen, so wie auch, dass ich das von mir Seiner Herrlichkeit gegebene Versprechen, nach Rom zu kommen, nicht erfüllt habe.

Da mir nun aber Ew. Herrlichkeit Muth macht, bitte ich Euch um der Liebe willen, die Ihr mir zu jedem guten Endzweck bethätiget, und bei der liebenswürdigen Art und Weise, die Euch zur Gewohnheit geworden ist, mich ihm zu empfehlen und ihn zu versichern, dass ich keinen Fürsten der Welt so verehre, noch so von Herzen irgend einem derselben zu dienen bestrebt bin, wie ich Seiner erlauchten Herrlichkeit thun würde, und wie zu thun ich mich verpflichtet fühle. Und wenn ich mich auch nicht in Seiner Herrlichkeit Gegenwart befinde, so unterlasse ich deshalb doch nicht, für Seine Herrlichkeit zu malen, wie es sich bald zeigen wird. Denn ich war in der That dieser Tage im Begriff, ihm ein weibliches Bildniss zu schicken, und ich bin überzeugt, dass es ihm gefallen hätte und auch wirklich gefallen wird. Da nun aber der hochwürdigste Lorena (d. h. der Kardinal von Lothringen) hier zu mir ins Haus gekommen ist, um sich, dem Beispiel des erlauchten Medici folgend, von mir portraitiren zu lassen, hat er jenes weibliche Bildniss gesehen, und es hat ihm dasselbe so sehr gefallen, dass er es durchaus für sich wollte; als ich ihm aber sagte, dass es dem erlauchten Medici gehöre, hat er sich zufrieden gegeben und mich gebeten, ihm, ehe ich es an Seine Herrlichkeit schickte, ein Gleiches zu malen, wobei er mir sagte, dass der erlauchte Medici ihm sehr zugethan sei.

Wenn ich nun geglaubt hätte, Seiner Herrlichkeit einen Gefallen zu erweisen, so würde ich ihm das Bild in seinem Namen gegeben haben; aber es ist gut so, ich werde sie alle beide bedienen, und, sowie das Bild kopirt ist, werde ich es schicken und es möge als Abschlagszahlung gelten [1]).

Denn obschon ich in Venedig lebe, so bin ich doch mit Herz und Hand bereit, Seiner Herrlichkeit zu dienen, und wenn ich glaubte, etwas, was dereinst meinem Herrn missfallen könnte, zu thun, so würde ich den Verstand verlieren. Ich habe grosse Lust zu kommen, um ihm meine Ergebenheit zu bezeigen und die Hände zu küssen, was ich Euch nun in meinem Namen zu thun bitte; sagt ihm auch dabei, dass ich nicht müde werde, mit Messer Pietro Aretino gut von ihm zu sprechen, und das wir uns stets über seine Grösse unterhalten — denn wahrlich, dieser spricht von Seiner erlauchten Herrlichkeit, wie man nur von Christus sprechen könnte!

Seid doch so gut und sagt Benedetto — obwohl ich ihm keine üblen Nachrichten, oder die ihm verletzen könnten, mittheilen will — aber er soll sich nur

---

[1]) *E sara per parte;* der Sinn ist wohl der, dass das Bild als Entledigung eines Theils seiner Verpflichtung, also gleichsam als Abschlagszahlung von dem Empfänger betrachtet werden solle.

gedulden, denn seine Marcolina soll guter Hoffnung sein . . . . [1]). Pomponio und Orazio, meine Söhne, befinden sich wohl; sie lernen gut und sind gross geworden und ich hoffe, sie werden mit Gottes und meiner Gönner Hülfe einst tüchtige Männer werden.

P. S. Thut mir doch auch den Gefallen und empfehlt mich Monsignor Valerio und Messer Marco Antonio Soranzo und meinem grossen Alfonso, der sich nicht herablässt an mich zu schreiben.

Der Brief ist abgedruckt bei Stefano Ticozzi Vite dei pittori Vecellj di Cadore (Mil. 1817) p. 307 ff. Er hat folgende Adresse: *Al suo quanto fratello onorando Messer Vendramo, cameríer dell' illustrissimo e reverendissimo cardinal de' Medici a Roma.*

Der Kardinal Hippolyt von Medici, Sohn Giulianos und Enkel Lorenzos des Prächtigen, auf welchen sich der obige Brief Tizians bezieht, war eine ungemein glänzende Erscheinung der damaligen Zeit. Stolz und schön, begabt mit kriegerischem Sinn und Talent, wie mit Liebe und Verständniss für Kunst und Wissenschaft, war er im Jünglingsalter zum Kardinal erhoben, ohne deshalb seine kriegerischen Neigungen und ehrgeizigen Pläne aufzugeben. So hatte ihn denn auch, als er kaum 19 Jahre alt war, sein Vetter Papst Clemens VII. zum Legaten der päpstlichen Hülfstruppen bei dem Heere Kaiser Karls V. ernannt, das 1529 und 1530 vor Florenz lag. Im Jahre 1532 ging er mit 300 päpstlichen Musketieren nach Wien, um an dem Zuge gegen die Türken Theil zu nehmen. Als diese ihren Vormarsch auf Wien aufgaben, kehrte er nach seiner Heimath zurück. Unregelmässigkeiten, die sich seine Leute unterwegs zu Schulden kommen liessen, veranlassten den Kaiser, ihn gefangen zu nehmen. Er liess ihn jedoch wieder frei, als er Anfangs 1532 mit dem Papste in Bologna Unterhandlungen begann, da Ippolito bei dem Papste in hoher Gunst stand. Bei der Zusammenkunft in Bologna erschien Ippolito als Kardinallegat und liess sich in der Tracht eines ungarischen Kriegers von Tizian portraitiren. Das Portrait befindet sich im Pallazzo Pitti in Florenz. Er mag damals auch dem Meister das Versprechen abgenommen haben, nach Rom zu kommen.

Ippolitos glänzendes Leben nahm bald ein trauriges Ende. Er wurde am 13. August 1535 durch seinen eigenen Mundschenken, den sein Vetter Alessandro gedungen hatte, in Neapel vergiftet, wohin er als Vertreter der florentinischen Volkspartei und eifersüchtig auf die Herrschaft Alexanders, von Rom aus gegangen war, um dem Kaiser seine Sache vorzutragen.

Von den übrigen in dem Briefe erwähnten Personen heben wir nur Alfonso hervor, unter welchem der schon früher erwähnte, als Feldherr Karls V. bekannte Marchese del Vasto, Alfonso d'Avalos zu verstehen ist, ein Neffe der Vittoria Colonna, der eine nicht minder glänzende Laufbahn als Ippolitto de' Medici durcheilt hat. Das Portrait des Kardinals von Lothringen ist nicht mehr vorhanden.

Tizians Hoffnung, seine Söhne würden einst tüchtige Männer werden, ist nur zum Theil und zwar in Bezug auf Orazio in Erfüllung gegangen. Pomponio, obgleich oder vielleicht weil überhäuft mit Benefizien aller Art, die der Vater

---

[1]) *Ma ben vi dico e ve lo raccomando e pensate di farmi a piacer ancor a me, a far a lui, per esser da bene; e che spero ancor di la adoperarla e faremo buona ciera*

13 *

durch unermüdliche Betriebsamkeit für ihn erwarb, und obschon dem geistlichen
Stande angehörig, ergab sich trotz aller Vorstellungen einem ganz zügellosen
Leben und bereitete dem Vater vielen Kummer, sowie nach dessen Tode der
Familie unendliche Streitigkeiten. Orazio dagegen, obschon auch erst einem
etwas unordentlichen Lebenswandel, zu dem die Beispiele und Vorbilder allerdings nicht allzu fern lagen, ergeben, wurde späterhin, was man wohl im
gewöhnlichen Leben „solide" zu nennen pflegt; er verheirathete sich 1547,
erreichte grosse Fertigkeit und Anerkennung in der Portraitmalerei und blieb
dem Vater eine treue Stütze bis zu dessen Ende im Jahre 1576, in welchem
die Pest Vater und Sohn gemeinschaftlich hinraffte.

94.

TIZIAN AN PIETRO ARETINO.

Asti, 31. Mai 1536.

Herr Gevatter! Ich habe dem Signor Don Aluise d'Avila die Hand geküsst, und Seine Herrlichkeit hat mir gesagt, dass er Euer guter Freund
sei und Euch dies zum Theil bald zu erkennen geben werde. Ebenso
wollte ich auch dem Herrn Antonio da Leva die Hand küssen, habe aber keine
Zeit dazu gefunden, denn er kam hieher zum Kaiser und hat sich nicht über
einen halben Tag aufgehalten, wo sich denn eine so grosse Menge von Herren
einfand, dass ich nicht dazu gelangte, ihm die Hand zu küssen: wenn ich mich
aber wieder mit Seiner Herrlichkeit zusammen finde, werde ich meine Schuldigkeit thun und wenn ich meine, Euch nützlich sein zu können, so werde ich
keine Rücksicht nehmen. Und nun Nichts weiter. Hier ist Alles Trommel-
gewirbel und Alles beginnt mit Eifer gegen Frankreich aufzubrechen. Ich
hoffe bald wieder bei Euch zu sein, wo wir uns dann weiter unterhalten können.
Ich küsse Ew. Herrlichkeit und dem Herrn Aluise Anichin die Hand. Ganz
der Eurige — Euer Gevatter.

Ueber das freundschaftliche Verhältniss Tizians zu Pietro Aretino, an
welchen dieser (bei Ticozzi Vite dei pitt. Vecellj App. III. p. 309 abgedruckte) Brief gerichtet ist, haben wir schon mehrmals beiläufig gesprochen.
Tizian hatte den ebenso geistreichen wie charakterlosen Schmarotzer 1527
kennen gelernt, in welchem Jahre Pietro Aretino nach Venedig gekommen war.
Als dritter „im Bunde" ist der als Bildhauer wie Baumeister berühmte Jacopo
Sansovino zu nennen, der ebenfalls 1527 nach Venedig kam, um sich dort auf
immer niederzulassen. Mit diesen Bekanntschaften scheint eine grosse Veränderung in dem bisher mehr einfachen Leben des schon fünfzigjährigen Tizian
vor sich gegangen zu sein. Tizian war wenig und immer nur auf kurze Zeit
aus Venedig herausgekommen, wo bisher ein wenn auch grossartiges und präch-
tiges, so doch gerade nicht luxuriöses Leben geführt wurde. Pietro Aretino
dagegen kam von Rom, und Sansovino hatte das glänzende Leben der damaligen italienischen Höfe kennen gelernt, so dass sie nun, in Gemeinschaft mit

Tizian, sieh hier mit rechter Lust einem an Genüssen aller Art reichen Leben ergaben, zu dem bald gebildete Freunde, wie der Humanist Fortunio Spira und der im Briefe genannte Gemmenschneider Aluise d. h. Luigi Anichin, bald schöne Frauen hinzugezogen wurden [1]. Des Anichin wird in Pietro Aretinos Briefen öfter Erwähnung gethan, so in einem Schreiben an Tizian vom Jahre 1547, worin er diesen zu einem Souper einladet, als dessen Hauptreiz ein paar Fasanen und die Signora Angiola Zaffetta aufgeführt werden; er möchte doch auch den Anichin mitbringen. Und im Februar 1550 ladet er Sansovino ein und sagt ihm dabei, Tizian und Anichin würden auch zugegen sein (Ticozzi 164). Auch hat Tizian (1525) Anichins Portrait gemalt [2].

Kaiser Karl befand sich in Asti, um neue Truppen zu einer Expedition gegen Frankreich zusammenzuziehen. Tizian war im Gefolge des Herzogs von Mantua ebenfalls nach Asti gegangen, vermuthlich um den Kaiser wiederum zu portraitiren. Der in dem Briefe erwähnte Antonio de Leva (Leyva) war ein General des Kaisers, der kurz vorher die Franzosen aus Piemont und Savoyen vertrieben hatte. Er starb bald darauf in Marseille. Don Luigi d'Avila war ein Sekretär und vertrauter Freund des früher erwähnten Covos.

95.

TIZIAN AN FEDERIGO VON GONZAGA.

Venedig, den 6. April 1537.

Erlauchtester und erhabenster Herr! Herr und gnädigster Patron! Es war nicht nöthig, dass Ew. Herrlichkeit vermittelst Ihres Briefes und des Geschenkes eines sehr reichen Leibrockes an Ihre Bilder erinnerte; nichts kann mir mehr am Herzen liegen als sie, da ich weiss, wie sehr ich Ihnen durch so viele Wohlthaten verpflichtet bin. Da es Ihnen aber gefallen hat, so zu handeln, so danke ich für die Gunst und das mir gemachte Geschenk, so sehr ich kann, und küsse Ihnen tausend Mal die Hände. Es sind schon mehrere Tage her, dass ich eines der Bilder dem Gesandten gab, damit er es Ew. Herrlichkeit schicke. Zwei andere sind auf dem besten Wege, sie werden sogleich vollendet werden, wenn ich höre, dass das erste Ihnen gefallen haben wird oder in welchem Theile es Ihnen nicht gefallen hat, was mir eine Richt- schnur für die anderen sein wird. Und dann werde ich ohne Unterbrechung

---

[1] Eine höchst anmuthige Schilderung dieser „Art Bacchanale" giebt ein Theil- nehmer derselben, Francesco Priscianese in einem 1543 gedruckten Briefe. In dem schönen Garten Tizians, von dem aus man die herrlichste Aussicht aufs Meer und die Insel Murano hatte, kamen Pietro Aretino, Sansovino und Jacopo Nardi, der be- rühmte florentinische Geschichtschreiber, nebst dem Briefschreiber zusammen, und anmuthige Gespräche würzten das treffliche Mahl, zu dem das Meer mit tausend Gondeln, auf denen schöne Frauen weilten und von denen Musik und Gesang ertönten, einen nicht minder anmuthigen als reich bewegten Hintergrund bildete. Ticozzi 79.

[2] Ein Brief des Pietro Aretino an den Grafen Massimiliano Stampa vom 8. Oktbr. 1531 erwähnt einer von Anichino geschnittenen Medaille. Bott. Racc. I, 532.

fortfahren, bis ich sie alle vollendet habe, und ich hoffe so zu arbeiten, dass Ew. Herrlichkeit gut bedient sein wird. Es würde für mich die grösste Belohnung und die grösste Gnade von der Welt sein, wenn Sie mein Benefizium von der (darauf lastenden) Pension befreien wollten. Denn ausser dem Schaden, den ich durch das Geld habe, welches ich jährlich zahle, habe ich noch viel Verdruss und Störung durch die Personen, mit denen ich verwickelt bin. Aus ihren Händen kann mich allein Ew. Herrlichkeit befreien und darum bitte und beschwöre ich Sie, so dringend ich kann und vermag, es thun zu wollen. Ich wüsste in Wahrheit nicht, was ich mir wünschen sollte, wenn ich mich von diesem Aerger befreit fände. Wenn ich nicht durch soviele andere Rücksichten Ew. Herrlichkeit mehr verpflichtet wäre als nur ein Diener seinem Herrn und Beschützer sein kann, so würde, wenn mir jenes Aergerniss durch Ew. Herrlichkeit von den Füssen genommen wäre, dieses allein hinreichen, um mich zu Ihrem ewigen Sklaven zu machen. Ich empfehle mich demüthig Ihrer Gnade.

Ew. Herrlichkeit demüthiger Diener
Tiziano Vecellio.

Crowe a. a. O. I. 375. Im Jahre 1536 hatte der Herzog von Mantua bei Tizian eine Reihe römischer Kaiserportraits bestellt, mit denen er ein Zimmer seines Palastes schmücken wollte. Auf sie bezieht sich der oben mitgetheilte Brief. Am 10. April bestätigt Federigo den Empfang des ersten, des Augustusbildes. Später malte Tizian noch zehn. Das zwölfte wurde mit seiner Genehmigung von Giulio Romano hinzugefügt. Tizians Originale gingen nach England in die Sammlung Karl I. und wurden nach dem Verkaufe derselben zerstreut. Wir kennen sie heute nur noch aus einigen schlechten Kopien und aus den Stichen von Aegidius Sadeler. Die Originale scheinen verloren gegangen zu sein, bis auf eines, angeblich ein „Vitellius", der sich im Besitze des Herzogs von Northwick in England befindet. Crowe a. a. O. I. S. 347.

96.

TIZIAN AN KAISER KARL V.

Venedig, den 5. Oktober 1544.

Kaiserliche Majestät! Ich habe dem Sennor Don Diego Mendoza die beiden Portraits der erlauchten Kaiserin übergeben, auf die ich den ganzen Fleiss verwendet habe, der mir möglich gewesen ist. Ich hätte gewünscht, sie selbst zu bringen, wenn es mir die Länge des Weges und mein Alter gestattet hätten; ich bitte Ew. Majestät, mir die Fehler und Mängel sagen zu lassen und mir die Bilder zurückzuschicken, damit ich sie verbessere. Ew. Majestät wolle nicht zulassen, dass ein Anderer die Hand daran legt. Im Uebrigen beziehe ich mich darauf, was Sennor Diego über meine Angelegenheiten sagen wird, und indem ich innigst die Füsse und Hände Ew. Majestät küsse, empfehle ich mich demüthigst Dero Gnade.

Der niedrigste und ewige Sklave Ew. Majestät
Titiano.

Die Adresse dieses Briefes, den Crowe a. a. O. II. S. 752 mittheilt, lautet: *Alla S. C. Mata. del Imperador mio Señor.* Man beachte den Gegensatz, in dem der knappe Ton dieses Briefes zu den früher mitgetheilten steht, welche den Einfluss der Aretinischen Ausdrucksweise nicht verleugneten. Die beiden Bilder der Kaiserin Isabella, die damals nicht mehr lebte, kamen nach Brüssel, von wo sie Karl nach seiner Abdankung mit nach S. Just nahm. Im Jahre 1605 kopirte sie Rubens in Madrid. Eines ist verloren gegangen, das andere befindet sich noch im Museum zu Madrid. Die Sachen, welche Don Diego de Mendoza, der Gesandte des Kaisers, behandeln soll, sind Geldangelegenheiten. Obwohl Karl den Maler mit Ehren überhäufte, war er doch ein säumiger Zahler, der Jahre lang seine Verpflichtungen unerfüllt liess. In diesem Falle handelte es sich um ein Kornprivileg für Neapel und um eine versprochene Pension.

Tizians erste Begegnung mit Kaiser Karl datirt aus dem Jahre 1532. Als Karl im November des Jahres 1530 den Herzog Federigo in Mantua besuchte, machte das Portrait des Herzogs von der Hand Tizians einen solchen Eindruck auf ihn, dass er den Wunsch aussprach, von demselben Maler portraitirt zu werden. Der Herzog setzte sich sofort hin und schrieb nach einander zwei Billette an Tizian, in denen er um seine sofortige Ankunft bat. Im zweiten fügte er noch hinzu, er möchte auch etwas Fisch aus Venedig mitbringen. Tizian kam damals jedoch nicht; erst im Winter 1532 auf 33 ging der Wunsch des Kaisers, von Tizian gemalt zu werden, in Erfüllung. Die Portraits — denn es waren zwei, die Tizian damals anfertigte — gefielen dem Kaiser dermassen, dass er ihn durch eine in Barcelona am 10. März 1533 ausgestellte Urkunde zu seinem Hofmaler und zum Grafen des Lateranensischen Palastes, zum Mitglied des kaiserlichen Hofes und Staatsrathes unter dem Titel eines Pfalzgrafen ernannte. Das kaiserliche Diplom befindet sich im Besitz des Dr. Taddeo Jacobi in Cadore, dem Geburtsorte Tizians und wurde zuerst von Cadorin Diploma di Carlo V. imperatore a Tiziano Venez. 1850 und dann von Beltrame Tiziano Vecellio, Mailand 1855 abgedruckt.

„Da es immer", heisst es daselbst im Anfang nach Vorausschickung des kaiserlichen Titels, „unsere Gewohnheit war, seitdem wir durch die göttliche Gnade zu der Höhe der kaiserlichen Würde gelangt sind, denjenigen, welche mit besonderer Treue und Hingebung gegen Uns und das Heilige römische Reich ausgestattet sind und welche sich durch vortreffliche Sitten und erhabene Tugenden, durch die Uebung der freien Künste und durch Befähigung ausgezeichnet und berühmt gemacht haben, vor Allen Andern durch Wohlwollen, Gunst und unsere Gnade zu ehren: und da Wir nun Deine besondere Treue und Ergebenheit gegen Uns und das Heilige römische Reich, sowie unter Deinen übrigen ausgezeichneten Tugenden und Geistesgaben Deine seltene Kunst, Bilder zu malen und nach dem Leben darzustellen, in Betracht gezogen haben, in welcher Kunst Du Dich Uns als ein solcher erwiesen hast, dass Du mit Recht der Apelles unseres Jahrhunderts genannt zu werden verdienst; und indem Wir ferner das Beispiel unserer Vorgänger Alexander des Grossen und des Oktavianus Augustus befolgen, von welchen jener nur einzig und allein von Apelles, dieser

aber nur von den ausgezeichnetsten Malern gemalt sein wollte, wodurch sie
weise verhinderten, dass nicht durch die Fehler unerfahrener Maler und durch
schlechte und unschöne Malereien ihr Ruhm bei den Nachfolgern geschmälert
werde: also haben wir Uns Dir zum Malen anvertraut und haben sowohl von
Deiner Leichtigkeit, als von Deinem Glücke darin solche Beweise erfahren, dass
Wir uns mit Recht entschlossen haben, Dich mit kaiserlichen Ehren zu betrauen,
um zugleich unsere Gnade für Dich offen zu bekunden und unsern Nachkommen
ein Zeugniss Deiner Tugenden zu hinterlassen."

Darauf wird dann Tizian ans kaiserlicher Machtvollkommenheit zum
Grafen des heiligen Lateranensischen Palastes und des kaiserlichen Hofes und
Konsistoriums ernannt, sowie mit allen Vorrechten dieser Würde ausgestattet,
von denen namentlich das angeführt wird, überall im ganzen heiligen römischen
Reiche Notare, Kanzler und ordentliche Richter zu ernennen.

Ferner wird ihm ausdrücklich das Recht zuertheilt, natürliche oder sonst
illegitim geborene Kinder von Personen unterhalb des Standes eines Prinzen,
Grafen oder Barons als legitim zu erklären, so dass dieselben dadurch in alle
Rechte gesetzlicher Nachkommen treten, u. a. m.

Nicht minder werden alle seine legitimen Nachkommen in den Adelstand
des heiligen römischen Reiches mit allen Vorrechten, die mit einer Herkunft von
väterlichen und mütterlichen Ahnen verbunden sind, sowie Tizian selbst zur
Würde eines Ritters vom goldenen Sporn erhoben und ihm alle damit verbundenen Vorrechte, wie die Führung des Schwertes, der Ketten, goldener
Sporen, bei Hofe zu erscheinen u. s. w. zugeschrieben. Von allen diesen
Privilegien hat denn auch Tizian in der Folge Gebrauch gemacht, denn nicht
nur, dass er sich, jedoch erst in späterer Zeit, auf einem Bilde als Ritter bezeichnet hat [1], so steht es auch aus Dokumenten fest, dass er in den Jahren
1510 bis 1568 sechszehn aus seiner Vaterstadt Cadore gebürtige Personen zu
Notaren daselbst ernannt, und ebenso ist es bekannt, dass er unter dem 18. September 1568 zwei natürliche Söhne eines Pfarrers für legitim erklärt hat (Ticozzi
a. a. O. p. 251).

— — —

97.

TIZIAN AN KÖNIG FERDINAND.

Innsbruck, den 20. Oktober 1548.

Durchlauchtigster und mächtigster König! Gnädigster Herr! Obwohl Ew.
königliche Majestät mit Ihrer königlichen Huld mir die Gnade erwiesen
hat, dass mir von der Taxe (datio, Ausfuhrzoll) auf die Hölzer, die ich
drei Jahre ausführen darf, jährlich hundert . . . (hier steht im Original ein
unlesbares Wort, es heisst „Gulden" s. u.) erlassen würden, so scheint es mir
doch, gnädigster Herr, während ich mich hier um die Angelegenheit kümmere,
dass die Räthe der Kammer meiner Erlaubniss, in dem sogenannten Borwald
Holz schlagen zu dürfen, Schwierigkeiten entgegenstellen, weil Ew. Majestät in

---

[1] Es ist der „Ecce Homo" im Wiener Belvedere, wo man auf einem Papierstreifen
liest: Titianus Eques Cs. F 1543.

Ihrem Erlass davon keine Erwähnung thut, und sie sagen, dass der Wald für den Gebrauch der Bergwerke bestimmt sei. Dies hat mich um so mehr verdrossen, als ich nicht glauben kann, dass diese Räthe dem Befehle Ew. Majestät Widerstand leisten dürfen, um so mehr, als ich nicht der Mann bin, der mit den Hölzern Handel treiben will, sondern ich sie zu meinem Gebrauch und meinen Häusern haben will. Ich habe gedient und diene Ew. Majestät mit solchem Eifer und solcher Treue, wie sie bei einem ergebenen Diener gesucht werden kann, wofür diese Herren, wenn sie wollen, ein gutes Zeugniss ablegen können. Ich bitte deshalb Ew. Majestät unterthänigst, anordnen zu wollen, dass sie mich nicht hindern, im genannten Walde Holz zu schlagen, um so mehr als andere Leute im vergangenen Jahre Holz geschlagen haben, was bewiesen werden kann. Auch sind in der Nähe dieses Waldes auf zwanzig deutsche Meilen und mehr keine Bergwerke. Ferner, wenn mir Ew. Majestät in dieser Angelegenheit Gnade erweisen will, werde ich ihr kein undankbarer Diener sein und werde mich mit allen Kräften und aller Kenntniss bemühen, es zu beweisen.

Die Portraits der durchlauchtigsten Töchter werden in zwei Tagen (d. h. im Entwurfe) fertig sein und ich werde sie nach Venedig mitnehmen, wo ich sie mit allem Fleiss und aller Kunst fertig machen und schleunigst Ew. Majestät schicken werde. Wenn sie Ew. Majestät gesehen haben, werden Sie mir, des bin ich gewiss, noch viel grössere Gnaden erweisen als diejenigen sind, die Sie mir bereits erwiesen haben. Ich empfehle mich unterthänigst Ew. Majestät.

Ew. Majestät treuer Diener
Titiano.

Crowe a. a. O. II. S. 751. Ein Sekretär des Königs hatte an den Rand des Manuskriptes eine deutsche Uebersetzung hinzugefügt, da Ferdinand des Italienischen vermuthlich nicht hinlänglich mächtig war.

Wir lernen in diesem Briefe den grossen Meister von einer neuen Seite kennen, nämlich als Holzhändler. Denn obwohl er sich in diesem Briefe ausdrücklich gegen den schnöden Verdacht verwahrt, einen Handel mit den Hölzern zu beabsichtigen, steht es doch urkundlich fest, dass er auf Grund seiner Privilegien schon seit 1535 Holzgeschäfte trieb. Dr. D. Schönherr in Innsbruck hat diese Thatsache aus dortigen Archiven in der Augsb. Allgemeinen Zeitung (Nr. 186 u. 187, Beilage) nachgewiesen. Wir erfahren durch ihn, dass Tizian 1535 ein Privileg von König Ferdinand erhielt, nach welchem er fünf Jahre lang in den Wäldern der Herrschaft Peutlstein im Thale Ampezzo in Tirol so viel Stämme schlagen durfte, um daraus tausend Läden schneiden zu können. Damals leistete der Hauptmann Christoph Herbst auf Schloss Peutlstein dem Maler Widerstand, den erst ein königliches Dekret überwinden musste.

Auf die dringende Einladung Kaiser Karls war der siebenzigjährige Meister trotz der beschwerlichen Winterreise über die Alpen im Januar 1548 nach Augsburg gegangen, wo er Monate lang vollauf zu thun hatte. Er malte auch wieder für König Ferdinand und erhielt von ihm unter dem 19. Juni 1548 das Privileg, auf welches der obige Brief zurückgeht und welches Schönherr a. a. O. im Wortlaut mittheilt. Da dieses Privileg den obigen Brief kommentirt, namentlich die Lücke in demselben mit „Gulden" ausfüllt und zugleich bezeugt, dass Tizian den König portraitirt hat, lassen wir es hier folgen. Es ist an die Regierung in Innsbruck gerichtet und lautet:

„Edlen, ersamen, gelerten und lieben getreuen. Wir geben euch gnediglich zu erkennen, das wir von unserm getreuen lieben Titian Vecelio underthenigst angesucht und gebeten worden, seinem bruedern Franszisken Vecelio in Cadober den Datz (datio, Tax) oder neuen holzzoll von dem holz, so er im waldt Rorwaldt genannt, schlagen lassen und aus unserer fürstlichen grafschaft Tirol fürn wirdet, gnedigist zu begeben und nachzulassen, welches wir ime aber aus den ursachen, das uns solches kunftiglich bei andern handtirenden personen einen eingang pringen und gebern würde, gewaigert und abgeschlagen, und aber dannocht aus gnaden und ergötzlichkeit seiner Dienst, auch des vleiss, müe und arbeit, so er yetzo alhie mit conterfehung unser kuniglichen person gehabt und gepraucht, dise gnedigiste bewilligung gethan und zuegesagt, drey jar lang die negsten nach dato volgend an bemeltem Tatz oder Holzzoll von dem Holz, so sein brueder Franzisg wie obstet, schlagen und verfueren lassen wirdet, yedes derselben ain hundert gulden aus gnaden innen und abgeen zu lassen und ist unser bevelch, das ir derhalben unserm holzzollner zu Doblach oder Peutlstain, dahin derselb Rorwaldt mit der obrigkeit gehört, auferleget und bevelchet, das sie gedachtem Franzisken Vecelio diser unser gnedigisten bewilligung nach angezaigte drei jar lang und jedes derselben besonder ain hundert guldin an dem neuen holzzoll innen und abgeen zu lassen, wie ir zu thuen wisst. Daran erzeigt ir unsern willen und bevelch. Geben in unser und des reichs stat Augspurg am neunzehenten tag Juni Anno etc. im XLVIII. Ferdinand. Ad mandatum dom. regis propr. Philipp Breiner. S. Sigmarer."

Tizian sah voraus, dass die Regierung in Innsbruck ihm trotz des königlichen Privilegs Schwierigkeiten machen würde, und liess sich deshalb auf seine Reise nach Tirol in Füssen von dem gerade dort weilenden Kardinal von Augsburg ein Empfehlungsschreiben mitgeben, welches auch kunstgeschichtlich interessant genug ist, um mitgetheilt zu werden:

„Unser Freundschaft, was wir liebs vermögen und günstlichen Grus zuvor. Wolgeboren, edl, gestreng, hochgelert und vest freund und besonder lieben. Es haben die röm. kays. und königlich majestät zaiger diss briefs zu abconterfaytung irer personen auf jüngst erschienen reichstag zu Augspurg dermassen gebraucht, dass ire majestäten ine mit allen gnaden genaigt und sonderlich die kun. majestät ine derselbigen gnedigiste begnadung schriftlichen mitgethailt, wie euch sonder zweifel nun mer bewisst ist. Als hat gedachter maler jetzund seinen weg uf Insspruck genommen, allda die kuniglichen kinder abzuconterfayen und die andere begnadung ins werk zu richten. Dieweil wir ine nun für einen hochberuemten, kunstreichen mann, darzue für from, erber und ehrlich erkennen, so wollen wir yn gern alles das jenig, so ime zu gueten geraichen möchte, befürdern, und langt darauf unser freundlich und günstlich ansinnen und bitt, ir wellend gemelten maler nit allein seiner hochberuembten kunst und redlichkait halber, sonder auch von wegen der kgl. majestät mitgetailten begnadung, bevorab des holz halber also und dermassen bevollen haben, damit wir zuvörderst bei euch in wirklichem ansehen sein, spüren und er der maler solcher unser fürbitt erschiesslich genossen haben befinden möge. Daran beweiset ir uns guetes angenämes gefallen, in freundschaft und gunsten um euch hinwieder zu beschulden und zu erkennen. Datum Fuessen den ersten Octobris anno etc. XLVIII. Otho, Cardinal zu Augspurg."

Dieses Schreiben übergab Tizian am 4. Oktober. Sein Aufenthalt dauerte bis zum 20. Oktober. An diesem Tage wird laut Kammerrechnung für „die welschen Maler", Tizian und Cesare Vecellio, ein Saumross und ein Säumer bezahlt. Der Zweck seines Aufenthaltes in Innsbruck geht aus den drei mitgetheilten Dokumenten hervor: er sollte die Töchter Ferdinands malen, die in Innsbruck Hof hielten, sieben an der Zahl, im Alter von sechszehn bis zu einem Jahre. Da Tizian innerhalb siebzehn Tagen nicht sieben Portraits, wenn auch nur im Entwurfe, anfertigen konnte, hat Schönherr es wahrscheinlich gemacht, dass er sich mit Cesare Vecellio in die Arbeit theilte. Dieser malte drei, während Tizian die übrigen vier portraitirte und später nach seiner und des Cesare Skizze ein Gruppenbild anfertigte. Dieses ist nicht mehr vorhanden, dagegen das von Cesare, das er, wie Crowe und Cavalcaselle glauben, mit Tizians Beihülfe vollendete, in der Sammlung des Lord Cowper in Paushanger.

Um wieder auf das Holzgeschäft Tizians zurückzukommen, theilen wir nach Schönherr weiter mit, dass die Regierung sich nicht dazu verstand, das Holzschlagen zu genehmigen. Sie verabfolgte ihm nur die Summe von 300 Gulden, soviel also wie Tizian an dem Ausfuhrzoll erübrigt haben würde. Der links am Eingang in das Thal von Höllenstein, östlich vom Toblacher See belegene Korwald war vortrefflich im Stande und äusserst wildreich. Darum sah die Regierung ein so dehnbares Privileg wie das Tizianische, welches den Wald auf das ärgste hätte schädigen können, mit ungünstigen Augen an, um so mehr als sie, wie aus einem ihrer Edikte deutlich hervorgeht, annahm, dass der schlaue Tizian das Privileg nicht auf geradem Wege erlangt habe. Um 100 Gulden am Ausfuhrzoll einzubringen, musste eine grosse Masse geschlagen werden, und deshalb glaubte es ausser dem Könige kein Mensch, dass Tizian mit dem Holze keine Geschäfte treiben wolle. In der That setzte die Regierung trotz eines nochmaligen königlichen Befehls, der auf eine zweite Beschwerde Tizians erfolgt war, ihr Stück gegen den Maler durch. Sie gab an, dass Niemand in dem Walde hätte bis dato Holz schlagen dürfen. Der Vorfall, auf den Tizian in seinem Briefe anspielt, reduzire sich darauf, dass einige Gewerke aus dem eine Meile vom Korwald entfernten Innichen ohne Erlaubniss 24 Stämme hatten schlagen lassen. Die Stämme wurden von dem Waldhüter konfiszirt und der Holzfäller mit einer Strafe belegt. Auch geht daraus hervor, dass die Behauptung Tizians in Betreff der Bergwerke falsch war. Wir können den Meister in diesem Falle also nicht von dem Vorwurfe freisprechen, dass er, um für sich Vortheile zu erlangen, auf die Unkenntniss Ferdinands spekulirte. Die Sache wurde erst bei dem zweiten Aufenthalte Tizians in Augsburg am 15. Februar 1551 dadurch erledigt, dass der König die Regierung anwies, dem Tizian statt 300 Gulden 500 zu zahlen, was auch geschehen ist.

98.

TIZIAN AN PIETRO ARETINO.

Augsburg, 11. November 1550.

Signor Pietro, verehrter Gevatter! Ich habe Euch durch M. Enea geschrieben, dass ich Eure Briefe auf meinem Herzen trüge, indem ich die Gelegenheit erwarte, sie Sr. Majestät zu geben. Am vergangenen Tage, nachdem „der aus Parma" (d. h. Enea) abgereist war, wurde ich zu Sr. Majestät gerufen und nach meinen pflichtmässigen Ergebenheits-bezeugungen, sowie nach dem Beschauen der Gemälde, die ich ihm gebracht hatte, fragte er mich nach Euch und ob ich Euren Brief hätte. Ich bejahte diese Frage und gab ihm denselben, den Ihr mir mitgegeben habt. Und der Kaiser, nachdem er ihn für sich gelesen, las ihn darauf so vor, dass ihn Se. Hoheit dessen Sohn, der Herzog von Alva, Don Luigi d'Avila mit den übrigen Herren der Umgebung hörten. Aber da ich in besagtem Briefe genannt war, fragte er, was ich von ihm wollte. Worauf ich erwiderte, dass man in Venedig, in Rom und in ganz Italien es im Publikum für bestimmt hielte, dass Se. Heiligkeit gute Absichten hegte Euch zum . . . (Kardinal?) zu machen. Dabei liess der Kaiser ein Zeichen von Freude in seinem Antlitz erblicken, indem er sagte, dass es ihm sehr angenehm sein würde, und er auch nicht verfehlen werde, Euch zu Gefallen zu sein, wozu er noch in Bezug auf Euch wichtige und ehrende Worte hinzufügte.

So also, theurer Bruder! habe ich Ew. Herrlichkeit diesen guten Dienst geleistet, was ich für wahre Freunde, wie Ihr seid, zu thun verpflichtet bin, und wenn ich Euch in noch andern Dingen helfen kann, so verfügt über mich ohne alle Rücksicht.

Der Herzog von Alva lässt keinen Tag vorüber gehen, ohne mit mir von dem göttlichen Aretino zu sprechen; denn er liebt Euch sehr und sagt, er wolle Euer Agent bei Sr. Majestät sein. Ich habe ihm erzählt, dass Ihr eine Welt verschenken könntet, dass das, was Euer ist, Allen gehört, dass Ihr den Armen bis zu den Kleidern Eures Leibes mittheilet, und dass Ihr der Stolz Italiens seid, wie es denn auch wahr ist und ein Jeder es weiss.

An Monsignor d'Arasse gab ich Euern Brief und Ihr werdet in Kurzem Antwort erhalten. Herr Filippo Obi ist gestern nach England abgereist. Er grüsst Euch und sagt, er würde nicht zufrieden sein, wenn Euch nicht etwas von dem Seinigen gefiele, ausser den guten Diensten, die er Euch in Eurem Vortheil bei Sr. Majestät leisten wird. Seid also guter Dinge, denn durch Gottes Gnade könnt Ihr es sein, und behaltet mich in Eurer freundlichen Gunst. Herrn Giacomo Sansovino, bitte ich, grüsst von mir, und dem Anichino küsse ich die Hand.

Euer Freund und Gevatter
Tizian.

Auf die Einladung des Kaisers war Tizian im Oktober 1550 nochmals nach Augsburg gegangen und hatte Aretinos Briefe für den Kaiser und dessen persönliche Aufträge mitgenommen. Schon am 4. November schickte er dem Freunde in Venedig durch den obenerwähnten Kupferstecher Enea Vico einen Brief, der indess verloren gegangen ist. Darauf schrieb er obigen Brief vom 11. November, in welchem er dem Aretino die guten Aussichten für sein Gesuch mittheilt. Es scheint, als ob es sich darum gehandelt hätte, für den sittenlosen und in jeder Beziehung, selbst für seine nächsten Freunde unzuverlässigen Dichter den Kardinalshut zu gewinnen, weshalb er denn auch wahrscheinlich in seinem Briefe an Karl V. auf die Wohlgeneigtheit des Papstes für dessen Pläne ein besonderes Gewicht gelegt haben mag. Tizian blieb damals trotz seiner durch die Eifersucht der Höflinge auf den bevorzugten Künstler und die Melancholie des Kaisers sehr erschwerten Stellung in Augsburg, bis auch der Kaiser die Stadt verliess. Tizian erfreute sich sogar eines sehr vertraulichen Verkehrs mit dem Kaiser. Die Kunde davon drang auch bis nach Deutschland. Denn in einem Briefe, den Melanchthon wahrscheinlich im Januar 1551 an Camerarius schrieb, heisst es: „Tizian, der Maler, weilt in Augsburg auf kaiserlichen Ruf und hat beständig Zutritt bei Sr. Majestät, deren Gesundheit im Ganzen nur mittelmässig ist." Es scheint, dass der Kaiser damals mit Tizian den Plan zu dem grossen Bilde der Dreifaltigkeit verabredete und im Einzelnen feststellte. Von Augsburg begleitete Tizian den Kaiser nach Innsbruck und kehrte von dort, als Karl nach Flandern ging, nach Venedig zurück, wo er sich im August wieder befand.

Pietro Aretino antwortete auf unsern Brief folgendes:

PIETRO ARETINO AN TIZIAN.

Venedig, November 1550.

Verehrter Gevatter! Der Brief vom vierten dieses Monates, den mir M. Enea überbracht hat, war mir lieb, indem er den Zweifel, der mich in Bezug auf Eure glückliche Ankunft in Augsburg gefangen hielt, in Gewissheit verwandelte; der andere aber vom elften, den ich danach erhielt, hat mich in die grösste Freude versetzt. Wer aber sollte auch nicht im innersten Herzen erfreut sein, der da hört, mit wie liebevoller Huld und Gnade der Kaiser, sobald er Euch erblickte, fragte, wie ich mich befinde und ob Ihr ihm Briefe von mir brächtet? Und wie er Euch sodann (nachdem er, was ich ihm demüthig geschrieben, erst leise und dann laut gelesen) sagte, dass er mir nicht bloss beim Papste jeden guten Dienst erweisen wolle, sondern dass er auch sehr bald auf meinen Brief antworten würde, — und alles dies sagte er in Gegenwart Seiner Hoheit (Philipps von Spanien), des Herzogs Alva und des D'Avila zu meiner grössten Ehre, wofür ich Gott auf das Innigste Dank sage! Denn von ihm fliessen diese Wohlthaten, nicht von der Tugend, die in mir ist oder gesehen wird [1]! Euch aber, göttlicher Mann! sage ich nichts weiter, denn da wir beide nur Einer sind, ist alles Danksagen überflüssig!

Bott. II. 180. Wie wenig stimmen mit dieser Verehrung und Innigkeit die Worte überein, die der treulose Freund fünf Jahre früher an Cosimo I. gerichtet hatte:

PIETRO ARETINO AN COSIMO I.

Venedig, 17. Oktober 1545.

Mein Gönner! die nicht geringe Menge Giebles, in deren Besitz sich M. Tizian befindet, so wie seine übermässige Begierde dasselbe zu vermehren, ist der Grund, dass er, ohne sich an Verbindlichkeiten zu kehren, die er gegen Freunde hat, noch an Verpflichtungen, die man Verwandten schuldig ist, nur an das mit aussergewöhnlicher Besorgniss denkt, was ihm grosse Dinge in Aussicht stellt; deshalb ist es auch kein Wunder, wenn er, nachdem er mich sechs Monate lang mit der Hoffnung hingehalten, jetzt von der Freigebigkeit Pauls III. angelockt, nach Rom gegangen ist, ohne mir das Bild Eures unsterblichen Vaters zu machen u. s. w.

---

[1] Es ist ein charakteristischer Zug, dass der Heuchler hier, wie im Vorgefühl der ersehnten geistlichen Würde, plötzlich in den Ton salbungsvoller Erbaulichkeit fällt.

Gaye Cart. II. 332. Die in dem Briefe Tizians (abgedruckt in den Lettere a. M. P. Aretino I. S. 147) erwähnten Personen sind bekannt. Der Sohn Karls V. ist Philipp II., später König von Spanien, dessen für ihn so folgenreiche Bekanntschaft Tizian damals machte und den er, wie auch den in der Gefangenschaft des Kaisers befindlichen Kurfürsten von Sachsen, während seines damaligen Aufenthalts in Augsburg portraitirte. Das Portrait Philipps scheint sogar der Hauptgrund seiner Berufung gewesen zu sein. Dasselbe, in lebensgrosser Figur, befindet sich im Museum zu Madrid und wurde in kaum zwei Monaten vollendet.

99.

TIZIAN AN PHILIPP VON SPANIEN.

Venedig, den 11. Oktober 1552.

Hocherhabener und grossmächtiger Herr! Da mir kürzlich eine „Königin von Persien" in die Hände gekommen ist, von solcher Art und Qualität, dass ich sie sogleich für würdig erachtet habe, vor dem erhabenen Angesichte Ew. Hoheit zu erscheinen, so habe ich sie sofort, während meine anderen Werke trocknen, Ihnen mit dem Auftrage geschickt, dass sie in meinem Namen Ew. Hoheit ehrfurchtsvoll Botschaft von mir bringe. Sie begleitet die Landschaft und das Bildniss der heiligen Margaretha, die dorthin durch den Herrn Gesandten Vargas an den Bischof von Segovia geschickt sind. Und so möge unser Herr und Gott die hocherhabene und grossmächtige Person und den Staat Ew. Hoheit erhalten und mit allem Glück und aller Wohlfahrt segnen, wie der ergebenste Sklave Ew. Hoheit Tizian wünscht.

Hocherhabener und grossmächtiger Herr,
der Sklave Ew. Hoheit, welcher Ihnen Ihre Füsse küsst
Tiziano Vecellio.

Crowe und Cavalcaselle II. S. 755. — In diesem Briefe erreicht der Byzantinismus des grossen Malers seinen Höhepunkt. Indessen darf nicht übersehen werden, dass der Hand- und Fusskuss eine stehende Wendung auch im schriftlichen Verkehr der Sekretäre Philipps mit ihrem Herrn waren, und Tizian mochte sich bei seinem letzten Aufenthalte in Augsburg die duftigsten und berauschendsten Blumen castilianischer Höflichkeit angeeignet haben. Die „persische Königin", welche in dem Briefe erwähnt wird, ist verschwunden. Ebenso befindet sich unter den Gemälden Tizians keines, welches eine „Landschaft" nach modernen Begriffen darstellt. Es finden sich jedoch in mehreren Sammlungen Zeichnungen mit landschaftlichen Studien von der Hand Tizians; auch existirt eine grosse Zahl von Landschaften in Stich und Holzschnitt, welche von italienischen und niederländischen Stechern und Xylographen nach Tizianschen Vorlagen angefertigt worden sind. — Die hl. Margaretha ist noch erhalten. Sie befindet sich, nachdem sie Jahrhunderte lang im Escurial gehangen, im Museum zu Madrid.

TIZIAN AN KAISER KARL V.

Juni 1553.

Unüberwindlicher Fürst! Wenn Ew. geheiligten Majestät die falsche Nachricht von meinem Tode wehe gethan hat, so gereicht es mir zur höchsten Beruhigung, dadurch noch mehr überzeugt worden zu sein, dass Ew. Hoheit sich meiner Dienste erinnert, wodurch mir das Leben doppelt angenehm wird. Und demüthig bitte ich unsern Herrgott, mich, wenn nicht länger, doch so lange zu erhalten, um das Bild für Ew. Kaiserl. Majestät vollenden zu können, welches schon so weit vorgerückt ist, um nächsten September vor Ew. Hoheit erscheinen zu können, vor welcher ich mich auf diese Weise in aller Demuth verbeuge und mit Ehrerbietung mich deren Gnade anempfehle.

Im Frühjahr 1553 hatte sich in Brüssel das Gerücht verbreitet, Tizian sei gestorben. Der Kaiser schrieb deshalb am 31. Mai an seinen Gesandten in Venedig, Vargas, und fragte an, ob das Gerücht wahr gesprochen hätte. Vargas antwortete ihm am 30. Juni 1553, dass Tizian lebe und gesund und hocherfreut darüber gewesen sei, dass Se. Majestät die Gnade gehabt habe, sich nach ihm zu erkundigen. Dann schreibt Vargas weiter, Tizian hätte ihm versprochen, die ihm in Augsburg vom Kaiser angetragene „Dreieinigkeit" bis Ende September zu vollenden. Aus dem Vargas'schen Briefe ergiebt sich ungefähr das Datum des Tizianischen, der bei Bott. Racc. II. 24 und bei Ticozzi Pitt. Vecell. App. III. p. 310 abgedruckt ist.

101.

TIZIAN AN PHILIPP, PRINZEN VON SPANIEN.

[Venedig, 1554.]

Gnädigster Fürst! Von dem kaiserlichen Gesandten habe ich das Geschenk erhalten, das mehr Eurer Grösse, als meinen geringen Verdiensten entspricht. Es war mir aus verschiedenen Gründen lieb, aber am meisten, weil es für einen armen Schuldner ein grosser Reichthum ist, seinem Herrn viel verbunden zu sein. Ich dagegen in Erwiderung darauf, wünsche das Bild meines Herzens entwerfen zu können, das schon seit langer Zeit Ew. Hoheit geweiht ist, damit Ihr in dessen bestem Theile das Bild Eurer Verdienste erblicken könntet. Da ich dies aber nicht thun kann, so bestrebe ich mich jetzt, die Geschichte der Venus und des Adonis in einem Gemälde zu vollenden, an Form ähnlich dem, welches Ihr schon von der Danaë habt, und sowie es vollendet ist, was bald geschehen wird, werde ich es Euch schicken. Ebenso bin ich dabei, die anderen vorzubereiten, damit dieselben auch meinem Herrn dargebracht werden können, denn auf meinem trocknen Boden können edlere Früchte nicht gedeihen.

Ich fahre nicht weiter fort, indem ich nur noch Gott unseren Herrn anflehe, Ew. Hoheit ein langes Glück und mir die Gnade zu gewähren, Euch noch einmal zu sehen und demüthigst die Füsse küssen zu dürfen!

Bottari Race. I. 329. Richtiger bei Ticozzi III. p. 311. Das Bild, für welches Tizian so reichen Lohn erhalten, ist die Danaë im Museum zu Madrid. Der Brief scheint im Frühjahr 1554 geschrieben zu sein. Im Herbst vollendete er auch das Venus- und Adonisbild, welches sich gleichfalls noch in Madrid befindet.

102.

TIZIAN AN PHILIPP, KÖNIG VON ENGLAND.

[1554.]

eheiligte Majestät! Es naht sich jetzt, um sich mit Ew. Majestät über das neue Euch von Gott geschenkte Reich zu freuen, mein Geist, begleitet von dem gegenwärtigen Bilde der Venus und des Adonis, von dem ich hoffe, dass es von Euch mit denselben gütigen Augen werde gesehen werden, die Ihr einst auf die Sachen Eures Dieners Tizian zu wenden pflegtet. Und da die Danaë, die ich schon an Se. Majestät geschickt habe, ganz von der vorderen Seite gesehen wurde, so habe ich auf diesen Bildern eine Abwechselung eintreten lassen wollen und die entgegengesetzte Seite gezeigt, damit das Kabinet, für welches sie bestimmt sind, anmuthig für den Anblick werde.

Bald werde ich die Geschichte von Perseus und Andromeda schicken, die einen von den bisherigen ganz verschiedenen Anblick darbieten wird, und ebenso Medea und Jason, und ich hoffe, mit der Hülfe Gottes, ausser diesen Euch ein erbauliches Werk schicken zu können, das ich schon zehn Jahre unter den Händen habe, und in dem Ew. Majestät, hoffe ich, die ganze Gewalt der Kunst wahrnehmen wird, die Tizian, Euer Diener, in der Malerei anzuwenden weiss. Indess möge der neue grosse König von England sich zu erinnern geruhen, dass ein unwürdiger Maler von der Erinnerung lebt, der Diener eines so hohen und milden Herrn zu sein, und durch dessen Vermittelung zugleich die Gunst der allerchristlichsten Königin, seiner Gattin, zu erringen hofft. Unser gebenedeieter Herr und Gott möge die Königin nebst Ew. Majestät noch eine lange glückliche Zeit erhalten, damit auch die Völker glücklich bleiben, die von Eurem heiligen und frommen Willen beherrscht und geleitet werden!

Ticozzi App. III. p. 312. Dieser Brief muss, wie sich aus dem Eingang ergiebt, bald nach der Vermählung Philipps mit der sogenannten spanischen Maria von England, die am 24. Juli 1554 stattfand, geschrieben worden sein.

Philipp liess den Maler ohne Antwort, und deshalb schrieb letzterer den folgenden Brief an ein Mitglied von Philipps Hofhaltung. Das Venus- und Adonisbild wurde auf dem Transport durch eine grosse Falte verdorben, die noch heute sichtbar ist und gerade den Kopf der Venus von den Schultern trennt.

163.

TIZIAN AN SIGN. DON GIO. BENEVIDES.

Venedig. 10. September 1554.

Ich weiss nicht, ob mein Gönner, Herr Benevides, weil zu der Grösse seines Königs noch ein neues Reich hinzugekommen, so stolz geworden sein wird, dass er weder die Briefe noch die Malerei jenes Tizian wiedererkennen will, den er doch einst so lieb hatte. Indess hoffe ich doch, dass er sowohl diese als jene mit heiterem Sinn erblicken und sich darüber freuen wird. Denn ein Herr, der von Natur so edel und von Sitte so milde ist, wie Ew. Herrlichkeit, lässt seinen Dienern um so mehr Würdigung und Liebkosung angedeihen, als sich seine Autorität und die Fähigkeit steigert, andern helfen zu können.

So hoffe ich also, dass ich und meine Angelegenheiten mehr als je zuvor von Euch sich Eurer Gunst werden zu erfreuen haben. Mit einem Wort, ich setze alle meine Hoffnung auf den grossen König von England, durch Vermittelung meines guten und freundlichen Herrn Benevides, von dem ich weiss, dass er mir helfen will und kann. Ich schicke jetzt die Fabel von Venus und Adonis, aus welcher Ew. Herrlichkeit ersehen wird, wie viel Geist und Liebe ich in die Arbeiten für Se. Majestät zu legen weiss, und binnen Kurzem werde ich noch zwei andere Gemälde schicken, die nicht weniger als diese gefallen werden und die schon vollendet sein würden, wenn nicht als Hinderniss das Bild der heil. Dreifaltigkeit dazwischen gekommen wäre, das ich für Se. kaiserl. Majestät gemacht habe. Und so würde ich auch, wie meine Pflicht ist, ein erbauliches Bild für Ihre Majestät die Königin vollendet haben, welches indess auch bald geschickt werden soll. Ich ersuche Ew. Herrlichkeit recht sehr, mir die Gunst zu erweisen und zu schreiben, ob Sr. Majestät jenes Gemälde gefallen und zugesagt habe. Anderes habe ich Euch nicht zu sagen, als mich Eurer freundlichen Gunst zu empfehlen und Euch die Hand zu küssen.

Der Brief ist bei Bottari Raccolta I. 331 und bei Ticozzi App. III. p. 343 abgedruckt. Für Gio. Benevides scheint Tizian auch gemalt zu haben, und zwar namentlich jenen heil. Sebastian, welcher aus dem Besitz des Grafen Benevides in die Sammlung des Escurial gekommen ist, in welcher er sich noch befindet. Ticozzi a. a. O. p. 223.

TIZIAN AN KAISER KARL V.

(Venedig, 1554.)

Ich danke der göttlichen Majestät, dass das Bild der schmerzensreichen Jungfrau, welches ich auf Stein gemalt habe, vor Eure kaiserlichen Augen, in der Art, wie ich es wünschte, gekommen ist, und wenn dieses Bild Ew. Majestät Genüge thut, so erreiche ich das Ziel aller meiner Wünsche; wäre dem aber nicht so, so flehe ich Ew. Majestät an, mich davon gnädigst benachrichtigen zu lassen, indem ich mich bemühen werde, Ew. Majestät zufrieden zu stellen.

Noch bleibt mir übrig, die Grossmuth Ew. Majestät darum anzuflehen, es mir ausser der Belohnung, deren ich hoffe von derselben gewürdigt zu werden, gnädigst gewähren zu wollen, dass mein auf die Kammer von Mailand angewiesenes Gehalt von 200 Skudi, von denen ich niemals auch nur das Geringste erhalten habe, so wie auch die Entnahme von 300 Wagen Getreide aus dem Königreich Neapel und das mit der spanischen Naturalisation verbundene Gehalt von 500 Skudi für meinen Sohn, gegenwärtig wirklich in Ausführung gebracht werden, wie es der huldreichen Absicht Ew. Majestät und den Bedürfnissen von deren Diener entspricht, damit ich durch Ew. Majestät Freigebigkeit der Aussteuer meiner Tochter nachkommen kann.

Und Ew. Majestät wird mir eine besondere Gnade durch Ertheilung Ihrer Befehle erweisen, wie ich stets in Ihrem Dienste alle meine Kräfte anstrengen werde, indem ich bis zu meinem Tode keinen anderen Wunsch hege. Und unser Herr Gott erhalte auf immer Ew. kaiserliche Majestät!

Dieser bei Ticozzi App. III. p. 310 abgedruckte Brief muss einige Zeit vor dem nachfolgenden geschrieben sein, da letzterer auf die Angelegenheit mit den Pensionen noch eindringlicher zurückkommt und errathen lässt, dass sich der Kaiser bereits im Besitz der schmerzensreichen Jungfrau befand, als er die Dreieinigkeit erhielt.

105

TIZIAN AN KARL V.

Geheiligte kaiserliche Majestät! Auf Befehl Ew. kaiserlichen Majestät war mir bereits eine Pension von 200 Skudi jährlich auf Mailand angewiesen und ferner eine Anweisung auf Kornausfuhr aus dem Königreich Neapel. Dabei habe ich hunderte von Skudi ausgegeben, um einen Menschen im Königreich zu unterhalten. Und endlich wurde mir eine „Naturalezza" (wohl ein Landgut oder eine Waldung) in Spanien für einen meiner Söhne bewilligt, welche eine jährliche Pension von 500 Skudi abwerfen sollte. Da ich durch die Schuld meines persönlichen Unglücks von allen diesen Dingen nicht das Geringste zu sehen bekommen habe, so habe ich mir jetzt erlaubt, in diesem Briefe Ew. Majestät ein Wort zu sagen, in der Hoffnung, dass der freigebige Sinn des grössten christlichen Kaisers, der je gelebt hat, nicht dulden wird, dass seine Befehle von seinen Dienern nicht ausgeführt werden. Die Ausführung derselben würde für mich in diesem Moment ein Werk der Barmherzigkeit sein, da ich mich in einiger Noth befinde, weil ich krank gewesen bin und eine Tochter verheirathet habe. Ich habe zur Himmelskönigin gefleht, dass sie bei Ew. kaiserlichen Majestät Fürsprache für mich einlege mit der Erinnerung an ihr Bild, welches jetzt zu Ihnen kommt, mit jenem schmerzlichen Ausdruck, den ich in ihre Züge zum Zeichen meiner Leiden hineingelegt habe. Ich schicke Ew. kaiserlichen Majestät auch Ihr Werk von der „Dreieinigkeit". In Wahrheit, wenn meine Leiden nicht gewesen wären, würde ich es viel eher fertig gemacht und abgeschickt haben, obwohl ich in der Absicht, Ew. kaiserliche Majestät zufrieden zu stellen, mir nichts daraus gemacht habe, zwei und drei Mal die Arbeit vieler Tage wegzuwischen, um das Werk zum Ziele meiner Zufriedenheit zu führen. Darüber habe ich mehr Zeit gebraucht, als ich es gewöhnlich zu thun pflege. Wenn ich Ew. kaiserliche Majestät zufrieden gestellt habe, werde ich mich sehr glücklich schätzen, sowie ich Sie bitte, meinen heissen Wunsch, Ihnen zu dienen, anzunehmen. Ich achte keinen Ruhm höher in dieser Welt, als Ew. Majestät zu gefallen, der ich mit aller Ergebenheit und Demuth meines Herzens die unüberwindliche Hand küsse.

Aus Venedig, am 19. September 1554.

Das Portrait des Signor Vargas, welches auf dem Bilde angebracht ist, habe ich auf seinen Befehl gemalt; wenn es Ew. kaiserlichen Majestät nicht gefallen sollte, so kann es jeder Maler mit zwei Strichen in eine andere Person verändern.

Ew. kaiserlichen Majestät demüthigster Sklave
Titiano, Maler.

Crowe u. Cavalcaselle II. S. 757 f. Die Komödie, welche Tizian in diesem Briefe seinem kaiserlichen Auftraggeber vorspielt, hatte nicht das gewünschte Resultat. Erst nach dem Tode Karl V. gab Philipp II. dem Gouverneur von Mailand den Auftrag, „dem Tizian alle ihm von seinem nunmehr in die Herrlichkeit eingegangenen Vater bewilligten noch rückständigen Pensionen auszuzahlen." Das Bild der „Schmerzensmutter" und der „Dreieinigkeit", auf der die letzten Blicke des sterbenden Kaisers ruhten, befinden sich beide im Museum zu Madrid. Die „Addolorata" scheint Tizian, wie aus dem vorigen Briefe erhellt, schon früher geschickt zu haben. — Tizians Tochter, Lavinia, verheirathete sich erst, wie der vorhandene Kontrakt beweist, 1555. Um seine Klage beweglicher zu gestalten, hat sich Tizian also eine kleine Täuschung erlaubt. Lavinias Gatte hiess Cornelio Sarcinello. Der Heirathsvertrag datirt vom 20. März 1555 und die von Tizian versprochene Aussteuer belief sich auf die für die damalige Zeit sehr hohe Summe von 2400 Dukaten. (Cadorin a. a. O. p. 57 u. 79). Die Hochzeit fand am 19. Juni statt. Lavinia starb wahrscheinlich schon 1561, nachdem sie sechs Kinder geboren hatte.

TIZIAN AN SIGN. CASTALDO.

[Venedig, 1555.]

Mein erlauchter Herr! Aus Euren letzten Briefen, die wie gewöhnlich sehr liebevoll und mir über alle Maassen theuer waren, habe ich ersehen, dass Ew. Herrlichkeit den lebhaften Wunsch hegt, ein neues Gemälde von meiner Hand zu besitzen.

Und da mein Wille, stets auf das eifrigste bestrebt, Euch gefällig zu sein, auch durch irgend ein hervorragendes Zeichen bekunden möchte, dass der Herr Castaldo vor so vielen und so grossen anderen Herren bevorzugt sei, ich Euch aber kein grösseres Geschenk senden konnte, so habe ich mich entschlossen, Euch das Bild einer Geliebten, welche ich einst hatte, zu schicken[1].

Nun möge das geläuterte Urtheil Ew. Herrlichkeit sehen, welchen Duft mein Pinsel zu verbreiten vermag, wenn er einen Gegenstand hat, der ihm zusagt, und für eine berühmte Person arbeitet.

Der bei Bottari Racc. V. 59 abgedruckte Brief, welcher noch bei Lebzeiten Tizians im Jahre 1574 zu Venedig (Nuova scelta di Lettere di diversi nobilissimi uomini) gedruckt erschienen ist, trägt kein Datum. Er steht jedoch mit Tizians Gesuch an den Kaiser um Auszahlung seines Gehaltes in Zusammenhang. Gio. Bat. Castaldo nämlich war ein Günstling Karls V. Mit ihm scheint Tizian schon bei seinem ersten Aufenthalt in Bologna nähere Freundschaft geschlossen zu haben, von welcher Zeit her auch dessen von Tizian gemaltes Portrait herrühren mag. Welches Bild unter der in dem Briefe genannten inamorata zu verstehen sei, lässt sich nicht mehr feststellen. Castaldo befand sich damals in Neapel, wohin Tizian seinen Sohn Orazio mit diesem Briefe geschickt hatte.

107.

TIZIAN AN PHILIPP II.

Venedig, 5. August 1564.

Das Abendmahl unseres Herrn, das ich schon lange Ew. Majestät versprochen habe, ist nun durch Gottes Gnade nach sieben Jahren, seitdem ich dasselbe begonnen, zur Vollendung gebracht worden, nachdem ich darüber fast ununterbrochen mit der Absicht gearbeitet, Ew. Majestät in diesen meinen letzten Lebensjahren ein Zeugniss meiner langjährigen Ergebenheit zu

---

[1] *Una sua innamorata lo quale avева.* Dies könnte sowohl heissen, eine Geliebte, die er einst gehabt, oder das Bild einer Geliebten, welches er noch gehabt hätte. Da jedoch aus den Schlussworten des Briefes hervorgeht, dass Tizian das Bild erst für Castaldo gemalt, scheint die in der obigen Uebersetzung wiedergegebene Version die richtige zu sein.

hinterlassen, das grösste, das ich jemals vermochte. Wollte Gott, dass das Werk
Eurem geläuterten Urtheile so gefalle, als ich mich bemüht habe, es Euch in
dem Wunsche, Euch Genüge zu leisten, erscheinen zu lassen. Ew. Majestät
wird es also dieser Tage erhalten, da ich dasselbe, Eurem Befehl gemäss, Eurem
Sekretair Garzia Ernando zugestellt habe.

Unterdess bitte ich Ew. unbegrenzte Huld, zu geruhen, dass, wenn Euch
jemals meine langjährigen Dienste in irgend einer Beziehung angenehm gewesen
sind, ich nicht mehr so lange in der Erhebung meines Gehaltes gequält werde,
sowohl in der spanischen Gesandtschaft, als auch von Seiten der Kammer zu
Mailand, damit ich die wenigen Tage, die mir noch geblieben sind, um in
Eurem Dienste verwendet zu werden, in Ruhe verleben könne, indem dadurch
Ew. Majestät nicht minder Ihre Pietät gegen den Kaiser, Euren Vater glorreichen Angedenkens, dessen Willen Ihr damit in Ausführung bringt, bekunden,
als auch sich selbst eine Liebe erzeigen wird. Denn indem ich von den tausend
ununterbrochenen Sorgen, das Wenige meines Unterhaltes, das ich dorther beziehe, zu erhalten, befreit bleibe, werde ich meine ganze Zeit anwenden können,
um Euch mit meiner Arbeit zu dienen, ohne den grössten Theil davon, wie ich
es jetzt thun muss, dafür aufzuopfern, um hier und dorthin an Ihre Geschäftsträger zu schreiben, nicht ohne grossen Aufwand von meiner Seite, und fast
immer vergeblich, um das wenige Geld zu erhalten, das ich kaum nach langer
Zeit zu erheben vermag.

Ich weiss gewiss, gnädigster Herr! dass, wenn Ew. Majestät meine Noth
wüsste, Eure unendliche Milde Euch zur Theilnahme bewegen und mir bei
Gelegenheit ein Zeichen davon geben würde. Denn wenn Eure besondere Huld
auch gnädigst die Anweisungen schreiben lässt, so erhalte ich doch nichtsdestoweniger niemals etwas nach deren Fassung ausgezahlt, wie es Ew. Majestät
Wille ist. Und dies ist denn die Ursache, die mich zwingt, zu den Füssen
meines allergnädigsten Herrn dessen Beistand anzuflehen, indem ich Eure Gnade
aurufe, meiner unglücklichen Lage durch irgend eine Auskunft abzuhelfen, damit
Ihr nicht länger von meinen Klagen behelliget werdet, und ich fortan, freier
von dergleichen Sorgen, in Eurem Dienst thätig sein könne, womit ich Euch
die allerchristlichsten Hände küsse.

Ticozzi a. a. O. p. 313. Bottari Racc. II. 481. — Tizian hatte das
letzte Abendmahl schon im Sommer 1563 dem Könige angeboten. Es kam ihm
darauf an, unter einem anständigen Vorwande auf die Auszahlung der unglücklichen mailändischen Pension zu dringen, welche trotz der königlichen Verfügung
immer noch nicht erfolgt war und die den Meister zur Verzweiflung brachte.
Der Briefwechsel über das Abendmahl zog sich bis in den Herbst von 1564 hin.
Tizian zögerte, obwohl der König ungeduldig wurde, immer noch mit der Absendung, bez. mit der Vollendung des Bildes, um wieder auf die mailändische
Pension zu drücken. In einem Schreiben des spanischen Gesandten Garzia
Hernandez in Venedig an seinen Minister Antonio Perez in Madrid wird die
schlaue Absicht Tizians ganz unverblümt als Grund der Verzögerung angegeben.
„Ich argwöhne," schreibt er, „dass dahinter seine Schlauheit und sein Geiz

stecken, die ihn veranlassen, es zurückzubehalten, bis die Depesche des Königs
mit der Zahlungsanweisung anlangt." Crowe II. S. 636. Tizian scheint in
der That das Bild nicht eher abgeschickt zu haben, bis er die mailändische
Pension, allerdings mit Abzügen und Einbussen, ausbezahlt erhielt. Das „letzte
Abendmahl" befindet sich im Refektorium des Eskurial in Madrid.

108.

TIZIAN AN DIE DEPUTIRTEN VON BRESCIA.

Venedig, 20. August 1565.

Ich habe die Anweisungen, die mir Eww. erlauchten Herrlichkeiten für
die Malereien geschickt haben, erhalten, und es sind mir dieselben sehr
schön erschienen, so dass ich in Bezug auf die Erfindung sehr viel Licht
daraus gewonnen habe. Da ich nun so gut und so ausführlich von den Erfindungen und Ihren Wünschen unterrichtet bin, so werde ich mich bemühen, alles
zu thun, was die Kunst und die Natur des Werkes erfordert, sowohl zu meiner
Ehre, als um dieser erhabenen Stadt zu dienen, welcher ich nicht minder zugethan bin, als meiner eigenen Vaterstadt Venedig [1]), und zwar eben so wohl
wegen deren trefflicher Eigenschaften, als auch wegen der grossen Anzahl von
Freunden und Gönnern, welche ich in derselben zu haben überzeugt bin.

Nur das Eine thut mir leid, dass ich eine solche Anweisung nicht früher
gehabt habe, indem ich dann schon ein Stück weiter sein würde. Indess glaube
ich, dass Eww. Herrlichkeiten Wohlwollen das Werk aus Rücksicht für mich
aufgeschoben habe, in der Absicht, dass ich mich bei der vergangenen über-
lästigen Hitze nicht allzusehr anstrengen sollte. Ich sage Ihnen daher meinen
Dank dafür und küsse Ihnen die Hände, indem ich Ihnen die Versicherung
gebe, dass ich weder wegen der Beschwerlichkeit der Hitze, noch wegen eines
anderen wichtigeren Umstandes unterlassen haben würde, Eww. Herrlichkeiten
meine Dienste zu weihen, und Sie werden mich entschuldigen, wenn sich die
Sache aus diesem Grunde vielleicht bis zu ihrer Vollendung um einige Tage
verzögern wird. Und indem ich mich Eww. Herrlichkeiten zu Gebote stelle
und von Herzen empfehle, küsse ich denselben die Hände.

Der Brief trägt die Adresse: „Alli molto Magnif. Signori Deputati della
Magnif. Communità di Brescia" und ist an die von der Gemeinde der Stadt
Brescia über den Bau ihres städtischen Palastes gesetzte Behörde gerichtet. In
dem grossen Saale dieses Palastes nämlich sollte die gewölbte Decke mit Malereien
verziert werden. Die eigentliche Ausmalung der Wölbung war dem damals
sehr berühmten Perspektivmaler Cristoforo Rosa, einem Brescianer, der aber
zu Venedig arbeitete, übertragen worden, den man zu diesem Zwecke im

---

[1]) Venezia mia propria patria. Aehnlich sagt Dolce (dialogo della pittura) von
Tizian: l'avea detta per sua patria. Cadorin p. 55 n. 13.

Dezember 1560 nach Brescia berufen hatte und mit welchem der Kontrakt über die Malereien unter dem 12. Mai 1563 abgeschlossen wurde. Nach demselben hatte er die ganze Wölbung mit einer sehr reichen, mit Säulen, Konsolen, Nischen und Statuen verzierten Architektur auszumalen und es waren ihm 9000 Lire ausgesetzt worden, die aber, im Falle man bei der Abnahme mit dem Werke zufrieden sein würde, bis auf 10,000 Lire erhöht werden dürften, so wie auch ein Haus, das ihm während seines Aufenthaltes in Brescia von der Stadt zur Wohnung gegeben wurde. Die Malereien wurden im Februar des Jahres 1564 begonnen; in der Höhe der Wölbung aber waren drei grosse achteckige Räume ausgespart und zur Aufnahme von Oelgemälden bestimmt, deren Ausführung Tizian, mit welchem Rosa von Venedig aus nahe befreundet war, übertragen wurde.

Um sich von der Lokalität zu unterrichten, kam Tizian in Folge einer Aufforderung der Bau-Deputirten im Herbst 1564 nach Brescia, schloss am 3. Oktober mit den Deputirten in Gegenwart Cristoforo Rosas einen Vertrag ab und erhielt sogleich als ein Angeld 150 Goldskudi vorausbezahlt. Nach Verlauf eines Jahres und nachdem Tizian schon nach seinen eigenen Ideen zu arbeiten begonnen hatte (vgl. unten Br. 112) wurden ihm von denselben Deputirten nähere Anweisungen über die Gegenstände der Malerei nebst einem Briefe vom 6. August 1565 geschickt; dies sind die Anweisungen, auf welche sich der Anfang unseres Briefes bezieht und die als ein höchst merkwürdiges Dokument in Bezug auf die genaue Bestimmung solcher Aufträge zu betrachten sind.

Es ist darin gleich Anfangs bemerkt, dass man in Bezug auf die Grösse der Figuren nichts näheres angeben wolle, darüber solle der so ungemein erfahrene König der Maler allein entscheiden, der es nach seiner Kenntniss der Perspektive so einzurichten wissen werde, dass die Figuren eher etwas über, als unter Lebensgrösse erscheinen würden.

Viel spezieller und bis ins kleinste Detail eingehend sind nun aber die Anweisungen in Betreff der darzustellenden Gegenstände. In dem mittleren Bilde sollte nämlich die Personifikation der Stadt Brescia mit Minerva, Mars und drei Najaden dargestellt werden; und zwar soll die Brescia an dem besten Orte in der Luft schwebend gemalt werden; sie soll schön sein, aber ernst und würdig; reich gekleidet, aber ohne Krone und königliche Gewänder; das Gewand weiss, nach antiker Art und mit einer azurblauen Binde, die Arme und die rechte Brust entblösst; mit der Rechten solle sie eine goldene Statue nach Morgen zu reichen, während die Linke mit liebevoller und frommer Geberde auf der Brust ruhe. Die goldene Statue stellt den Glauben dar, mit einem Füllhorn, und soll der Figur ähnlich gebildet werden, welche sich auf der Rückseite einiger Kupermünzen des Kaisers Trajan befindet. Ueberdies hat die Figur eine Löwenhaut umgeworfen, und man erblickt bei ihr als eine Anspielung auf ihren Ursprung — die Stadt soll nämlich von Herkules gegründet sein — eine Keule.

Die Minerva ihr zur Seite soll nicht als Göttin des Krieges, nicht als Pallas, sondern als Friedensgöttin dargestellt werden; sie befindet sich auch in der Luft, rechts von der Brescia. Sie ist jung und schön, hat himmelblaue Augen und frei nach hinten flatterndes Haar. Auf dem Haupte hat sie einen Helm, ähnlich wie auf einigen athenischen Silbermünzen, darüber eine goldene Sphinx, deren Gestalt ebenfalls ganz genau beschrieben wird. Eben so genau wird der Schnitt des „jungfräulichen" Gewandes angegeben; zu ihren Füssen befindet sich ein krystallner Schild und die Eule; in der Hand hält sie einen Oelzweig mit Früchten daran, und ihre Stellung wird dahin angegeben, dass sie die Brescia anzublicken habe.

Auf der anderen Seite von dieser soll nun Mars dargestellt werden, gross, kräftig, furchterregend; mit feurigem drohendem Blicke. Er soll eine antike reiche Kriegskleidung tragen, der Helm weithin leuchten, darüber ein Wolf oder ein Federbusch angebracht sein. Der Harnisch ist vergoldet und mit den Figuren schrecklicher Ungeheuer bedeckt. Die Arme sind ganz nackt, die Füsse nur zur Hälfte. Links von ihm soll man einen runden silbernen oder blutfarbenen Schild, der gegen seine Füsse lehnt, erblicken, in der Rechten führt er den Speer, zu seinen Füssen befindet sich der ihm geheiligte Specht.

Unterhalb dieser drei Figuren sollen sich nun die drei Najaden oder Flussnymphen befinden: schön, graziös gekleidet, jedoch so, dass sie zum Theil nackt erscheinen, sitzen sie auf dem Rasen; auf dem Haupte Kränze von Schilf und Wasserpflanzen. Die Wasserurnen dürfen natürlich nicht fehlen. Die gegen Abend gerichtete soll etwas grösser als die anderen gebildet sein, ihre etwas erhobene Urne ist von Metall und etwas grösser, als die der anderen. Sie soll vorzugsweise jung und schön sein, auch ihr Gewand von dem der anderen sich unterscheiden, doch soll es nicht ganz so weiss als das der Brescia sein.

Auf dem zweiten Bilde sollte Tizian den Vulkan und die Cyklopen Waffen schmiedend, auf dem dritten Ceres, Bacchus und zwei Flussgötter darstellen, und auch in Bezug darauf werden die Anweisungen mit einer wo möglich noch grösseren Genauigkeit gegeben.

Diese Anweisungen nun übermachte der Nuntius der Stadt Brescia in Venedig an Tizian, der schon vor Absendung unseres Briefes am 11. August darauf antwortete und sich, wie sich aus dem ersteren ergiebt, damit vollständig einverstanden erklärte. In wie weit sich der Künstler bei der Ausführung der Bilder selbst nach jenen Anweisungen gerichtet habe, lässt sich leider nicht mehr beurtheilen, indem die sämmtlichen Bilder am 18. Januar 1575 ein Raub der Flammen wurden. Das Einzige, was sich mit einiger Bestimmtheit auf jene Kompositionen beziehen lässt, ist ein alter und seltener Kupferstich nach Tizian von C. Corr aus dem Jahre 1572, worauf Vulkan mit seinen Cyklopen dargestellt ist, nach der Anweisung zu dem zweiten Bilde.

Der Brief ist nach dem zu Brescia befindlichen Originale veröffentlicht von Baldassare Zamboni Memorie intorno alle pubbliche fabbriche più insigni della città di Brescia. Brescia 1778. App. V. Nr. 1 p. 142. Die Anweisungen ebenfalls nach dem noch erhaltenen Original ebd. App. IV. p. 132 ff. Vgl. unten Brief 114.

109.

TIZIAN AN GUIDOBALDO II., HERZOG VON URBINO.

Venedig, 27. Oktober 1567.

Erlauchter und ausgezeichnetster Herr! Schon viele und viele Tage sind verflossen, dass Ew. erlauchte Excellenz wissen wollte, wie Agatone mir das Geschenk für die Malerei überbracht hätte, welche ich Ew. erlauchten Excellenz geschickt habe. Da er dies nun gar nicht gethan hat, obgleich schon sechs Monate seit dem 10. Mai bis jetzt verflossen sind, er mich vielmehr nur mit Worten hingehalten hat, so habe ich mich endlich entschliessen müssen, Ew. erlauchte Excellenz davon mit Gegenwärtigem zu benachrichtigen, auf dass

Eure unbegränzte Freigebigkeit meinem Bedürfnisse zu Hülfe komme, obschon
ich gestehe, Ihnen vielleicht dadurch etwas unbescheiden zu erscheinen.
Ich weiss, dass Ew. erlauchte Excellenz mit Ihren eigenen hohen Angelegenheiten beschäftigt, Ihren Geist nicht mit dergleichen Kleinigkeiten beunruhigen kann, und halte es deshalb für meine Pflicht, Ihnen ganz ehrerbietig
meine unangenehme Lage zur Kenntniss zu bringen. Und indem ich Sie inständigst ersuche, mich in Ihrer gewohnten Gnade zu bewahren, küsse ich Ihnen
mit Ergebenheit die erlauchten Hände.

Gaye Cart. III. p. 249. Vgl. Vasari VI. 45. Das Bild, welches Tizian
für den Herzog von Urbino gemalt hatte, war eine Madonna, die sich heute
unter den Bildern der heiligen Jungfrau von Tizians Hand nicht mehr nachweisen lässt. Tizian hatte schon am 3. Mai 1567 an den Herzog einen Mahnbrief geschrieben, der nichts gefruchtet. Auf diesen Brief scheint die Zahlung
durch den Sekretär Agatone erfolgt zu sein.

110.

TIZIAN AN DEN DOGEN UND DEN RATH VON VENEDIG.

Venedig .... 1567.

Ich, Tizian Vecellio, der ergebenste Diener Ew. Signorie und Eww. erlauchten Herrlichkeiten [1] habe in den letztvergangenen Tagen deren
unbegrenzte Gnade und Milde um die Vergünstigung ersucht, dass die
Sanseria der Kaufhalle der Deutschen, die mir von der Munificenz dieses erhabenen Rathes verliehen worden ist, von meinem Namen auf den meines Sohnes
Horatio übertragen werde, der auch seit fünfundzwanzig Jahren dieser Regierung treuester Diener gewesen ist. Und dies zwar um der Welt ein Zeugniss zu hinterlassen, dass meine Dienstbarkeit Ew. Signorie und Eww. erlauchten Herrlichkeiten angenehm gewesen, als welche gewohnt sind, diejenigen zu
belohnen, welche sich bemühen mit Fleiss und Tugend in ihrem Dienst zu leben,
wie ich mich, nach den geringen Kräften, die in mir sind, seit meiner frühesten
Jugend bemüht habe, indem ich es gern unterliess, mich in den Dienst der
grössten Fürsten der Christenheit zu begeben, welche mich wegen ihrer freundlichen Gesinnung, sowie meines gütigen Schicksals halber, oftmals der Einladung und Aufforderung gewürdigt haben, unter den ehrenvollsten Bedingungen
in ihre Dienste zu treten.

[1] *Devotissimo servitor della S. V. e di V. S. III.* bezieht sich auf den Rath der
Zehn, der auch Signoria genannt wird, und auf die Person des Dogen; wie sich aus
der kurz darauf folgenden Stelle: *grata alla S. V. et alle V. S. III.* ergiebt, welche
letztere Mehrzahl auf die Herren des Senates zu beziehen ist.

Ich aber habe mich in Folge der unbegrenzten Ergebenheit, welche ich immer für diese erlauchte Regierung gehabt habe, damit begnügt, vielmehr in mittelmässigen Verhältnissen unter dem Schatten und Schutze meiner natürlichen Herren, als in einer wenn auch noch so glücklichen Lebensstellung unter fremden Fürsten zu leben und deshalb auch alle Zusicherungen, die man mir gemacht, zurückgewiesen, um mich nicht von Ew. Signorie und Eww. erlauchten Herrlichkeiten zu entfernen. . . .

Diese Supplik Tizians um die Uebertragung des Amtes der Sanseria (vgl. oben Brief 85) an seinen Sohn Horatio, ist von Cadorin a. a. O. p. 11 u. 12 nach dem in den öffentlichen Registern vorhandenen Original abgedruckt worden. Die erste Bittschrift, auf welche der Brief Bezug nimmt, datirte vom 19. Juni 1567. Danach regulirt sich das Datum des obigen. Tizians Bitte wurde nach einer Mittheilung Cadorins (p. 65 u. 16) unter dem 20. April 1569 von dem Dogen und dem grossen Rathe genehmigt. Was die zahlreichen Anerbietungen betrifft, von denen Tizian erzählt, so hat es damit seine volle Richtigkeit, wie sich aus den mehrfachen Erwähnungen seiner Lebensbeschreiber ergiebt, und es ist ein sehr bemerkenswerther Zug in Tizians Charakter, dass er bei all' seinem Talent mit Grossen und Fürsten umzugehen, bei all' dem Glück, das ihm immer bei seinem Aufenthalt an kaiserlichen oder an fürstlichen Höfen zu Theil wurde, doch niemals sein freies und unabhängiges Leben zu Venedig gegen die glänzendere, aber unfreie Stellung an Fürstenhöfen aufgegeben hat. „Mittelmässig" waren die Verhältnisse Tizians trotzdem nicht. Er klagt nur, um die Herren des Raths weich zu stimmen, wie wir gesehen haben ein gewöhnlicher Kunstgriff des Meisters, dessen Habsucht mit den Jahren wuchs.

III.

TIZIAN AN DIE DEPUTIRTEN VON BRESCIA.

Venedig, 26. Juni 1568.

Jetzt, da ich durch die Gnade Gottes die Malereien zur Vollendung gebracht, die mir Eww. Herrlichkeiten aufgetragen hatten, sowie ich es auch früher schon den Herren Gesandten versprochen hatte, so komme ich mit Gegenwärtigem meine Pflicht zu thun und Sie davon in Kenntniss zu setzen. Zugleich bitte ich Sie inständigst, so gut zu sein, und das zur Beendigung dieses Geschäftes nöthige Geld anweisen zu wollen. Bei diesem selbst habe ich mich mit aller Mühe angestrengt, um ein Werk herzustellen, das meinem Versprechen und meiner Ehre entspricht. Und indem ich mich Eww. Herrlichkeiten, so viel ich vermag, zu Diensten stelle, empfehle ich mich vielmals deren freundlicher Gunst.

112.

TIZIAN AN DIE DEPUTIRTEN VON BRESCIA.

Venedig, 31. Juli 1568.

Da ich zum Theil durch ein Unwohlsein verhindert gewesen bin, zum Theil einige Tage ausserhalb der Stadt mich befunden habe, so konnte ich nicht eher als jetzt auf die Briefe Eww. sehr verehrungswürdigen Herrlichkeiten antworten, ich hätte allerdings lieber durch Thaten, als in Worten darauf Antwort gegeben; aber die Malereien sind etwas unbequem zu handhaben, wenn man auf gewisse Stellen den Firniss auftragen will, der, ohne an die Sonne gesetzt zu werden, nicht trocknen kann, so dass ich, um es kurz zu sagen, vielleicht bei der Verzögerung meiner Antwort auf Euren Brief wenig artig erscheinen würde: und so melde ich denn Eww. Herrlichkeiten, dass ich, sobald es nur angeht, alles mit dem Herrn Nuntius in Ordnung bringen und ihm alle Malereien zustellen werde, damit Eww. Herrlichkeiten Gebrauch davon machen und aus deren Wirkung, wenn sie an ihrem Orte angebracht sein werden, ersehen können, welcher Art meine Bemühung, Ihnen zu dienen, gewesen sei. Und indem ich Sie ergebenst bitte, über mich zu verfügen, empfehle ich mich vielmals Ihrer freundlichen Gunst.

Ueber den Gegenstand dieser beiden Briefe, die bei Zamboni Memorie App. V. Nr. 2 und 3 p. 142 abgedruckt sind, vgl. oben Brief 108. Es ist dem dort geschilderten Sachverhalt nur noch hinzuzufügen, dass Tizian sich erst mit grossem Eifer an die von den Bauvorstehern aufgetragene Arbeit machte und in Folge davon von diesen wiederum 100 Goldskudi auf Abschlag erhielt. Auch sind schon Anfang des Jahres 1566 nach einem Briefe des brescianischen Nuntius die beiden ersten Bilder fast fertig gewesen, die grosse Kälte verhinderte Tizian damals nur, daran weiter zu arbeiten (15. Januar 1566). Seit jener Zeit aber ging die Arbeit etwas langsam von Statten, so dass die Deputirten sich an den Prokurator Girolamo Grimani mit der Bitte wandten, Tizian etwas anzutreiben. Als Antwort auf diese Beschleunigungsversuche, die überdies durch das Einstellen aller weiteren Abschlagszahlungen unterstützt wurden, sind nun die obigen Briefe zu betrachten, nach welchen dann Ende Oktober des Jahres 1568 die Bilder wirklich nach Brescia geschickt wurden. Der weitere Verlauf der Angelegenheit ergiebt sich aus dem unter Nr. 114 folgenden Brief Tizians vom 3. Juni 1569.

113.

TIZIAN AN DEN KARDINAL ALESSANDRO FARNESE.

Venedig, 10. Dezember 1568.

Nachdem ich lange Zeit Ew. erlauchten und hochwürdigen Herrlichkeit unterlassen habe, meine Ergebenheit brieflich zu bezeigen, beeile ich mich dies mit Gegenwärtigem zu thun, wodurch ich Ihnen Nachricht gebe, dass ich durch die Gnade unseres Herrn Gottes gesund und munter lebe und

Ew. Herrlichkeit zu Diensten stehe: ich ersuche Sie daher inständigst, mir Ihre Befehle zu geben, damit ich den Lauf dieses Lebens in Ihrem Dienste beschliessen kann, wie, seit der Zeit, da ich mich dem Hause Farnese geweiht habe, immer mein Wunsch gewesen ist. Dazu füge ich, so dringend als ich vermag, die Bitte hinzu, mich sowohl Sr. Heiligkeit unserem Herrn als auch dem erlauchten Kardinal Alessandrino gnädigst empfehlen zu wollen.

Letzterer hat schon seit vielen Monaten von mir ein Bild der h. Katharina erhalten, welches mir in seinem Namen von dem Herrn Nuntius hier in Venedig aufgetragen worden war, und er hat sich darauf mit grosser Artigkeit erboten, mich in allem, was ich von ihm verlangen möchte, zu begünstigen, abgesehen davon, dass er mir, ich weiss nicht was für ein Geschenk, schicken wollte, welches ich aber niemals erhalten habe.

Durch diese seine sehr freundlichen Anerbietungen also bewegt, habe ich mir den Muth gefasst, Se. erlauchte Herrlichkeit zu bitten, sich gnädigst dafür verwenden zu wollen, dass ich einigen Vortheil davon durch irgend ein kleines auf spanische Beneficien angewiesenes Gehalt für meinen Sohn Pomponio genösse, der schon von Kaiser Karl V., glorreichen Angedenkens, als Spanier naturalisirt worden ist. Und Se. Herrlichkeit erwiderte mir darauf, ich solle binnen Kurzem durch diese wie durch eine grössere Begünstigung zufriedengestellt werden.

Da ich nun aber, nach Verlauf langer Zeit, immer noch keinen Erfolg davon sehe, so habe ich mich entschlossen, Ew. erlauchte und hochwürdige Herrlichkeit inständigst zu ersuchen, es möge Ihnen in Ihrer unbegrenzten Huld gefallen, mich Sr. erlauchten Herrlichkeit gnädigst zu empfehlen, damit die grosse gewichtige Autorität meines erlauchten Monsignore Farnese dem freundlichen Wunsche jenes Herrn noch einen Sporn hinzufüge, und damit ich, noch ehe ich dieses Leben verlasse, dieses Trostes theilhaftig werden könne.

Wenn ich diesen Wunsch jemals erfüllt sehen sollte, so werde ich die ganze Verpflichtung dafür nur Ew. erlauchten und hochwürdigen Herrlichkeit zu schulden überzeugt sein, und wenn ich derselben nicht durch die That meine Dankbarkeit werde beweisen können, so werde ich es wenigstens dadurch thun, dass ich dieselbe in ewiger Erinnerung bewahre, und indem ich mich Ihnen von Neuem ehrerbietigst zu Diensten stelle, küsse ich Ihnen die erlauchten Hände.

Zu diesem von Ticozzi p. 315 bekannt gemachten Briefe ist nur die Bemerkung hinzuzufügen, dass der Kardinal Farnese unter der Herrschaft Pauls III., der selbst ein Farnese war, Tizian 1545 nach Rom berufen, wie wir oben schon aus dem Briefe des Pietro Aretino (S. 202) ersehen haben, und ihm damals Wohnung im Belvedere, so wie die Begleitung Vasaris als Cicerone verschafft hatte (Ticozzi p. 147). Obwohl die Farneses damals und später Tizians Dienste schlecht oder gar nicht belohnten, suchte sich der Maler doch die Gunst der mächtigen Familie durch Spenden von Bildern zu erhalten, weil er schliesslich durch ihre Empfehlungen für sich und die Seinigen grössere Vortheile herausschlug. Für das Portrait des Papstes Paul III. sollte er mit einem Benefizium belohnt werden, welches Sebastiano del Piombo bis dahin genossen hatte. Tizian war grossmüthig genug, darauf zu verzichten und um ein anderes zu petitioniren, was ihm jedoch nicht gewährt wurde. — Tizian hatte im Jahre 1567 die Beziehungen zu dem Kardinal Farnese wieder aufgenommen, weil er seiner Fürsprache bei dem Gesandten des Königs Philipp bedurfte. Es handelte sich um Auszahlung einer Pension, die Karl V. seinem Sohne Pomponio (s. oben Brief 104) versprochen hatte, von der jedoch Philipp nichts wissen wollte. Um den Kardinal günstig zu stimmen, hatte ihm Tizian sogar im Frühjahr 1567 zwei Bilder geschenkt, eine büssende Magdalena für ihn und einen Petrus Martyr für den Papst Pius V. — Die im Briefe erwähnte Katharina lässt sich nicht mehr nachweisen. — Ein von Tizian gemaltes Portrait des Kardinals befindet sich im Museum von Neapel, ein anderes, nicht ganz zweifelloses in der Galerie Corsini zu Rom.

114.

TIZIAN AN DEN BISCHOF VON BRESCIA DOMENICO BOLLANI.

Venedig, 3. Juni 1569.

Erlauchtester und Hochwürdigster Monsignore! Nach langer Zeit, dass ich Ew. erlauchteste und hochwürdigste Herrlichkeit nicht meine Verehrung bezeigt habe, beeile ich mich mit gegenwärtigem Briefe meiner Verpflichtung nachzukommen und zu gleicher Zeit Sie dringend um Ihre Begünstigung in dem Geschäfte zu ersuchen, welches ich mit jener erhabenen Stadt habe. Und damit Ew. erlauchteste und hochwürdigste Herrlichkeit wisse, in welcher Lage ich mich in Bezug auf diese Angelegenheit befinde, so habe ich Ihnen zu sagen, dass mein Sohn Horatio die von mir nicht ohne grosse Beschwerde, um jenen Herren zu Diensten zu sein, gefertigten Malereien dorthin gebracht hat. Darauf erwiderten ihm dieselben, sie glaubten zwar nicht, dass die Malereien von meiner Hand seien, wollten indess nichtsdestoweniger dafür sorgen, dass ich zufriedengestellt würde, und darauf gaben sie Befehl, dass mir das Geld, welches sie für meine vollständige Bezahlung ausreichend erachten, ausgezahlt würde [1].

Deshalb wollte nun aber besagter Horatio, indem er die geringe Kenntniss sah, welche sie von meinen Sachen bewiesen, und um mein Interesse, sowohl in Bezug auf meine Ehre, als auch meinen Vortheil zu wahren, jenes Geld nicht annehmen. Da ich indess wünsche, die ganze Sache auf dem Wege der Gerechtigkeit zu Ende gebracht zu sehen, wenn dies auf keine andere Weise erreicht werden kann, so habe ich erst versuchen wollen, ob sich nicht durch die Vermittelung Ew. erlauchtesten und hochwürdigsten Herrlichkeit zu irgend einem ehrenvollen Vergleiche mit ihnen gelangen liesse, sowohl um nicht allzu strenge zu erscheinen, als auch um mit denselben in gutem Einvernehmen zu bleiben.

[1] *Diedero ordine che mi fossero pagati que' denari, che essi sanno (vielleicht haanno?) per mio compiuto pagamento.*

indem es weder in meiner Gewohnheit, noch in meiner Neigung liegt, einen Prozess anzufangen, es sei denn, dass ich mit Gewalt dazu gezwungen würde.

Ich bitte Sie also inständigst, bei der Liebe, die Sie in so grosser Freundlichkeit immer für mich gehegt haben, und bei meiner langjährigen Dienstbarkeit und Ergebenheit gegen Sie, in dieser Angelegenheit mit Ihrer gütigen Vermittelung einschreiten zu wollen, so dass ich mit jenen ein ehrenvolles Abkommen treffen, und Ihrer Herrlichkeit Diener bleiben kann, wie ich es von Anfang an aus Liebe zu meinen dortigen Gönnern gewesen bin, auf deren Veranlassung ich zu jenem Werke berufen worden bin: sowie auch wegen des Rufes von deren Freigebigkeit, indem ich die Arbeiten für meinen König sowie vieler anderer meiner Herren hier in dieser Stadt ihretwegen unterbrochen habe.

Der Grund, aus welchem sie mir dasjenige, was mir gebühret, vorenthalten möchten, ist der, dass ich mich mit demjenigen Preise zufrieden gestellt erklärt habe, auf welchen besagtes Werk abgeschätzt werden würde; und der Grund, weshalb ich nicht einem solchen Verluste zu unterliegen gemeint bin, ist der, dass die Sache von Personen abgeschätzt werden muss, die der Kunst verständig sind, d. h. von Malern und zwar von ausgezeichneten Malern; und wenn ich auch damit zufrieden gewesen bin, dass mir durch die Entscheidung jener beiden in der Schrift genannten Doktoren etwas von dem Gelde abgesprochen werden dürfe, das mir mit Fug und Recht gebührte, so muss doch jene Abschätzung, unter der ich eine in gutem Glauben vorgenommene verstanden habe, von Meistern der Kunst gemacht werden, die sowohl über die Frage, ob das Werk von meiner Hand sei, als auch über den Werth desselben ihr von allem Verdacht des Betruges oder der Böswilligkeit freies Gutachten zu geben hätten, als zuverlässige Personen und von beiden Parteien zu diesem Zwecke erwählt.

Denn wenn dies nicht geschieht, und man selbst einen Aristoteles zu jenem Urtheil beriefe, so würde auch dieser nicht im Stande sein, weder über die Verschiedenheit der Manieren, noch über die Schwierigkeit der Kunst sein Urtheil abzugeben und eine Entscheidung zu fällen.

So also möge die Entscheidung in die Hände von Männern gelegt werden, die in der Kunst der Malerei ausgezeichnet sind; und wenn dann das Urtheil dahin ausfällt, dass jene Malereien nicht von meiner Hand sind und nicht eine grössere Belohnung verdienen, als mir jene Herren geben wollen, so erkläre ich mich dazu bereit — und ich schwöre dies auf meine Treue in die Hände Ew. erlauchtesten und hochwürdigsten Herrlichkeit — ihnen selbst alles das zurückzugeben, was sie mir schon früher als Angeld gegeben haben, noch jemals etwas mehr von ihnen verlangen zu wollen. Und wenn sie etwa dieses mein Anerbieten nicht annehmen wollen, um sich nicht mit Beschwerung ihres Gewissens der Frucht meiner Bemühungen zu erfreuen, so erbiete ich mich, ihnen hundert Skudi von der Summe nachzulassen, von der die Sachverständigen erklärt haben, dass ich dieselbe verdiene; vorausgesetzt, dass die Entscheidung von zuverlässigen Personen gefällt worden sei.

Das ist wahrlich nicht der Lohn, den ich von ihren reichen Versprechungen erwartete, und welchen mir die hohe Meinung in Aussicht stellte, die ich von ihrer Freigebigkeit hegte, und zwar um so mehr, als mich dieselben Herren eine der Malereien erst auf eine Weise, wie es mir gefiel, machen und darauf auf ihre Weise wiederholen liessen, ohne mich für die Zeit und die darauf verwendeten Kosten zu entschädigen; ganz abgesehen davon, dass meine Interessen vielfach durch die Reise litten, die ich das erstemal nach Brescia unternommen habe, sowie dadurch, dass ich nachher Horatio zur Winterszeit schicken musste, um wegen der mir durch ihre ränkevollen Einreden verursachten Beschwerlichkeiten die besagten Malereien zu überbringen.

Aus diesem Grunde bitte ich Ew. erlauchteste und hochwürdigste Herrlichkeit von Neuem, dieselben in Ihrer unbegrenzten Güte zu ersuchen, ihrer Schuldigkeit und Pflicht nachzukommen, damit nicht meine Ehre auf solche Weise befleckt bleibe und ich in der guten Meinung verharren könne, die ich immer von dem Glanz jener herrlichen und grossmüthigen Stadt gehabt habe. Denn ich darf mich wohl rühmen, ein billig denkender Mensch zu sein, weshalb ich mich immer mit dem, was recht und billig ist, zufriedenstellen werde, insofern diese Angelegenheit auf freundliche Weise behandelt wird; findet aber das Gegentheil statt, so werde ich mich wider meinen Willen gezwungen sehen, sie auf dem Wege der Gerechtigkeit entscheiden zu lassen und in alle Zukunft ihre Handlungsweise zu bedauern. Und indem ich hiermit schliesse, empfehle ich mich Ew. erlauchtesten und hochwürdigsten Herrlichkeit von Herzen und küsse Ihnen die Hände.

Nachdem TIZIAN die Bilder für den grossen Saal des städtischen Palastes zu Brescia vollendet hatte, wurden zwei derselben erst auf einige Zeit in der Kirche S. Bartolomeo all' ora di Rialto öffentlich ausgestellt und sie sodann alle drei im Oktober des Jahres 1568 (vgl. oben Nr. 112) nach Brescia geschickt, wo sie zunächst dem mit TIZIAN nahe befreundeten CRISTOFORO ROSA übermacht wurden. Im Anfang des Jahres 1569, („zur Winterszeit", wie TIZIAN in seinem Briefe sagt) ging dann TIZIANS Sohn Orazio nach Brescia, um dieselben an dem für sie bestimmten Orte anzubringen, und es wurden die Gemälde in seiner Gegenwart auf 1000 Golddukaten abgeschätzt, obschon man sich nicht davon überzeugen konnte, dass dieselben wirklich von der Hand TIZIANS herrührten. Orazio, durch diesen Zweifel, wie es scheint, gekränkt, sowie auch mit der Höhe des Preises nicht zufrieden, verweigerte die Annahme desselben, und nun schrieb TIZIAN den obigen, bei Zamboni Append. V. Nr. 4 p. 143 und 144 abgedruckten Brief, worin er den Bischof um seine Vermittelung in dieser Angelegenheit angeht. Dieselbe scheint indess nichts gefruchtet zu haben, indem die Sache nicht lange darauf mit der Zahlung der 1000 Golddukaten beigelegt erscheint, wie aus einem Dokument vom 8. Juni 1570 hervorgeht, worin die Auszahlung der letzten der zu dieser Summe gehörenden Rate bescheinigt wird und welches von Zamboni a. a. O. p. 80 bekannt gemacht worden ist. Die Brescianer werden nicht so ganz Unrecht gehabt haben, da TIZIAN die drei kolossalen Bilder, von denen jedes hundert Quadratellen maass, unmöglich ohne Hülfe von Schülern bei seinem hohen Alter ausgeführt haben kann.

SEBASTIANO DEL PIOMBO.

SEBASTIANO LUCIANI, nach seinem späteren Amte SEBASTIANO DEL PIOMBO genannt, (Brief 118), wird von Vasari als ein bequemer und etwas lässiger, dabei aber jovialer Charakter geschildert, der, obschon nicht ohne Begabung, doch dem Leben mehr als der Kunst zugethan war und zu der letzteren mehr durch äusserliche Umstände als durch inneren Drang gebracht wurde. Als guter Gesellschafter, der mit Gesang und Lautenspiel wohl Bescheid wusste, wurde er schon früh von edlen jungen Venezianern aufgesucht, und als solcher auch von Agostino Chigi, dem reichen und kunstliebenden Kaufmanne, der auch mit RAFFAEL befreundet war, nach Rom gezogen. In den Parteiungen, die dort zu jener Zeit mehr zwischen den Anhängern MICHELANGELOS und RAFFAELS, als zwischen diesen selbst stattfanden, schloss sich SEBASTIANO dem Ersteren an, dessen Vorzüge in der Zeichnung und in der Formengebung er mit der Vollendung des venezianischen Colorits zu vereinigen suchte. Wie sehr er der letzteren Herr war, geht aus dem Umstande hervor, dass eine von ihm für S. Giovanni Crisostomo zu Venedig gemalte Tafel für eine Arbeit GIORGIONES, dessen Schüler er gewesen war, gehalten werden konnte. Wie bedeutende Resultate er aber in der That aus jener Vereinigung zu ziehen vermochte, bekundet sein allerdings unter persönlicher Leitung MICHELANGELOS entstandenes Hauptwerk, welches die Auferweckung des Lazarus darstellt, und auf welches einer der nachfolgenden Briefe (Nr. 115) Bezug nimmt.

SEBASTIANO war ein begeisterter Anhänger und Verehrer MICHELANGELOS. Er stand an der Spitze der Gegner RAFFAELS, von dem er nicht müde wird, in den verächtlichsten Ausdrücken zu sprechen. Er unterrichtete MICHELANGELO, wenn dieser abwesend war, von allen Vorkommnissen im Lager der Raffaeliten und mochte durch seine Zwischenträgerei nicht wenig zu der Verbitterung im Gemüthe MICHELANGELOS beitragen. Es scheint auch ausser Zweifel zu sein, dass MICHELANGELO seinerseits ihn mit Entwürfen und Zeichnungen unterstützte, um ihm zum Siege über RAFFAEL zu verhelfen. Dies war namentlich der Fall, als der Kardinal Giulio de' Medici gleichzeitig bei RAFFAEL die Transfiguration und bei SEBASTIANO die Auferweckung des Lazarus bestellte. Und es gab wirklich Leute in Rom, sogar eine einflussreiche Partei, die den Venezianer für einen grösseren Künstler hielten, als den Urbinaten, welche die Deckenmalereien in der Farnesina als „eine wahre Schande (cosa vituperosa) für einen grossen Meister" erklärten. (Brief von Leonardo Sellajo an MICHELANGELO bei Gotti Vita di Michelangelo I. 127 u. II. 55. Vgl. auch die Biographie Sebastiano del Piombos von J. P. Richter in Dohmes Kunst und Künstler des Mittelalters und der Neuzeit LXIV und Crowe und Cavalcaselle Ital. Malerei VI. S. 367—424).

115.

SEBASTIANO DEL PIOMBO AN MICHELANGELO.

Rom, 26. Dezember 1519.

Mein theuerster Gevatter [1]). Schon vor vielen Tagen habe ich einen mir
sehr angenehmen Brief von Euch erhalten, für den ich Euch höflichst
Dank sage. Ihr habt die Gewogenheit gehabt, mich zu Eurem Gevatter
anzunehmen — Frauenzimmer-Ceremonien sind bei uns zu Hause nicht Sitte —
für mich ist es genug, dass Ihr mein Gevatter seid . . . [2]).

Schon vor vielen Tagen habe ich das Kind taufen lassen, und habe ihm
den Namen Luciano gegeben, welches der Name meines Vaters ist und auch
der von Domenico Buoninsegni. Wenn er mir auch die Ehre erweisen will,
mein Gevatter zu werden, so wird es mir ein besonderes Vergnügen machen,
denn ich will bloss anständige Leute zu Gevattern haben.

Ausserdem theile ich Euch mit, wie ich die Tafel vollendet und sie in den
Palast getragen habe, wo sie einem Jeden eher gefallen, als missfallen hat, aus-
genommen den Gewöhnlichen! Aber sie wissen nicht, was dazu sagen. Mir
genügt es, dass der hochwürdigste Monsignore mir gesagt hat, dass ich ihn über
seine Erwartung befriedigt hätte. Und ich glaube auch, dass mein Bild besser
gezeichnet ist, als dies Zeug von Tapeten [3]), die aus Flandern gekommen sind.

Da ich nun von meiner Seite meine Schuldigkeit gethan, so habe ich gesucht, den Rest meiner Bezahlung zu bekommen. Und Monsignor, Se. hochwürdige Herrlichkeit, hat mir gesagt, dass wir darüber übereinkommen wollen.

Und nun will er, dass Ihr mit Messer Domenico dies Werk abschätzen
sollt, und obschon ich dies, um rasch zu Ende zu kommen, Sr. Hochwürden
selbst überlassen habe, so will er doch durchaus nicht. Und ich habe ihm die
Rechnung des Ganzen gezeigt, worauf er verlangte, dass ich es Euch schicken
sollte, und so schicke ich es Euch denn. Und nun seht Euch das Ganze an.
Und so bitte ich denn, wenn Ihr mir jemals zu Gefallen gehandelt habt, dies
ohne allen Rückhalt zu thun, indem Se. Hochwürden und ich Euch diese Sache
aus freien Stücken übertragen. Es genügt, dass Ihr das angefangene Werk gesehen habt, und es sind vierzig Figuren im Ganzen, ohne die in der Landschaft.
Und in diese Arbeit ist das Bild des Kardinals Rangone mit einbegriffen, das
mit in die Rechnung geht, und welches Messer Domenico gesehen hat, der auch
weiss, wie gross es ist. Ich will Euch nichts anderes mehr sagen. Gevatter,

[1]) Die Adresse des Briefes lautet: *Bastiano pittore in Roma a Domini Michel-
angnolo scultore in Firenze*.
[2]) *E per quest' altri vi mandero lagun(?)*
[3]) „*I panni degli arazzi*", ist in dem Briefe mit unverkennbarer Wegwerfung
gesagt.

ich bitte Euch, es mir bald wiederzuschicken, ehe Se. Hochwürden von Rom abreist; denn, um es Euch zu sagen, ich sitze auf dem Trocknen.

Christus erhalte Euch gesund! Empfehlt mich Messer Domenico. Ich aber empfehle mich Euch viel tausend Mal.

Der obige Brief ist bei Bottari Racc. VIII. 42 mit dem falschen Datum des „26. Dezember 1516“ abgedruckt. Das richtige Datum ist das obige. Das Original dieses Briefes befand sich im Besitz der Gebrüder Woodburn, die ein Faksimile desselben in dem Catalogue of one hundred original drawings by Julio Romano, Primaticcio, L. da Vinci and P. del Vaga collected by Sir Thomas Lawrence Lond. 1826 veröffentlichten. Vgl. auch Waagen Kunstwerke und Künstler in England I. 186.

Der Inhalt unseres Briefes bezieht sich auf das Hauptwerk des Sebastiano del Piombo, die Auferweckung des Lazarus, welches derselbe im Auftrag des Kardinals Giulio de’ Medici, nachmaligen Papstes Clemens VII., und, wie Vasari erzählt, unter besonderer Mitwirkung des Michelangelo gearbeitet hatte. „Fast im Wetteifer mit Raffael“, sagt Vasari im Leben Sebastianos „begann Sebastiano eine Tafel von derselben Grösse, als die Verklärung Raffaels, eine Auferweckung des Lazarus, der vier Tage im Grabe gelegen. Sie war mit grossem Fleiss gemalt, in einigen Theilen nach der Zeichnung und Anordnung Michelangelos. Beide Bilder wurden zum Vergleich öffentlich im Konsistorium ausgestellt, und das eine, wie das andre sehr gerühmt, denn übertraf auch dies Gemälde Raffaels durch höchste Anmuth und Schönheit jedes andere, so fanden doch auch die Mühen Sebastianos bei jedermann ehrenvolle Anerkennung.“ Dass Michelangelo dem Freunde, der darauf ausging, im Wetteifer mit Raffael etwas Ausserordentliches zu leisten, mit Rath und That beistand, ist unzweifelhaft. Er mag ihm auch Skizzen entworfen haben, besonders für Christus und den Lazarus, die ein ganz michelangeleskes Gepräge tragen. Weiter hinaus scheint seine Beihilfe jedoch nicht gegangen zu sein. Zur Zeit der Vollendung des Bildes, das sich jetzt in der National-galerie in London befindet (Abbildung bei Richter a. a. O.), war Michel-angelo sogar abwesend von Rom. — Unter den „Arazzi, die aus Flandern gekommen sind“ sind die in Arras nach den Kartons des Raffael gewebten Tapeten zu verstehen, die zum Schmuck der Wände der sixtinischen Kapelle bestimmt waren und welche 1519 nach Rom gebracht wurden und damals alle Beschauer mit der grössten Bewunderung erfüllten. Das Bild des Kardinals Rangone, das in die Rechnung „mit einbegriffen ist“, stellte das Martyrium der heil. Agathe dar, jetzt in der Galerie Pitti in Florenz.

116.

SEBASTIANO DEL PIOMBO AN MICHELANGELO.

Rom, 15. Oktober 1520.

ein liebster Gevatter! Wundert Euch nicht, dass ich Euch seit vielen Tagen nicht geschrieben, noch auf Euren letzten Brief geantwortet habe. Denn ich bin viele Tage im Palaste gewesen, um Seine Heiligkeit, unsern Herrn, zu sprechen, und niemals habe ich jene Audienz erhalten können, die ich mir wünschte.

Endlich habe ich ihn denn gesprochen und Seine Heiligkeit hat mir so günstiges Gehör geliehen, dass er alle, die im Zimmer zugegen waren, wegschickte und ich mit unserm Herrn und einem Kammerdiener, auf den ich mich verlassen kann, allein blieb und ihm also meine Sache vortragen konnte. Und er hörte mich mit Wohlwollen an: denn ich stellte Seiner Heiligkeit mich zugleich mit Euch zu jeder Art Dienst, und wie es ihm gut dünken würde, zu Gebote und fragte ihn nach den Gegenständen und den Maassen und allem Uebrigen. Seine Heiligkeit erwiderte mir Folgendes: Bastiano, Juan dell' Aquila hat mir gesagt, dass in dem unteren Saale sich nichts Gutes machen lässt wegen der Wölbung, die sie gemacht haben, indem da, wo die Wölbung ausläuft, gewisse Lunetten entstehen, die fast bis zur Mitte der Fläche gehen, auf welche die Bilder kommen sollen.

Und dann sind auch die Thüren da, die nach den Zimmern des Monsignor de' Medici führen. So dass es also nicht angehe, ein Bild für je eine Wand zu machen, wie es eigentlich sein müsste; wohl aber würde sich für je eine Lunette ein Bild machen lassen, denn diese sind je 18 und 20 Palmen breit, und man kann ihnen die erforderliche Höhe geben. Indess würden in einem so grossen Gemach jene Figuren zu klein erscheinen. Und noch sagte mir Seine Heiligkeit, dass jener Saal zu sehr zugänglich sei. Und alle diese Reden kommen von Juan Baptista dell' Aquila her und von anderen Personen, die mich lieber nicht in diesem Palast sehen möchten.

Aber, Gevatter! auf Treue und Glauben, und unter uns gesagt, wie ich von gewissen Personen im Palast angesehen werde, so müsste es scheinen, als ob ich der Teufel selbst wäre oder als ob ich diesen ganzen Palast verschlingen wollte. Aber Gott sei Dank, ich habe noch einige Freunde, und zuletzt werden sie sich von Allem überzeugen.

Danach sagte mir unser Herr: Bastiano, auf mein Gewissen, mir gefällt das nicht, was jene machen, noch hat es irgend jemand gefallen, der das Werk gesehen hat. In Zeit von vier bis fünf Tagen will ich mir die Arbeit ansehen, und wenn sie nichts Besseres machen, als das, mit dem sie angefangen, so will ich, dass sie nicht weiter daran arbeiten sollen. Ich werde ihnen irgend etwas anderes zu thun geben und das, was sie gemacht haben, herunterschlagen lassen, und ich werde dann jenen ganzen Saal Euch geben, denn ich habe die Absicht, ein schönes Werk zu machen, oder ich lasse ihn mit Damastmustern ausmalen.

Ich antwortete ihm, dass ich mir mit Eurer Hülfe Wunderdinge zu machen getraute, worauf er mir antwortete: Daran zweifele ich nicht, denn Ihr alle habt von ihm gelernt. Und auf Treue und Glauben und unter uns gesagt: Seine Heiligkeit sagte mir ferner: Betrachte doch die Werke Raffaels, wie er die Werke Michelangelos gesehen, hat er plötzlich die Weise des Perugino verlassen und sich, soviel er konnte, der des Michelangelo genähert.

Der aber ist ja fürchterlich, wie du selbst siehst, und es lässt sich gar nicht mit ihm umgehen. Worauf ich Seiner Heiligkeit erwiderte, dass Eure Furchtbarkeit keinem Menschen Schaden thäte; und dass Ihr nur so schrecklich erscheinet aus Liebe zu der Wichtigkeit des grossen Werkes, das Ihr vorhättet, und noch manches andere, was mitzutheilen nicht nöthig ist, indem es von keinem grossen Gewicht war.

Ich habe nun diese vier Tage gewartet und habe mich erkundigt, ob Seine Heiligkeit die Arbeit besucht hat. Ich höre, ja, und dass jene ihm gesagt haben, dass man noch nichts sehen und beurtheilen könne, ehe nicht gewisse Hauptfiguren, die angefangen und halb fertig sind, ganz vollendet wären, und dass, je weiter jene vorschritten, es dem Papste um so mehr missfiele. Doch will er, jenen jungen Leuten zu Gefallen, noch vierzehn Tage oder drei Wochen warten, bis sie jene Figuren vollendet haben.

Und dies ist Alles, was hier vorgefallen ist, seitdem ich Euch nicht geschrieben habe; die Maasse habe ich Euch nicht schicken können, weil der Papst noch nicht entschlossen ist und jene unausgesetzt arbeiten. Nichts weiter also. Christus erhalte Euch gesund!

Der von Gaye Cart. II. App. p. 187 mitgetheilte, im Familienarchiv der Buonarroti befindliche Brief trägt das Datum des 15. Oktober 1512. Wie jedoch Springer in seiner kleinen Schrift Michelangelo in Rom 1508—1512, S. 47 ff. nachgewiesen hat, fällt er in das Jahr 1520. Im Oktober 1512 lebte MICHELANGELO in Rom. Mithin konnte er keine Briefe von dort erhalten. 1520 befand er sich jedoch in Carrara. — Nach dem Tode RAFFAELS setzte SEBASTIANO DEL PIOMBO alle Hebel in Bewegung, um vom Papste Leo X. zu erwirken, dass die Ausmalung der letzten noch übrigen Stanze, des Konstantinsaales, in welchem die Schüler RAFFAELS, GIULIO ROMANO, FRANCESCO PENNI u. a. arbeiteten, ihm übertragen würde. Er warf dem Papste die Mithülfe MICHELANGELOS als Köder hin. Doch MICHELANGELO ging selbst nicht darauf ein. Er begnügte sich nur, im Juni 1520 einen Empfehlungsbrief an den Kardinal Bibbiena für SEBASTIANO zu schreiben, den letzterer selbst überbrachte und in welchem es heisst: „Ich bitte Eure Herrlichkeit, nicht als Freund oder Diener, denn weder das eine noch das andere verdiene ich, sondern als ein verworfener und verrückter Mensch, zu bewirken, dass der venezianische Maler SEBASTIANO jetzt, da RAFFAEL gestorben ist, an den Arbeiten im Palast (Vatikan) einen Antheil bekomme, und wenn auch Eure Herrlichkeit die Dienstleistung eines Menschen von meinem Schlage verschmähen mag, so denke ich doch, dass dann, wenn man Verrückten noch einen Gefallen thut, dies auch mitunter behagen kann, so wie Zwiebeln dem munden, welcher sich an Kapaunen satt gegessen hat . . . . Ich ersuche Eure Herrlichkeit es mit mir zu versuchen. Ein grösserer Gefallen kann mir nicht werden, und genannter SEBASTIANO ist ein bedeutender Mensch. Will man mich verwerfen, so möge es SEBASTIANO nicht treffen, denn ich bin gewiss, er wird Eurer Herrlichkeit Ehre machen." Milanesi Littere di Michelangelo Buonarroti Nr. 373. Richter a. a. O. S. 11. Der Adressat verstand die bittere Ironie des Briefes nicht und lachte darüber. Auch konnte er dem Bittsteller nur einen schlechten Trost geben. Der Konstantinsaal sei nun einmal den Schülern RAFFAELS übertragen. Doch sei der „untere Saal", der sala Borgia, noch frei, und diesen trug man dem SEBASTIANO zur Bemalung an. Doch dieser wies den Antrag mit Entrüstung von sich. Er wolle nicht, so erklärte er, „in einem Keller malen, während man jenen (den Raffaeliten) die Goldgemächer überlasse." Erst die Audienz mit dem Papste, von welcher der obige Brief berichtet, hatte zur Folge, dass der Konstantinsaal dem SEBASTIANO überlassen wurde, jedoch unter der Bedingung, dass MICHELANGELO in Gemeinschaft mit ihm arbeite. Diese Bedingung konnte SEBASTIANO nicht erfüllen. Trotzdem er seinem Gevatter in einem Briefe vom 27. Oktober 1520 die ihm bevorstehende Aufgabe mit den verlockendsten Farben schilderte und ihm sogar ein detaillirtes Programm für die Ausmalung entwarf, lehnte der grollende MICHELANGELO den Antrag ab, und die Schüler RAFFAELS konnten ihre Arbeit vollenden. Springer a. a. O. S. 61 ff.

<h2 style="text-align:center">117.</h2>

<h2 style="text-align:center">SEBASTIANO DEL PIOMBO AN PIETRO ARETINO.</h2>

[Rom. 1527.]

evatter, Bruder und Gönner! Es ist doch wahr, dass die Pietro Aretinos für uns geboren werden müssen! Ich sage, was in seiner Verzweiflung Papst Clemens auf der Engelsburg gesagt hat.

Seine Heiligkeit hat an alle Gelehrten das Gebot ergehen lassen, einen Brief an den Kaiser zu schreiben, worin Seiner Majestät sein Rom empfohlen werde, das alle Tage ärger misshandelt wird als vorher. Und Tebaldeo und die anderen allzusammen haben sich deshalb in die Studirstuben verschlossen und haben ihre Briefe unserem Herrn präsentiren lassen, der sie, nachdem er vier Zeilen von jedem gelesen, hinwarf, indem er sagte, dass solch ein Gegenstand blos eine Sache für Euch allein sei.

Mit einem Worte, er liebt Euch und zwar über alle Maassen. Und eines Tages wird sich noch etwas ereignen zum Aerger aller Neider, wenn wir nur gesund bleiben!

Der von Bottari Racc. III. 188 mitgetheilte, an den „göttlichen" Pietro Aretino gerichtete Brief datirt aus dem für Rom so unglücklichen Jahre 1527, in welchem die Plünderung der Stadt durch die kaiserlichen Truppen und die Gefangenhaltung Papst Clemens' VII. auf der Engelsburg stattfand. Dieser, der schon als Kardinal der besondere Gönner des SEBASTIANO gewesen war, scheint damals in seiner Noth des letzteren Vermittelung in Anspruch genommen zu haben, um Pietro Aretino, dessen ebenso weit reichenden, als wenig verdienten Einfluss wir schon öfter berührt haben, zur Abfassung eines Bittschreibens an den Kaiser um Linderung der damaligen allgemeinen Kriegskalamitäten zu bewegen. SEBASTIANO begab sich bald darauf nach Venedig, wo er das von Vasari erwähnte Portrait Aretinos für dessen Vaterstadt Arezzo malte, wo dasselbe sich noch heute im Stadthause befindet.

Die Schlussworte des Briefes scheinen auf irgend eine dem Pietro Aretino vom Papst zugedachte Gunstbezeugung, vielleicht gar den Kardinalshut hinzudeuten, nach welchem Aretino sein ganzes Leben hindurch das lebhafteste, aber immer unerfüllt gebliebene Begehren trug. Crowe und Cavalcaselle VI. S. 404 bezweifeln übrigens die Echtheit dieses Briefes, in welchem sie eher den Stil Aretinos erkennen wollen.

118

SEBASTIANO DEL PIOMBO AN PIETRO ARETINO.

Rom 4. Dezember 1531.

Mein theuerster Bruder! Ich glaube, Ihr werdet Euch über meine Nach-lässigkeit wundern, dass ich Euch so lange nicht geschrieben habe. Die Ursache davon war, dass ich keinen Gegenstand hatte, der der Mühe verlohnte. Nun aber, da mich unser Herr, der Papst, zum Mönch gemacht hat, möchte ich nicht, dass Ihr Euch der Ansicht hingäbet, dass mich die Möncherei verdorben hätte, und ich nicht mehr derselbe Maler Sebastiano und derselbe gute Gefährte sei, der ich in der Vergangenheit immer gewesen bin; und deshalb thut es mir sehr leid, dass ich nicht mit meinen theuren Freunden und Genossen zusammen sein und mich der guten Dinge erfreuen kann, die mir Gott und unser Gönner Papst Clemens gegeben hat. — Ich glaube, ich brauche Euch das Was und das Wie und Warum nicht zu erzählen — genug ich bin der Bruder Siegelbewahrer[1]), das ist nämlich das Amt, welches Bruder Mariano hatte; und Papst Clemens soll leben! Und wollte Gott, dass Ihr mir Glauben geschenkt hättet, aber Geduld, lieber Bruder! Ich glaube gern und Alles, und das ist nun die Frucht meines Glaubens[2]), und sagt nur dem Sansovino, dass man in Rom Aemter und Siegel und Hüte und andere Dinge fischt, wie Ihr auch wisst, aber in Venedig nur Aale und andere Fische[3]), und darum mit allem Respekt vor meinem Vaterlande! sage ich das nicht um schlecht von demselben zu reden, sondern nur, um unserem Sansovino die Dinge von Rom ins Gedächtniss zurückzurufen, die Ihr alle Beide zusammen besser kennt, als ich. Und dann habt die Gewogenheit, mich brüderlich unserem theuersten Gevatter Tizian, sowie allen anderen Freunden und unserem Musiker Giulio zu empfehlen. Unser Herr von Vasona empfiehlt sich viel tausend Mal.

Der von Bottari Racc. I. App. 521 abgedruckte Brief scheint kurz nach des Künstlers Ernennung zu dem Amte eines päpstlichen Siegelbewahrers ge-schrieben zu sein. Dies Amt bestand darin, die päpstlichen Diplome mit einem Bleisiegel (daher *officio del piombo* und der Beiname des Malers) zu versehen, und da es sehr einträglich und wenig beschwerlich war, so wurde es meist als Ehrenamt verdienten Künstlern oder sonst begünstigten Personen verliehen, wie sich früher schon BRAMANTE im Besitz desselben befunden hatte. Der unmittelbare Vor-gänger SEBASTIANOS war Fra MARIANO FETTI (s. Vasari Leben des Fra Barto-lomeo), und als dieser starb, „da gedachte," wie Vasari im Leben des Sebastiano sagt, „SEBASTIANO der Versprechungen, welche der Bischof von Vasona, Haus-meister Seiner Heiligkeit, ihm gegeben hatte, und bewarb sich um das erledigte Amt. Dieselbe Stelle verlangte GIOVANNI VON UDINE; auch er war dem Papst in minoribus (d. h. so lange derselbe sich noch in einer geringeren Würde

[1]) *Basta ai suoi frate piombatore.*
[2]) *In credo ben e benissimo e questo e il frutto della mia fede.*
[3]) *Mitrole e maccinette.*

befand) dienstbar gewesen und diente ihm noch. Clemens aber gab auf die Bitten des Bischofs, und weil SEBASTIANO durch seine Kunst dessen würdig war, (diesem) das Amt. Mit dem Mönchskleide angethan, veränderte SEBASTIANO alsbald seinen Sinn, denn da er ohne den Pinsel zu rühren seine Wünsche befriedigen konnte, genoss er der Ruhe und erholte sich bei gemächlichem Einkommen von mühevollen Nächten und Tagen. — Denen aber, die ihm seine Trägheit und Neigung zu einem bequemen und genussreichen Leben vorwarfen, sagte er: „Da ich genug habe zu leben, will ich nichts arbeiten; heutigen Tages giebt es Leute, die in zwei Monaten machen, wozu ich zweier Jahre bedurfte, und lebe ich noch lange, so wird es nicht lange dauern, dass ich bald alles mögliche gemalt sehen werde; und da die Anderen so viel machen, ist es ein Glück, dass es einen giebt, der nichts macht, und ihnen das Mehrere zufällt.‟ Ein Ausspruch, in welchem sich neben der Beschönigung seiner eigenen Unthätigkeit unverkennbar ein gewisses Missbehagen über die Hast und Eile ausspricht, die sich allerdings schon gegen die Mitte des sechszehnten Jahrhunderts (SEBASTIANO starb im Jahre 1547) in der Malerei sehr bemerkbar machten.

Um dieselbe Zeit hatte SEBASTIANO auch MICHELANGELO eine Mittheilung von seinem Glücke gemacht. Der Brief befindet sich im britischen Museum (abgedruckt bei Grimm Leben Michelangelos II. 1. Aufl. S. 191 ff.) und beginnt folgendermassen: „Theuerster verehrungswürdigster Gevatter! Ich glaube, dass Ihr Euch wundern werdet, dass ich seit so vielen Tagen nicht geschrieben habe. Grund ist gewesen erstlich, dass ich nichts erwähnenswerthes hatte, und zweitens wegen des Vorfalls, von dem Ihr nunmehr gehört haben werdet, wie unser Herr Papst Clemens mich zum Bullenversiegler (Piombatore) gemacht hat. Und er hat mich zum Mönch gemacht an Stelle des Fra MARIANO, dergestalt, dass, wenn Ihr mich als Mönch sähet, Ihr, wie ich glaube, darüber lachen würdet. Ich bin das schönste Mönchlein (fratazzo). Ich habe an die Sache nicht einmal gedacht. Sie ist dem Papst aus eigenem Antrieb gekommen. Und Gott sei ewiglich gelobt, da es scheint, dass Gott es eigens so gewollt hat. Und so sei es denn.‟ Der Rest des Briefes handelt von dem Grabmale Julius II., auf dessen Vollendung die Nachkommen des Papstes drängten.

Sowohl dieser Brief wie der obige an Aretino ist ungemein bezeichnend für die damalige Zeitstimmung in Betreff der Religion und des geistlichen Standes. Der Künstler sucht sich wegen seines Schrittes bei Aretino förmlich zu rechtfertigen. Bei diesem war denn auch eine solche Rechtfertigung sehr wohl angebracht, wie aus einem Briefe desselben an TIZIAN hervorgeht. Letzterem war nämlich im Jahre 1543 das Amt des Piombo, welches damals allerdings SEBASTIANO noch inne hatte, angetragen worden, und er hatte dasselbe wohl in Rücksicht auf den Freund ausgeschlagen. Darauf nun bezieht sich der nachfolgende bei Bott. Racc. III. 111 abgedruckte Brief:

PIETRO ARETINO AN TIZIAN.

Verona, Juli 1544.

Das Gerücht, mein einziger Gevatter! gefällt sich so sehr darin, das Wunder Eures Pinsels in dem Portrait des Papstes zu verherrlichen, dass, wenn nicht die Verpflichtung wäre, die Grossmuth durch die ganze Welt zu verbreiten, die Euer Geist durch Zurückweisung des Siegelamtes bewiesen hat, welches Euch Seine Heiligkeit als Belohnung dafür zu ertheilen gedachte, dasselbe nie aufhören würde es auszuposaunen, wie lebendig, wie so ganz er selbst und wie so sehr wahr er sei!

Aber ein jegliches Eurer Werke, und wenn auch noch so göttlich, muss jener Handlung weichen, wodurch Ihr dasjenige anzunehmen verschmähet, welches zu erlangen jeden andern glücklich gemacht haben würde. Ihr ganz allein habt dadurch, dass Ihr die Euch dargebotene Würde nicht gewollt habt, bewiesen, wie sehr an Vortrefflichkeit und Schönheit Rom unserem Venedig untergeordnet sei, und um wie vieles höher der Adel der Weltkleider gelte, als die Erbärmlichkeit der vert! . . . . . Kaputze. Es lebe der Vecellio, der da seinen guten Namen höher hält, als grosse Einkünfte!

119.

SEBASTIANO DEL PIOMBO AN FRANCESCO ERSIGLI.

Rom, 7. Juni 1532.

Mein theuerster Messer Francesco! Ich staune über die grosse Kunst in dem schönen Briefe, den Ihr mir zum Trost darüber geschickt habt, dass ich das Kleid des Ordens del Piombo genommen habe. Indess höre ich deshalb nicht auf, Euer selbiger Sebastiano der Plombirer zu bleiben und mehr als Euer Bruder, wie ich es nur jemals gewesen bin. Wundert Euch nur nicht und bildet Euch nicht ein, dass die Möncherei mich meine Natur verändern lassen wird; denn da wäret Ihr im grössten Irrthume. Es ist daher auch nicht nöthig, Euch mein Wesen mit Eiden und Zeugnissen zu erhärten, Ihr kennt mich ja besser, als ich mich selbst kenne. Mich hat nun einmal die Natur auf diese Weise gemacht etc.

Ich habe auf sehr geschickte Manier und ohne Gewaltsamkeit die Gelder eingenommen, von denen ich Euch schrieb, und auf dieselbe Weise gedenke ich, den Rest auch zu bekommen. Wenn ich jenen mit Gewalt zwingen wollte, würde ich nun und nimmermehr auch nur einen Quattrin erlangen. Und er hat mir versprochen, mich gänzlich und zwar baldigst zu bezahlen, und in der That denkt er an nichts anderes, als für mich Geld einzunehmen.

Ich bin sehr betrübt über das grosse Uebel, dass Ihr gehabt habt, und über das, welches Ihr noch habt. Ich muss mich übrigens sehr über Eure Unweisheit wundern — über Fünfundzwanzig Jahre in Rom in dieser gesunden Luft gewesen zu sein und dann nach dem verpesteten Sinigaglia zu gehen! Und noch mehr, dass Ihr nicht gleich wieder nach Rom zurückgekehrt seid, aber hütet Euch nur, dass Euch die Türken nicht aus Corinaldo verjagen! Und erinnert Euch immer des römischen Platzes. Ich ersuche Euch, lasst Euch doch einmal sehen, wenigstens in einem Briefchen für alle Eure Freunde.

Ich werde meiner Pflicht Genüge leisten und glaube, dass ein Jeder das für Eure Gesundheit und Eure Zufriedenheit wünschen wird, was ich wünsche. Gegen die hartnäckige Krätze, die Ihr habt, wisst Ihr das Mittel wohl besser als ich, indess glaube ich, dass Erdrauch und die Schnecke Euch helfen würden. Giulio befindet sich wohl; er empfiehlt sich Euch und studirt. Ich glaube, dass er ein tüchtiger Mensch werden wird. Auch Madonna Maria befindet sich wohl und ich bin überzeugt, sie liebt Euch sehr und schnt sich nach Euch, aber ich gewiss mehr als sie. Und Alle insgesammt empfehlen sich Euch. F. Cristofano geht nach Terni. M. Fabrizio empfiehlt sich Euch tausendmal.

Der von Gualandi Memorie I. 64 und Nuova Racc. I. 36 bekannt gemachte Brief schliesst sich seinem Inhalte nach dem an Pietro Aretino gerichteten an, indem er sich ebenfalls auf Sebastianos Ernennung zum Siegelbewahrer bezieht und die etwaigen Befürchtungen des Freundes in Betreff einer daraus folgenden Sinnesveränderung zu zerstreuen sucht. Dieser Freund, Francesco Ersigli, oder besser Arsilli, war in Sinigaglia geboren (vgl. Mazzucchelli Scritt. Ital. II. 1142) und nahm in Rom unter dem Pontifikate Leos X. und Clemens VII. eine wenn auch nicht amtliche, so doch deshalb nicht minder bedeutende Stellung als Arzt und Dichter ein, indem er, den Hof meidend, es vorzog, von dem Ertrage seiner Berufsthätigkeit und im Kreise gebildeter Freunde, unter denen auch Paolo Giovio genannt wird, ein bescheideneres und glücklicheres Leben zu führen. Nachdem er fünfundzwanzig Jahre, wie aus dem Briefe hervorgeht, in Rom gelebt, ging er nach seiner Vaterstadt zurück, zum grossen Leidwesen seines Freundes Sebastiano, der ihn durch Schilderung wirklicher und erfundener Gefahren von Sinigaglia nach Rom zurückzubringen sucht. Mit der verpesteten Luft in Sinigaglia, das in einer sumpfigen Gegend lag, möchte es wohl seine Richtigkeit haben, wogegen es mit den Türken, die ihn aus Corinaldo, einem wenige Miglien davon entfernten Orte, vertreiben würden, wohl nicht allzu ernst zu nehmen sein mag.

Madonna Maria ist die Gattin Sebastianos. Giulio scheint ein jüngerer Sohn des Meisters gewesen zu sein. Bei einem älteren, Luciano, hatte Michelangelo die Gevatterschaft übernommen. — Was übrigens Sebastianos Versicherung anbetrifft, die Ernennung zu dem mit dem geistlichen Stande verbundenen Amte würde seine Sinnesart in keiner Weise ändern, so hat er darin vollkommen Recht gehabt. Denn wenn er schon früher Freund eines guten Lebens war, so liess er es sich fortan nur um so mehr angelegen sein, „die besten Weine und kostbarsten Gerichte auf seinen Tisch zu bekommen" und mit den bekannten Dichtern Molza und Berni und anderen Freunden so heiter als möglich zu verzehren; und wenn er schon in dem Briefe an den Aretino eine ziemliche Nichtachtung des geistlichen Standes aussprach, so bekundete er eine ähnliche Unabhängigkeit der Gesinnung noch gegen das Ende seines Lebens durch die von Vasari erhaltene Testamentsbestimmung: „sein Körper solle ohne priesterliches Geleite und ohne Aufwand von Kerzen zu Grabe gebracht, das Geld aber, welches dies gekostet haben würde, zur Ehre Gottes an Arme vertheilt werden."

*

GIULIO PIPPI GENANNT GIULIO ROMANO.

Giulio Romano war durch die Vermittelung des Grafen Baldassare Castiglione, der seine Liebe für Raffael auch auf dessen Lieblingsschüler übertragen hatte, im Jahre 1524 in die Dienste des Herzogs von Mantua, Federigo Gonzaga, getreten. Der Brief, in welchem Federigo den Grafen unter dem 29. August 1521 um seine Vermittelung bei dem Künstler ersucht, ist von Gaye Cart. II. 155 bekannt gemacht; die Antwort Castigliones ebendaselbst p. 156. Vgl. auch J. P. Richter Giulio Romano in Dohmes Kunst und Künstler LXV.

Die Stellung, in welche nun GIULIO ROMANO zu Mantua eintrat, war eine ungemein ehrenvolle. Alle Unternehmungen, die von dem kunstliebenden Fürsten ausgingen, waren, insoweit sie Malerei und Architektur betrafen, seiner Leitung anvertraut. Man kann sagen, dass GIULIO ROMANO seinen Ruhm in der Malerei sowohl, als in der Baukunst hauptsächlich seiner Thätigkeit zu Mantua zu verdanken habe; in letzterer Beziehung war derselbe so gross geworden, dass man nach SAN GALLOS Tode in Rom daran denken konnte, ihn zum Ober-Baumeister von S. Peter zu machen. Die darüber schon angeknüpften Unterhandlungen wurden durch GIULIO ROMANOS Tod unterbrochen (s. oben S. 162). Ueberdies war die Stellung vortheilhaft durch grossen pekuniären Gewinn, glänzend durch ausgedehnten Einfluss und hohen Rang, ehrenvoll durch die Freundschaft des Fürsten. Von den Verhältnissen des letzteren zum Künstler geben die zahlreichen Briefe Kunde, die zwischen beiden gewechselt und von Gaye namentlich aus dem Zeitraum vom Jahre 1528—1538 veröffentlicht sind.

Sie sind hier (mit Ausnahme von Nr. 129) nicht aufgenommen worden, weil sie zum grössten Theile nur Spezialitäten der verschiedenen zu Mantua ausgeführten Bauten betreffen. Von allgemeinerem Interesse dagegen sind die Briefe Nr. 122—124, zu denen sogleich der Brief des Parmigianino (Nr. 125) hinzugenommen werden muss.

129.

GIULIO ROMANO AN FEDERIGO GONZAGA.

Ferrara, 2. Februar 1535.

Mein erlauchtester und vortrefflichster Herr und verehrungswürdiger Gönner! Der Auftrag, den mir Seine Excellenz der Herzog von Ferrara gegeben, ist ein wenig schwer gewesen. Seine Excellenz will nämlich den Palast, der jüngst abgebrannt ist, wiederherstellen, und es lässt sich nun deshalb das Neue mit dem Alten schwer in Uebereinstimmung bringen und das Innere mit der äusseren Façade so in Einklang setzen, dass sie einander gut entsprechen. Indessen hoffe ich zu Gott, nächsten Mittwoch mit den Zeichnungen fertig zu werden. Nun bleibt noch übrig, zu erwähnen, dass mich der Herzog nach einer Villa auf einer seiner Besitzungen schicken will, etwa zehn Meilen von hier entfernt und zwar bloss, damit ich mir die Lage ansehen soll. Sogleich bei meiner Rückkehr werde ich mich bei Seiner Herrlichkeit verabschieden und will im äussersten Fall, so es Gott gefällt! am Carneval-sonntag in Mantua sein. Ich werde auch die Pflanzen mitbringen, die mir Ew. Excellenz zu besorgen aufgetragen hat; und Bigo Taffone hat schon angefangen, sie auszugraben.

Was die Eier der indianischen Pfauen anbelangt, so meint Messer Quaglino, dass es jetzt keine gäbe, indem sie bis zum März nicht ihre Legezeit haben. Wenn die Legezeit ist, so wird er sich dem Auftrage, sie Ew. Excellenz zu schicken, unterziehen. — Indessen will ich mich doch nicht bloss auf ihn verlassen, und werde es, was sicherer ist, lieber dem Herrn Herzog selbst sagen. Ew. Excellenz aber empfehle ich mich mit Ergebenheit und küsse Ihnen die Hände.

Der obige Brief ist von Gaye Cart. II. 261 bekannt gemacht worden. Er bezeugt, dass die Aufträge, die Giulio Romano während seiner Thätigkeit in Mantua von dem Herzog von Ferrara zu Theil wurden, ausgedehnter waren, als man nach Vasari schliessen sollte. Denn während dieser nur von Hautelissetapeten spricht, für welche Giulio Romano dem Herzoge die Zeichnungen gefertigt hätte, so geht aus dem Briefe hervor, dass er auch in baulichen Dingen von demselben beschäftigt worden ist. Ausserdem ist der Brief ganz geeignet, uns den freundschaftlichen Verkehr zu bestätigen, der zwischen dem Künstler und Federigo Gonzaga stattfand, welcher letztere, wie Vasari sagt: „Giulio mehr geliebt hatte, als sich nur sagen lässt." Auch von den vorerwähnten Briefen geben mehrere andere Zeugniss von diesem innigen Verhältnisse, obschon bei der Hast und dem Ungestüm, mit dem die Arbeiten zu Mantua betrieben worden zu sein scheinen (vgl. u. a. den Brief Giulios vom 13. Juli 1535 bei Gaye II. 272), es auch an mancherlei augenblicklichen Misshelligkeiten nicht fehlen konnte. Da tritt denn allerdings der Herr und Gebieter mitunter etwas unverhüllter in Federigo hervor, als man sonst wohl erwarten sollte. So heisst es z. B. in einem Briefe desselben vom 10. November 1531 am Schluss: „Wenn wir bei unserer Rückkehr nicht alle Zimmer und Gemächer fertig und so weit vollendet finden, dass man darin wohnen kann, so werden wir uns so mit Euch stellen, dass es Euch höchlichst missfallen wird. Gebt uns also keine Ursache, Euch zu zürnen!" Gaye II. 212.

121.

GIULIO ROMANO AN PIETRO ARETINO.

Mantua, 27. April 1539.

Es thut mir leid, Ew. Herrlichkeit nicht früher und besser bedient zu haben wobei ich mich mit der Schwäche meiner Augen entschuldigen muss, die mir kaum am Ostersonntag erlaubt hat, zur Kommunion zu gehen, und ausserdem haben mir der Herr Herzog und die erlauchte Herzogin bei ihrer Abreise eine solche Last hinterlassen und auferlegt, dass ich mir kaum die kleine Stunde abstehlen konnte, um diese schlecht komponirte Zeichnung zu machen.

Darüber wird sich Ew. Herrlichkeit nicht wundern, indem niemals Jemand etwas von mir in Federzeichnung gesehen hat. Und da ich dieselbe längere Zeit hindurch nicht geübt habe, so weiss ich die Feder nur schlecht zu führen.

So aber, wie ich damit umzugehen weiss und vermag, steht dieselbe immer zu Euren Diensten, und wenn die Zeichnung zu Eurer Zufriedenheit wäre, so würde ich sagen, dass Ew. Herrlichkeit, so lange ich lebe, damit versehen sein sollte, indem ich mich Euch mit allen meinen Kräften ehrlich und aufrichtig und nicht bloss zum Schein zu Gebote stelle. Auch stehe ich Euch nicht zu Diensten, um gelobt zu werden, sondern weil es mir als die Pflicht des Freundes erscheint. Und indem ich Euch bitte, mir zu verzeihen, wenn ich nachlässig und saumselig bin, küsse ich Euch die Hand.

Bottari Racc. V. 225. — Ein sehr freundschaftlicher und von Lobeserhebungen erfüllter Brief des Pietro Aretino an GIULIO ROMANO befindet sich ebenfalls bei Bott. Racc. III. 105. Derselbe ist zwar ohne Datum, offenbar aber zu der Zeit von GIULIOS Thätigkeit zu Mantua geschrieben, indem es von dieser Stadt darin heisst, dass sie GIULIO durch den Hauch „seiner antik-modernen und modern-antiken Ideen" verschönert und verherrlicht habe. Ferner heisst es in dem Briefe: „Ihr seid angenehm, ernst und anmuthig im Umgange, gross aber und über alle Maassen bewundernswerth in Eurer Kunst." Wie mit dem Künstler, so stand Pietro Aretino auch in freundschaftlichem Verkehr mit dessen Herrn und Gönner Federigo, für den er bei Aufträgen an Künstler öfter den Vermittler gemacht zu haben scheint. Vgl. Bott. Racc. V. 216 und 217.

122.

GIULIO ROMANO AN DIE BAUVORSTEHER DER STECCATA ZU PARMA.

Mantua, 15. März 1540.

Ich habe einen Brief von Eww. Herrlichkeiten erhalten, den mir Messer Jo. Francesco Testa überbracht hat und in welchem Ihr mich auffordert, eine Zeichnung nebst einigen für die Steccata bestimmten Kartons, nämlich von der Krönung der Madonna, zu machen und darüber einen Vertrag mit Euch abzuschliessen.

Dem bewussten Messer J. Francesco soll ich, wie Eww. Herrlichkeiten in dem von Allen unterschriebenen Briefe erklären, Treu und Glauben schenken, wie den Personen Eww. Herrlichkeiten selbst, und so habe ich auch freimüthig gethan, so dass es mich in meinem Herzen jetzt gereut, dass ich besagte Arbeit für 100 Goldskudi in Gold herzustellen versprochen habe, denn ich habe mich dabei arg getäuscht, indem ich glaubte, dass besagtes Werk nicht so gross und schwer wäre. Und um nun nicht wie ein Kind zu handeln, so wollte ich dem nicht untreu werden, was ich schon einen Monat vorher, ehe der Kontrakt abgeschlossen wurde, versprochen hatte, und so bitte ich denn, Nachsicht mit mir zu haben; denn ich schwöre Euch zu, dass ich es nicht machen würde, wenn ich es nicht eben für jenen Preis übernommen hätte. Indess verlasse ich mich auf die Güte und Billigkeit Eww. Herrlichkeiten und werde mich mit dieser Hoffnung an die Ausführung begeben, um denselben auch noch öfter dienen zu können. Und so empfehle ich mich Eww. Herrlichkeiten so viel ich vermag, damit Sie die Hand ein wenig weiter aufthun, denn für eine solche Körperschaft wird dies ein Geringes, mir aber wird es von grossem Nutzen sein.

Und so empfehle ich mich Ihnen von ganzem Herzen und küsse Ihnen die Hand.

Der oben erwähnte Kontrakt ist vom 16. März und enthält in Bezug auf die damals übliche Genauigkeit der Aufträge wichtige Bestimmungen. Giulio Romano verpflichtet sich darin, eine Zeichnung zu machen mit Aquarellfarben kolorirt, auf Papier. Es soll die Krönung der Jungfrau Maria darauf dargestellt werden, reich mit Engeln und anderen Heiligen geziert, damit dasselbe recht voll von Figuren werde und das Lob erfahrener Personen verdiene.

Auch verpflichtet er sich, zu der Zeichnung einen Karton zu machen, so gross wie er sein muss, um von einem anderen Maler ausgeführt werden zu können. Auf diesem Karton brauchen bloss drei Hauptfiguren von Giulio Romano vollendet zu sein: Jesus Christus, die heilige Jungfrau und Gott Vater. Bis Ende Dezember 1540 soll alles fertig sein; 25 Skudi hat er auf die ausgemachten 100 als Abschlag erhalten.

123.
GIULIO ROMANO AN DIE BAUVORSTEHER DER STECCATA ZU PARMA.

Mantua, 11. Mai 1540.

Es ist wahr, dass ich schon vor einigen Tagen einen Brief von Eww. Herrlichkeiten erhalten habe, voll von jeder Höflichkeit, und darauf habe ich auch geantwortet. Und nun senden Sie mir einen zweiten Brief von fast demselben Inhalt und auch auf diesen will ich gleicherweise antworten.

Ich bitte dieselben, mir Rath zu geben, was ich in Angelegenheit der besagten Arbeit zu thun habe, zu welcher ich die Zeichnung zu liefern verpflichtet bin. Es ist nämlich üblich unter uns Malern, nicht in die Arbeiten eines anderen einzutreten, ehe man sich nicht mit dem, der dieselbe begonnen hat, und derselbe zufriedengestellt ist. Dies — sagt man mir nun — habe in gegenwärtigem Falle nicht stattgefunden: im Gegentheil habe ich gehört, dass Messer Francesco Mazzola besagte Arbeit vollenden wolle, dass Eww. Herrlichkeiten aber nicht wünschten, dass er dieselbe fertig mache, weil er Sie zu lange hinhielte.

Deshalb hat mir nun besagter Messer Francesco express einen unbärtigen und sehr anspruchsvollen jungen Mann zugeschickt, mit einer langen Rederei, und derselbe sprach in Hieroglyphen und war voll von Ergebenheit und Hingebung gegen besagten M. Francesco und wusste besser als ein Advokat seine Sache zu vertheidigen und die von Eww. Herrlichkeiten so zu verwirren, dass, nach dem was ich davon verstehen konnte, es mir schien, als ob daraus grosses Aergerniss hervorgehen könnte.

Dies aber verabscheue ich ungemein, um so mehr, da in dem dürftigen Gewinn von dieser Arbeit mein Reichthum nicht bestehen kann. In der Meinung nun also, dass Eww. Herrlichkeiten von Weisheit und Billigkeit erfüllt sind, bitte ich dieselben, sich an meine Stelle zu versetzen; denn es liegt in meiner Natur, dass ich in Frieden zu leben wünsche, so dass es mir räthlich erscheint, entweder Eww. Herrlichkeiten die 25 Skudi zurück zu erstatten oder es zu veranlassen, dass der besagte Messer Francesco mir einen Brief schreibe und seine Uebereinstimmung damit erkläre, dass ich mich jenem Unternehmen unterziehe.

Und um Eww. Herrlichkeiten die Wahrheit dessen, was ich gesagt, zu bestätigen, sende ich hierbeigeschlossen einen Brief von seiner Hand, woraus dieselben ersehen können, wie sehr er sich beklagt, und sich beeinträchtigt und beleidigt wähnt.

Und damit ich nicht als ein Mann von Unbeständigkeit und Narrenspossen erscheine, mögen Eww. Herrlichkeiten so gut sein, mich in irgend einer anderen Sache zu beschäftigen, und Sie werden meine Beständigkeit erproben: und so erbiete ich denselben, sowohl jedem Einzelnen insbesondere, als auch Allen insgesammt meine Dienste und empfehle mich, indem ich Ihnen die Hand küsse, Ihrer Wohlgeneigtheit.

124.

GIULIO ROMANO AN DIE BAUVORSTEHER DER STECCATA.

Mantua, 26. Mai 1540.

nvörderst sage ich Allen meinen Dank und Gruss, indem ich erkläre, dass ich in Rücksicht auf den geringen Gewinn und auf die grosse Mühe, die ich von der Arbeit für die Steccata erwarte, mich nur sehr ungern dazu entschliesse, dieselbe zu machen. Wenn ich dann aber meine Gedanken darauf richte, welchen edlen Männern ich einen Gefallen dadurch erweise, so bin ich bereit, Ihnen von ganzem Herzen zu dienen, und möge daraus folgen, was da wolle.

Dabei bitte ich Sie, mich in Ihren Schutz zu nehmen und immer die Verpflichtung und die Dienstbarkeit in Betracht zu ziehen, in denen ich schon so viele Jahre hindurch zu meinem Herrn Herzoge stehe, es auch immer daraus erklären zu wollen, dass die Zeit der Ausführung vielleicht länger oder kürzer sein wird, je nachdem der vorbesagte Herr Herzog mir die Musse dazu gestatten wird. Und nun nichts weiter; ich überlasse das Ganze der Billigkeit der vorbenannten edlen Herren, deren Wohlgeneigtheit ich mich anheimgebe und empfehle, und denen ich die Hände küsse.

Folgendes mag zur Erläuterung der obigen drei von Gualandi Nuova Racc. II. 3, 10 und 13 bekannt gemachten Briefe dienen. Durch ein Testament waren der zu der Kirche S. Maria della Steccata gehörigen frommen Brüderschaft „zur heiligen Jungfrau" in Parma 1000 Goldskudi zu Malereien vermacht worden. Dafür sollte in der Nische der Kirche eine Krönung der heiligen Jungfrau ausgeführt werden, und die Arbeit wurde unter dem 10. Mai 1531 an FRANCESCO MAZZOLA, genannt il PARMIGIANINO, für 400 Skudi d'oro dal Sole übertragen. Der Künstler verpflichtete sich, die Arbeit in 18 Monaten zu vollenden. Er erhielt 200 Skudi auf Abschlag, ohne indess wegen Annahme anderer Arbeiten die Nische zu Ende zu bringen. Vom 9. Juni 1534 bis zum 13. Februar 1535 hat er von der Brüderschaft 1700 Blatt Gold erhalten zur Vergoldung des Karnieses und Architravs der Kapelle. Nun wurde ihm ein letzter Termin auf zwei Jahre gestellt (27. September 1537). Acht Monate lang arbeitete er gar nicht daran, so dass ihm am 3. Juni 1536 durch den Podestà die Beschleunigung anbefohlen werden musste, unter Androhung des Ersatzes jener 200 Skudi, oder mehr, die er erhalten. Vom Juni 1538 bis 12. April 1539 hat er wieder mehr als 6000 Blatt Gold zu demselben Zwecke erhalten. Nun blieb noch die Hauptsache, die Halbkuppel der Nische zu malen, übrig, in welcher er indess Mitte 1538 doch schon die vortreffliche Figur des Moses und einige andere gemacht hatte. Da nun aber Grund zu vermuthen war, dass er sich dieser Arbeit ganz entziehen wolle, liess ihn die Brüderschaft ins Gefängniss setzen, und nur gegen das Versprechen, sogleich seinen Verpflichtungen nachzukommen, liess man ihn wieder frei. Er floh darauf, ohne zu arbeiten, nach Casalmaggiore. Nun beschloss die Brüderschaft unter dem 19. Dezember 1539, dass er nichts mehr mit dem Werke zu thun haben, dasselbe vielmehr einem anderen Maler übergeben werden sollte. Um einen solchen Maler ausfindig zu machen, wurden den 22. Dezember der Priore della Compagnia Cesare Bergonzi, Ottavio Garimbetti und Lodovico Quinzani deputirt. Ihre Wahl fiel auf GIULIO ROMANO, der damals in Mantua war, und sie entsendeten an ihn den Architekten FRANCESCO TESTA. Mit diesem schloss nun Pippi den oben erwähnten Vertrag (S. 236). PARMIGIANINO hörte davon und schrieb darauf unter dem 4. April 1540 einen Brief an GIULIO ROMANO, welcher nachfolgend unter Nr. 125 mitgetheilt ist. Der weitere Verlauf geht aus den Briefen selbst hervor.

GIULIO ROMANO begann und beendete das Aquarellbild, als Federigo Gonzaga am 28. Juni 1544 starb. Dies verhinderte den Künstler, an die Ausführung des Kartons zu gehen. Er hatte die Leichenfeierlichkeiten einzurichten, und wegen dieser angestrengten Beschäftigung, sowie auch wegen der Betrübniss über den Verlust seines Herrn, fiel er in eine Krankheit, so dass er den Karton nicht mit eigener Hand vollenden konnte.

Die Beendigung desselben wurde somit an den Maler MICHELANGELO ANSELMI übertragen, dem die „Ufiziali della Steccata" schon die Ausführung von GIULIO ROMANOS Bildern in Fresko verdungen hatten. (S. Mai 1541.) ANSELMI entledigte sich seines Auftrages nach Kräften; doch musste er nach 7 Jahren auf Antrag der neuen Vorsteher einige Figuren ändern, (25. Februar 1547) und in dieser neuen Gestalt haben sich denn jene Malereien bis auf den heutigen Tag erhalten. Amadio Rochini bei Gualandi II. 14—22.

125.

FRANCESCO MAZZOLA GENANNT IL PARMIGIANINO AN GIULIO ROMANO.

Casalmaggiore, 4. April 1540.

Da in den vergangenen Tagen ein mehr als unbedeutender Zwist zwischen einer gewissen Gesellschaft und mir in Betreff einer meiner Arbeiten in der Steccata zu Parma entstanden ist, schien es mir am gerathensten, mich auf gute Weise aus dem Bereiche ihrer Gewalt wegzubegeben. d. h. aber nicht von dem Werke selbst, welches ich hier in Casalmaggiore eben so gut machen und zu Ende bringen kann, als wenn ich in Parma wäre.

Auch bleibt nichts anderes mehr zu thun übrig, als eine gewisse Nische, und von mir wird nichts dabei unterlassen werden, wenn ich nur weiss, dass mir meine Belohnung zu Theil wird. Der Grund nun, weshalb ich an Ew. Herrlichkeit schreibe, ist der, dass man hier in Parma davon spricht, ein Theil der Mitglieder jener Gesellschaft habe mit Ew. Herrlichkeit akkordirt, und Ew. Herrlichkeit mache ihnen die Zeichnungen, welche jene dann von irgend einem beliebigen Maler ausführen lassen würden. Dies aber würde mir zu einem Schaden von 300 Skudi gereichen. Ew. Herrlichkeit möge also die Güte haben, mir in Betreff dieser Angelegenheit Auskunft zu geben, wobei ich nichts weiter zu sagen weiss, als dass ich glaube, Ew. Herrlichkeit habe mich so lieb, wie ich sie. Auch kann sich Ew. Herrlichkeit nähere Auskunft von dem Ueberbringer dieses, meinem sehr nahen Freunde, geben lassen.

Gualandi Nuova Racc. II. S. — Ueber den Inhalt des Briefes vgl. die Erläuterungen zu Brief 124. Vasari, der dem grossen Talente PARMIGIANINOS volle Gerechtigkeit widerfahren lässt, bedauert nur und zwar mit Recht die Unstetigkeit des Künstlers, die ihn an grossen und seinem Talente wirklich entsprechenden Leistungen verhinderte. Als besonderen Grund der Vernachlässigung jener Arbeiten in der Steccata giebt Vasari, namentlich in der zweiten Ausgabe, nachdem er von FRANCESCOS Vetter, Girolamo Mazzola, nähere Nachrichten über dessen Leben eingezogen hatte, seinen Hang zu alchymistischen Untersuchungen an. „Der Grund seines Zögerns war," sagt er, „dass er sich der Alchymie zugewendet hatte und die Malerei ganz vernachlässigte, in der Meinung, er könne schnell reich werden, wenn er Quecksilber gerinnen mache. Nicht wie sonst sann er schönen Erfindungen nach, dachte nicht mehr die Pinsel zu brauchen und Farben zu mischen, sondern verlor den ganzen Tag damit, Kohlen, Holz und Destillirgläser zu handhaben und andere Lappalien zu treiben, wodurch er an einem Tage mehr ausgab, als er im Laufe einer ganzen Woche in der Kapelle der Steccata verdiente." Vgl. auch Ireneo Affo Vita del graziosissimo pittore Francesco Mazzola detto il Parmigianino. Parma 1784.

BENVENUTO CELLINI.

Von Benvenuto Cellini sind bei weitem mehr Briefe erhalten, als wir im Nachfolgenden mittheilen. Tassi in seiner vortrefflichen Ausgabe von Cellinis Selbstbiographie hat deren mehr als zwanzig zusammen gestellt, die zum Theil schon von Bottari publizirt waren, zum Theil erst von ihm selbst in den Archiven aufgefunden sind[1]. Die grössere Anzahl dieser letzteren bezieht sich auf rein geschäftliche Angelegenheiten, wogegen wir geglaubt haben, hier nur diejenigen mittheilen zu dürfen, die ein allgemeineres kunst- und sittengeschichtliches Interesse an sich tragen. Vgl. Brinkmann Benvenuto Cellini, Leipzig 1867.

126.

BENVENUTO CELLINI AN BENEDETTO VARCHI.

Rom, 9. September 1536.

Aus Eurem sehr lieben Schreiben ersehe ich, wie es Euch Vergnügen machen würde, wenn wir uns in Venedig träfen, in Rücksicht darauf, dass man sich dort etwas wohler befindet. Ich erwidere Euch darauf, dass das, was Euch gefällt, auch mir nicht minder Wohlgefallen bereitet, denn Euch; und zu der verabredeten Zeit werde ich nach Venedig kommen und wohin es Euch sonst gefallen wird. Sehr leid aber thut es mir, dass unser lieber Luca [Martini], wie er mir schreibt, nicht mitkommen kann. Er muss jetzt wegen seiner Angelegenheiten zu Hause bleiben. Bitte, seht doch zu, ob er ohne Unbequemlichkeit Ende dieses Monats kommen könnte, indem es auch mir sehr bequem sein würde, bis dahin hier zu bleiben; denn dann geht Albertaccio del Bene, mein sehr theurer Freund, auf die Universität nach Padua, so dass wir Ende dieses Monats uns zu Pferde setzen werden, und dann wollen wir von Koreto aus zusammen gehen, und wenn wir ihn da nicht finden, so wollen wir es zurücklassen, damit er bei seiner Rückkehr die Botschaft bekommt.

Mein theurer Messer Benedetto! Ihr schreibt mir, dass unser Messer Pietro Bembo sich den Bart wachsen lässt; das gefällt mir wahrlich sehr wohl, denn es lässt sich so etwas viel Schöneres machen. Da er nun aber, um Euch die Sache zu sagen, wie sie ist, diese Idee einmal hat, sich den Bart wachsen zu lassen, so bemerke ich Euch, dass dieser in zwei Monaten noch nicht so gross sein wird, um gut zu stehen: denn er wird nicht länger, als zwei Zoll, und unvollständig sein, so dass, wenn wir seinen Kopf auf eine Medaille setzen, diese

---

[1] Vgl. ausser den Briefen bei Tassi den Brief an Cosimo vom 13. September 1557 bei Gaye Cart. II, 421, so wie die beiden interessanten Briefe an den Herzog vom 13. Oktober und an Caccini vom 27. November 1565 bei Gualandi Nuova Racc. I, 69 ff.

dann, wenn der Bart später seine Schuldigkeit gethan hat, nicht mehr ähnlich sein wird. Und wenn er sich wieder rasirt, wird die Medaille auch mit dem kurzen Bart nicht ähnlich sein.

Nun würde es mir also gut scheinen, dass wir, wenn wir etwas Schönes machen wollten, den Bart ganz nach seiner Schuldigkeit wachsen zu lassen, was bis zur Fastenzeit geschehen sein wird, wo wir dann etwas besseres werden herstellen können. Glaubt aber nicht, dass ich dies bloss um deswillen sage, um die Sache aufzuschieben, denn ich schwöre Euch, dass ich zu jeder Zeit bei der geringsten Zeile von Euch mich so gern, wie nur irgend möglich, aufs Pferd setzen würde; darauf gebe ich Euch mein Wort. Scheint es Euch also, dass die Sache so sich gut verhalte, und dass es räthlich sei, an Se. Herrlichkeit zu schreiben, oder dass ich in meiner schlechten Weise Sr. Herrlichkeit ein Paar Zeilen über meine Ansicht schriebe, so gebt mir Nachricht und ich werde mich darnach richten. Und über mein Kommen habt nur gar keine Sorge, indem ich in allen Dingen Eurer Befehle gewärtig bin.

Mein alter trefflicher Piloto muss gegenwärtig schon todt sein, nach dem, was mir mein Luca schreibt. Wahrlich, geärgert hat er mich genug, doch Geduld, — ich will nicht mehr sagen. Ich stehe zu Euren Befehlen. Bleibt gesund und Gott erhalte Euch!

Der von Bottari Racc. I. 14 bekannt gemachte Brief (vgl. auch Tassi Vita di B. Cellini III. 314) ist an Benedetto Varchi, den Freund und Gönner so vieler Künstler, gerichtet, über den wir schon oben S. 153 Näheres beigebracht haben. Ebenso kennen wir den im Brief erwähnten Luca Martini; denn dieser, in einer ähnlichen Stellung als Varchi lebend, ist offenbar unter dem Luca von Cellini gemeint. (Tassi II. 417). Albertaccio del Bene ist ein Freund Cellinis, derselbe, der ihm noch vor wenigen Jahren nach seinem Mordanfall auf den Pompeo in seinem Hause zu Rom so freundliche Aufnahme gewährt hatte, wie dies Cellini in seinem Leben erzählt. Bei derselben Gelegenheit wird auch Pilotto erwähnt, ein alter Goldschmied, den auch Vasari mehrmals anführt, und den Cellini selbst „seinen grossen Freund" nennt. Ueber Pietro Bembo vgl. Brief 135. Was übrigens den speziellen Inhalt unseres Briefes betrifft, so hat Bembo den ihm von Cellini gegebenen Rath wegen des Bartes befolgt, wie aus seinen Portraits hervorgeht. Ob Cellini die Medaille fertig gemacht, ist nicht bekannt. Auf sie beziehen sich auch die Briefe B. Varchis und Ugolino Martellis an Pietro Bembo aus dem Jahre 1536 bei Bottari Racc. V. 198 und 200, so wie der Bembos an Varchi vom 15. Juli 1535 ebd. III. 258. Seine Absicht, ihn in Padua zu besuchen, hatte Cellini dem Pietro Bembo schon früher ausgesprochen, wie aus einem Briefe dieses letzteren an unseren Künstler, datirt von Padua 17. Juli 1535, hervorgeht (Bott. III. 260), in welchem er ihm für die Bereitwilligkeit, wegen der Medaille die weite Reise zu unternehmen, seinen Dank ausspricht, ihm aber unter warmen Freundschaftsversicherungen davon abzureden sucht, indem er selbst vielleicht bald einmal nach Florenz käme, wo sich der unstete Cellini damals aufhielt. — Vgl. auch den Brief Pietro Aretinos an den Bildhauer Leoni vom 25. Mai 1537 (Bott. III. 85), aus welchem hervorgeht, dass Cellini von dem Kardinal für „den Entwurf seines Portraits" sehr reichlich belohnt worden ist.

127.

BENVENUTO CELLINI AN BENEDETTO VARCHI.

Florenz, 28. Juni 1546.

Viel besser würde ich mich über das Wesen dieser so mächtigen Kunst mündlich aussprechen können, als darüber schreiben; denn ich diktire schlecht und schreibe noch schlechter. Aber trotz alle dem, da habt Ihr mich, wie ich bin! Ich behaupte, dass unter allen zeichnenden Künsten die Bildhauerkunst die siebenmal grössere sei; denn die der Skulptur angehörende Statue muss acht Ansichten haben und alle müssen gleich gut sein. Daher kommt es, dass der Bildhauer, der dieser Kunst weniger zugethan ist, sich mit einer schönen Ansicht begnügt, höchstens mit zweien; und um nicht die Mühe zu haben, von dieser schönen Parthie etwas abfeilen zu müssen, und sie mit jenen sechs, die nicht so schön sind, in Uebereinstimmung zu bringen, wird seine Statue arg vernachlässigt, und von zehn wird nicht Einer dieselbe loben, wenn er sie nicht bloss von der Seite, von der sie sich zuerst zeigt, sondern rings umher von allen Seiten betrachtet [1]. Das aber war es, worin sich die Vortrefflichkeit Michelangelos zeigte, indem er den Werth dieser Kunst erkannt und die Grösse derselben in höherem Maasse bekundet hat.

Nun sieht man aber heut zu Tage, dass Michelangelo der grösste Maler ist, der je zu unserer Kenntniss gelangt ist, sowohl von den Alten als von den Neuen; und zwar einzig und allein, weil er alles, was er an Malereien macht, aus den durchdachtesten Skulptur-Modellen herleitet. Und ich weiss keinen, der sich einer solchen Wahrheit der Kunst mehr näherte, als der treffliche Bronzino [2]. Die anderen sehe ich in ein Farbenmeer untertauchen und in eine bunte Zusammenstellung verschiedener Farben, womit man Bauern täuscht. Um nun aber zu der grossen Kunst der Skulptur zurückzukehren, so zeigt ja die Erfahrung, dass wenn Ihr bloss eine Säule oder ein Gefäss machen wollt, was doch sehr einfache Sachen sind, und Ihr zeichnet sie noch so schön mit allen Maassen und aller Grazie, die man in der Zeichnung zeigen kann, und wollt nachher mit denselben Maassen die Säule oder das Gefäss nach der Zeichnung machen, ein Werk daraus wird, das weit von der Anmuth der Zeichnung entfernt ist, ja sogar falsch und unverständlich erscheint. Macht ihr aber besagtes Gefäss oder die Säule erhaben und übertragt sie dann daraus mit oder ohne Maasse in die Zeichnung, so wird es ein ungemein anmuthiges Ding werden. Und um davon ein grosses Beispiel zu zeigen, will ich den grossen Michelangelo auswählen (denn wir haben in dieser Kunst nie einen grösseren Meister gehabt),

---

[1] Nach Tassi: wenn man die Statue wendet, wird sie noch zehnmal mehr, als sie beim ersten Anblick verdiente getadelt werden, III, 347.

[2] Agnolo di Cosimo Allori, gen. Bronzino. Vgl. Brief 134. Seine Freundschaft mit *Cellini* bekunden zwei an diesen gerichtete Sonette sowie ein anderes, das *Cellini* an jenen gerichtet hat. Tassi III, 485 ff.

der, als er seinen Steinmetzen gewisse Fenster zeigen wollte, sie ihnen vorher klein in Erde machte, ehe er zu andern Maassen mit der Zeichnung überging. Ich will gar nicht einmal von Säulen oder Bogen oder so viel andern schönen Dingen sprechen, die von seiner Hand gesehen werden und die alle zuerst auf diese Weise gemacht sind.

Die Andern, die da von der Architektur Profession machen oder gemacht haben, führen ihre Werke nach kleinen Zeichnungen auf Papier aus und danach machen sie ihr Modell, und deshalb genügen sie um so viel weniger als dieser Angiolo![1] Und ich behaupte noch überdies, dass diese wunderbare Kunst des Bildhauers nicht geübt werden kann, ohne dass derselbe Kenntniss von allen edlen Künsten habe. Denn wenn er einen Krieger mit den Eigenschaften und den Tüchtigkeiten darstellen will, die diesem eigen sind, so ist es nöthig, dass besagter Meister ganz tüchtig in der Kenntniss der Waffen sei, und wenn er einen Redner bilden will, so muss er selbst beredt und in der Kenntniss der Wissenschaften bewandert sein; wenn er aber einen Musiker machen will, so muss er verschiedene musikalische Kenntnisse haben, um seiner Statue ein musikalisches Instrument richtig in die Hand zu geben und dass er auch nothwendig ein Dichter sein müsse, darüber, glaube ich, wird Euch der treffliche Bronzino ausführlich geschrieben haben.

Man könnte noch tausend Dinge über diese edle Kunst der Skulptur sagen, aber es genügt mir, einem so grossen Kenner, wie Ihr seid, einen kleinen Theil davon angedeutet zu haben, so viel, als mein geringes Talent es vermag. Ich bin davon überzeugt und sage wie vorher, dass die Skulptur die Mutter derjenigen Künste sei, die von der Zeichnung abhängen, und wer ein tüchtiger und geschmackvoller Bildhauer ist, dem wird es sehr leicht werden, guter Perspektivist und Architekt zu sein und ein noch besserer Maler; und Alles dies in höherem Grade, als die, welche die Skulptur nicht inne haben.

Die Malerei ist nicht anders als die Spiegelung eines Baumes oder Menschen oder irgend eines anderen Dinges in dem Wasser eines Brunnens. Der Unterschied zwischen der Skulptur und der Malerei ist so gross, wie der zwischen dem Schatten einer Sache und der Sache selbst. So wie ich Euren Brief bekam, machte ich mich mit der reinen Gluth, mit der ich Euch liebe, daran, diese wenigen und fehlerhaften Zeilen zu schreiben, und in demselben Sturme mache ich ein Ende und empfehle mich Euch.

Eure Grüsse werde ich bestellen. Bleibt gesund und wollet mir wohl, während ich immer Eurer Befehle gewärtig bleibe.

Bottari (Racc. I. 17), Tassi III. 316. — Vgl. oben S. 153. Cellini spricht sich in ähnlicher Weise über das Verhältniss der Skulptur zur Malerei aus in seinem „Trattato della scultura" und in einem „Discorso" bei Tassi III. 382.

[1] Oder nach dem Doppelsinn des Wortes Angiolo: „als dieser Engel."

BENVENUTO CELLINI AN COSIMO I.

Erlauchtester und vortrefflichster Herr Herzog! Mein stets hochzuverehrender Gönner! Da ich, mein glorreichster Gönner! Ew. erlauchte Excellenz in vielen Bittschriften ersucht habe, mich mit einigem Gehalt zur Fristung meines armen Lebens zu unterstützen, und da ich derselben meine grossen Unglücksfälle aufgeführt habe, so will ich dieselben hier nicht wiederholen, indem ich sehr wohl weiss, dass es einem so tugendhaften und feinfühlenden Herrn nicht verborgen bleibt, sowohl welchen Werth meine ehrenvollen und mit Liebe durchgeführten Bemühungen haben, als auch wie viel ich leide. Nun ersuche ich Ew. Excellenz, es möge derselben gefallen, mich mit dreissig, fünfunddreissig oder vierzig Skudi monatlich zu unterstützen, auf Abrechnung meines Gehaltes oder der Gelder, die ich aus meiner Tasche bezahlt habe, und für welche mich Ew. Excellenz auf die Bücher des Michele Ruberti angewiesen hatte; denn es ist nun bald ein Jahr, dass ich weder mein Gehalt noch von einer andern Seite irgend eine Unterstützung bekommen habe; und dabei muss Ew. Excellenz wissen, dass ich sehr verschuldet bin. Ich ersuche Ew. Excellenz daher, mich auf die besagte Weise mit vierzig Skudi monatlich oder je nach deren Belieben mit einer grösseren oder geringeren Summe unterstützen zu wollen und mir deren Gnade zu bewahren. Gott erhalte Euch lange im Glücke!

Die obige von Tassi III. 56 bekannt gemachte Supplik Benvenutos ist vom Herzog genehmigt und das erbetene Gehalt von 10 Skudi, zu sieben Liren gerechnet, noch an demselben Tage für den laufenden Monat ausgezahlt worden. Tassi a. a. O. p. 57.

129

BENVENUTO CELLINI AN [COSIMO I.]

Da mein erlauchtester und vortrefflichster Herr und Gönner mir befiehlt, dass ich fordern soll und den Preis meines Perseus bestimmen, den ich seit dem Monat April 1554 in der Loggia des Platzes Sr. Excellenz aufgedeckt und gänzlich beendet habe, und zwar Gott sei gelobt! mit so vollständiger Befriedigung des Publikums, wie man niemals von irgend einem Werke, von welchem Meister es auch sei, bis auf den heutigen Tag, weder von nah noch von fern erfahren hat, so bitte ich Ew. Excellenz ganz ergebenst, mir für meine Mühe von neun Jahren alles das zu gewähren, was Eurem heiligsten und wohlberathenen Urtheil als richtig erscheint und gefällig ist —; und was es auch sei, wenn es mit Eurer vollen Gunst geschieht, so werde ich mit grösserer Genugthuung damit zufrieden sein, als wenn ich fordern sollte, wenngleich ich nicht viel mehr, als ich fordern würde, erhalten sollte.

Nun aber, um nicht mehr Zeit daran zu setzen, da schon zu viel darüber vergangen ist, und da ich Euch zu gehorsamen gezwungen bin, so meine ich, dass, wenn ich ein solches Werk für irgend einen andern Fürsten zu machen hätte, ich es nicht für den Werth von 15000 Golddukaten machen würde . . . . [1]). Indess als ein ergebener und liebevoller Vasall und Diener Ew. Excellenz will ich mich zufrieden stellen, wenn es Euch gefällt, mir 5000 Dukaten in baarem Golde und 5000 Dukaten in Immobilien zu geben, da ich entschlossen bin, diesen Rest meines Lebens im Dienste Ew. Excellenz zu verleben und darin zu sterben. Und wenn ich Euch ein so vortreffliches und schönes Werk gemacht habe, so hoffe ich, das andere ganz bewundernswerth zu machen und die Alten sowie die Neueren hinter mir zu lassen nach dem Urtheile der Welt, von welchem allen Ew. erlauchte Herrlichkeit unsterblichen und glorreichen Ruhm gewinnen wird. Nur beschwöre ich Euch bei der Macht und der Gewalt Gottes, dass Ihr mich auf das baldigste befriedigt, indem ich, so gehalten, umkomme; auch möget Ihr Euch erinnern, wie ich Euch immer gebeten habe, mir den Rest meiner armen Unterstützung zu gewähren, der mir aus der Zeit des glücklicheren Zustandes, in welchem ich mich einst befinden, geblieben ist, indem ich dann mit Zufriedenheit Euer Schicksal theilen will, welches so glücklich als möglich sein möge!

Möge Ew. Excellenz beachten, wie grosse Reichthümer ich bei der nahen Verbindung, die ich mit jenen Barbaren [2]) hatte, hätte zusammenbringen können, und trotzdem begnüge ich mich weit lieber mit einem Skudo von Ew. Excellenz als mit hundert von irgend einem andern Fürsten, indem ich stets Gott bitte, Euch im vollen Glücke zu erhalten.

Der obige bei Bottari I. 107 ohne Adresse abgedruckte Brief ist höchst wahrscheinlich an den Herzog Cosimo gerichtet [3]), von dem Cellini die Bezahlung seines Perseus erbittet, welcher noch jetzt unter der Loggia de Lanzi in Florenz aufgestellt ist. Ueber die Rechnungen und andere auf den Guss und die Bezahlung des Perseus bezügliche Dokumente vgl. Tassi III. 20—26, 18—53 und 75.

[1]) E quasi si voglia altro uomo non lo superbbe guardare, non che fare.

[2]) D. h. die Franzosen, indem Cellini hier in einer sehr wenig verbindlichen Weise auf seinen Aufenthalt in Frankreich anspielt.

[3]) Nach Carpani bei Tassi III. 327 ist er an den Geheimschreiber des Herzogs Jacopo Guidi gerichtet.

BENVENUTO CELLINI AN BENEDETTO VARCHI.

Florenz, 22 Mai 1556.

Ich freue mich, dass Ew. Herrlichkeit mir sagt, dass das einfache Buch
über mein Leben Euch in dieser natürlichen Weise mehr gefällt, als
wenn es von einem Andern gefeilt und überarbeitet wäre, wobei denn
die Wahrheit nicht in dem Maasse hervortreten würde, wie in dem, was ich
geschrieben habe. Denn ich habe mich wohl gehütet, irgend etwas zu sagen,
wobei ich in meiner Erinnerung nur blind umhergetappt hätte; weil mehr habe
ich die reine Wahrheit gesagt, einen grossen Theil wunderbarer Ereignisse bei
Seite lassend, von denen Andere, die Aehnliches vorhaben, grosses Aufheben
gemacht haben würden. Aber da ich so viel grosse Dinge zu sagen hatte und
nicht ein starkes Buch machen wollte, so habe ich einen grossen Theil der
unbedeutenderen Ereignisse ausgelassen.

Ich schicke meinen Diener, damit Ihr ihm meinen Mantelsack und das
Buch gebet, denn ich glaube nicht, dass Ihr es ganz zu Ende gelesen habt,
sowohl um Euch nicht mit so niedrigen Dingen zu behelligen, als auch weil
ich das, was ich von Euch wünschte, erhalten habe, und ich bin damit ungemein
zufriedengestellt und danke Euch dafür von ganzem Herzen.

Nun bitte ich Euch, es nicht weiter zu lesen und mir wieder zu schicken,
das Sonett von mir aber zu behalten, denn ich wünsche recht sehr, dass dies
Eure Verbesserung und Eure bewunderungswürdige Feile erfahre; und bald
werde ich selbst kommen, um Euch zu besuchen und Euch mit Freuden in
allen Stücken, die ich weiss und kann, zu dienen. Ich bitte Euch, bleibt
gesund und erhaltet mich in Eurem freundlichen Wohlwollen.

N. S. Wenn Ew. Herrlichkeit glaubt, meinem Fratino irgend eine Hülfe
erweisen zu können [1], so würde ich Euch dafür sehr verbunden sein, und damit
verbleibe ich stets zu Euren Befehlen.

Bei Bottari Racc. I. 109 hat der Brief das Datum vom 2. Mai: nach
Tassi, der die Originalhandschrift verglichen hat, ist 22. Mai zu lesen. (Vita
di Benvenuto Cellini I. p. LXII.) Es bedarf wohl kaum der Bemerkung, dass
es sich hier um die Selbstbiographie Cellinis handelt, welche dieser dem
Benedetto Varchi zur Einsicht mitgetheilt hatte und nun zurückfordert.
Da nun die von Cellini erzählten Fakta bis zum Jahre 1562 gehen, so scheint
er diese noch hinzugefügt zu haben, nachdem ihm Varchi das Manuskript zurückgestellt hatte. — Der am Schluss genannte Fratino, „das Mönchlein," ist Antonio,
Sohn des Domenico Spitasenni, den Benvenuto von Kindesbeinen an im Hause
gehalten, dann zu den „Fraticini della Nunziata" zur Erziehung gegeben und
endlich an Sohnes Statt adoptirt hat, wie aus dem Ricordo Cellinis vom
23. Februar 1568 hervorgeht, bei Tassi III. 163.

[1] Con quei degli Agnoli. Es sind damit vielleicht die Fraticini della Nunziata
gemeint, denen der Knabe zur Erziehung übergeben war.

131.

BENVENUTO CELLINI AN BENEDETTO VARCHI.

Florenz, 22. Mai 1559.

Berühmtester und hochzuverehrender M. Benedetto! Ich muss Euch mittheilen, dass ich meinen einzigen Sohn[1]) verloren habe. Nie im Leben habe ich irgend etwas gefunden, das mir eine grössere Freude gemacht hätte! Nun hat ihn mir der Tod geraubt, und der Schmerz vermochte so viel über mich, dass ich gewiss glaubte, ich würde mit ihm hinweg müssen; denn ich glaube, dass ich aus ersichtlichen Gründen nicht mehr einen solchen Schatz werde zu hoffen haben. Und da es mir wohlgefiel, ihm zu meiner Genugthuung etwas Ruhm zu verschaffen[2]), so ist mir durch die Begünstigung der Brüder della Nunziata erlaubt worden, für ihn ein Grabmal zu errichten, bis es Gott gefällt, dass ich mich an seiner Seite zur Ruhe lege, in einem geringen Grabmal, wie es von meiner Armuth zu jener Zeit wird errichtet werden können. Indessen will ich jenes Grab mit Engeln, die Fackeln in den Händen tragen, ausmalen lassen und zwischen ihnen eine Grabschrift. Ich lege Euch dieselbe, so gut ich sie in meiner rohen und schmucklosen Weise habe machen können, hier vor, da Ihr mit Euren bewunderungswürdigen Fähigkeiten viel besser werdet ausdrücken können, was ich sagen möchte: — und ob es Euch gefallen möchte, es lateinisch oder toskanisch zu machen, überlasse ich ganz Eurem unfehlbaren Urtheil. Wenn ich Euch aber damit beschwerlich falle, so verzeiht mir nur dies eine Mal und verfügt über mich, der ich Euch immer zu dienen bereit bin.

N. S. Meine Idee, die ich von Euch ausgedrückt wünsche, ist folgende:

Johann Cellin, des Benvenuto einz'ger Sohn
Ruht hier! Ihn raubt' der Welt in zarter Blüthe schon
Der Tod! Nie hat der Parzen Hand von Süd zu Nord
An solcher Hoffnung je begangen solchen Mord![3])

Bottari I. 111 und Tassi III. 319. Der Sohn, von dessen Tod unser Brief handelt, ist dem Cellini erst in seinem sechzigsten Jahre geboren worden, und zwar, wie aus dem Ricordo bei Tassi III. 94 hervorgeht, am 22. März 1560. Die Mutter Piera di Salvatore de' Parigi hat er später geheirathet.

---

[1]) Cellini fügt hinzu „quasi allevato", was sich hier nur auf die erste Ernährung des Kindes beziehen kann.

[2]) Farglo un poco di lume (?)

[3]) Giovan Cellini a Benvenuto solo
Figlio, qui jace. Morte ed mondo il tolse.
Tenero d'anni, mai le Parche si dolse.
Tal spene in pl doll' uno all' altro polo.

TRIBOLO AN BENEDETTO VARCHI.

Castello, 15. Februar 1546.

Eine wie grosse Freude ich darüber empfunden, dass ich Euren Brief erhalten und Euren Schmerz über dasjenige ersehen habe, was Alle betrübt, welche wie Ihr die guten und tugendhaften Menschen lieben, das weiss und sieht Gott! Wir aber müssen mit Allem zufrieden sein! Ich weiss auch, wie sehr Ihr über den göttlichen Michelangelo erfreut gewesen seid, indem Euch unser Luca Martini davon unterrichtet hat. Und ich selbst freue mich mit Euch gemeinschaftlich. Ich hoffe mit Zuversicht zu Gott, dass er zurückkehren wird, was Gott gefallen möge.

Ich wünschte sehr, Euch das, was Ihr von mir verlangt, erklären zu können, und es thut mir ungemein leid, dass ich so wenig geschickt bin, Eurem Wunsche nachzukommen, indess will ich doch aus Liebe zu Euch nicht unterlassen, Euch in der Kürze über den verlangten Gegenstand meine Meinung mitzutheilen. Ich weiss nämlich, dass Ihr nichts anderes sucht, als was das Wahre in diesen Dingen sei. Denn ich stelle mir vor, dass Euch die Schwierigkeiten auf beiden Seiten wohl bekannt sind; und so scheint es mir denn, dass die Skulptur in der Idee des ausübenden Künstlers liege, durch seiner Hände Werk zu zeigen, was wirklich ist, nicht aber durch die Nachbildung der Natur zu täuschen und dass alle Menschen das, was er gemacht, zu erkennen im Stande seien. So z. B., dass, wenn ein Blinder, der niemals gesehen, sondern nur getastet hätte, eine Figur von Marmor, Holz oder Thon fände, er sogleich vermöge seines Urtheils behaupten würde: das ist die Figur eines Mannes oder eines Weibes oder die eines Kindes. Wenn das Kunstwerk aber im Gegentheil eine Malerei wäre, und der Blinde, darauf umhersuchend, nichts fände, obschon doch etwas darauf ist, so würde er dasselbe für betrügerisch erklären. Denn es ist trügerisch, zu zeigen, was nicht wirklich ist. Die Natur aber täuscht die Menschen nicht. Wenn jemand hinkt, so zeigt sie ihn hinkend; ist Jemand schön, so zeigt sie ihn schön. So scheint es mir also, als ob die Skulptur die Wirklichkeit, die Malerei aber eine Täuschung sei. Hätte ich die Täuschung vorzustellen, so würde ich, so viel an mir, einen Maler vorstellen. Das ist meine Ansicht über die Skulptur. Ich bin überzeugt, dass, wenn man den ersten Bildhauer nähme, der gut arbeitet, und den ersten Maler, der gut malt, und sie solcher Weise Linien oder Köpfe zeichnen liesse, so würde man immer in dem Bildhauer mehr Wesenheit finden, welche mehr aus dem Wirklichen entspringt und dasselbe darstellt. Und Ihr könnt den Vergleich auch von der anderen Seite machen; nehmt den schlechtesten Bildhauer und eben solchen Maler und lasst sie beide die obengenannten gleichen Dinge machen, so werdet Ihr darin immer dieselbe Wesenheit erkennen. So dass, wenn ich Euch die Schwierigkeiten und die Grundsätze der Skulptur schreiben wollte, ich wie einer thun würde, der sie trügerisch herausputzen oder verschönern will, denn sie giebt sich von selbst zu erkennen, sowohl in ihrem Adel als in ihrer ewigen Dauer. Und wenn ich mich recht entsinne, so habe ich in Rom die Skulptur und die Malerei auf folgende Weise dargestellt gesehen: die Skulptur war golden und die Malerei silbern, und die erste stand rechter Hand, die andere dagegen linker Hand. Ich könnte daher wohl noch viel schreiben, aber am Ende würden sie, abgesehen vom Reden, auf dieselbe Form hinauskommen und deshalb mache ich ein Ende und empfehle mich Euch. Bleibt gesund!

Der bei Bottari I. 27 gedruckte und in einem ziemlich undeutlichen Stil geschriebene Brief rührt von dem Bildhauer Tribolo her, dessen eigentlicher Name Nicolo de' Pericoli gewesen ist, und dessen Leben Vasari ausführlich beschrieben hat. Ueber die Veranlassung des Briefes siehe oben Seite 153.

154.

JACOPO DA PONTORMO AN BENEDETTO VARCHI.

Florenz, 18. Februar [1546.]

Das Vergnügen, verehrungswürdigster Messer Benedetto! das Ihr, wie ich weiss, an einer schönen Malerei oder Skulptur findet, und ausserdem die Liebe, die Ihr für die Männer dieses Berufes hegt, lassen mich glauben, dass Euer feingebildeter Verstand sich bestrebe, die Würde und das Verhältniss jeder dieser beiden Künste zu finden, eine Untersuchung, die gewiss schön und schwer ist und Eurem seltenen Talente zur Zierde gereicht. Und da ich von einem Eurer Briefe aus den letzten Tagen mit so viel Wohlwollen um jene Verhältnisse ersucht worden bin, werde ich zwar vielleicht nicht verstehen und vermögen, mit Worten und mit Tinte die Mühe desjenigen, der da in der Kunst arbeitet, auszudrücken: jedoch will ich Euch für einige dieser Punkte und deren Beispiele ganz einfach und ohne irgend einen Schluss zu ziehen, dasjenige mittheilen, was ich davon denke.

Die Sache ist an sich so schwer, dass man nicht darüber disputiren und noch weniger sich entscheiden kann; denn es giebt nur eine Sache, die edel ist, und die allem Anderen zu Grunde liegt, und das ist die Zeichnung. Und alles Andere ist im Vergleich zu dieser schwach und unbedeutend. Ihr seht es ja auch, wie jeder, der die Zeichnung besitzt, in der Malerei wie in der Skulptur tüchtig ist. Und wenn Alles Andere, was man anführen könnte, nur schwach und schlecht im Vergleich zu jener ist, wie lässt sich dann noch streiten, es sei denn, dass man diese, die ihres Gleichen nicht hat, ganz bei

Seite lasse und andere schwächere Dinge anführe, ohne jemals zu irgend einem
Ende oder Abschluss zu gelangen.[1])

Wie soll man eine plastische Figur nennen, die von allen Seiten frei
gearbeitet und gänzlich vollendet ist und mit dem Meissel und anderen schwer
zu handhabenden Instrumenten an gewissen Stellen bearbeitet, bei denen man
nicht begreift, wie man, wenn es Stein oder eine andere harte Sache ist, mit
einem Eisen dahingelangen und sie vollenden kann, während es schon in weicher
Erde mit Mühe und Noth zu machen sein würde! Dabei ist, ganz abgesehen
von der Schwierigkeit, einen in die Luft erhobenen Arm, der irgend etwas in
der Hand hält, dünn und mühsam so zu arbeiten, dass er nicht abbricht, und
dazu kommt noch obenein, dass man nicht mehr abhelfen kann, wenn er etwas
zu hoch erhoben ist. Das ist gewiss schon sehr wahr, aber nachdem man nun
die Figur noch von einer Seite sehr gut angeordnet hat, so muss sie nachher
auch noch von den anderen Seiten geordnet werden. Dabei wird man sie
nun manchmal gar nicht bearbeiten können, weil auf irgend einer Stelle Stein
fehlt, indem es sehr schwer ist, alle Theile nach allen Dimensionen proportionirt
zu machen, und es sich niemals recht sehen lässt, wie sich eine Figur aus-
nimmt, es sei denn, dass sie ganz vollendet wäre. Und wenn es nicht ganz
kleine Sachen sind, so giebt es gar keine Abhülfe. Wer nun aber nicht ein
Fundament von Zeichnung hat, wird in allzu merkliche Irrthümer und Unacht-
samkeiten fallen, und solche kleine Zufälligkeiten werden sich nur sehr schwer
in der einen Kunst, wie in der anderen umgehen lassen. Und dann giebt es
überdies noch die verschiedenen Arten der Technik, wie in Bronze, Marmor
und so vielen anderen verschiedenen Steinarten, in Stuck, Holz, Erde und vielen
anderen Materialien, zu denen allen eine grosse Uebung gehört, ausser der
körperlichen Anstrengung, die nicht geringe ist. Diese aber erhält den Menschen
gesünder und verbessert seine Komplexion; in Bezug worauf der Maler sich in
der entgegengesetzten Lage befindet, indem die Anstrengungen seiner Kunst den
Körper übel disponiren, so dass eher Ueberdruss des Geistes als Zunahme des
Lebens stattfindet. Denn in allzugrosser Kühnheit ist er bemüht, alle Dinge,
welche die Natur geschaffen, mit Farben so nachzuahmen, dass sie wirklich zu
sein scheinen: ja dieselben noch zu verbessern, um seine Werke reich und voll
Mannigfaltigkeit zu machen, indem er, wo es sich trifft, alle Arten von Glanz
darstellt, Nachtscenen mit Feuer und anderen ähnlichen Beleuchtungen, Licht
und Wolken, Landschaften in der Ferne und Nähe, Gebäulichkeiten mit allen
den verschiedenen Beobachtungen der Perspektive, Thiere von allen Arten und
Farben und tausend andere Dinge. Denn es ist möglich, dass auf einem Bilde,
das Du malst, Dinge vorkommen, welche die Natur niemals gemacht hat,

---

[1]) Die obige Stelle ist etwas frei übersetzt. Das Original lautet: „*E se tutte l'altre
orgizioni sono deboli e meschine rispetto a questa il disegno come si può ella disputare
con questo solo, se non lasciare stare questa da parte, non avendo simile a se e produrre
altre ragioni più deboli senza pace o conclusione.*"

ausserdem dass, wie ich schon gesagt habe, sie verbessert werden und man ihnen durch die Kunst mehr Anmuth giebt, sowie auch sie zu einander passt und zusammenstellt, wie sie am besten stehen.

Dazu kommen denn wiederum die verschiedenen Arten zu arbeiten, in Oel und Fresko, in Tempera und Leimfarben, wobei man immer eine grosse Praxis haben muss, um mit den Farben umzugehen und ihre Wirkungen zu kennen, wenn sie auf so mannigfache Weise gemischt sind, als da sind Hell und Dunkel, Licht und Schatten, Reflexe und unzählige andere dazu gehörige Dinge. Was ich aber sagte, dass nämlich der Maler so kühn sei, ergiebt sich aus dessen Bestreben, die Natur selbst zu übertreffen, indem er einer Figur Geist einhauchen und sie lebendig erscheinen lassen will, trotzdem dass er sie bloss auf einer Fläche darstellt. Er sollte doch wenigstens dabei bedenken, dass Gott, als er den Menschen schuf, ihn erhaben und in runder Figur machte, indem er so leichter zu beleben war. Dann würde er sich gewiss nicht eine so kunstvolle oder vielmehr wunderbare und göttliche Aufgabe gestellt haben!

Ich behaupte ferner und kann es mit Beweisen belegen, dass Michelangelo die Tiefe seiner Zeichnung und die Grösse seines göttlichen Ingeniums nicht an den staunenswerthen von ihm gemachten Skulpturfiguren zeigen konnte, sondern an seinen wunderbaren Malerwerken mit so vielen Figuren in schönen Stellungen und Verkürzungen; denn diese hat er immer mehr geliebt, weil sie schwieriger und für sein übernatürliches Talent schwerer zu erreichen waren, nicht aber, weil er nicht etwa gewusst hätte, dass seine Grösse und Unsterblichkeit von der Skulptur, dieser edlen und unvergänglichen Kunst, abhängig sei, an welcher ewigen Dauer indess die Marmorbrüche von Carrara mehr Antheil haben als die Tüchtigkeit des Künstlers; denn die Skulptur beschäftigt sich mit einem besseren Stoffe, und dieser Stoff und das Relief ist bei grossen Meistern Anlass zu hohen Belohnungen so wie zu grossem Ruhme und anderen Ehren, in Anerkennung so grosser Tüchtigkeit. Ich denke mir das so, wie es mit dem Anzuge ist; die Skulptur ist ein feines und gutes Tuch, weshalb sie auch länger dauert und mehr kostet; die Malerei aber ein aufgekratztes Teufelstuch, das nur kurze Zeit aushält und wenig kostet, und wenn es seine Haare verloren hat, macht man sich nichts mehr daraus.

Da aber jedes Ding sein Ende haben muss, so will ich hier im Reden auch nicht ewig sein. Ich hätte allerdings schon längst aufhören können, aber Ihr müsst mich entschuldigen, da mich nur der wichtige Gegenstand dieses Briefes dazu ermuthigt hat, diese Feder noch mehr schreiben zu lassen, und damit Ihr sehen solltet, dass ich Euch zu Diensten bin und Euren Wünschen gern nachkomme. Nun sehe ich aber, dass die Feder wieder neue Kraft bekommen hat, und ihr nicht vier Folioseiten, geschweige denn dies Papier hier genügen würde, weil sie jetzt so recht im Zuge ist. Ich aber, damit Euch diese Ceremonien nicht allzu widerwärtig werden, werde sie, Euch zu Liebe nicht mehr in die Dinte tauchen, nur dass sie mir noch so viel diene, um den Tag des Monats zu schreiben, welcher der achtzehnte Februar ist.

Der obige Brief des florentinischen Malers Jacopo Carucci da Pontormo ist abgedruckt bei Bottari Racc. I. 20. Das Leben des Künstlers hat Vasari beschrieben; über die Veranlassung des Briefes siehe oben S. 153.

134.

AGNOLO BRONZINO AN BENEDETTO VARCHI.

[Florenz, 1546—1547.]

Meine Absicht, vortrefflicher Messer Benedetto! ist es, Dir zu schreiben, so deutlich und so kurz, wie ich vermag, welche von den beiden ausgezeichneten Künsten, die mit den Händen ausgeübt werden, den ersten Rang einnehme — nämlich die Skulptur oder die Malerei. Und zwar will ich erst die eine und dann die andere erörtern, um sie sodann mit einander zu vergleichen und auf diese Weise zu sehen, welche von ihnen den Vorrang verdiene.

Da ich nun aber gedenke, mich der einen derselben zuzuneigen, wie ich denn in der That mich dem bessern Theile zugewendet zu haben glaube, nämlich der Malerei, so würde ich jetzt deren Vertheidigung übernehmen, wobei ich indess nichtsdestoweniger treulich und mit all' der Wahrheit, die mir möglich sein wird, auch die Gründe der entgegengesetzten Partei angeben will. Allerdings eine sehr schwierige Aufgabe, und die einer langen und fleissigen Untersuchung bedürfte. Ich verspreche deshalb auch, davon nicht ausführlich, sondern nur mit soviel Klarheit und Kürze zu sprechen, als mir möglich sein wird.

Es pflegen nun also diejenigen, welche die Skulptur ausüben oder Partei für sie nehmen, unter anderen Gründen für sie anzuführen, dass die Skulptur dauernder sei als die Malerei, und daraus wollen sie denn erweisen, dass sie auch um vieles schöner und edler sein müsse. Denn sie meinen, dass, wenn ein Werk nach langer Mühe zur letzten Vollendung gebracht wird, es, je länger es dauert, auch um so mehr Freude gewähre und so viel länger die Erinnerung jener Zeiten frisch erhalte, in welchen oder für welche es gemacht worden ist, und dass somit auch die Skulptur viel nützlicher sei als die Malerei.

Sie sagen ferner, dass es viel mehr Mühe koste, eine Statue zu machen, als eine Figur zu malen, in Anbetracht des harten Materials, wie es etwa Marmor, Porphyr oder eine andere Steinart wäre, und sie fügen ausserdem hinzu, dass man bei einer Statue, wo etwas weggenommen ist, nichts hinzusetzen kann, so dass, wenn einmal eine Figur verdorben ist, sie nicht wieder in Ordnung gebracht werden kann; während man in der Malerei fortwährend auslöschen und wiedermalen kann, so dass die Skulptur von viel grösserer Kunst sei und mehr Urtheil und Fleiss erfordere und deshalb edler sei als jene.

Sie fügen auch hinzu, dass die beiden genannten Künste nachzuahmen und sich ihrer Lehrerin, der Natur, ähnlich zu machen haben, die Natur aber ihre

Werke erhaben hervorbringt, so dass sie sich mit Händen greifen lassen; die Malerei nun aber sei bloss ein Gegenstand des Gesichtes und weiter keines anderen Sinnes, wogegen die Skulptur, indem sie, ähnlich der Natur, erhaben darstellt, nicht bloss ein Gegenstand des Gesichtes, sondern auch des Gefühls oder Tastsinnes sei: weshalb sie denn auch von mehreren Sinnen wahrgenommen werden könne und somit von allgemeinerer Geltung und höherem Werthe sei.

Weiter wird dann behauptet, dass, da von den Bildhauern meistentheils runde und von allen Seiten isolirte Statuen gemacht werden, sie mögen nackt oder bekleidet sein, diese gezwungen sind, die grösste Aufmerksamkeit darauf zu verwenden, dass sie von allen Seiten sich gut darstellen und dass, wenn ihre Figur von einem Standpunkte aus anmuthig erscheine, sie dieser Anmuth auch für einen anderen Standpunkt nicht ermangele. Die Zahl dieser Standpunkte aber sei unendlich gross, indem bei der Natur der kreisrunden Form das Auge sich gleichmässig ringsumher wenden kann. Ganz anders dagegen verhält es sich mit dem Maler, der von irgend einer Figur nie mehr als eine Ansicht geben kann, die er sich ganz nach seinem Belieben auswählt. Und da es ihm genügt, dass sie auf der einen Seite, von der sie gesehen wird, anmuthig sei, braucht er sich nicht um die andere Ansicht zu kümmern, die sie von der anderen, nicht erscheinenden Seite haben würde. Darin sei nun also wieder die Skulptur schwieriger.

Und in derselben Weise fortfahrend, sagen sie, dass es um vieles schöner und angenehmer sei, in einer einzigen Figur alle Theile zu finden, die zu einem männlichen oder weiblichen Körper, oder zu einem anderen lebenden Wesen gehören, wie das Antlitz, die Brust und die anderen vorderen Theile, und wenn man sich wendet, die Weichen und die Arme, und was damit zusammenhängt, zu finden, so wie den Zusammenhang der vorderen mit den seitlichen und hinteren Theilen wahrzunehmen; zu sehen, wie die Muskeln beginnen und endigen, und sich vieler schönen harmonischen Verbindungen zu erfreuen: mit einem Worte, beim Umhergehen um eine Figur den vollständigen Genuss zu haben, sie ganz und vollständig zu sehen: weshalb denn also die Skulptur mehr Genuss darbiete als die Malerei.

Ich will sie auch noch mit der Bemerkung preisen, dass die Skulptur von grösserer Prächtigkeit sei und den Städten zur grössten Zierde gereiche, indem man darin Kolosse von Statuen herstellt, wie aus Bronce, aus Marmor und anderem Material, die der ausgezeichneten Leute Ruhm verkünden und die Erde zieren und in den Menschen, die sie sehen, den Wunsch erwecken, den tugendhaften Werken jener nachzustreben, um ähnliche Ehren zu erringen. Woraus denn ein ungemeiner Ruf und Nutzen dieser Kunst hervorgeht.

Auch will ich es nicht zu sagen unterlassen, dass man bei Skulpturen sehr vorsichtig sein muss, alle Maasse zu beobachten, wie in dem Kopf, in der Hand und im Fusse und in allen anderen Gliedern, indem jeden Augenblick die Gegenprobe gemacht werden kann, und dass sich nicht irgend ein Maass unterschlagen lässt, wie in der Malerei, wo die Probe nicht so leicht zu machen ist.

Noch ist es von nicht geringer Annehmlichkeit wie Schwierigkeit, dass man die Skulpturen in wirklicher Existenz vor sich findet und sie nach Belieben messen kann, was sich bei der Malerei nicht immer so fügt. Daher denn die Skulptur weniger trügerisch ist und mehr der Wahrheit entspricht.

Man weist überdies auch darauf hin, dass die Skulptur, ausser der Grösse des Kunstwerkes, auch von nicht geringem Nutzen sei, indem man sich ihrer Figuren an Stelle von Säulen oder Konsolen zum Tragen bedienen kann, oder bei Brunnen zum Wasserspeien sowie zu Grabmälern und tausend anderen Dingen, die man tagtäglich sieht, wogegen die Malerei nur scheinbare Dinge hervorbringt und von keinem praktischen Nutzen ist, ausser dem Vergnügen, das sie hervorruft, woraus sie denn wiederum folgern, dass die Skulptur nützlicher sei.

Dagegen fehlt es nun von der anderen Seite, d. h. von der der Malerei, nicht an Antworten auf alle die von Seiten der Skulptur angeführten Gründe; ja, im Gegentheil, glauben diejenigen, welche die Malerei begünstigen, viel mehr Gründe für dieselbe zu haben; so behaupten sie in Erwiderung zunächst des ersten Punktes, wonach die Skulptur dauernder sein soll, weil aus besserem Material bestehend, dass dies ja gar nicht der Kunst als solcher zugeschrieben werden dürfe, indem es gar nicht in dem Vermögen der Kunst liege, Marmor, Porphyr oder andere Steinarten hervorzubringen, sondern in dem der Natur. Davon sei überhaupt der Werth der Kunst gar nicht abhängig, ob deren Material Thon oder Wachs, Stein oder Holz oder sonst eine noch weniger dauerhafte Masse sei, indem die Kunst, wie Jeder weiss, sich ja nur auf der Oberfläche offenbare.

Dem zweiten Grunde aber wird folgende Antwort entgegengestellt. Wenn die Bildhauer nämlich die so allgemein anerkannte Schwierigkeit anführen, dass man in ihrer Kunst nichts zusetzen, sondern nur hinwegnehmen kann, und dass es sehr mühsam sei, dieselbe zu üben, wegen der Härte des zu bearbeitenden Stoffes, so erwidert man darauf, dass, wenn jene etwa die körperliche Anstrengung in Betreff des Meisselns meinen, dies die Kunst nicht edler mache, sondern ihr im Gegentheil viel eher an Würde raube. Denn je mehr die Künste mit Anstrengung des Körpers und der Arme geübt werden, um so mehr nähern sie sich der mechanischen Arbeit und werden in Folge dessen weniger edel. Wäre dem nämlich nicht so, so würde man tausend Künste als schön zu rühmen haben, die im Gegentheil für niedrig erachtet werden. Wie z. B. die der Steinmetzen, die in den Steinbrüchen arbeiten, oder die Steine zum Strassenpflaster behauen, oder derer, die mit der Hacke arbeiten, oder Kleider ausklopfen, oder der Hufschmiede und ähnlicher Leute.

Wenn jene aber die Anstrengungen des Geistes meinen, so erwidern diese, dass in dieser Beziehung die Malerei nicht nur der Skulptur gleichkommt, sondern sie bei Weitem übertrifft, wie auch weiter unten auseinander gesetzt werden wird; und wenn jene meinen, man könne nichts mehr hinzusetzen, wo zuviel hinweggenommen sei, so erwidern diese, dass, wenn man Bildhauer oder Maler sagt, immer ein ganz ausgezeichneter Meister in der Malerei oder Skulptur gemeint wird, indem man von denen, die bloss dazu geboren sind, die eine oder die andere Kunst zu schänden, gar nicht einmal reden muss. Daher darf man denn auch nicht glauben, dass ein guter Bildhauer hinwegnehme, wo es nicht nöthig ist, weil er sonst das nicht thun würde, was die Kunst erfordert; sondern er wird sein Modell so weit fertig machen, dass er ihm viel leichter etwas hinzufügen oder wegnehmen können wird als der Maler. Und wenn er späterhin das Modell auf das wirkliche Kunstwerk mit getreuen Maassen überträgt, so wird er nicht nöthig haben, etwas hinzuzufügen, weil er etwa zuviel hinweggenommen hat; ein Fall aber, dass er wirklich etwas hinzufügen wollte oder müsste, wer weiss dann nicht, auf wie bequeme Weise sie dies thun können? Und dann, macht man nicht Kolosse aus vielen Stücken? Und wie vielen Figuren wird nicht die Büste oder die Arme oder, was ihnen sonst fehlt, von Neuem gemacht? Ganz abgesehen von den Einsatzstücken, die man in vielen Figuren sieht, die ganz neu mit solchem Flickwerk aus der Hand ihres Künstlers hervorgegangen sind. Denn darin besteht das Wesen der Kunst, dass, wenn auch eine Figur aus unendlich vielen Stücken besteht, insofern sie sich nur gut darstellt, der Vortrefflichkeit des Kunstwerkes dadurch kein Abbruch gethan wird.

In Bezug aber auf den dritten Grund erwidern sie, dass es allerdings wahr ist, dass die beiden erwähnten Künste auf der Nachahmung der Natur beruhen; welche aber von beiden ihren Zweck am besten erreicht, darauf werden sie weiter unten antworten. Nur dies behaupten sie jetzt, dass man durch die erhabene Arbeit die Natur noch nicht besser nachahmt als auf eine andere Weise. Im Gegentheil nehmen sie vielmehr nur das aus der Natur auf, was diese schon erhaben gebildet hatte, so dass alles, was sich daran an Rundem oder Breitem oder Erhabenem befindet, nicht eine Sache der Kunst ist, denn es waren schon Breite und Höhe und alle Verhältnisse, die den festen Körpern eigen sind, von Anfang an da; eine Sache der Kunst sind vielmehr nur die Linien, die besagten Körper umgeben und die sich auf der Oberfläche befinden.

Weshalb denn, wie schon gesagt, das Erhabensein nicht der Kunst, sondern der Natur angehört; und dieselbe Antwort hat auch ihre Geltung, wo jene vom Tastsinne sprechen: denn eine Sache erhaben finden, ist eben, wie gesagt, nicht in der Kunst begründet [1] . . . . .

Von allen den bisher angeführten an B e n e d e t t o V a r c h i gerichteten Briefen über das Verhältniss der Skulptur zur Malerei ist der obige bei B o t t a r i 1. 30 abgedruckte offenbar der klarste und verständigste. Schon die schöne und lichte Schreibweise bekundet, namentlich im Vergleich mit den übrigen Briefen, die aussergewöhnliche Bildung des Schreibers. Dieser war der florentinische Maler A g n o l o d i C o s i m o A l l o r i, gewöhnlich A g n o l o oder A n g e l o B r o n z i n o genannt, der zugleich Kenner der Literatur und nicht unbedeutender Dichter war und

[1] Der Brief ist unvollendet.

von der Akademie der Crusca zu ihrem Mitgliede ernannt wurde. Mit Benedetto Varchi war er nahe befreundet, wie auch aus zwei anderen an diesen
gerichteten Briefen bei Bottari I. 117 und V. 75 hervorgeht. — Ueber die
Veranlassung dieser und der übrigen Briefe, zu denen auch noch der des Bild-
schnitzers und Baumeisters Tasso vom 16. Februar 1546 (Bott. Racc. I. 27)
zu rechnen ist, s. oben S. 153.

135.
JACOPO SANSOVINO AN DEN KARDINAL PIETRO BEMBO.

Venedig, 4. Oktober 1546.

Ich würde glauben, sehr gegen meine Pflicht zu fehlen, wenn ich Ihnen
nicht über meinen Bau Nachricht gäbe, der Ew. hochwürdigen Herrlichkeit so sehr gefiel, als dieselbe hier war. Ich theile Ihnen also
mit, dass ich denselben jetzt soweit gebracht habe, dass er bequem bewohnt
werden kann.

Und obschon der Bau durch die Schuld eines Anderen, wie Jeder weiss,
einige Unfälle erlitten hat, so ist die Sache doch nicht so arg gewesen, als man
sie anfänglich gehalten hat. Denn es ist bloss ein Fenster eingestürzt und der
Giebel, der darüber war, indem die unwissenden Bauleute an demselben Tage
die Stützen weggenommen hatten, als die letzte Hand daran gelegt worden war.
Aber Gott möge es dem, der es so gewollt hat, vergeben!

Ich danke Ew. hochwürdigen Herrlichkeit unendlich für die Grüsse von
Seiten des Messer Antonio Anselmi, dem meine Idee des Eckstückes in der
dorischen Ordnung so sehr gefallen hat; eine Sache, die von den Alten wegen
ihrer Schwierigkeit bei Seite gelassen worden ist. Nun aber will ich weiter
nichts mehr sagen. Möge mich Ew. hochwürdigste Herrlichkeit als Vater der
Künstler dort vertheidigen und hier über mich gebieten, wie über einen wirklichen und langjährigen Diener. Unser Herr erhalte Sie glücklich!

Wir haben den obigen bei Bottari V. 201 abgedruckten Brief des Jacopo
Tatti, genannt Sansovino, richtiger Sansavino, den wir schon aus der Korrespondenz Tizians kennen, hier als einen Beleg von dessen freundschaftlichen
Beziehungen zu Pietro Bembo angeführt. Dieser, aus einem edlen venezianischen
Geschlecht herstammend, war einer der gefeiertsten Schriftsteller und „schönen
Geister" jener Periode. Einst eine Zierde des glänzenden Hofes von Urbino,
dann Freund und Sekretair Papst Leos X., wurde er später (1539) zum Kardinal
ernannt. Als solcher starb er hochbejahrt zu Rom im Jahre 1547. — Was
nun unseren Brief anbelangt, so ist eine theilnehmende Antwort darauf von
Seiten des Kardinals vom 23. Oktober 1546 erfolgt (Bott. V. 205). Der Bau,
von dem in beiden Briefen die Rede ist, ist die Libreria di S. Marco auf der
Ecke der Piazza di S. Marco und der Piazzetta. Der Unfall, von welchem
Sansovino spricht, passirte am 18. Dezember 1545. Ein Theil der Libreria

stürzte ein, und Sansovino wurde abgesetzt und verhaftet. Dank den vereinten Bemühungen Aretinos, Bembos, Tizians und anderer einflussreicher Persönlichkeiten wurde Sansovino, dessen Verhaftung angeblich nur durch den Uebereifer eines untergeordneten Beamten erfolgt war, wieder freigelassen, ihm aber eine Geldbusse von tausend Dukaten auferlegt. So hoch schätzte man den entstandenen Schaden. Nach einigen Monaten wurde Sansovino jedoch wieder in sein Amt eingesetzt und ihm die Geldstrafe erlassen. Auf dasselbe Ereigniss bezieht sich auch die folgende Stelle in einem Briefe Aretinos an Sansovino aus dem Februar 1548: „Siehe, aus dem Einsturz des Baues ist nun ein Gebäude ewiger Dauer hervorgegangen; und weder Erdbeben noch Blitzstrahl, noch der Angriff der Geschütze werden ihm jemals auch nur einen Riss verursachen können. Denn seine Fundamente liegen nicht, wie man glaubt, in der Tiefe des Platzes, sondern im Centrum der Herzen der erlauchtesten Senatoren von Venedig und in dem festen Umkreis ihrer unendlichen Güte! Dort ist nicht bloss jener Bau, sondern auch jedes andere Eurer Werke begründet!" Bott. Racc. III. 160.

Die „Idee des Eckstückes der dorischen Ordnung", auf welche sich Sansovino in dem Briefe nicht wenig zu Gute thut, hatte eine Zeit lang die Architekten und Vitruvgelehrten Italiens beschäftigt. Es handelte sich nämlich darum, an dem Gebälk des unteren dorischen Geschosses das Triglyphen- und Metopensystem ohne Unterbrechung um die Ecke herumzuführen. Kardinal Bembo nahm sich der Sache besonders an, indem er verschiedene Architekten und Bauverständige mit dem Versuche einer Lösung beauftragte. Auch der Sekretär der vitruvianischen Akademie, Tolomei, gab ein Gutachten ab. Schliesslich half sich Sansovino damit, dass er auf jeder Seite eine halbe Metope anbrachte. Franc. Sansovino Venezia descritta p. 41 und 143. Temanza Vite de' più celebri architetti Veneziani. Ven. 1777. S. 224 ff. Burckhardt Geschichte der Renaissance in Italien. 2. Aufl. S. 39. Mothes Geschichte der Baukunst und Bildhauerei Venedigs. II. S. 180 f. Adolf Rosenberg in den Grenzboten XXXVIII. Bd. II. S. 464 ff.

BACCIO BANDINELLI.

In dem Charakter des florentinischen Bildhauers Baccio Bandinelli, von dem die nachfolgenden Briefe herrühren, vereinigen sich auf höchst unangenehme und abstossende Weise Stolz und Hochmuth gegen gleichstehende Künstler mit Neid und Hass gegen höherstehende Kunstgenossen, unersättliche Begierde nach Gewinn und äusserer Ehre mit maassloser Eitelkeit und Arroganz. Albert Jansen hat in der Zeitschrift für bildende Kunst XI. S. 65 ff. ein biographisches Charakterbild von diesem Manne entworfen, der als psychologisches Phänomen immerhin von grossem Interesse ist. Den Hauptvorwurf, der auf seinem Leben lastete, nämlich den Karton Michelangelos aus Bosheit zerschnitten zu haben, hat Jansen als unbegründet nachgewiesen. Was sein Streben nach Geldgewinn anbelangt, so mag dafür u. A. das Schreiben Baldassare Turinis an den Kardinal Cibo angeführt werden, das von dessen Arbeit an den Grabmälern der Päpste Leo X. und Clemens VII. in der Kirche S. Maria sopra Minerva zu Rom handelt und in dem die Bemerkung enthalten ist, Cavaliere Bandinelli habe alle die dafür bestimmten Gelder zu verschlingen gewusst (Brief vom 11. März

1510 bei Gaye Cart. II. 277). Seine Begierde nach äusserlicher Ehre bekunden mehrere Briefe, die bei Bottari abgedruckt sind, wie die an Gnidi vom 15. März 1550, vom 11. und 23. Februar 1551 und vom 6. Dezember 1553. Von den zuletzt angeführten Eigenschaften werden die nachfolgenden Briefe mannigfaltige Belege darbieten. Es sind nur im Ganzen sechsundzwanzig Briefe von BANDINELLI erhalten, von denen Gaye vier und Bottari im ersten und sechsten Bande seiner Raccolta zweiundzwanzig publicirt hat.

136.

BACCIO BANDINELLI AN COSIMO I.

[Florenz], 7. Dezember 1547.

rlauchtester Herzog! Vermöge Eures Einsehens wisst Ihr besser als ich, dass die vielen und so grossen Statuen, die ich in Marmor gemacht habe, unmöglich von der Hand von Gehülfen sein können; denn das würdet Ihr bald erkannt haben, und es würden Euch dieselben nicht so genehm gewesen sein. Es hat mich vielmehr nur eine lange Erfahrung in der Kunst veranlasst, die Hülfe von zwei Gesellen zu verlangen, was eigentlich gar nichts ist im Vergleich zu dem, was wirklich nöthig wäre. Und Ew. Herrlichkeit habe ich einen wirklichen Beweis davon gegeben, in der Thür von San Giovanni, indem ich mich erinnere, von einigen, die mit Donato ¹) waren, gehört zu haben, er hätte immer in seiner Werkstatt achtzehn bis zwanzig junge Leute gehabt, indem er auf andere Weise niemals ein Werk wie den Altar des heil. Antonius von Padua hergestellt haben würde, nebst seinen andern Werken. Und dann die Säulen mit den Reliefs in Rom, von denen eine jede die Lebensdauer von zwanzig Meistern erfordert. Man ersieht daraus ganz deutlich, dass die Zeichnung und Erfindung — welche den ersten Rang in jeder Vollendung einnehmen — von einem einzigen Geiste herrühren müsse; dass aber nichtsdestoweniger die Figuren, wegen ihrer ungeheuren Anzahl, auf verschiedene Weise, aber doch gut und schön gearbeitet sind, indem ein tüchtiger Zeichner alle diese Meister leitete. Sonst würde man niemals ähnliche Werke herstellen können.

Auch erinnere ich mich, als ich bei Papst Leo war, dass Se. Heiligkeit nach Florenz wegen Raffael von Urbino und Michelangelo Buonarroti schickte, und wie er den Bau der Façade von S. Lorenzo beschlossen, sich dafür entschied, jener sollte die Modelle der Statuen und Reliefs in der ganzen Grösse des Marmors machen, und unter seiner Leitung sollten dann mehrere junge Leute beschäftigt werden. Und Ew. Herrlichkeit wisse, dass der Grund, weshalb auch

---

¹) *Bandinelli* befindet sich hier offenbar im Irrthum, indem Donatello (der ist unter Donato gemeint, vgl. Brief 7 S. 26) niemals an den Thüren von S. Giovanni gearbeitet hat.

nicht ein Stück der Marmorarbeit jemals fertig geworden ist, nur darin liegt, weil er niemals Hülfe von irgend Jemanden hat haben wollen, um keine Meister zu ziehen, so dass Euer Haus jenes Ehrengedächtnisses ermangelt; und so hat mir oft Papst Clemens seligen Angedenkens gesagt, dass er ihn niemals dazu hätte bewegen können, jene Modelle im Grossen auszuführen.

Was aber die Bronzewerke betrifft, so habe ich einen gerechten Grund gehabt, davon zu reden, indem ich nicht will, dass es Ew. Excellenz mit mir ergehe, wie es Cosimo dem Aelteren mit Donatello erging, der ihm die Kanzel und die Bronzethüren in S. Lorenzo in einem so hohen Alter machte, dass sein Auge ihm nicht mehr genügte, um die Arbeit zu beurtheilen, noch ihnen eine schöne Vollendung zu geben; so dass, obschon die Erfindungen gut sind, Donatello doch nie ein hässlicheres Werk gemacht hat [1]). Und das, denke ich, möchtet Ihr von mir nicht wollen, zumal an einem so gerühmten Orte, und als Euer ergebenster Diener erbiete ich mich, Euch in dieser Arbeit einen unsterblichen Ruhm zu schaffen, und zwar mit solcher Schnelligkeit und Zeitersparniss, als nur irgend möglich sein wird. Da mich aber Ew. Excellenz warnt, wie dies ganz Recht ist, nicht mehr gewinnen als arbeiten zu wollen, so habe ich Euch ganz ergebenst bemerkt, dass ich auch, wenn Ihr mir niemals mehr geben würdet, immer ganz zufrieden sein würde und Euch dienen will, so lange ich lebe; und so stelle ich Euch auch alle meine Söhne und Schüler zu Gebote. Da Ihr mich nun aber zu so ehrenvollen und grossen Werken erwählt habt, dass ein Jeder gesteht, sie würden, wenn Gott die Vollendung dieses Chores gestattet, eine glänzende Zierde für Eure Stadt sein, in der ich mich, wie Ihr sicherlich wisst, keiner meinem Verdienst entsprechenden Würde erfreuen kann, so habe ich in gutem Glauben und mit guter Hoffnung jene Gunst von Euch erbeten, die einst von Papst Clemens dem Buonarroti gewährt worden ist. Da nun aber Eure Thaten alle jene anderen übertreffen und ich von Eurer gerechten und geheiligten Grossmuth eine solche Gunst verdiene, so fürchte ich nicht, dass mir dieselbe fehlen wird, und als getreuer Diener küsse ich Euch in Demuth die Hand.

137.

BACCIO BANDINELLI AN JACOPO GUIDI.

Florenz, 7. Dezember 1547.

Hochzuverehrender M. Jacopo! Da ich in steter Treue bereit bin, mit meinen Werken allen Befehlen nachzukommen, sei es mir vergönnt, etwas zu Gunsten der Arbeiten zu sagen. Da Se. Excellenz (der Herzog) mich fortwährend antreibt, sie zu vollenden und aufzudecken, so habe ich, um

---

[1]) Es ist von *Bartoldo* vollendet. Ueber diesen vgl. Brief 20 S. 48 ff.

demselben gehorchen zu können, geschrieben, und bitte Euch, ihn daran zu erinnern, dass, wenn jene beiden Marmorblöcke und der Christus des Altares nicht dieses Frühjahr nach dem Hafen von Signa gelangen, während der Arno hoch ist, sie auch nach Florenz nicht vor dem darauf nächstfolgenden Sommer kommen können. Denn ich habe heute Briefe von Carrara gehabt, dass sie noch nicht von den Alpen abgegangen sind, und ich habe sie doch aus dem Groben herausgearbeitet und zugerichtet zurückgelassen, so dass nichts anderes mehr damit zu thun war, als sie aus Ufer zu bringen.

Und in Florenz ist noch nicht ein Stück vom Bogen des Altares zum Vorschein gekommen, noch auch die Predelle, die noch in Pisa sind, und dies alles muss vor den Statuen gemauert werden; wollte auch Gott, dass die Ornamente in Ordnung seien, wenn ich jene fertig haben werde: denn nie habe ich einen grösseren Wunsch gehegt, als den, dies Werk zu vollbringen, von dem ich weiss, dass die ganze Stadt diese Zierde in jener Kirche zu sehen wünscht, und jedes Hinderniss daraus fortzubringen. Indessen ist dies nicht möglich, wenn ich keine andere Hülfe habe, indem ich, ohne Euch zu langweilen, nicht alle die Schwierigkeiten herzählen kann, die ich dabei zu überwinden habe. Und Se. Excellenz habe ich ganz ergebenst darum angerufen, und er hat mir zugestimmt. Aber die Diener haben die Mittel nicht beschafft, so dass oft die besten Meister, die beim Werke sind, mir die Steine verlassen — übler kann man nicht gegen das Werk handeln, noch ihm mehr Schaden thun. Ich aber weiss und kenne die Mittel dagegen wohl: man hat mir indess nicht Glauben geschenkt; denn Ihr müsst wissen, dass hier Niemand mehr Liebe mit wahrer Erfahrung verbunden hat, noch mehr Fleiss anwendet als ich.

Und mit Eurer gütigen Erlaubniss darf ich mir dies Lob geben, dass unter den Neueren kein Fürst je einen Mann in seinen Diensten gehabt hat, der eifriger und gehorsamer im Arbeiten wäre, als ich. Und, um wahr zu sein, Se. Excellenz hat mich niemals anzutreiben gehabt, und in jeder Erfindung, wie in Zeichnung und Modellen, habe ich immer viel mehr gethan, als man von mir verlangt hatte. Und Se. Excellenz hat mir ein Werk in die Hand gegeben, würdig eines ruhmvollen Fürsten und eines Zeichners, wie ich es bin. Und wenn er mich alt werden und sterben lässt, ehe ich dasselbe vollendet habe, so werden es die Kinder Eurer Kinder nicht sehen.

Denn wenn ich sterbe, so erlischt mit mir in diesem Zeitalter die Zeichnung ganz und gar, indem immer die Zeichner äusserst selten waren, und jetzt sieht man Niemand mehr erstehen, der etwas hervorleuchte. Und wenn Ihr Euch an diesen Darstellungen überzeugen wollt, so werdet Ihr sehen, dass ich die Wahrheit spreche.

Ich flehe ihn nun auf das Wärmste an, dass ihm jene Ausgabe nicht bedeutend erscheinen möge, indem es sein erlauchtes Haus niemals mit so glorreichem Werke zu thun gehabt hat. Und ich erbiete mich, es in einer Weise zu machen, dass sein Name auf ewig geehrt sein wird. Und bald werdet Ihr eine grosse Figur sehen, die vollendet und geglättet ist, und die ich jetzt in die

Kirche schicken will. Dabei erinnere ich Euch an jenen Baum mit Adam, den Se. Excellenz mir in Bronze zu machen aufgetragen hat [1]) und der jetzt schon gemacht sein müsste, indem er mit seiner Rüstung in den schwarzen Marmor eingelassen werden muss, unter dem Bogen; weshalb es also nöthig ist, dass er zugleich mit dem anderen gemacht werde.

Und wenn ich diese Sachen nach dem Zufalle leitete, so würde ich in solche Schwierigkeiten fallen, dass weder ein anderer noch ich selbst je aus dieser Arbeit herauskäme, indem sie so schrecklich ist und voll der aller verschiedensten Dinge, dass man sich durch Worte gar nicht darüber verständigen kann, und ich entschlossen bin, eines Tages Se. Excellenz damit zu belästigen. Und ich werde Euch eine Zeichnung von dem Pilaster der Erhöhung des Altars mitbringen und auch von jenen Vierecken, damit Ihr mir bestimmt über Alles Bescheid gebet. Denn wenn Ew. Herrlichkeit nur von den tausend und aber tausend Schwierigkeiten dieser Arbeit wüsste und von dessen unbegränztem Ruhme, so würde gewiss dem Herrn Herzog die kleine Ausgabe für die Gehülfen nicht zu gross erscheinen, noch auch die Gnade, die ich mir von ihm erbeten habe. Indess mögt Ihr nur ganz nach Eurer Weise mit mir verfahren, während ich mit grösserem Eifer und grösserer Genugthuung arbeite, als ich je gethan, wie Ihr auch an dem Werke sehen werdet. Und damit empfehle ich mich Ew. Herrlichkeit.

138.

BACCIO BANDINELLI AN JACOPO GUIDI.

[Florenz, ...]

Ew. Herrlichkeit giebt mir den Auftrag, ein Modell zu machen, das in kurzer Zeit fertig sein soll. Indess wünsche ich, Ihr gäbet mir Nachricht, was ich damit thun soll, wenn ich es vollendet habe, ob ich es Sr. Excellenz schicken oder selbst bringen soll; denn es wird aus vielen Stücken bestehen und schwierig zusammenzusetzen sein.

Dann habe ich mich auch gewundert, dass Ihr mir keine Auskunft gegeben, ob ich den Altar aufdecken soll oder nicht, indem jene Bretterwände mit vieler Gefahr verbunden sind. Und zu gelegener Zeit könnt Ihr Sr. Excellenz erzählen, wie in diesen Tagen beinahe das ganze Werk zu Grunde gegangen wäre durch eine Lichtschnuppe von den dortigen Kerzen, die ein Geistlicher zufällig auf die Erde geworfen hat; und wie die Kirche geschlossen werden sollte, sah man, wie sich das Feuer der Behänge und der Decke des Altares bemächtigt hatte, aber der Wächter beeilte sich, es auszulöschen. Und wenn einmal die Kerzenflammen

---

[1]) Hinter dem Altar. Später kam ein todter Christus von *Michelangelo* dahin.

die Behänge und die Bretterwand berühren, kann leicht ähnliches Unheil entstehen. Deshalb bitte ich denn, dass mir Se. Excellenz ihren Entschluss mittheilen möge; denn da ich jetzt nichts anderes für den Altar machen will und die grossen Figuren vollendet sind, so habe ich jetzt nichts weiter zu thun! Und wenn es Sr. Excellenz gefiele, mir die beiden Kanzeln aufzutragen, so würde es mir lieb sein, da ich viel Zeit verliere. Denn Ihr wisst, dass ich im Frühjahr, meines Alters wegen, nicht bei dem Marmor aushalten kann, und ich könnte mir in der Zwischenzeit die Bildwerke dazu von Bronze und Wachs machen und dann im Sommer am Marmor arbeiten; und so würde ich die Zeit und die Fähigkeiten, die mir Gott zu Ehren unseres Jahrhunderts und des Herzogs und des Vaterlandes gegeben hat, mit mehr Vortrefflichkeit benutzen, als ich jemals gethan.

Denn ich lebe in steter Furcht, dass mir nicht irgend ein Unfall von Krankheit zustosse, der mir meine Kraft raubt, so dass ich für den Herzog und die andern nicht mehr arbeiten könnte, und alle die schönen Ideen, die ich die Gewissheit habe, noch ausführen zu können, mit mir zu Grunde gingen. Womit ich mich Ew. Herrlichkeit angelegentlichst empfehle.

Es handelt sich in den bei Bottari I. 70. 62 und 106 abgedruckten an Herzog Cosimo I. und dessen Sekretair Jac. Guidi von Volterra gerichteten Briefen um die Arbeit des Chores in S. Maria del Fiore zu Florenz, d. h. um das unter der Kuppel des Brunellesco befindliche und mit Marmorschranken umgebene Achteck, welches sich an den ebenfalls in den Briefen erwähnten Altar anschliesst. An diesen Marmorschranken hatte nämlich BANDINELLI eine grosse Anzahl einzelner Gestalten in Relief gearbeitet, 88 an der Zahl, zu denen er allerdings bedeutender Beihülfe bedürftig sein musste. Wir wissen freilich nur von einem Schüler, der ihm dabei half, Giovanni dell' Opera. Vierundzwanzig dieser Reliefs kamen später in die Opera del Duomo. Für den Altar dagegen waren Gruppen von grossen freigearbeiteten Figuren bestimmt. Zunächst auf der Vorderseite der Leichnam Christi von zwei Engeln umgeben; auf der Rückseite dagegen Gott Vater auf einem Throne, ebenfalls von zwei Engeln umgeben. Unter einem freistehenden Bogen aber, dem Eingange des Chores gegenüber, sollten Adam und Eva zu Seiten des Baumes der Erkenntniss zu stehen kommen. Diese Werke hatten keinen guten Erfolg; der Christus und der Gott Vater waren zu gross, so dass sie sogar der Kultushandlung keinen Raum gewährten. Der letztere hatte überdies in seiner ersten Bearbeitung einen so Jupiterähnlichen Charakter, dass ihn der Herzog sofort beseitigen liess. In der zweiten Ausführung, die nach BANDINELLIS Entwurf VINCENZIO DEI ROSSI übertragen wurde, gefiel er besser. Aber schliesslich wurde er aus der Kirche entfernt und in den vorderen Klosterhof von Santa Croce gebracht. Adam wurde in einen Bacchus und Eva in eine Ceres verwandelt. Der Bacchus befindet sich heute im Palazzo Pitti. Als er Adam und Eva mehr ihrem Charakter entsprechend von neuem gearbeitet und aufgestellt hatte, fanden die florentinischen Spötter, sie verdienten nicht minder aus der Kirche geworfen zu werden, als ihre Vorbilder aus dem Paradiese [1]). Dass indess derartige Urtheile unseren

---

[1]) Im Jahre 1772 wurden die Figuren wirklich aus der Kirche entfernt. Jetzt sind sie im Museo Nazionale.

Künstler nicht an sich selbst irre machten, geht aus der grossartigen Arroganz hervor, die sich in so vielen Stellen der Briefe ausspricht. Jansen a. a. O. S. 207 f. 240 f.

139.

RAFFAELLO DA MONTE LUPO AN BENEDETTO VARCHI.

Rom, 26. Oktober 1560.

Wenn ich auf Euern Brief keine Antwort gäbe, so könnte ich vielleicht von Euch für undankbar und stolz gehalten werden; wenn ich aber antworte, so fürchte ich Euch lästig zu werden. Da ich nun weder dem einen, noch dem andern entgehen kann, so erschien es mir als das geringere Uebel, Euch zu schreiben, indem ich mich auf Eure Güte mehr als auf irgend etwas verlasse, was ich bei Euch verdient hätte. Und da sage ich Euch denn, dass Eure Ansicht und das Urtheil, das Ihr über die Sache, von der ich Euch schrieb, ausspricht, mir ungemein gefallen haben, und dass Ihr so gut mit meinem Sinne übereinstimmt, dass ich Euch kaum mit Worten ausdrücken kann, wie richtig Ihr ganz von selbst über mein Wesen geurtheilt habt.

Nun müsst Ihr, M. Benedetto! wissen, dass ich nicht zu heucheln weiss und dass ich jene Sache, vielleicht etwas dringender, als es nöthig wäre, verlangt habe; dazu haben mich aber eigentlich mehr die Ueberredungen meiner Freunde und Verwandten hier veranlasst, die, ich bin davon überzeugt, mir mein Bestes gewünscht haben, und, nach ihrem Sinne urtheilend, dies für das Beste gehalten haben, wobei sie indess den meinigen nicht kannten.

Dieser aber — damit Ihr denselben, so viel von mir abhängt, erkennet, — ist der Art, dass ich nichts wünsche und mich um nichts kümmere, und dass ich weder nach Geld, noch Rang und Ehre Verlangen trage, sondern über Alles lache; und wie der grösste Theil der Menschen jenen Dingen nachstrebt, so fliehe ich sie.

Auch müsst Ihr nicht glauben, dass ich Euch dies bloss, um es Euch glauben zu machen, sage, denn Ihr wisst ja sehr gut, dass der Zustand, in dem ich mich befinde, Euch die Wahrheit jener Worte gar wohl bestätigen kann. Ebenso wenig dürft Ihr aber glauben, dass ich mir bei alledem so arm vorkomme, als ich von sehr Vielen gehalten werde. im Gegentheil — Ihr seht, wie angenehm meine Thorheit ist! — komme ich mir so reich vor, dass ich meine Art zu sein nicht mit dem Papst noch mit sonst einem grossen Herrn tauschen möchte. Es ist schon lange Zeit her, dass ich durchaus nicht begreifen konnte, worin denn eigentlich das Glück der Grossen bestände, indem ich sie, wie die Geringsten, dem Tode unterworfen sehe.

Und um diese Dinge nicht Euch zu sagen, der Ihr selbst Andere dieselben verstehen lehrt, will ich schliessen, und bitte Euch, so oft Ihr Euch des Raffaello erinnert, denselben für Eueren wahren Freund halten zu wollen. Von seinen anderen Trefflichkeiten aber, von denen Ihr noch sprecht, glaubt nur immer weniger und Ihr werdet nicht irre gehen. Und ich will nur das Eine sagen, wenn es Gott so führte, dass der Fürst sich meiner bedienen wollte, so würde ich dessen immer als ein treuer Diener gewärtig sein; geschieht dies aber nicht, so werde ich es als das Beste von Allem betrachten. Und damit lebt wohl und liebt mich!

Der bei Bottari I. 112 abgedruckte Brief rührt von dem Bildhauer RAFFAELLO DA MONTE LUPO her, der für MICHELANGELO zwei Statuen für das Grabmal Papst Julius' II. gearbeitet hat. Ebenso hatte er schon früher für MICHELANGELO, „der die Trefflichkeit RAFFAELLOS kannte", die Statue eines heiligen Damianus für die Sakristei von S. Lorenzo gearbeitet; und wenn er mit jenen beiden Figuren für das Grabmal MICHELANGELO nicht ganz Genüge geleistet hat, so lag nach Vasari der Grund davon darin, dass er während jener Zeit krank war und nicht „nach Gewohnheit Fleiss und Studium aufwenden konnte". Sonst war er ebensowohl durch gefällige, als ungemein schnelle Arbeit bekannt, wie mehrere grosse für besondere Festlichkeiten hergestellte Werke beweisen; so z. B. die vierzehn Statuen von Erde und Stucco, die beim Einzuge Kaiser Karls V. in Rom die Engelsbrücke zierten und welche „als die trefflichsten bei jener Festlichkeit" anerkannt wurden. So zwei Flussgötter, Rhein und Donau, jeder neun Ellen gross, die bei dem Einzuge desselben Kaisers auf Ponte S. Trinità in Florenz aufgestellt wurden, und die er während einer nur fünftägigen Unterbrechung jener Arbeit in Rom gemacht haben soll.

Was sein Wesen und seinen Charakter anbelangt, so wird dessen Schilderung bei Vasari in auffallender Weise durch unsern Brief bestätigt. Denn es erzählt derselbe (ed. Lemonnier VIII. 186), RAFFAELLO habe sich nach Orvieto als Oberaufseher des Domes zurückgezogen, „da ihm mehr das Leben eines Philosophen, als eines Bildhauers gefiel"; und S. 187 sagt er: „Hätte RAFFAELLO grössere Werke übernommen, wie er vermögend gewesen wäre, so würde er, glaube ich, Besseres in der Kunst geleistet haben. Aber er war zu gut und bescheiden, mied Verdruss und begnügte sich an dem, was das Schicksal ihm bot; deshalb liess er viele Gelegenheiten vorübergehen, bedeutende Arbeiten auszuführen."

140.

CRISTOFANO DELL' ALTISSIMO AN COSIMO I.

[Como,] 7. Juli 1554.

Erlauchter und vortrefflicher Herr! Ich befinde mich im Museum und habe sechsundzwanzig Porträts für Ew. Excellenz vollendet, und wenn Ew. Excellenz sich entschlossen haben wird, dass ich sie schicken soll, so werde ich sie sogleich schicken. Unterdess bin ich ununterbrochen mit der Arbeit beschäftigt, um mit den Bildern, die mir Ew. Excellenz aufgetragen hat, zu Ende zu kommen. Und wenn ich sie hätte vollenden können, ohne Euch mit der Bitte um Unterstützung in meiner Noth zu behelligen, so würde ich es sehr gern thun. Aber der Tod meines Vaters hat mich in zu grosser Bedrängniss gelassen, indem ich Schulden habe und meine alte Mutter und eine Schwester und zwei Neffen, denen ich Lebensunterhalt geben muss.

Deshalb bitte ich Ew. Excellenz, mich etwas unterstützen zu wollen, damit ich meiner Mutter Brod geben kann; und darum bitte ich Euch, um der Liebe Gottes willen, denn heute ist es schon ein Jahr, dass ich nichts erhalten habe. Nochmals ersuche ich Euch, Mitleid mit mir zu haben, und Gott möge es gefallen, Euch auf lange Zeit zu beglücken!

Der Brief ist mitgetheilt von Gualandi in der Nuova Racc. I. 16. Die Adresse lautet: „der Maler Tofano an den Herzog von Florenz. Dal Museo etc." Daraus ist zu schliessen, dass der Brief aus Como datirt ist, wohin Herzog Cosimo den Maler geschickt hatte, „um in dem Museum des Monsignor Giovio eine Auswahl berühmter Personen, aus einer sehr grossen Anzahl, welche jener seltene Mann (Schriftsteller und Bischof von Nocera, gestorben in Florenz 1552) in unsern Tagen gesammelt hat, zu kopiren." Vasari XIII. 173. Ueber die Sammlung, welche auch den Holzschnitten in den „berühmten Männern" des Paolo Giovio zu Grunde liegt, vgl. auch Burckhardt Cicerone III. Aufl. S. 918 f. Cristofano, bei Bronzino und Pontormo gebildet, hatte sich ganz der Portraitmalerei gewidmet und die Zahl der Portraits für Herzog Cosimo, schon als Vasari dies schrieb, bis auf 280 gebracht, welche den Grund zu der ungemein zahlreichen Sammlung von Bildnissen in den Korridoren der Uffizien zu Florenz gelegt haben. Cristofano hat, wie Vasari sagt, wenig anderes gethan, „weil dieser Zweig der Malerei seinem Geist oder seiner Neigung entspreche"; wenn er aber hinzufügt, er habe davon „genug Ehre und Frucht geerntet", so hat er dies wohl mehr im Interesse seines Fürsten als der Wahrheit gesagt, indem uns dieser und der unten citirte Brief den Künstler in grosser Noth zeigen. In den Briefen der Künstler der damaligen Zeit sind übrigens Klagen über schlechte oder mangelnde Bezahlung sehr häufig. Was unseren Cristofano anbelangt, so scheint sein Klage- und Mahnbrief nicht viel Erfolg gehabt zu haben, indem wir ihn zwei Jahre später noch in derselben Noth finden. Vom 23. Oktober 1556 nämlich existirt ein Brief, den er aus Como an eine nicht bekannte Person in Florenz abgesendet hat. Es heisst darin: er habe zwei Kisten voll Portraits, sie müssten bald abgehen, weil die Regenzeit sonst schaden würde. Es ginge ihm jämmerlich schlecht — er stecke im Kothe bis an die Augen! — er hoffe aber, dass ihm seine Leute dort in Florenz helfen würden, und wollte also fröhlich weiterarbeiten. Dabei giebt er ein Verzeichniss der fertigen Portraits, von denen einige sehr interessant sind, wie z. B. das des Hermolaus Barbarus, Columbus, Jac. Triulzius, Erasmus Roterdamus, Baldassar Castelion, Bessarion Card., Ingilterra Cardinale d. h. Cardinal Pole: Philippus Melanton etc. Gualandi a. a. O. I. 371.

Rasch fertig, wie zum Malen, war Vasari auch zum Schreiben. In Briefen ist seine Produktivität nicht weniger gross als in Bildern. Seine Korrespondenz ist die grösste und ausgedehnteste, die uns von einem Künstler des sechszehnten Jahrhunderts bekannt geworden ist. Dass er gern schreibt, sieht man überdies allen seinen Briefen an. Gleichsam um sich von seiner wirklich rastlosen Thätigkeit zu erholen, geht er das Geleistete gern noch einmal im Briefe durch. So beschreibt er die Feierlichkeiten beim Einzuge Karls V. in Florenz, unmittelbar nachdem diese und seine eigenen fast übermenschlichen Arbeiten daran beendet waren, sehr ausführlich an Pietro Aretino (Br. 147), und noch vierzig Jahre später, nachdem er die Bilder in der Sala regia des Vatikanischen Palastes zu Rom vollendet hat und „nicht bloss matt, sondern halb todt" ist, schreibt er unter dem 2. Mai 1572 an Vincenzo Borghini, an den Prinzen Francesco und einen sehr langen Brief an Cosimo (Gaye III. 313). An diese drei ist überhaupt der grösste Theil seiner Briefe gerichtet, die einen guten Theil des dritten Bandes von Gayes Carteggio einnehmen. Für die Spezialgeschichte seiner Werke von der Venus für Kardinal Ippolito bis zur Kuppel des Doms von Florenz sind dieselben übrigens unschätzbar, um so mehr, als Vasaris eigene Lebensbeschreibung sich durch eine verhältnissmässig grosse Kürze und Bündigkeit auszeichnet.

Das Verhältniss Vasaris zu Cosimo lernen wir aus einigen der folgenden Briefe kennen. Er stellt sich darin als einen leidenschaftlichen Verehrer des Herzogs dar, dem er Tugenden und Verdienste andichtet, von denen dieser nie eine Ahnung gehabt hat. Und doch würde man Vasari Unrecht thun, wenn man ihn für einen niedrigen Schmeichler und feilen Höfling halten wollte. In Vasaris Natur neigt sich Alles zum Extreme. Jede Empfindung, an sich wahr und richtig, wächst rasch zur Uebertreibung an. Nun war er Cosimo Dankbarkeit schuldig, und es liegt vielleicht gerade mit in dem Wunsche, dessen Fehler nicht zu sehen, dass sich diese Dankbarkeit bis zur höchsten Höhe, die Verehrung für seinen Gönner zu einer solchen Uebertreibung steigert, dass sie in der That den Eindruck ausgesuchtester Schmeichelei und Abgötterei machen müssen. Aber in diese Uebertreibungen verfällt er auch bei den einfachsten Dingen und Veranlassungen. Vincenzo Borghini hat ihm einmal seine Maulthiere gegeben, um nach Arezzo zu fahren. Sie haben ihn sehr gut hingebracht, und nun schreibt er seinem Freunde einen Brief so voll Emphase und Enthusiasmus, als ob er ihn vom Tode gerettet, und was die göttlichen Maulthiere betrifft, so versichert er mit wahrer Begeisterung, dass „er, wenn er in Florenz wäre, ihnen eine Ehrenpforte von Kränzen und Getreide errichten würde!" Bei einer so leicht entzündlichen Natur muss man es denn mit den Ehrenbezeigungen gegen seinen Herrn und Gönner nicht so genau nehmen. Wir haben übrigens mit diesen Bemerkungen zugleich einen der wesentlichsten Züge von Vasaris künstlerischem Charakter gezeichnet. Früh von glühendem Ehrgeiz und dem Wunsche nach einem anständigen Erwerbe beseelt, hat er sich mit rastlosem Eifer und lobenswerther Gewissenhaftigkeit auf die zur Erwerbung der Kunst nöthigen Studien geworfen. Der Lohn davon war, dass er früh zum vollständigen Herrn über die technischen Theile der Kunst wurde. Das volle Bewusstsein von beiden, seinen Studien und der durch sie erreichten Meisterschaft der Technik, bildet von nun an einen wesentlichen Theil seines Charakters. Er spricht gern über die Schwierigkeiten, die ihm diese oder jene Arbeit bereitet, und über die Art, wie er sie überwunden hat. Dadurch kann er uns als Vertreter jener gesammten Kunstrichtung gelten, in welcher die unmittelbare, gleichsam naive Production dem bewussten und wohlberechneten Schaffen Platz gemacht hat. Dies Bewusstsein, auf die Werke selbst übertragen, giebt denselben einen gewissen Anstrich von Absichtlichkeit. Die Künstler arbeiten mit der bestimmten Absicht, diesen oder jenen Effekt hervorzurufen. Ebenso hängt damit die Vorliebe jener Zeit für die Allegorie zusammen.

Damit hängt nun ein anderer Zug in VASARIS Charakter als Künstler wie als Mensch enge zusammen. Der unverhältnissmässig gesteigerte Begehr nach Kunstwerken, von Seiten der Fürsten und Herren sowohl als der Privaten, steigerte die Zahl wie die Produktivität der Künstler auf überraschende Weise. Für die Kunst waren die Folgen davon nicht minder bedeutend als für das materielle Wohl der Künstler. Im Verein nämlich mit dem vollständigen Besitz technischer Meisterschaft musste dies eine Hast und gleichsam Ueberstürzung in die Kunstproduktion bringen, die mit der stillen Sammlung und der liebevollen Hingabe des Künstlers an sein Werk, wie sie die vorhergehende Zeit noch zeigt, einen gewaltigen Kontrast bilden. Ueberdies war auch in dem Wesen der Menschen überhaupt Erregtheit und Leidenschaftlichkeit mehr als früher zur Herrschaft gediehen. So geht auch hierin die Kunst mit dem Gemeingefühl der Zeit Hand in Hand. Es bedarf wohl kaum der Bemerkung, dass auch von dieser Richtung der italienischen Kunst VASARI als einer der ersten Vertreter betrachtet werden muss. Seine Werke bezeugen dies zur Genüge und die Briefe nicht minder. Bei der Schilderung solchen hastigen Treibens verweilt VASARI immer mit einem gewissen Wohlgefallen. An der Türkenschlacht, in der Sala regia, die er, beiläufig gesagt, auch für sein bestes Werk hält, hat er die Hände gebraucht, als ob er „wahrhaftig selbst bei der Schlacht gewesen wäre." Ein andermal führt er die Hände „wie ein Querpfeifer!" Und in einem solchen „Meer von Mühen" geht es ihm „erzwohl" (do sto arcibene, Brief an den Prinzen Francesco vom 23. Februar 1572. Gaye III. 367). Von dem Bewusstsein seiner Mühen ist aber das Bewusstsein seiner Verdienste nicht zu trennen. Der Trieb nach Ruhm, der ihn in früher Jugend beherrschte, wird zur Gewissheit desselben in seinem reiferen Alter. Als MICHELANGELO gestorben war, fühlte er sich gewissermaassen als dessen Nachfolger und Stellvertreter. „Ich werde mir immer Mühe geben," schreibt er an Cosimo am 14. Juli 1564, „diese Künste am Leben zu erhalten; wie Sie denn auch gesehen haben und noch täglich sehen, dass ich, um sie aufrecht zu erhalten, mit meinen Werken und Schriften, sowie durch alle möglichen Bemühungen bestrebt bin." Und wenn man die technische Fertigkeit, die rastlose Thätigkeit und die Meisterschaft des Machens vorzugsweise ins Auge fasst, so hatte er auch ein wohl begründetes Recht, sich als Erben seines grossen Meisters zu betrachten. Die Erhabenheit des Geistes, die den eigentlichen Schwerpunkt von MICHELANGELOS Wesen und Werken ausmacht, lässt sich freilich nicht vererben.

Als er dann später an der Vollendung der Bilder in der Sala regia war, und Papst Pius, in dessen Auftrag er dieselben gemalt hatte, starb, da schreibt er an den Prinzen Francesco (am 2. Mai 1572): „die Hoffnung auf den Lohn meiner Mühen ist mit Seiner Heiligkeit dahingeschwunden, der Ruhm GIORGIOS aber wird bleiben auf Jahrhunderte!" Niemals aber tritt jenes Selbstbewusstsein auf eine so abstossende und verletzende Weise als etwa bei BANDINELLI auf.

Ueberhaupt darf man nicht glauben, dass bei dem Ueberwiegen der bisher geschilderten Eigenthümlichkeiten von VASARIS Charakter die stilleren Eigenschaften des Gemüthes ganz zurückgetreten wären. Hier verdient es zunächst hervorgehoben zu werden, dass Vasari in seinen Lebensbeschreibungen der Künstler gerade diejenigen Tugenden und Eigenschaften an Künstlern mit dem grössten Lobe auszuzeichnen pflegt, die auf einer milden und anspruchslosen Gemüthsrichtung beruhen. Auch die Briefe enthalten manche Aeusserung der Art. Vor allem aber muss man hier das innige Verhältniss zu seinem Freunde Vincenzo Borghini und zu seinem verehrten Meister Michelangelo beachten, indem darin Vasari wirklich ungemein liebenswürdig erscheint. Vincenzo Borghini war neben Benedetto Varchi einer der ersten und angesehensten Gelehrten und Geschichtschreiber, die zu Florenz lebten, — angesehen auch bei den Künstlern, obschon er sich viel mit der Kunst befasste. Seine umfassenden Kenntnisse, sowie sein Geschmack hatten ihm zu einem so grossen Einflusse bei allen künstlerischen Unternehmungen verholfen, dass keine Festlichkeit in Florenz veranstaltet und kein grösseres Werk der Skulptur oder der Malerei begonnen werden konnte, ohne dass man von ihm Rath, Beihülfe, oft bestimmte Anordnung verlangte[1]). Mit diesem unterhielt nun Vasari eine Freundschaft, an deren Innigkeit wir trotz der auch hier mitunter etwas hyperbolischen Ausdrucksweise doch nicht zweifeln dürfen. Als im Jahre 1558 Borghini auf einige Zeit von Florenz abwesend war, klagte ihm Vasari sein bitteres Leid darüber: „Euch will ich gar nicht bitten, sagt er, zurückzukehren, sondern meinen Herrn Jesus Christus, dass er Euch bald zurückkehren lasse!" Aehnlich schreibt er ihm einmal im Jahre 1565, „er warte auf ihn mehr als auf den Messias." Und nicht minder bezeichnend ist ein Brief vom Jahre 1573. „Weder Ew. Herrlichkeit," sagt er darin, „noch ich haben uns gegenseitig die Liebe zu versichern, die wir für einander hegen, denn ich erfreue mich mit Eurem Lächeln und weine mit Euren Thränen." Was aber schliesslich das Verhältniss zu Michelangelo betrifft, so haben wir dies schon oben mehrfach besprochen, und auch die nachfolgenden Briefe werden zur Ehre Vasaris manches Zeugniss davon ablegen. Nur eine Aeusserung desselben in einem Briefe an Borghini vom 9. April 1560 mag hier noch Platz finden. Nachdem er dem Freunde nämlich jenen Besuch bei Michelangelo in Rom geschildert hat, dessen in den Briefen mehrfach Erwähnung gethan wird, schliesst er das Lob des Meisters mit folgenden Worten: „Eines aber bleibt noch übrig, das ist die Tugend dieses Greises in gewissen Dingen, die vom Himmel herab auf ihn ergossen sind. Denn da ist nichts mit der Kunst zu erreichen! Gott allein ist es, der es den Menschen gewährt sie auszuüben!"

141.
GIORGIO VASARI AN NICCOLO VESPUCCI.

Rom, 8. Februar [1532].

Ich weiss nicht, auf welche Weise ich Euch danken soll, mein Herr Ritter! dass ich durch Eure Vermittelung in die Lage zurückgekehrt bin, in der ich mich schon vor vier Jahren befand, wo ich mit solcher Zuvorkommenheit in Ew. Herrlichkeit Hause aufgenommen war.

[1]) Dies gilt z. B. von den Bildern, die Vasari an der Decke des grossen Saales im Palazzo vecchio zu malen hatte (Gaye III, 148, und nicht minder für die von Vasari in der Capella Paolina im vatikanischen Palaste auszuführenden Bilder (Bott. I, 252 und Gualandi Nuova Racc. I, 122).

Denn wenn mein Vater Antonio, seligen Angedenkens, auch für mich dort in Florenz den grössten Theil seines Verdienstes ausgab und glaubte, dass ich, obschon ich noch ein Kind an Jahren war, an Verstand schon ein fertiger Mann sein sollte — vielleicht dachte er, mein Geist sollte seine Verhältnisse beachten wegen der Last dreier Mädchen, die alle jünger waren, als ich und zweier Knaben — indem er kein Vermögen hatte, sie zu erhalten, und überdies, wenn er am Leben geblieben wäre, so hätte ihm meine Mutter alle neun Monat ein Kind gebracht, so dass er arg belastet war.

Ich erkannte dies dann im August des Jahres 1527, als die grausame Pest ihn uns entriss und ausserdem, dass ich nicht mehr in der Stadt wohnen konnte und mich in die Wälder zurückzog, um Heilige für Dorfkirchen zu malen, war ich tief betrübt und erkannte meine gegenwärtige Lage an den Annehmlichkeiten, die ich genoss, als er noch am Leben war, und an den Unannehmlichkeiten, die ich nachher erfuhr, als er gestorben war; bis ich denn hier nach Rom gekommen bin, um dem grossen Ippolito de' Medici zu dienen, wie ich noch als Kind in Eurem Hause zu Florenz befindlich ihm und seinem Vetter, dem Herzog Alexander, diente und dem Hochwürdigen Kardinal von Cortona[1]), die mich bei meiner Jugend und bei der Liebe, die sie zu mir in so vertraulicher Weise hegten, durch Eure Vermittelung und auf Eure Veranlassung in jener Zeit so sehr begünstigt und stets unterstützt haben.

Wieviel verdanke ich nicht, nächst Gott, Euch, mein verehrter Herr! Dadurch, dass Ihr mich hierher geschickt und einem so grossen Kardinal empfohlen habt, werdet Ihr die Veranlassung sein, dass meine arme Familie, die heut die Augen geschlossen hat, sie wieder öffnen und durch diese Hülfe vielleicht reich werden wird. Möge mir nur Gott dauernde Gesundheit schenken und mich in der Gunst von Euch und, wie ich hoffe, auch jenes Herrn erhalten! Denn, so mein Wille ausdauert, so hoffe ich nicht nur die verlorene Zeit wieder einzuholen, sondern auch meine Berufsgenossen um so viel zu überragen, dass die Mühe, die Ihr Euch für mich gegeben habt, nicht weggeworfen sein werde.

Ich kann Euch kaum die Fülle der Gunstbezeugungen herzählen, die man mir angedeihen lässt, noch die zahllosen Aufmerksamkeiten. Ihr kennt vielleicht meine Absicht, wonach ich, wenn ich irgend vermag, unter der Zahl derer sein will, die durch ihre verdienstlichen Werke Gehälter und Siegelgebühren und andere ehrenvolle Belohnungen durch ihre Kunst gewonnen haben.

Gewiss, mein Geist ist ganz darauf gerichtet; denn ich weiss, dass die Zeit rasch vergeht, und ich habe Niemanden, der mir drei Aussteuern für meine drei Schwestern gewinnen helfe, als das Studium, das ich machen werde, um mich zu einem nützlichen ehrenvollen Erfolge zu erheben. Ich danke Euch auch noch für die Ermahnung, bescheiden, liebevoll, gefällig und gesittet zu sein, und nicht wunderlich, phantastisch und roh, wie unsre ganze Schule zu sein pflegt —

---

[1]) Dies ist Silvio Passerini, der Vasari schon 1524 nach Florenz gebracht und ihn mit Alexander und Hippolyt de' Medici bekannt gemacht hatte.

denn ich sehe ein, dass die grösste Zierde bei grosser Fähigkeit die anmuthige Sitte eines edlen Gemüthes ist.

Unterdess werde ich mich befleissigen, ein Bild für meinen Herrn, den Kardinal, zu malen, nach einem Karton, den ich in ziemlicher Grösse gemacht habe und auf dem eine sitzende Venus dargestellt ist, und die Grazien umher, von denen die eine kniet und ihr den Spiegel hält; die andere windet ihr auf gefällige Weise ein Perlenband und Korallen in die Locken, um sie noch schöner zu machen, und die dritte giesst aus einem Smaragdgefässe ganz klares Wasser mit wohlriechenden Kräutern in ein Becken von Perlmutter, um ihr ein Bad zu bereiten. Dabei ist Cupido, der auf dem Gewande der Venus schläft, und Bogen, Köcher und Pfeile daneben. Rings umher Amoretten, die Rosen und andere Blumen auf den Boden streuen, und dabei ist eine Landschaft mit Felsen, die aus ihren Spalten eine Menge Wasser ergiessen. Es sind auch die Tauben darauf und die Schwäne, die trinken, und in dem Dickicht einiger Büsche steht ein Satyr verborgen, der, die Schönheit der Venus betrachtend, in seiner üppigen Lust fast vergeht, indem er ganz wahnsinnige Augen macht und ganz von dieser Leidenschaft, der er sich hingegeben hat, fortgerissen wird. Dem Kardinal aber und dem Papst Clemens hat jener Satyr so gefallen, dass sie wollen, ich soll, wenn dieses fertig ist, ein bedeutend grösseres Bild machen, das einen Kampf von Satyrn oder einen Bacchanal von Faunen und anderen ländlichen Gottheiten zum Gegenstande haben soll.

Ich, mein Herr! möchte fliegen können, so hoch zieht mich der Wille Euch zu dienen; um so mehr, als es kaum zwei Monat her sind, dass ich mich hier befinde und ich auf das Beste mit Zimmer, Bett und Diener versorgt bin. Auch habe ich mich schon neu gekleidet. Ausserdem thue ich ihm einen besonderen Gefallen, wenn ich, so oft ich vor die Stadt gehe, ihm Alterthümer oder Bilder zeichne und sie ihm gleichsam als Nachtisch zur Tafel bringe, gleichviel, ob es früh oder spät ist. Meine Beschützer sind Monsignor Jovio, Monsignor Claudio Tolomei und Cesano, die, edel und tugendhaft, wie sie sind, mich begünstigen, lieben und wie einen Sohn belehren.

Ich habe Euch das Ganze geschrieben, auf dass Ihr guten Muthes seid, dass ich, ausser, dass ich meiner Familie Nutzen bringen muss, doch niemals vergessen werde, in Eurem Hause erzogen zu sein und Euch die Ehre zu machen, wie es meine Schuldigkeit ist und Ihr es verdient; und ich versichere Euch, dass ich Eurer nie und nimmermehr vergessen werde. Christus erhalte Euch in guter Gesundheit!

Der bei Bottari III. 1 abgedruckte Brief trägt dort die Jahreszahl 1540. Es geht aber aus dem Inhalte zur Genüge hervor, dass derselbe viel früher geschrieben, ja sogar wahrscheinlich als der früheste unter den bekannten Briefen Vasaris zu betrachten ist. Wir sehen nämlich Vasari noch mit jenem Bilde der Venus beschäftigt, das er als sein „erstes Werk" für den Kardinal Ippolito de' Medici arbeitete, nachdem ihn derselbe aus Arezzo mit nach Rom genommen hatte. Er erwähnt desselben in ähnlicher Weise in seiner Lebensbeschreibung.

Auch von dem darauf erfolgten Auftrage, eine „Schlacht der Satyrn" zu malen, giebt er Nachricht, sowie auch, dass die Arbeit, kurz nach ihrem Beginn, durch die Abreise des Kardinals nach Ungarn unterbrochen worden sei. Diese fand aber im Jahre 1532 statt, und lässt sich danach das obige Datum genügend rechtfertigen. Ueber den Kardinal Hippolyt vergleiche die Erläuterungen zu dem Briefe Tizians an M. Vendramo (Nr. 93). Hier ist nur noch in Bezug auf diesen und die nachfolgenden Briefe zu erwähnen, dass, nachdem Alessandro de' Medici zur Herrschaft von Florenz gelangt war, sich des Kardinals, der dazu sowohl seiner Fähigkeiten als auch seiner Geburt wegen viel eher berufen gewesen wäre, der heftigste Groll bemächtigte. Um nun diesem eine andere Richtung zu geben und den kriegerischen Neigungen Ippolitos freien Spielraum zu gewähren, beschloss Clemens VII., auf dessen Betrieb Alexander, den man allgemein für seinen Sohn hielt, dem Kardinal vorgezogen worden war, ihn an der Spitze italienischer Hülfstruppen als Legaten an Karl V. zu entsenden, um dessen Feldzug in Ungarn gegen Sultan Soliman mitzumachen. Auf dieses Faktum beziehen sich mehrere Aeusserungen der nachfolgenden Briefe.

142.

GIORGIO VASARI AN OTTAVIANO DE' MEDICI.

Rom, 13. Juni [1532].

Obschon ich Euch, seitdem ich in Diensten des Kardinals bin, mehrere Briefe als Antwort auf die Eurigen geschrieben und aus den guten Erinnerungen, die Ihr mir gabet, viel Gewinn gezogen habe, so ist es doch nicht deshalb, dass ich, wenn ich Euch allstündlich in Person besuchen und Euch in der Nähe dienen könnte, es so gern thun würde, als damals, wo ich noch in Florenz war, sondern meine Seele ist Euch durch die Wohlthaten verbunden, die Ihr mir immer erwiesen habt, und hat es fortwährend vor Augen, so zu werden, dass ich sie Euch, wenn auch nur zum geringsten Theile, wiedererstatten könne. Aus meinen Briefen habt Ihr ersehen, mit welcher Pracht und mit welcher Bequemlichkeit ich von dem Kardinal gehalten werde, der mein Leben so verpflichtet hat, dass ich jeden Augenblick bereit bin, dasselbe ganz seinen Tugenden zum Opfer zu bringen. Denn wenn ich auch mit meinen Werken binnen hier und zwanzig Jahren den Malereien des Apelles gleichkäme, so würde es mir doch immer noch scheinen, als ob ich nichts gethan hätte, um ihn zufrieden zu stellen.

Mir thut es sehr leid, dass er nun, wo ich schon anfing, einigen Erfolg zu gewinnen, mit seinem ganzen Hofe und dem Heere nach Ungarn gegen die Türken aufgebrochen ist. Denn obschon er seinem Haushofmeister Domenico Canigiani genug zu meinem Unterhalt hinterlassen hat, und ich eifrig meinen Studien nachhänge, so scheint es mir doch, als ob ich jenen Genuss und jenen Zielpunkt verlöre, der meinen Wunsch immer rege erhielt, ihm angenehm zu sein und mich in den Studien meines Berufes abzumühen. Ihr wisst es, wie ich dieses Frühjahr, um ihm des Morgens die Zeichnungen zu bringen, alle Stunden des Tages zum Malen benutzte; und um mir bei dem Zeichnen während der Nacht den Schlaf von den Augen zu scheuchen, habe ich sie mir mit dem Oel aus meiner Lampe eingerieben, so dass, wäre nicht die Sorgfalt und die Medicin des Mons. Jovio gewesen, das Licht meines Tages erblichen wäre, ehe noch der Schlaf des Todes meine Augen geschlossen. Ich werde unterdess hier bleiben, um das Bacchanal und die Schlacht der Satyrn zu vollenden, welche, weil sie scherzhaft und ergötzlich sind, bei der Besichtigung einiger darauf befindlichen Dinge, obschon bloss skizzirt, dem Kardinal viel Vergnügen gemacht und ihm sehr gefallen haben.

Nach diesem will ich das Bild eines Harpokrates als Philosophen vollenden. Ich habe denselben nach den Alten mit sehr grossen Augen und eben solchen Ohren dargestellt, um anzudeuten, dass er viel sah und hörte. Die eine Hand aber hält er an den Mund, zum Zeichen still zu sein, und schweigt. Auf dem Kopfe hat er einen Kranz von Mispeln und Kirschen, welches die ersten und letzten Früchte sind, und welche hier angebracht werden, um anzudeuten, dass herbe Erfahrungen mit der Zeit den Menschen zur Reife bringen. Er ist mit einer Schlange umwunden wegen der Klugheit, und mit der Hand hält er eine Gans umschlungen wegen der Wachsamkeit. Alles dies aber hat mir Papst Clemens zu machen aufgetragen, als Sinnbild unseres Kardinals, indem er erwartet, dass mit der Zeit die Einsicht eines so hohen und raschen Geistes reif werde, auf dass mit dem Urtheil und der durch die Erfahrung geläuterten Wachsamkeit er sich auf den wahren Weg dieses Lebens erhebe, welcher jetzt noch nicht von ihm geachtet wird.

Und wenn ich diese Werke werde vollendet haben, so hat mir seine hochwürdigste Herrlichkeit einen Brief hier gelassen für den Herrn Herzog Alexander, dass er mich unterhalten solle; denn er will, dass ich diesen Sommer nach Florenz gehe, um der bösen Luft zu entfliehen und um auf ähnliche Weise studiren zu können, bis dass Se. erlauchte Herrlichkeit siegreich aus Ungarn heimkehrt. Und das möge der Herr unser Gott sowohl zur Verbreitung des Glaubens als auch zu seinem Ruhme und unserem Vortheil geschehen lassen!

Nun habt Acht und bleibt gesund; denn wenn ich komme, so habe ich keinen anderen Führer noch anderen Vater als Ew. Herrlichkeit, der ich mich hiermit empfehle; und ich bitte Euch, mich der Frau Baccia, Eurer Gemahlin, zu empfehlen, die, während ich dort unter ihrer Pflege stand, mit vielen Liebkosungen so an mir handelte, dass ich zwischen meiner Mutter und ihr keinen Unterschied machte. Und Gott erhalte Euch noch lange Zeit zusammen miteinander!

Auch dieser Brief ist bei Bottari III. 5 mit der Jahreszahl 1540 abgedruckt; er gehört indess offenbar in dieselbe Zeit als Nr. 144. Der Kardinal Hippolyt hatte Vasari unter der Obhut Clemens' VII. zurückgelassen, ihm aber zu gleicher Zeit Empfehlungsbriefe an den Herzog Alexander mitgegeben, im Falle er wieder nach Florenz zurückgehen wollte, was denn auch bald darauf geschah. Herzog Alexander übergab ihn bei seiner Ankunft dem Schutz desselben Ottaviano de' Medici, an den unser Brief gerichtet ist, und über den wir schon früher Näheres beigebracht haben. Ein Brief Vasaris an Herrn Ottavianos Bruder Antonio befindet sich ebenfalls bei Bottari Racc. III. 19.

143.

GIORGIO VASARI AN DEN BISCHOF PAOLO GIOVIO.

Arezzo, 4. September [1532].

Monsignor! Ich bin so betrübt über die Abwesenheit des Herrn Kardinals und so vieler meiner Herren und Gönner geblieben, dass meine Fähigkeit, die sich an ihrem Anblicke stärkte und durch die Hoffnung wuchs, welche jene auf meine Vollendung in der Kunst der Zeichnung setzten, sich verringert hat.

Und dann hat der Schmerz meine Begeisterung erkältet, so dass ich nicht mehr so kühn und zu so Vielem unternehmungslustig wie sonst bin, und der Grund davon ist, dass ich nun nicht mehr täglich Gelegenheit habe, meine Sachen Jemand zu bringen, der mich aufrichtete, anfeuerte und vorwärts brachte, wie es mein hochwürdigster Monsignore zu thun pflegte. Und wenn gleich mein Streben, etwas zu schaffen, das mich in der Malerei berühmt machte, von Tag zu Tag sich verringerte, so empörten sich doch meine Sinne, und die Kraft meines Körpers und mein Leben ist durch ein hartnäckiges Fieber geschwächt worden, das, wie ich glaube, seine Veranlassung in meinen Anstrengungen im vergangenen Frühjahr gehabt hat. Wie ich mich nun so verlassen sah, obschon Canigiano den Meister Paolo, einen jüdischen Arzt, kommen liess, und als ich nun auch bemerkte, dass mein Diener Batista dal Borgo krank wurde, da hielt ich mich schon für halb gestorben und dachte schon an nichts anderes mehr, als meinen Geist demjenigen, der ihn mir verliehen, zurückzugeben.

Als nun die Freunde mich trösteten und mir den Vorschlag machten, mich in Tragkörben mit meinem Batista nach Arezzo bringen zu lassen, da schöpfte ich bei dem Klange dieser Worte wieder neuen Athem, und nun wurde uns Alles so bereitet, dass wir uns ohne alle Gefahr und mit Bequemlichkeit zu meiner Familie in Arezzo begeben konnten, indem ich sehr auf die Pflege und Liebe meiner Mutter vertraute.

Und obschon ich in Folge der Unwissenheit des Arztes, der mein Uebel nicht erkannte, nach meiner Ankunft in Arezzo zweimal Rückfall erlitt und so schwach und übel zugerichtet war, dass mir nur noch ein so kleiner Rest von

Leben geblieben war, dass ihm der geringste Zufall hätte ein Ende machen können; so dachte ich doch oft an Ew. Herrlichkeit, bei deren Anwesenheit in Rom ich niemals von dort weggegangen wäre und selbst, wenn ich gestorben wäre, so hätte mich der Gedanke getröstet, dass unter dem Schatten des Kardinales, auch wenn ich nicht zu der Vollendung und dem letzten Ziel in meiner Kunst gelangte, auch zu sterben ruhmvoll für mich gewesen wäre, und dass ich so unter ihm selbst im Tode jene Ehre erlangt hätte, die ich, am Leben geblieben, mir durch meine Arbeit erworben haben würde.

Sehr wohl hat mir die Sorgsamkeit meiner Mutter gethan, die, seit Kurzem ihres Mannes beraubt, sich nun nicht bloss auf den Tod des Sohnes vorbereitete, sondern auch darauf, dass ihre ganze Familie erlöschen würde, indem sie dann mit drei kleinen Mädchen und einem Knaben von drei Jahren zurückgeblieben wäre, ohne Hoffnung auf irgend eine Unterstützung für sich und mit der gewissen Aussicht, sich ihr ganzes Leben lang ununterbrochen abquälen zu müssen. Aus Liebe zu ihr beklagte ich es, sterben zu müssen, denn ich sah voraus, dass das, was ihr zum Leben blieb, nichts waren, als bittere Thränen, und wenn ich sie diese vergiessen sah, so fühlte ich mich mehr vor Mitleid sterben als an dem steten Fieber, das mich niemals verliess. Aber — ich glaube es fest — der grosse Gott richtete seine Augen auf die Jungfräulichkeit jener Mädchen, auf die Unschuld jenes Knaben, auf die Bekümmernisse meiner Mutter sowie auf das Elend meines Todes und auf das Unglück meiner Familie, die kürzlich den Vater verloren sowie einen jüngeren Bruder als ich, der im Jahre 1530 sich von dem Heer, das damals um Florenz stand, die Pest holte und im dreizehnten Jahre seines Alters daran starb. Da erheiterten sich alle Gemüther unserer beängstigten Familie, indem mein Fieber nachliess, und während ich wieder nach und nach zu mir selbst kam, veränderte es sich in ein viertägiges, wie ich es auch noch jetzt habe. Und da mir nun die Sinne alle wieder an ihre Orte zurückgekehrt sind, so hoffe ich auch bald, meine ganze Gesundheit wieder zu erlangen und, wenn ich die Luft wechsele, mit Gottes Hülfe wieder so gesund zu werden, wie ich es zuvor war.

Ich bin jetzt hier zu Hause in Arezzo und, da ich weiss, dass man dem Kardinal meinen Tod gemeldet hat, so könnt Ihr, wenn Ihr dieses leset, ihm bezeugen, dass ich noch am Leben bin, umsomehr, als ich ein Blatt gezeichnet habe, das hier anbei mitfolgt, und das Ihr Sr. hochwürdigsten Herrlichkeit geben möget um ihm dadurch mehr als durch anderes meine Ehrerbietung zu bezeugen. Die Idee der Erfindung ist von einem mir befreundeten Herrn, der mich während meines Uebels fortwährend unterhalten hat. Ich denke, sie wird Euch gefallen.

Und damit Ew. Herrlichkeit und der Kardinal es besser verstehen, so will ich seine Bedeutung so kurz als möglich darunter schreiben. Jener Baum, der in der Mitte der ganzen Darstellung gezeichnet ist, ist der Baum der Fortuna, was er durch seine Wurzeln andeutet, die weder ganz über, noch ganz unter der Erde sind. Seine verschlungenen Zweige sind theils glatt und theils verknotet, und auf diese Weise durch das Geschick geformt, welches sich oft gleich bleibt, oft aber im Leben auch wechselt.

Seine Blätter, weil sie ganz rund und glatt sind, deuten die Unbeständigkeit an; seine Früchte sind, wie Ihr sehet, päpstliche Mitren, Kaiser- und Königskronen, Kardinalshüte und Bischofsmützen, Herzogsmützen und solche von Marchesen und Grafen. Auch solche von Priestern sind dabei und Mönchskapuzen und Nonnenhauben und Schleier sowie auch Sturmhauben für Soldaten und verschiedene Kopfbedeckungen für Personen des Bürgerstandes, männliche und weibliche.

Unter dem Schatten aber jenes Baumes befinden sich Wölfe, Schlangen, Bären, Esel, Ochsen, Schafe, Füchse, Maulthiere, Schweine, Katzen, Käutzchen, Nachteulen, Uhus, Papageien, Spechte, Kukuke, Kernbeisser, Bachstelzen, Elstern, Krähen, Amseln, Heuschrecken, Grillen und Schmetterlinge; und noch viele andere Thiere werdet Ihr sehen können, welche die Glücksgöttin erwarten. Diese aber, welche die Augen mit einer Binde verbunden hat, steht auf dem Wipfel des Baumes und, mit einer Ruthe die Früchte herunterschlagend, lässt sie diese auf gut Glück auf die Köpfe der Thiere fallen, die ganz ruhig unter dem Baume stehen, und so kommt es denn, dass manchmal die p[äpstliche] Herrschaft einem Wolfe auf den Kopf fällt und dieser mit der Natur, die ihm eigen ist, lebt und die K[irche] regiert, und ähnlich das K[aiserthum] auf eine Schlange, welche die Reiche vergiftet, zerstört und verschlingt und alle seine Völker zur Verzweiflung bringt.

Die Königskrone fällt einem Bären auf den Kopf und bringt dieselbe Wirkung hervor als der Hochmuth und die Wuth seiner tollen Natur. Die Kardinalshüte regnen oft auf die Köpfe von Eseln, die sich um keine Fähigkeit kümmern, unwissend leben, sich eselsmässig mästen und oft noch andere stossen. Die Bischofsmützen sind oft für Ochsen bestimmt, indem oft mehr Kriecherei und Schmeichelei in Betracht gezogen wird als das Verdienst. Die Herzogs-, Marchesen- und Grafenkronen fallen Füchsen, Greifen und Löwen zu, vor deren List, Klauen und Stolz man sich nicht retten kann.

Aehnlich fallen mitunter die Mützen der F[ürsten] Schafen und Maulthieren auf den Kopf, indem der eine oft bloss durch seine Geburt in den Platz des Vaters einrückt, und der andere nur lebt, um zu faullenzen und zu essen. Die K[apuzen?], welche Schweinen verschiedener Art zufallen, die sich im Schlamm der Lüste wälzen, verursachen bei ihren C..... gewöhnlich die Bubenstücke, die Euch bekannt sind. Die Schleier und Hauben der N[onnen] fallen auf die Köpfe von Katzen, indem ihre Oberleitung sich oft in den Händen von Weibern befindet, die nur wenig Gehirn haben. Der Soldaten Sturmhauben fallen auf die Köpfe von Spechten, Kukuken und Papageien, und die gewöhnlichen Mützen sind dazu bestimmt, ganz auf gut Glück Uhus und Nachteulen zu bedecken sowie Schuhus, Kernbeisser und Sperber; und die verschiedenen Arten des weiblichen Kopfputzes, um Bachstelzen, Käutzchen, Amseln, Heuschrecken, Heimchen, Motten und Schmetterlinge damit zu bekleiden.

Und wie so ein Jeder mit seiner Würde bekleidet wird, je nach dem Orte, an dem er sich befindet, und nach dem Zufall, womit die Früchte des Baumes ihn treffen, hat dieser mein Freund seine Idee vermittelst der Zeichnung, die ich schicke, Ew. Herrlichkeit gezeigt; denn obschon die Sache etwas profan ist, so ist sie mir doch so eigenthümlich vorgekommen, dass ich sie Euer würdig gehalten habe, und damit Ihr auch den Kardinal etwas zum Lachen bringt.

Unterdess werde ich mich bemühen, meine Gesundheit wieder zu gewinnen, und Ihr werdet Sr. Hochwürden zu verstehen geben, dass ich seinen Brief dem Herzoge Alexander gesandt habe, und dieser hat mich bedeutet, nach Florenz zu kommen. Ich werde hier den ganzen September bleiben. Anfangs Oktober aber werde ich seinem Befehle nachkommen, und von da an werdet Ihr mein Befinden täglich wissen. Grüsst von mir meine Freunde in Eurer Akademie und küsst in meinem Namen dem Kardinal die Hand.

Bei Bottari III. 8 mit der Jahreszahl 1541 abgedruckt. Vgl. die Erläuterung zu Nr. 111 u. 112. Ueber die Krankheit Vasaris und deren Heilung in Arezzo s. dessen Leben.

144.

GIORGIO VASARI AN IPPOLITO DE' MEDICI.

Florenz, Dezember 1532].

Seitdem ich in Florenz angelangt bin, ist während des freundlichen Empfanges, den mir der Herzog bereitet, und unter dem Wiederbeginn meiner Zeichenstudien nicht bloss die Last des Wechselfiebers von mir gewichen, sondern ich bin auch ganz wieder durch diese Luft gestärkt worden. Und mehr noch hat mich gefreut, zu hören, dass Ew. Herrlichkeit in Kurzem nach Bologna kommt, indem ich hoffe, dass Ihr Euch, wenn es Gott gefällt, wieder nach Rom begebt, wohin ich dann wieder zu Euch, obschon es mir hier an nichts fehlt, zurückzukehren hoffe, um so die Fähigkeiten, die ich mit der Zeit und mit Hülfe Eurer Grösse zu erlangen suchte, zur Vollendung zu bringen und so in der Vorzüglichkeit immer weiter fortzuschreiten zu können.

Und um nicht von der gewohnten Ordnung abzuweichen, und damit das Zeichnen auch immer mit dem Koloriren gleichmässig vorwärts gehe, so habe ich einen Karton gemacht zu einem grossen Gemälde, welches Ew. Hochwürden im Zimmer bei sich haben soll, und ich habe darauf dargestellt, wie unser Herr Jesus Christus, nachdem ihn Joseph von Arimathia von dem Kreuzesholze abgenommen hat, in das Grab getragen wird. Ich habe mir dabei gedacht, dass diese Alten ihn mit Ehrfurcht tragen. Einer derselben hat ihn unter dem Arm gefasst und, indem er den Rücken Christi gegen seine Brust stützt, schreitet er

seitwärts. Der andere, der seinen Herrn mit beiden Armen in der Mitte umfasst hat, trägt diese Last beim Schreiten, während der heilige Johannes, nachdem er schon das Kleid abgelegt, mit einem Arm die Kniee und mit dem
anderen die Beine des Herrn unterstützt, indem er seinen Schritt den andern
anpasst, um ihn zu begraben. Und während sie in die Betrachtung des Todes
ihres Heilandes versunken einherschreiten, sind die Marien, nämlich Magdalena,
Jacobi und Salome, während sie den Todten begleiten und beklagen, damit beschäftigt, die heilige Jungfrau zu unterstützen, die im schwarzen Gewande mit
ihren thränenerfüllten Augen Kunde von dem Verlust ihres Sohnes giebt.

Im Hintergrunde sind einige Köpfe von Jünglingen und Greisen, die zur
Bereicherung und zum Abschluss der Darstellung dienen. Ebenso habe ich in
der Landschaft die Schächer gemalt, die man, nachdem sie vom Kreuze abgenommen sind, zum Begräbniss trägt. Einer hat sich die Beine auf die Schultern
gelegt, der andere einen Arm um seinen Hals geschlungen, und so tragen sie
rüstig den Todten. Ich werde mich bemühen, das Bild mit all dem Fleiss, der
in meinem Vermögen steht, zu koloriren, damit Ew. Herrlichkeit sehe, dass von
mir keine Art des Studiums vernachlässigt wird, indem ich nicht bloss wünsche,
dass der Unterhalt und die Unterstützungen, die man mir bietet, nicht bloss
Ew. Hochwürden und deren erlauchtem Hause, das von jeher jedes arme Genie
unterstützt hat, Ehre bringen, sondern auch mir selber.

Ich will also Gott bitten, mir die Gnade zu gewähren, dass ich die Früchte
bringe, die Ihr erwartet, und deren meine arme Familie bedarf. Und von
ganzem Herzen spreche ich Euch mit pflichtschuldiger Ergebenheit meine Ehrerbietung aus.

Bei Bottari III. 14 mit der Jahreszahl 1541 abgedruckt. Vgl. oben
Nr. 141—143. Das Bild der Grablegung beschreibt VASARI auch in seiner
Biographie. Es kam später in den Besitz des Herzogs Alexander (Vgl. Nr. 145).

145.

GIORGIO VASARI AN ALESSANDRO DE' MEDICI.

Florenz, Januar [1535].

Da Ew. erlauchte Excellenz das Bild des todten Christus sehr gelobt und
mit Wohlgefallen aufgenommen hat, welches ich für den Kardinal
[Ippolito] gemalt hatte, so wird es Sr. hochwürdigsten Herrlichkeit angenehmer sein zu wissen, dass Sie es in Ihrem Zimmer haben, als es selbst zu
besitzen, indem es derselbe gern hört und sich in seiner Huld daran erfreut,
dass meine Bemühungen von Eures Gleichen gewürdigt werden; um so mehr,
als ich in seine Hände viel besser zurückkehre, als wie er mich bei seiner Ab-

reise zurückgelassen hatte. Und da Ew. Excellenz bestimmt hat, dass ich ein Bild mit dem Portrait Lorenzos des Prächtigen, des Alten, mache, in dem Kleide, das er wirklich zu Hause trug, so wollen wir zusehen, eines jener Portraits zu nehmen, die ihm am meisten ähnlich sind, und davon wollen wir die Züge des Antlitzes entlehnen, und das übrige hatte ich die Absicht nach folgender Idee zu machen, wenn es Ew. Excellenz Beifall findet.

Obschon Sie besser als ich die Handlungen dieses seltenen und ausgezeichneten Bürgers kennen, so wünsche ich, denselben auf diesem Bilde mit all' dem Schmuck zu umgeben, der vermöge seiner grossen Eigenschaften sein Leben zierte, wenngleich er auch an und für sich schön ist, wenn ich ihn allein und ohne Zusatz male. Ich will ihn also sitzend darstellen, mit einem langen violetten Gewande bekleidet, das mit weissem Pelzwerk gefüttert ist, und die rechte Hand wird ein Tuch fassen, das von einem nach alter Mode breiten Gurtriemen herabhängt, womit er umgürtet ist, und an demselben wird eine Tasche von rothem Sammet, als Börse dienend, befestigt sein.

Mit dem rechten Arm wird er sich auf einen Marmor-Pilaster stützen, der eine antike Statuette [1]) von Porphyr trägt, und auf besagtem Pilaster soll, ebenfalls von Marmor gedacht, eine Figur der Lüge sein, die sich in die Zunge beisst und von der Hand Lorenzos des Prächtigen bedeckt wird. Der Sockel wird bearbeitet sein, und es wird folgendes darauf geschrieben stehen: „Wie mir meine Vorfahren, so habe ich mit meiner Tugend meinen Nachkommen vorgeleuchtet" [2]). Darüber habe ich eine sehr hässliche Maske angebracht, die das Laster darstellen soll und welche, auf der Stirn liegend, ein reines glänzendes Gefäss, voll von Rosen und Veilchen, trägt mit folgender Inschrift: „Die Tugend umfasst Alles" [3]). Es soll dies Gefäss eine Oeffnung [4]) haben, um Wasser besonders daraus zu giessen, und an dieser soll eine sehr schöne Maske befestigt sein, mit Lorbeer bekränzt, und auf der Stirn oder auf der Oeffnung stehen die Worte: „Lohn der Tugend" [5]).

Auf der andern Seite soll von demselben Porphyr eine antike Lampe gemacht werden, mit phantastischem Fuss und eine bizarre Maske darüber, die es sehen lässt, dass man das Oel zwischen den Hörnern in die Stirn giessen kann, so dass das Licht aus dem Munde hervorleuchtet, um zu zeigen, dass Lorenzo der Prächtige durch seine ausgezeichnete Regierung nicht nur in der Beredsamkeit, sondern in allen Dingen und namentlich durch seine Urtheilskraft seinen Nachkommen sowie dieser herrlichen Stadt Licht verbreitet hat. Und damit Ew. Excellenz ein Genüge daran finde, so schicke ich dies mein Werk nach Poggio, und worin meine arme Fähigkeit, indem sie Euch giebt, was sie vermag, fehlt, möge Ihr erleuchtetes Urtheil aushelfen, wie ich denn auch M. Otta-

---

[1]) *Antecaglia.*
[2]) *Sicut majores mihi, ita et ego post[eris?] mea virtute praeluxi.*
[3]) *Virtus omnium eas.*
[4]) *Cannella; Hahn.*
[5]) *Praemium virtutis.*

viano de' Medici, dem ich dieses gegeben, gebeten habe, mich bei Ihnen zu
entschuldigen, indem ich nichts besseres zu leisten vermochte. Und Ew. erlauchten Excellenz empfehle ich mich, so viel ich weiss und kann von ganzem
Herzen.

Bottari Racc. III. 17.

—

146.

GIORGIO VASARI AN RAFFAELLO DEL COLLE [*).

Florenz, 15. März [1536].

Während ich das dritte Bild aus der Geschichte Cäsars, die mir der Herzog
Alexander in seinem Palast zu malen aufgetragen hatte, zu Ende brachte,
kam von Sr. Excellenz Nachricht aus Neapel, dass der Kaiser durch
Florenz kommen würde, und so hat er denn angeordnet, dass Luigi Guicciardini, Giovanni Corsi, Palla Rucellai und Alessandro Corsini über die Ornamente,
die ganze Einrichtung und den Festzug gesetzt seien, um Se. Majestät zu ehren
und diese herrliche Stadt noch schöner zu machen. Er hat diesen Herrn auch
noch geschrieben, dass sie sich meiner bedienen sollen, und soviel ich gewusst,
habe ich auch nicht verfehlt, ihnen mit Zeichnungen und Erfindungen zu dienen,
obschon ein Jeder dieser vier schon für sich äusserst gelehrt ist, und sie allzusammen — ich denke, Ihr werdet es sehen — werden ganz ausserordentliche
und schöne Dinge machen. Ich habe mich sehr beeilen müssen, das Bild fertig
zu machen, indem das Zimmer zur Wohnung Sr. Majestät bestimmt ist, und statt
des Bildes, das noch fehlt, ist der Karton, so wie er gezeichnet ist, angebracht
worden, um es dann nach der Abreise des Kaisers fertig zu machen. Nun aber,
um Euch von Eurem Vortheil und meinem Bedürfniss zu sprechen, wird es mir
angenehm sein, wenn Ihr beim Empfange dieses Briefes, den ich Euch durch
den Stallknecht Sr. Excellenz schicke, Euch hierher begebt, ohne weder nach
Stiefel und Sporn, noch nach Degen und Hut zu suchen, um gar keine Zeit zu
verlieren; das könnt Ihr thun, wenn wir mehr Musse haben werden. Hier der
Grund davon. Ich befand mich in dem Saale des Palastes del Podestà zu Florenz
bei einem Banner von Zeug beschäftigt, auf welchem alle Wappen und Embleme
Sr. Majestät dargestellt werden sollen; es ist fünfzehn Ellen hoch und fünfunddreissig Ellen lang, und dabei sind, um es zu malen und zu vergolden, sechszig
der geschicktesten Leute von Florenz beschäftigt. Das Banner ist für das Castell
des Herzogs bestimmt und soll über dem Schlossthurm angebracht werden, und
wie ich es beinahe zu Ende gebracht, werde ich von jenen Herren des Festes ge-

---

[*) Die Adresse des Briefes lautet: A. Raffaello dal Borgo a. S. Sepolcro. Ueber
diesen Maler vgl. Vasari und A. Seubert Allgemeines Künstlerlexikon 2. Aufl.
S. 289.

zwungen und muss ihnen versprechen, eine Façade für S. Felice in piazza zu machen, voll von Säulen und Bogen, Frontispizen, Risaliten und Verzierungen, was eine prachtvolle Sache werden wird; denn es soll einunddreissig Ellen in die Luft gehen mit Figuren und Bildern im grössten Maasstabe. Die Meister nun, denen ich die Arbeit bestimmt hatte, haben sie nicht gewollt, indem sie von der Grösse des Werkes und von der Kürze der Zeit erschreckt wurden, und während Luigi Guicciardini und die Andern sie gezeichnet, haben sie mir die Ausführung derselben aufgebürdet. Ich habe also in diesem Sturm Unterstützung nöthig.

Ich würde Euch nun gewiss nicht diese Beschwerde zugemuthet haben, wenn jene Meister, die fürchten, ich würde mich mit ihren Arbeiten brüsten, sich nicht in dem Glauben, ich wüsste nichts davon, gegen mich verschworen hätten, sie glaubten das Pferd von Arezzo wollte sich mit der Haut des Löwen von Florenz schmücken[1]! Nun rufe ich Euch als liebevoller Freund und bedürftiger Nachbar zu Hülfe; denn ich weiss, Ihr werdet mich nicht im Stiche lassen. Ich werde jenen schon zeigen, wenn schon ich noch keinen Bart habe und klein von Figur wie jung an Jahren bin, dass ich meinem Herrn auch ohne ihre Hülfe zu dienen weiss und vermag; und wenn sie nachher kommen werden und mich um Arbeit dabei bitten, werde ich ihnen sagen: Es lässt sich auch ohne Eure Hülfe machen!

Theurer, süsser und redlicher Raffael! lasst Euren Giorgio nicht im Stiche! Denn Ihr würdet eine Grausamkeit gegen unsere Freundschaft begehen, und es würde ein Mord an meinem guten Namen wie durch die Hand Don Micheletos sein! In der Zwischenzeit, bis Ihr kommt, werde ich die Zeichnung zu den Bildern machen und unter diesen will ich, um Euch zu begeistern und Euch Handgeld darauf zu geben, dass Ihr Sachen auszuführen bekommt, die Euch gefallen werden, ein Mittelbild von dreizehn Ellen Höhe und neun Ellen Breite zeichnen; und zwar ein Reitergefecht zwischen den Türken und den Unsrigen, welche erstere von den Christen vor den Thoren von Tunis geschlagen und bei stetem Kampf einhergetrieben werden, und es soll ein grosses Gemetzel von Erschlagenen und Verwundeten und von Kämpfern zu Fuss und zu Pferde werden! In der Luft werde ich, um ihnen Hülfe zu bringen, zwei grosse Frauengestalten machen, nämlich die Gerechtigkeit und die Treue, die, bewaffnet und im Fluge kämpfend, die Türken mit in die Flucht schlagen sollen. Ihr werdet auch noch zwei Viktorien gezeichnet finden, die bis sieben Ellen hochgehen, deren eine, die Skulptur darstellend, die Geschichte von Goletta[2]) in Afrika in Marmor bringt, und deren andere, die Malerei, das Unternehmen in Asien zeichnet. Ich will auch noch das Bild der Krönung des Königs von Tunis machen und viele andere Felder, wohin andere Erfindungen von Viktorien und Waffen und Trophäen und tausend andere Ornamente kommen sollen.

---

[1]) Das Pferd ist das Wappen von Arezzo, der Löwe das der Stadt Florenz.
[2]) Goletta, Meereskanal bei Tunis.

Aber nun zögert nicht lange; denn wenn mich die Wuth ergreift, so habe ich einen solchen Hass gegen diese meine Verschwörer gefasst, dass ich, wenn ich so viel Hände hätte, als ich mich an Kraft und Willen aufgelegt finde, wirklich glauben würde, diese ganzen Herrlichkeiten allein machen zu können. Unterdessen werde ich den Bogen des Thores bei S. Pier Gattolini zu Ende bringen lassen, es gehören dazu zwei Säulen von je sechszehn Ellen mit einem „Plus Ultra"[1], und Bildern von Seeungeheuern an den Basamenten sammt einer Inschrift am Thor, so gross, dass ihre Buchstaben jede zwei Ellen hoch werden.

Ich will daselbst eine grosse Figur der Lüge anbringen, in Fesseln und sich in die Zunge beissend, gerade so wie ich hoffe, dass jene, wenn sie kommen und bei der Ankunft Sr. Majestät meine Arbeit vollendet sehen, sich in die Hände beissen werden; und wir werden über sie triumphiren, indem wir gezeigt haben, dass einer, der schwächer ist an Kräften, Jahren und Fähigkeiten, durch die Redlichkeit seines Geistes ihres Gleichen und ihr Besieger geworden ist. Nun kommt nur frisch her, denn ich erwarte Euch mit grösster Spannung!

Bottari Racc. III. 35. — Die im Anfang des Briefes erwähnten Geschichten Cäsars, die Vasari für den Herzog Alexander in dessen Palast auszuführen hatte, beschreibt derselbe ausführlich in einem Briefe an Pietro Aretino (vgl. die Erläuterungen zu Brief 147).

In Bezug auf die grossen Vorbereitungen zum Empfange Kaiser Karls V. ist zu bemerken, dass derselbe am 28. April 1536 nach Florenz kam, nachdem er vorher zu Neapel in den Streitigkeiten zwischen den Exilirten von Florenz und dem Herzoge Alexander sich zu dessen Gunsten entschieden hatte. Darauf war denn Alexander schon im März nach Florenz zurückgegangen, um seine Dankbarkeit gegen den Kaiser durch die in diesem und dem folgenden Briefe besprochenen grossartigen Empfangsfeierlichkeiten an den Tag zu legen.

147.

GIORGIO VASARI AN M. PIETRO ARETINO.

Florenz, Mai 1536.

Obschon ich noch ganz ermüdet bin, weil ich einen ganzen Monat, um mir Ehre zu erwerben, aussergewöhnlich gearbeitet habe und obgleich ich, um mein Werk zu vollenden, schon seit fünf Nächten nicht geschlafen habe, so sehet Ihr mich doch, mein lieber Messer Pietro! hier, nachdem der Kaiser heut in Florenz eingezogen ist, schon Abends bereit, Euch die Herrlichkeiten dieser grossen Stadt und die von unserem erlauchten Herzoge bestimmte Ordnung zu erzählen, und ebenso, wo die Triumphbögen sich befanden und von

---

[1] Die Devise Karl V.

wessen Hand sie waren; und die ehrenvollen und schönen Erfindungen, die vom Herzog Alexander ins Werk gesetzt worden sind; von ihm, der wahrhaft würdig ist, Fürst zu sein, nicht bloss von dieser Stadt, der ersten von Toskana, sondern des ganzen beängstigten, elenden, schwachen und bedrückten Italiens, indem dieser grosse Arzt allein dessen schwere Schäden würde heilen können . . . . . [1]).

Als er (Alexander) bei S. Felice in piazza anlangte, wo ich eine vierzig Ellen hohe Façade errichtet hatte mit Säulen, Bildern und mannigfaltigen andern Monumenten, und dieselbe vollständig beendet sah, wunderte er sich über die Grösse und die Schnelligkeit und überdies über die Trefflichkeit dieses Werkes, und als er nach mir fragte, wurde ihm gesagt, dass ich von der Anstrengung halb todt und aus Ermattung in der Kirche auf einem Bündel Zweige eingeschlafen sei. Er lachte und liess mich gleich rufen, und wie ich nun ganz verschlafen und dumm, erschöpft und erschreckt vor ihn trat, da sagte er in Gegenwart des ganzen Hofes diese Worte: Dein Werk, mein lieber Giorgio! ist bis jetzt das grösste und das schönste und am besten angelegt, ebenso auch ist es rascher zu Ende gebracht, als die der andern Meister; ich erkenne daraus die Liebe, die Du zu mir hegst, und da ich Dir dafür verpflichtet bin, so wird es nicht lange währen, und der Herzog Alessandro wird sich Dir erkenntlich beweisen, sowohl für diese, als auch Deine andern Bemühungen. Nun aber ist es Zeit, munter zu sein und Du schläfst? Und mit einer Hand mich am Kopf ergreifend, zog er mich zu sich, gab mir einen Kuss auf die Stirne und dann zog er weiter. Ich fühlte mich ganz erregt, und die Lebensgeister, die mich wegen des Schlafes verlassen, erwachten von Neuem, und so floh die Mattigkeit aus den ermüdeten Gliedern, als wenn ich einen Monat Ruhe gehabt hätte. Diese Handlung Alessandros war an Edelmuth nicht geringer, als jene Alexanders des Grossen war, als er dem Apelles die Stadt und die Talente (Goldes) und seine Geliebte Kampaspe schenkte . . . . [2])

Ich weiss sehr wohl, dass ich in der Beschreibung dieses Einzuges etwas lang gewesen bin, aber der lebhafte Wunsch, Euch zufrieden zu stellen und Eure Aufforderung, Euch, wenn Se. Majestät käme, spezielle Nachricht darüber zu geben, sind Schuld daran, dass ich so weitläufig in dieser Erzählung gewesen bin. Aber da grosse Ereignisse immer wieder ähnliche Dinge zur Folge haben, so wundert Euch nicht über den allzulangen und dicken Brief, den ich Euch diesmal schicke. Denn ich muss Euch noch sagen, dass alle diese Herren, der

---

[1]) Hierauf folgt die Beschreibung aller Einrichtungen, wobei zuerst geschildert wird, wie der Herzog Alexander, ehe er aus Florenz zog, um den in der Certosa wohnenden Kaiser abzuholen, alle Orte, an denen Bogen etc. errichtet waren, besuchte. Während nun Vieles noch unvollendet war, fand er Vasaris Aufgabe, S. Felice in Piazza mit einer Façade zu zieren, gelöst

[2]) Nun folgt die Beschreibung der Bogen und Statuen, Säulen mit ihren allegorischen Vorstellungen, Bemerkungen über den Kaiser und den Eindruck, den diese Herrlichkeit, namentlich der Palazzo degli Spini und der Platz S. Trinità auf ihn machten u. s. w. Der Schluss ist dann wieder von persönlichem Interesse. Derselbe lautet von S. 35 an, wie oben angegeben ist.

Hof und die Fremden, die Bürger und das Volk dieser Stadt so voll von Bewunderung über die Grösse und den Geist des Herzogs geblieben sind, dass ein Jeglicher gestand, er sei einer grösseren Herrschaft würdig, als diese ist. Noch bleibt mir zu sagen, dass er diesen Abend, wie ich den Palast verliess, zu mir sagte: Wenn Du an den Aretino schreibst, sage ihm, dass er Theil an dieser Grösse haben soll, und grüsse ihn von mir; wie ich dem hiemit thue. Und ausserdem sagte er, dass ich, da ich alle meine Werke vollendet hätte, und keines der von mir übernommenen Dinge unfertig geblieben wäre, während viele von denen der andern Meister, Bildhauer wie Maler, nicht zu Ende gebracht worden seien, so sollte ich ausser dem, was mir nach seiner Anordnung für meine Mühe bestimmt war, auch noch den ganzen Rest erhalten, den jene sonst noch bekommen hätten. Was jenen vier, welche die Ornamente zu besorgen hatten, bestimmt war, sollte mir als Preis, Ehre und Anerkennung gegeben werden, auf dass der Lohn, welchen die Lässigkeit jener nicht zu gewinnen gewusst, meinen angestrengten Bemühungen zu Theil würde, was sich meiner Berechnung nach auf mehr als 300 Skudi belaufen wird. Unterdess aber werde ich suchen, mich von der Mattigkeit zu erholen, von der mir der Körper wie zerschlagen ist, und Ihr sollt, nach meiner Gewohnheit, von meinen andern Erfolgen tagtäglich unterrichtet werden. Grüsst den Sansovino und den Tizian, womit ich Eurer Befehle gewärtig bleibe!

Auf diesen von B o t t a r i Racc. III. 39—56 mitgetheilten Brief erhielt VASARI eine wohl irrthümlich vom 19. Dezember 1537 (statt 1536) datirte und ebenfalls bei B o t t a r i III. 97 abgedruckte Antwort Aretinos, in welcher sich dieser mit grossen Lobeserhebungen VASARIS über die Einrichtungen zu dem Empfange des Kaisers ausspricht. Die Gegner VASARIS kommen dabei schlecht weg, wie es dem einmal von der Viktoria eines gewissen Cesare, die VASARI als „nicht ganz schlecht" in seinem Briefe bezeichnet hatte, heisst: „Wenn ich mir nicht durch den Anblick Eurer Sachen den Magen gestärkt hätte, würde ich mich übergeben haben beim Anblick dieses Bohnengesichtes" (a. a. O. S. 101). Aus nicht viel früherer Zeit scheint noch ein anderer Brief VASARIS an Pietro Aretino herzurühren, worin er diesem eine ausführliche Beschreibung der Bilder aus dem Leben des Julius Cäsar macht. Es waren dies die auch im Anfang des Briefes 146 erwähnten grossen Gemälde, mit denen Herzog Alexander seinen Palast zieren wollte, und an deren Ausführung VASARI erst durch die Empfangsfeierlichkeiten, dann durch den bald darauf erfolgten Tod des Herzogs (vgl. Brief 148) verhindert wurde. Der Brief befindet sich bei B o t t a r i Racc. III. 31, wo auch noch andere Briefe Aretinos an VASARI vom Dezember 1548 und April 1549 abgedruckt sind (S. 176 u. 177). — Ueber die Arbeiten VASARIS zu den Feierlichkeiten und die dafür erhaltenen Belohnungen spricht sich derselbe auch in seiner Lebensbeschreibung aus.

148

GIORGIO VASARI AN ANTONIO VASARI.

Florenz, den 7. Januar 1537.

Da sind nun, verehrter Oheim! die Hoffnungen der Welt, die Gunst des Glückes und das Vertrauen auf den Schutz der Fürsten und der Lohn meiner so grossen Mühen, Alles in einem Athemzuge, zerstört. Da liegt nun mein Herr, der Herzog Alexander in der Erde, getödtet und hingeschlachtet wie ein wildes Thier durch die Grausamkeit und den Neid seines Vetters Lorenzo di Pier Francesco. Ich beweine zusammen mit allen seinen Dienern sein unseliges Schicksal, dass so viel Schwerter und Waffen, so viel bezahlte Söldner und Wachen, so viel Festungen endlich, die er errichtet, nichts vermocht haben auch nur gegen ein Schwert und zwei ruchlose schleichende Verräther.

Ich klage nicht über das eigene Unglück, wie so Viele thun. Denn der Hof nährt stets Schmeichler und Verführer, Betrüger und Kuppler, woraus denn nicht nur der Tod dieses Fürsten, sondern auch aller derer hervorgeht, welche, Verehrer der Welt und Spötter Gottes, in jenem Elende bleiben, in dem sich gestern Nacht der Herzog befand und jetzt alle seine Diener. Ich gestehe es gern, dass durch die Gunst, die mir erst Kardinal Ippolito und dann Clemens VII., sein Oheim, schenkte, mein Stolz so hoch gestiegen war, dass ich nun, da beide vom Tode dahingerafft sind, aus allen meinen Hoffnungen gefallen bin. Denn ich zählte allerdings auf geistliche Benefizien, um Euch, die Ihr meine Mutter, Schwestern und Bruder erhaltet, eines Tages Trost und Stärkung zu verschaffen; und ich hoffte Euch wegen Eurer Sitten ehren und wegen Eurer Güte belohnen, so wie mir und meiner ganzen Familie Ruhm und Vortheil erringen zu können.

Ich hoffte auch noch Herrn Cosimo, Euren Bruder und meinen Oheim, in höherem Range zu sehen und nach dem Tode jener mit Einnahmen von Benefizien ausgestattet, wegen der Dienstbarkeit, die mich an jenen Unglückseligen kettete. Auch darüber klage ich nicht, dass ich mich wieder in der Art wie Ihr wisst in meinem Berufe befinde . . . . . .[1]). Denn das glaube ich fest: derjenige, der die Vorsehung selbst ist und auch nicht einmal den Vögeln und Thieren der Erde seine Hülfe versagt, wird auch mich stets mit Arbeiten versehen, so dass ich mit dem Schweisse der Mühen, die ich auf mich nehmen werde, Euch und meine ganze Familie zu unterstützen vermöge; ausserdem dass ich, wegen der Dienste, die ich von neuem dem Herrn Cosimo de' Medici, welcher zu seinem (Alexanders) Nachfolger ernannt ist, geweiht habe, vielleicht dieselbe Stellung und dasselbe Gehalt bekommen könnte.

[1]) *Perchè stette la corte attendesse all' opere virtuose, quando vien la morte de' padroni loro, ogni aver darebbe il pane alla lor servitù; ma pensa chi è appoggiato a essa o per nobiltà di sangue, o per servizio d'uomini che molti anni abbiamo seguito quella fazione o che, tolti dalle staffe, o dal governo si sien dati al suo servizio.* Herzog Alexander war mit Recht bei einem grossen Theil der Florentiner verhasst.

Beruhigt Euch also und zweifelt nicht an mir! Sobald ich kann, sende ich Euch das Bild des heil. Rochus, das ich für Arezzo gemalt habe. Ich habe es in den Fugen mitten durchgesägt und werde es dort wieder zusammenfügen lassen. Leid thut es mir wegen des andern von mir übernommenen Bildes, welches für den Hochaltar von S. Domenico bestimmt ist, und welches ich verpflichtet bin, den Genossen der Gesellschaft des Corpus domini binnen Jahresfrist fertig zu liefern. Denn wenn nicht die Fessel dieser beiden Werke wäre[1]), so würde ich nach Rom gehen, wo ich schon seit einigen Jahren von vielen Freunden gewünscht worden bin; um so mehr, als mein Sinn auf das Studium der Kunst gerichtet ist. Unterdess bittet zu unserm Herrn, dass er mich hier zum Heil führe: denn ich schwöre Euch, dass wir andern Diener des Herzogs hier in Florenz die grösste Gefahr laufen. Ich habe mich in mein Zimmer zurückgezogen, während ich alle meine Sachen ausgeräumt und in die Häuser verschiedener Freunde gebracht habe, um sie, sobald man die Thore passiren kann, an Euch zu schicken. Ich werde auch, da es wenig zu thun giebt, bald ein Bild vollendet haben, auf welchem Christus dargestellt ist, wie er sein Fleisch und Blut in Brod und Wein verwandelt und es den zwölf Aposteln mittheilt. Das will ich bei meiner Abreise dem erlauchten Ottaviano hinterlassen, denn so wie Christus bei seinem Heimgange seinen heiligen Aposteln jenes Andenken hinterliess, so lasse ich ihm dies Zeichen der Liebe als mein Vermächtniss, indem ich den Hof verlasse, um zu einem besseren Leben zurückzukehren. Nun aber bestellt das Haus, denn bald werden wir uns nun gemeinsam eines friedlichen Lebens erfreuen!

149.

GIORGIO VASARI AN NICCOLO SERGUIDI.

Arezzo, 6. Juli 1557.

Da seht Ihr, mein verehrungswürdiger Messer Niccolò, dass ich nach so vielen Schicksalen und Gefahren viel mehr vom Verhängniss verjagt, als von dem Willen getrieben, mich wieder in meine Heimath zu begeben, nun wieder nach Arezzo gelangt bin, wo die Liebe meiner Mutter, die Freundlichkeit meines Oheims und die Zärtlichkeit meiner Schwestern sowie die Liebe, welche die ganze Stadt für mich hegt, jeden Tag mehr dazu beitragen, dass ich die harten Fesseln der Dienstbarkeit erkenne, die mir der Hof auferlegte, und dessen Grausamkeit, Undank und getäuschte Hoffnungen sowie das Gift und die Krankheit seiner Schmeicheleien und mit einem Worte all' das Elend,

---

[1]) Im Text steht *legname* (Holzwerk, Rahmen); Gahl vermuthete *legame*: Band, Fessel, Verpflichtung.

dem Niemand, der sich mit ihm einlässt, entgehen, und von dem man sich nicht losmachen kann, es sei denn auf dem Wege des Todes.

Redet mir also nicht zu, zurückzukehren und mich wieder in diese Knechtschaft zu begeben; denn wenn ein Delinquent, der zum Tode verurtheilt ist und durch die Gnade Gottes befreit wird, von Neuem dieselbe Sünde begeht, so verdient er nicht bloss von Neuem den körperlichen Tod, sondern den ewigen und noch mehr, wenn mehr möglich ist. So kann auch, wer von einem Dienste, in den er wie ich schon von Kindheit an gelangt ist, befreit wird, wenn er an Alter und Fähigkeit gleichmässig zugenommen hat, diesen nimmermehr wieder von vorn anfangen . . . . . [1]

Unsere Neigungen aber, weil sie schwankender Stimmung sind und durstig nach Gold, sowie begierig nach Lob, Ruhm und Ehren, führen uns öfter in ein Elend, das grösser ist, als die Grösse, die wir suchen. Ich danke Euch sehr für Eure weisen Rathschläge, denn ich bin von einem feindlichen Geschick befreit, und Gott ist es, der mich befreit hat. Zuerst hatte ich meinen Sinn dem grossen Ippolito de' Medici zugewendet, so dass Clemens VII. durch seine Vermittelung meiner Familie Hülfe angedeihen lassen sollte. Da nun aber der Eine wie der Andere gestorben ist, zündete die Hoffnung die Lichter der Hingebung gegen den Herzog Alexander an. Und daher gefiel es vielleicht dem Lenker aller Dinge, dass ich, von Ruhmesliebe, Gunst und Stolz verblendet, ein solches Beispiel vor mir hätte, um daran, wie jeder Andere in seinen Diensten, das Elend und die geringe Zuverlässigkeit zu erkennen, die in der Hoffnung auf Fürsten liegt . . . . .

Nun bin ich entschlossen, für immer von meinen Mühen zu leben und stets mit meinen Arbeiten beschäftigt zu sein und, wenn sie mir nicht hier ins Haus kommen, so werde ich sie aufsuchen gehen, wo deren sein werden: und so, auf Gott vertrauend, bin ich überzeugt, Gelegenheit zu finden, selbst für solche Menschen Bilder zu malen, die sich bisher daran noch nie erfreut haben. Das Studium der Kunst soll fortan das Einzige sein, dem ich den Hof machen werde; und ich hoffe dadurch am wenigsten Gott, meinen Nächsten und mich selbst zu verletzen. Die Einsamkeit wird mir den Haufen derer ersetzen, die man, weil sie einen loben und hoch erheben, zu fürchten, zu lieben und zu beschenken verpflichtet ist. Und in dieser Einsamkeit mit der Betrachtung Gottes und mit Lesen beschäftigt, wird mir die Zeit ohne Sünde verfliessen und ohne den Nächsten durch üble Nachreden zu beleidigen. Das Leben im Hause und der tägliche Anblick der Mutter soll mein Trost in meinen Sorgen sein, indem ich nächst Gott ihr diesen Geist verdanke. Nun habe ich mit diesem Briefe ein so langes Schweigen gebrochen, um Eurem Zureden ein Ende zu machen, dass ich nun, da ich gesund bin, wieder krank, und da ich frei bin, ein Sklave, und da ich demüthig bin, wieder stolz werden sollte. Dies möge Euch genügen. Ich

---

[1] Die Stelle ist in einem schwülstigen, schwer verständlichen Styl geschrieben, weshalb in der Uebersetzung einige Zeilen ausgelassen sind.

komme noch einmal darauf zurück, auf Eure Frage, was ich jetzt thue, zu antworten. Ich habe die Tafel des heil. Rocco beendet und von den Männern der Compagnia habe ich den Auftrag übernommen, die Kapelle und die Façade mit der ganzen Verzierung zu machen.

In der Kapelle habe ich auf der Predella in Bezug auf die Pest dargestellt, wie David das Volk zählen liess, und wie der Prophet Nathan ihm gesagt, der Herr würde ihn, weil er gesündigt, strafen, und er solle sich selbst entweder die Hungersnoth, das Exil oder die Pest erwählen. Und dabei zeigt er ihm in der Luft den Hunger, eine dürre Figur, mit Getreideähren ohne Körner in der Hand, die auf einer hungrigen Wölfin reitet. Das Exil ist ein König auf der Flucht, der von seinen eigenen Unterthanen verjagt wird; die Pest mit vielen Pfeilen und einem giftgefüllten Horne reitet auf einem Drachen, der mit seinem feurigen Athem, wie die Pest selbst, die Luft vergiftet.

Auf der andern Tafel sieht man den Engel des Herrn, der mit Pfeilen das Volk niederschmettert, so dass Todte über Todte stürzen, und David wird darüber von Mitleid erfüllt und fleht, da doch er und nicht das Volk gesündigt, die Rache des Herrn auf sich selber herab. Und Gott fasst die Hand des Engels und alsbald hört die Geissel auf. David kauft in dem Lande das Gebiet zu Areuna Jebusco, erbaut dort den Altar des Herrn und opfert ihm daselbst.

In dem Bogen der Decke habe ich Geschichten des Moses gemacht und darunter S. Pietro und Paolo in überlebensgrossen Figuren. Und ebenso an der Aussenseite über zwei Thüren in je einem Tabernackel einen sitzenden Propheten mit Kindern und darüber in den Frontons die Liebe von spielenden Kindern umgeben und die Hoffnung, welche die Augen gen Himmel wendet und die Hände faltend betet und so das Ende ihrer Mühsal erwartet. Ueber dem mittleren Bogen befindet sich die christliche Religion, die in einem Gefäss ein neugebornes Kind hält und es mit dem Wasser der heiligen Taufe zum Christen macht. Dabei sind noch die andern Sakramente der Kirche; in der Hand hält sie das Kreuz unseres Herrn Jesus Christus. Dieses wird bald vollendet sein, indem ich mich sehr bemühe, meine Kompatrioten zufrieden zu stellen, wie sie von dem, was sie haben, mich zufrieden zu stellen suchen; und da Ihr nun seht, dass ich zu thun habe, würde es mir sehr lieb sein, wenn Ihr mir fortan nicht mehr vom Hofe sprächet, und damit bin ich der Eurige.

VASARI hatte schon im Beginne seiner künstlerischen Laufbahn das Unglück, sich seine drei grossen Gönner, Clemens VII., den Kardinal Hippolyt und Herzog Alexander, binnen kurzer Frist durch den Tod entrissen zu sehen. Papst Clemens war schon am 25. September 1534 gestorben; Hippolyt fiel am 13. August 1535, wahrscheinlich als ein Opfer seines Vetters Alexander, in Folge einer Vergiftung (Brief Tizians an Vendramo oben Nr. 93); und am 5. Januar 1537 fiel Alexander, nach fünfjähriger Herrschaft über Florenz, während welcher er sich als grausamer und mit allen Lastern besudelter Tyrann gezeigt hatte, wiederum als Opfer der Rachsucht eines Verwandten, des Lorenzo de' Medici, Sohn des Pier Francesco, welcher ihn am besagten Tage mit eigener Hand ermordete. — Es bedarf wohl keiner Bemerkung weiter, dass sich die beiden vorhergehenden Briefe, die bei Bottari Racc. III. 60 und 63 mit der Jahreszahl 1536 abgedruckt sind, auf die Ermordung des Herzogs Alexander beziehen. Seinem Entschluss, sich fortan vom Hofe fern zu halten, „obwohl es ihm leicht gewesen sein würde, sich Cosimo de' Medici zu nähern", wie er in seiner Lebensbeschreibung sagt, ist Vasari eine geraume Zeit hindurch treu geblieben, indem er erst 1555 in ein förmliches Dienstverhältniss zu Cosimo getreten ist, zu dessen eifrigsten Anhängern und Lobpreisern er aber fortan gehörte. Ueber das Bild für S. Rocco spricht er gleichfalls in seiner Lebensbeschreibung.

150.

GIORGIO VASARI AN BENEDETTO VARCHI.

Florenz, 12. Februar 1547.

Ich wünschte, mein hochzuverehrender Herr Benedetto! dass Ihr mich nicht nach meiner Meinung über den Vorrang und die grössere Schwierigkeit von Skulptur oder Malerei gefragt hättet. Ich möchte nämlich, wegen der Gesinnung, die ich immer gegen Euch gehegt habe und gegenwärtig noch hege, nicht so handeln, dass ich Euch den ersten Dienst, den Ihr von mir verlangt, abschlagen müsste; im Gegentheil rechne ich es mir zur Gunst, Euren Winken mit Eifer nachzukommen. Indessen scheint es mir, dass Ihr Euch schlecht berathen habt, indem Ihr von mir solche Dinge zu wissen verlangt. Wollte Gott, ich wäre im Stande Euer Verlangen zu befriedigen, um in Eurem grossen Urtheil als ein solcher erscheinen zu können, wie Ihr Euch von mir versprecht, und nicht so, wie ich selbst weiss, dass ich bin. Und, um es Euch zu sagen, als ich mich in Rom befand, wo von zweien aus unseres (Kardinals) Farnese Gefolge eine Wette eingegangen wurde über denselben Streitpunkt, berief man sich in der Sache auch auf mich. Und um noch verwirrter zu bleiben, als ich es jetzt bin, indem ich Euch dies schreibe, ging ich, den göttlichen Michelangelo aufzusuchen, der mir, weil er in diesen beiden Künsten sehr erfahren ist, seine Meinung sagen sollte. Er antwortete mir scharf lächelnd: „die Skulptur und Malerei haben einen und denselben Zweck, und der wird von der einen sowohl als von der andern sehr schwer erreicht!" Und mehr konnte ich nicht aus ihm heraus locken.

Nun habt Ihr mich aber in diese Dummheit gebracht, denn ich bin dieser Dinge ganz los und ledig; und wenn ich nicht Gefahr liefe, durch das Unterlassen in Eure Missgunst zu fallen, die mir noch schrecklicher wäre, als von Euch für dumm gehalten zu werden, so schwöre ich Euch zu, hätte ich Euch ein leeres Blatt geschickt, damit Ihr als geläuterter und mit Kenntnissen erfüllter Geist und in jeglichen Dingen göttlich Euer Urtheil über diese Sache darauf schreiben solltet, wie Ihr denn doch ein besserer Richter in dieser Sache seid,

als ich und alle unsere andern Künstler. Nun wohlan denn, da ich Euch denn
doch zum Lachen bringen soll, so will ich Euch dies hier als Beispiel anführen,
wie ich, der ich in dieser Kunst thätig bin, darüber denke.

Derjenige Künstler oder in welcher Wissenschaft es sonst sei Tüchtige, der
sich am vollkommensten der Natur nähert, muss, wie leicht einzusehen ist, der
ersten Ursache näher stehen und auch diejenigen, die der Natur von Nutzen
sind, indem sie sie in jederlei Studium und Kenntniss erhalten, sowohl in der
des Geistes, als auch der Hände. Und diese nennen wir die vollkommneren,
wie die Architektur es mehr als die Skulptur und Malerei ist, indem wir sie,
zum Nutzen und zur Zierde der Natur, deren Zwecke ergründen sehen. Aber
von der Skulptur verspreche ich Euch nicht reden zu wollen, indem sich darum
ein Streit entspinnen würde, der so lange, als der zwischen den grauen und
schwarzen Mönchen der Concezione dauern würde . . . . [1]) Vielmehr lasst uns von
meiner Kunst und deren Vortrefflichkeit und Vollkommenheit sprechen. Ich
meine, dass man alle diejenigen Dinge, die dem Geiste leicht werden, als
weniger kunstvoll erachtet. Und um Euch die Vortrefflichkeit aller beider zu
zeigen, so könnt Ihr Richter darüber sein, wenn es Euch gefällt, folgendes zu
thun. Nehmt eine Thonkugel und macht mit Eurer Hand ein Gesicht oder ein
Thier oder irgend etwas Anderes daraus. Dabei werdet Ihr weder über Farben,
noch Licht noch Schatten nachzuforschen haben. Und wenn dies fertig ist,
nehmt ein Blatt Papier und zeichnet denselben Gegenstand darauf, und wenn
Ihr die ersten Linien der Umrisse habt, fangt Ihr mit dem Griffel oder der
Feder oder mit Röthel oder Pinsel an zu schattiren, und wenn das geschehen
ist, so werdet Ihr nach Eurer Arbeit die Leichtigkeit und die Güte des Einen
und des Andern erproben können; und was Euch leichter zu machen sein wird,
das werdet Ihr für weniger vollendet halten. Ausserdem ist es in der Malerei
sehr schwer, einen Umriss zu machen und die Figuren zu schattiren, woher wir
denn viele Künstler finden, die einen Kontour sehr gut zeichnen, aber denselben,
wenn sie schattiren, wieder verderben. Einige andere machen einen schlechten
Kontour und, wenn sie ihn mit allen Täuschungen und Lichtern ausführen, lassen
sie ihn gerade als ein Wunder erscheinen.

Unsere Kunst kann kein Mensch treiben, der nicht ganz vollkommen die
Zeichnung inne und ein vollkommenes Urtheil hat, in Anbetracht, dass man auf
einem Raum von einer Elle eine Figur verkürzt darstellen, die deren sechs hat,
und diese lebendig und rund auf einer ganz ebenen Fläche erscheinen soll, was
eine sehr schwere Sache ist. Die Skulptur aber ist an sich vollkommen rund
und wirklich dasjenige, als was sie erscheint; und deshalb drücken Zeichnung
und Baukunst in der Idee die Macht des Geistes aus, und auf den Blättern und
auf Mauern, auf Farben- oder Zeichnungstafeln lassen sie uns Geist und Gefühl
in jenen Figuren und deren Lebendigkeit erblicken. Ausserdem ahmt die Zeichnung vollkommen den Hauch der Luft nach, und Flüsse und Winde, Sturm

---

[1]) Ed oltre che son pure invidiato così finirei di dare il resto alle carte.

und Regen, Wolken und Hagel und Schnee, Eis, Blitz und Wetterleuchten, die finstere Nacht, sowie die Klarheit des Himmels, das Licht des Mondes und das Blinken der Sterne, den hellen Tag, die Sonne und deren Glanz.

Thorheit und Weisheit drückt man in gezeichneten Köpfen aus; Tod und Leben; man variirt die Farben des Fleisches und der Gewänder; man lässt leben und sterben und man kann Todte mit Blut und Wunden zeigen, wie es die erfahrene Hand und das Gedächtniss eines guten Künstlers will. Wo bringe ich aber die Feuer hin, die man malen kann, die Durchsichtigkeit der Gewässer und das Leben, das man selbst den Fischen geben und in den Federn der Vögel erscheinen lassen kann? Und was soll ich noch mehr sagen von der Darstellung der Haare und der Weichheit des Bartes und deren Farben, so lebhaft dargestellt und leuchtend, dass sie noch lebendiger als das Leben selbst erscheinen — wogegen der Bildhauer in seinem harten und spröden Material Haar an Haar nicht darstellen kann. O weh, mein liebster M. Benedetto! Worauf habt Ihr mich einzugehen verführt? In einen wahren Ocean von Dingen, aus denen ich noch morgen nicht heraus kommen werde! Denn es ist in dieser Kunst mit einbegriffen alles das, was die Natur macht, im Geist und mit Farben nachzuahmen. Und wie bringe ich die göttliche Perspektive unter? die von uns nicht bloss in den Linien der Häuser, Säulen [1]) und Kugeln mit 72 Seiten angewendet wird, sondern auch Landschaften mit Bergen und Flüssen werden auf perspektivischem Wege dargestellt und gewähren den Augen des Liebhabers eine solche Freude, dass man kaum eine Schulälckerbude findet, in der nicht deutsche Landschaften wären, dorthin gebracht durch deren Anmuth und Perspektive. Die Skulptur aber kann die entfernten Partien der Berge und die Wolken in der Luft nur in sehr harter Weise darstellen. Wird man daher wohl jemals von ihr eine Windsbraut dargestellt sehen, die einen Baum seines Laubes beraubt, während ein Blitzstrahl ihn zerschmettert, und worauf man Flamme und Rauch und den Wind und die Funken davon erblicken kann? Macht mir einmal in der Skulptur eine Figur, die beim Essen einen Bissen auf dem Löffel hat, wovon man den Rauch sieht und das Blasen des Athems, der aus dem Munde derselben hervorgeht, um den Bissen abzukühlen! Die Bildhauer werden niemals zeigen können, wie der Rauch des Warmen vor dem kalten Hauch irgendwohin sich wendet. Doch wir wollen dies einmal bei Seite lassen.

Die Malerei umfasst das Malen auf der Wand, welches von der Oelmalerei verschieden ist; dann die Tempera, die von der Oelmalerei sowohl als vom Fresko ganz unterschieden ist, und dennoch scheinen alle drei in ihren Resultaten eine und dieselbe Kunst zu sein. Und wenn ein Maler nicht zugleich gut zeichnet und die Farben gut behandelt, so hat er seine Zeit in dieser Kunst verloren; denn wenn er gleich gut kolorirt und er hat keine Zeichnung, so ist sein ganzes Streben eitel. Ueberdies aber, wenn er alle diese Dinge gut macht und nicht auch ein guter Architekt ist, so kann er keine Perspektive ziehen, die

[1]) *Mazzocchi?*

gut sei; denn der Grundriss und der Aufriss sind der Grund der Höhen und Breiten sowie der Verkürzung und Zeichnung der Perspektive.

Sodann umfasst die Malerei das Portraitiren der Personen, so dass sie natürlich und lebendig erscheinen, weshalb wir denn gesehen haben, dass viele Augen noch zu unsern Tagen davon getäuscht worden sind. Wie es zum Beispiel mit dem Portrait Papst Pauls III. erging, das um zu trocknen auf einen Altan in die Sonne gestellt war, indem viele Personen, die vorübergingen und ihn sahen, ihm ihre Verbeugung machten, weil sie ihn lebendig glaubten, was, so viel ich weiss, einer Skulptur noch niemals widerfahren ist.

Da die Zeichnung nun die Mutter aller dieser einzelnen Kunstgattungen ist, Zeichnen und Malen aber viel mehr unsre Sache als die der Bildhauer ist, insofern nämlich viele Bildhauer trefflich arbeiten, die nichts auf Papier zeichnen, und unendlich viel Maler, die keine Zeichnung haben, wenn diese es mit einem Gemälde zu thun haben, das von einem grossen Meister gemacht ist, so zeichnen sie die Kontouren durch und machen es, was das Kolorit betrifft, jenem so ähnlich, dass sie viele damit täuschen. Von sich selbst aber würden sie es, weil sie keine Zeichnung haben, nicht machen können, was von der Schwierigkeit der Kunst herkommt.

Haben wir doch unserer Tage gesehen, dass beim göttlichen Michelangelo ein Steinmetz, der Karniesse arbeitete und mit dem Eisen sehr gut umzugehen wusste, indem er auf den Stein zeichnete und bald hier, bald da etwas wegnahm, das Grabmal Papst Julius II. zu Ende brachte, was durch die Leichtigkeit der Kunst veranlasst wurde. Wie er nun aber damit fertig war, sagte er zu Michelangelo, er sei ihm sehr verpflichtet, da er ihm die Erkenntniss einer Fähigkeit in sich verdankte, von der er bisher nichts gewusst hätte.

Mit einem Worte, der kleinste Theil der Malerei ist eine Kunst an und für sich selbst, im Ganzen aber ist sie eine gewaltige Sache. Daher schliesse ich denn, dass nach meinem geringen Wissen nur wenige, die diese Kunst zu lernen suchen, es zu einer Vortrefflichkeit und Vollkommenheit in derselben bringen. Daher habe ich denn manchmal bei mir gedacht und gesagt, dass, wenn ich das Studium, die Zeit und die Mühe, die ich auf diese Kunst verwendet habe, um die vier Bauerntänze, an denen ich jetzt arbeite, machen zu können, auf eine andere Wissenschaft verwendet hätte, so glaube ich, wenn ich nicht sehr irre, wäre ich noch bei meinen Lebzeiten und nicht erst nach meinem Tode heilig gesprochen worden. Umsomehr als man unsere Zeit voll solcher Zierde in den Figuren und dem andern Zubehör sieht, von denen es mir scheint, dass, wenn ein Künstler ihrer entbehrt, er der Erfindung jeglicher Sache entbehrt, jener verehrungswürdigen Mutter, die mit süssen poetischen Zügen unter den verschiedensten Formen den Geist und die Augen zu staunenswürdigem Wunder führt.

In den antiken Marmorskulpturen sieht man wohl eine Schlacht oder Flucht von Bewaffneten, aber nicht den Schweiss, den Schaum auf den Lippen, den Glanz auf den Haaren der Pferde noch deren verwirrte Mähnen und Schweife,

und nicht das Blitzen der Waffen noch das Abspiegeln der Figuren auf ihnen —
alles dies wird die Skulptur niemals darstellen können. Und dazu noch Sammt
und Atlas, Gold und Silber und Edelgestein mit seinem Funkeln, und wie ich
solche Malerei von Künstlern, die sorgfältig arbeiten, in Gold gefasste Juwelen
nennen möchte, so werden vortreffliche Gemälde von der Welt wirklich für
Schätze gehalten und namentlich von schönen und gelehrten Geistern wie der
Eurige, welcher selten und göttlich ist. Habe ich demselben nicht Genüge geleistet, so verzeiht mir, denn die Feder ist mir nicht so geläufig, als der Pinsel
es zu sein pflegt. Denn ich kann Euch sagen, dass ich Euch gern und noch
lieber ein Bild gemacht hätte als diesen Brief. Bleibt gesund und behaltet
mich lieb!

Bei Bottari Racc. I. 52 unter der Adresse des BENVENUTO CELLINI abgedruckt. Vgl. die Erläuterungen zu dem Briefe MICHELANGELOS an Benedetto
Varchi Nr. 66.

151.

GIORGIO VASARIS KONTRAKT MIT GIOVANNI BENEDETTO VON MANTUA.

[Arezzo,] 13. Juli 1548.

In Kraft gegenwärtiger Schrift wird bekundet, wie heute, am 13. Tage
des Monat Juli im Jahre 1548, Messer Giorgio Vasari, Maler von Arezzo,
übereingekommen ist, mit Sr. Hochwürden dem Pater Giovanni Benedetto
von Mantua, gegenwärtig Abt des Klosters der heiligen Fiora, ihm die Geschichte
der Esther nach seiner ersten Zeichnung auf eine Tafel zu malen, die 12 Ellen
lang und 6 Ellen hoch und zur Zierde des Refektoriums in besagtem Kloster
bestimmt ist. Und das Bild soll in Oel gemalt sein mit der Güte, Schönheit
und Vollendung in Farben und Kunst, wie es sich für den besagten Messer
Giorgio schickt, wobei er alle Kosten des Holzwerkes und der Arbeiter tragen
muss, mit Ausnahme dessen, was das Kloster zu besorgen und herzustellen hat.

Ebenso wird der besagte Messer Giorgio die Figur unseres Heilandes von
der Mitte an bis zum Haupte machen, der mit der Rechten die Welt hält und
mit der Linken einen Kranz von verschiedenen Blumen zusammenbindet. Und
diese Figur kommt auf die Mauer mitten über das Bild; und so wird er auch
in nachgemachtem Marmor oder Nussbaumholz, jenachdem es Sr. Hochwürden
dem Herrn Abte gefallen wird, den Karniess und das Ornament malen, welches
um die besagte Tafel kommt. Und als Bezahlung für diese Sachen verspricht
der Abt ihm baar 120 Skudi d. h. 120 Goldskudi, den Skudi zu 7 Lire 10 Soldi
gerechnet und zwar so, dass er 50 erhält, wenn es ihm gefällt, und den Rest
im Jahre 1549 [1]).

[1]) Und zur Bekräftigung alles dieses folgt die Unterschrift des Klosters und des
Abtes sowie die Vasaris.

„Ich Giorgio Vasari, Maler von Arezzo, verspreche, das besagte Werk zu
arbeiten und zu vollenden, wie es oben angegeben ist, mit Ausnahme des Orna-
mentes, welches dem Herrn Abt und mir vorbehalten bleibt und zu seiner Zeit
bestimmt werden wird. Und zum Zeugniss der Wahrheit habe ich gegenwärtige
Schrift mit meiner eigenen Hand unterschrieben." [1])

Der oben nach Gualandi Memorie I. 85 mitgetheilte Kontrakt ist zwischen
G. Vasari und dem Abte des Klosters der heiligen Fiora zu Arezzo [2]) abgeschlossen worden, welcher letztere „sich sehr an der Malerei ergötzte und Vasaris
naher Freund war". „Er bat mich," sagt Vasari in seinem Leben, „am Ende
ihres Refektoriums ein Abendmahl oder einen anderen ähnlichen Gegenstand im
Bilde darzustellen. Ich erklärte mich bereit dazu, und um etwas zu machen,
was nicht ganz gewöhnlich sei, entschied ich mich mit Zustimmung jenes guten
Paters für die Hochzeit der Königin Esther und des Königs Ahasverus. Das
Ganze sollte auf einer 15 Ellen langen Tafel in Oel ausgeführt, die Tafel aber
zuvor an ihrem Platze aufgehängt und dort gemalt werden. Diese Verfahrungs-
weise sollte man stets anwenden. — Ich strengte mich an, in diesem Bilde
Majestät und Würde zu zeigen, und kann ich auch nicht beurtheilen, ob mir
dies gelungen sei, so weiss ich doch, das Ganze ist nach ziemlich guter Ordnung
vertheilt, so dass man die verschiedenen Diener, Pagen, Schildträger, Garde-
soldaten, die Kellerei, Kredenztische, Musikanten und einen Zwerg und alle
sonstigen Dinge wohl unterscheidet, die zu einem königlichen Gastmahl gehören. —
Oberhalb des Bildes, auf dem Tragbalken der Wölbung, ist Christus, welcher
der Königin Esther eine Blumenkrone reicht; er ist in Fresko gemalt und dort
angebracht, um die geistige Bedeutung des Bildes anschaulich zu machen, indem
es darthun solle, dass Christus, von der alten Schule zurückgewiesen, sich der
neuen Kirche seiner Gläubigen vermähle." Das Bild hat 59 Figuren und soll
in 42 Tagen gemalt sein, obgleich Vasari selbst davon nichts erwähnt. Die
darauf befindliche Inschrift lautet: „Georgius Vasarius faciebat A. D. MDXLIX;"
wogegen das obere Bild die Inschriften: „Desponsata Ecclesia" und „Rejecta
Synagoge" zeigt. — Vgl. Gaye Cart. II. 378. — Interessante Beispiele von
Kontrakten bei Gualandi Memorie I. 26 und 34. II. 17.

- -

152.

GIORGIO VASARI AN FRANCESCO BONNANI.

Rom, 18. Mai 1550.

Nach einem Briefe von dem verehrten Messer Piero Vettori, welcher auch
meine Angelegenheit meinem grossen Herzoge empfohlen hat, habe ich
mir wirklich in Eurem Namen ein glückliches Jahr gewünscht. Denn,
aufgelöst von den päpstlichen Arbeiten, erfrischte sich mein Geist daran, die

---

[1]) Darunter folgt die Quittung über 91 und 29 Skudi vom 24. Januar und
29. Februar 1549.
[2]) Das Kloster ist jetzt aufgehoben und in den Räumen desselben befinden sich
die Post, eine Elementarschule und die Akademie, zu deren Sitzungssaal das Refektorium
benutzt wird.

gute Gesinnung aussprechen zu hören, die Se. Excellenz, die ich hoch verehre, gegen mich hegt, und dass Ihr, liebenswürdig und wohlwollend gegen arme, aber tüchtige Kerle, für mich ein so mildes Werk gethan habt, so dass, wenn ich ein Spitzbube wäre, wie ich der Diener von Ehrenmännern bin, ich sagen würde: Gott vergelte es Euch!

Indess werde ich Eurer Aufmerksamkeit ewig verpflichtet sein, wie ich stets und ohne Aufhören ein rechtlicher und ergebenster Diener des grossen Cosimo de' Medici sein werde, dem zu dienen ich glühend bestrebt bin. Und Gott wollte, dass ich es einmal mit meinen Bemühungen in der Malerei so weit brächte, um dem Schatten seiner Würde nachkommen zu können.[1]

Gewiss ist er so selten unter diesen Fürsten, die sich mehr daran ergötzen . . . . . . als uns zu belohnen, so dass, wenn er nicht wäre, auf dessen gesundes und richtiges Urtheil die Hoffnung Vieler gerichtet ist, (sowie er sie denn auch allein belohnt), wir alle zusammen bald vergessen würden, was eine Bestellung heisst, da wir niemals von jenen gebraucht werden.

Möge ihm Gott nur Leben schenken, damit er, wie er jene an Urtheil, Grossmuth und Verdienst übertrifft, uns alle verpflichte, ihm ein solches Angedenken zu schaffen, dass in den Werken unserer Künste eine grössere Erinnerung von ihm bleibe, als in den Federn ewiger Tintenflüsser. Denn so wird sein Thun von dem allgütigen Gott zum Heil seiner Völker geleitet werden.

Und da es nicht genügt, dass Ihr die Angelegenheit von Frassineto[2] begonnen habt, so erwarte ich, dass Ihr zu meinem Glück und zu meiner Zufriedenheit und, was ich zuerst hätte sagen sollen, zu Sr. Excellenz Genugthuung, dieselbe zu Ende bringen werdet. Und ich, der ich jetzt an das Portrait Julius' III. gefesselt bin, habe Se. Heiligkeit schon zu wiederholten Malen gebeten, stille zu sitzen. Und wenn ihm die Gicht nicht das Gesicht vor Schmerzen bitter verzog, so war er damit zufrieden.

So werde ich denn die Gelegenheit abwarten und meinem Vermögen gemäss es so machen, dass Se. Excellenz sowohl von meiner Ergebenheit, als auch von meiner Leistung befriedigt sein wird. Und zumal Se. Heiligkeit Gefallen daran zu hegen beginnt, dass ein Bild von ihm gemacht werde, so dass ich hoffe, dass er durch das erste Bild, gleichviel, ob von meiner Hand oder der eines anderen, veranlasst werde, sich auch künftig dazu herzugeben. Unterdess werdet Ihr nicht ermangeln, mich Sr. Excellenz zu empfehlen; denn wenn ich auch mein Haupt zu den päpstlichen Diensten verpflichtet habe, so kann doch dessen Stelle in meinem Herzen weder eine bedeutendere Grösse als die seinige einnehmen, noch irgend etwas anderes Würdigeres. Denn da ich Alles, was ich bin, durch ihn geworden, so muss ich auch ihm gehören und seine Schöpfung bleiben so

---

[1] D. h. dem geringsten seiner Winke oder der leisesten Andeutung derselben. Im Text: *ch'io potessi seguir l'ombra dei suoi cenni.*

Frassineto ist eine dem *Vasari* gehörige Besitzung im Gebiet von Arezzo, die er von einer Abgabe befreit zu sehen wünscht. Vgl. auch den Brief an Cosimo bei Gaye II. 376.

lange, wie ich dauere; so möget Ihr ihm also bekunden, wie ich ihn verehre und ihm die Hände küsse. Und auch Ihr verfüget über mich, denn wenn ich auch Maler bin, so vermag ich doch vielleicht in manchen anderen Dingen mehr und bleibe ganz der Eurige.

Bottari Racc. I. 59. Wenige Monate zuvor (am 8. März) hatte VASARI einen Brief an den Herzog Cosimo selbst geschrieben, mit welchem er ihm zu gleicher Zeit sein eben erschienenes Werk über das Leben der ausgezeichnetsten Maler, Bildhauer und Baumeister übersendet hatte. Der Herzog möge daraus die Liebe, die Kenntniss und das Urtheil erkennen, das er von diesen trefflichen und schönen Künsten habe, und wie viel Mühe er angewendet, um es durchzuführen. Zugleich bittet er ihn um ein Zeichen seiner Gunst, damit er hoffen dürfe, unter seinem Schatten einst Frucht und Nutzen bringen zu dürfen. Gaye Cart. II. 376. Von jener Zeit an datirt die nähere für VASARI späterhin so folgenreiche Bekanntschaft mit Cosimo, dessen ausgedehnten Aufträgen VASARI seinen grossen Ruhm zu danken hatte. In seiner Lebensbeschreibung erzählt er, wie er im Jahre 1555 mit seiner ganzen Familie nach Florenz gezogen sei „zum Dienst Herzog Cosimos." Ueber Cosimo, in dessen Wesen Sittenlosigkeit und Böswilligkeit mit einer äusserlich strengen kirchlichen Richtung Hand in Hand gehen, vgl. Ranke Päpste I. 372. — Der im Anfang des Briefes genannte Piero Vettori war einer der berühmtesten Gelehrten der damaligen Zeit und Professor der griechischen und lateinischen Beredsamkeit zu Florenz.

153.

GIORGIO VASARI AN DEN GÖTTLICHEN MICHELANGELO.

Florenz, 20. August 1554.

Wenn ich auf den letzten Brief, den mir Ew. Herrlichkeit geschrieben, noch nicht geantwortet habe, so möget Ihr die Schuld davon den Arbeiten zuschreiben, die mir seit jener Zeit bis jetzt das Schicksal gegeben hat und die ich mit jener Geduld und Ausdauer ausführe, die ich von Euch gelernt habe, während ich in Rom war und sah, wie wenig Ihr von dem gekannt wurdet, der im Interesse, wenn auch nicht seines Namens, so doch wenigstens seiner Seele Euch anbeten müsste.

Jetzt nun, nachdem mir meine Häuser und Hütten verbrannt, meine Getreidevorräthe und Viehheerden von den Franzosen geraubt sind, lobe ich doch Gott und danke ihm, weil durch seine Macht[1]) ihrer Impietät auf unserem Gebiet der Chiana das Grab bereitet worden ist, und so möge seine Grösse verfahren[2]), damit wir unser schlechtes Handeln erkennen und dass wir trotz aller Heimsuchungen noch immer schlechter werden.

[1]) Virtù.
[2]) Così faccia la Maestà sua.

Wohlan denn, da er mir die Neigung zu meinem Landhause genommen, so werde ich wenigstens zusehen, dass er mir nicht die Neigung nehme, die ich für Euch hege, und deren Grösse Ihr kennt. Denn Ihr kennt mein Herz, indem dasselbe immer offen auf meinem Antlitz vor Euch liegt. Und jetzt wünsche ich mehr als jemals, nicht Eure Grösse, die sich nicht höher erheben kann, sondern nur die eine Genugthuung, dass Ihr, ehe Eure Seele mit sammt dem Leibe dahin geht, um jene hehren Geister wiederzusehen, die den Schmuck des Himmels ausmachen, wie es ihre frommen Werke im Leben thaten, diesem lieblichen Orte (Florenz) Euren Anblick gönnen möchtet! Denn ausserdem, dass der Herzog nichts so sehnlich wünscht, als sich Eurer Unterhaltung und Rathschläge zu erfreuen, ohne Euch mit Arbeiten zu belasten, würdet Ihr Sr. Excellenz von nicht geringem Nutzen sein, und Eurer Familie nicht geringe Gunst und Vortheil zuwenden. Euer Neffe, der im Geiste die Göttlichkeit der Bildhauerei, Malerei und Baukunst seines Vorfahren[1] kennt, würde, glaube ich, wenn er Euch sähe, das Band seiner Zunge lösen, um Euch Dank zu sagen.

Was ich aber dabei am höchsten anschlagen würde, ist die Grausamkeit, die man gegen Eure Sorgen um den Bau übt, wie ich von Sebastiano Malenotti, Eurem Diener und Ueberbringer dieses Briefes, höre; dies macht mich so kühn, Euch zu bitten, die, die Euch nicht verstehen, zu verlassen. Es ist wohl möglich, dass Ihr, die Ihr St. Peter aus den Händen der Spitzbuben und Räuber befreit und das Unvollendete zu Ende gebracht habt, doch noch einmal genöthigt sein werdet, dies zu thun. Gewiss ist es, dass jenes von anderen Händen als den Eurigen nicht geschehen konnte. Nun, mein theurer Herr! geht mit Euch selbst zu Rathe und befriedigt den, der nur den Wunsch hat, Euch Nutzen und Ehre zu verschaffen. Flieht das geizige Babylon; wie Petrarca, Euer Mitbürger, von ähnlichem Undank erdrückt, sich den Frieden von Padua erwählte, und wie ich Euch denselben zu Florenz versprechen kann, wenn Ihr dem entflieht, dem Ihr jetzt nachgeht. Mein Herr! Ich sehe, dass ich zu weit gegangen bin, indem ich, der ich nicht einmal für mich selbst zu leben weiss, Ew. Herrlichkeit Rathschläge geben will. Rechnet dies nur dem Zorne zu[2], der mich wegen meiner Ergebenheit gegen Euch ergriffen hat: denn indem ich weiss, womit deren Grossmuth Eure göttlichen Mühen vergolten, so möchte ich ihnen dies mit Zinsen wieder erstatten[3].

Unmuth ergreift mich allerdings gegen diejenigen, die das Gute nicht erkennen, das uns Gott durch Eure Tugend gegeben hat, und ich achte, schätze und verehre diejenigen, die sie aufnehmen und erkennen, wie es jetzt der Herzog Cosimo thut, der nun, da meine geringe Fähigkeit nackt und bloss aus Raub und Flammen übrig geblieben ist, sie umfassen und dies mein bewegtes Gemüth

---

[1] *Del suo antecessore*, d. h. seines älteren Verwandten.

[2] Im Text: *non imputate ciò allo sdegno*. Guhl vermuthete, dem ganzen Sinn der Stelle zufolge: *non imputate ciò, che allo sdegno*. Doch ist der ganze Satz zweifelhaft.

[3] *Ho a rifar loro di gran somma* (?).

beruhigen möchte. Und wenn er schon an mir, der ich nichts bin gegen Euch, solches thut, was wird er nicht erst an Euch[1]) thun; um so viel mehr, als in Euch weder Geld- noch Ehrbegierde ist. Ich bin überzeugt, dass, wenn Ihr hierher kommt, es Euch scheinen wird, Euch dem Paradiese zu nähern, und wenn eines Anderen Boshaftigkeit Euch sagen sollte, dass hier Finsterniss und Schrecken im Volke seien, so erwidere ich, dass sie nur für solche sind, die weder Gerechtigkeit noch Frieden lieben, und die den Hass und Verrath selbst in Satanas' Hause aufsuchen; aber die den Weg der Tugend wandeln, leben, indem sie in der Gnade dieses Fürsten leben, zugleich auch in der Gnade Gottes; und dies ist auch der Grund, weshalb Gott nur ihn zum Herzog gemacht hat, indem er auf ihn achtet und für ihn kämpft und siegt. Nun aber will ich Euch nicht länger belästigen. Ew. Herrlichkeit möge die Gesinnung genehmigen, mit der ich zu allen Dingen bereit bin, in derselben aufrichtigen Weise, mit der ich Eure Tugenden und Handlungen verehre.

Grüsst Urbino von mir. Ich wünsche Euch Glück zu dem Jungen, möge Euch Gott Freude daran erleben lassen. Lebt glücklich!

Bottari Racc. III. 74. Vgl. oben den Brief MICHELANGELOS an VASARI Nr. 72.

154.

GIORGIO VASARI AN COSIMO I.

Florenz, 23. April 1556.

Ich habe nach dem Empfange des süssen Briefes Ew. erlauchten Herrlichkeit nicht eher geschrieben, weil der unerwartete Tod unseres Cristofano del Borgo mir nicht nur allen Frieden, sondern einen Theil meiner Seele selbst geraubt hat und mich erkennen lässt, von wie grossem Nachtheil mir sein Verlust sei bei den Unternehmungen des Palastes, bei dem ich an ihm eine so ehrenvolle Unterstützung hatte, ganz abgesehen von der Güte seines tugendhaften Gemüthes, das mir im Unglück zum Trost gereichte und in Gefahren mich mit Rath und That unterstützte, während eines ununterbrochenen Umganges von vierundzwanzig Jahren, die er mit mir verlebt hat. In seinem Hinscheiden bleibt mir kein anderer Trost, als dass er mich unter dem Schutze Ew. Excellenz zurückgelassen und dass er in Eurem Hause sowie in Eurer Gunst gestorben ist, indem er Euch zeigte, wie ergeben er Euch war, und wie sehr die Verläumdung ihm im Angesicht selbst eines so grossen Fürsten verletzt hatte.

Ich habe ihn beklagt und beklage ihn noch jede Stunde, wenn ich sehe,

---

[1]) Dies scheint der Sinn der etwas zweifelhaften Worte des Textes zu sein: *O se n sa, che non san nulla appresso a voi, fa tanto, che dovete pensar più a niente?*

dass ich mein Werk nicht mehr mit der Schnelligkeit, die ich mir vorgenommen, verfolgen kann; denn nun seine steten Bemühungen fehlen, fühle ich, dass mir die Hälfte meines eigenen Ich fehlt. Es wird an Vortrefflichkeit und Güte der Arbeit sich nie ein Cristofano wiederfinden.

Die obigen nach Gaye Cart. II. 403 mitgetheilten Worte bilden den Anfang eines grösseren Schreibens, welches einen speciellen Bericht über die Vasari übertragenen Arbeiten an dem Um- und Neubau des Palazzo vecchio zu Florenz enthalten (vgl. den Brief Michelangelos an Cosimo oben S. 172). Wir haben jene Anfangsworte hier nur aufgenommen, weil sie für die aus dem Jahre 1528 herrührende Freundschaft der beiden Maler von Wichtigkeit sind und uns Vasari in Betreff der treuen Anhänglichkeit an den Freund sowie in der offenen Anerkennung von dessen Verdiensten um seine eigenen Unternehmungen von sehr liebenswürdiger Seite schildern. — In dem Verlauf des Berichtes über jene Arbeiten im Palast befindet sich unter anderen folgende Stelle: „Ich glaube, mein erlauchtester Herr, dass Gott, der Euch als Fürst geboren werden liess, Euch auch in allen Dingen begünstige. Denn ich sehe täglich, dass alle, auch die schwierigsten Dinge, sich mit grosser Leichtigkeit bewältigen lassen; so dass ich dadurch begeistert, eine solche Zuversicht gewonnen habe, dass ich auch die schwierigsten und unerreichbarsten Dinge für nichts erachte." Es ist wahrlich eine ausgesuchte Schmeichelei, mit der Vasari die Erfolge seiner eigenen angestrengten Bemühungen als Resultate eines besonderen Schutzes schildert, den der Himmel seinem Herrn angedeihen lasse. Dass aber Gott ihn „als Fürsten habe geboren werden lassen" musste selbst Cosimo etwas komisch vorkommen, indem er am besten wusste, dass er weder durch irgend ein persönliches Verdienst noch durch die Geburt (er gehörte einer Seitenlinie der Mediceer an), sondern lediglich durch eine zufällige Combination der Umstände beim Tode des Herzogs Alexander zur Herrschaft berufen worden war, welcher letzterer sogar einen Sohn hinterlassen hatte. Das ist eine von den Uebertreibungen Vasaris, von denen in der Einleitung schon die Rede gewesen ist.

155.

GIORGIO VASARI AN MICHELANGELO.

Florenz, 8. Mai 1557.

Ich habe von Vielen, die von Rom kommen, gehört, wie der Bau von S. Pietro fast still steht, und dass Ew. Herrlichkeit schwankt, ob sie von Rom, um hierher zu kommen, weggehen solle oder nicht; unser Herzog ersehnt Euch noch immer, mehr Eurer Ruhe, als seines Vortheils wegen, indem es ihm schon sehr angenehm sein wird, Euch zu sehen und zu wissen, dass Ew. Herrlichkeit nicht jene Ruhe und Befriedigung fehle, welche Eure seltenen Tugenden verdienen. Denn er kennt dieselben. Nun hat mir derselbe, getrieben von der zarten Liebe, die er für Euch hegt, heut Abend gesagt, dass er an Euch schreibt, und dass ich seinen Brief mit der Versicherung begleiten möchte, dass er Alles, was Ihr wünscht, um Euch zu gefallen, stets in reichstem Maasse gewähren würde.

Und überdies solle sich Ew. Herrlichkeit in Betreff des Arbeitens oder nicht Arbeitens, sowie des Hierbleibens oder des Weggehens halber ganz der vollen Freiheit bedienen, die Euren Geist zufrieden stellen wird; und weil ich weiss, dass er Euch liebt, verehrt und schnlichst erwartet, will ich mit der Bemerkung ein Ende machen, dass, wenn Gott Eurer Seele das Paradies bereitet hat, Euer Weggehen von Rom und Euer Hierherkommen das Vorbild davon sein wird; denn für das Heil des Körpers wird eine bessere Pflege dienen, und zu Eurer Ruhe werden die Vortheile des Landlebens beitragen oder der einsamen Aufenthaltsorte, die nach Eurem Geschmack sind; liebt Ihr aber den Verkehr, so werdet Ihr denselben haben, indem bei Eurem Namen allein schon ein Jeder sich erheitert und zufriedengestellt ist. So also möge Ew. Herrlichkeit nur ihr Hierherkommen beschliessen und im Fall des Kommens mich einer Benachrichtigung würdigen; denn ich verspreche Euch, bei der Liebe, die ich zu Eurer Güte hege, dass ich Euch bis dorthin entgegen kommen werde, um Euch zu geleiten. Ich bin überzeugt, Ihr werdet nicht hieher übersiedeln, ohne grossen Gewinn für Eure Familie, und mit Ehre für Euch und alle Eure Verwandte und Freunde, die Euch insgesammt durch mich grüssen lassen und sich schliesslich Euch empfehlen; und ich werde mich gemeinsam mit Ihnen der Hoffnung erfreuen, dass Gott Euch einen so guten Entschluss zu Eurem und unser Aller Heil eingeben werde.

Bottari Raccolta VIII. 45. Vgl. den Brief MICHELANGELOS an VASARI vom Jahre 1557, oben Nr. 77. Ueber den Besuch, den VASARI MICHELANGELO im Jahre 1560 zu Rom abstattete, berichtet er an Cosimo in einem Briefe vom 8. April, der von GAYE III, 29 mitgetheilt ist. Er trägt in sehr kenntlicher Weise die Färbung von VASARIS Gesinnung gegen Cosimo, die er aus Schmeichelei auch als die MICHELANGELOS darzustellen sucht. „Wir haben lange, heisst es darin, über die Grösse, die Herrschaft und die Wunder gesprochen, die der grosse Gott an Euch bekundet hat und noch täglich bekundet, wobei er (MICHELANGELO) lebhaft bedauerte, dass seine Kräfte nicht mehr so ausreichen, als sein Wille stets bereits ist, einem Wunsche von Euch nachzukommen, sowie auch, dass er nicht gewürdigt worden ist, Euch in seinen bessern Jahren zu dienen, wogegen er Gott dankt, dass er mich statt seiner an diese Stelle gesetzet habe, indem er mich wie einen Sohn liebt und hält". Diese und ähnliche Aeusserungen dürfen nicht allzu genau genommen werden. MICHELANGELOS Gesinnungen mögen durch das jetzt fast neunzigjährige Alter in mancher Beziehung gemildert worden sein. So gründlich aber umgewandelt, wie es nach VASARI hier scheinen könnte, waren sie nicht. Die Briefe MICHELANGELOS an Cosimo (Nr. 87—81) sind mit anständiger Höflichkeit und mit Beobachtung aller hergebrachten Formen geschrieben; aber es ist keine Spur von der demüthigen Ergebenheit und Schmeichelei darin, die VASARI, der sich hier allerdings in einer eigenthümlichen Situation befand, seinem greisen Meister dem Herzoge gegenüber andichten möchte. — Wichtiger und glaubwürdiger ist, was VASARI über MICHELANGELOS damalige Thätigkeit dem Herzoge mittheilt. Nach dem Wunsche, Gott möge MICHELANGELO, trotz seiner Schwäche, noch recht lange für den Bau von S. Peter am Leben erhalten, der seiner noch sehr bedürftig sei, fährt er also fort: „Mich hat der Bau in Staunen versetzt und mir die Ueberzeugung gegeben, dass die Alten von der Schönheit und Grazie dessen übertroffen werden, was MICHELANGELOS göttlicher Geist zu schaffen gewusst hat. — Einmal sind wir in Gesellschaft nach S. Peter geritten, und dort hat er mich auf viele Schwierigkeiten aufmerksam gemacht und mir auch das Modell gezeigt, das er in Holz von der Kuppel und der Laterne anfertigen lässt, und welches eine höchst wunderbare und aussergewöhnliche Sache ist." Ausserdem aber hätten sie sich mit den Zeichnungen zur Brücke della S. Trinità, mit dem Modell zu dem grossen Saale im Palazzo vecchio zu Florenz, und mit „vielen Unterhaltungen über Kunstgegenstände beschäftigt, welche letztere er (VASARI) benutzt habe, um seinen Dialog über die Malerei zu Ende zu bringen." Vgl. oben S. 172 und 174.

156.
GIORGIO VASARI AN MICHELANGELO.

Florenz, 17. März 1563.

ein hochverehrter Herr! Alle jene Unterstützung und Begünstigungen, die der edle Cosimo, Lorenzo, Leo X. und Clemens VII. und ihr ganzes Haus zu ihrer Zeit den zeichnenden Künsten angedeihen liessen, hat der Herzog Cosimo übertroffen; wie in allen andern Dingen, so an Pracht und Würde und Grossartigkeit, indem er sich jederzeit, nicht wie ein Herr, sondern wie ein Beschützer und Vater unser aller gezeigt und alle diejenigen unterstützt hat, die in Werken der Tugend sich nicht ohne die Unterstützung eines anderen zu erheben vermögen.

Hier hat Se. Excellenz, wie Ihr erfahren werdet, die ganze Genossenschaft der zeichnenden Künste, Architekten, Bildhauer und Maler vereinigt und ihnen sehr freigebig die Kirche degli Scali in Pinti geschenkt sowie den Kapitelsaal della Nunziata, indem er die Genossenschaft ermächtigte, ihn binnen nicht zu langer Zeit zu vollenden, mit allen Stiftsrechten und Privilegien, die alle Erweiterungen und Vergrösserungen enthalten, um eine hohe Schule und Bildungsanstalt für die Jünglinge zu machen mit der Bestimmung, diese und die von mittlerem Alter zu unterrichten, sowie die Art und Weise anzugeben, sich zu üben und ihre Werke mit grösserem Studium zu machen.

Den Aelteren aber, die da der Kunst kundig sind, werden die Werke überlassen, die Se. Excellenz ihnen auftragen wird, der Welt zum ewigen Gedächtniss. Und zum Nutzen und zur Ehre Aller hat er für die Schwachen und Kranken gesorgt und für die Pflege des Gottesdienstes, damit sie wie Christen leben, indem sie sich untereinander viel Liebesdienste erweisen, bis sie begraben sind, und für Gebet und tausend andere Wohlthaten. Und ferner hat er gewollt, dass aus der Gesammtheit jener Genossenschaft eine Auswahl

der Ausgezeichnetsten geschehe, und dass die vorerwähnte Genossenschaft dieselben erwähle, und diese nannte er Akademiker. Diese aber sollen von Sr. Excellenz bestätigt werden. Und damit nicht bloss diese Stadt, sondern die ganze
Welt sich dieser ehrenvollen Resultate erfreuen könne, ist auch den Fremden
Gelegenheit gegeben, der weiteren Vergrösserung wegen, in den Genuss dieser
Privilegien zu gelangen, und will Se. Excellenz das Haupt derselben selbst sein
und auch, dass dies späterhin immer diejenige Person sei, die der Regierung
dieser Stadt vorsteht.

Und so hat sich dieser Herr herabgelassen, dass er sich, um diese Künste
zu verherrlichen, Fürst, Vater und Herr sowie erster Akademiker, Beschützer,
Vertheidiger und Erhalter dieser Künste nennen lässt, und so ist er durch die
Voten der ganzen Kunstgenossenschaft und Akademie gewählt worden.

Nach ihm dann haben sie wegen der Verpflichtungen, die diese Künste
gegen Ew. Herrlichkeit haben, Euch zum Haupt und Meister Aller erwählt,
indem weder diese Stadt noch vielleicht die Welt Jemanden hat, der, so viel
man weiss, in diesen drei Künsten ausgezeichneter sei, als Ihr; und Ihr seid
gewählt worden zu grösster Genugthuung Aller und mit sämmtlichen Stimmen.
Nach Euch sind dann sechsunddreissig Akademiker ernannt aus der Stadt und
dem Bereiche der Herrschaft, alles Personen, von denen man jedes ehrenvolle
Werk erwarten kann. Und von dieser Zahl befinden sich zweiundzwanzig in
Florenz.

Nun aber beabsichtigt Se. Excellenz von dieser vortrefflichen Pflanzschule
Früchte zu gewinnen und hat, wie Ihr wisset, schon seit längerer Zeit und in
verschiedener Weise überlegt und gesucht, Euch zu vermögen, nach Florenz
zurückzukehren, nicht bloss um sich in Rath und That Eurer bei so vielen
ehrenvollen Unternehmungen zu bedienen, die unter seiner Herrschaft und in
seinem Lande ausgeführt werden, sondern auch ganz insbesondere um mit Anordnung Ew. Herrlichkeit die Sakristei von S. Lorenzo zu Ende zu bringen.

Da nun aber gerechte Gründe Euch nicht gestatten, dies zu thun, hegt
er gegenwärtig die Absicht, da an besagtem Orte ununterbrochen Gottes-
dienst gefeiert und das Lob Gottes in den ununterbrochenen Gebeten, wie es
Papst Clemens wünschte, Tag und Nacht erschallt, so ist er, wie gesagt, ge-
willt, dass Statuen in den Nischen, die noch über dem Grabe fehlen, aufgestellt
werden sowie auch in den Tabernakeln über den Thüren. Daher will er denn,
dass alle vortrefflichen Bildhauer dieser Akademie, jeder im Wettkampf mit dem
andern, seine Statue mache und dasselbe sollen die Maler in der Kapelle thun.

Es sollen Bogen gemacht werden, nach dem, was Ew. Herrlichkeit für
die Malerei und Stuckarbeiten angeordnet hatte, und die andern Verzierungen
und der Fussboden, mit einem Worte, er will, dass die Akademiker dies ganze
Unternehmen zu Ende bringen, um zu zeigen, dass, wo über so geehrte Talente
verfügt werden kann, das seltenste Werk, das jemals unter den Menschen gemacht, nicht unvollendet bleibe.

Noch hat er mir aufgetragen, Euch zu sagen, dass, wenn Ihr Skizzen,

Messungen und Zeichnungen dazu habt, Ihr ihm einen grossen Dienst damit
erweisen würdet, sie ihm zuzustellen, und Se. Excellenz verspricht Euch, ein
guter Ausführer davon zu sein, damit Ehre dadurch errungen werde. Wenn
aber Ew. Herrlichkeit sich nicht herbeiliesse, dies zu thun, wegen Eures Alters
oder anderer Umstände halber, so möchtet Ihr wenigstens die Gewogenheit
haben, Euren Rath darüber zu geben oder durch einen andern schreiben zu
lassen; denn er sowohl wie die ganze verehrliche Akademie, würden es sehr
bedauern, nicht einen Lichtstrahl Eures Geistes zu erhalten und etwas an Euren
Sachen thun zu müssen, was nicht nach Eurer Absicht wäre. Und ein Jeder
erwartet von Euch getröstet zu werden, wenn nicht durch Thaten, so doch
wenigstens mit Worten. Und da Se. Excellenz erfähren, dass Ihr damals, um
das Werk des Grabmals zu vollenden, dem Tribolo, dem Monte Lupo und dem
Frate (Gio. Angelo Montorsoli) einige Statuen verdungen habt, lässt er Euch
sagen, dass der Frate hier ist und ganz darauf brennt, Euch Ehre zu machen,
und die Arbeit sehr wünscht.

Es sind auch noch Francesco di Giuliano Sangallo, der dasselbe thun
wird, Gio. Bologna, Benvenuto, Ammanato und Rosso und Vincenzio (Danti)
von Perugia hier, ausser vielen anderen Bildhauern von dem schönsten Talente.
Von Malern ist hier der Bronzino mit vielen andern vortrefflichen Meistern und
vielen fähigen Jüngern, gute Zeichner, praktische Koloristen und wohlgeeignet,
sich Ruhm zu erwerben. Von mir spreche ich nicht, indem Ew. Herrlichkeit
weiss, dass ich an Ergebenheit, Neigung, Liebe und Treue, und das sei gesagt, ohne irgend einem der Andern zu nahe zu treten! jeden andern bei
weitem übertreffe.

Daher möge Ew. Herrlichkeit sich geneigt finden, Se. Excellenz und diese
berühmten Männer und die ganze Stadt zu erfreuen, und namentlich mir diese
Gunst gewähren, indem Se. Excellenz mir das Amt, an Euch zu schreiben,
auferlegt hat, in der Meinung, dass ich als Euer Liebling einen ehrenvollen
Entschluss und Vortheil für Euer Werk würde zu gewärtigen haben. Und da
Se. Excellenz danach strebt, dass das von Euch Angefangene vollendet werde,
indem er die Mittel und die Sorgfalt darauf verwendet, um Euch noch höher
dadurch zu ehren, so mögt Ihr geruhen, obschon im vorgerückten Alter, ihn
zu unterstützen, indem Ihr ihm Eure Idee ausdrückt. Denn Ihr werdet unendlich Vielen eine Wohlthat damit erweisen und die Veranlassung werden,
diese vortrefflichen Geister zu noch höherer Vollendung gelangen zu lassen;
denn es ist von ihnen hier keiner, der nicht in dieser Sakristei – wir können
sie unsre Schule nennen! – das, was er weiss, gelernt habe und der nicht
den Wunsch hege, Euch wieder zu erstatten, was Ihr um ihn verdient habt,
insoweit es seine Mühen und Fähigkeiten vermögen. Und ich sage Euch im
Namen ihrer aller, dass ein Jeder von ihnen Euch verehrt und sich zu Eurem
Dienste erbietet, und dass sie Euch ein noch längeres Leben und gute Gesundheit wünschen! Und damit schliesse ich, indem ich mich Ew. Herrlichkeit
tausendmal empfehle.

Der bei Bottari Racc. III. 48 abgedruckte Brief kann als ein schönes Zeichen der allgemeinen Liebe und Verehrung dienen, die dem greisen MICHEL-ANGELO von allen seinen Zeit- und Kunst-Genossen gezollt wurden. Am 31. Januar 1563 wurde er in einer feierlichen Sitzung der florentinischen Akademie einstimmig neben dem Herzog Cosimo zum zweiten Haupte dieser Körperschaft erwählt. Vgl. den Brief VASARIS an den Herzog vom 1. Februar 1563 bei Gaye Cart. III. 84.

157.

ANDREA PALLADIO AN DIE BAUVORSTEHER VON S. PETRONIO IN BOLOGNA.

[Venedig], 17. Juli 1572.

Ich habe nun vollständig, Ihr erlauchten Herren! den Bau der Kirche des heil. Petronius gesehen und die Zeichnungen genau geprüft, von denen die eine M. Francesco Trebilia und die andre M. Domenico Teodaldi gemacht hat. Dieselben nehmen auf das Basament Rücksicht, das schon vor vielen Jahren gemacht ist, indem dasselbe in der That der Art ist, um befolgt zu werden, zumal, da es den ganzen Bau, sowohl auf der Façade, als auch an den Langseiten umgiebt und mit so grossem Aufwande hergestellt ist. Auch bemerkt man daran einige sehr schöne Erfindungen, d. h. nach Maassgabe jener Zeiten, in denen das Gebäude errichtet ist. Ich meine nun, dass, da man diese Rücksichten zu nehmen hat, alles das, was bisher hinzugethan ist, mit dem trefflichsten Urtheil gemacht worden; denn man sieht ganz klar, in wie weit man darin dem Anfange nachgefolgt ist, und da dieser von deutscher Art war, konnte man nicht anders verfahren.

Und wahrlich, meiner Ansicht nach wird das Gebäude vollendet von so schöner Art sein, dass es nichts zu wünschen übrig lassen wird.

Auch sieht man viele Bauten dieser Art, ja die bedeutendsten in Italien, wie S. Marco in Venedig und die der Minoriten (Frari) und andre in dieser Stadt und anderwärts den Dom von Mailand, ein für jene Zeit gewaltiger Bau. Die Certosa zu Pavia, S. Antonio zu Padua, die bischöfliche Kirche zu Orvieto, den Dom von Siena und zu Florenz S. Maria del Fiore und unzählige andere Tempel. Von Palästen ist ferner der der erlauchten Signorie zu Venedig zu nennen, auch der zu Padua, welcher der grösste Bau in ganz Europa sein soll, und dabei ist er doch von deutscher Arbeit; ferner der von Vicenza und viele andere öffentliche und Privatgebäude, so dass man sagen könnte, dass fast alle Städte in Italien und auch ausserhalb voll von dieser Art Architektur seien.

Was nun ferner die von jenen beiden tüchtigen Herren gemachten Zeichnungen betrifft, so sage ich, dass sie mir alle beide gefallen, und dass ich meinerseits nichts daran zu wünschen wüsste. Wahr ist es allerdings, dass ich einige Skulpturarbeit hinwegnehmen würde und auch einige von jenen Pyramiden, die sehr viel kosten würden und sehr leicht umfallen können, worüber ich mich zu Ew. erlauchten Herrlichkeiten mündlich aussprechen werde. In Bezug auf die Festigkeit des Baues wünsche ich, dass die Steine der Façade mit einigen in die Wand gelegten Schichten von Haustein befestigt würden, in Form von Schwalbenschwänzen behauen und mit eisernen oder kupfernen Klammern befestigt; und um auch etwas von dem Innern zu sagen, so scheint es mir, als ob jene Pfeiler stärker sein müssten, um die Wölbung des Mittelschiffes zu tragen; und dies ist es, was ich für jetzt Ew. Herrlichkeiten meinem besten Wissen und Vermögen nach zu bemerken habe. Ich erbitte Euch von unserem Herrn Gott für immer alles Glück.

N. S. Ich habe vergessen, Ew. erlauchten Herrlichkeiten zu sagen, dass sich auf jenem Basament etwas machen liesse, was sehr wohl aussähe. Das ist wohl wahr, indess nur mit der Bedingung, dass es nöthig wäre, ab und zu einen Theil davon wegzunehmen. Wollte man aber weder auf das Basament noch auf irgend etwas Anderes Rücksicht nehmen und mir genügend Zeit gönnen, so erbiete ich mich, eine Zeichnung zu machen, so gut wie ich es nur immer wüsste und vermöchte, und damit zugleich auch die Maasse aller Theile zu schicken. Indess bemerke ich Ew. erlauchten Herrlichkeiten, dass dies dann eine Sache von grossen Kosten sein würde.

Der obige von Gaye Cart. III. 322 bekannt gemachte Brief des Architekten Andrea Palladio bezieht sich auf den Neubau der ursprünglich im gothischen Style begonnenen Kathedrale des h. Petronius zu Bologna. Dieselbe war, wie es so manchen gross angelegten Kirchen jener Zeit ergangen, nicht ganz vollendet worden, und als nun im sechszehnten Jahrhundert die Lust an grossen und prächtigen Bauunternehmungen so allgemein wurde, fühlte man das Bedürfniss, auch hier das Begonnene zu vollenden. So hatte schon im Jahre 1514 ein gewisser Arduino Arriguzzi ein Modell für den Ausbau von S. Petronio gemacht, das noch jetzt in jener Kirche aufbewahrt wird. Vgl. Burckhardt Renaissance in Italien 2. Aufl. S. 93. Eine anonyme Schrift hatte diesen Entwurf angegriffen, der dann seinerseits wieder in einer von Gaye II. 140 ff. bekannt gemachten Denkschrift vertheidigt wurde.

Sodann waren Zeichnungen zu diesem Neubau von Baldassare Peruzzi entworfen worden, dem man eine grosse Freiheit zugestanden hatte und über dessen Entwürfe ein Bericht von Ercole Seccadinari an die Bauvorsteher der Kirche vom Jahre 1521 existirt (Gaye II. 152). Die Zeichnungen nennt Seccadinari äusserst schön und grossartig, sie seien aber nicht praktisch, und namentlich wird ihnen vorgeworfen, dass sie mit der ursprünglichen Form des Gebäudes keine Uebereinstimmung haben. Eine Federzeichnung der Façade in gothischem Stil ist nach Gaye noch vorhanden und wird von diesem als sehr schön gelobt. Peruzzi bekam, trotzdem sein Entwurf nicht adoptirt wurde, auf Seccadinaris Veranlassung eine Belohnung von 18 Liren; Ercole Seccadinari wurde durch ein Breve Clemens' VII. als Architekt von S. Petronio bestätigt, trat indess schon am 31. December 1531 von diesem Amte wieder zurück. Längere Zeit hindurch scheint nun der Bau geruht zu haben, bis der Architekt Francesco Terribilia neue Entwürfe verfertigte, über welche das Gutachten des Andrea Palladio eingeholt wurde. Dieses ist nun in dem obigen Briefe enthalten, der, ausser der humanen Beurtheilung jenes Entwurfes selbst, durch die gemässigte und anerkennende Art beachtenswerth ist, in welcher der Architekt von der gothischen Bauweise spricht. Offenbar ein Zeichen vorgeschrittener Einsicht und Bildung, wenn man damit die rohen Aeusserungen FILARETES über diese Bauweise vergleicht (s. o. Nr. 19).

Nach einem Schreiben des Cardinals S. Sisto an den Grafen Pepoli (Rom 8. Juni 1580 bei Gaye III. 431) soll beim Weiterbau der Kirche die deutsche Art zwar nicht so vollständig befolgt werden, wie man es in dem grösseren Theile der eingereichten Zeichnungen sähe; indess soll ein Theil deutsch sein, um mit dem schon Begonnenen in Einklang zu stehen, ein anderer dagegen modern. Am 16. November desselben Jahres wurde von dem „Reggimento di Bologna" ein definitiver Beschluss dahin gefasst, dass mit verschiedenen Theilen der Zeichnung TIBALDIS die des TERRIBILIA verbunden werden solle: statt der Fenster sollen Rundfenster angebracht werden; an Stelle des grossen Mittelfensters des TIBALDI solle ein Fenster nach deutscher Art kommen, so gross und so weit es nur immer angehe, ähnlich den Fenstern der Kapellen auf den Seiten. Uebrigens waren die Berathungen durch diesen Beschluss noch keineswegs zu Ende gebracht. Noch am 21. Sept. 1582 schreibt der Architekt des Mailänder Domes PELLEGRINO DE PELLEGRINI an den Grafen Pepoli: er habe viele Zeichnungen zu S. Petronio gesehen und geprüft. Man folge bald dem gothischen (barbarischen), bald dem antiken Style, bald beiden zugleich. Er sei für die Antike, denn da der Tempel ein Haus Gottes sei, müsse er so schön als möglich gebaut werden. Uebrigens hat er doch viel Sinn für die Gothik. Wolle man, sagt er, nicht vom Deutschen abweichen, so möge man auch so viel als möglich dessen Vorschriften beobachten, die übrigens viel verständiger seien, als andere glauben, und nicht einen Styl mit dem andern verbinden, wie andere thäten. (Gaye Cart. III. 446.)

Nicht mindere Aufmerksamkeit verdient es, dass in der Masse des Volkes eine grosse Vorliebe für die gothische Bauweise bestanden zu haben scheint. Das allgemeine Urtheil aber wurde bei künstlerischen Unternehmungen damals in umfassender Weise in Betracht gezogen. Für beides bietet den Beleg folgender Brief des Kardinal Montalto dar, welcher aus Rom vom 17. Juni 1588 an die „Herren von der Regierung zu Bologna" in Angelegenheiten des Baues von S. Petronio gerichtet ist.

„Meine verehrten und erlauchten Herren!" heisst es daselbst, „obschon ich von verschiedenen Seiten von der geringen Befriedigung unterrichtet worden bin, welche das ganze Volk mit der begonnenen Wölbung von S. Petronio bezeigt, und obschon mir von verschiedenen Personen darüber geschrieben worden ist, so glaubte ich dennoch nicht, diesen meine Aufmerksamkeit schenken zu dürfen, ehe ich von Ihnen nicht etwas Sicheres vernähme, wie sich die Angelegenheit verhielte. Jetzt aber, da ich erfahren, dass Meister Carlo Cremona, ein Schneider, mit einigen seiner Dreieckszeichnungen nicht bloss die Künstler überzeugt hat, dass besagte Wölbung übermässig niedrig und hässlich sei, sondern auch viele der vorzüglichsten Edelleute der Stadt zu seiner Ansicht herübergezogen hat, die durch ihre Autorität jener Meinung eine ausserordentliche Wärme geben, so ziemt es mir, da ich Vorsitzender des Baues und von Sr. Heiligkeit unserm Herrn mit diesem Amte beauftragt bin, dafür zu sorgen, dass, ehe man weiter fortfährt, die Wahrheit des Faktums sehr genau geprüft werde, sowohl um den Misshelligkeiten vorzubeugen, die mit der Zeit aus sothaner Veranlassung irgend eine traurige Wirkung herbeiführen könnten, als auch um Allen gerecht zu werden und um einen dauerhaften und bleibenden

Entschluss fassen zu können, in wie weit man in der Zukunft zur Zierde und Wohlthat des Unternehmens fortzufahren habe" etc. etc.

Dies aber, fährt der Kardinal fort, könne nirgends besser als in Rom gesehehen, wo die schönsten Gebäude und die unterrichtetsten Kenner seien, und so bäte er seine Kollegen bei der Bauverwaltung, den Architekten TERRIBILIA und den Schneider Carlo nach Rom zu schicken; beide sollten ihre Gründe und Gegengründe mitbringen und über diese von Sachverständigen in ihrer Gegenwart verhandelt werden. TERRIBILIA solle auch das schriftliche Votum der Herren (Gentiluomini) mitbringen, die die Ansicht des Meister Carlo theilen. So würde man ohne viel Streit zu Ende gelangen und dem Volke zeigen, dass man wünsche, richtig und zu allgemeiner Genugthuung zu verfahren, so viel man vermöge.

Mögen nun die Gründe des Meister Carlo und seiner Anhänger, die auf einer vielleicht etwas unklaren Vorliebe für die gothische Baukunst beruhten, gewesen sein, wie sie wollen (TERRIBILIA nennt sie in seiner Rechtfertigungsschrift vom Jahre 1589 bei Gaye III. 490 „eitel Gerede"), so bleibt die lebendige Theilnahme des Volkes selbst an den künstlerischen Unternehmungen und die Art, wie dieselbe berücksichtigt wird, jedenfalls eine ungemein erfreuliche Erscheinung, die mit der hohen Kunstblüthe der damaligen Zeit im engsten Zusammenhange steht.

Als Ergänzung zu dem obigen Briefe PALLADIOS muss noch hinzugefügt werden, dass die in demselben versprochenen und am 18. Oktober 1572 an den Grafen Gio. Pepoli abgesendeten Zeichnungen (Gaye III. 331) in Bologna heftigen Widerspruch von Seiten einiger Architekten fanden, welche die gothische Bauweise vertheidigten und namentlich auch (wie PELLEGRINO) die von PALLADIO versuchte Vermischung derselben mit der Antike tadelten. In der darüber geführten Korrespondenz des Grafen Pepoli und PALLADIOS, der seine Entwürfe vertheidigt, wurde man endlich von beiden Seiten etwas heftig, so dass man von Bologna aus das Ganze eine Konfusion nannte, und PALLADIO ihnen darauf sehr böse vorwarf, „ihnen wäre nichts anderes, als ihre deutsche Architektur bekannt, die man in Wahrheit eine Konfusion nennen dürfe". Gaye Cart. III. 395 ff. — Ueber PALLADIO vgl. Lübke Gesch. d. Architektur 5. Aufl. II. S. 739 f. und Burckhardt Gesch. der Renaissance in Italien an verschiedenen Orten.

BARTOLOMEO AMMANATI.

Wir haben von den Briefen des florentinischen Bildhauers BARTOLOMEO AMMANATI nur die nachfolgenden drei ausgewählt, welche als Zeugnisse seines Verhältnisses zu MICHELANGELO, seines Charakters und seiner Stellung zu den religiösen und künstlerischen Fragen der damaligen Zeit besondere Aufmerksamkeit verdienten. Seine grosse Verehrung für MICHELANGELO, der ihn trotz einiger zufälligen Zwistigkeiten auch seinerseits hochhielt, bekundet auch ein Brief an Cosimo vom 18. Februar 1559, worin er in einfacher Weise ausspricht, dass die Treppe in der Bibliothek von S. Lorenzo nur nach dem Willen MICHELANGELOS ausgeführt werden solle; dieser solle die Auswahl zwischen den vorhandenen Zeichnungen treffen (Gaye Cart. III. 11). In einem anderen

Briefe vom 3. Febr. 1563 berichtet er über den Ausbau des Palastes Pitti (ebd.
III. 88) und klagt darüber, dass ihm so viel Leute ins Atelier kommen und
schwatzen. Cosimo giebt ihm darauf an demselben Tage den Auftrag, auch den
Garten zu besorgen; man solle aber, wie er sich etwas derb ausdrückt, keine
„Canaglia", sondern bloss anständige Leute in den Garten lassen. In Bezug auf
den Brief 159 muss bemerkt werden, dass Ammanati früher wenigstens mit der
Akademie in schlechtem Einvernehmen gestanden haben muss, wie aus einem
Briefe an Cosimo vom 8. Oktober 1563 bei Gaye III. 118 hervorgeht.

Was dagegen die in den Erläuterungen zu Brief 159 und 160 erwähnten
Beziehungen zu dem Jesuitenorden betrifft, so werden dieselben sowohl durch
Briefe als durch bestimmte Nachrichten über sein Leben bestätigt. So durch
den Brief vom 13. August 1573, in welchem er den Jesuitenpater Julius an
seinen Freund Marco Mantova Benavides, einen berühmten Professor der Juris-
prudenz zu Padua, empfiehlt und der von seiner Hinneigung zu dem Orden
Zeugniss ablegt (Gaye III. 387). Dieser Orden fand gleich nach seiner ersten
Niederlassung zu Florenz an Ammanati und dessen Gattin grosse Beschützer.
Sie vermachten ihm testamentarisch ihr ganzes Vermögen, für den Fall, dass sie
keine Kinder bekämen, und nach ihrem beiderseitigen Tode. Auch trugen sie
bedeutende Summen zur Erweiterung des Jesuitenkonvents und zur Erbauung
ihrer Kirche S. Giovannino bei, deren Façade als eines der besten Werke Ammanatis betrachtet wird. Das Vermögen fiel nach dem Tode Ammanatis (1592)
wirklich den Jesuiten zu, welche das Andenken ihrer Wohlthäter durch eine
Inschrift ehrten. Ueber Ammanati vgl. auch J. Meyer im Allgem. Künstlerlexikon I. S. 652 ff.

158.

BARTOLOMEO AMMANATI AN MICHELANGELO.

Florenz, 5. April 1561.

Mein hochzuverehrender Herr! Sowie ich in Florenz angelangt war, habe
ich die Werkstatt zurecht machen lassen und habe im Namen Gottes an dem
Marmorblock des Neptun zu arbeiten angefangen. Ich empfinde dabei mehr
Schmerz, dass ich nur so wenig Marmor wegnehmen darf, als es mir Mühe
machen würde, wenn ich sehr viel wegzunehmen hätte. Und ich bin deshalb
in so übler Laune, dass ich stündlich darüber seufze.

Ich habe Euch das Gedichtbuch meiner Frau nicht früher geschickt, wie
ich es Ew. Herrlichkeit versprochen hatte, weil ich erwartete, dass sie noch
einige geistliche Lieder machen sollte, wie sie denn auch gethan hat. Ich
glaubte nämlich, dass diese Ew. Herrlichkeit angenehmer sein würden, als die
anderen. Und so habe ich sie gegen das Ende des Buches eingetragen und es
wird mir viel Freude machen, wenn sie Euch zufrieden stellen. Ew. Herrlichkeit braucht mir übrigens nicht zu antworten, um nicht die Mühe davon
zu haben.

Ich befinde mich recht wohl und bitte Euch, mich in Eurem Wohlwollen
zu behalten, und ich und meine Frau wir empfehlen uns Euch unzählige Male[1]).

Die Arbeit, deren AMMANATI in dem von Gualandi Nuova Race. I. 57
und Mem. III. 38 bekannt gemachten Briefe Erwähnung thut, ist die Statue
des Neptun, welche noch heut zu Tage den grossen Brunnen vor dem Palazzo
vecchio in Florenz ziert. AMMANATI hatte sich schon im Jahre 1557 bei der
grossen Ueberschwemmung sehr verdient um Florenz gemacht. Er war dabei
von Cosimo zum Haupt-Ingenieur ernannt worden und hatte in diesem Amte
eine sehr grosse Thätigkeit entwickelt, wie unter anderen die Reparatur zweier
Brücken und der Neubau, der von S. Trinità beweisen. (Ueber letztere vgl.
die Erläuterung zu dem Briefe VASARIS Nr. 155.) Die Statue des Neptun war
dem AMMANATI in Folge einer Konkurrenz, bei der sich auch BENVENUTO
CELLINI, VINCENZO DANTI und GIOVANNI DA BOLOGNA betheiligt hatten, zuerkannt
und zugleich ein Marmorblock dazu bestimmt worden, den der Herzog auf
BANDINELLIS Vorschlag in Carrara gekauft, und den letzterer, des Auftrages
schon im Voraus gewiss, heimlich nach Florenz geschafft und für sein Modell
behauen hatte. Somit war der Stein etwas kleiner geworden, als ihn AMMA-
NATI zu seinem Entwurfe gebraucht hätte, und darauf beziehen sich jene Klagen
im Anfange des Briefes. Da BANDINELLI jedoch schon 1559 starb, konnte er
nicht einmal mehr an der Konkurrenz theilnehmen.

Die in demselben ebenfalls erwähnte Frau AMMANATIS war Laura Bettifera,
geboren zu Urbino 1523, eine der ausgezeichnetsten Frauen des sechszehnten
Jahrhunderts und wegen ihrer schönen Dichtungen von Bernardo Tasso „der
Stolz Urbinos" genannt und von Annibal Caro als „neue Sappho" gepriesen.

159.

BARTOLOMEO AN DIE MITGLIEDER DER AKADEMIE DER ZEICH-
NENDEN KÜNSTE.

Florenz, 22. August 1582.

Zu der Zeit, als eine grosse Anzahl von Mitgliedern unserer Zeichnungs-
Akademie sich mehreremal versammelt, und wir unter uns, namentlich
während ich Präsident war, sehr nützliche und schöne Verhandlungen
geführt hatten, da habe ich nicht verfehlt (und einige können mir dies noch
heute bezeugen) zu bitten, man möge keine Mühe unterlassen, um es ins Werk
zu setzen, dass mindestens einmal des Monats (es wäre denn an dem Tage
unserer Versammlung, nämlich am zweiten Sonntage eines jeden Monats gewesen)
bald der Eine, bald der Andere irgend ein schönes Werk zur Vorlage brächte
und die Gesellschaft durch Mittheilungen aus seiner Profession oder Kunst, sei
dies nun die Malerei, Bildhauerei oder Baukunst erfreute, indem er alles, was

---

[1]) Der Brief ist unterzeichnet: „Ew. Herrlichkeit liebevoller Diener Bartolomeo
Ammanati."

er darüber fühlt, ausspräche. Denn es giebt in jeder dieser drei Künste gewisse spezielle Punkte, über die man weitläufig nachforschen und verhandeln kann, obschon bei der Malerei und Skulptur sich alles Einzelne auf das einzige Endziel zurückführen lässt, dass sie ergötzen und gefallen sollen, die Architektur dagegen Schönheit mit der Bequemlichkeit zu verbinden habe. Wenn also der Maler von der Farbengebung spräche, so würde er uns tausend schöne und anmuthige neue Ideen eröffnen, ja vielleicht gar soviel, dass kaum das Alter eines Menschen hinreichen würde, um sie einzeln zu erlernen, so also, dass ein Jüngling mit grosser Leichtigkeit und in einem kurzen Zeitraum dazu gelangen könnte, viel zu verstehen und zu erlernen und sich früh Ehre und Ruhm zu erwerben.

Oder wenn in ähnlicher Weise ein anderer über die Komposition historischer Bilder handelte und spräche, beim Himmel! man sehe nur, welch ein Nutzen damit den Jünglingen geschaffen würde, indem dies einer der Theile von so grosser Wichtigkeit ist, dass man nur selten gut componirte Bilder sieht, und auf denen man nicht viel Köpfe und andere Glieder erblickt, die gleichsam über einander geklebt erscheinen und eben so schlecht mit einander verbunden als von einander gesondert sind. Und wenn ferner sich Jemand daran machte, zu zeigen, von wie grossem Nutzen die Perspektive sei und die Fähigkeit, dieselbe auf gefällige Weise anzuwenden, so dass man nicht, wie von Einigen geschieht, den Figuren eine gewisse Unschönheit und Disharmonie giebt. Gross wahrhaftig würde der Nutzen sein, der sich daraus gewinnen liesse!

Ueberdies aber wisst Ihr alle, vortreffliche Akademiker! wie sehr ich gebeten, dass auch von den Verhältnissen, den Eintheilungen, den Entwürfen und der Zweckmässigkeit in der Architektur gehandelt werde, indem dies Alles Dinge sind, welche die Schönheit und die Bequemlichkeit befördern, und zu deren auch nur einigermassen vollkommener Erreichung die Zeit kaum genügen würde.

Und wie viel guter Rath und hülfreiche Belehrung würde dadurch nicht dem Bildhauer gewährt werden können? Zunächst nämlich, welche Kunst und Kenntniss es erfordere, um einer Marmorstatue Anmuth zu geben, so dass die grossen und feinen Marmorblöcke, die mit grosser Mühe, eben solchem Zeit- und Kostenaufwand gebrochen und herbeigeschafft worden sind, wegen zu geringer Uebung oder aus Mangel an Kunstfertigkeit nicht etwa verdorben oder verstümmelt werden. Und ebenso, wie man eine Figur anordnen und wohlthuend abrunden müsse, so dass sie nicht aus vielen Stücken erscheine und schlecht eingetheilt, wie es denen nur zu oft zu ergehen pflegt, die sich nicht der Leitung und Nachhülfe eines gewissenhaften Meisters zu erfreuen haben. Dies zu wissen aber würde den Jünglingen viel Nutzen bringen. Denn es genügt nicht, schöne und gut gearbeitete Figuren zu sehen, sondern man muss auch die Kunst kennen, wie, und die Gründe, weshalb sie so gemacht sind.

Genügt nämlich das Erstere, so würde der so ausgezeichnet schöne Moses des Michelangelo Buonarroti mit dessen dazu gehörigen Figuren und in Florenz die Sakristei von S. Lorenzo Allen ohne alles Weitere als Lehre und Unterricht dienen können.

Das allerdings ist wahr, dass man in einer langen Zeit auf jede Weise zum Ziele gelangen kann: aber es war gerade meine Absicht, diese zu verringern und so kurz als irgend möglich zu machen, wegen der wirklich vorhandenen Kostspieligkeit, denn zwischen der Lehrzeit und der, wo man mit Bequemlichkeit arbeiten kann, wird der Mensch alt, und mit den Kräften lässt ihn das Licht des Auges und mitunter auch das des Geistes im Stiche. Diese Sitte nun aber, über die vorerwähnten Gegenstände zu lesen oder zu diskurriren, wie auch über noch vieles andere, das sich zum Nutzen und Heil der Jünglinge sagen lassen könnte, ist bis jetzt noch nicht eingeführt worden. Welches der Grund davon sei, weiss ich nicht.

Das Wenige nun also, was ich anderenfalles gewünscht haben würde, mit lauter Stimme bloss über einen Punkt zu sagen, will ich jetzt, um mein Gewissen zu erleichtern, allen denen sagen, die diesen meinen Brief des Lesens würdigen. Und zwar ist es folgendes: Sie mögen gewarnt sein und sich um der Liebe Gottes und ihres eigenen Heiles willen wohl hüten, in den Irrthum und Fehler zu fallen, durch welchen ich bei den Arbeiten gestört bin, indem ich viele meiner Figuren ganz nackt und entblösst gemacht habe, wobei ich vielmehr dem Gebrauch oder vielmehr Missbrauch als den Gründen derer Folge leistete, die vor mir auf dieselbe Weise die ihrigen gemacht haben und die dabei auch nicht bedachten, dass es eine viel grössere Ehre sei, sich als einen ehrbaren und gesitteten Menschen zu erweisen, denn als einen eitelen und lasciven, wenn man auch noch so gut und ausgezeichnet arbeitet.

Da ich nun diesen meinen in der That nicht geringen Fehler und Irrthum in keiner anderen Weise verbessern und wieder gut machen kann, — denn ich kann unmöglich meine Figuren über die Seite bringen, noch einem Jeden, der sie sieht oder sehen wird, sagen, dass es mir sehr leid thut, sie so gemacht zu machen, — so will ich es öffentlich schreiben, bekennen und, so viel ich vermag, einem Jeden kund thun, wie sehr ich Unrecht gethan habe und wie sehr ich es bedauere und bereue, und zwar besonders zu dem Ende, damit die Anderen gewarnt seien, nicht auch in diesen schädlichen und verderblichen Fehler zu fallen. Denn ehe man das öffentliche Leben und noch mehr unseren gesegneten Gott durch ein schlechtes Beispiel, das man irgend wem giebt, gefährdet, sollte man sich lieber den Tod des Körpers und des Rufes zugleich wünschen.

Denn es ist ein sehr grosser und ernster Fehler, nackte Statuen, Faune, Satyrn und ähnliche zu machen, indem man diejenigen Theile entblösst, die man nur mit Scham sehen kann, und welche Vernunft und Kunst uns zu verhüllen gebieten. Denn wenn auch kein anderes Uebel und kein anderer Vortheil daraus hervorgehen würde, der entsteht gewiss daraus, dass der unehrbare Sinn und der gierige Wunsch zu gefallen, welcher den Urheber des Werkes belebte, sich auch der Anderen bemächtigt. Daraus geht dann ferner hervor, dass solche Werke Zeugniss gegen das Leben desjenigen ablegen, der sie gemacht hat.

Ich gestehe also, was mich anbelangt, darin die unendliche Majestät Gottes sehr beleidigt zu haben, obgleich mich nicht die Absicht, sie zu beleidigen, dazu bewegt hat.

Aus diesem letzteren Grunde aber will ich mich nicht entschuldigen, indem ich sehe, dass eine üble Wirkung daraus entsprungen ist, ganz abgesehen davon, dass ich weiss, dass die Unwissenheit, die Gewohnheit und andere Dinge mich in keiner Weise zu entschuldigen vermögen. Denn der Mensch muss wissen, was er thut, und welcher Erfolg am Ende aus diesem seinem Thun und Handeln hervorgehen kann oder muss. Deshalb also, meine theuren akademischen Brüder, möge Euch diese Mahnung genehm sein, die ich mit der ganzen Liebe meines Gemüthes zu Euch ausgesprochen habe, niemals ein Werk zu machen, das in irgend einer Beziehung mehrbar oder lüstern sei, ich meine ganz nackte Figuren, noch irgend etwas anderes, das einen Mann oder ein Weib, von welchem Alter sie auch seien, zu bösen Gedanken anreizen könne; denn unsere verderbte Natur ist schon von selbst nur allzu geneigt zu solcher Erregung, ohne dass etwas anderes sie dazu auffordert. Daher ich auch denn rathe, hütet Euch mit aller Mühe davor, damit Ihr in Eurem verständigen und reifen Alter Euch nicht, wie ich jetzt thue, zu schämen habt noch zu beklagen, dass Ihr so gehandelt und vor allen Dingen Gott verletzt habt, — weiss doch Niemand bestimmt, ob er Zeit haben wird, um Vergebung zu bitten, noch ob es uns gelingen wird, uns in der Ewigkeit zu rechtfertigen, wegen des einmal gegebenen schlechten Beispiels, das fortlebt und zu unserer Schande und Verachtung nur allzulange fortleben wird, dessen Fortleben wir auch mit solchem Eifer und mit so grossem Fleiss angestrebt haben!

Und ich weiss sehr wohl, dass Viele von Euch wissen, dass es eine nicht geringere Schwierigkeit noch eine geringere Kunst sei, ein schönes Gewand um eine Statue zu machen, das mit Anmuth gelegt und angeordnet sei, als dieselbe vollständig nackt und entkleidet darzustellen. Dass dies aber wahr sei, beweist das Beispiel tüchtiger und in der Kunst erfahrener Männer. Wie viel Lob und wie viel Gunst hat Messer Jacopo Sansovino wegen seines h. Jakobus erfahren, der mit Ausnahme des Theiles zwischen den Armen ganz bekleidet ist? So grosse, dass ich nicht weiss, ob irgend wer jemals mit nackten Figuren grössere erworben hat!

Der Moses in S. Pietro in Vincoli zu Rom, ist er nicht als die schönste Figur Michelangelo Buonarrotis berühmt? und doch ist er ganz und gar bekleidet.

Eitel aber und schwankend ist der Gedanke der Menschen und namentlich der Jünglinge, die sich meistentheils daran ergötzen, Dinge zu machen, die allein die Sinne anzureizen vermögen, und es sinnt derselbe auf nichts anderes, als durch Unkeuschheit zu gefallen. Welcher böse Gedanke, wenn man ihn nicht aus dem Herzen auszurotten sucht, ehe er sich darin einnistet, nur allzuschlechte und bittere Früchte hervor und zur Reife bringt! Und dann glauben wir, dass jene alten und neueren Schriftsteller, die mit so viel ununterbrochener Mühe, bei Tag und bei Nacht, auf die Komposition von Poesie und Prosa und der schönsten und annuthigsten, nichtsdestoweniger aber unehrbaren und unanständigen Verse verwandt haben, so dass sie die ganze Welt verdorben haben, dieselben, wenn sie von Neuem ins Leben zurückkehren könnten, sehr gern zerreissen und sie alle verbrennen und den so geliebten und gesuchten vergänglichen Ruhm hassen und fliehen würden!

Unglücklich sind dieselben, indem sie richtig, aber vielleicht spät einschen, wie sehr ein jedes Ding eitel sei, und alles Lob und Ehren, die die Welt gewähren kann, ihren Gemüthern weder irgend eine Hülfe noch Unterstützung darbieten können, im besondern aber die ob solcher Werke, von denen ich spreche, und die mit so vielen und bösen Beispielen angefüllt sind.

Wenn wir dies nun aber schon von profanen Schriften sagen und glauben, was sollen wir erst von Statuen und Figuren sagen und glauben, die bei einem einzigen Blick jedes Gemüth, und wenn dasselbe auch noch geordnet und wohl geregelt ist, zu ungeregelten und unehrbaren Gedanken bewegen können, und die an öffentlichen Orten ausgestellt sind und von aller Welt gesehen und betrachtet, was doch in dem Maasse bei Büchern und Schriften nicht stattfindet, als welche nicht von allen gelesen werden können. Deshalb werden wir denn sagen können, dass nicht allein in Tempeln und in den heiligen Kirchen keinerlei derartige böswillige Aufreizungen aufgestellt werden dürfen, indem man dort nur ehrbare und heilige Dinge gemalt oder als Bildwerk erblicken soll; aber ebensowenig auch an irgend einem privaten und profanen Orte: denn wie ich oben schon sagte, wir sind an allen Orten und zu jeder Zeit allen Menschen gegenüber verpflichtet, uns ehrbar und keusch zu erweisen und als Liebhaber und Bewahrer der guten Sitten, nicht aber als Feinde und Zerstörer derselben.

Und möge nun um des Himmels willen Niemand sich damit entschuldigen, dass er meint, dieser Herr oder jener Fürst hat es gewollt und mir aufgetragen, es so zu machen, und ich konnte und durfte ihm nicht widersprechen! Denn wenn er ein guter Meister in seiner Kunst ist, so wird er sehr wohl wissen, mit verständiger Ueberlegung und Geschick ein Werk herzustellen, das zugleich Annuth zeigen und Freude erregen wird, ohne dass er äusserlich zu zeigen brauchte, wie schmutzig und fleischlich sein Herz inwendig sei. Und dann wissen wir doch auch, dass die meisten Menschen, die uns Aufträge geben, uns nicht eine bestimmte Idee vorschreiben, sondern sie stellen dies unserem Urtheil anheim, indem sie sagen, hier möchte ich einen Garten haben oder einen Brunnen oder einen Fischteich oder sonst etwas Aehnliches. Sollten sich aber wirklich deren finden, die nur unehrbare und garstige Sachen aufträgen, so brauchen wir ihnen nicht zu gehorchen, sondern haben vielmehr die Verpflichtung, mehr Rücksicht darauf zu nehmen, unserer Seele keinen Schaden zu thun als dem Vergnügen Anderer zu Hülfe zu kommen, sowie uns mehr vor Beleidigung der göttlichen Majestät zu hüten (indem wir gegen deren heiligsten Willen den Menschen ein schlechtes Beispiel geben), als im Interesse einer anderen Person

zu arbeiten, sie möge sein, welche sie wolle. Bei dieser Gelegenheit will ich
es zu meiner Beschämung nicht verschweigen, dass mir niemals ein Gönner oder
Herr, dem ich diente, aufgetragen hat, solche Figuren und die in solcher Weise
gebildet waren, zu machen, sondern die üble Gewohnheit und noch mehr mein
eitler Sinn haben mich in einen solchen Fehler gerathen lassen.

Nun also, da es der Gnade Gottes gefallen hat, mir die Augen des Ver-
standes, die bis dahin das trügerische Vergnügen, den Menschen zu gefallen,
geschlossen und verblendet hatte, wenigstens etwas zu öffnen, erkenne ich offen
an, arg gefehlt zu haben, und das ist der Grund, der mich zu der Bitte bewegt
hat. Ihr möchtet Euch alle davor hüten, wenigstens eher, als ich es zu thun
vermochte. Und ich will auch noch mit Eurer günstigen Erlaubniss zu grösseren
Zeugnissen dessen, was ich bisher gesagt habe, hinzufügen, was mir in diesen
letzten Jahren meines Alters begegnet ist.

Es wurde mir von Sr. Heiligkeit unserem Herrn dem Papste Gregor XIII.
aufgetragen, ein Grabmal ganz aus Marmor für einen seiner Vettern im Campo
Santo zu Pisa zu machen, und da dieser ein ausgezeichneter Gesetzkundiger
gewesen, schien es mir passend, eine Justizia zu machen. Da aber aus guten
Gesetzen der Frieden hervorgeht, so machte ich auch die Statue des Letzteren;
und weil ferner, wo Friede und Gerechtigkeit weilt, auch unser Erlöser dabei
ist, so stellte ich zwischen beide die Figur Jesu Christi, der seine heiligen und
heilbringenden Wunden zeigt. Durch dieses Grabmal habe ich mehr Ehre und
Vortheil gewonnen, als von anderen Bildwerken, die ich jemals unternommen;
denn da der heilige Kirchenfürst einen günstigen Bericht darüber erhielt, machte
er mir eine solche Geldsumme zum Geschenk, die weit über jede gute und
reichliche Bezahlung hinausging.

Und obschon ich den Koloss zu Padua gemacht habe und die Giganten
mit dem übrigen Brunnen auf dem Platze zu Florenz mit so vielen Nachtheilen,
so habe ich wenig genug Ehre davon gewonnen und, was schlimmer ist, ich
habe mein Gewissen über alle Maassen damit belastet, wie mir dies auch ganz
recht ist, so dass ich fortwährend den herbsten Schmerz und Reue darüber in
meiner Seele fühle.

Nehmt also diese meine Ermahnungen und Rathschläge mit Liebe an, als
von dem Vater kommend, der ich ja den Jahren nach Euch sein könnte, und
von der Geringsten einem, als welchen ich mich der Fähigkeit und Tüchtigkeit
nach unter allen betrachte und halte. Ueberlegt mit Weisheit alle Eure Werke,
insbesondere in den Kirchen, wie ich schon bemerkt habe, obschon ich hoffe,
dass unter einem so weisen Kirchenfürsten, wie wir uns jetzt befinden, ein so
schmachvoller Missbrauch ganz weggeschafft, die ausgelassene Darstellungsweise
der Bildhauer und Maler gezügelt, und nichts mehr in einem heiligen Orte aufgestellt werden wird, ohne vorher wohl geprüft und durch Personen von gutem
Leben und vortrefflichem Urtheil untersucht worden zu sein.

Und indem ich nun meiner Betrachtung ein Ende setze, will ich unsern
Herrn und Gott bitten, dass er Euch immer in seiner heiligsten Gnade erhalte

und Euch in allen Euren Werken begünstige, indem ich mich eines Ausspruchs
erinnere, den einst Michelangelo Buonarroti zu mir that und der dahin lautete,
dass die guten Künstler immer auch gute Christen wären. [1)]

160.

BARTOLOMEO AMMANATI AN DEN GROSSHERZOG FERDINAND.

[Florenz, gegen 1590.]

Gnädigster Grossherzog! Ich habe alle Zeit und alle Mühe meiner Jugend
im Dienste des erlauchten Hauses Ew. Hoheit verwendet, und nun, da
ich schon den 80 Jahren nahe und von jenem Rufe nicht mehr weit
entfernt bin, mit dem Gott Alle zu sich ruft, fühle ich mich von meinem Gewissen gedrungen, Ew. Hoheit etwas mitzutheilen, von dem ich hoffe, dass es
mit Leichtigkeit zu erlangen sein werde. Es ist in unserem Jahrhundert der
Missbrauch entstanden, in der Skulptur und Malerei, wie man überall sehen
kann, nackte Figuren zu malen oder zu meisseln und auf diese Weise unter der
Farbe und dem Aushängeschilde der Kunst die Erinnerung schmutziger Dinge
lebendig zu erhalten oder eine stille Verehrung jener Götzen zu erwecken, zu
deren Vernichtung die Märtyrer und die anderen heiligen Freunde Gottes ihr
Leben und ihr Blut freudig zum Opfer brachten.

Da ich nun selbst auf das Tiefste bekümmert bin, in meinem Leben der
Urheber solcher Statuen gewesen zu sein, und kein Mittel sehe, wie man dieselben aus dem Anblick der Menge zu entfernen vermöchte, so habe ich schon
vor einigen Jahren an die Männer meines Berufes einen Brief geschrieben, der
auch gedruckt worden ist, auf dass dieser Staat Ew. Hoheit unter den andern
Lasten, zu denen wir geneigt sind, nicht durch den Zorn Gottes heimgesucht
werde. Da ich nun aber in diesem meinem hohen Alter die Wichtigkeit dieser
Sache empfinden muss und mit der Zahl der Jahre den lebhaften Wunsch der
wahren Grösse und Glückseligkeit von Ew. Hoheit zunehmen fühle, so will ich
dieselbe, ehe ich sterbe, um der Ehre Gottes willen antlehen, weder in der
Malerei noch in der Skulptur nackte Figuren anfertigen zu lassen. Und die von
mir oder von anderen schon früher gemacht worden sind, mögen entweder bedeckt oder ganz hinweggenommen werden, so dass Gott damit ein Dienst erwiesen werde, und man nicht glauben soll, Florenz sei die Heimath der Götzen
oder von Dingen, die zur Wollust und zu anderen Dingen anreizen, welche Gott
höchlichst missfallen!

[1)] Wörtlich: „dass die guten Christen auch gute und schöne Statuen machen,"
womit offenbar der oben ausgedrückte Sinn verbunden ist.

Und da Ew. Hoheit neuerdings befohlen hat, dass jene Statuen, die ich schon vor 30 Jahren im Auftrage des erlauchten Grossherzogs, Eures Vaters, in Pratolino gemacht habe, nach dem Garten Pitti gebracht werden sollen, wie auch geschehen ist, so empfinde ich die grösste Reue, dass ein solches Werk meiner Hand hier zum Anreiz vieler unehrbarer Gedanken bleiben solle, die dem Beschauer daran entstehen können. Also auch darin bitte ich in aller Ehrerbietigkeit zum grössten Dank und Lohn, den ich für alle meine bisherigen Dienste erhalten konnte, mir die Gnade zu erweisen, erstens dass ich nicht zur Aufstellung der Statuen mitzuwirken habe. Und sodann, dass es mir vergönnt sei, sie so kunstreich und decent unter dem Namen von Tugenden bekleiden zu dürfen, dass sie Niemandem mehr Gelegenheit zu hässlichen Gedanken zu geben vermöchten. Und dies, glaube ich, wird sich auch um so eher geziemen, als sich den Augen der erlauchten Grossherzogin und der Gesellschaft, die sie mit sich führt, und so vieler anderer Damen, die oft bei ihr zum Besuche kommen an allen Orten und Ew. Hoheit zugehörigen Plätzen Dinge darbieten werden, die auf eine christliche Weise eine so sehr christliche Fürstin, wie sie es ist, zu erbauen im Stande sind. Ich aber werde Ew. Hoheit auf ewig dafür verpflichtet bleiben.

Der erste der beiden vorhergehenden Briefe ist schon bei AMMANATIS Lebzeiten veröffentlicht worden; er befindet sich abgedruckt bei Bott. Racc. III. 529. Den zweiten hat Gaye in seinem Carteggio III. App. 578 nach dem im Collegio Romano zu Rom befindlichen Originale mitgetheilt. Was die in den Briefen erwähnten Kunstwerke AMMANATIS betrifft, so dürfen dieselben zum Theil als bekannt vorausgesetzt werden, zum Theil giebt Vasari im Leben des Jac. Sansovino, dessen Schüler er war, und ausführlicher Baldinucci darüber Auskunft (Notizie de' Professori del disegno VI. 1—132). Nur über die allgemeinere und weitgreifende Bedeutsamkeit der Briefe wollen wir hier die Bemerkung hinzufügen, dass die darin ausgesprochenen Gesinnungen eben so viel Aeusserungen jenes grossen und gewaltigen Umschwunges sind, welcher gegen Ende des XVI. Jahrhunderts in Folge der Reformation auch die ganze katholische Welt ergriffen hatte. Die Zeiten jener glänzenden und heiteren Bildung unter Julius II. und Leo X. waren vorüber. Damals und schon früher hatte eine gewisse Ausgleichung zwischen der christlichen Weltanschauung einerseits und der antiken, heidnischen andererseits stattgefunden. Wir haben schon in der Einleitung auf den klassischen Anstrich des damaligen Lebens hingewiesen. In der Kunst stellte sich die vollständige Verschmelzung jener beiden Welten dar. Es waren die Zeiten, in denen man nach nichts anderem strebte, als nach der vollendeten, durch ethischen Gehalt geadelten Schönheit der Formen, gleichviel ob ihr Inhalt christlich oder heidnisch war. Daher jene heitere Naivetät, die allen Werken dieser Periode innewohnt. Jener Umschwung religiöser Anschauungen und Empfindungen nun, der gegen das Ende des XVI. Jahrhunderts in den Gemüthern der Menschen stattfand und den Ranke so schön geschildert hat, musste auch die Kunst ergreifen. Auch hier musste mit den Elementen der klassischen Weltanschauung gebrochen werden. Dies kann sich nun so zeigen, dass Künstler mit neuen Richtungen und Bestrebungen auftreten, wie z. B. an den Caraccis u. A. zu sehen ist. Oder aber es kann die Veränderung der Ansichten sich auch an solchen bekunden, die ursprünglich ganz der „modern-antiken" Kunstanschauung angehört haben. Ein solcher ist AMMANATI, dessen Geburt noch in die Zeit Julius II., dessen Jugend in die Leos X. fällt und dessen Werke alle von jenem Geiste, der damals allgemein die Kunst beherrschte, erfüllt sind. So sehen wir denn in ihm und an seinen innersten Empfindungen und Ueberzeugungen jenen Bruch vor sich gehen, der sich in allen Kreisen der Sitte und der religiösen Anschauung der damaligen Zeit vollzog. Wir sehen eine grosse geschichtliche Idee wiederum in und an einem einzelnen Menschen verkörpert erscheinen. AMMANATI, der das ganze Bestreben seines früheren Lebens als eitel und verwerflich erkannte, musste unglücklich darüber werden. In der Nacktheit jener früheren Werke, die durch die Uebereinstimmung einer unbefangenen und naiven Zeit allgemein gebilligt war, findet er Gräuel und Sünde. Es peinigt ihn, dass er die heidnischen Götzen verherrlicht hat, für deren Vernichtung doch die heiligen Märtyrer einst ihr Blut vergossen. Daher die an den Grossherzog gerichtete Bitte, dieselben durch einige Zuthaten in christliche Tugenden verwandeln zu dürfen! Daher jene Wärme und Innigkeit, mit denen er seine Kunstgenossen warnt, in ähnliche Fehler zu verfallen! Daher endlich jener Hauch einer tiefen und ungeheuchelten Traurigkeit, die durch alle seine Aeusserungen in jenen Briefen hindurchgeht! Die Jesuiten, denen er sich als den Vertretern und Vorkämpfern jener neuen Richtung des Katholicismus in die Arme geworfen hatte, scheinen die Betrübniss und die Zerfallenheit des Künstlers wo nicht hervorgerufen, so doch gefördert und zu ihren Zwecken benutzt zu haben. Dass auch von diesen Briefen wenigstens der letztere nicht ohne ihre ganz spezielle Einwirkung entstanden ist, geht zur Genüge daraus hervor, dass dieser ursprünglich in dem Archive des Jesuitenklosters zu San Giovannino zu Florenz gefunden und erst von dort nach dem Collegio Romano, ebenfalls einer Jesuitenstiftung, gebracht worden ist.

NACHTRÄGE UND BERICHTIGUNGEN.

S. 19 Zeile 10 von unten lies statt *Docomenti* — *Documenti*.

S. 27 Zeile 15 von oben lies statt Küntler — Künstler.

S. 99 Zeile 10 von oben lies statt Longhera — Longhena.

S. 99 ff. Die ältere der beiden Redaktionen des Berichts an den Papst, nach welcher die Uebersetzung angefertigt ist, befindet sich in der Bibliotheka Patavina in Rom, die andere in der k. Hofbibliothek zu München. Cod. it. 37 b.

S. 100 zu Zeile 9 von unten: Der Codex Monac. hat hier: *che anchora non sono dodici anni*.

S. 101 zu Zeile 1 von oben: Hier hat der Codex Monac. folgenden abweichenden Wortlaut: „*J'archo ch'e era alla entrata delle therme dioclitiane: et el tempio di erere nella via sacra, una parte del foro transitorio che pochi di sono fu arsa et distructa: e di li marmi fattone calcina, ruinata la magior parte della basilica del foro, oltra di questo tanti colonne rotte et fesse pel mezzo tanti architravi tanti belli fregi spezzati ch'è stato pur una infamia di questi tempi l'haverlo sostenuto ce che si potria dire veramente ch'annibale nè ch'altri fariano piu.*" Der Hinweis auf Bartolomeo della Rovere fehlt dafür.

S. 102 zu Zeile 1 von oben: Der Cod. Mon. hat den Namen Publius Victor: *tra ghaltri nè dimo no ho principalmente seguicato P. Victore*. Darnach sind in der Anmerkung 1 die letzten drei Zeilen zu berichtigen.

S. 103 zu Zeile 6 von unten: Der Cod. Mon. hat statt Tito Antonino.

S. 103 Zeile 2 von unten lies statt anatomischen antoninischen.

S. 105 zu Zeile 11 von unten: Der Cod. Mon. hat ebenfalls die Zahl zweiunddreissig.

S. 106 Der letzte Absatz des Berichtes von: Wenn ich dann bis küsse fehlt im Cod. Mon. Es folgen dann noch zwei von derselben Hand geschriebene Seiten mit Bemerkungen architektonischen Inhalts. — In demselben Handschriften-bande der Münchener Hofbibliothek befindet sich auch das Bruchstück einer italienischen Vitruvübersetzung von Fabio Calvi, der den Vitruv für Raffael übersetzt hat. Vgl. S. 97.

S. 111 Zeile 2 von oben lies statt Carracci Caracci.

S. 177 zu Zeile 1 von unten: Ueber Michelangelos Verhältniss zu Vittoria Colonna vgl. auch den trefflichen Essay von Karl Frenzel in „Renaissance und Rococo", Berlin, 1876. S. 59 ff.

S. 201 Zeile 12 von unten ist bei dem Citate aus der Allgem. Zeitung der Jahrg. 1877 hinzuzufügen.